NomosStudium

Prof. Dr. Gerhard Ring
Ass. jur. Alexander Geißler
TU Bergakademie Freiberg

Gewerblicher Rechtsschutz

Die Deutsche Nationalbibliothek verzeichnet diese Publikation in
der Deutschen Nationalbibliografie; detaillierte bibliografische
Daten sind im Internet über http://dnb.d-nb.de abrufbar.

ISBN 978-3-8487-5335-2 (Print)
ISBN 978-3-8452-9470-4 (ePDF)

1. Auflage 2022
© Nomos Verlagsgesellschaft, Baden-Baden 2022. Gesamtverantwortung für Druck
und Herstellung bei der Nomos Verlagsgesellschaft mbH & Co. KG. Alle Rechte, auch die
des Nachdrucks von Auszügen, der fotomechanischen Wiedergabe und der Übersetzung,
vorbehalten.

Inhalt

Literaturverzeichnis	15
1. Kapitel: Einleitung gewerblicher Rechtsschutz	19
I. Gesetzliche Grundlagen im deutschen Recht	19
II. International- und europarechtliche Grundlagen	21
1. Internationale Abkommen (Staatsverträge)	22
Anwendungsbereich des PVÜ	24
Grundsatz der Inländerbehandlung	24
Mindestrechte	25
2. Europäischer Rechtsrahmen	26
a) Verordnungen	26
aa) Unionsmarke	26
bb) Gemeinsamer Sortenschutz	26
cc) Gemeinschaftsgeschmacksmuster	26
dd) Europäisches Patentübereinkommen	27
ee) Perspektive: EU-Patent bzw. Europäisches Patent mit einheitlicher Schutzwirkung	27
(1) Verfahren	28
(2) Hindernisse: BVerfG und EPÜG-ZustG	28
Diesen Anforderungen ist der Deutsche Bundestag 2021 endlich nachgekommen.(3) Aktueller Stand	30
b) Richtlinien	31
III. Schutzbereich	32
IV. Spezifika des geistigen Eigentums	37
V. Spezifische Kennzeichen aller Schutzrechte des geistigen Eigentums	38
VI. Entstehungsvoraussetzungen	38
2. Kapitel: Patentrecht (nationales deutsches Patentrecht und europäisches Patentrecht)	43
I. Patenterteilungsvoraussetzungen	44
1. Materiell-rechtliche Patenterteilungsvoraussetzungen	44
a) Prüfungsschema Patenterteilung	44
b) Patentierbare Erfindung	45
c) Erfindung auf dem Gebiet der Technik	47
aa) Exkurs: Computerimplementierte Erfindungen	50
bb) Technizitätserfordernis	51
cc) Notwendigkeit einer Gesamtbetrachtung	52
d) Neuheit	54
e) Auf einer erfinderischen Tätigkeit beruhend	64
f) Gewerbliche Anwendbarkeit	67
g) Ausnahmen von der Patenterteilung	68
aa) Der menschliche Körper	68
bb) Pflanzensorten und Tierrassen sowie chirurgische bzw. therapeutische Behandlungsverfahren	69
cc) Verstoß gegen die „öffentliche Ordnung" bzw. die „guten Sitten"	71
dd) Exkurs: Der Schutz biotechnologischer Erfindungen	72
ee) Biopatentierung nach § 2a Abs. 2 PatG	72

	h)	Der Erfinder	76
	i)	Exkurs: Arbeitnehmererfinderrecht	78
		aa) Die Diensterfindung (§§ 5 ff. ArbNErfG)	80
		(1) Meldepflicht	80
		(2) Inanspruchnahme der Diensterfindung durch den Arbeitgeber	81
		(3) Wirkung der Inanspruchnahme	81
		(4) Anspruch des Arbeitnehmers auf eine „angemessene Vergütung"	81
		(5) Freigabe der Diensterfindung	83
		bb) Freie Erfindungen	83
		(1) Mitteilungspflicht (§ 18 ArbNErfG)	83
		(2) Streitbeilegung	84
		(3) Anbietungspflicht (§ 19 ArbNErfG)	84
		(4) Technische Verbesserungsvorschläge	85
		(5) Erfindungen von Arbeitnehmern im öffentlichen Dienst sowie von Beamten und Soldaten	85
		(6) Besondere Vorgaben für Erfindungen an Hochschulen	86

II. Erteilungs-, Einspruchs- und Beschwerdeverfahren 87
   1. Erteilungsverfahren 87
   2. Anmeldeverfahren 87
   3. Vorprüfungsverfahren 91
   4. Prüfungs- und Erteilungsverfahren 93
   5. Einspruchsverfahren (§§ 59 ff. PatG) 97
   6. Beschwerdeverfahren (§§ 65 ff. PatG) 98
III. Nichtigkeitsverfahren 99
IV. Rechtswirkungen des Patents 101
   1. Positiver Inhalt 101
      a) Wirkung des Patents (§ 9 PatG) 101
      b) Exkurs: Der Erschöpfungsgrundsatz 103
      c) Erfinderrecht 104
      d) Weitere Wirkungen des Patents (§ 10 PatG) 106
   2. Negativer Inhalt 109
      a) Unterlassungsanspruch (§ 139 Abs. 1 PatG) 110
      b) Schadensersatzanspruch (§ 139 Abs. 2 PatG) 113
      c) Vernichtung und Rückruf des Erzeugnisses, das Gegenstand des Patents ist (§ 140a PatG) 116
      d) Auskunftsanspruch (§ 140b PatG) 118
      e) Urkundenvorlage- und Besichtigungsanspruch (§ 140c PatG) 119
      f) Anspruch auf Vorlage von Bank-, Finanz- oder Handelsunterlagen (§ 140d PatG) 120
      g) Anspruch auf öffentliche Bekanntmachung des Urteils (§ 140e PatG) 121
      h) Aktiv- und Passivlegitimation im Rechtsstreit 121
      i) Verjährung 122
   3. Strafrechtlicher Schutz (§ 142 PatG) 122
   4. Exkurs: Die Patentberühmung 124
   5. Zuständigkeiten in Patentstreitigkeiten 124
   6. Schema Patentverletzungen 126

V.	Beschränkungen des Patents im Hinblick auf seinen Schutzumfang (§§ 12 und 13 sowie 24 PatG)	126
	1. Einschränkung der Wirkungserstreckung eines Patents (§ 11 PatG)	126
	2. Vorbenutzung (§ 12 PatG)	127
	3. Zwangspatent (§ 13 PatG)	128
	4. Zwangslizenz	129
	5. Exkurs: Verhältnis von § 24 PatG zu § 19 GWB (verbotenes Verhalten marktbeherrschender Unternehmen)	131
VI.	Übergang des Rechts auf das Patent bzw. des Patents (§ 15 PatG)	132
VII.	Erlöschen des Patents	135
VIII.	Ergänzendes Schutzzertifikat	136
IX.	Prüfungsschema Patentrecht	136

3. Kapitel: Gebrauchsmusterrecht 138

I.	Materiell-rechtliche Voraussetzungen einer Gebrauchsmustererteilung	138
	1. Der Begriff der Erfindung	139
	2. Neuheitsbegriff	140
	3. Gewerbliche Anwendbarkeit	141
	4. Erfinderischer Schritt	141
II.	Ausschlüsse vom Gebrauchsmusterschutz	142
III.	Gebrauchsmustererteilungsverfahren	142
	1. Das Anmeldeverfahren	142
	2. Verfahren der Gebrauchsmusterregistrierung	144
IV.	Die Rechtswirkungen des eingetragenen Gebrauchsmusters	146
	1. Der positive Inhalt des Gebrauchsmusters	146
	2. Der negative Inhalt des Gebrauchsmusters	147
	a) Unterlassungsanspruch	147
	b) Schadensersatz	148
	c) Hilfsansprüche	148
	d) Verjährung	148
	e) Andere gesetzliche Ansprüche	148
	f) Schema Gebrauchsmusterrechtsverletzungen	149
	3. Strafrechtlicher Schutz	149
	4. Exkurs: Zollbeschlagnahme	150
V.	Das Gebrauchsmusterlöschungsverfahren	150
VI.	Übergang des Gebrauchsmusterrechts und Lizenzierung	150
VII.	Beendigung des Gebrauchsmusters	152
VIII.	„Abzweigung" einer Gebrauchsmusteranmeldung – Patentrecht und Gebrauchsmusterrecht	152

4. Kapitel: Markenrecht 162

I.	Kennzeichenrechte	162
	1. Nationale Kennzeichenrechte	162
	2. Europäische Kennzeichenrechte	164
	3. Internationale Kennzeichenrechte	170
	4. Darstellung aller Regelwerke im Kennzeichenrecht	171
II.	Vom deutschen Markenrecht geschützte Kennzeichen	172
III.	Kennzeichenschutz außerhalb des Markenrechts	175
	1. Der Personenname	175

	2. Die Firma	176
IV.	Markenrechtsschutz	177
	1. Das Individualkennzeichen (Einzelmarke)	177
	a) Funktionen der Marke	179
	aa) Herkunftsfunktion	179
	bb) Garantiefunktion	180
	cc) Werbefunktion	180
	dd) Kommunikationsfunktion	181
	b) Markenfunktion und Markenrechtsverletzung	182
	c) Rechtsnatur der Marke	183
	2. Das Kollektivkennzeichen (Kollektivmarke)	184
	3. Geschäftliche Bezeichnungen	184
	a) Unternehmenskennzeichen	185
	b) Werktitel	186
	4. Geographische Herkunftsangaben	188
V.	Entstehungsformen des Markenschutzes	190
	1. Schützbare Zeichenformen	190
	a) Wörter (Wortzeichen)	191
	b) Abbildungen (Bildzeichen)	193
	c) Buchstaben	194
	d) Zahlen	194
	e) Hörzeichen	194
	f) Dreidimensionale Gestaltungen (Formmarke)	195
	g) Sonstige Aufmachungen	196
	aa) Farbmarken	197
	bb) Geruchsmarken	198
	cc) Geschmacksmarke	199
	dd) Tastmarken	199
	ee) Bewegungsmarke	200
	2. Notwendigkeit einer abstrakten Unterscheidungskraft des Zeichens	200
	3. Schutzausschließungsgründe	200
	4. Exkurs: Fehlende internationale Kompatibilität.	205
VI.	Die eingetragene Marke (§ 4 Nr. 1 MarkenG – Registermarke)	206
	1. Eintragungsvoraussetzungen einer Marke	207
	a) Absolute Schutzhindernisse (§ 8 MarkenG)	208
	aa) Fehlen einer geeigneten Darstellbarkeit zur Unterscheidung von Waren und Dienstleistungen (§ 8 Abs. 1 MarkenG)	208
	bb) Von einer Eintragung ausdrücklich ausgeschlossene Marken (§ 8 Abs. 2 MarkenG)	211
	(1) Marken mit fehlender Unterscheidungskraft (Nr. 1)	212
	(2) Beschreibende Zeichen oder Angaben (Nr. 2)	215
	(3) Übliche Bezeichnungen (Nr. 3)	217
	(4) Täuschungsgefahr (Nr. 4)	218
	(5) Verstoß gegen die öffentliche Ordnung oder die guten Sitten (Nr. 5)	218
	(6) Hoheitszeichen, Gewährzeichen und Zeichen internationaler Organisationen (Nr. 6 bis 8)	219

		(7)	Geschützte Ursprungsbezeichnungen und geographische Angaben (Nr. 9 bis 12)	220
		(8)	Öffentlich-rechtliches Benutzungsverbot (Nr. 13)	221
		(9)	Bösgläubigkeit bei der Markenanmeldung (Nr. 14)	221
	cc)	Verkehrsdurchsetzung (§ 8 Abs. 3 MarkenG)		222
	dd)	Weitere Einschränkungen (§ 8 Abs. 4 MarkenG)		224
	b) Plagiate notorisch bekannter Marken (§ 10 MarkenG)			224
	c) Relative Schutzhindernisse (§ 9 MarkenG)			224
	aa)	Doppelidentität (§ 9 Abs. 1 Nr. 1 MarkenG)		225
	bb)	Verwechslungsgefahr (§ 9 Abs. 1 Nr. 2 MarkenG)		225
	cc)	Schutz bekannter Marken (§ 9 Abs. 1 Nr. 3 MarkenG)		228
	dd)	Zusammenfassung zu angemeldeten und eingetragenen Marken als relative Schutzhindernisse		231
	ee)	Weitere relative Schutzhindernisse		231
		(1)	Agentenmarke	231
		(2)	Kollisionsfall	232
		(3)	Auffangtatbestand	232
	2. Markenanmeldeverfahren			233
	3. Das Prüfungs- und Entscheidungsverfahren			234
	4. Widerspruchsverfahren			237
	5. Erinnerungs- und Beschwerdeverfahren			240
	6. Exkurs: Die Eintragungsbewilligungsklage			240
VII.	Die „benutzte Marke kraft Verkehrsgeltung" (§ 4 Nr. 2 MarkenG)			244
	1. Markenfähigkeit			244
	2. Kein Entgegenstehen unüberwindbarer Schutzhindernisse			244
	3. Verkehrsgeltung			244
	4. Rechtsfolge			246
VIII.	Die notorisch bekannte Marke (§ 4 Nr. 3 MarkenG)			246
IX.	Zusammenfassung: Markenschutz außerhalb einer Eintragung			247
X.	Rechtswirkungen der Marke			248
	1. Positiver Inhalt des Markenrechts			248
	2. Negativer Inhalt des Markenrechts			248
	a) Unterlassungsanspruch			254
	b) Schadensersatzanspruch			256
	c) Hilfsansprüche			257
	d) Der Erschöpfungsgrundsatz			261
	e) Ausschluss der Geltendmachung von Ansprüchen bei mangelnder Benutzung (Einrede der Nichtbenutzung)			265
	f) Ausschluss der Geltendmachung von Ansprüchen beim Ersatzteilgeschäft			269
	g) Verjährung und Verwirkung			269
	h) Weitere Schutzschranken gegen das Verbietungsrecht des Zeicheninhabers			270
	i) Zusammenfassung: Ausschlussgründe			273
	3. Strafrechtlicher Schutz einer Marke			274
	4. Exkurs: Zollbeschlagnahme			275
XI.	Der Übergang der Marke und die Lizenzierung			277
	1. Vererbung des Markenrechts			278

	2. Veräußerung des Markenrechts	278
	3. Registereintragung und Vermutungs- (Publizitäts-) wirkung	278
	4. Die Markenlizenz	279
	5. Exkurs: Zwangsvollstreckung und Insolvenz	280
	6. Schema: Zusammenfassung Verfügungsrechte über die Marke	280
XII.	Beendigung des Markenrechts	281
	1. Notwendigkeit der Verlängerung einer Marke	281
	2. Löschung einer Marke von Amts wegen Nichtverlängerung	282
	3. Löschung einer Marke auf Antrag	282
	a) Vorliegen absoluter Schutzhindernisse	282
	b) Verfall	284
	4. Klage auf Erklärung der Nichtigkeit und Löschung einer Marke wegen des Bestehens älterer Rechte	285
	5. Löschungsverfahren	286
	a) Löschung durch das DPMA wegen Verfalls	286
	b) Löschung durch das DPMA wegen absoluter Schutzhindernisse	286
	c) Löschungsverfahren vor den ordentlichen Gerichten	286
	d) Wirkungen einer Löschung wegen Verfalls oder Nichtigkeit	287
	e) Prüfungsschema: Löschung einer Marke	288
XIII.	Geschäftliche Bezeichnungen	290
	1. Unternehmenskennzeichen	290
	2. Werktitel	291
	3. Geschäftsabzeichen	291
	4. Der Schutzumfang geschäftlicher Bezeichnungen	292
XIV.	Exkurs: Kollisionsprobleme beim Aufeinandertreffen von Kennzeichenrechten	294
XV.	Kollektivmarke	296
XVI.	Gewährleistungsmarke	298
	1. Begriff der „Gewährleistungsmarke"	299
	2. Inhaberschaft und ernsthafte Benutzung	299
	3. Anmeldung der Gewährleistungsmarke	300
	4. Änderung der Gewährleistungsmarkensatzung	301
	5. Klagebefugnis und Schadensersatz	301
	6. Verfall	302
	7. Nichtigkeit wegen absoluter Schutzhindernisse	302
XVII.	Der Schutz geographischer Herkunftsangaben	303
	1. Der Begriff „geographische Herkunftsangabe"	303
	2. Geographische Herkunftsangabe und Marke mit Hinweis auf eine betriebliche Herkunft	303
	3. Abgrenzung der geographischen Herkunftsangabe von bloßen Gattungsbezeichnungen	304
	4. Der Inhalt des Schutzes geographischer Herkunftsangaben	305
	a) Der Schutz geographischer Herkunftsangaben bei Irreführungsgefahr	305
	b) Der Schutz geographischer Herkunftsangaben von Waren oder Dienstleistungen mit besonderen Eigenschaften bzw. besonderer Qualität	305

		c) Der Schutz geographischer Herkunftsangaben mit einem besonderen Ruf	306
		d) Ausweitung des Schutzinhalts auf ähnliche Angaben und Zusätze	306
	5.	Ansprüche bei einer Verletzung geographischer Herkunftsangaben	306
		a) Unterlassungsanspruch	307
		b) Schadensersatzanspruch	308
	6.	Verjährung	308
	7.	Strafbarkeit	308
		a) Strafbare Benutzung geographischer Herkunftsangaben	308
		b) Bußgeldvorschriften	309
	8.	Exkurs: Der Schutz von geographischen Angaben und Ursprungsbezeichnungen gemäß der VO (EU) Nr. 1151/2012	310
	9.	Zusammenfassendes Schema: Schutz von geographischen Herkunftsangaben	311
XVIII.	Exkurs: Der Schutz von Domains		312

5. Kapitel: Der Schutz von Leistungen im Bereich des Designs — 329

I.	Gesetzliche Grundlage des Designschutzes		329
	1.	Gemeinschaftsgeschmacksmusterverordnung	329
	2.	Nationale Regelung	330
	3.	Zusammenfassung der Regelungen im Designrecht	331
II.	Schutzgegenstand des DesignG		331
III.	Schutzvoraussetzungen des Designschutzes		332
	1.	Materielle Schutzvoraussetzungen	332
		a) Das Design	332
		b) Der Neuheitsbegriff	334
		c) Die Eigenart	335
		d) Schutzausschließungsvoraussetzungen	336
		e) Rechtsprechung	337
	2.	Formelle Entstehungsvoraussetzungen	338
IV.	Anmeldung des Designs		338
	1.	Grundlagen	339
	2.	Ausländische Priorität	341
	3.	Ausstellungspriorität	341
V.	Registrierung des Designs		342
VI.	Recht auf das eingetragene Design		344
VII.	Nichtigkeitsverfahren		345
VIII.	Rechtswirkungen des eingetragenen Designs		347
	1.	Der positive Inhalt des eingetragenen Designs	347
		a) Problem: Der unberechtigt im Register eingetragene Rechteinhaber	348
		b) Schutzumfang des eingetragenen Designs	349
		c) Beschränkungen des Schutzumfangs des eingetragenen Designs	349
	2.	Der negative Inhalt des eingetragenen Designs	351
		a) Der Beseitigungs- und Unterlassungsanspruch	352
		b) Der Schadensersatzanspruch	352
		c) Hilfsansprüche	353
		d) Schema aller Hilfsansprüche	357
		e) Ausschluss der Ansprüche	358
		aa) Erschöpfung	358

Inhalt

	bb) Verjährung	358
	f) Ansprüche aus anderen gesetzlichen Vorschriften	358
	g) Strafrechtlicher Schutz	359
	h) Exkurs: Zollbeschlagnahme	359
IX.	Der Übergang des eingetragenen Designs	360
	1. Vererbung des eingetragenen Designs	360
	2. Veräußerung des eingetragenen Designs	360
	3. Lizenzierung	361
X.	Die Beendigung des Rechts am eingetragenen Design	362
	1. Die Schutzdauer des eingetragenen Designs	363
	2. Löschung des eingetragenen Designs	364
XI.	Einheitlicher europäischer Geschmacksmusterschutz	364
	1. Eingetragenes Gemeinschaftsgeschmacksmuster	365
	2. Nicht eingetragenes Gemeinschaftsgeschmacksmuster	367

6. Kapitel: Sortenschutzrecht und Topographieschutz — 373

I. Der Sortenschutz — 373
   1. Voraussetzungen des Sortenschutzes — 373
      a) Unterscheidbarkeit — 374
      b) Homogenität — 374
      c) Beständigkeit — 374
      d) Neuheit — 374
      e) Eintragbarkeit — 375
   2. Entstehung des Sortenschutzes — 375
   3. Schutzdauer — 376
   4. Wirkung des Sortenschutzes — 377
   5. Exkurs: Züchtung von ertragreichen oder resistenten Sorten ohne Unterscheidungskraft — 377
   6. Schutzschranken — 377
   7. Rechtsnachfolge und Nutzungsrechte — 378
   8. Rechtsverletzungen — 378
   9. Europäisches Sortenschutzrecht — 379

II. Topographieschutz — 379
   1. Schutzgegenstand — 379
   2. Rechteinhaber — 380
   3. Anmeldeverfahren — 380
   4. Entstehung und Ende des Topographieschutzes — 381
   5. Löschungsverfahren — 382
   6. Wirkungen des Topographieschutzes — 382
      a) Positive Wirkungen des Topographieschutzes — 383
      b) Negative Wirkungen des Topographieschutzes — 383
   7. Verjährung — 384
   8. Strafrechtlicher Schutz — 384

7. Kapitel: Ergänzender wettbewerbsrechtlicher Leistungsschutz — 385

I. Verhältnis zu den Sonderschutzrechten des Immaterialgüterrechts — 385
II. Grundsatz der Nachahmungsfreiheit — 385
III. Das Grundsatz-Ausnahme-Verhältnis: Der Ausnahmecharakter eines ergänzenden wettbewerbsrechtlichen Leistungsschutzes — 386

IV.	Die gesetzliche Regelung des § 4 UWG	387
	1. Nachahmung	387
	2. Die wettbewerbliche Eigenart	388
	3. Zusätzliche Unlauterkeitsvoraussetzungen	389
	a) 1. Fallgruppe: Vermeidbare Herkunftstäuschung	390
	b) 2. Fallgruppe: Ausnutzung der Wertschätzung (Rufausbeutung oder Rufschädigung)	391
	c) 3. Fallgruppe: Unredliche Erlangung von Kenntnissen	393
	4. Anerkennung weiterer Fallgruppen eines ergänzenden wettbewerbsrechtlichen Leistungsschutzes?	393
	5. Exkurs: Originalgetreuer Nachbau und Ersatzteile	394
	6. Weiterer Exkurs: Nicht eingetragenes Gemeinschaftsgeschmacksmuster	395
	7. Rechtsfolgen eines Verstoßes gegen § 4 Nr. 3 UWG	396
	a) Beseitigungs- und Unterlassungsanspruch	396
	b) Schadensersatzanspruch	398
V.	Gewinnabschöpfungsanspruch	398
VI.	Verjährung	399

Entscheidungsregister   403

Stichwortverzeichnis   429

Literaturverzeichnis

Ahrens, Thomas/Pierson, Matthias/Fischer, Karsten	Recht des geistigen Eigentums, 4. Auf., Stuttgart 2018
Ahrens, Sönke	Rechtserhaltende Benutzung und Irreführungsgefahr bei als Kollektivmarken geschützten Gütezeichen, GRUR 2020, 809.
Arnold, Bernhard/Tellmann, Cordula	Kein Vernichtungsanspruch bei mittelbarer Patentverletzung? Zugleich Anmerkung zu BGH, GRUR 2006, 570 - extracoronales Geschiebe, GRUR 2007, 353.
Benkard, Georg	Kommentar Patentgesetz, 11. Aufl., München 2015
Benkard, Georg/Melullis, Klaus-Jürgen	Europäisches Patentübereinkommen Kommentar, 3. Aufl., München 2019
Billing, Tom	Ergänzender Leistungsschutz von Gastronomiekonzepten, GRUR-Prax 2020, 58.
Birk, Axel	UWG-Novelle 2022 – Klagerechte für Verbraucher!, GRUR-Prax 2020, 605.
Böttcher, Dirk	Die Auswirkungen des Schutzrechtsablaufs auf einen bereits entstandenen Vernichtungsanspruch nach § 140a I PatG, GRUR 2021, 143.
Brandi-Dohrn, Matthias/Gruber, Stephan/Muir, Ian	Europäisches und Internationales Patentrecht, 7. Aufl., München 2012
Brenner, Edward	Organisationsprobleme d.er internationalen Patentrecherche, GRUR-Int. 1969, 48.
Bruchhausen, Karl	Wann gehört die Anwendung eines Stoffes (oder Stoffgemisches) zur therapeutischen Behandlung des menschlichen (oder tierischen) Körpers oder in Diagnostizierverfahren, die am menschlichen (oder tierischen) Korper vorgenommen werden, zum Stand der Technik? (Art. 54 Abs. 5 EPÜ, § 3 Abs. 3 PatG 1981), GRUR 1982, 641.
Büscher, Wolfgang/Kochendörfer, Mathias	Beckscher Onlinekommentar UMV, 20. Edition 2021, München
Creifelds, Carl	Rechtswörterbuch, 23. Aufl., München 2019
Dissmann, Richard	Mund-Nasen-Schutz und gewerblicher Rechtsschutz, GRUR 2020, 537.
Dröge, Alexander	Die Gewährleistungsmarke und ihre Praxisrelevanz, GRUR 2017, 1198.
Dybahl-Müller, Lise	Europäisches Patentechtrecht, 3. Aufl., Köln 2009

Eichmann, Helmut/Jestaedt, Dirk/Meiser, Christian	Designgesetz, Gemeinschaftsgeschmacksmusterverordnung Kommentar, 6. Aufl., München 2019
Eisenmann, Hartmut/Jautz, Ulrich	Grundriss Gewerblicher Rechtsschutz und Urheberecht, 10. Aufl., Heidelberg 2015
Ensthaler, Jürgen/Zech, Herbert	Stoffschutz bei gentechnischen Patenten Rechtslage nach Erlass des Biopatentgesetzes und Auswirkung auf Chemiepatente, GRUR 2006, 529.
Feldges, Joachim	Ende des absoluten Stoffschutzes? Zur Umsetzung der Biotechnologie-Richtlinie, GRUR 2005, 977.
Fezer, Karl-Heinz	Markenrecht, 4. Aufl., München 2009
Fezer, Karl-Heinz	Rechtsnatur und Rechtssystematik der unionsrechtlichen Konzeption einer Gewährleistungsmarke, GRUR 2017, 1188.
Fezer, Karl-Heinz/Büscher, Wolfgang/Obergfell, Ines	Lauterkeitsrecht: UWG Kommentar, 3. Aufl., München 2016
Fitzner, Uwe/Lutz Raimund/Bodewig, Theo	Beckscher Online Kommentar Patentrecht, 19. Edition Stand 15.1.2021, München
Fitzner, Uwe	Festschrift für Wilhelm Nordemann, Baden-Baden 1999
Fleuchaus, Andrea/Braitmayer, Sven-Erik	Hochschulprivileg ade?, GRUR 2002, 653
Götting, Horst-Peter	Gewerblicher Rechtsschutz,11. Aufl., München 2020
Gottschalk, Eckart/Gottschalk, Sylvia	Das nicht eingetragene Gemeinschaftsgeschmacksmuster: eine Wunderwaffe des Designschutzes?, GRUR Int, 2006, 461.
Grabitz, Eberhard/Hilf, Meinhard/Nettesheim, Martin	Das Recht der Europäischen Union, Werksstand 69. EL, München
Hacker, Franz/Ströbele, Paul/Thiering, Frederik	Markengesetz, Kommentar, 13. Aufl., Köln 2020
Ingerl, Reinhard/Rohnke, Christian	Markengesetz, Kommentar, 3. Aufl., München 2010
Jestaedt, Dirk	Die Ansprüche auf Rückruf und Entfernen schutzrechtsverletzender Gegenstände aus den Vertriebswegen, GRUR 2009, 102.
Jestaedt, Dirk	Die Klagebefugnis des Lizenznehmers im Patentrecht, GRUR 2020, 354
Kelbel, Günter	Der Schutz typographischer Schriftzeichen, GRUR 1982, 79.

Literaturverzeichnis

Kelbel, Günter	Zur Verbesserung des Geschmacksmustergesetzes, GRUR 1985, 673.
Kelbel, Günter	Die Novelle zum Geschmacksmustergesetz, GRUR 1987, 146.
Keukenschrijer, Alfred	Patentgesetz, 8. Aufl., Berlin 2016
Kilger, Christian/Jaenichen, Hans-Rainer	Ende des absoluten Stoffschutzes? Zur Umsetzung der Biotechnologie-Richtlinie, GRUR 2005, 984.
Klein, Fabian	Von Äpfeln und Birnen – zur Relevanz der Markenart, GRUR-Prax 2020, 472.
Kohler, Josef	Die Idee des geistigen Eigentums, AcP 82 (1984), 141
Kraßer, Rudolf/Ann, Christoph	Patentrecht, 8. Aufl., München 2021
Kur, Annette/Bomhard von, Verena/Albrecht, Friedrich	Beckscher Onlinekommentar im Markenrecht, 24. Edition 2021, München
Kur, Annette/Ohly, Ansgar	Lauterkeitsrechtliche Einflüsse auf das Markenrecht, GRUR 2020, 457.
Lange, Paul	Marken- und Kennzeichenrecht, Handbuch zum deutschen und europäischen Recht, 2. Aufl., München 2012
Lenz, Christofer/Kieser, Timo	Schutz vor Milzbrandangriffen durch Angriffe auf den Patentschutz?, NJW 2002, 401.
Leppin, Klaus	Besichtigungsanspruch und Betriebsgeheimnis Ein Beitrag zum eingeschränkten Besichtigungsanspruch gemäß §§ 809, 242 BGB und zur Möglichkeit eines Geheimverfahrens im Zivilprozeß unter besonderer Berücksichtigung der Patentverletzung, GRUR 1984, 560.
Leupold, Andreas/Wiebe, Andreas/Glossner, Silke	IT Recht Handbuch, 4. Aufl., München 2021
Metzger, Axel/Zech, Herbert	COVID-19 als Herausforderung für das Patentrecht und die Innovationsförderung, GRUR 2020, 561.
Osterrieth, Christian	Patentrecht, 6. Aufl., München 2021
Pauli, Dirk/Brommer, Andreas	„Benutzungszwang" bei Unionsmarken, GRUR-Prax 2019, 78.
Reisner, Stephan	Die (körperliche) Ausgestaltung von Gegenständen im Kontext einer mittelbaren Patentverletzung Ersatzteile, Verbrauchsartikel und andere Gegenstände nach Maß, GRUR 2020, 345.

Ring, Gerhard/Möller-Klapperich, Julia/Kiefel, Sebastian	Urheberrecht, Baden-Baden 2021
Rohnke, Christian	Erfinderische Versuche, GRUR 2021, 331.
Säcker, Franz Jürgen/Rixecker, Roland/Oetker, Hartmut/Limperg, Bettina	Münchener Kommentar zum Bürgerlichen Gesetzbuch, 8. Aufl., München 2021
Schacht, Hubertus	Unverhältnismäßigkeit und Verletzerverhalten, GRUR 2021, 440.
Schön, Oliver	Die „Neuherstellung" als Grenze der Erschöpfung des Patentrechts, GRUR 2021, 353.
Schwab, Brent	Arbeitnehmererfindungsrecht Handkommentar, 4. Aufl., Baden-Baden 2018
Söbbing, Thomas	Fundamentale Rechtsfragen zur künstlichen Intelligenz (AI Law), Frankfurt a.M. 2019
Stierle, Martin	Der quasi-automatische Unterlassungsanspruch im deutschen Patentrecht Ein Beitrag im Lichte der Reformdiskussion des § 139 I PatG, GRUR 2019, 873.
Stierle, Martin	Neues von der patentrechtlichen Zwangslizenz Ein Überblick anlässlich BGH „Alirocumab", GRUR 2020, 30.
Stierle, Martin	Diskussionsentwurf eines Zweiten Gesetzes zur Vereinfachung und Modernisierung des Patentrechts Ein erster Schritt in die richtige Richtung, GRUR 2020, 262
Stögmüller, Thomas	Nizza-Klassifikation für Eintragungsfähigkeit nicht bindend, GRUR-Prax 2012, 557.
Tilmann, Winfried	Weitere Verfassungsbeschwerde gegen das EPGÜ - Ratifizierungsgesetz?, GRUR 2021, 435.
Trinks, Ole	PCT in der Praxis, 4. Aufl., Köln 2013
Walter, Doris	Klassische und markergestützte Zuchtverfahren – Noch kein Patentrezept für Tomaten und Brokkoli, GRUR 2010, 329.
Weber, Michael Wilhelm	Rückruf markenrechtsverletzender Ware durch einstweilige Verfügung, GRUR-Prax 2016, 545.
Winterfeld, Volker/Engels, Rainer	Aus der Rechtsprechung des Bundespatentgerichts im Jahre 2007 Teil II: Patentrecht, Gebrauchsmusterrecht und Geschmacksmusterrecht (Teil 1), GRUR 2008, 553

1. Kapitel: Einleitung gewerblicher Rechtsschutz

Der übergeordnete Begriff des **Immaterialgüterrechts**[1] (bzw. synonym: das Recht des geistigen Eigentums [IP] – *Intellectual Property Law*) umfasst als Teil des privaten Wirtschaftsrechts sowohl

- den **gewerblichen Rechtsschutz** (iS der Gesamtheit der rechtlichen Regelungen, die ein geistiges Schaffen auf gewerblichem Gebiet schützen) als auch
- das **Urheberrecht** (geregelt im Gesetz über Urheberrecht und verwandte Schutzrechte vom 9.9.1965 – Urheberrechtsgesetz [UrhG][2]).

Schutzgegenstand ist eine „geistige Leistung". Die Anerkennung eines „geistigen Eigentums" basiert auf der Philosophie der Aufklärung und der Naturrechtslehre, die die Idee von einem „natürlichen Eigentum an dem durch den menschlichen Geist geschaffenen Erzeugnissen" als natürliches Anrecht (natürliches Eigentum) des Erfinders entwickelt hat.[3]

I. Gesetzliche Grundlagen im deutschen Recht

Der gewerbliche Rechtsschutz regelt in den nachfolgend aufgeführten Spezialgesetzen

- das **Patent** (im Patentgesetz idF der Bekanntmachung vom 16.12.1980 [fortan: PatG][4]),
- das **Gebrauchsmuster** (im Gebrauchsmustergesetz idF der Bekanntmachung vom 28.8.1986 [GebrMG][5]),
- **Arbeitnehmererfindungen im Kontext der technischen Schutzrechte** (Patent und Gebrauchsmuster) im Arbeitnehmererfindungsgesetz (ArbErfG)[6] vom 25.7.1957,
- das **Design** (im Gesetz über den rechtlichen Schutz von Design [DesignG],[7] das aufgrund des Gesetzes zur Modernisierung des Geschmacksmustergesetzes vom 10.10.2013 das Gesetz über den rechtlichen Schutz von Mustern und Modellen vom 12.3.2004[8] – Geschmacksmustergesetz [GeschmMG] – abgelöst hat),
- die **Kennzeichenrechte** (im Gesetz über den Schutz von Marken und sonstigen Kennzeichen vom 25.10.1994 – Markengesetz [MarkenG][9]), mithin

---

1 Zurückzuführen auf Kohler, AcP 82 (1894), 141 f.
2 BGBl. I, S. 127, zuletzt geändert durch Art. 1 und 2 des Gesetzes vom 29.09.2020 (BGBl. I, S. 2048).
3 Zur Theorie vom geistigen Eigentums Götting, § 2 Rn. 23 ff. Vgl. zu den dogmatischen Bedenken gegen die Begrifflichkeit „geistiges Eigentum" (wegen des privatrechtlichen Eigentumsbegriffs iSv § 903 BGB, der historisch betrachtet nur körperliche Gegenstände [§ 90 BGB] erfasst): Götting, § 1 Rn. 2 f. – mit dem Hinweis, dass dem weitreichenden verfassungsrechtlichen Eigentumsbegriff nach Art. 14 Abs. 1 GG sowohl das Sach- als auch das geistige Eigentum unterfällt. Kritisch Rehbinder, Urheberrecht, Rn. 97.
4 BGBl. 1981, S. 1, zuletzt geändert durch Art. 4 des Gesetzes vom 8.10.2017 (BGBl. I, S. 3546).
5 BGBl. I S. 1455, zuletzt geändert durch Art. 10 des Gesetzes vom 17.7. 2017 (BGBl. I S. 2541).
6 BGBl. III, Gliederungsnummer 422 – 1 (bereinigte Fassung), zuletzt geändert durch Art. 7 des Gesetzes vom 31.7.2009 (BGBl. I, S. 2521).
7 IdF der Bekanntmachung vom 24.2.2014 (BGBl. I, S. 122), zuletzt geändert durch Art. 15 des Gesetzes vom 17.7.2017 (BGBl. IS 2541).
8 In Umsetzung der Richtlinie 98/71/EG vom 13.10.1998 über den rechtlichen Schutz von Mustern und Modellen (ABl EG Nr. L 289 vom 28.10.1998, S. 28).
9 BGBl. I, S. 3082, zuletzt geändert durch Gesetz vom 11.12.2018 (BGBl. I, S. 2357).

- Marken,
- geschäftliche Bezeichnungen und
- geographische Herkunftsangaben,

- den **Sortenschutz** (Sortenschutzgesetz idF der Bekanntmachung vom 19.12.1997 [SortSchG][10]),
- den **Halbleiterschutz** (Gesetz über den Schutz der Topographien von mikroelektronischen Halbleitererzeugnissen vom 22.10.1987 [Halbleiterschutzgesetz – HalblSchG[11]]) sowie
- den **ergänzenden wettbewerbsrechtlichen Leistungsschutz** (Gesetz gegen den unlauteren Wettbewerb idF der Bekanntmachung vom 3.3.2010 [UWG][12]).

4 **Gemeinsamer Schutzgegenstand** dieser Regelwerke ist eine individuelle gewerbliche Leistung – ein geistig-gewerbliches Schaffen auf wirtschaftlich-technischem Gebiet. Alle Regelungen zielen darauf ab, die Persönlichkeit des Individuums auf gewerblichem (wirtschaftlichem) Gebiet zu fördern und dabei zugleich einen Interessenausgleich mit den Bestrebungen von Mitbewerbern und der Allgemeinheit an einer Partizipation an der geistigen Leistung zu schaffen. Im Rahmen der gewährleisteten Gewerbefreiheit wird dem auf gewerblichem Gebiet geistig Schaffenden – in dem vorab dargestellten rechtlichen Rahmen – ein **Ausschließlichkeitsrecht** gegenüber Dritten und der Allgemeinheit eingeräumt. Unkörperliche Güter (seien dies nun Erfindungen, Kennzeichen oder ein Design) werden beim Vorliegen der gesetzlichen Voraussetzungen auf der Grundlage des **Prioritätsprinzips** (dh dem Grundsatz: Wer meldet ein entsprechendes Recht zuerst an bzw. wer nutzt es zuerst?) gelöst und einer bestimmten natürlichen Person als Rechteinhaber für eine gewisse zeitliche Dauer im gesetzlich vorgegebenen Rahmen (der positiv Nutzungsrechte und negativ Abwehrrechte gegenüber nicht berechtigten Konkurrenten und zudem einen strafrechtlichen Schutz gewährt) als **Ausschlussrechte** (iS eines rechtlichen Monopols) zugewiesen.

5 Dem gewerblichen Rechtsschutz unterfällt **nicht** das Urheberrecht.[13] Dieses schützt geistige Leistungen nichtgewerblicher Art auf kulturellem Gebiet[14] (vgl. § 1 UrhG: „Werke der Literatur, Wissenschaft und Kunst"). Der wesentliche Unterschied zwischen den gewerblichen Schutzrechten und dem Urheberrecht besteht letztlich darin, dass erstere grundsätzlich[15] Registerrechte sind, ihre Entstehung also eine staatliche Registrierung mit korrespondierender vorangegangener Prüfung erfordern (zB Patent, Gebrauchsmuster und Design, Registermarke), wohingegen das Urheberrecht mit der Schöpfung des Werks *ipso iure* (ohne das Erfordernis weiterer Formalien) entsteht. Die Priorität (iS der Erstanmeldung oder Registrierung) bewirkt eine Sperrwirkung gegenüber einem anderen prioritär nachfolgendem geistig-gewerblichen Schaffen – wohinge-

---

10 BGBl. I, S. 3164, zuletzt geändert durch Art. 6 Abs. 37 des Gesetzes vom 13.4.2017 (BGBl. I, S. 872).
11 BGBl. I S. 2294, zuletzt geändert durch Art. 12 des Gesetzes vom 17.7.2017 (BGBl. I S. 2541).
12 BGBl. I, S. 254, zuletzt geändert durch Art. 5 des Gesetzes vom 18.4.2019 (BGBl. I, S. 466).
13 Dazu näher Ring/Kiefel/Möller-Klapperich, Urheberecht, 2021.
14 Kritisch zur antinomischen Gegenüberstellung von gewerblichem Rechtsschutz und Urheberrecht: Götting § 1 Rn. 8 – angesichts technischer Entwicklungen „weitgehend überholt". Götting (aaO) spricht von der „Tendenz einer Konvergenz zwischen den gewerblichen Schutzrechten und dem Urheberrecht". Vgl. insoweit auch die § 69a ff. UrhG (Schutz von Computerprogrammen) bzw. die §§ 87a ff. UrhG (Schutz von Datenbankherstellern).
15 Vgl. aber auch die Entstehung eines Markenschutzes nach § 4 Nr. 2 MarkenG (Benutzung und Verkehrsgeltung) und § 4 Nr. 3 MarkenG (Notorietätsmarke – notorische Bekanntheit).

gen (zumindest theoretisch) urheberrechtliche Doppelschöpfungen (zeitlich parallel) möglich sind.

II. International- und europarechtliche Grundlagen

Das Immaterialgüterrecht hat schon früh – bedingt durch die Notwendigkeit, dass geistiges Eigentum, nachdem es der Öffentlichkeit erst einmal offenbart worden ist, global genutzt und verwertet werden kann, weshalb es Schutz bedarf – Schritte zu einer **Rechtsvereinheitlichung** durch internationale Abkommen erfahren. In Konstellationen mit Auslandsbezug werden nämlich drei Probleme relevant:

- Das **Problem des Fremdenrechts**: Genießt ein Ausländer im Inland und genießen Inländer im Ausland überhaupt einen Schutz in Bezug auf von ihnen geschaffene Immaterialgüterrechte – und wie weit reicht dieser Schutz?
- Das **kollisionsrechtliche** (international-privatrechtliche) **Problem**: Welches Recht gelangt auf einen Tatbestand mit Auslandsbezug zur Anwendung?
- Das Problem der **Gerichtszuständigkeit**: Welches Gericht ist zur Entscheidung bei einem grenzüberschreitenden immaterialgüterrechtlichen Sachverhalt zuständig?

Das deutsche Immaterialgüterrecht erfasst nach seinem **persönlichen Anwendungsbereich** (und gewährt insoweit Schutz) Inländer (zu denen auch Ausländer mit inländischer Niederlassung zählen).

▶ **FALL:** Der EuGH[16] hat schon 1993 entschieden, dass das Urheberrecht und die verwandten Schutzrechte – insbesondere wegen ihrer Auswirkungen auf den innergemeinschaftlichen Austausch von Gütern und Dienstleistungen – in den Anwendungsbereich des EWG-Vertrags iSv Art. 7 Abs. 1[17] fallen. Das darin niedergelegte allgemeine Diskriminierungsverbot ist auf sie anwendbar, ohne dass es noch erforderlich ist, sie mit den besonderen Vorschriften der Art. 30, 36, 59 und 66 EWG-Vertrag alt[18] in Verbindung zu bringen. Art. 7 Abs. 1 EWG-Vertrag ist dahin auszulegen, dass es gegen diese Vorschrift verstößt, wenn Rechtsvorschriften eines Mitgliedstaats die Urheber und ausübenden Künstler der anderen Mitgliedstaaten sowie diejenigen, die Rechte von ihnen ableiten, von dem nach diesen Rechtsvorschriften den Inländern zuerkannten Recht ausschließen, den Vertrieb eines ohne ihre Einwilligung hergestellten Tonträgers im Inland zu verbieten, wenn die Darbietung im Ausland stattgefunden hat. Indem Art. 7 EWG-Vertrag alt „jede Diskriminierung aus Gründen der Staatsangehörigkeit" verbietet, verlangt er nämlich von jedem Mitgliedstaat, dass er den Personen, die sich in einer gemeinschaftsrechtlich geregelten Situation befinden, die **vollständige Gleichbehandlung** mit seinen Staatsangehörigen gewährleistet, und verwehrt es daher einem Mitgliedstaat, die Gewährung eines ausschließlichen Rechts davon abhängig zu machen, dass es sich um einen Inländer handelt. Die Regelung ist dahin auszulegen, dass sich ein Urheber oder ausübender Künstler eines anderen Mitgliedstaats oder derjenige, der Rechte von ihm ableitet, vor dem nationalen Gericht unmittelbar auf das in dieser Vorschrift niedergelegte Diskriminierungsverbot berufen kann, um Gewährung des Schut-

---

16 EuGH Urt. v. 20.10.1993 – Rs C-92/92 und Rs C-326/92 = NJW 1994, 375 – Phil Collins.
17 In: ex. Art. 12 EGV, heute Art. 18 AEUV – Diskriminierungsverbot.
18 Warenverkehrsfreiheit (Art. 30 EWG-Vertrag), in ex. Art. 23 EGV, heute Art. 28 ff. AEUV; Ausnahmen (Art. 36 EWG-Vertrag), in ex. Art. 30 EGV, heute Art. 36 AEUV; Dienstleistungsverkehrsfreiheit (Art. 59 EWG-Vertrag), in ex. Art. 49 EGV, heute Art. 56 AEUV; Anwendung von Vorschriften der Niederlassungsfreiheit auf Dienstleistungsfreiheit (Art. 66 EWG-Vertrag), in ex. Art. 51, heute Art. 59 AEUV.

zes zu verlangen, der den inländischen Urhebern und ausübenden Künstlern vorbehalten ist. ◀

9 In Bezug auf das deutsche Immaterialgüterrecht gilt für Personen, die im Inland weder einen Wohnsitz, noch einen Unternehmenssitz oder eine Niederlassung haben, im Hinblick auf eine Teilnahme am Verfahren vor dem Deutschen Patent- und Markenamt (DPMA) oder dem Bundespatentgericht (BPatG) und die Geltendmachung entsprechender Rechte Folgendes:

- **Patent- und Gebrauchsmusterrecht:** Gleichstellung von In- und Ausländern (allerdings besteht die Notwendigkeit der Bestellung eines Inlandvertreters [Rechtsanwalt oder Patentanwalt] nach § 25 Abs. 1 PatG bzw. § 28 Abs. 1 GebrMG).
- **Designrecht:** wie vorstehend (Notwendigkeit der Bestellung eines Inlandvertreters nach § 58 Abs. 1 DesignG).
- **Markenrecht:** wie vorstehend (Notwendigkeit der Bestellung eines Inlandvertreters nach § 96 Abs. 1 MarkenG).

10 Der **räumliche Geltungsbereich** des deutschen Immaterialgüterrechts folgt dem **Territorialitätsprinzip** – bei der Unionsmarke, dem Unionsgeschmacksmuster oder dem europäischen Sortenschutz erweitert sich der Schutz aufgrund des Territorialitätsprinzips auf das gesamte Gebiet der EU (und des EWR).

1. Internationale Abkommen (Staatsverträge)

11 Das zentrale Regelwerk im internationalen Recht des geistigen Eigentums ist die **Pariser Verbandsübereinkunft (PVÜ) zum Schutz des gewerblichen Eigentums** vom 20.3.1883[19] – ein mehrseitiger völkerrechtlicher Vertrag zwischen mehr als 176 Staaten, durch den sich diese nach Art. 1 Abs. 1 PVÜ zu einem „Verband zum Schutz des gewerblichen Eigentums" zusammengeschlossen haben.

12 Die PVÜ erfährt Ergänzungen in **Sonderabkommen**, zu denen sich wiederum verschiedene Staaten in Verbänden zusammengeschlossen haben, die nach Art. 19 PVÜ[20] jedoch keine den Bestimmungen des PVÜ zuwiderlaufenden Regelungen enthalten dürfen:

- Das internationale Patent- und Gebrauchsmusterrecht durch den **Vertrag über die internationale Zusammenarbeit auf dem Gebiet des Patentwesens** vom 19.6.1970 (Patent Cooperation Treaty – PCT).[21] Das PCT eröffnet den 152 PCT-Vertragsstaaten die Möglichkeit, mit einer einzigen internationalen Anmeldung in einem Vertragsstaat ein Patent oder Gebrauchsmuster in allen anderen von ihm bestimmten Mitgliedstaaten zu erlangen (**multinationaler Schutz**).[22] Das PCT-Verfahren umfasst eine

---

19 Revidiert in Brüssel am 14.12.1900, in Washington am 2.6.1911, in Den Haag am 6.11.1925, in London am 2.6.1934, in Lissabon am 31.10.1958, in Stockholm am 14.7.1967 und geändert am 14.7.1979.
20 Danach besteht Einverständnis darüber, dass die Verbandsländer sich das Recht vorbehalten, einzeln untereinander Sonderabkommen zum Schutz des gewerblichen Eigentums zu treffen, sofern diese Abkommen den Bestimmungen des PVÜ nicht zuwiderlaufen.
21 Dazu Brandi-Dohrn/Gruber/Muir, Europäisches und Internationales Patentrecht; Dybdahl, Europäisches Patentrecht; Trinks, PCT in der Praxis.
22 Osterrieth, Patentrecht, Rn. 155.

- **internationale Phase** (internationale Recherche gemäß Art. 12 ff. PCT nach dem Stand der Technik sowie Veröffentlichung der Patentanmeldung einschließlich des Rechenschaftsberichts sowie ggf. Antrag auf vorläufige Prüfung) und eine
- **nationale Phase** (in die idR 30 Monate nach Einreichung der internationalen Anmeldung bzw. dem Datum einer ggf. in Anspruch genommenen Priorität überzugehen ist), in der der Anmelder in den Staaten, in denen er das Patent oder Gebrauchsmuster national weiterverfolgen will (bzw. bei einem regionalen Patentamt)[23] einen Prüfungsantrag stellen (und ggf. eine Übersetzung der Patentanmeldung in der Amtssprache einreichen sowie die Anmeldegebühren bezahlen) muss.
- **Insbesondere** Art. 3 des Gesetzes über internationale Patentabkommen vom 21.6.1976[24] (**IntPatÜbkG**)[25] regelt in seinen §§ 1 bis 8 das Verfahren nach dem Patentzusammenarbeitsvertrag in Deutschland.

■ Das internationale Designrecht durch das **Haager Abkommen über die internationale Hinterlegung gewerblicher Muster und Modelle** (Haager Musterabkommen – **HMA**) vom 6.11.1925 (das eine besondere Hinterlegung des Designs in jedem der 65 Mitgliedstaaten, in dem Schutz begehrt wird, obsolet machen will). Durch eine internationale Hinterlegung der Muster oder Modelle kann ein Designinhaber den jeweiligen nationalen Schutzumfang der Verbandsstaaten erwerben (**internationales Hinterlegungsverfahren**). Die Eintragung in das internationale Register des Internationalen Büros der Weltorganisation für geistiges Eigentum (World International Property Organization – **WIPO**)[26] zeigt dieselben Wirkungen wie eine Eintragung in jedem einzelnen vom Anmelder benannten Mitgliedstaat.

■ Das internationale Markenrecht durch das **Madrider Abkommen über die internationale Registrierung von Marken** vom 14.4.1891 (Madrider Markenübereinkommen – **MMA**, dem die EU beigetreten ist)[27] – das (vergleichbar dem HMA) für Marken die Möglichkeit einer internationalen Registrierung schafft (Schaffung einer international registrierten Marke – sog. **IR-Marke**) – sowie das Protokoll zum Madrider Markenabkommen vom 27.6.1989 (**MMP**).

Verfahren:
- Eintragung (bzw. bloße Anmeldung) einer nationalen Marke beim nationalen Markenamt (sog. Basis- oder Ursprungsmarke) mit – in Deutschland – einem Antrag nach § 108 MarkenG auf internationale Registrierung unter Benennung der Erstreckungsländer.

---

23 ZB dem Europäischen Patentamt (EPO), dem Eurasischen Patentamt (EAPO) bzw. den afrikanischen Patentämtern (ARIPO oder OAPI).
24 BGBl. II, S. 649.
25 Gesetz zu dem Übereinkommen vom 27.11.1963 zur Vereinheitlichung gewisser Begriffe des materiellen Rechts der Erfindungspatente (Straßburger Patentübereinkommen) im Vertrag vom 19.6.1970 über die internationale Zusammenarbeit auf dem Gebiet des Patentwesens (**PCT**) und dem Übereinkommen vom 5.10.1973 über die Erteilung europäischer Patente (**Europäisches Patentübereinkommen**).
26 Gegründet am 14.7.1967 durch das Stockholmer Übereinkommen zur Errichtung der Weltorganisation für geistiges Eigentum (BGBl. 1970 II, S. 393). Seit 1974 ist die WIPO Teilorganisation der Vereinten Nationen (UN) mit Sitz in Genf.
27 Seit dem Beitritt der EG zum MMA im Jahre 2004 ist es zu einer Zusammenführung der internationalen registrierten Marke (IR-Marke) mit der EU-Unionsmarke gekommen: „Über eine internationale Registrierung in Genf (kann) auch eine Unionsmarke für den EU-Raum (erlangt werden), und zwar auch für dem MMA nicht angehörige Länder", so Götting, § 7 Rn. 23.

- Weiterleitung des Antrags durch das nationale Markenamt an die WIPO, die die Marke ohne Prüfung im Markenblatt (*Les marques internationales*) veröffentlicht.
- Die WIPO leitet den Anmeldeantrag an die benannten nationalen Markenämter weiter, die das Vorliegen der relativen oder absoluten Schutzhindernisse prüfen.
- Sofern relative oder absolute Schutzhindernisse nicht vorliegen, genießt die IR-Marke damit im Erstreckungsstaat denselben Schutz wie eine nationale Marke.

13 ▶ **Exkurs:** Das internationale Urheberrecht hat durch die **Berner Übereinkunft zum Schutz von Werken der Literatur und Kunst** vom 9.9.1886 – idF der zweiten Revisionskonferenz des Jahres 1908: Revidierte Berner Übereinkunft (RBÜ) – eine internationale Rechtsharmonisierung erfahren. ◀

Anwendungsbereich des PVÜ

14 Der Schutz des gewerblichen Eigentums hat nach Art. 1 Abs. 2 PVÜ zum Gegenstand

- die Erfindungspatente,
- die Gebrauchsmuster,
- die gewerblichen Muster oder Modelle,
- die Fabrik- oder Handelsmarken,
- die Dienstleistungsmarken,
- den Handelsnamen und
- die Herkunftsangaben oder Ursprungsbezeichnungen sowie
- die Unterdrückung des unlauteren Wettbewerbs.

Grundsatz der Inländerbehandlung

15 Art. 2 PVÜ statuiert den Grundsatz der Inländerbehandlung (Assimilationsprinzip) für Angehörige der Verbandsländer. Demgemäß genießen sie nach Art. 2 Abs. 1 PVÜ in allen übrigen Ländern des Verbandes in Bezug auf den Schutz des gewerblichen Eigentums die Vorteile, welche die betreffenden Gesetze den eigenen Staatsangehörigen gegenwärtig gewähren oder in Zukunft gewähren werden, und zwar unbeschadet der durch das PVÜ besonders vorgesehenen Rechte. Infolgedessen haben sie den gleichen Schutz wie diese und die gleichen Rechtsbehelfe gegen jeden Eingriff in ihre Rechte, vorbehaltlich der Erfüllung der Bedingungen und Förmlichkeiten, die den eigenen Staatsangehörigen auferlegt werden. Jedoch darf der Genuss irgendeines Rechts des gewerblichen Eigentums für die Verbandsangehörigen nach Art. 2 Abs. 2 PVÜ keinesfalls von der Bedingung abhängig gemacht werden, dass sie einen Wohnsitz oder eine Niederlassung in dem Land haben, in dem der Schutz beansprucht wird. Ausdrücklich bleiben gemäß Art. 2 Abs. 3 PVÜ die Vorschriften jedes der Verbandsländer über das gerichtliche und das Verwaltungsverfahren und die Zuständigkeit sowie über die Wahl des Wohnsitzes oder die Bestellung eines Vertreters, die etwa nach den Gesetzen über das gewerbliche Eigentum erforderlich sind, vorbehalten.

16 Art. 3 PVÜ stellt gewisse Personengruppen mit den Angehörigen der Verbandsländer gleich: Den Angehörigen der Verbandsländer sind gleichgestellt die Angehörigen der dem Verband nicht angehörenden Länder, die im Hoheitsgebiet eines Verbandslandes

ihren Wohnsitz oder tatsächliche und nicht nur zum Schein bestehende gewerbliche oder Handelsniederlassungen haben.

Mindestrechte

Das PVÜ gewährt besondere Mindestrechte, auf die sich die Verbandsangehörigen im Inland berufen können, bspw. ein

- **Prioritätsrecht** (Art. 4 PVÜ):
  Nach Art. 4 Abs. 1 PVÜ genießt – wer in einem der Verbandsländer die Anmeldung für ein Erfindungspatent, ein Gebrauchsmuster, ein gewerbliches Muster oder Modell, eine Fabrik- oder Handelsmarke vorschriftsmäßig hinterlegt hat, oder sein Rechtsnachfolger – für die Hinterlegung in den anderen Ländern während der in Art. 4 A ff. PVÜ bestimmten Fristen ein Prioritätsrecht. Als prioritätsbegründend wird gemäß Art. 4 A Abs. 2 PVÜ jede Hinterlegung anerkannt, der nach den innerstaatlichen Rechtsvorschriften jedes Verbandslandes oder nach den zwischen den Verbandsländern abgeschlossenen zwei- oder mehrseitigen Verträgen die Bedeutung einer vorschriftsmäßigen nationalen Hinterlegung zukommt.
- **Recht auf Erfinderbenennung** (Art. 4ter PVÜ):
  Der Erfinder hat das Recht, als solcher im Patent genannt zu werden.
- **Telle-quelle-Schutz der Marke** (Art. 6quinquies PVÜ):
  Danach ist jede im Ursprungsland vorschriftsmäßig eingetragene Marke so, wie sie ist (*telle-quelle*), in den anderen Verbandsländern zugelassen und geschützt. Der Telle-quelle-Schutz einer Marke geht damit weiter als der Schutz durch die Inländerbehandlung nach Art. 2 PVÜ, da Letzterer dann nicht eingreift, wenn eine Marke nach dem Recht des Landes nicht als solche anerkannt ist.[28]

Weitere wichtige – allgemein das Recht des internationalen geistigen Eigentums regelnde – **internationale Abkommen** sind etwa das

- **Übereinkommen über die Errichtung der Weltorganisation für geistiges Eigentum** vom 14.7.1967 (WIPO-Konvention) und das
- **Übereinkommen über handelsbezogene Aspekte der Rechte des geistigen Eigentums** vom 15.4.1994 (Agreement on Trade Related Aspects of Intellectual Property Rights – **TRIPS**).

Das TRIPS zielt ausweislich seiner Präambel darauf ab, Verzerrungen und Behinderungen des internationalen Handels unter seinen Mitgliedern zu verringern, unter Berücksichtigung der Notwendigkeit, einen wirksamen und angemessenen Schutz der Rechte des geistigen Eigentums zu fördern sowie sicherzustellen, dass die Maßnahmen und Verfahren zur Durchsetzung der Rechte des geistigen Eigentums nicht selbst zu Schranken für den rechtmäßigen Handel werden. Es normiert in

- Art. 1 Abs. 3 S. 1 einen **fremdenrechtlichen Schutz**: Die Mitglieder gewähren die im TRIPS festgelegte Behandlung den Angehörigen der anderen Mitglieder.
- Art. 3 den **Grundsatz der Inländerbehandlung**.
- Art. 4 den **Grundsatz der Meistbegünstigung**.

---

28 BGH Beschl. v. 17.11.2005 – I ZB 12/04 (BPatG) = GRUR 2006, 589 (590), Rn. 5; Fezer MarkenR, PVÜ Art. 6quinquies Rn. 4.

20 Außerhalb des PVÜ besteht iÜ das **Internationale Übereinkommen zum Schutz von Pflanzenzüchtungen** (PflZSchÜbk) vom 2.12.1961[29] als mehrseitiger völkerrechtlicher Zusammenschluss von Staaten (vergleichbar dem PVÜ) zum Schutz der Pflanzenzüchtungen, das gleichermaßen den Grundsatz der Inländerbehandlung vorgibt.

21 **Zusammenfassung:** Bedingt durch den Umstand, dass geistiges Eigentum, nachdem es der Öffentlichkeit erst einmal offenbart worden ist, global genutzt und verwertet werden kann, hat das Immaterialgüterrecht schon früh Schritte zu einer **Rechtsvereinheitlichung durch internationale Abkommen** erfahren. Dazu gehören bspw. die PVÜ, die durch den PCT und das EPÜ ergänzt wird.

2. Europäischer Rechtsrahmen

a) Verordnungen

22 Im Verordnungswege und dadurch mit allgemeinem wie unmittelbarem Geltungsanspruch (Art. 288 Abs. 3 AEUV: „Die Verordnung hat allgemeine Geltung. Sie ist in all ihren Teilen verbindlich und gilt unmittelbar in jedem Mitgliedstaat") hat die EU – als europäisches Sekundärrecht – die rechtlichen Rahmenbedingungen für eine Unionsmarke, einen gemeinsamen Sortenschutz, und ein Gemeinschaftsgeschmacksmuster geschaffen.

aa) Unionsmarke

23 Die Unionsmarke (European Union trade mark)[30] ist in der VO (EU) Nr. 2017/1001 des Europäischen Parlaments und des Rates vom 14.7.2017 über die Unionsmarke geregelt.[31] Sie gibt EU-weit geltende Regelungen und Bedingungen für die Eintragung einer Unionsmarke vor und bietet durch eine Eintragung in das Register für Unionsmarken beim Amt der Europäischen Union für geistiges Eigentum (EUIPO) in Alicante (fortan: Amt) aufgrund eines entsprechenden Antrags einen einheitlichen Schutzstandard in allen EU-Mitgliedstaaten für die Dauer von zehn Jahren mit unbegrenzter Verlängerungsmöglichkeit. Eine Marke kann damit für den Geltungsbereich aller EU-Mitgliedstaaten einheitlich durch ein Verfahren vor dem Amt zur Anmeldung und damit zur Entstehung gebracht werden. Eine nationale Marke bedarf so – um unionsweite Geltung zu erlangen – keiner Erstreckung mehr nach dem MMA (als IR-Marke).

bb) Gemeinsamer Sortenschutz

24 Einen **gemeinsamen Sortenschutz**[32] gewährt die VO (EG) Nr. 2100/94 vom 27.7.1994 über den gemeinschaftlichen Sortenschutz.

cc) Gemeinschaftsgeschmacksmuster

25 Das Gemeinschaftsgeschmacksmuster auf der Grundlage der VO (EG) Nr. 6/2002 (GGVO)[33] bietet seit dem 1.4.2003 durch eine Eintragung in das Register für Gemeinschaftsgeschmacksmuster beim EUIPO (Amt) in Alicante (als eingetragenes Gemeinschaftsgeschmacksmuster) aufgrund eines entsprechenden Antrags bei diesem oder

---

29 BGBl. II 1998, 258.
30 Bis 2016: Gemeinschaftsmarke.
31 ABl. Nr. 2 154, S. 1.
32 ABl. EG Nr. 2 227 vom 1.9.1994.
33 Zuletzt geändert durch Anh. III 2. III. ÄndEU-BeitrAkt 2013 vom 9.12.2011 (ABl. 2012 L 112 S. 21).

beim DPMA (vgl. dazu näher die §§ 62 ff. DesignG)³⁴ einen einheitlichen Schutzstandard gegen jede unzulässige gewerbliche Nutzung des geschützten Musters (Designs) in allen EU-Mitgliedstaaten für die Dauer von fünf Jahren (der um jeweils weitere fünf Jahre bis zu einer Gesamtlaufzeit von 25 Jahren verlängerbar ist).³⁵

Beachte: Die GGVO schützt – anders als das deutsche DesignG – auch ein **nicht eingetragenes Gemeinschaftsgeschmacksmuster**, das (sofern das Geschmacksmuster [Design] neu ist und Eigenart aufweist) Nachahmungsschutz für eine Dauer von drei Jahren allein schon durch seine Offenbarung gegenüber der Öffentlichkeit genießt. Gegenüber dem eingetragenen Gemeinschaftsgeschmacksmuster trägt hier aber der Inhaber des Rechts das Risiko, da er ggf. den Beweis dafür antreten muss, dass sein Muster (Design) durch die Offenbarung dem Schutz der GGVO unterfällt.

dd) Europäisches Patentübereinkommen

Durch das Europäische Patentübereinkommen (EPÜ) vom 5.10.1973 wurde zum einen die Europäische Patentorganisation (EPO) geschaffen und zum anderen die Erteilung Europäischer Patente geregelt. Nach einer einzigen Patentanmeldung beim Europäischen Patentamt (EPA) – dem Organ der EPO – erfolgt ein einheitliches Prüf-, Erteilungs- und Einspruchsverfahren vor dem EPA. In der Anmeldung müssen die EPÜ-Vertragsstaaten benannt werden, in denen Schutz für eine Erfindung durch das Europäische Patent gewünscht wird. Alternativ kann dieser Antrag auch im PCT-Verfahren durch Einleitung der regionalen Phase nach Abschluss der internationalen Phase gestellt werden.

26

Der Begriff „Europäisches Patent" ist allerdings irreführend. Es handelt sich dabei nämlich nicht um ein europaweit geltendes einheitliches Patent, sondern (nach Wahl des Anmelders) nur um ein „Bündel nationaler Patente", die das EPA nach entsprechender Prüfung dem Anmelder erteilt. Das Europäische Patent ist zwar mit den von den nationalen Patentämtern erteilten Patenten gleichwertig. Werden mehrere Patente für verschiedene Vertragsstaaten erteilt, beurteilt sich ihr Schutzumfang aber nicht einheitlich, sondern nur nach Maßgabe des im jeweiligen EPÜ-Vertragsstaat für dessen nationale Patentrechte geltenden Schutzbereichs. Der Vorteil für den Anmelder besteht darin, dass er nicht in jedem einzelnen EPÜ-Vertragsstaat eine gesonderte Patentanmeldung beantragen muss.

27

ee) Perspektive: EU-Patent bzw. Europäisches Patent mit einheitlicher Schutzwirkung

In der Diskussion steht seit längerem ein EU-Patent bzw. Einheitspatent (Europäisches Patent mit einheitlicher Wirkung – EPeW). Geplant war ein Inkrafttreten zum 1.1.2014 in allen EU-Staaten (mit Ausnahme von Italien und Spanien) auf der Grundlage der „Verstärkten Zusammenarbeit zwischen den EU-Mitgliedstaaten"³⁶ in Gestalt einer VO zum einheitlichen Patentschutz:

28

---

34 Das GeschmG wurde mit Wirkung zum 1.1.2014 durch das DesignG ersetzt. Näheres zum DesignG nachstehendes Kapitel 5.
35 Mit dem zum 1.1.2014 in Kraft getretenen Designgesetz (DesignG) beträgt der Schutz von nationalen deutschen Designs 25 Jahre (vgl. § 27 Abs. 2 DesignG). Mit dem DesignG wurde das deutsche Geschmacksmusterrecht modernisiert. Was sich allein schon in der novellierten Bezeichnung „Design" niederschlägt.
36 Vgl. zum Verfahren der Verstärkten Zusammenarbeit die Art. 326, 327 und 329 AEUV.

(VO (EU) Nr. 1257/2012 des Europäischen Parlaments und des Rates vom 17.12.2012 über die Umsetzung der Verstärkten Zusammenarbeit im Bereich der Schaffung eines einheitlichen Patentschutzes (**Einheitspatent-VO**),[37] flankiert von einer

VO (EU) Nr. 1260/2012 des Rates vom 17.12.2012 über die Umsetzung der Verstärkten Zusammenarbeit im Bereich der Schaffung eines einheitlichen Patentschutzes im Hinblick auf die anzuwendenden Übersetzungsregelungen (**Einheitspatent-Übersetzungs-VO**) und einem

internationalen Abkommen zur Schaffung eines einheitlichen Patentgerichts – Übereinkommen über ein Europäisches Patentgericht 2013/C 175/01 (**EPGÜ**).

(1) Verfahren

29 Nach Art. 7 EPGÜ soll Paris Sitz des Patentgerichts der EU (erster Instanz für Nichtigkeits- und Verletzungsklagen mit Außenstellen in München [und London][38]) werden – nach Art. 9 Abs. 5 EPGÜ soll in Luxemburg die Berufungsinstanz angesiedelt werden. Für die Patenterteilung soll nach Art. 9 Einheitspatent-VO das **Europäische Patentamt (EPA)** in München zuständig sein, das damit nicht zu einer EU-Behörde werden soll, sondern ausführendes Organ der Europäischen Patentorganisation (EPO, vorstehende Rn. 26) als neuer internationaler Organisation. Das EPA ist bisher schon für die Erteilung des **Europäischen Patents** zuständig, das im Unterschied zum geplanten EU-Patent bzw. Einheitspatent für das Europäische Patent nach dem EPÜ aber nur das Patenterteilungsverfahren zentralisiert und ein Bündel nationaler Patente verleiht (Rn. 27).

30 Das Erteilungsverfahren soll nach Maßgabe des EPÜ erfolgen (weswegen die EU dem EPÜ beitreten will). Über einen Einspruch gegen die Patenterteilung soll das EPA entscheiden. Mit dem Einheitspatent soll Rechtsschutz für die gesamte EU verliehen werden (**einheitliches Patent für die gesamte EU**) bzw. für die Staaten, die an der „Verstärkten Zusammenarbeit" teilnehmen.

31 Zur **Sprachenproblematik**: Die Anmeldung soll in einer offiziellen EU-Amtssprache erfolgen (und ggf. eine Übersetzung in eine der drei Amtssprachen des EPA [Englisch, Deutsch oder Französisch] erfahren). Die Veröffentlichung soll in dieser Verfahrenssprache und allen anderen EU-Amtssprachen (allerdings in maschineller Übersetzung) erfolgen, die Erteilung des Patents in der Verfahrenssprache. Es sollen reale Übersetzungen der Patentansprüche und eine maschinelle Übersetzung der Patentbeschreibung eingereicht werden.

(2) Hindernisse: BVerfG und EPÜG-ZustG

32 Das BVerfG hat mit Beschluss vom 13.2.2020[39] im deutschen Zustimmungsgesetz zum EPGÜ (**EPGÜ-ZustG**) einen Verstoß gegen Art. 23 Abs. 1 S. 3 iVm Art. 79 Abs. 2 GG gesehen.[40] Das EPGÜ ist ein völkerrechtlicher Vertrag, der ausschließlich EU-Mitgliedstaaten offensteht (vgl. Art. 84 Abs. 1 und Abs. 4 iVm Art. 2 Buchst. b EPGÜ).[41] Das EPGÜ-ZustG überträgt Hoheitsrechte auf ein **Einheitliches Patentgericht** und steht in

---

[37] Als besonderes Übereinkommen iSv Art. 142 des Übereinkommens über die Erteilung europäischer Patente vom 5.10.1973 (EPÜ), geändert am 17.12.1991 und am 29.11.2000.
[38] Infolge des BREXITs (Austritt des Vereinigten Königreichs aus der EU) obsolet.
[39] BVerfG Beschl. v. 13.2.2020 – 2 BvR 739/17 = GRUR 2020, 506 ff.
[40] BVerfG Beschl. v. 13.2.2020 – 2 BvR 739/17 = GRUR 2020, 506, Ls. 3.
[41] BVerfG Beschl. v. 13.2.2020 – 2 BvR 739/17 = GRUR 2020, 506, Rn. 2.

einem Ergänzungs- oder sonstigem besonderen Näheverhältnis zum Integrationsprogramm der EU. Es bewirkt der Sache nach eine materielle Verfassungsänderung, war vom Bundestag jedoch nicht mit der gemäß Art. 23 Abs. 1 S. 3 iVm Art. 79 Abs. 2 GG erforderlichen Zwei-Drittel-Mehrheit beschlossen worden. Als im März 2017 das EPGÜ-ZustG im Bundestag zur Abstimmung stand, waren nur 35 der 600 Abgeordneten anwesend, die das Gesetz einstimmig annahmen.[42] Das EPGÜ-ZustG verletzt nach Ansicht des BVerfG den Beschwerdeführer daher in seinem grundrechtsgleichen Recht aus Art. 38 Abs. 1 S. 1 iVm Art. 20 Abs. 1 und Abs. 2 iVm Art. 79 Abs. 3 GG.[43] Daraufhin hatten Bundestag und Bundesrat das Gesetz im November und Dezember 2020 wortgleich erneut – diesmal mit der notwendigen Zweidrittelmehrheit[44] – beschlossen. Im Nachgang wurden gegen das Gesetz per Eilantrag zwei neue Verfassungsbeschwerden[45] erhoben, die bis heute noch nicht entschieden sind.[46] Allerdings ist ein erneuter Erfolg der Verfassungsbeschwerden unwahrscheinlich, denn bereits im Beschluss zur ersten Verfassungsbeschwerde stellte das BVerfG fest, dass es neben der fehlenden Zweidrittelmehrheit an einer substantiierten Darlegung (§§ 23 Abs. 1 S. 2, 92 BVerfGG) einer möglichen Verletzung des Rechts aus Art. 38 Abs. 1 S. 1 GG (Demokratieprinzip, Verfassungsidentität, Ultra vires-Kontrolle) fehle.[47]

---

42 https://www.lto.de/recht/hintergruende/h/bverfg-2-bvr-739-17-deutsche-zustimmung-eu-einheitspatent-nichtig-hoheitsuebertragungsrechte-kontrolle-minderheitsvotum-drei-richter/.
43 BVerfG Beschl. v. 13.2.2020 – 2 BvR 739/17 = GRUR 2020, 506, Rn. 142.
44 Tilmann, GRUR 2021, 435.
45 Az. 2 BvR 2216/20 ua.
46 https://www.lto.de/recht/nachrichten/n/bverfg-eu-einheitliches-patentgericht-europaeisches-einheitspatent-zum-zweiten-mal-warten-ausfertigung-unterschrift-bundespraesident-steinmeier/.
47 Tilmann, GRUR 2021, 435; BVerfG Beschl. v. 13.2.2020 – 2 BvR 739/17 = GRUR 2020, 506, Rn. 105 und 106: Zwar wird mit den die Regelungen des EPGÜ über die Bestellung und Rechtsstellung der Richter am Einheitlichen Patentgericht betreffenden Rügen auch deren über Art. 38 Abs. 1 S. 1 GG unmittelbar rügefähige demokratische Legitimation (Art. 20 Abs. 1 und 2 S. 1 GG) angesprochen. Soweit der Beschwerdeführer geltend macht, es fehle an einer hinreichend bestimmten Rechtsgrundlage für die Ernennung der Richter sowie an einer parlamentarischen Mitwirkung, um durch die richterliche Tätigkeit bewirkte Grundrechtseingriffe zu legitimieren, könnte dies in der Sache als Geltendmachung einer nicht hinreichenden demokratischen Legitimation für die Ausübung richterlicher Gewalt durch das Einheitliche Patentgericht verstanden werden. Indes genügen diese Ausführungen nicht, um die Möglichkeit einer Verletzung des Demokratieprinzips gemäß Art. 20 Abs. 1 und 2 iVm Art. 79 Abs. 3 GG ausreichend darzulegen. Neben der sachlich-inhaltlichen Legitimation der richterlichen Tätigkeit durch das EPGÜ-ZustG verfügen die Richter des Einheitlichen Patentgerichts auch aus Sicht des Grundgesetzes über eine personelle Legitimation. Die Ernennung der Richter durch den Verwaltungsausschuss bedarf der Einstimmigkeit, so dass der deutsche Vertreter insoweit gleichberechtigt und entscheidend mitwirkt. Im Hinblick darauf sowie im Hinblick auf den Umstand, dass eine Beteiligung Deutschlands an supranationalen Gerichten vom BVerfG bislang noch nie in Zweifel gezogen wurde (vgl. BVerfG Urt. v. 22.10.1986 – 2 BvR 197/83 = BVerfGE 73, 339 (366 ff.) = NJW 1987, 577; BVerfG Urt. v. 24.7.2018 – 2 BvR 1961/09 = BVerfGE 149, 346 = NJW 2018, 3374, Rn. 36 f., 41, 43), hätte es einer näheren Auseinandersetzung mit den Anforderungen an die demokratische Legitimation von Rechtsprechungsaufgaben im supranationalen Kontext und der einschlägigen Rechtsprechung des BVerfG bedurft. Die Bezugnahme auf die Rechtsprechung des BVerfG erschöpft sich jedoch ersichtlich in einer schlichten Übertragung für den innerstaatlichen Bereich entwickelter Bestimmtheitserfordernisse. Dass an einen völkerrechtlichen Vertrag, der mit anderen Vertragsparteien ausgehandelt werden muss, insoweit nicht dieselben Anforderungen an Bestimmtheit und Regelungsdichte gestellt werden können wie an ein Gesetz (vgl. BVerfG Urt. v. 29.10.1987 – 2 BvR 624/83 = BVerfGE 77, 170 (231 f.) = NJW 1988, 1651; BVerfG Urt. v. 12.10.1993 – 2 BvR 2134/92 = BVerfGE 89, 155 (187 f.) = NJW 1993, 3047), wird von der Verfassungsbeschwerde nicht thematisiert. Auch ist ihr keine spezifische Begründung dafür zu entnehmen, warum die Regelungen über das Verfahren der Richterernennung und insbesondere das Erfordernis des Einvernehmens der im Verwaltungsausschuss vereinigten Vertreter der Mitgliedstaaten (Art. 16 Abs. 2 EPGÜ) in Ansehung der Bindung der Richter des Einheitlichen Patentgerichts an Recht und Gesetz (vgl. Art. 24 EPGÜ) kein hinreichendes Legitimationsniveau vermitteln sollten.

33 Mit dem EPGÜ und der darin vorgesehenen Errichtung des Einheitlichen Patentgerichts haben die Vertragsmitgliedstaaten eine funktionale Alternative zu der in Art. 262 AEUV vorgesehenen Übertragung von Rechtsprechungsaufgaben auf den EuGH gewählt, für die es bislang an einer Rechtsgrundlage fehlte. Damit haben sie das Integrationsprogramm des Vertrags von Lissabon verändert, dem in Art. 262 AEUV vorgesehenen Weg faktisch die Grundlage entzogen und die Möglichkeit eines neuen Typus einheitlicher Gerichtsbarkeit im gewerblichen Rechtsschutz in Anlehnung an die EU geschaffen, weil es weder für den vertraglich vorgezeichneten Weg des Art. 262 AEUV noch für eine Änderung der Verträge nach Art. 48 AEUV die notwendige Einstimmigkeit gab.[48] Aus der Sicht von Art. 23 Abs. 1 S. 3 GG ist dies eine Änderung der vertraglichen Grundlagen der EU und damit ein Fall „vergleichbarer Regelungen".[49] Unabhängig von der konkreten Ausgestaltung der Patentgerichtsbarkeit bewirkt eine Übertragung von Rechtsprechungsaufgaben unter Verdrängung deutscher Gerichte eine inhaltliche Änderung des Grundgesetzes iSv Art. 23 Abs. 1 S. 3 GG. Die rechtsprechende Gewalt wird nach Art. 92 GG durch das BVerfG, die Bundesgerichte und die Gerichte der Länder ausgeübt. Jede Übertragung von Rechtsprechungsaufgaben auf zwischenstaatliche Gerichte modifiziert diese umfassende Rechtsprechungszuweisung und bedeutet insoweit eine materielle Verfassungsänderung. Sie berührt nicht nur die grundrechtlichen Garantien des GG, weil deutsche Gerichte insoweit keinen Grundrechtsschutz mehr gewähren können, sondern berührt auch die konkrete Ausgestaltung der Gewaltenteilung nach Art. 20 Abs. 2 S. 2 GG.[50]

34 Die Einheitspatent-VO soll nach ihrem Art. 18 Abs. 2 Alt. 2 erst am Tag nach Inkrafttreten der EPGÜ in Kraft treten. Das EPGÜ wiederum sollte nach Art. 89 Abs. 1 EPGÜ am 1.1.2014 in Kraft treten oder am ersten Tag des vierten Monats nach Hinterlegung der dreizehnten Ratifikations- oder Beitrittsurkunde gemäß Art. 84 EPGÜ, einschließlich der Notwendigkeit einer Hinterlegung durch die drei Staaten, in denen es im Jahr vor dem Jahr der Unterzeichnung des Übereinkommens die meisten geltenden europäischen Patente gab, oder am ersten Tag des vierten Monats nach dem Inkrafttreten der Änderungen der VO (EU) Nr. 1215/2012, die das Verhältnis zwischen jener VO und diesem Übereinkommen betreffen, je nachdem, welcher Zeitpunkt später liegt. Im Jahr vor der Unterzeichnung des EPGÜ gab es in Frankreich, Italien und Deutschland die meisten geltenden europäischen Patente. Somit ist die Ratifizierung des EPGÜ durch ein entsprechendes Zustimmungsgesetz Deutschlands, das mit einer Zweidrittelmehrheit vom Deutschen Bundestag verabschiedet werden muss, notwendige Voraussetzung für das Inkrafttreten des EPGÜ und damit für die Einheitspatent-VO.

Diesen Anforderungen ist der Deutsche Bundestag 2021 endlich nachgekommen.(3) Aktueller Stand

35 Damit existiert augenblicklich – 2021 – einzig das sog. **Europäisches Patent** (Rn. 26 f.). Das Europäische Patent wird vom EPA in einem einheitlichen Erteilungsvorgang für die in seiner Anmeldung genannten Vertrags- oder Erstreckungsstaaten des EPÜ zum Schutz einer Erfindung gewährt. Die Voraussetzungen für die Patentierbarkeit einer Erfindung sind in Art. 52 bis 57 EPÜ geregelt.[51] Das Europäische Patent ist **kosteninten-**

---

48 BVerfG Beschl. v. 13.2.2020 – 2 BvR 739/17 = GRUR 2020, 506, Rn. 155.
49 BVerfG Beschl. v. 13.2.2020 – 2 BvR 739/17 = GRUR 2020, 506, Rn. 156.
50 BVerfG Beschl. v. 13.2.2020 – 2 BvR 739/17 = GRUR 2020, 506, Rn. 157.
51 Ausführlich in Götting §§ 33 und 34.

siv, weil es Übersetzungen in die Sprache jedes Staates erfordert, für den Schutz beansprucht wird, und es ist nicht **einheitlich**, weil es nach seiner Erteilung in ein **Bündel nationaler Patente zerfällt** (Rn. 27), die unterschiedlichen nationalen Patentregelungen unterworfen sind.[52]

Nachdem die Ratifikation des EPÜG durch den Deutschen Bundestag mit der erforderlichen Zweidrittelmehrheit nachgekommen ist (Rn. 34), wird der **Start des neuen einheitlichen Patentsystems** – dem EU-Patent (Europäisches Patent mit einheitlicher Schutzwirkung) – nach Information des EPA nach derzeitigem Stand für die zweite Hälfte 2022 erwartet. Damit sind nun seitens Deutschlands die Hindernisse der für das einheitliche Patentsystem untrennbar verbunden Voraussetzungen für die Errichtung des Einheitlichen Patentgerichts beseitigt (mit Zuständigkeit für das Einheitspatent und klassische europäische Patente). Zunächst wird das Einheitspatent aller Voraussicht nach aber nicht für alle teilnehmenden Mitgliedstaaten gelten. Dies liegt darin begründet, dass noch nicht alle dieser Staaten das EPGÜ ratifiziert haben, wenn es in Kraft tritt (d.h. am ersten Tag des vierten Monats nach Hinterlegung der 13. Ratifikations- oder Beitrittsurkunde – sofern darunter die Urkunden der drei Staaten sind, in denen es 2012 die meisten gültigen europäischen Patente gab, mithin Deutschland, Frankreich und Italien). Aufgrund später noch nachfolgender Ratifikationen wird es unterschiedliche „Generationen von Einheitspatenten" mit unterschiedlicher territorialer Reichweite geben.

b) Richtlinien

Eine **Rechtsvereinheitlichung in der EU** ist auch durch das Instrument der **Richtlinie** möglich (mit dem korrespondierenden Erfordernis einer Umsetzung der Richtlinie [Transformation] in die jeweilige nationale Rechtsordnung). In Bezug auf das Recht des geistigen Eigentums sind bspw. folgende Richtlinien erlassen worden:

36

- RL 89/104/EWG vom 21.12.1988 zur Angleichung der Rechtsvorschriften der Mitgliedstaaten über Marken.
- RL 91/250/EWG vom 14.5.1991 über den Rechtsschutz von Computerprogrammen.
- RL 92/100/EWG vom 19.11.1992 zum Vermietrecht und Verleihrecht sowie zu bestimmten dem Urheberrecht verwandten Schutzrechten im Bereich des geistigen Eigentums.
- RL 93/83/EWG vom 29.9.1993 zur Koordinierung bestimmter urheber- und leistungsschutzrechtlicher Vorschriften betreffend Satellitenrundfunk und Kabelweiterverbreitung.
- RL 93/98/EWG vom 29.10.1993 zur Harmonisierung der Schutzdauer des Urheberrechts und bestimmter verwandter Schutzrechte.
- RL 96/9/EG vom 11.3.1996 über den rechtlichen Schutz von Datenbanken.
- RL 98/44/EG vom 6.7.1998 über den rechtlichen Schutz biotechnologischer Erfindungen.
- RL 98/71/EG vom 13.10.1998 über den rechtlichen Schutz von Mustern und Modellen.

---

52 Cassardt, Creifelds Rechtswörterbuch, „Europäisches Patent".

- RL 2001/29/EG vom 22.5.2001 zur Harmonisierung bestimmter Aspekte des Urheberrechts und der verwandten Schutzrechte in der Informationsgesellschaft.
- RL 2004/48/EG vom 29.4.2004 zur Durchsetzung der Rechte des geistigen Eigentums (Enforcement-RL[53]).
- RL 2008/95/EG vom 22.10.2008 zur Angleichung der Rechtsvorschriften in den Mitgliedstaaten über die Marken (durch die die RL 89/104/EWG inhaltlich geändert wurde).
- RL 2015/2436/EU vom 16.12.2015 zur Angleichung der Rechtsvorschriften der Mitgliedstaaten über die Marken (fortan MarkenRL, durch die die RL 2008/95/EG inhaltlich geändert wurde, und die mit ihrem wesentlichen Inhalt seit dem 12.1.2016 aufgrund Art. 56 Abs. 1 MarkenRL in Kraft ist). Daneben umfasst die RL die Änderung der Gemeinschaftsmarkenverordnung (EG) Nr. 207/2009.[54]

37 Die **Richtlinie** ist nach Art. 288 Abs. 3 AEUV für jeden Mitgliedstaat, an den sie gerichtet ist, hinsichtlich des zu erreichenden Ziels verbindlich – überlässt jedoch den innerstaatlichen Stellen die Wahl der Form und des Mittels. Sie bedarf – anders als eine VO (vorstehende Rn. 22 ff.) – grundsätzlich, um Verbindlichkeit zu erlangen, einer Umsetzung (Transformation) in die jeweilige nationale Rechtsordnung.

38 **Zusammenfassung:** Die EU hat im Verordnungswege eine Reihe von Unions- und Gemeinschaftsschutzrechten geschaffen, nämlich die Unionsmarke, einen gemeinsamen Sortenschutz, ein Gemeinschaftsgeschmacksmuster und kürzlich auch ein EU-Patent (Europäisches Patent mit einheitlicher Wirkung), dessen Regelungen allerdings noch nicht in Kraft getreten sind. Daneben erfolgt eine Rechtsharmonisierung in der EU im Wege des Erlasses diverser Richtlinien.

Frage 1: Welche beiden Rechtsmaterien unterfallen dem Begriff des Immaterialgüterrechts (Recht des geistigen Eigentums) und was ist deren gemeinsamer Schutzgegenstand?
Frage 2: In welchen Spezialgesetzen sind die gewerblichen Schutzrechte in Deutschland geregelt?
Frage 3: Warum ist der Begriff „Europäisches Patent" nach dem EPÜ irreführend?

III. Schutzbereich

39 Der gewerbliche Rechtsschutz und das Urheberrecht schützen das **„geistige Eigentum"**, das durch seinen immateriellen Charakter gekennzeichnet ist.

40 Das **Urheberrecht** schützt in Abgrenzung zum gewerblichen Rechtsschutz Werke der Literatur, Wissenschaft und Kunst (vgl. § 1 UrhG – mithin ein kulturelles Schaffen) und damit persönliche geistige Schöpfungen des Urhebers (§ 2 Abs. 2 UrhG) im kulturellen Bereich.

41 Der **gewerbliche Rechtsschutz** schützt hingegen eine „gewerbliche geistige Leistung" (mithin ein technisches Schaffen) – erfasst werden somit insbesondere technische Schutzrechte (Patent- und Gebrauchsmuster), iÜ aber auch Kennzeichenrechte und Designs.

---

53 ABl. EU Nr. L 195 vom 2.6.2004, S. 16.
54 Renvert, IP kompakt, Ausgabe Februar 2016, S. 2.

III. Schutzbereich

Eisenmann/Jautz[55] weisen darauf hin, dass an ein- und demselben Gegenstand aber sowohl ein Urheberrecht als auch ein gewerbliches Schutzrecht bestehen kann.

Im Einzelnen:

Technische Erfindungen: Das **Patent** schützt als subjektives Recht an einer Erfindungsidee nach § 1 PatG (entsprechend Art. 52 EPÜ [Patentierbare Erfindungen] im europäischen Patentrecht) Erfindungen auf allen Gebieten der Technik (mithin technische Leistungen), sofern sie neu sind, auf einer erfinderischen Tätigkeit beruhen und gewerblich anwendbar sind (nachstehendes Kapitel 2, Rn. 4).

Technische Leistungen, die „nur" eines erfinderischen Schrittes bedürfen: Das **Gebrauchsmuster** schützt als subjektives Recht an einer Erfindungsidee nach § 1 Abs. 1 GebrMG Erfindungen (mithin gleichermaßen, wie das Patent, technische Leistungen), die neu sind, aber nur auf einem „erfinderischen Schritt" beruhen müssen (Gebrauchsmuster als „kleiner Bruder" des Patents) und gewerblich anwendbar sind (Kapitel 4 Rn. 4).

Patent und Gebrauchsmuster werden auch als **technische Schutzrechte** bezeichnet.

Gestaltungsleistungen: Als eingetragenes Design wird nach § 2 Abs. 1 DesignG zugunsten des Entwerfers (Designers) ein Design (mithin eine ästhetische Gestaltung [Form] – Schutz von zwei- oder dreidimensionalen Gestaltungen) als subjektives Recht an einem Formgedanken geschützt, das neu ist und Eigenart hat. „Das Designrecht (ist) ein eigenständiges Immaterialgüterrecht [...] (design-approach), das sich von der Verwandtschaft zum Urheberrecht gelöst und an die technischen Schutzrechte sowie an das Markenrecht angenähert hat".[56] Durch die Schaffung eines Designs entsteht nach § 7 Abs. 1 S. 1 DesignG ein Recht auf das Design. Mit der Eintragung des Designs in das von der Markenstelle des DPMA in Jena geführte Register für eingetragene Desings gelangt das Vollrecht – das Recht aus dem Design (§ 38 Abs. 1 und 2 DesignG) – zur Entstehung. In der Folge tritt eine absolute Sperrwirkung des Erstentwerfers (auch – vorbehaltlich eines Vorbenutzungsrechts nach § 41 DesignG – gegenüber einem Doppelentwerfer) ein. Der Schutzrechteinhaber hat das ausschließliche Recht zur Nutzung (Herstellung, Anbieten, Inverkehrbringen) des eingetragenen Designs. Er kann es Dritten verbieten, das Design ohne seine Zustimmung zu nutzen.

---

55 Eisenmann/Jautz, Rn. 8 – die als Beispiele einen Bilderrahmen oder eine Schnalle nennen.
56 Götting, § 5 Rn. 28; BGH Urt. v. 7.10.2020 – I ZR 137/19 (OLG Düsseldorf) = GRUR 2021, 473 – Papierspender: 1. Der Schutzfähigkeit eines Erzeugnisses als (Gemeinschafts-) Geschmacksmuster steht es nicht entgegen, dass für dasselbe Erzeugnis ein technisches Schutzrecht beantragt oder erteilt wurde (Fortführung von BGH Urt. v. 9.2.1966 – Ib 13/64 = GRUR 1966, 681 (683) – Laternenflasche). 2. Die Ansprüche, Beschreibungen und Zeichnungen der Patentoffenlegungsschrift für ein Erzeugnis zählen zu den für den Einzelfall maßgeblichen objektiven Umständen, die nach der Rechtsprechung des EuGH (Urt. v. 8.3.2018 – C-395/16 = GRUR 2018, 612, Rn. 38 = WRP 2018, 546 – DOCERAM) bei der gemäß Art. 8 Abs. 1 der VO (EG) Nr. 6/2002 über das Gemeinschaftsgeschmacksmuster (GGV) vorzunehmenden Prüfung zu würdigen sind, ob Erscheinungsmerkmale ausschließlich durch die technische Funktion des Erzeugnisses bedingt sind. Die Patentoffenlegungsschrift kann Aufschluss darüber geben, welche Merkmale des Erzeugnisses die dem Patent zugrundeliegende technische Lehre verwirklichen und daher zumindest auch technisch bedingt sind. 3. Jedoch erlaubt das Fehlen von Erwägungen zur visuellen Erscheinung des Erzeugnisses in einer Patentoffenlegungsschrift für sich genommen genauso wenig den Schluss auf die ausschließlich technische Bedingtheit eines Erscheinungsmerkmals wie das Vorhandensein von Erwägungen zu dessen technischer Funktion. Vielmehr ist in beiden Fällen zu prüfen, ob außerhalb der Patentoffenlegungsschrift liegende Umstände auf eine visuelle Bedingtheit des betreffenden Erscheinungsmerkmals hindeuten.

47 **Überschneidungen des Designrechts mit dem Urheberrecht** kann es bei Werken der Kunst geben,[57] wobei für das Designrecht das Kriterium der „Eigenart" und für das Urheberrecht das der „Schöpfungshöhe" (persönliche geistige Schöpfung iSv § 2 Abs. 2 UrhG – was jedoch auch einen Schutz der sog. kleinen Münze mit umfasst) maßgeblich ist. Im Unterschied zu anderen Immaterialgüterrechten gewährt das Designrecht dem Entwerfer nur den wirtschaftlichen Wert des verselbstständigten ästhetischen Gedankens – nicht jedoch einen Schutz persönlicher Interessen (vgl. aber § 10 DesignG: Recht auf Entwerferbenennung), weshalb es ein **reines Immaterialgüterrecht** ist.[58]

48 **Marketingleistung:** Der **Markenschutz** erfasst nach § 3 Abs. 1 MarkenG den Schutz von Zeichen (insbesondere von Wörtern einschließlich des Personennamens, Abbildungen, Buchstaben, Zahlen, Hörzeichen, dreidimensionalen Gestaltungen einschließlich der Form einer Ware oder ihrer Verpackung sowie sonstige Aufmachungen einschließlich Farben, Farbzusammenstellungen und Klängen), die geeignet sind, Waren oder Dienstleistungen eines Unternehmens von denjenigen anderer Unternehmen zu unterscheiden. Geschützt sind **Zeichen zur Individualisierung** – dh Kennzeichnung – von Waren oder Dienstleistungen. Dabei geht der Schutz auf die kreative Originalität der Zeichengestaltung (**Werbeleistung**). Die Marke kann aufgrund der Entstehung des Markenschutzes (vgl. § 4 MarkenG)

- förmliches Recht (nach Prüfung der materiellen und formellen Entstehungsvoraussetzungen sowie Eintragung des Zeichens ins Markenregister des DPMA [**Registermarke**]) oder
- sachliches Recht (Benutzung des Zeichens im geschäftlichen Verkehr und Erlangung von Verkehrsgeltung [**Benutzungsmarke**] bzw. notorische Bekanntheit [**Notorietätsmarke**])

sein.
Der Markeninhaber hat das ausschließliche Recht zur Nutzung des Zeichens zwecks Kennzeichnung seiner Waren oder Dienstleistungen. Er kann anderen nach § 14 Abs. 2 MarkenG die Benutzung eines identischen oder ähnlichen Zeichens für identische oder ähnliche Waren bzw. Dienstleistungen verbieten, wenn Verwechslungsgefahr besteht. Ein erweiterter Schutz besteht, wenn es sich um eine bekannte Marke handelt. Die Marke ist ein im geschäftlichen Verkehr verselbstständigtes geistiges Zeichen (Symbol), das auf die Kennzeichnung von Waren oder Dienstleistungen gerichtet ist. Persönlichkeitsrechtliche Aspekte gewinnen vor allem dann an Bedeutung, wenn Prominente ihren Namen als Marke schützen lassen (Stichwort: Personenmerchandising). Als Immaterialgüterrecht ist die Marke ein Hinweis auf die Herkunft von Waren oder Dienstleistungen. Markenrecht und Urheberrecht können ggf. „nebeneinander treten und sich gegenseitig ergänzen".[59]

49 Weiterhin erfasst der Markenschutz auch **geschäftliche Zeichen**, mithin

- gemäß § 5 Abs. 1 MarkenG **Unternehmenskennzeichen** (dh nach § 5 Abs. 2 S. 1 MarkenG Zeichen, die im geschäftlichen Verkehr als Name [§ 12 BGB], als Firma [§ 17 HGB] oder als besondere Bezeichnung eines Geschäftsbetriebs oder eines Unternehmens benutzt werden) und

---

57 So Eisenmann/Jautz, Rn. 9 – Möglichkeit einer Koexistenz.
58 So Götting, § 5 Rn. 29.
59 Eisenmann/Jautz, Rn. 10.

III. Schutzbereich

- **Werktitel** (dh nach § 5 Abs. 3 MarkenG die Namen oder besonderen Bezeichnungen von Druckschriften, Filmwerken, Tonwerken, Bühnenwerken oder sonstigen vergleichbaren Werken).

Dem Markenschutz unterfallen zudem **geographische Herkunftsangaben** (§ 1 Nr. 3 MarkenG – wobei allerdings umstritten ist, ob es sich dabei um ein Immaterialgüterrecht handelt),[60] dh nach § 126 Abs. 1 MarkenG die Namen von Orten, Gegenden, Gebieten oder Ländern sowie sonstige Angaben oder Zeichen, die im geschäftlichen Verkehr zur Kennzeichnung der geographischen Herkunft von Waren oder Dienstleistungen benutzt werden – und die im geschäftlichen Verkehr nicht für Waren oder Dienstleistungen benutzt werden dürfen, die nicht aus dem Ort, der Gegend, dem Gebiet oder dem Land stammen, das durch die geographische Herkunftsangabe bezeichnet wird, wenn bei der Benutzung solcher Namen, Angaben oder Zeichen für Waren oder Dienstleistungen anderer Herkunft eine Gefahr der Irreführung über die geographische Herkunft besteht (so § 127 Abs. 1 MarkenG).

Beachte: Der gemeinschaftsrechtliche Schutz von geographischen Angaben und Ursprungsbezeichnungen für Agrarerzeugnisse und Lebensmittel nach der VO Nr. 510/2006 vom 20.3.2006[61] (zwischenzeitlich aufgehoben durch die VO (EU) 1157/2012 über Qualitätsregelungen für Agrarerzeugnisse und Lebensmittel)[62] ist nach Ansicht des EuGH[63] im Falle einer über die VO hinausgehenden nationalen Regelung gemeinschaftsrechtlich zulässig.

Pflanzensorten: Sortenschutz für neue Pflanzensorten wird nach § 1 Abs. 1 Sortenschutzgesetz (SortenSchG) – ähnlich dem Patentschutz – für eine Pflanzensorte erteilt, wenn sie unterscheidbar, homogen, beständig, neu und durch eine eintragbare Sortenbezeichnung bezeichnet ist.

Topographien: Dreidimensionale Strukturen von mikroelektronischen Halbleitererzeugnissen (Topographien) genießen (ähnlich dem Gebrauchsmusterschutz) **Halbleiter-(Topographie-)schutz** nach § 1 Abs. 1 S. 1 des Gesetzes über den Schutz von Topographien von mikroelektronischen Halbleitererzeugnissen (HalblSchG), wenn und soweit sie Eigenart aufweisen, mithin als Ergebnis geistiger Arbeit nicht nur durch die bloße Nachbildung einer anderen Topographie hergestellt und nicht alltäglich sind (so § 1 Abs. 2 HalblSchG).

Im Hinblick auf das System der gewerblichen Schutzrechte untereinander gehen die spezielleren Rechte, die auf spezialgesetzlichen Regelungen beruhen (dh die **Sonderschutzrechte**), dem **allgemeinen Leistungsschutz** vor. Sonderrechteschutz genießen das

- Patent,
- Gebrauchsmuster,
- Design und die
- Kennzeichenrechte.

---

60 Näher Götting, § 5 Rn. 36.
61 ABl. EU Nr. L 93 vom 31.3.2006, S. 12.
62 ABl. Nr. 2 343/1 vom 14.12.2012.
63 EuGH Urt. v. 7.11.2000 – Rs. C-312/98 = GRUR 2001, 64 – Warsteiner – zur Vorgängerregelung der VO (EWG) Nr. 2081/92.

54 Der allgemeine Leistungsschutz ist demgegenüber nachrangig. Er wird beim Vorliegen besonderer (zusätzlicher) unlauterkeitsspezifischer Voraussetzungen nach Maßgabe des **Gesetzes gegen den unlauteren Wettbewerb (UWG)** gewährt.

55 **Schutzgegenstand des Rechts des unlauteren Wettbewerbs (UWG):** Das UWG schützt als Sonderdeliktsrecht nach seinem § 1 (Zweck des Gesetzes) Mitbewerber, Verbraucher sowie sonstige Marktteilnehmer vor unlauteren geschäftlichen Handlungen. Es schützt zugleich auch das Interesse der Allgemeinheit an einem unverfälschten Wettbewerb.

56 So handelt nach § 4 Nr. 3 UWG „unlauter", wer Waren oder Dienstleistungen anbietet, die eine **Nachahmung** der Waren oder Dienstleistungen eines Mitbewerbers sind, wenn er

- eine vermeidbare Täuschung der Abnehmer über die betriebliche Herkunft herbeiführt (Buchst. a),
- die Wertschätzung der nachgeahmten Ware oder Dienstleistung unangemessen ausnutzt oder beeinträchtigt (Buchst. b) bzw.
- die für die Nachahmung erforderlichen Kenntnisse oder Unterlagen unredlich erlangt hat (Buchst. c).

57 Die genannten Beispielsfälle einer unlauteren geschäftlichen Handlung sind Konstellationen des **ergänzenden**, dh gegenüber dem Sonderrechtsschutz nachrangigen **wettbewerbsrechtlichen Leistungsschutzes**. Dieser bildet traditionell eine eigenständige Fallgruppe unlauteren Verhaltens im UWG. Wer eine (nach § 3 bzw. § 7 UWG) unzulässige geschäftliche Handlung vornimmt (konkret: einen Verstoß gegen § 3 Abs. 1 iVm § 4 Nr. 3 UWG begeht), kann gemäß § 8 Abs. 1 UWG auf Beseitigung bzw. auf Unterlassung – und ggf. nach § 9 UWG auch auf Schadensersatz oder gemäß § 10 UWG auf Gewinnabschöpfung – in Anspruch genommen werden.

58 **Schutzgegenstand des Urheberrechts:** Dem hingegen schützt das Urheberrecht den Urheber von Werken – die nach § 2 Abs. 2 UrhG nur **persönliche geistige Schöpfungen** sind – der Literatur, Wissenschaft und Kunst (vgl. § 1 UrhG), insbesondere (dh beispielhaft)

- Sprachwerke (wie Schriftwerke, Reden und Computerprogramme [vgl. zu diesen die Sonderregelungen der §§ 69a ff. UrhG: Besondere Bestimmungen für Computerprogramme]),
- Werke der Musik,
- pantomimische Werke einschließlich der Werke der Tanzkunst,
- Werke der bildenden Künste einschließlich der Werke der Baukunst und der angewandten Kunst und Entwürfe solcher Werke,
- Lichtbildwerke einschließlich der Werke, die ähnlich wie Lichtbildwerke geschaffen werden,
- Filmwerke einschließlich der Werke, die ähnlich wie Filmwerke geschaffen werden bzw.
- Darstellungen wissenschaftlicher oder technischer Art, wie Zeichnungen, Pläne, Karten, Skizzen, Tabellen und plastische Darstellungen,

so § 2 Abs. 1 UrhG.

IV. Spezifika des geistigen Eigentums

Beachte: Gebrauchsgegenstände (die bereits einem gewerblichen Schutzrecht unterfallen) müssen – um auch urheberrechtsfähig zu sein (dh damit ihnen Werkqualität iSv § 2 Abs. 2 UrhG zukommt) – „über die technisch notwendigen oder auch nur technisch bedingten Gestaltungsmerkmale hinausgehend [...] einen durch eine künstlerische Leistung geschaffenen ästhetischen Gehalt" aufweisen.[64]

Zusammenfassung: Der gewerbliche Rechtsschutz und das Urheberrecht schützen das „geistige Eigentum", das durch seinen immateriellen Charakter gekennzeichnet ist. Während das Urheberrecht Werke der Literatur, Wissenschaft und Kunst – mithin ein kulturelles Schaffen – schützt, zielt der Schutz des gewerblichen Rechtsschutzes auf eine „gewerbliche geistige Leistung".

Die durch den gewerblichen Rechtsschutz und das Urheberrecht in Einzelgesetzen geschützten Immaterialgüterrechte gehen wegen ihrer spezialgesetzlichen Regelungen als Sonderschutzrechte dem allgemeinen Leistungsschutz, den das Gesetz gegen den unlauteren Wettbewerb (UWG) gewährt, vor.

Frage 4: Was ist ein Unternehmenskennzeichen, und wie kann es geschützt werden? Nennen Sie bitte einige Ihnen bekannte Unternehmenskennzeichen.
Frage 5: Was ist eine geographische Herkunftsangabe, und wie wird sie geschützt?
Frage 6: Nennen Sie bitte Beispiele urheberrechtlich geschützter Werke.
Frage 7: Können Gebrauchsgegenstände, die bereits über den gewerblichen Rechtsschutz Schutz genießen, auch urheberrechtsfähig sein?

IV. Spezifika des geistigen Eigentums

Da die Gewährung eines gewerblichen Schutzrechts dem jeweiligen Inhaber – für eine begrenzte Zeit (vgl. hinsichtlich eines Patents nach § 16 PatG: 20 Jahre) – eine Monopolstellung iS eines Ausschließlichkeitsrechts (vgl. § 9 PatG) verleiht, bedarf dies einer Rechtfertigung.

Warum gewährt die Rechtsordnung bspw. dem Erfinder (vgl. § 6 PatG) ein absolutes Vorzugsrecht gegenüber Dritten und misst dadurch dem „geistigen Eigentum" den Charakter eines absoluten Rechts zu? Warum wird geistiges Eigentum also überhaupt geschützt?

In der Literatur werden dazu verschiedene Theorien vertreten:

- **Eigentumstheorie:** Basierend auf den Ideen der Naturrechtslehre und der Philosophie der Aufklärung geht die Eigentumstheorie von der Idee eines natürlichen Eigentums aus, weshalb eine gewerblich nutzbare neue Erfindung als Ausdruck der Persönlichkeit des Erfinders aufgrund seiner Phantasie und seines Geschicks in dessen „Eigentum" stehen soll.
- **Ansporntheorie:** Die Verleihung einer Monopolstellung iS eines Ausschließlichkeitsrechts soll aus einer ex ante-Betrachtung heraus den Ansporn des potenziellen Erfinders steigern, seine Bereitschaft, für technische Innovationen Zeit, Intelligenz uA aufzuwenden, womit die Option der Belohnung Ansporn für seine Mühen sind.
- **Belohnungstheorie:** Der Erfinder soll wegen seiner Mühen nach erfolgter Offenbarung seiner Erfindung – da er sich um die Allgemeinheit verdient gemacht hat (aus einer ex post-Betrachtung heraus) – belohnt werden.

---

[64] Eisenmann/Jautz, Rn. 8.

- **Vertragstheorie:** Wie in einem im Gegenseitigkeitsverhältnis (Synallagma) stehenden Vertrag, bei dem der eine Vertragspartner nur deshalb leistet, weil der andere dies auch tut (*do ut des*), offenbart der Erfinder der Allgemeinheit im Gegenzug für die Gewährung bspw. eines Patents die Erfindung iS neuen technischen Wissens.

V. Spezifische Kennzeichen aller Schutzrechte des geistigen Eigentums

63   Das Recht des geistigen Eigentums ist primär dem Privatrecht – als Sonderprivatrecht – zuzuordnen, wenngleich Teile auch öffentlich-rechtlicher Natur (zB das Verfahren vor dem DPMA – §§ 34 ff. PatG, §§ 4 ff. GebrMG, §§ 32 ff. MarkenG bzw. §§ 11 ff. DesignG) bzw. (Neben-) Strafrecht (§ 142 PatG, § 25 GebrMG, § 143 bzw. § 144 MarkenG oder § 51 DesignG) sind.

64   Das Recht des geistigen Eigentums regelt Rechte an **unkörperlichen, verselbstständigten Geistesgütern.**[65] Die Vermögensverhältnisse an körperlichen Gegenständen (Eigentum – Sachen iSv § 90 BGB) werden dabei durch das jeweilige Immaterialgüterrecht „überlagert".

65   ▶ **Beispiel:** Das Eigentum an einer unter Verstoß gegen ein fremdes Patentrecht gebauten und veräußerten Maschine ist mit einem Rechtsmangel (§ 435 BGB) behaftet, was in seiner Konsequenz dazu führt, dass dem (gutgläubigen) Käufer – bei dem die Maschine bspw. im Rahmen einer Zollbeschlagnahme nach § 142a Abs. 1 PatG wirksam konfisziert wird – gemäß § 437 BGB (wie im Falle eines Sachmangels, vgl. § 434 BGB) gegen den Verkäufer Gewährleistungsrechte zustehen. ◀

66   Die Immaterialgüterrechte werden als subjektiv-private und absolute Rechte (dh Ausschließlichkeitsrechte, die gegenüber jedermann wirken) qualifiziert.[66]

67   Als **absolute Rechte** sind die Immaterialgüterrechte durch dreierlei gekennzeichnet, nämlich durch einen

- positiven Inhalt (§ 9 PatG, § 11 GebrMG, § 14 Abs. 1 MarkenG bzw. § 38 DesignG), einen
- negativen Inhalt (mit korrespondierenden Unterlassungs- [§ 139 Abs. 1 PatG, § 24 Abs. 1 GebrMG, § 14 Abs. 5 MarkenG bzw. § 42 Abs. 1 DesignG] und ggf. Schadensersatzansprüchen [§ 139 Abs. 2 PatG, § 24 Abs. 2 GebrMG, § 14 Abs. 6 MarkenG oder § 42 Abs. 2 DesignG] gegen unberechtigte Dritte) sowie die
- Möglichkeit einer strafrechtlichen Sanktionierung (vgl. § 142 PatG, § 25 GebrMG, § 143 bzw. 144 MarkenG oder § 51 DesignG).

VI. Entstehungsvoraussetzungen

68   Immaterialgüterrechte können auf unterschiedliche Weise zur Entstehung gelangen,[67] nämlich dadurch, dass

- der Staat sie durch einen formalen staatlichen Akt (bspw. eine Registrierung) auf einen entsprechenden Antrag hin nach einer Prüfung der gesetzlichen Voraussetzungen hin verleiht (sog. **förmliche Rechte**). Oder aber, dass die Rechte allein

---

65   So Eisenmann/Jautz, Rn. 4.
66   So Eisenmann/Jautz, Rn. 5.
67   So Eisenmann/Jautz, Rn. 6.

VI. Entstehungsvoraussetzungen

- aufgrund des Vorliegens der gesetzlichen (materiellen Entstehenungs-)Voraussetzungen (sog. **sachliche Rechte**)[68] ohne Antragstellung und ohne staatliches Prüfungs- und/oder Verleihungsverfahren entstehen.

Förmliche Immaterialgüterrechte, die erst aufgrund Prüfung und staatlicher Verleihung zur Entstehung gelangen, sind etwa das

- Patent (vgl. §§ 34 ff. PatG – Verfahren vor dem DPMA),
- Gebrauchsmuster (vgl. § 4 GebrMG – Anmeldung des Gebrauchsmusters),
- Design (vgl. §§ 11 ff. DesignG – Eintragungsverfahren) bzw. die
- eingetragene Marke (vgl. §§ 32 ff. MarkenG – Eintragungsverfahren).

Sachliche Immaterialgüterrechte – die im Hinblick auf ihre Entstehung keiner staatlichen Prüfung und Verleihung (Registrierung) bedürfen –, dh die allein schon beim Vorliegen ihrer materiell rechtlichen Entstehungsvoraussetzungen Geltung und Schutz beanspruchen, sind bspw.

- das Urheberrecht (das durch eine geistige Schöpfung zur Entstehung gelangt, vgl. § 7 UrhG, wonach der Urheber der „Schöpfer" des Werkes ist),
- die Benutzungsmarke nach § 4 Nr. 2 MarkenG (die durch die bloße Benutzung eines Zeichens im geschäftlichen Verkehr zur Entstehung gelangt, soweit das Zeichen innerhalb der beteiligten Verkehrskreise als Marke Verkehrsgeltung erworben hat),
- Unternehmenskennzeichen und Werktitel nach § 5 Abs. 1 MarkenG (durch ihre bloße Benutzung) oder
- Geschäftszeichen nach § 5 Abs. 2 S. 2 MarkenG (mit der Geltung als Kennzeichen).

> *Zusammenfassung:* Das Immaterialgüterrecht regelt Rechte an unkörperlichen, verselbstständigten Geistesgütern. Immaterialgüterrechte sind Ausschließlichkeitsrechte, die gegenüber jedermann wirken – sog. absolute Rechte. Sie können entweder als förmliche Rechte durch einen formalen staatlichen (Verleihungs-) Akt entstehen oder als sachliche Rechte allein aufgrund des Vorliegens der gesetzlichen Voraussetzungen.

Frage 8: Warum wird geistiges Eigentum überhaupt geschützt? Welche Theorien werden dazu vertreten?
Frage 9: Nennen Sie bitte einige Spezifika, die allen Schutzrechten des geistigen Eigentums gemein sind.
Frage 10: Erläutern Sie bitte den Unterschied zwischen förmlichen und sachlichen Rechten und nennen Sie jeweils ein Beispiel dafür.

> *Zusammenfassung: Schutz des geistigen Eigentums*
>
> **Gewerblicher Rechtsschutz**
>
> Unter dem Oberbegriff „gewerblicher Rechtsschutz" wird eine Reihe gesetzlich geregelter Immaterialgüterrechte zusammengefasst (zB das Patent, das Gebrauchsmuster, das Design oder die Kennzeichenrechte), die alle den einen Zweck verfolgen, nämlich das geistige Schaffen auf unternehmerischem Gebiet zu schützen.

---

68 So Eisenmann/Jautz, Rn. 6.

Geistiges Eigentum

Das Immaterialgüterrecht umfasst den gewerblichen Rechtsschutz und das Urheberrecht. Schutzgegenstand ist eine „geistige Leistung". Der gewerbliche Rechtsschutz und das Urheberrecht schützen das „geistige Eigentum", das auch als Intellectual Property bezeichnet wird. Geistiges Eigentum bildet den Gegenbegriff zum Sacheigentum und bezieht sich auf immaterielle Güter, wie zB Patente, Gebrauchsmuster, Kennzeichenrechenrechte oder Designs, aber auch Namen, Erfindungen, Know-how oder Texte usw. Im deutschen Recht sind die einzelnen Immaterialgüterrechte in mehreren Spezialgesetzen (PatG, GebrMG, MarkenG, DesignG bzw. UrhG) geregelt.

73

immaterielle gewerbliche Rechtsgüter	Schutz geregelt im ...	kurz
Patente	Patentgesetz idF der B. vom 16.12.1980	PatG
Gebrauchsmuster	Gebrauchsmustergesetz idF der B. vom 28.8.1986	GebrMG
Design	Gesetz über den rechtlichen Schutz von Designs vom 24.2.2004 – Designrecht	DesignG
Kennzeichen (dh Marken, geschäftliche Bezeichnungen und geographische Herkunftsangaben)	Gesetz über den Schutz von Marken und sonstigen Kennzeichen vom 25.10.1994 – Markengesetz	MarkenG
(Pflanzen-) Sorten	Sortenschutzgesetz idF der Bekanntmachung vom 19.12.1997	SortSchG
Halbleiter	Gesetz über den Schutz der Topographien von mikroelektronischen Halbleitererzeugnissen vom 22.10.1987 – Halbleiterschutzgesetz	HalbLSchG
Schutz vor unlauteren Verhaltensweisen	Gesetz gegen den unlauteren Wettbewerb idF der Bekanntmachung vom 3.3.2010	UWG

ANTWORTEN AUF KONTROLLFRAGEN

Frage 1: Welche beiden Rechtsmaterien unterfallen dem Begriff des Immaterialgüterrechts (Recht des geistigen Eigentums) und was ist deren gemeinsamer Schutzgegenstand?
Dem Begriff des Immaterialgüterrechts (Recht des geistigen Eigentums) unterfallen die Rechtsmaterien des gewerblichen Rechtsschutzes und des Urheberrechts, deren gemeinsamer Schutzgegenstand eine geistige Leistung ist.

Frage 2: In welchen Spezialgesetzen sind die gewerblichen Schutzrechte in Deutschland geregelt?
Die gewerblichen Schutzrechte sind in folgenden Sondergesetzen geregelt:

- Patent → PatG
- Gebrauchsmuster → GebrMG

VI. Entstehungsvoraussetzungen

- Design (vormalige Bezeichnung: Geschmacksmuster) → DesignG
- Kennzeichenrechte → MarkenG
- Sortenschutz → SortSchG
- Halbleiterschutz → HalbLSchG
- ergänzender wettbewerbsrechtlicher Leistungsschutz → UWG

Frage 3: Warum ist der Begriff „Europäisches Patent" nach dem EPÜ irreführend?
Die Bezeichnung „Europäisches Patent" beschreibt – entgegen dem Wortlaut – nicht ein europaweit einheitlich und mit gleichen Rechtswirkungen geltendes Patent, sondern ein „Bündel nationaler Patente" mit jeweils unterschiedlichem Schutzumfang nach Maßgabe der nationalen Rechtsordnungen. Das immer noch nicht in Kraft getretene EU-Patent oder Einheitspatent beschreibt ein Patent mit einem einheitlichen Schutzumfang in all jenen EU-Mitgliedstaaten, die das EPGÜ einmal ratifiziert haben werden.

Frage 4: Was ist ein Unternehmenskennzeichen und wie kann es geschützt werden? Nennen Sie einige Ihnen bekannte Unternehmenskennzeichen.
Ein Unternehmenskennzeichen ist ein Zeichen, das im geschäftlichen Verkehr als Name (vgl. § 12 BGB), als Firma (§ 17 Abs. 1 HGB) oder als besondere Bezeichnung eines Geschäftsbetriebs bzw. eines Unternehmens benutzt wird (§ 5 Abs. 2 S. 1 MarkenG). Es kann nach § 5 Abs. 1 MarkenG Markenschutz genießen. Unternehmenskennzeichen sind bspw. alle Formen von Etablissementsbezeichnungen (wie bspw. „Hotel Goldener Löwe" oder „Gasthaus Schwanenschlösschen"), „Rathausapotheke" oder Firmenbezeichnungen.

Frage 5: Was ist eine geographische Herkunftsangabe und wie wird sie geschützt?
Nach § 127 MarkenG genießen geographische Herkunftsangaben Markenschutz. Eine geographische Herkunftsangabe wird in § 126 MarkenG als Name von Orten, Gegenden, Gebieten oder Ländern sowie als sonstige Angaben oder als Zeichen definiert, die im geschäftlichen Verkehr zur Kennzeichnung der geographischen Herkunft von Waren oder Dienstleistungen benutzt werden. Beispiele: Scotch Whisky, Leipziger Marzipan, Meißener Porzellan oder Nürnberger Lebkuchen. Auch eine mittelbare Kennzeichnung reicht aus, etwa die Form der Bocksbeutelflasche, die auf die Herkunft des Weins aus Franken verweist. Geographische Herkunftsangaben dürfen im geschäftlichen Verkehr nicht für Waren oder Dienstleistungen benutzt werden, die nicht aus dem Ort, der Gegend, dem Gebiet oder dem Land stammen, das durch die geographische Herkunftsangabe bezeichnet wird, wenn dadurch eine Gefahr der Irreführung über die geographische Herkunft hervorgerufen wird (so § 127 Abs. 1 MarkenG). Etwas anderes gilt dann, wenn die geographische Herkunftsbezeichnung über die Zeit hinweg – mangels Rechtsverteidigung – ihre Herkunftsbezeichnung verloren hat und Gattungsbezeichnung geworden ist, bspw. Pilsener, Lyoner, Hamburger, Frankfurter Würstchen, Dresdner Stollen, Wiener Schnitzel oder Schwarzwälder Kirsch.

Frage 6: Nennen Sie bitte Beispiele urheberrechtlich geschützter Werke.
§ 2 Abs. 1 UrhG schützt Sprachwerke (bspw. Buchtitel, aber auch Computerprogramme), Werke der Musik (Kompositionen der E- und U-Musik), Werke der bildenden Kunst (Gemälde, Zeichnungen, Radierungen) einschließlich der Werke der Baukunst (zB besondere Formgebungen, etwa runde oder vieleckige Gebäude, Dachkonstruktionen) und der angewandten Kunst (dh der Alltagskunst) und Entwürfe solcher Werke, Lichtbildwerke (Photografien), Filmwerke (Fernseh- und Kinofilme), des Weiteren aber auch Darstellungen wissenschaftlicher oder technischer Art (in Büchern und Zeitschriften, wie bspw. Zeichnungen, Pläne, Karten, Skizzen, Tabellen und plastische Darstellungen).

Frage 7: Können Gebrauchsgegenstände, die bereits über den gewerblichen Rechtsschutz Schutz genießen, auch urheberrechtsfähig sein?

Ja, wenn ihnen Werkqualität iSv § 2 Abs. 2 UrhG zukommt. Derartige Gebrauchsgegenstände müssen einen durch eine künstlerische Leistung geschaffenen „ästhetischen Gehalt" aufweisen, der über die technisch notwendigen oder auch nur technisch bedingten Gestaltungsmerkmale hinausreicht.

Frage 8: Warum wird geistiges Eigentum geschützt? Welche Theorien werden dazu vertreten?

Geistiges Eigentum wird wegen der Annahme geschützt, dass eine gewerblich nutzbare neue Erfindung (vergleichbar dem Sacheigentum) „geistiges Eigentum" des Erfinders darstellt (Eigentumstheorie). Teilweise wird auch darauf abgestellt, dass die Rechtsordnung dem Erfinder durch die Einräumung eines Schutzrechts für geistige Leistungen einen Ansporn für seine Mühen setzt (Ansporntheorie) bzw. – weil er sich durch die Erfindung um die Allgemeinheit verdient gemacht hat – belohnen muss (Belohnungstheorie). Auch die Idee, der Erfinder offenbare nur gegen die Gewährung eines vermögenswerten Schutzrechts der Öffentlichkeit sein Erfinderwissen (Vertragstheorie), spielt eine Rolle.

Frage 9: Nennen Sie bitte einige Spezifika, die allen Schutzrechten des geistigen Eigentums gemein sind

Die Schutzrechte des geistigen Eigentums regeln im Unterschied zum Sacheigentum die Ansprüche und Vermögensrechte an unkörperlichen, verselbstständigten Geistesgütern. Es sind subjektiv-private, dh allein dem Inhaber des Immaterialgüterrechts zustehende absolute Rechte. Deshalb sind sie Ausschließlichkeitsrechte, die gegenüber jedermann wirken und damit von Dritten respektiert werden müssen. Dadurch wird der positive Inhalt des Immaterialgüterrechts umschrieben. Das Immaterialgüterrecht beinhaltet aber auch einen negativen Inhalt, der dem Rechteinhaber Abwehr- und ggf. auch Schadensersatzansprüche gegen eine unberechtigte Inanspruchnahme durch Dritte sowie einen strafrechtlichen Schutz gewährt.

Frage 10: Erläutern Sie bitte den Unterschied zwischen förmlichen und sachlichen Rechten und nennen Sie jeweils ein Beispiel dafür.

Es geht dabei um die Frage, wie Immaterialgüterrechte zur Entstehung gelangen. Förmliche Rechte entstehen nach vorangegangener Prüfung durch einen formalen staatlichen (Verleihungs-) Akt, während sachliche Rechte bereits allein aufgrund des bloßen Vorliegens der gesetzlichen Voraussetzungen entstehen.
Förmliches Immaterialgüterrecht: zB das Patent oder Gebrauchsmuster.
Sachliches Immaterialgüterrecht: zB das Urheberrecht. ◄

2. Kapitel: Patentrecht (nationales deutsches Patentrecht und europäisches Patentrecht)

Das deutsche Patentrecht ist vornehmlich im Patentgesetz (**PatG**)[1] geregelt, das die materiellen und formellen Voraussetzungen einer Patenterteilung (als rechtsgestaltendem Verwaltungsakt iSv § 35 VwVfG) durch das Deutsche Patent- und Markenamt (**DPMA**) regelt. Das PatG wird ergänzt durch die Patentverordnung (**PatVO**),[2] die die formellen Voraussetzungen einer Patentanmeldung konkretisiert, und durch das Patentkostengesetz (**PatKostG**),[3] das die Grundlage für die Erhebung von Gebühren im Patenterteilungsverfahren bildet. Da der größte Teil aller Erfindungen durch Arbeitnehmer im Rahmen ihrer Beschäftigung bei einem Arbeitgeber gemacht werden, bedarf auch die Rechtsbeziehung zwischen Arbeitnehmererfinder und Arbeitgeber einer eingehenden Regelung. Diese ist im Gesetz über Arbeitnehmererfindungen (**ArbNErfG**)[4] erfolgt. 1

Es bestehen gegenwärtig **drei Möglichkeiten**, um in Deutschland Patentschutz für eine Erfindung zu erlangen: 2

- **Der nationale Weg – Territorialitätsprinzip:** Patentschutz kann über die Anmeldung der Erfindung auf der Grundlage des **PatG** beim **DPMA** erlangt werden. Dieses Vorgehen wird nachfolgend (Rn. 3 ff.) dargestellt.
- **Der europäische Weg:** Patentschutz kann im Rahmen des **EPÜ** (Übereinkommen über die Erteilung Europäischer Patente vom 5.10.1973[5] als Sonderabkommen iSv Art. 19 PVÜ und regionaler Vertrag iS des PCT)[6] erlangt werden (vorstehendes 1. Kapitel, Rn. 26 f.). Über das EPÜ kann für alle oder einige der gegenwärtig 36 EPÜ-Vertragsstaaten – und damit ggf. auch für Deutschland – ein Europäisches Patent (Art. 2 Abs. 1 EPÜ) beantragt werden, das nach seiner Erteilung durch das Europäische Patentamt (**EPA**) nach Maßgabe des Gesetzes über internationale Patentübereinkommen[7] (sofern der Anmelder die Benennung „Deutschland" vorgenommen hat) seinem Schutzumfang nach materiellem deutschen Recht, mithin dem PatG, unterfällt.
- **Der internationale Weg:** Patentschutz kann auch im Rahmen des Patentzusammenarbeitsvertrages (Patent Cooperation Treaty – PCT) erlangt werden (1. Kapitel, Rn. 11). Im Rahmen des **PCT** kann über eine internationale Anmeldung für alle oder einige PCT-Vertragsstaaten (Bestimmungsstaaten) ein Patenterteilungsverfahren eröffnet werden, das dann aber als nationales (nach Maßgabe des PatG) oder europäisches Verfahren (EPÜ) fortgeführt wird.

---

1 IdF der Bekanntmachung vom 16.12.1980, zuletzt geändert mit Wirkung vom 8.4.2018 durch Art. 4 des Gesetzes vom 8.10.2017 (BGBl. I S. 3546).
2 Vom 1.9.2003 (BGBl. I S. 170).
3 Vom 13.12.2001 (BGBl. I S. 3656).
4 Vom 25.7.1957 in der im BGBl. III Nr. 422 – 1 bereinigten Fassung.
5 Zuletzt geändert durch die Revision des EPÜ vom 29.11.2000 mit Wirkung zum 13.12.2007. Vgl. auch die Ausführungsverordnung zum Übereinkommen über die Erteilung europäischer Patente vom 9.10.1973 (AO-EPÜ).
6 Götting, § 32 Rn. 1.
7 Gesetz zu dem Übereinkommen vom 27.11.1963 zur Vereinheitlichung gewisser Begriffe des materiellen Rechts der Erfinderpatente, den Vertrag vom 19.6.1970 über die internationale Zusammenarbeit auf dem Gebiet des Patentwesens und dem Übereinkommen vom 5.10.1973 über die Erteilung europäischer Patente (Gesetz über internationale Patentübereinkommen) vom 21.6.1976 (BGBl. II, S. 649).

- **Einheitspatent:** Künftig soll auch die Möglichkeit eines einheitlichen Patentschutzes eröffnet werden in Gestalt eines vom **EPA** erteilten **EU-Patents**, dem auf Antrag des Patentinhabers einheitliche Wirkung innerhalb der EU zukommt[8] (1. Kapitel, Rn. 28 ff.). Wann mit einer Ratifizierung in Deutschland zu rechnen ist, kann gegenwärtig noch nicht abgesehen werden.

I. Patenterteilungsvoraussetzungen

3   Patente werden vom DPMA als zuständiger Behörde mit Sitz in München – und Außenstellen in Jena, Berlin und Hauzenberg bei Passau – beim Vorliegen bestimmter

- *materieller* (vgl. § 1 PatG)[9] und
- *formeller* Voraussetzungen (§§ 34 ff. PatG)

durch rechtsgestaltenden Verwaltungsakt (§ 35 VwVfG) erteilt.

1. Materiell-rechtliche Patenterteilungsvoraussetzungen

4   Patente werden nach § 1 Abs. 1 PatG (respektive Art. 52 Abs. 1 EPÜ, vgl. auch § 1 Abs. 1 GebrMG) erteilt, wenn alle materiellen Schutzvoraussetzungen vorliegen (**Patentfähigkeit**). Es werden daher Patente erteilt für

- **Erfindungen** (Rn. 8 ff.) auf **allen Gebieten der Technik**, sofern sie
- **neu** (Rn. 30 ff.) sind,
- auf einer **erfinderischen Tätigkeit** (Rn. 47 ff.) beruhen und
- (da Schutzgut eine gewerbliche Leistung ist) **gewerblich anwendbar** (Rn. 53 ff.) sind.

a) Prüfungsschema Patenterteilung

5   Materiell-rechtliche Patenterteilungsvoraussetzungen (vgl. § 1 Abs. 1 PatG):

- *Erfindungen* auf allen Gebieten der Technik (technische oder biotechnologische Erfindungen), sofern sie
  - *neu* sind (§ 3 PatG),
  - auf einer *erfinderischen Tätigkeit* beruhen (§ 4 PatG) und
  - *gewerblich* anwendbar sind (§ 5 PatG).
- **Prüfung des Negativkatalogs § 1 Abs. 3 PatG:** Als Erfindungen iS des § 1 Abs. 1 PatG werden *nicht* angesehen:
  - Entdeckungen, wissenschaftliche Theorien und mathematische Methoden (Nr. 1),
  - ästhetische Formschöpfungen (Nr. 2),
  - Pläne, Regeln und Verfahren für gedankliche Tätigkeiten, für Spiele oder für geschäftliche Tätigkeiten sowie Programme für Datenverarbeitungsanlagen (Nr. 3), sowie
  - die Wiedergabe von Informationen (Nr. 4).

---

[8] Stieper, Das Recht der europäischen Union, Rn. 33.
[9] Vgl. auch Art. 52 Abs. 1 EPÜ.

I. Patenterteilungsvoraussetzungen

- **Ausschluss aus dem Schutzbereich:** *Nicht* geschützt werden nach
  - **§ 1 a Abs. 1 PatG:** Der menschliche Körper (einschließlich der Keimzellen) sowie die bloße Entdeckung eines seiner Bestandteile
  - **§ 2 Abs. 1 PatG:** Erfindungen, deren gewerbliche Verwertung gegen die öffentliche Ordnung oder gegen die guten Sitten verstoßen würde
  - **§ 2 Abs. 2 S. 1 Nr. 1 PatG:** Verfahren zum Klonen von menschlichen Lebewesen
  - **§ 2 Abs. 2 S. 1 Nr. 2 PatG:** Verfahren zur Veränderung der genetischen Identität der Keimbahn des menschlichen Lebewesens
  - **§ 2 Abs. 2 S. 1 Nr. 3 PatG:** Die Verwendung von menschlichen Embryonen zu industriellen oder kommerziellen Zwecken
  - **§ 2 Abs. 2 S. 1 Nr. 4 PatG:** Verfahren zur Veränderung der genetischen Identität von Tieren
  - **§ 2 a Abs. 1 Nr. 1 PatG:** Pflanzensorten und Tierrassen sowie im Wesentlichen biologische Verfahren zur Züchtung von Pflanzen und Tieren
  - **§ 2 a Abs. 1 Nr. 2 PatG:** Verfahren zur chirurgischen oder therapeutischen Behandlung des menschlichen oder tierischen Körpers und Diagnoseverfahren

b) Patentierbare Erfindung

Der Gesetzgeber hat den Begriff der „Erfindung" im PatG nicht definiert. Es fehlt eine Legaldefinition. Ebenso wenig ist eine Definition im GebrMG erfolgt. Vielmehr bestimmt § 1 Abs. 3 PatG (bzw. Art. 52 Abs. 2 EPÜ, respektive § 1 Abs. 2 GebrMG) in **negativer Hinsicht**, dass als „Erfindungen" iSv § 1 Abs. 1 PatG (respektive „als Gegenstand eines Gebrauchsmusters", so § 1 Abs. 2 GebrMG) „insbesondere" (dh beispielhaft und nicht abschließend) nicht angesehen werden, weil es sich dabei um keine erfinderischen Leistungen handelt, womit auch eine Patentierbarkeit (Gebrauchsmustererteilung) ausgeschlossen ist (**Nichterfindungen**):

6

- **§ 1 Abs. 3 Nr. 1 PatG (respektive § 1 Abs. 2 Nr. 1 GebrMG): Entdeckungen** sowie **wissenschaftliche Theorien und mathematische Methoden** (es sei denn, eine Entdeckung, wissenschaftliche Theorie[10] oder mathematische Methode[11] erfährt eine „praktische Umsetzung"[12]).
  Mathematische Methoden sind – so der BGH in seiner Entscheidung Flugzeugzustand[13] – im Hinblick auf § 1 Abs. 3 Nr. 1 PatG nur dann patentierbar, wenn sie der Lösung eines konkreten technischen Problems mit technischen Mitteln dienen. Eine mathematische Methode kann nur dann als **nichttechnisch** angesehen werden, wenn sie im Zusammenhang mit der beanspruchten Lehre keinen Bezug zur gezielten An-

---

10 ZB „die Realisierung von neuen Halbleiterelementen und Verfahren zu ihrer Herstellung": Ahrens, S. 99.
11 ZB das Entwerfen eines Filters nach einer mathematischen Methode: *Ahrens, S. 99.* Oder Algorithmus zur Darstellung künstlicher neuronaler Netze als Artificial Intelligence: Söbbing, Fundamentale Rechtsfragen zur künstlichen Intelligenz, S. 9. Vgl. auch Scheja, CR 2018, 485: Algorithmen enthalten in der Regel Vorgaben, mit deren Hilfe nach den in Einzelnen festgelegten Regeln eine schrittweise Abwicklung von Arbeiten und Arbeitsvorgängen ermöglicht wird. Ihr Ziel ist regelmäßig allein die Lösung von Problemen mit Mitteln der Logik. Auf die Hilfe der Naturkräfte wird allenfalls bei ihrer tatsächlichen Umsetzung zurückgegriffen. Wie mathematische Methoden ermöglichen Algorithmen bei schematischer Befolgung die Lösung gleichgearteter Aufgaben. Unmittelbar nicht notwendig ist, dass Algorithmen einen technischen Gehalt haben und daher insoweit auch nicht patentfähig sind.
12 So Ahrens, S. 99.
13 BGH Beschl. v. 30.6.2015 – X ZB 1/15 (BPatG) = GRUR 2015, 983, Ls. 1 bis 3 – Flugzeugzustand.

wendung von Naturkräften aufweist (Negativdefinition). Ein ausreichender Bezug zur gezielten Anwendung von Naturkräften liegt vor, wenn eine mathematische Methode zu dem Zweck herangezogen wird, anhand von zur Verfügung stehenden Messwerten zuverlässigere Erkenntnisse über den Zustand eines Flugzeugs zu gewinnen und damit die Funktionsweise des Systems, das der Ermittlung dieses Zustands dient, zu beeinflussen. Die Anmeldung betraf das technische Problem, ein Verfahren zur Verfügung zu stellen, das eine zuverlässige und schnelle Zustandseinschätzung ermöglicht.[14] Das Verfahren verringerte im konkreten Fall die Anzahl notwendiger Messwerte für eine zuverlässige Zustandseinschätzung.[15] Es setzt den Einsatz einer Trägheitsanlage und einer Datenverarbeitungsanlage – also technischer Mittel – voraus.[16] Der Patentschutz des in Rede stehenden Verfahrens zur elektronischen Datenverarbeitung wurde somit nicht losgelöst von einer konkreten technischen Umsetzung beansprucht und war deshalb patentierfähig.[17]

Es werden für die Patentierung nur die Merkmale des Verfahrens oder der mathematischen Methode berücksichtigt, die die Lösung des technischen Problems mit technischen Mitteln betreffen und darüber hinaus keine Bestandteile, die Aspekte betreffen, die nach § 1 Abs. 3 Nr. 2 bis Nr. 4 PatG ausgeschlossen sind.[18] Verneint hat das BPatG deshalb die Patentierbarkeit eines Verfahrens zum Zuordnen von Verkäufern und Käufern in einem Marktplatz.[19] Ausschlaggebend war hier, dass das zur Anmeldung gelangte Verfahren – im Rahmen eines virtuellen Marktplatzes unterschiedliche Informationen über Käufer, Verkäufer und Ware über eine Matrix auszuwerten und die wirtschaftlich besten Kombinationen zu ermitteln – zwar in einem Teilaspekt auf technischem Gebiet liegt: Nämlich die Übermittlung von Daten auf einen Server. Dabei wird jedoch kein technisches Problem mit technischen Mitteln gelöst. Vielmehr wird in einem solchen Fall nur ein Plan für eine geschäftliche Tätigkeit aufgestellt ohne technischen Bezug.[20]

Welches Problem durch eine Erfindung gelöst wird, ist objektiv danach zu bestimmen, was die Erfindung tatsächlich leistet.[21] Deshalb kann man über den Einzelfall hinaus über die Anwendung der obigen Maßstäbe keine weitergehenden Grundsätze aufstellen.

- **§ 1 Abs. 3 Nr. 2 PatG:** Ästhetische Formschöpfungen (es sei denn, ein ästhetischer Effekt wird mit technischen Mitteln erzielt).[22]
- **§ 1 Abs. 3 Nr. 3 PatG:** Pläne, Regeln und Verfahren für gedankliche Tätigkeiten, für Spiele oder für geschäftliche Tätigkeiten[23] sowie Programme für Datenverarbeitungsanlagen „als solche" (zu sog. computerimplementierten Erfindungen noch nachstehende Rn. 18 ff.).
- **§ 1 Abs. 3 Nr. 4 PatG:** Die (lediglich durch den Inhalt der Information definierte)[24] Wiedergabe von Informationen.

---

14 BGH Beschl. v. 30.6.2015 – X ZB 1/15 (BPatG) = GRUR 2015, 983 (984), Rn. 8 – Flugzeugzustand.
15 BGH Beschl. v. 30.6.2015 – X ZB 1/15 (BPatG) = GRUR 2015, 983 (984), Rn. 12 – Flugzeugzustand.
16 BGH Beschl. v. 30.6.2015 – X ZB 1/15 (BPatG) = GRUR 2015, 983 (984), Rn. 20 – Flugzeugzustand.
17 BGH Beschl. v. 30.6.2015 – X ZB 1/15 (BPatG) = GRUR 2015, 983 (984), Rn. 21 – Flugzeugzustand.
18 BGH Beschl. v. 30.6.2015 – X ZB 1/15 (BPatG) = GRUR 2015, 983 (984 f.), Rn. 24 f – Flugzeugzustand.
19 BPatG Beschl. v. 18.6.2014 – 17 W (pat) 77/10. Nr. 1 und 4 = BeckRS 2014, 13666.
20 BPatG Beschl. v. 18.6.2014 – 17 W (pat) 77/10. Nr. 3 und 4 = BeckRS 2014, 13666.
21 BGH Beschl. v. 19.10.2004 – X ZB 33/03 (BPatG) = GRUR 2005, 141 (142) – Anbieten interaktiver Hilfe.
22 So Ahrens, S. 99: bspw. Farben, Stoffe oder Stoffgemische. Vgl. auch Kraßer/Ann, PatG § 12 Rn. 12 f.
23 Arg.: „Anweisungen an den menschlichen Geist", so Ahrens, S. 100 – fehlende Technizität.
24 So Ahrens, S. 100: „Datei oder CD, die anhand des aufgenommenen Musikstücks definiert ist".

I. Patenterteilungsvoraussetzungen

Beachte: Allerdings steht § 1 Abs. 3 PatG einer Patentfähigkeit nur insoweit entgegen, als für die genannten Gegenstände oder Tätigkeiten „**als solche**" Schutz begehrt wird (so § 1 Abs. 4 PatG und Art. 52 Abs. 3 EPÜ, respektive § 1 Abs. 3 GebrMG).

Im Übrigen nehmen die §§ 1a, 2, 2a PatG bzw. Art. 53 EPÜ (vgl. auch § 2 GebrMG) bestimmte Erfindungen vom Patentschutz aus, die grundsätzlich schutzfähig wären, denen der Gesetzgeber jedoch aus überwiegenden ethischen Gesichtspunkten einen Patentschutz versagt (nachstehende Rn. 57 ff. zu Ausnahmen von der Patenterteilung).   7

c) Erfindung auf dem Gebiet der Technik

Patentschutz wird nur für Erfindungen auf dem (aber auch auf jedem) Gebiet (vgl. Wortlaut: „allen Gebieten") der Technik (sog. **Technizitätserfordernis** [technischer Charakter der Erfindung], vgl. auch § 3 PatG [„Stand der Technik"] bzw. § 36 Abs. 2 Nr. 2 PatG [„technisches Problem"])[25] gewährt.[26] Da der Begriff der „Technik" im PatG (ebenso wie im EPÜ) nicht näher definiert ist, bedarf es einer Wertung („Technik" als wertausfüllender Begriff),[27] was technisch und deshalb nach dem neuesten Stand naturwissenschaftlicher Kenntnis dem Patentschutz zugänglich sein soll.[28] Er knüpft jedenfalls auch an dem Verständnis an, das den Begriff der Technik herkömmlich ausfüllt, wozu zB ohne Weiteres eine industriell herstellbare und gewerblich einsetzbare Vorrichtung zählt, zu deren Betrieb Energie eingesetzt („verbraucht") wird und innerhalb derer unterschiedliche Schaltzustände auftreten.   8

Im Umkehrschluss zum Negativkatalog des § 1 Abs. 3 PatG muss eine „Erfindung" (als unbestimmter Rechtsbegriff) somit **Technizität** (vgl. auch den Wortlaut des § 1 Abs. 1 PatG [„auf allen Gebieten der Technik"], ebenso Art. 52 Abs. 1 EPÜ) aufweisen.   9

So hat der BGH[29] das Tatbestandsmerkmal „Erfindung" (als Lösung zu einer Aufgabe)[30] – als Schöpfung auf dem Gebiet der Technik – wie folgt definiert: Dem Patentschutz zugänglich ist eine **Lehre zum planmäßigen Handeln unter Einsatz** (Nutzung) **beherrschbarer Naturkräfte**[31] (**Naturbeherrschung** – und damit außerhalb der menschlichen Verstandesfähigkeit)[32] **zur Erreichung eines kausal übersehbaren Erfolges**,[33] wobei auch die planmäßige **Ausnutzung** biologischer **Naturkräfte** und Erscheinungen nicht grundsätzlich vom Patentschutz ausgeschlossen ist.   10

---

25 BGH Urt. v. 13.1.2015 – X ZR 41/13 (BPatG) = GRUR 2015, 352 – Quetiapin: Bei der Definition des technischen Problems, das einer Erfindung zu Grunde liegt, darf nicht ohne Weiteres unterstellt werden, dass für den Fachmann die Befassung mit einer bestimmten Aufgabenstellung angezeigt war. Vielmehr ist das technische Problem so allgemein und neutral zu formulieren, dass sich die Frage, welche Anregungen der Fachmann durch den Stand der Technik insoweit erhielt, ausschließlich bei der Prüfung der erfinderischen Tätigkeit stellt. Vgl. auch Art. 27 Abs. 1 TRIPS.
26 BGH Beschl. v. 1.6.1991 – X ZB 24/89 (BPatG) = BGHZ 115, 23 (30) = GRUR 1992, 36 – Chinesische Schriftzeichen.
27 Ahrens, S. 98: Was füllt den Begriff „Technik" herkömmlich aus? – „Ingenieurwissenschaft, Physik, Chemie oder Biologie".
28 BGH Beschl. v. 27.3.1969 – X ZB 15/67 (BPatG) = BGHZ 52, 74 = GRUR 1969, 672 – Rote Taube.
29 BGH Beschl. v. 27.3.1969 – X ZB 15/67 (BPatG) = BGHZ 52, 74 = GRUR 1969, 672 – Rote Taube.
30 BGH Urt. v. 15.11.1983 – X ZR 27/82 (BPatG) = GRUR 1984, 194 – Kreiselegge.
31 Nach Götting (§ 10 Rn. 5) ist heute ein „unmittelbare(r) Einsatz beherrschbarer Naturkräfte nicht mehr zwingend erforderlich." Ahrens (S. 98) schließt aus dem Wortlaut „beherrschbare Naturkräfte", dass der patentrechtliche Erfindungsbegriff auf das Gebiet der Technik beschränkt ist.
32 BGH Beschl. v. 22.6.1976 – X ZB 23/74 (BPatG) = BGHZ 67, 22 = GRUR 1977, 96 – Dispositionsprogramm. So auch Ahrens, S. 49.
33 BGH Beschl. v. 16.9.1980 – X ZB 6/80 (BPatG) = BGHZ 78, 98 = GRUR 1981, 39 (41) – Walzstabteilung.

11 Der Technikbegriff ist allerdings nicht statisch, sondern unter Orientierung am jeweiligen Kenntnisstand naturwissenschaftlicher Erkenntnisse dynamisch.[34] Er umfasst sowohl die **unbelebte Natur** (mithin Erfindungen in den Bereichen Physik und Chemie, ebenso wie die Konstruktion von Maschinen oder die synthetische Herstellung von in der Natur bereits vorhandener Stoffe)[35] als auch die **belebte Natur**.[36] Notwendige Voraussetzung für die Patentierung eines Tierzüchtungsverfahrens ist jedoch seine Wiederholbarkeit.[37]

12 Unter Berücksichtigung des Sprachgebrauchs (grammatikalische Interpretation) beinhaltet das Tatbestandsmerkmal „Erfindung" die Begrifflichkeit **„finden"**. „Gefunden werden kann aber nur das, was schon da ist."[38] Erfindung setzt – so verstanden als „Lehre zum technischen Handeln"[39] – aus ex ante-Sicht eine technische Aufgabe (mithin ein entsprechendes Problem, dessen technische Lösung erstrebt wird) voraus, die ein Fachmann mit technischen Mitteln und unter Inanspruchnahme physikalischer, chemischer oder biologischer Naturkräfte (die kausal zur Problemlösung beitragen) einer Lösung zuführt.[40] Ob eine Erfindung vorliegt oder nicht bestimmt sich letztlich aufgrund einer **wertenden Gesamtbetrachtung** aus der Perspektive eines Fachmanns[41] (und nicht danach, „was der Anmelder als Aufgabe in einer Patentanmeldung bzw. seiner Patentschrift nennt").[42]

---

34 BGH Beschl. v. 13.12.1999 – X ZB 11/98 (BPatG) = BGHZ 143, 255 = GRUR 2000, 498 (501) – Logikverfikation. Dazu auch Götting, § 10 Rn. 6.
35 Götting, § 10 Rn. 7.
36 Götting, § 10 Rn. 9.
37 BGH Beschl. v. 27.3.1969 – X ZB 15/67 (BPatG) = BGHZ 52, 74 = GRUR 1969, 672 – Rote Taube.
38 So Eisenmann/Jautz, Rn. 125: D.h. eine der Natur bereits immanente technische Regel, die ggf. auch mehrere unabhängig voneinander finden können (Möglichkeit einer Doppelerfindung), und damit keine unikale Schöpfung des menschlichen Geistes, wie bspw. das „Werk" im Urheberrecht.
39 Eisenmann/Jautz, Rn. 126.
40 BGH Urt. v. 22.5.1990 – X ZR 124/88 (OLG Düsseldorf) = GRUR 1991, 811 (814) – Falzmaschine. Darauf bezugnehmend: Eisenmann/Jautz, Rn. 127. „Lösung zu einer Aufgabe", so Ahrens, S. 99: „was der durch die Patentanmeldung angesprochene Fachmann ... als das objektiv durch die Erfindung gelöste technische Problem erkennt".
41 BGH Beschl. v. 24.5.2004 – X ZB 20/03 (BPatG) = BGHZ 159, 197 = GRUR 2004, 667 – Elektronischer Zahlungsverkehr; BGH Urt. v. 3.6.2004 – X ZR 82/03 (OLG Karlsruhe) = BGHZ 159, 221 = GRUR 2004, 845 – Drehzahlermittlung: 1. Die tatrichterliche Feststellung, welchen Sinngehalt der vom Klagepatent angesprochene Fachmann den Merkmalen des Patentanspruchs entnimmt, hat stets den Gesamtzusammenhang des Patentanspruchs in den Blick zu nehmen. Feststellungen zum Inhalt einzelner Merkmale dienen nur dazu, schrittweise den allein maßgeblichen Wortsinn des Patentanspruchs als einer Einheit zu ermitteln. 2. Wer lediglich anderen iSd § 10 PatG Mittel liefert, die sich auf ein wesentliches Element der Erfindung beziehen, ist zu einer angemessenen Entschädigung für die Benutzung des Gegenstands der Patentanmeldung nicht verpflichtet. Vgl. auch BGH Urt. v. 23.11.1976 – X ZR 42/73 (BPatG) = GRUR 1977, 483 – Gardinenrollenaufreiher: Zur Priorität eines Erfindungsmerkmals, dass der Fachmann den Anmeldungsunterlagen ohne Weiteres entnehmen kann, obwohl es darin weder wörtlich noch bildlich dargestellt ist. Zudem BGH Urt. v. 11.10.2005 – X ZR 76/04 (OLG München) = BGHZ 164, 261 = GRUR 2006, 131 – Seitenspiegel: 1. Der Tatrichter hat das Klagepatent eigenständig auszulegen und darf die Auslegung nicht den gerichtlichen Sachverständigen überlassen. 2. Da das Verständnis des Fachmanns von den im Patentanspruch verwendeten Begriffen und vom Gesamtzusammenhang des Patentanspruchs die Grundlage der Auslegung bildet, muss sich der Tatrichter erforderlichenfalls sachverständiger Hilfe bedienen. Das kommt etwa dann in Betracht, wenn zu ermitteln ist, welche objektiven technischen Gegebenheiten, welches Vorverständnis der auf dem betreffenden Gebiet tätigen Sachkundigen, welche Kenntnisse, Fertigkeiten und Erfahrungen und welche methodische Herangehensweise dieser Fachleute das Verständnis des Patentanspruchs und der in ihm verwendeten Begriffe bestimmen oder beeinflussen können. Weiterhin BGH Urt. v. 7.11.2000 – X ZR 145/98 (BPatG) = GRUR 2001, 232 – Brieflocher: Sowohl für die Prüfung der Patentfähigkeit als auch für die Bestimmung des Schutzbereichs sind Begriffe in den Patentansprüchen so zu deuten, wie sie der angesprochene Fachmann nach dem Gesamtinhalt der Patentschrift unter Berücksichtigung der in ihr objektiv offenbarten Lösung versteht.
42 Ahrens, S. 89 f.

I. Patenterteilungsvoraussetzungen

Merke: Der BGH definiert in ständiger Judikatur[43] das Tatbestandsmerkmal „Erfindung" als Lehre zum planmäßigen Handeln unter Einsatz beherrschbarer Naturkräfte außerhalb der menschlichen Verstandestätigkeit zur Erreichung eines kausal übersehbaren Erfolges.[44]

Eine Erfindung als Lehre zum technischen Handeln kann nicht einmalig und zufällig, sondern muss (auf den Gesetzmäßigkeiten der Naturwissenschaften basierend) mit gleichbleibendem Erfolg für einen Fachmann – der nach der Lehre verfährt – beliebig wiederholbar sein (**Repetierbarkeitserfordernis**).[45]

Eine Erfindung setzt notwendig auch eine **technische Brauchbarkeit** voraus,[46] weswegen das BPatG[47] im Hinblick auf eine Vorrichtung, die ohne Energiezufuhr Arbeit leisten soll (mithin ein Perpetuum mobile), entschieden hat, dass dieses grundsätzlich und ohne Ausnahme im Widerspruch zu dem Satz von der Erhaltung der Energie stehe und daher technisch nicht brauchbar sei.

▶ **FALL:** Der BGH hat im Hinblick auf die Patentfähigkeit eines Arzneimittelgemischs festgestellt, dass ein einfaches Mischverfahren, durch das aus bekannten Stoffen nach einem bestimmten Mengenverhältnis ein Arzneimittelgemisch hergestellt wird, ohne dass hierdurch hinsichtlich des Mischverfahrens oder des Mischprodukts ein besonderer technischer Effekt erzielt wird, auch dann nicht patentfähig ist, wenn bei der Anwendung des gewonnenen Arzneimittelgemisches ein unerwarteter therapeutischer Effekt eintritt.[48] ◀

> **Zusammenfassung:** Der im PatG/EPÜ nicht definierte unbestimmte Rechtsbegriff der „Erfindung" wird vom BGH kurz als „Lehre zum planmäßigen Handeln unter Einsatz beherrschbarer Naturkräfte zur Erreichung eines kausal übersehbaren Erfolges" verstanden. Notwendig ist also ein „Handeln". Dieses muss einer gewissen Gesetz- und Regelmäßigkeit folgen, wodurch eine Wiederholbarkeit gewährleistet ist (iS eines planmäßigen Handelns). Im Übrigen muss der Bereich der Naturkräfte betroffen sein. Damit werden sowohl chemische als auch physikalische bzw. biologische Naturkräfte erfasst. Die Lehre muss weiterhin unmittelbar auf einen bestimmten Erfolg hin ausgerichtet sein. Dadurch führt sie letztlich zum definierten technischen Ziel.

Frage 1: Was hat der Gesetzgeber als „Nichterfindung" deklariert?
Frage 2: Wie definiert der BGH den Begriff der „Erfindung"?

---

43 Ebenso Götting, § 10 Rn. 3: „Die Erfindung besteht in der Lösung eines konkreten technischen Problems (Aufgabe) mit technischen Mitteln".
44 BGH Beschl. v. 27.3.1969 – X ZB 15/67 (BPatG) = BGHZ 52, 74 = GRUR 1969, 672 – Rote Taube. Nicht patentierfähig nach BGH Beschl. v. 19.10.2004 – X ZB 34/03 (BPatG) = GRUR 2005, 143 – Rentabilitätsermittlung: Ein Verfahren, bei dem mittels automatischer Erfassung und Übertragung von Betriebsdaten eines ersten medizintechnischen Gerätes an eine zentrale Datenbank sowie der Ermittlung von Vergütungsdaten und kalkulatorischen Kosten die Rentabilität der Anschaffung eines zweiten medizintechnischen Gerätes errechnet wird, ist als solches dem Patentschutz nicht zugänglich.
45 So Eisenmann/Jautz, Rn. 128: Wiederholbarkeit der Erfindung begründet die technische Regel.
46 Ahrens, S. 98.
47 BPatG Beschl. v. 28.10.1998 – 9 W (pat) 3/98 = BPatGE 40, 243 = GRUR 1999, 487, Ls.
48 BGH Urt. v. 20.12.1963 – III ZR 60/63 (Celle) = BGHZ 41, 231 = NJW 1964, 652, Ls.

aa) Exkurs: Computerimplementierte Erfindungen

18 „Programme für Datenverarbeitungsanlagen" (Computerprogramme) sind – anders als im US-amerikanischen Recht[49] – nach § 1 Abs. 3 Nr. 3 PatG[50] nicht patentfähig.[51] Die Regelung des § 1 Abs. 3 Nr. 3 PatG steht gemäß § 1 Abs. 4 PatG[52] einer Patentfähigkeit jedoch nur dann entgegen, als dafür Schutz „als solcher" begehrt wird – dh wenn ein Computerprogramm als solches patentiert werden soll.

19 „Computerprogramme" sind allerdings gemäß § 2 Abs. 1 Nr. 1 UrhG auch bei nur geringer Schöpfungshöhe als geschützte Werke urheberrechtsfähig.[53] Besondere Bestimmungen für Computerprogramme finden sich in den §§ 69a ff. UrhG.[54] Für einen Schutz ausreichend aber auch erforderlich ist, dass sich das Computerprogramm nach § 69a Abs. 3 UrhG als ein „individuelles Werk" in dem Sinne darstellt, dass es das Ergebnis einer eigenen geistigen Schöpfung des Urhebers ist.

20 § 69a Abs. 1 UrhG definiert „Computerprogramme" iS des UrhG als Programme in jeder Gestalt, einschließlich des Entwurfsmaterials, wobei der gewährte Schutz für alle Ausdrucksformen eines Computerprogramms gilt (so § 69a Abs. 2 UrhG). Hingegen sind Ideen und Grundsätze, die einem Element eines Computerprogramms zugrunde liegen, einschließlich der den Schnittstellen zugrundeliegenden Ideen und Grundsätze, nicht geschützt. Computerprogramme werden gemäß § 69a Abs. 3 UrhG geschützt, wenn sie individuelle Werke in dem Sinne sind, dass sie sich als Ergebnis der eigenen geistigen Schöpfung ihres Urhebers darstellen. Zur Bestimmung ihrer Schutzfähigkeit sind an Computerprogramme keine anderen Kriterien als an andere Werke iS des § 2 UrhG anzustellen, insbesondere keine qualitativen oder ästhetischen Anforderungen.

21 Allerdings schützt das Urheberrecht nur das **Computerprogramm als solches**, nicht jedoch „die Ideen und Grundsätze, die ihm oder einzelnen seiner Algorithmen[55] zugrunde liegen"[56] – was das Patentrecht könnte.

22 Der Kommissionsvorschlag für eine Richtlinie des Europäischen Parlaments und des Rates über die Patentierbarkeit computerimplementierter Erfindungen[57] (fortan: Rili-E) ist im Jahre 2005 im Europäischen Parlament **gescheitert**. Der Richtlinienvorschlag

---

49 Patentfähig in den USA ist „anything under the sun that is made by men": so Supreme Court, GRUR Int. 1980, 627 (629).
50 Vgl. auch Art. 52 Abs. 2 EPÜ.
51 BGH Beschl. v. 17.10.2001 – X ZB 16/00 (BPatG) = BGHZ 149, 68 = GRUR 2002, 143 – Suche fehlerhafter Zeichenketten: 1. Das Patentierungsverbot für Computerprogramme als solche verbietet, in eine in computergerechte Anweisungen gekleidete Lehre als patentierbar zu erachten, wenn sie nur – irgendwie – über die Bereitstellung der Mittel hinausgeht, welche die Nutzung als Programm für Datenverarbeitungsanlagen erlauben. Die prägenden Anweisungen der beanspruchten Lehre müssen vielmehr insoweit der Lösung eines konkreten technischen Problems dienen. 2. Eine vom Patentierungsverbot erfasste Lehre (Computerprogramm als solches) wird nicht schon dadurch patentierbar, dass sie in einer auf einem herkömmlichen Datenträger gespeicherten Form zum Patentschutz angemeldet wird. Vgl. zudem BGH Beschl. v. 22.6.1976 – X ZB 23/74 (BPatG) = BGHZ 67,22 = GRUR 1977, 96 – Dispositionsprogramm: Organisations- und Rechenprogramme für elektronische Datenverarbeitungsanlagen zur Lösung von betrieblichen Dispositionsaufgaben, bei deren Anwendung lediglich von einer in Aufbau und Konstruktion bekannten Datenverarbeitungsanlage der bestimmungsgemäße Gebrauch gemacht wird, sind nicht patentfähig.
52 Vgl. auch Art. 52 Abs. 3 EPÜ.
53 Dazu näher Ring/Kiefel/Möller-Klapperich, Urheberrecht, Rn. 749 ff.
54 In Umsetzung der RL 91/250/EWG des Rates vom 14.5.1993 über den Rechtsschutz von Computerprogrammen.
55 Algorithmen iS eines Verfahrens von Zeichenreihen – mithin ein Rechenvorgang, der sich nach einem bestimmten, sich wiederholenden Schema richtet.
56 So Ahrens, S. 101.
57 Kom (2202) 92 endg vom 20.2.2002 (ABl C 2002/151).

I. Patenterteilungsvoraussetzungen

hat den Begriff der „computerimplementierten Erfindung" in seinem Art. 2 Buchst. a wie folgt definiert: „Jede Erfindung, zu deren Ausführung ein Computer, ein Computernetz oder eine sonstige programmierbare Vorrichtung eingesetzt wird und die auf den ersten Blick mindestens ein neuartiges Merkmal aufweist, das ganz oder teilweise mit einem oder mehreren Computerprogrammen realisiert wird". In Bezug auf die Voraussetzungen einer Patentierbarkeit sollten die Mitgliedstaaten nach Art. 4 Abs. 1 Rili-E sicherstellen, dass eine computerimplementierte Erfindung patentierbar ist, sofern sie gewerblich anwendbar und neu ist und auf einer erfinderischen Tätigkeit beruht. Sie sollten gemäß Art. 4 Abs. 2 Rili-E im Übrigen sicherstellen, dass die Voraussetzung der erfinderischen Tätigkeit nur erfüllt ist, wenn die computerimplementierte Erfindung einen „technischen Beitrag" iS der Legaldefinition nach Art. 2 Buchs. b Rili-E leistet, mithin „ein(en) Beitrag zum Stand der Technik auf einem Gebiet der Technik, der für eine fachkundige Person nicht naheliegend ist". Bei der Ermittlung des „technischen Beitrags" sollte nach Art. 4 Abs. 3 Rili-E beurteilt werden, inwieweit sich der Gegenstand des Patentanspruchs in seiner Gesamtheit (der sowohl technische als auch nichttechnische Merkmale umfassen könne) vom Stand der Technik abhebt.

Besteht nach dem Scheitern der Richtlinie gleichwohl die Möglichkeit, Erfindungen zu patentieren, bei denen Software eine entscheidende Rolle spielt (softwarebezogene Erfindungen – computerimplementierte Erfindungen – **Softwarepatente**)?[58]

Dazu muss dem Technizitätserfordernis des Erfindungsbegriffs Rechnung getragen werden. Nach *Ahrens*[59] können im Hinblick auf das Technizitätserfordernis „die üblichen physikalischen Wirkungen (zB elektronische Ströme) eines Computerprogramms auf eine Datenverarbeitungsanlage [...] alleine nicht ausreichend [sein], um dem Programm alleine oder in Kombination mit der Datenverarbeitungsanlage technischen Charakter zu verleihen." Erforderlich sei vielmehr ein darüber hinausgehender technischer Effekt – also die Lösung eines technischen Problems.

bb) Technizitätserfordernis

Patentschutz im Zusammenhang mit der Verwendung von Computerprogrammen bei Steuerungs-[60] und Messverfahren (hier geht es um die Einbindung von Software in technische Abläufe)[61] kann daher nur gewährt werden, wenn – außer dem Vorliegen der materiell-rechtlichen Patentvoraussetzungen nach § 1 Abs. 1 PatG – der **computerimplementierten Erfindung** „Technizität" (Technizität der programmbezogenen Lehre) zukommt,[62] was nach *Ahrens*[63] dann der Fall ist, „wenn zur Lösung der zugrunde liegenden Aufgabe von Naturkräften, von technischen Maßnahmen oder Mitteln [...] unmittelbar Gebrauch gemacht wird und somit unmittelbar ein technischer Effekt ausgelöst wird". Das Computerprogramm müsse[64] einen technischen Beitrag leisten, „etwa wenn die Erfindung mittels eines Computerprogramms umgesetzt

---

58 Dazu Eisenmann/Jautz, Rn. 8.
59 Ahrens, S. 101 f.
60 Vgl. etwa BPatG Beschl. v. 14.6.1999 – 20 W (pat) 8/99 = GRUR 1999, 1078 – Automatische Absatzsteuerung: enger Zusammenhang zwischen betriebswirtschaftlicher Regel und technischen Vorgängen.
61 So Eisenmann/Jautz, Rn. 126a: zB eine Verarbeitung von Messergebnissen, Regelung, Steuerung, Ablaufüberwachung (dh Fälle der Lösung eines technischen Problems mit technischen Mitteln).
62 Dazu kritisch Götting (§ 10 Rn. 6): Die „Debatte über die 'Technizität' von programmbezogenen Lehren (sei) fruchtlos, soweit sie formal um den 'Technikbegriff' kreist und nicht die dahinterstehenden Interessen und deren Bewertung offenlegt".
63 Ahrens, S. 52.
64 So Eisenmann/Jautz, Rn. 8.

wird": das Computerprogramm als Mittel zur Lösung einer Aufgabe auf technischem Gebiet.[65] Daher sind – so *Ahrens*[66] – Verfahren zur Steuerung technischer Geräte (wie zB von Fernseher, Handys oder Motorsteuerungen) als „technisch" zu qualifizieren, da sie regelmäßig mittels eines programmierten Mikroprozessors ablaufen.

cc) Notwendigkeit einer Gesamtbetrachtung

26 Der BGH ist von seiner früher vertretenen Kerntheorie[67] abgegangen und stellt heute eine **Gesamtbetrachtung** an,[68] in deren Rahmen alle wesentlichen Merkmale, die für eine Beurteilung der Technizität relevant sind, Berücksichtigung finden. Dabei reicht es im Regelfall aus, dass das konkret in Rede stehende Verfahren, das sich eines Computerprogramms zur Herbeiführung des Erfolgs bedient, der Datenverarbeitung oder -speicherung eines technischen Geräts dient, wenn und soweit die Lehre Anweisungen enthält, die der Lösung eines spezifischen technischen Problems mit technischen Mitteln dienen.[69]

27 Unerheblich ist es, ob die Erfindung neben technischen **auch nicht-technische Merkmale** aufweist.[70]

28 ▶ **BEISPIELE:** Universalrechner, aber auch besonders konfigurierte Datenverarbeitungsanlagen.[71] Dass ein Rechner in bestimmter Weise programmtechnisch eingerichtet ist, nimmt ihm nicht seinen technischen Charakter, sondern fügt ihm als technischem Gegenstand lediglich weitere Eigenschaften hinzu, auf deren eigenen technischen Charakter es für die Beurteilung des technischen Charakters der Anlage als solcher nicht ankommt. Dass eine Datenverarbeitungsanlage als solche technischen Charakter aufweist, ist zudem, soweit ersichtlich, ernstlich nirgends in Zweifel gezogen worden. Die Diskussion um die Technizität bezieht sich im Wesentlichen auf Programme, die auf solchen Anlagen ablaufen und auf Verfahren, die mit ihnen durchgeführt werden. ◀

29 ▶ **WEITERE FALLBEISPIELE:** So hat der BGH[72] bspw. in seiner Entscheidung „Anbieten interaktiver Hilfe" festgestellt, dass ein **Verfahren zum Betrieb eines Kommunikationssystems**,

---

65 Vgl. bspw. BGH Urt. v. 24.10.1991 – I ZR 208/89 (OLG München) = BGHZ 115, 21 = NJW 1992, 1766 – Seitenpuffer: Computerprogramm verbessert die Funktionsfähigkeit einer Datenverarbeitungsanlage; BGH Beschl. v. 13.5.1980 – X ZB 19/78 (BPatG) = GRUR 1980, 849 – Antiblockiersystem: Zur Patentfähigkeit eines Antiblockierregelsystems für druckmittelbetätigte Fahrzeugbremsen mit einem Einlassventil und einem Auslassventil.
66 Ahrens, S. 102.
67 BGH Beschl. v. 7.6.1977 – X ZB 20/74 (BPatG) = GRUR 1978, 102 – Prüfverfahren; BGH Urt. v. 1.10.1980 – X ZB 6/80 (BPatG) = BGHZ 78, 98 (104) = GRUR 1981, 137 – Walzstabteilung.
68 BGH Beschl. v. 13.12.1999 – X ZB 11/98 (BPatG) = BGHZ 143, 255 = GRUR 2000, 498 (499) – Logistikverfahren.
69 BGH, Urteil vom 24.22011 – X ZR 121/09 (BPatG) = GRUR 2011, 610 – Webseitenanzeige; BGH Urt. v. 26.10.2010 – X ZR 47/07 (BPatG) = GRUR 2011, 125 – Wiedergabe topographischer Informationen.
70 BGH Urt. v. 4.2.1992 – X ZR 43/91 = BGHZ 117, 144 = GRUR 1992, 430 – Tauchcomputer.
71 Zum technischen Charakter einer solchen Anlage schon BGH Beschl. v. 22.6.1976 – X ZB 23/74 = BGHZ 67, 22 (27 f.) = GRUR 1977, 96 – Dispositionsprogramm; BGH Urt. v. 4.2.1992 – X ZR 43/91 (BPatG) = BGHZ 117, 144 = GRUR 1992, 430 – Tauchcomputer: 2. Wer Tiefenmesser, Zeitmesser, Datenspeicher, Auswerte- und Verknüpfungsstufe, Wandlereinrichtung sowie Anzeigemittel nach einer bestimmten Rechenregel (Programm oder Denkschema), dh in Abhängigkeit der anzuzeigenden Gesamtauftauchzeit von durchtauchten Tiefen und Zeiten, betreibt und es ermöglicht, mithilfe von Messgeräten ermittelte Messgrößen in der Anzeigeeinrichtung automatisch ohne Einschaltung der menschlichen Verstandestätigkeit anzuzeigen, gibt eine Lehre zum technischen Handeln. 3. Enthält eine Erfindung technische und nichttechnische Merkmale, so ist bei der erfinderischen Prüfung der gesamte Erfindungsgegenstand unter Einschluss einer etwaigen Rechenregel zu berücksichtigen.
72 BGH Beschl. v. 19.10.2004 – X ZB 33/03 = GRUR 2005, 141 – Anbieten interaktiver Hilfe.

I. Patenterteilungsvoraussetzungen

bei dem von einem Kunden an seinem Rechner vorgenommene Bedienhandlungen erfasst, an einen zentralen Rechner gemeldet, dort protokolliert und mit Referenzprotokollen verglichen werden, um dem Kunden, wenn er voraussichtlich sonst keinen Auftrag erteilen wird, an seinem Rechner eine interaktive Hilfe anzubieten, als solches nicht dem Patentschutz zugänglich ist.

In der Entscheidung **Sprachanalyseeinrichtung** konstatiert der BGH,[73] dass einer Vorrichtung (Datenverarbeitungsanlage), die in bestimmter Weise programmtechnisch eingerichtet ist, technischer Charakter zukommt, was auch dann gelte, wenn auf der Anlage eine Bearbeitung von Texten vorgenommen wird. Der BGH begründet dies damit, dass es für die Beurteilung des technischen Charakters einer solchen Vorrichtung nicht darauf ankommt, ob mit ihr ein (weiterer) technischer Effekt erzielt wird, ob die Technik durch sie bereichert wird oder ob sie einen Beitrag zum Stand der Technik leistet. Dem technischen Charakter der Vorrichtung stehe es nicht entgegen, dass ein Eingreifen des Menschen in den Ablauf des auf dem Rechner durchzuführenden Programms in Betracht kommt.

Der BGH hat in seiner **Logikverifikation-Entscheidung**[74] für die Beantwortung der Frage, ob eine auf ein Programm für Datenverarbeitungsanlagen gerichtete Patentanmeldung die nach § 1 Abs. 1 PatG vorausgesetzte „Technizität" aufweist, eine **wertende Betrachtung** des im Patentanspruch definierten Gegenstandes gefordert: „Betrifft der Lösungsvorschlag einen Zwischenschritt im Prozess, der mit der Herstellung von (Silicium-) Chips endet, so kann er vom Patentschutz nicht deshalb ausgenommen sein, weil er – abgesehen von den in dem verwendeten elektronischen Rechner bestimmungsgemäß ablaufenden Vorgängen – auf den unmittelbaren Einsatz von beherrschbaren Naturkräften verzichtet und die Möglichkeit der Fertigung tauglicher Erzeugnisse anderweitig durch auf technischen Überlegungen beruhende Erkenntnisse voranzubringen sucht".[75]

Bei Erfindungen mit Bezug zu Geräten und Verfahren (Programmen) der elektronischen Datenverarbeitung ist – so der BGH[76] in seiner Entscheidung **Webseitenanzeige** – zunächst zu klären, ob der Gegenstand der Erfindung **zumindest mit** einem **Teilaspekt auf technischem Gebiet liegt** (§ 1 Abs. 1 PatG). Danach ist zu prüfen, ob dieser Gegenstand lediglich ein Programm für Datenverarbeitungsanlagen als solches darstellt und deshalb vom Patentschutz ausgenommen ist. Der Ausschlusstatbestand (§ 1 Abs. 3 Nr. 1 PatG) greift nicht ein, wenn diese weitere Prüfung ergibt, dass die Lehre Anweisungen enthält, die der Lösung eines konkreten technischen Problems mit technischen Mitteln dienen.[77] Ein Verfahren, das der datenverarbeitungsmäßigen Aufarbeitung von Verfahrensschritten in netzwerkmäßig verbun-

---

[73] BGH Beschl. v. 11.5.2000 – X ZB 15/98 = BGHZ 144, 282 = NJW 2000, 3282, Ls. 1 bis 3 – Sprachanalyseeinrichtung.
[74] BGH Beschl. v. 13.12.1999 – X ZB 11/98 = BGHZ 143, 255 = NJW 2000, 1953 – Logistikverfahren.
[75] BGH Beschl. v. 13.12.1999 – X ZB 11/98 = BGHZ 143, 255, Ls. 2 in Abweichung zu BGH Beschl. v. 11.6.1991 – X ZB 24/89 (BPatG) = BGHZ 115, 23 (30) = NJW 1992, 374 – Chinesische Schriftzeichen.
[76] BGH Urt. v. 24.2.2011 – X ZR 121/09 (BPatG) = GRUR 2011, 610 – Webseitenanzeige.
[77] BGH Urt. v. 24.2.2011 – X ZR 121/09 (BPatG) = GRUR 2011, 610, Ls. 1 – Webseitenanzeige – in Fortführung von BGH Beschl. v. 20.1.2009 – X ZB 22/07 (BPatG) = GRUR 2009, 479 – Steuerungseinrichtung für Untersuchungsmodalitäten und BGH Beschl. v. 22.4.2010 – Xa ZB 20/08 (BPatG) = BGHZ 185, 214 = GRUR Int. 2010, 1003 – Dynamische Dokumentengenerierung: 1. Ein Verfahren, das das unmittelbare Zusammenwirken der Elemente eines Datenverarbeitungssystems (hier: eines Servers mit einem Client zur dynamischen Generierung strukturierter Dokumente) betrifft, ist stets technischer Natur, ohne dass es darauf ankäme, ob es in der Ausgestaltung, in der es zum Patent angemeldet wird, durch technische Anweisungen geprägt ist. 2. Ein solches Verfahren ist nicht als Programm für Datenverarbeitungsanlagen vom Patentschutz ausgeschlossen, wenn es ein konkretes technisches Problem mit technischen Mitteln löst. Eine Lösung mit technischen Mitteln liegt nicht nur dann vor, wenn Systemkomponenten modifiziert oder in neuartiger Weise adressiert werden. Es reicht vielmehr aus, wenn der Ablauf eines Datenverarbeitungsprogramms, das zur Lösung des Problems eingesetzt wird, durch technische Gegebenheiten außerhalb der Datenverarbeitungsanlage bestimmt wird oder wenn die Lösung gerade darin besteht, ein Datenverarbeitungsprogramm so auszugestalten, dass es auf die technischen Gegebenheiten der Datenverarbeitungsanlage Rücksicht nimmt.

denen technischen Geräten (Surfer, Clients) dient, weist zwar die für den Patentschutz vorauszusetzende Technizität auch dann auf, wenn diese Geräte nicht ausdrücklich im Patentanspruch genannt sind.[78] Gleichwohl hat das BPatG den Patentschutz verneint, weil neben der vorhandenen Technizität kein technisches Problem gelöst wurde.[79] Die Leistung des Verfahrens besteht lediglich in der Erfassung, Speicherung und Aufbereitung der diesbezüglichen Rechneroperationen des Benutzers mit üblichen datentechnischen Verfahrensschritten, was die Patentfähigkeit im Hinblick auf § 1 Abs. 3 Nr. 3 PatG jedenfalls nicht begründen kann.[80] Ob ein konkretes technisches Problem durch eine Erfindung mit technischen Mitteln gelöst wird, ist objektiv danach zu bestimmen, was die Erfindung tatsächlich leistet. Dies ist durch eine Auslegung des Patentanspruchs zu entwickeln.[81] Dabei fungiert die in der Patentschrift angegebene Aufgabe lediglich als Hilfsmittel bei der Ermittlung des objektiven technischen Problems.[82]

Anweisungen zur Auswahl von Daten, deren technischer Aspekt sich auf die Anweisung beschränkt, hierzu Mittel der elektronischen Datenverarbeitung einzusetzen, können – so der BGH[83] in seiner Entscheidung **Routenplanung** – jedenfalls bei der Beurteilung der „erfinderischen Tätigkeit" nicht berücksichtigt werden. Dies gilt auch dann, wenn solche Anweisungen zu einer Verringerung der erforderlichen Rechenschritte führen.[84]

Die Anweisung an den Fachmann, bei der Sprachausgabe eines Navigationshinweises unter bestimmten Bedingungen bestimmte Detailinformationen (hier: Straßennamen) zu berücksichtigen, betrifft – so der BGH[85] in seiner Entscheidung **Fahrzeugnavigationssystem** – den Inhalt der durch das Navigationssystem optisch oder akustisch wiedergegebenen Information und ist bei der Prüfung der technischen Lehre des Patents auf „erfinderische Tätigkeit" nicht zu berücksichtigen.

Bei der Prüfung der „erfinderischen Tätigkeit" bleiben – so der BGH[86] in seiner Entscheidung **Entsperrbild** – Anweisungen, die die Vermittlung bestimmter Inhalte betreffen und damit darauf abzielen, auf die menschliche Vorstellung oder Verstandestätigkeit einzuwirken, als solche außer Betracht. Anweisungen, die Informationen betreffen, die nach der erfindungsgemäßen Lehre wiedergegeben werden sollen, können die Patentfähigkeit unter dem Gesichtspunkt der erfinderischen Tätigkeit nur insoweit stützen, als sie die Lösung eines technischen Problems mit technischen Mitteln bestimmen oder zumindest beeinflussen. ◀

Frage 3: Welchen Schutz genießen Computerprogramme nach dem UrhG?

d) Neuheit

30   Eine Erfindung gilt nach der formellen gesetzlichen Fiktion des § 3 Abs. 1 S. 1 PatG (respektive Art. 54 Abs. 1 EPÜ, vgl. auch § 3 Abs. 1 S. 1 GebrMG) iS einer unwiderleg-

---

78 BGH Urt. v. 24.2.2011 – X ZR 121/09 (BPatG) = GRUR 2011, 610, Ls. 2 – Webseitenanzeige.
79 BGH Urt. v. 24.2.2011 – X ZR 121/09 (BPatG) = GRUR 2011, 610 (612), Rn. 19 – Webseitenanzeige.
80 BGH Urt. v. 24.2.2011 – X ZR 121/09 (BPatG) = GRUR 2011, 610 (613), Rn. 29 – Webseitenanzeige.
81 BGH Urt. v. 24.2.2011 – X ZR 121/09 (BPatG) = GRUR 2011, 610 (612), Rn. 29 – Webseitenanzeige.
82 BGH Urt. v. 4.2.2010 – Xa ZR 36/08 (OLG Düsseldorf) = GRUR 2010, 602, Rn. 27 – Gelenkanordnung; BGH Beschl. v. 19.10.2004 – X ZB 33/03 (BPatG) = X ZB 33/03 (BPatG) = GRUR 2005, 141, Rn. 28 – Anbieten interaktiver Hilfe.
83 BGH Urt. v. 18.12.2012 – = X ZR 3/12 (BPatG) = GRUR 2013, 275, Ls. 2a – Routenplanung – in Bestätigung von BGH Urt. v. 26.10.2010 – X ZR 47/07 (BPatG) = GRUR 2011, 125 – Wiedergabe topographischer Informationen.
84 BGH Urt. v. 18.12.2012 – X ZR 3/12 (BPatG) = GRUR 2013, 275, Ls. 2b – Routenplanung.
85 BGH Urt. v. 23.4.2013 – X ZR 27/12 (BPatG) = GRUR 2013, 909 – Fahrzeugnavigationssystem in Fortführung von BGH Urt. v. 26.10.2010 – X ZR 47/07 (BPatG) = GRUR 2011, 125 – Wiedergabe topographischer Informationen und BGH Urt. v. 18.12.2012 – X ZR 3/12 (BPatG) = GRUR 2013, 275 – Routenplanung.
86 BGH Urt. v. 25.8.2015 – X ZR 110/13 (BPatG) = GRUR 2015, 1184, Ls. 1 – Entsperrbild – in Bestätigung von BGH Urt. v. 26.10.2010 – X ZR 47/07 (BPatG) = GRUR 2011, 125 – Wiedergabe topographischer Informationen und BGH Urt. v. 26.2.2015 – X ZR 37/13 (PatG) = GRUR 2015, 660 – Bildstrom.

I. Patenterteilungsvoraussetzungen

baren (und damit einem Gegenbeweis nicht zugänglichen) Vermutung[87] als „neu", wenn sie nicht zum „Stand der Technik" gehört.

Neuheitsschädlich sind damit alle Kenntnisse, die zum „Stand der Technik" zählen.[88] § 3 Abs. 1 S. 2 und Abs. 2 PatG statuieren einen **absoluten (formellen) Neuheitsbegriff** ohne räumliche, zeitliche bzw. gegenständliche Restriktion in Übereinstimmung mit Art. 54 Abs. 1 EPÜ. Eine entsprechend offenbarte Lehre zum technischen Handeln bereichert die Technik nämlich nicht mehr, weswegen einem Anmelder auch kein Ausschließlichkeitsrecht als Belohnung für seine Leistung gebührt.[89] Unerheblich ist dabei, ob eine Erfindung, die neu ist, im Vergleich zum Stand der Technik einen erkennbaren Vorteil bietet.[90] Zwar ist es nicht Sinn des Patentrechts, Lehren zu schützen, die technisch unsinnig sind.[91] Ausreichend ist aber, dass die Erfindung im Vergleich zum Stand der Technik einen anderen Weg aufzeigt.[92]

31

Der **Stand der Technik** umfasst nach § 3 Abs. 1 S. 2 PatG (respektive Art. 54 Abs. 2 EPÜ) alle Kenntnisse, die (durch den Erfinder selbst oder auf ihn zurückgehend) vor dem für den **Zeitrang der Anmeldung** maßgeblichen Tag (dh **Stichtag** ist grundsätzlich der Anmeldetag beim DPMA bzw. – bei Inanspruchnahme der Priorität einer Voranmeldung [inländisches oder ausländisches Prioritätsrecht nach § 40 bzw. § 41 PatG] – der Prioritätstag)

32

- durch schriftliche oder mündliche Beschreibung (zB Buch- oder Zeitschriftenveröffentlichung, Patentschrift oder Vortrag),
- durch (Vor-) Benutzung (bspw. in Gestalt eines Verhaltens iSv § 9 PatG, mithin Herstellen, Anbieten, Inverkehrbringen oder Gebrauchen) oder
- in sonstiger Weise

---

87 Götting, § 11 Rn. 19.
88 BGH Urt. v. 16.12.2008 – X ZR 89/07 (BPatG) = BGHZ 179, 168 = GRUR 2009, 382 – Olanzapin: 1. Die Beurteilung, ob der Gegenstand eines Patents durch eine Vorveröffentlichung neuheitsschädlich getroffen ist, erfordert die Ermittlung des Gesamtinhalts der Vorveröffentlichung. Maßgeblich ist, welche technische Information dem Fachmann offenbart wird. Der Offenbarungsbegriff ist dabei kein anderer, als er auch sonst im Patentrecht zu Grunde gelegt wird (Fortführung von BGH Urt. v. 16.12.2003 – X ZR 206/98 – GRUR 2004, 407 – Fahrzeugleitsystem). 2. Offenbart kann auch dasjenige sein, was im Patentanspruch und in der Beschreibung nicht ausdrücklich erwähnt ist, aus der Sicht des Fachmanns jedoch für die Ausführung der unter Schutz gestellten Lehre selbstverständlich ist und deshalb keiner besonderen Offenbarung bedarf, sondern „mitgelesen" wird. Die Einbeziehung von Selbstverständlichem erlaubt jedoch keine Ergänzung der Offenbarung durch das Fachwissen, sondern dient, nicht anders als die Ermittlung des Wortsinns eines Patentanspruchs, lediglich der vollständigen Ermittlung des Sinngehalts, dh derjenigen technischen Information, die der fachkundige Leser der Quelle vor dem Hintergrund seines Fachwissens entnimmt (Fortführung von BGH Urt. v. 17.1.1995 – X ZB 15/93 = BGHZ 128, 270 = GRUR 1995, 330 – Elektrische Steckverbindung). 3. Mit der Offenbarung einer chemischen Strukturformel sind die unter diese Formel fallenden Einzelverbindungen grundsätzlich noch nicht offenbart (Fortführung von BGH Urt. v. 26.1.1988 – X ZB 18/86 = BGHZ 103, 150 = GRUR 1988, 447 – Fluoran). Vgl. zudem BGH Urt. v. 13.3.2001 – X ZR 155/98 (BPatG) = GRUR 2001, 819 – Schalungselement: Die in einem Bauelement verwirklichte Erfindung ist nicht schon dann ohne Weiteres der Öffentlichkeit zugänglich, wenn die Bauelemente auf einer einzelnen, mit dem Herstellerbetrieb verbundenen Baustelle verwendet werden und die Erfindung nur bei Zerlegung der Bauelemente erkennbar wird.
89 Götting, § 11 Rn. 3.
90 BGH Beschl. v. 30.6.2015 – X ZB 1/15 (BPatG) = GRUR 2015, 983, Ls. 4 – Flugzeugzustand.
91 BGH Urt. v. 20.3.2001 – X ZR 177/98 = BGHZ 147, 137 (143 f.) = GRUR 2001, 730 (732) – Trigonellin.
92 BGH Beschl. v. 30.6.2015 – X ZB 1/15 (BPatG) = GRUR 2015, 983 (985), Rn. 31 – Flugzeugzustand.

der **Öffentlichkeit**[93] zugänglich gemacht worden ist (**Vorveröffentlichung**).[94] Öffentlichkeit ist ein Personenkreis, der aufgrund seiner Größe oder wahllosen Zusammensetzung für den Informanten nicht kontrollierbar ist – wovon ein begrenzter, zur Verschwiegenheit verpflichteter Personenkreis (begrenzt und mit expliziter Verschwiegenheitsvereinbarung oder Vertragsbeziehung)[95] abzugrenzen ist, solange die Verschwiegenheit eingehalten wird.[96] Dies gilt sowohl für das Inland als auch für das Ausland (**absoluter Neuheitsbegriff**) – dh weltweit.[97] Es ist unerheblich, ob die Vorveröffentlichung rechtmäßig oder rechtswidrig erfolgt ist.[98] Dabei ist ein **inhaltlicher Einzelvergleich** anzustellen. Die **Möglichkeit einer Kenntnisnahme** durch die Öffentlichkeit – ohne Rücksicht darauf, ob eine solche tatsächlich erfolgt – reicht aus.[99] Der Fachmann ist – obwohl im Gesetz nicht erwähnt – als Maßstab dessen zugrunde zu legen, was gemäß § 3 Abs. 1 S. 2 PatG „der Öffentlichkeit zugänglich" gemacht worden ist.[100] Im maßgeblichen Zeitpunkt muss die Erfindung also noch „neu" sein.

33 Der „Stand der Technik" ist aus dem Blickwinkel eines fiktiven **Durchschnittsfachmanns**[101] des betroffenen bzw. einschlägigen Fachgebietes (mit üblichem Fachwissen und Fähigkeiten hinsichtlich der Lösung der in Rede stehenden Aufgabe)[102] zu beurtei-

---

93 Öffentlichkeit in Anlehnung an § 15 Abs. 3 UrhG, mithin eine „Mehrzahl von Personen, die weder bestimmt noch persönlich untereinander verbunden ist": Götting, § 11 Rn. 4.
94 Vgl. etwa BGH Urt. v. 19.4.2016 – X ZR 148/11 (BPatG) = GRUR 2016, 1027 – Zöliakiediagnoseverfahren: 1. Ein Verfahren zum Nachweis einer bestimmten Antigen-Antikörper-Reaktion (hier: Antikörper gegen Gewebe-Transglutaminase) wird nicht durch eine Vorveröffentlichung neuheitsschädlich getroffen, in der zwar eine spezifische Immunreaktion (hier: zur Diagnose der Zöliakie) beschrieben wird, jedoch weder Antigen noch Antikörper näher charakterisiert werden. 2. Der Umstand, dass in einem zusammenfassenden Zwischenbericht (Abstract) über noch nicht abgeschlossene Forschungsarbeiten zwei Antigene als identifiziert bezeichnet werden, legt es dem an der Entwicklung eines hinreichend spezifischen Immunoassays interessierten Fachmann nicht notwendigerweise nahe, sich um die Nacharbeitung der berichteten Forschungsergebnisse zu bemühen. Für die Erfolgserwartung des Fachmanns kann auch von Bedeutung sein, inwieweit ihm die Angaben im Abstract eine Einschätzung der Sachgerechtigkeit und Zuverlässigkeit der Versuchsanlage und -durchführung und der Reproduzierbarkeit der angegebenen Ergebnisse erlauben.
95 Ahrens, S. 106.
96 BGH Beschl. v. 9.2.1993 – X ZB 7/92 = GRUR 1993, 466 – Preprint-Versendung; Ahrens, S. 106: ansonsten läuft die 6-Monatsfrist des § 3 Abs. 5 PatG.
97 So Eisenmann/Jautz, Rn. 129.
98 BGH Urt. v. 7.12.1965 – Ia ZR 292/63 (BPatG) = GRUR 1966, 255 – Fiat-Ablichtungen.
99 BGH Urt. v. 19.5.1999 – X ZR 67/98 (BPatG) = GRUR 1999, 976 – Anschraubscharnier. So auch Ahrens, S. 107. Zudem BGH Urt. v. 7.12.1965 – Ia ZR 292/63 (BPatG) = GRUR 1966, 255 – Schaufenstereinfassung: 1. Einer vor dem 7.8.1953 eingegangenen Patentanmeldung können die vor dem Prioritätstag dieser Anmeldung zur Einsicht freigegebenen sog. FIAT-Ablichtungen als Stand der Technik entgegengehalten werden. 2. Eine öffentliche Druckschrift scheidet nicht deshalb gegenüber einer späteren Patentanmeldung als Stand der Technik aus, weil die Veröffentlichung unrechtmäßig erfolgt ist oder durch eine vorangegangene rechtswidrige oder unbefugte Handlung ermöglicht worden ist.
100 BGH Beschl. v. 17.1.1995 – X ZB 15/93 (BPatG) = BGHZ 128, 270 = GRUR 1995, 330, Ls. 1 – Elektrische Steckverbindung. Vgl. auch Dörries, GRUR 1984, 240 (241); Ochmann, GRUR 1984, 235 (238). Weiterhin BGH Urt. v. 9.1.2018 – X ZR 14/16 (BPatG) = GRUR 2018, 390 – Wärmeenergieverwaltung: Die Definition des Fachmanns dient dazu, eine fiktive Person festzulegen, aus deren Sicht das Patent und der Stand der Technik zu würdigen sind. Sie kann deshalb nicht auf Erwägungen zur Auslegung des Patents oder zur erfinderischen Tätigkeit gestützt werden.
101 Zur Vertiefung Osterrieth, GRUR 2021, 310.
102 So Ahrens, S. 108. Vgl. auch: BGH Urt. v. 29.9.2009 – X ZR 169/07 (BPatG) = GRUR 2010, 41 – Diodenbeleuchtung: 1. Die Zuziehung von Experten oder sonst besser qualifizierten Fachleuten oder die Einholung von entsprechenden Erkundigungen kann vom zuständigen Fachmann erwartet werden, wenn das zu lösende Problem sich in einem sachlich naheliegenden Fachgebiet stellt bzw. wenn er aufgrund seiner eigenen Sachkunde erkennen kann, dass er eine Lösung auf einem anderen Gebiet finden kann (in Bestätigung von BGH Urt. v. 26.10.1982 – X ZR 12/81 = GRUR 1983, 64 (66 f.) – Liegemöbel,

I. Patenterteilungsvoraussetzungen

len. Die Beurteilung erfolgt im Einzelfall.[103] Das Handeln eines Fachmanns nach § 4 PatG ist dabei nicht als weltfremd und schematisch zu unterstellen, sondern als vernünftig und am geschäftlichen Erfolg orientiert.[104] Eine Erfindung gilt nach der gesetzgeberischen Fiktion des § 4 S. 1 PatG als auf einer „erfinderischen Tätigkeit" beruhend, wenn sie sich für diesen Fachmann nicht in naheliegender[105] Weise aus dem „Stand der Technik" ergibt.[106] Ergibt sich deshalb für den Fachmann aus einer bereits patentierten Lehre bspw. eine einfachere Handhabung, die alltäglichen Wünschen der Kunden entgegenkommt, ist diese keinem neuen Patent zugänglich, sondern gehört zum normalen Handeln nach § 4 PatG, wenn alle wesentlichen Elemente bereits im Patent angelegt sind.[107] Auch die Auswahl einer von mehreren nach dem Stand der Technik für den Durchschnittsfachmann erkennbaren Alternativen zur Lösung eines technischen Problems ist nicht schon deshalb als auf erfinderischer Tätigkeit beruhend anzusehen, weil aus der Sicht des Durchschnittsfachmanns andere Lösungen besser geeignet

---

und BGH Urt. v. 11.3.1986 – X ZR 17/83 = GRUR 1986, 798 – Abfördereinrichtung für Schüttgut). 2. Setzt die Frage, ob ggf. der Rat eines höher qualifizierten Fachmanns hilfreich sein könnte, voraus, dass der Fachmann bereits eine ihm durch den Stand der Technik nicht nahegelegte Lösung zumindest in Grundprinzipien erdacht hat, kann die erfinderische Tätigkeit nicht mit der Begründung verneint werden, die Lösung wäre dem Spezialisten nahegelegt gewesen. Vgl. auch BGH Urt. v. 15.5.2012 – X ZR 98/09 (BPatG) = GRUR 2012, 803 – Calcipotriol-Monohydrat: Im Rahmen der Beurteilung der erfinderischen Tätigkeit kann für die Frage, ob der Fachmann aus dem Stand der Technik eine Anregung erhalten hat, dort beschriebene Maßnahmen aufzugreifen und sie auf einen bekannten Stoff anzuwenden, die Überlegung Bedeutung gewinnen, ob sich aus diesen Maßnahmen eine angemessene Erfolgserwartung für die Lösung des sich stellenden technischen Problems ergab (in Fortführung von BGH Urt. v. 6.3. 2012 – X ZR 50/09, BeckRS 2012, 07866; vgl. auch BGH Urt. v. 10.9.2009 – Xa ZR 130/07 = GRUR 2010, 123 – Escitalopram).

103 Bspw. BGH Urt. v. 13.10.2015 – X ZR 74/14 (OLG Karlsruhe) = GRUR 2016, 169 – Luftklappensystem: Werden in einer Patentschrift zwei sich nur graduell unterscheidende Maßnahmen (hier: Blockieren und Drosseln eines Luftstroms) ohne nähere Differenzierung als Ausgangspunkt für eine im Stand der Technik auftretende Schwierigkeit benannt, so kann aus dem Umstand, dass im Patentanspruch nur die stärker wirkende Maßnahme (hier: Blockieren) erwähnt ist, nicht ohne Weiteres gefolgert werden, dass die schwächer wirkende Maßnahme zur Verwirklichung der geschützten Lehre nicht ausreicht.

104 BPatG Beschl. v. 9.1.2002 – 20 W (pat) 4/00 = GRUR 2002, 418, Ls. 1 – Selbstbedienungs-Chipkartenausgabe.

105 Bspw. BGH Urt. v. 11.9.2007 – X ZR 27/04 (BPatG) = GRUR 2008, 145 – Stahlblech: 1. Zur Auslegung eines auf Stahlbleche verschiedener Härtekategorien gerichteten Sachanspruchs. 2. Die Anwendung eines bekannten Verfahrens zur Herstellung eines Erzeugnisses (hier: eines Stahlblechs bestimmter Härtekategorie) auf ein gleichartiges Erzeugnis (konkret: ein Stahlblech anderer Härte) ist nahegelegt, wenn aus fachmännischer Sicht Veranlassung besteht, das Verfahren hierfür zu erproben und die Verfahrensparameter dabei mit begründeter Erfolgsaussicht auf das gewünschte Ergebnis abzustimmen. Vgl. zudem BGH Urt. v. 12.5.1998 – X ZR 115/96 (BPatG) = GRUR 1999, 145 – Stoßwellen-Lithotripter: 1. Das Naheliegen der Einzelmerkmale einer Vorrichtung begründet für sich noch nicht das Naheliegen der Kombination aus ihnen. 2. Bei der Beurteilung der erfinderischen Tätigkeit ist eine Abkehr von eingefahrenen Wegen mit heranzuziehen.

106 BGH Urt. v. 7.3.2006 – X ZR 213/01 (BPatG) = BGHZ 166, 305 = GRUR 2006, 663 – Vorausbezahlte Telefongespräche: Ob sich der Gegenstand einer Erfindung für den Fachmann in naheliegender Weise aus dem Stand der Technik ergibt, ist eine Rechtsfrage, die mittels wertender Würdigung der tatsächlichen Umstände zu beurteilen ist, die – unmittelbar oder mittelbar – geeignet sind, etwas über die Voraussetzungen für das Auffinden der erfindungsgemäßen Lösung auszusagen.

107 BPatG Beschl. v. 9.1.2002 – 20 W (pat) 4/00 = GRUR 2002, 418. – Selbstbedienungs-Chipkartenausgabe. Gleichwohl: BGH Urt. v. 13.10.2015 – X ZR 74/14 (OLG Karlsruhe) = GRUR 2016, 169 – Luftklappensystem (vorstehende Fußn. 103): Werden in einer Patentschrift zwei sich nur graduell unterscheidende Maßnahmen (hier: Blockieren und Drosseln eines Luftstroms) ohne nähere Differenzierung als Ausgangspunkt für eine im Stand der Technik auftretende Schwierigkeit benannt, so kann aus dem Umstand, dass im Patentanspruch nur die stärker wirkende Maßnahme (hier: Blockieren) erwähnt ist, nicht ohne Weiteres gefolgert werden, dass die schwächer wirkende Maßnahme zur Verwirklichung der geschützten Lehre nicht ausreicht.

oder vorteilhafter erscheinen.[108] Notwendig für die „Neuheit" ist eine technische Fehlvorstellung der einschlägigen Fachleute, die sie daran gehindert hat, in Richtung auf die nun zu schützende Lehre zu arbeiten oder auch nur Versuche in diese Richtung anzustellen, und die zu schützende Lehre diese Fehlvorstellung widerlegt.[109]

34 Inhaltlich ist zu prüfen, „ob die durch den Inhalt der Patentansprüche" (die maßgeblich den Schutzumfang des Patents nach § 14 PatG[110] bestimmen) „bestimmte Erfindung durch Informationen einer einzelnen Quelle [...] aus dem SdT (Stand der Technik) vorweggenommen ist".[111]

Beachte: Der Patentanmelder (vgl. § 43 Abs. 2 S. 1 PatG) der sich darüber schlüssig werden will, ob seine Erfindung anmeldefähig ist, da sie dem Neuheitsgebot entspricht (mithin, dass diese nicht zum Stand der Technik gehört), kann beim DPMA nach § 43 Abs. 1 S. 1 PatG auch einen **(kostenpflichtigen) Rechercheauftrag** stellen. Dabei handelt es sich um eine selbstständige Recherche, die nicht integraler Teil des Patenterteilungsverfahrens ist.[112]

35 Das DPMA ermittelt auf Antrag die öffentlichen Druckschriften, die für die Beurteilung der Patentfähigkeit der angemeldeten Erfindung in Betracht zu ziehen sind und beurteilt vorläufig die Schutzfähigkeit der angemeldeten Erfindung nach den §§ 1 bis 5 PatG, und ob die Anmeldung den Anforderungen des § 34 Abs. 3 bis 5 PatG genügt (Recherche). Der **Recherchebericht** (als Ergebnis der Recherche nach § 43 Abs. 1 PatG unter Berücksichtigung des § 43 Abs. 6 PatG ohne Gewähr auf Vollständigkeit) vermittelt also einen **Überblick über den Stand der Technik – allerdings nur in Gestalt einer Materialsammlung.** Der Erfinder muss die Auswertung selbst vornehmen, dh er muss selbst die Entscheidung treffen, ob er seine Erfindung – weil er sie für patentfähig hält – letztlich zur Anmeldung bringen möchte oder nicht. Folglich ist gegen einen (fehlerhaften) Recherchebericht auch kein Rechtsbehelf gegeben (§ 43 Abs. 7 S. 3 PatG). Der Anmelder kann daher insbesondere keine umfassendere Recherche verlangen und gerichtlich durchsetzen, als es der Prüfer für angemessen hält.

36 Vor Beginn der eigentlichen amtlichen Recherche im Prüfverfahren stellt die Prüfungsstelle fest, ob die Patentansprüche auf mehr als eine Gruppe von Erfindungen gerichtet sind, die untereinander in der Weise verbunden sind, dass sie eine einzige allgemeine erfinderische Idee verwirklichen, dh es wird geprüft, ob die Anmeldung uneinheitlich ist, also, dass es sich nicht nur um „eine" unabhängige Erfindung handelt, so § 34

---

108 BGH Urt. v. 4.6.1996 – X ZR 49/94 (BPatG) = BGHZ 133, 57 = GRUR 1996, 857 (861) – Rauchgasklappe.
109 Leppin, GRUR 1984, 560 (561) – Chlortoluron.
110 Vgl. auch Art. 52 Abs. 1 EPÜ. BGH Urt. v. 12.7.1980 – X ZR 121/88 (OLG Düsseldorf) = BGHZ 112, 140 = GRUR 1991, 436 – Befestigungsvorrichtung II: 1. In den Schutzbereich eines Patents können auch solche Ausführungsformen fallen, die von der geschützten Lehre Gebrauch machen und zugleich eine erfinderische weitere Ausgestaltung verwirklichen. Es handelt sich dann um eine abhängige Erfindung. 2. Eine Patentverletzung mit äquivalenten Mitteln ist auch dann gegeben, wenn die konkrete Ausführungsform in einem oder in mehreren Merkmalen als Ausgestaltung einer allgemeineren Aussage zu verstehen ist, die der Fachmann der im Patentanspruch umschriebenen und in der Patentbeschreibung erläuterten Ausbildung als gleichwirkend entnehmen kann. Unter diesen Voraussetzungen kommt es nicht darauf an, ob auch die konkrete Ausgestaltung für den Fachmann naheliegend war oder erfinderisch ist. 3. Wenn eine Ausführungsform von den Merkmalen eines Patentanspruchs in deren räumlich-körperlicher Ausgestaltung identisch Gebrauch macht, dann erübrigt es sich bei der Prüfung der Patentverletzung grundsätzlich, Erwägungen darüber anzustellen, ob die identisch vorhandenen Merkmale demselben Zweck dienen und dieselbe Wirkung und Funktion haben wie diejenigen des Klagepatents. Bei einem Sachpatent kommt der Aufnahme von Zweck-, Wirkungs- und Funktionsangaben in den Patentanspruch im Regelfall keine schutzbeschränkende Wirkung zu.
111 Ahrens, S. 108.
112 So Eisenmann/Jautz, Rn. 129.

I. Patenterteilungsvoraussetzungen

Abs. 5 PatG (Einheitlichkeit).[113] Die Recherche wird dann auf diejenige Erfindung beschränkt, die in den Patentansprüchen als erste beschrieben wird, dh auf den Patentanspruch 1 und die weiteren Patentansprüche nur insoweit, als diese mit dem Patentanspruch 1 einheitlich sind. Es kommt also auf die Reihenfolge der Patentansprüche an.[114] Für jede weitere erfinderische Idee muss ein neuer Rechercheauftrag gestellt werden. Hintergrund ist, dass der Anmelder nicht Leistungen des Amtes erhalten soll, für die er mehrere Anmeldungen hätte tätigen und entsprechende Gebühren entrichten müssen.[115]

Nähere Anweisungen enthalten die von der Präsidentin des DPMA erlassenen **Rechercherichtlinien** (derzeit gültige Fassung: „Richtlinien für die Durchführung der Recherche nach § 43 PatG (Rechercherichtlinien) vom 1.4.2014).[116] Die RechercheRL verpflichten die Prüfungsstellen auf den **Grundsatz der gründlichen, aber nicht übertriebenen Recherche** (Nr. 5 Abs. 4 der RechercheRL). 37

Wird bei der Durchführung der Recherche erkennbar, dass für eine nur noch geringe Verbesserung des bisher erzielten Rechercheergebnisses ein unverhältnismäßig großer Arbeitsaufwand erforderlich wäre, ist die Recherche zu beenden. Die Recherche ist auch dann zu beenden, wenn Druckschriften aufgefunden worden sind, die die Gegenstände aller Patentansprüche neuheitsschädlich vorwegnehmen. Die Recherche muss den Inhalt der Anmeldung möglichst vollständig erfassen. In Zweifelsfällen wird auch der sonstige Inhalt der Anmeldung berücksichtigt.[117] Die Auffassung des Prüfers über die Patentfähigkeit der beanspruchten Erfindung und dabei insbesondere das Ergebnis des Vergleichs des zu patentierenden Gegenstands mit dem Stand der Technik sind keiner Diskussion oder Argumentation zugänglich, wenn diese das bloße Ziel verfolgen, dass der Rechercheberichts abgeändert wird.[118] 38

Beachte: Enthält eine Erfindung an sich oder sogar ausschließlich bekannte Bestandteile, kann sie gleichwohl „neu" sein – ebenso wie ein „neues" Verfahren in der Verwendung eines bereits bekannten Stoffes liegen kann.[119]

Unerheblich ist, wie, wo und wie lange zuvor die Vorveröffentlichung erfolgt ist. 39

Beachte: Eine **Neuheitsschonfrist** (zugunsten des Erfinders bzw. seines Rechtsnachfolgers) kennt das PatG nicht (ebenso wenig wie das EPÜ – anders aber als das Gebrauchsmusterrecht [vgl. § 3 Abs. 1 GebrMG]). Daher kann auch der Erfinder selbst durch eine Information gegenüber der Öffentlichkeit vor der Anmeldung das Neuheitserfordernis als materielle Patentvoraussetzung konterkarieren.

Ggf. hilft dem Erfinder im Falle einer Vorveröffentlichung aber noch § 3 Abs. 5 PatG (respektive Art. 55 EPÜ), der **zwei Konstellationen unschädlicher Offenbarungen** normiert. Eine vor dem Anmeldetag erfolgte Beschreibung oder (Vor-) Benutzung ist iS einer **eingeschränkten Neuheitsschonfrist** unter Umständen dann nicht neuheitsschädlich, wenn zwischen der Offenbarung und der Einreichung der Patentanmeldung weniger als sechs Monate liegen und bestimmte weitere Voraussetzungen gegeben sind: Da- 40

---

113 BeckOK PatR/Stortnik, PatG § 34 Rn. 33.
114 BeckOK PatR/Stortnik/Fitzner, PatG § 43 Rn. 18.
115 BeckOK PatR/Stortnik/Fitzner, PatG § 43 Rn. 18a.
116 Benkard PatG/Schäfers, PatG § 43 Rn. 27a. BlPMZ 2014, Heft 5, S. 153 ff.
117 Benkard PatG/Schäfers, PatG § 43 Rn. 31a.
118 BeckOK PatR/Stortnik/Fitzner, PatG § 43 Rn. 44.
119 Ahrens, S. 108.

nach bleibt für die Anwendung des § 3 Abs. 1 und 2 PatG eine Offenbarung der Erfindung gemäß § 3 Abs. 5 S. 1 PatG dann außer Betracht, wenn sie nicht früher als **sechs Monate** vor Einreichung der Anmeldung (Anmeldetag)[120] erfolgt ist **und** (kumulativ) unmittelbar oder mittelbar zurückgeht

- auf einen **offensichtlichen Missbrauch zum Nachteil des Anmelders** oder seines Rechtsvorgängers (Nr. 1 – zB den Bruch einer Geheimhaltungsvereinbarung) bzw.
- auf die Tatsache, dass der Anmelder oder sein Rechtsvorgänger die Erfindung auf amtlichen oder amtlich anerkannten Ausstellungen (dh einer **internationalen Fach- oder Weltausstellung** – Schaustellung) iS des am 22.11.1928 in Paris unterzeichneten Abkommens über internationale Ausstellungen (das für Deutschland seit dem 9.6.1980 in Kraft ist) zur Schau gestellt hat (Nr. 2 – **Ausstellungspriorität**, 6-monatiger Ausstellungsschutz).

41 Dies gilt nach § 3 Abs. 5 S. 2 PatG jedoch nur dann, wenn der Anmelder bei Einreichung der Anmeldung angibt, dass die Erfindung tatsächlich zur Schau gestellt worden ist und er innerhalb von vier Monaten nach der Einreichung hierüber eine Bescheinigung einreicht. Die bezeichneten Ausstellungen werden gemäß § 5 Abs. 5 S. 3 PatG vom BMJ im Bundesgesetzblatt bekanntgemacht

Beachte: Ein früherer Prioritätstag kann sich wegen der Inanspruchnahme eines in- oder ausländischen Prioritätsrechts auch nach § 40 PatG (**innere Priorität**) oder § 41 PatG (**Unionspriorität**) ergeben:

- **Innere Priorität:** § 40 PatG ist den Art. 87 und 88 EPÜ entlehnt und schafft für den Anmelder die Möglichkeit, Weiterentwicklungen eines bereits früher angemeldeten Gegenstandes innerhalb eines Jahres nach der früheren Patentanmeldung erneut anzumelden und hierfür den Zeitrang bzw. die Priorität der Erstanmeldung in Anspruch zu nehmen.[121] Dem Anmelder nach § 40 Abs. 1 PatG steht innerhalb einer Frist von zwölf Monaten nach dem Anmeldetag einer beim DPMA eingereichten früheren Patent- oder Gebrauchsmusteranmeldung für die Anmeldung derselben Erfindung (bspw. in einer weiter entwickelten Form) zum Patent ein Prioritätsrecht zu, es sei denn, dass für die frühere Anmeldung schon eine inländische oder ausländische Priorität in Anspruch genommen worden ist – **keine Kettenpriorität.** Die früher erfolgte Anmeldung gilt dann als zurückgenommen.[122] Nach § 40 Abs. 2 PatG kann die Priorität mehrerer beim DPMA eingereichter Patent- oder Gebrauchsmusteranmeldungen in Anspruch genommen werden und nach § 40 Abs. 3 PatG kann die Priorität nur für solche Merkmale in Anspruch genommen werden, die in der Gesamtheit der Anmeldeunterlagen der früheren Anmeldung deutlich offenbart worden sind. Den Umfang der Offenbarung des Gegenstandes, für den die Priorität in Anspruch genommen wird, bestimmen die gesamten Anmeldungsunterlagen, nämlich der Antrag, die Beschreibung, der bzw. die Ansprüche sowie die Zeichnungen, nicht jedoch die Zusammenfassung gemäß § 36 PatG. Maßgebend ist, dass jedes Merkmal eines Erfindungsgegenstandes als erkennbar zu der Erfindung gehörend offenbart worden ist.[123] Die Priorität kann daher nur dann in An-

---

[120] Nicht aber eines eventuell früher liegenden Prioritätstages: Ahrens, S. 106.
[121] BeckOK PatR/Gleiter/Fischer, PatG § 40 Rn. 1.
[122] Götting, § 19 Rn. 26.
[123] BeckOK PatR/Gleiter/Fischer, PatG § 40 Rn. 7.

spruch genommen werden, wenn ein Fachmann unter Heranziehung seines Fachwissens den Gegenstand des Patentanspruchs der späteren Patentanmeldung unmittelbar und eindeutig der früheren Anmeldung als Ganzes entnehmen kann, nicht jedoch, wenn eine Eigenschaft zwar objektiv einem auch dort offenbarten Ausführungsbeispiel inhärent ist, sie aber für den Fachmann jedenfalls nicht ohne Weiteres erkennbar ist.[124] Für die Beurteilung der identischen Offenbarung des Gegenstandes gelten die Prinzipien der Neuheitsprüfung.[125] Die Priorität einer Voranmeldung kann allerdings auch dann in Anspruch genommen werden, wenn sich die dort anhand eines Ausführungsbeispiels oder in sonstiger Weise beschriebenen technischen Anweisungen für den Fachmann als Ausgestaltung der in der in der Nachanmeldung umschriebenen allgemeineren technischen Lehre darstellen und diese Lehre in der Nachanmeldung offenbarten Allgemeinheit bereits der Voranmeldung als zu der angemeldeten Erfindung gehörend entnehmbar ist.[126] Weiterhin ist es nach § 40 Abs. 4 PatG notwendig, dass die Priorität innerhalb von zwei Monaten nach dem Anmeldetag der späteren Anmeldung in Anspruch genommen wird. Dabei gilt die Prioritätserklärung als abgegeben, wenn das Aktenzeichen der früheren Anmeldung angegeben worden ist. Liegt eine wirksame Prioritätserklärung vor, erfolgt eine Verschiebung des Zeitrangs der Nachanmeldung auf den Zeitpunkt der prioritätsbegründenden früheren Anmeldung der Erfindung. Dies hat zur Folge, dass zwischenzeitliche Offenbarungen der Erfindung durch den Anmelder selbst oder durch Dritte unschädlich sind und nicht zum „Stand der Technik" gemäß § 3 PatG gehören. Sie sind somit nicht neuheitsschädlich und bleiben bei der Prüfung der erfinderischen Tätigkeit außer Betracht, soweit die Fassung der Nachanmeldung nicht über die Fassung der Voranmeldung hinausgeht (§ 3 Abs. 2 S. 2 PatG).[127]

- **Unionspriorität**: Wer nach einem Staatsvertrag die Priorität einer früheren ausländischen Anmeldung derselben Erfindung in Anspruch nimmt, hat nach § 41 Abs. 1 S. 1 PatG vor Ablauf des 16. Monats nach dem Prioritätstag Zeit, Land und Aktenzeichen der früheren Anmeldung anzugeben und eine Abschrift der früheren Anmeldung einzureichen, soweit dies nicht bereits geschehen ist. Ist die frühere ausländische Anmeldung in einem Staat eingereicht worden, mit dem kein Staatsvertrag über die Anerkennung der Priorität besteht, so kann der Anmelder nach § 41 Abs. 2 PatG ein dem Prioritätsrecht nach der PVÜ entsprechendes Prioritätsrecht (vgl. Art. 4 PVÜ) in Anspruch nehmen, soweit nach einer Bekanntmachung des BMJ im Bundesgesetzblatt der andere Staat aufgrund einer ersten Anmeldung beim DPMA ein Prioritätsrecht gewährt, das nach Voraussetzungen und Inhalt dem Prioritätsrecht nach der PVÜ vergleichbar ist.

Als **Stand der Technik** gilt nach der unwiderleglichen gesetzlichen Fiktion des § 3 Abs. 2 S. 1 PatG (respektive Art. 54 Abs. 3 EPÜ) auch der Inhalt (Offenbarungsgehalt) bestimmter Patentanmeldungen mit älterem Zeitrang (**ältere Patentanmeldungen – früherer Stichtag**), die erst an oder nach dem für den Zeitrang der jüngeren Anmeldung maßgeblichen Tag der Öffentlichkeit zugänglich gemacht worden sind. Die Norm zielt auf ein **Doppelpatentierungsverbot** und will im Falle inländischer Patentanmeldungen (bzw. solcher nach dem EPÜ bzw. dem PCT, wenn zugleich Schutz in Deutschland be-

42

---

124 BGH Urt. v. 14.8.2012 – X ZR 3/10 (PatG) = GRUR 2012, 1133 – UV-unempfindliche Druckplatte.
125 BGH Urt. v. 14.10.2003 – X ZR 4/00 (BPatG) = GRUR 2004, 133 – Elektronische Funktionseinheit.
126 BGH Urt. v. 11.2.2014 – X ZR 107/12 (BPatG) = BGHZ 200, 63 = GRUR 2014, 542 – Kommunikationskanal; BeckOK PatR/Gleiter/Fischer, PatG § 40 Rn. 8; BeckOK PatR/Gleiter/Fischer, PatG § 40 Rn. 16.
127 BeckOK Fitzner/Metzger, § 3 Rn. 101 ff. – Grundsätze zur Neuheitsschädlichkeit.

ansprucht wird) ältere Anmelder davor schützen, dass ein Dritter die infolge ihrer Anmeldung (dh die des früheren Patentanmelders) erfolgte Offenbarung sich schützen lässt, auch wenn sie im Zeitpunkt der Anmeldung durch den Dritten noch nicht veröffentlicht war.[128] Dabei ist zu beachten, dass zum maßgeblichen Gegenstand des im Zeitrang früheren Schutzrechts das gehört, was zwar in den Merkmalen dieses Patentanspruchs und im Wortlaut der Beschreibung (§ 14 PatG) nicht ausdrücklich erwähnt ist, aus Sicht eines Fachmanns jedoch nach seinem allgemeinen Fachwissen für die Ausführung der unter Schutz gestellten Lehre selbstverständlich oder nahezu unerlässlich und deshalb keiner besonderen Offenbarung bedarf.[129] Es handelt sich um folgende Konstellationen:

- Bei **nationalen Anmeldungen** ist die beim DPMA ursprünglich eingereichte Fassung maßgeblich (Nr. 1).
- Bei **europäischen Anmeldungen** nach dem EPÜ ist die bei der zuständigen Behörde ursprünglich eingereichte Fassung maßgeblich, wenn mit der Anmeldung auch für Deutschland Schutz begehrt wird und die Benennungsgebühr für Deutschland nach Art. 79 Abs. 2 EPÜ gezahlt ist, und, wenn es sich um eine Euro-PCT-Anmeldung (Art. 153 Abs. 2 EPÜ) handelt, die in Art. 153 Abs. 5 EPÜ genannten Voraussetzungen erfüllt sind (Nr. 2).
- Bei **internationalen Anmeldungen** nach dem Patentzusammenarbeitsvertrag (PCT) ist die beim Anmeldeamt ursprünglich eingereichte Fassung maßgeblich, wenn für die Anmeldung das DPMA Bestimmungsamt ist[130] (Nr. 3).

Beachte: Hingegen genügen nationale Patent- und Gebrauchsmusteranmeldungen im Ausland bzw. deutsche Gebrauchsmusteranmeldungen **nicht** den Anforderungen des § 3 Abs. 2 PatG.[131]

43   Beruht der ältere Zeitrang einer Anmeldung auf der Inanspruchnahme der Priorität einer Voranmeldung, so ist gemäß § 3 Abs. 2 S. 2 PatG der S. 1 nur insoweit anzuwenden, als die danach maßgebliche Fassung nicht über die Fassung der Voranmeldung hinausgeht. Nationale Patentanmeldungen nach § 3 Abs. 2 S. 1 Nr. 1 PatG, für die eine Anordnung nach § 50 Abs. 1 oder Abs. 4 PatG (Geheimpatente) erlassen worden ist (die also geheim zu halten sind), gelten vom Ablauf des achtzehnten Monats nach ihrer Einreichung an als der Öffentlichkeit zugänglich gemacht.

44   **Erweiterter Neuheitsbegriff für Arzneimittel:** § 3 Abs. 3 PatG statuiert für **Arzneimittel** – dh für Stoffe oder Stoffgemische zu medizinischen Zwecken – einen **erweiterten Neuheitsbegriff**. Gehören Stoffe oder Stoffgemische zum „Stand der Technik", so wird ihre Patentfähigkeit nach § 3 Abs. 3 PatG durch § 3 Abs. 1 und 2 PatG nicht ausgeschlossen, sofern sie zur **Anwendung** in einem der in § 2a Abs. 1 Nr. 2 PatG genannten Verfahren zur chirurgischen oder therapeutischen Behandlung des menschlichen oder tierischen Körpers oder in einem Diagnostizierverfahren, das am menschlichen oder tierischen Körper vorgenommen wird, bestimmt sind und ihre Anwendung zu einem dieser Verfahren nicht zum Stand der Technik gehört: Eine Erfindung gilt also auch dann

---

128 Götting, § 11 Rn. 10.
129 BGH Beschl. v. 17.1.1995 – X ZB 15/93 (BPatG) = BGHZ 128, 270 = GRUR 1995, 330 (332) - Elektrische Steckverbindung.
130 Wenn sie in deutscher Sprache vorliegen und die Anmeldegebühr fristgerecht entrichtet worden ist: § 4 Abs. 2 IntPatÜG.
131 Ahrens, S. 108.

noch als „neu", obgleich der Stoff bzw. das Stoffgemisch nach dem Stand der Technik bereits bekannt ist. § 3 Abs. 3 PatG begründet damit eine Ausnahme vom Grundsatz, dass eine neue Verwendung für einen bereits bekannten Stoff keine Neuheit begründen kann. Vielmehr wird ausnahmsweise ein **zweckgebundener Stoffschutz** für die **erste medizinische Indikation** anerkannt.[132] § 3 Abs. 3 PatG gestattet damit die Erteilung eines zweckgebundenen **Erzeugnispatents**, wenn die Anwendung des an sich bekannten Stoffes in einem medizinischen Verfahren **nicht zum Stand der Technik** gehört.[133] Eine bereits bestehende Zugehörigkeit zum Stand der Technik setzt voraus, dass die Vorbeschreibung oder Vorbenutzung dem Fachmann den Stoff und seine Anwendung in einem der medizinischen Verfahren bereits so deutlich und vollständig offenbart, dass er eine bestimmte Krankheit erfolgreich behandeln oder diagnostizieren kann.[134] Der Nachweis eines therapeutischen Effekts am Menschen durch klinische Versuche oder gar abgeschlossene klinische Versuche ist hingegen keine Voraussetzung für die Neuheitsschädlichkeit einer Vorveröffentlichung.[135] Allgemeine Angaben, dass ein Stoff zur Anwendung auf dem Gebiet der Medizin oder Pharmazie zur Behandlung von Krankheiten geeignet sei, reichen mangels Bestimmtheit gleichermaßen nicht aus, um die Anwendung bereits zum Stand der Technik zu zählen.[136] Wie konkret und präzise die Angaben sein müssen, richtet sich nach den durchschnittlichen Fähigkeiten des zuständigen Fachmanns. Die Verwendung eines Stoffes für einen therapeutischen Einsatzzweck muss so offenbart sein, dass ein Fachmann sie nicht bloß als eine Spekulation auffasst.[137]

Auch die **zweite** – und weitere – **medizinische Indikation(en)** sind in § 3 Abs. 4 PatG (respektive Art. 54 Abs. 4 und 5 EPÜ) anerkannt: Ebenso wenig wird die Patentfähigkeit dieser Stoffe oder Stoffgemische zur spezifischen Anwendung in einem der in § 2a Abs. 1 Nr. 2 PatG genannten Verfahren durch die §§ 3 Abs. 1 und 2 PatG ausgeschlossen, wenn diese Anwendung nicht zum Stand der Technik gehört (so § 3 Abs. 4 PatG). Dies bedeutet, dass ein weiteres zweckgebundenes Erzeugnispatent möglich ist, wenn der Stoff als Arzneimittel bereits bekannt – und als zweckgebundenes Erzeugnispatent auch patentiert – war, die Erfindung aber eine neue und erfinderische spezifische Ver-

45

---

132 Götting, § 11 Rn. 13.
133 BeckOK PatR/Fitzner/Metzger PatG § 3 Rn. 180; mwN auch Kraßer/Ann PatR § 17 Rn. 67.
134 Vgl. etwa BGH Urt. v. 24.7.2012 – X ZR 126/09 (BPatG) = GRUR 2012, 1130 – Leflunomid: Eine die Kombination zweier Wirkstoffe (hier: Leflunomid und Teriflunomid) umfassende Arzneimittelzubereitung ist durch den Stand der Technik nahegelegt, wenn der Fachmann, der vor dem Prioritätstag nach einer durch den Stand der Technik nahegelegten Verfahrensanweisung ein Monopräparat (hier: mit dem Wirkstoff Leflunomid) hergestellt hätte, ein Erzeugnis erhalten hätte, das während einer verkehrsüblichen Lagerungszeit durch eine chemische Reaktion in die Kombination der beiden Wirkstoffe umgewandelt worden wäre. Vgl. auch BGH Urt. v. 23.2.2017 – X ZR 99/14 (BPatG) = GRUR 2017, 681 – Cryptosporidium: 1. Eine Verwendung ist neu, wenn die geschützte Lehre eine zusätzliche Verwendungsmöglichkeit aufzeigt, die durch objektive Merkmale von den im Stand der Technik bekannten Verwendungsmöglichkeiten abgegrenzt werden kann (Bestätigung von BGH Urt. v. 20.12.2011 – X ZR 53/11 = GRUR 2012, 373 – Glasfasern I). 2. Für die Annahme einer neuheitsschädlichen Vorwegnahme ist dementsprechend nur Raum, wenn der Fachmann den bekannten Gegenstand zweckgerichtet zu dem geschützten Verwendungszweck eingesetzt hat.
135 BPatG Urt. v. 4.6.2017 – 3 Ni 21, 41/06 = NJOZ 2007, 4786 – Olanzapin. Vgl. Winterfeld/Engels GRUR 2008, 553 (554); BeckOK PatR/Fitzner/Metzger PatG § 3 Rn. 181.
136 BeckOK PatR/Fitzner/Metzger PatG § 3 Rn. 181; mwN auch Bruchhausen GRUR 1982, 641.
137 BPatG Urt. v. 11.11.2008 – 3 Ni 37/07 (EU) führend verbunden mit 3 Ni 36/08 (EU) = Mitt. 2009, 400 = GRUR 2010, 50; BeckOK PatR/Fitzner/Metzger PatG § 3 Rn. 181.

wendung lehrt:[138] Dh, wenn eine andere Wirkung (eine zweite oder weitere medizinische Indikation) bekannt wird, als die bereits bekannte und zum Stand der Technik zählende erste medizinische Indikation. Dies gilt explizit für die Verwendung einer schon als Arzneimittel bekannten Substanz zur Behandlung einer mit dieser Substanz noch nicht behandelten Krankheit.[139] Bedeutung erlangt § 3 Abs. 4 PatG aktuell durch die Forschung für einen Impfstoff gegen Sars 2 COVID-19. Medikamente zur Bekämpfung viraler Erkrankungen wie Ebola/HIV könnten einer neuen therapeutischen Anwendung gegen Corona zugeführt und dann zweckgebunden auch patentiert werden.[140]

46 **Zusammenfassung:** Eine Erfindung gilt als „neu", wenn sie nicht zum „Stand der Technik" gehört. Damit unterfallen dem Neuheitsbegriff keine Erfindungen, die sich bereits aus dem „Stand der Technik" mühelos herleiten lassen. Der „Stand der Technik" umfasst alle Kenntnisse, die vor dem Tag der Anmeldung des Patents durch schriftliche oder mündliche Beschreibung, durch Benutzung oder in sonstiger Weise der Öffentlichkeit sowohl im Inland als auch im Ausland zugänglich gemacht worden sind.

Frage 4: Wann gilt eine Erfindung als „neu"?
Frage 5: Was versteht man unter dem „Stand der Technik"?

e) Auf einer erfinderischen Tätigkeit beruhend

47 Nach der gesetzlichen Fiktion des § 4 S. 1 PatG gilt eine Erfindung als auf einer erfinderischen Tätigkeit – mithin auf einer individuellen Leistung des Erfinders – beruhend, wenn sie (dh die technische Aufgabe, die mit technischen Mitteln unter Einsatz beherrschbarer Naturkräfte einer Lehre zum planmäßigen Handeln zugeführt wird) sich für den (Durchschnitts-) Fachmann nicht in naheliegender Weise (sog. „aha-Effekt" – notwendig ist ein Überraschungsmoment, nicht ein ggf. späterer bloßer wirtschaftlicher Erfolg der Erfindung)[141] aus dem „Stand der Technik" (zum Neuheitsbegriff vorstehende Rn. 30 ff.) ergibt. Der Unterschied zur vorangegangenen Neuheitsprüfung be-

---

138 BGH Beschl. v. 25.2.2014 – X ZB 5/13 (BPatG) = GRUR 2014, 461 – Kollagenase: 1. Ein Patentanspruch, der eine neue Verwendung eines Medikaments betrifft, hat die Eignung eines bekannten Stoffs für einen bestimmten medizinischen Einsatzzweck und damit letztlich eine dem Stoff innewohnende Eigenschaft zum Gegenstand (Bestätigung von BGH Urt. v. 5.10.2005 – X ZB 7/03 = BGHZ 164, 220 Rn. 11 = GRUR 2006, 135 – Arzneimittelgebrauchsmuster). Dies entspricht in der Sache einem zweckgebundenen Stoffschutz, wie ihn § 3 Abs. 4 PatG und Art. 54 Abs. 5 EPÜ auch für weitere Indikationen ausdrücklich vorsehen, und zwar unabhängig davon, ob der Patentanspruch seinem Wortlaut nach auf die Verwendung des Medikaments, auf dessen Herrichtung zu einem bestimmten Verwendungszweck oder ausdrücklich auf zweckgebundenen Stoffschutz gerichtet ist. 2. Die spezifische Anwendung eines Stoffs zur therapeutischen Behandlung wird nicht nur durch die zu behandelnde Krankheit und die Dosierung bestimmt, sondern auch durch sonstige Parameter, die auf die Wirkung des Stoffs Einfluss haben und damit für den Eintritt des mit der Anwendung angestrebten Erfolgs von wesentlicher Bedeutung sein können. 3. Wegen § 2 a Abs. 1 Nr. 2 PatG können therapiebezogene Anweisungen nur dann zur Patentfähigkeit beitragen, wenn sie objektiv darauf abzielen, die Wirkung des Stoffs zu ermöglichen, zu verstärken, zu beschleunigen oder in sonstiger Weise zu verbessern, nicht aber, wenn sie Therapiemaßnahmen betreffen, die zusätzlich und unabhängig von den Wirkungen des Stoffs geeignet sind, die in Rede stehende Krankheit zu behandeln. 4. Bei der Prüfung, ob eine spezifische Anwendung eines Medikaments auf erfinderischer Tätigkeit beruht, sind auch Handlungsweisen zu berücksichtigen, die dem Fachmann deshalb nahegelegt waren, weil sie am Prioritätstag zum ärztlichen Standard-Repertoire gehörten. Vgl. auch BeckOK PatR/Fitzner/Metzger PatG § 3 Rn. 184.
139 BeckOK PatR/Fitzner/Metzger PatG § 3 Rn. 186, mwN auch BGH Beschl. v. 20.9.1983 – X ZB 4/83 (BPatG) = BGHZ 88, 209 = GRUR 1983, 729 – Hydropyridin.
140 Metzger/Zech GRUR 2020, 561 (566).
141 So Eisenmann/Jautz, Rn. 131.

steht darin, dass die Prüfung der Neuheit überwiegend als reiner Erkenntnisakt gesehen wird, die Prüfung der erfinderischen Tätigkeit dagegen ein **Akt wertender Entscheidung** ist.[142] Es stellt sich die Rechtsfrage, ob sich aufgrund des Wissens und der Fähigkeiten eines fiktiven Durchschnittsfachmanns auf dem in Rede stehenden Gebiet (der den gesamten Stand der Technik auf diesem Gebiet kennt [**objektiver Erkenntnisstand**] und der weiterhin auch allgemeines Grundlagenwissen sowie Wissen auf technischen Nachbargebieten und auf dem übergeordneten allgemeinen Gebiet hat, auf dem sich gleiche oder vergleichbare Probleme stellen können)[143] die Erfindung in naheliegender Weise unter Zugrundelegung einer **mosaikartigen Gesamtbetrachtung**[144] der tatsächlichen Umstände, die – unmittelbar oder mittelbar – geeignet sind, etwas über die Voraussetzungen für das Auffinden der erfindungsgemäßen Lösung auszusagen, aus dem Stand der Technik ergibt.[145] Wenn der Fachmann davon ausgehen konnte, dass bestimmte Versuche mit einiger Wahrscheinlichkeit zum Erfolg führen, handelt er nicht erfinderisch, sondern bleibt im Rahmen der üblichen routinemäßigen Weiterentwicklung. Je weniger klar der einzuschlagende Weg vorgezeichnet ist, je mehr Alternativen bestehen, je mehr Parameter zu berücksichtigen und je mehr einzelne Entscheidungen im Rahmen der Entwicklungsarbeiten zu treffen sind, desto eher liegt eine erfinderische Tätigkeit vor.[146]

Wenn zum Stand der Technik auch Unterlagen iSv § 3 Abs. 2 PatG (dh ältere, jedoch nicht vor dem Zeitrang der zu prüfenden Patentanmeldung veröffentlichte Patentanmeldungen) gehören (dh ein fiktiver Stand der Technik), werden diese bei der Beurteilung der erfinderischen Tätigkeit nach § 4 S. 2 PatG nicht in Betracht gezogen. 48

Erforderlich ist eine **Erfindungshöhe** (Erfindungsqualität) iS eines „Sprungs" der neuen Erfindung über den dem Durchschnittsfachmann bekannten bisherigen Stand der Technik hinaus.[147] Ob diese erreicht wird – die Erfindung als patentfähig ist –, entscheidet letztlich der technische Prüfer des DPMA auf der Grundlage eines umfänglichen Prüfverfahrens nach Maßgabe des 49

- Standes der Technik und des
- Wissens und Könnens eines Durchschnittsfachmannes.

Auf einer erfinderischen Tätigkeit beruhend kann auch die **Übertragung einer bekannten Lösung auf ein anderes technisches Gebiet** sein, sofern dem ein Überraschungseffekt anhaftet (sog. **Anwendungs- oder Übertragungserfindung**)[148] – bzw. ein **chemisches Analogieverfahren** (bei dem ein schon bekanntes chemisches Verfahren auf vergleichbare Ausgangsstoffe gestützt oder das Verfahren selbst modifiziert wird),[149] oder auch eine **Kombinationserfindung** (bei der mehrere – ggf. schon bekannte – Arbeits- 50

---

142 BGH Beschl. v. 17.1.1995 – X ZB 15/93 (BPatG) = BGHZ 128, 270 = GRUR 1995, 330 (331) – Elektrische Steckverbindung.
143 Götting, § 11 Rn. 22.
144 Götting, § 11 Rn. 24. Im Hinblick auf dabei zu berücksichtigende Hilfskriterien (Indizien): Ders., § 11 Rn. 25 ff.
145 BGH Urt. v. 7.3.2006 – X ZR 213/01 (BPatG) = BGHZ 166, 305 = GRUR 2006, 663, Ls. – Vorausbezahlte Telefongespräche.
146 Rohnke, GRUR 2021, 331 (334).
147 So Eisenmann/Jautz, Rn. 131.
148 BGH Urt. v. 12.2.1957 – I ZR 79/55 (DPMA) = GRUR 1958, 131 – Schmierverfahren.
149 BGH Beschl. v. 13.2.1964 – Ia ZB 19/63 = BGHZ 41, 231 (242 f.) = GRUR 1964, 439; Götting, § 11 Rn. 29 – Arzneimittelgemisch.

mittel oder Verfahren zur Begründung einer neuen Wirkung, die nicht naheliegend ist, kombiniert werden).[150]

51 **Zusammenfassung:** Nach der gesetzlichen Fiktion des § 4 S. 1 PatG gilt eine Erfindung auf einer „erfinderischen Tätigkeit beruhend", wenn sie sich für den (Durchschnitts-) Fachmann nicht in naheliegender Weise aus dem „Stand der Technik" ergibt.

Beachte: Bei dem Herausarbeiten aller Voraussetzungen für eine positive Patenterteilung im Einzelfall ist das Gericht frei. Da das **Verständnis des Fachmanns** von den im Patentanspruch verwendeten Begriffen und vom Gesamtzusammenhang des Patentanspruchs die Grundlage der Auslegung[151] bildet, muss sich der Tatrichter regelmäßig sachverständiger Hilfe bedienen. Das kommt etwa dann in Betracht, wenn zu ermitteln ist, welche objektiven technischen Gegebenheiten, welches Vorverständnis der auf dem betreffenden Gebiet tätigen Sachkundigen, welche Kenntnisse, Fertigkeiten und Erfahrungen und welche methodische Herangehensweise dieser Fachleute das Verständnis des Patentanspruchs und der in ihm verwendeten Begriffe bestimmen oder beeinflussen können.[152] Ein so hinzuzuziehender **Sachverständiger** nimmt dem Gericht die rechtliche Beurteilung nicht ab, sondern hat vielmehr die Aufgabe, dem Gericht die für das Verständnis der unter Schutz gestellten Lehre benötigte Kenntnis der technischen Zusammenhänge zu erläutern und den erforderlichen Einblick der jeweils typischen, im Durchschnitt der beteiligten Kreise angesiedelten Vertreter der einschlägigen Fachwelt einschließlich ihrer methodischen Herangehensweise zu vermitteln.[153] **Der Tatrichter legt das Klagepatent dann eigenständig aus und darf die Auslegung nicht dem gerichtlichen Sachverständigen überlassen.**[154] Die Auslegung obliegt als Akt wertender Erkenntnis und Rechtsfrage[155] somit trotz Hinzuziehung von Sachverständigen allein dem Gericht.[156] Das Gericht hat insoweit sämtliche tatsächlichen Umstände eigenverantwortlich zu würdigen, die geeignet sind, etwas über die Voraussetzungen für das Auffinden der erfindungsgemäßen Lösung auszusagen.[157] Keinesfalls dürfen dabei aber die Ausführungen des Sachverständigen zu seinem Verständnis des Patentanspruchs als „Feststellungen" zum Inhalt des Patentanspruchs behandelt werden.[158] Das Verständnis vom Patentanspruch selbst ist nämlich als Rechtsfrage einer unmittelbaren Feststellung durch den Durchschnittsfachmann entzogen.[159]

---

150 Götting, § 11 Rn. 30.
151 BGH Urt. v. 11.10.2005 – X ZR 76/04 (OLG München) = BGHZ 164, 261 = GRUR 2006, 131 (133), Rn. 19 – Seitenspiegel.
152 BGH Urt. v. 11.10.2005 – X ZR 76/04 (OLG München) = BGHZ 164, 261 = GRUR 2006, 131, Ls. 2 – Seitenspiegel.
153 BGH Urt. v. 22.12.2009 – X ZR 56/08 (OLG München) = BGHZ 184, 49 = GRUR 2010, 314, Rn. 21 – Kettenradanordnung II.
154 BGH Urt. v. 11.10.2005 – X ZR 76/04 (OLG München) = BGHZ 164, 261 = GRUR 2006, 131, Ls. 1 – Seitenspiegel.
155 BGH Urt. v. 7.6.2006 – X ZR 105/04 (OLG Düsseldorf) = GRUR 2006, 923 (925), Rn. 13 – Luftabscheider für Milchsammelanlage.
156 BGH Beschl. v. 17.1.1995 – X ZB 15/93 (BPatG) = BGHZ 128, 270 (275) = GRUR 1995, 330 – Elektrische Steckverbindung; BGH Urt. v. 25.11.2033 – X ZR 162/00 (BPatG) = GRUR 2004, 411 (413) – Diabehältnis.
157 BGH Urt. v. 7.3.2006 – X ZR 213/01 (BPatG) = BGHZ 166, 305 = GRUR 2006, 663 (665), Rn. 28 – Vorausbezahlte Telefongespräche.
158 BGH Urt. v. 11.10.2005 – X ZR 76/04 (OLG München) = BGHZ 164, 261 = GRUR 2006, 131 (133), Rn. 19 – Seitenspiegel.
159 BGH Urt. v. 26.9.1996 – X ZR 72/94 (OLG Düsseldorf) = GRUR 1997, 116 – Prospekthalter; BGH Urt. v. 18.5.1999 – X ZR 156/97 (OLG Dresden) = BGHZ 142, 7 = GRUR 1999, 977 – Räumschild; weitere Auslegungsregeln: BGH Urt. v. 7.9.2004 – X ZR 255/01 (OLG Düsseldorf) = BGHZ 160, 204 (213) = GRUR 2004, 1023 – Bodenseitige Vereinzelungseinrichtung: 1. Ein Ausführungsbeispiel erlaubt regelmäßig keine einschränkende Auslegung eines die Erfindung allgemein kennzeichnenden Patentanspruchs. 2. Bei der Aus-

I. Patenterteilungsvoraussetzungen

Das PatG differenziert im Hinblick auf den Gegenstand und damit auch auf den Schutzumfang, den ein Patent seinem Inhaber gewährt, in § 9 S. 2 PatG zwischen einem 52

- Erzeugnispatent (das sich auf eine bestimmte Sache bezieht, „die spezifische technische Eigenschaften aufweist")[160] und einem
- Verfahrenspatent (das sich auf eine bestimmte zeitliche Reihenfolge bezieht, „durch die ein technischer Erfolg hervorgebracht wird", bspw. Patente für Herstellungs- oder Arbeitsverfahren).[161]

f) Gewerbliche Anwendbarkeit

Eine Erfindung gilt nach der gesetzlichen Fiktion des § 5 PatG (respektive Art. 57 EPÜ) als „gewerblich anwendbar", wenn ihr Gegenstand auf irgendeinem gewerblichen Gebiet (dh der Industrie, des Handels oder des Handwerks [ausschließlich des Bereichs der freien Berufe], einschließlich der Landwirtschaft – aber auch in den Bereichen Bergbau, Jagd, Fischerei und Gartenbau[162]) hergestellt (**Herstellung**)[163] oder benutzt (**Nutzung**) werden kann (iS einer Nutzungsmöglichkeit im weiteren Sinne) ohne Rücksicht auf eine tatsächliche Verwendung oder Rentabilität. 53

Die gewerbliche Anwendbarkeit ist von einer **technischen Anwendbarkeit** iSv Ausführbarkeit, Wiederholbarkeit und fertiger Erfindung als Elemente des Erfindungsbegriffs (vorstehende Rn. 6 ff.) zu unterscheiden.[164] 54

Die gestellte Aufgabe muss – nicht nur im Kopf des Erfinders, sondern gegenüber der Öffentlichkeit offenbart – einer Lösung zugeführt worden sein. Zudem muss die der Erfindung zugrunde liegende Lehre technisch ausführbar[165] sein. *Ahrens*[166] weist darauf hin, dass die Erfindung iS einer ausreichenden Offenbarung, Funktionsfähigkeit, Wiederholbarkeit und Umsetzungsreife („**fertig**") sein müsse – wenngleich eine Markt- oder Serienreife nicht zu fordern sei.[167] 55

> **Zusammenfassung:** Eine Erfindung gilt als „gewerblich anwendbar", wenn ihr Gegenstand auf irgendeinem gewerblichen Gebiet (einschließlich der Forst- und Landwirtschaft) hergestellt oder benutzt werden kann. 56

---

legung eines Patentanspruchs kann nicht ohne Weiteres davon ausgegangen werden, in ihm enthaltenen Angaben sei eine über Selbstverständlichkeiten hinausgehende Bedeutung beizumessen. 3. Im Patentverletzungsprozess kommt im Hinblick auf die Auslegung eines Patentanspruchs durch den Tatrichter eine Bindung des Revisionsgerichts nur insoweit in Betracht, als der Tatrichter sich mit konkreten tatsächlichen Umständen befasst hat, die für die Auslegung von Bedeutung sein können.
160 So Eisenmann/Jautz, Rn. 141.
161 So Eisenmann/Jautz, Rn. 142.
162 So Ahrens, S. 105.
163 Da gewerbliche Herstellung ausreicht, ist eine ausschließliche Nutzung im nichtgewerblichen Bereich (zB als Spielzeug, Medizingerät, Arzneimittel oder als Kriegswaffe) für das Tatbestandsmerkmal „gewerbliche Anwendbarkeit" ausreichend: so Ahrens, S. 105.
164 Götting, § 11 Rn. 37: allerdings bestehen Berührungspunkte beim Schutz biotechnologischer Erfindungen.
165 BGH Urt. v. 13.7.2010 – Xa ZR 126/07 (BPatG) = GRUR 2010, 916 – Klammernahtgerät: Eine Erfindung ist ausführbar offenbart, wenn die in der Patentanmeldung enthaltenen Angaben dem fachmännischen Leser so viel an technischer Information vermitteln, dass er mit seinem Fachwissen und seinem Fachkönnen in der Lage ist, die Erfindung erfolgreich auszuführen. Es ist nicht erforderlich, dass mindestens eine praktisch brauchbare Ausführungsform als solche unmittelbar und eindeutig offenbart ist.
166 Ahrens, S. 105.
167 Ahrens, S. 105.

g) Ausnahmen von der Patenterteilung

57 Der menschliche Körper (§ 1a PatG) und Pflanzensorten sowie Tierrassen und Verfahren zur chirurgischen oder therapeutischen Behandlung des menschlichen oder tierischen Körpers (§ 2a PatG) können grundsätzlich nicht patentiert werden (vgl. auch Art. 53 EPÜ). § 2 PatG verbietet zudem die Patenterteilung für Erfindungen, deren gewerbliche Verwertung gegen die „öffentliche Ordnung" oder die „guten Sitten" verstoßen würde (vgl. zu den Ausnahmen einer entsprechenden Gebrauchsmustererteilung § 2 Nr. 1 und Nr. 2 GebrMG – im Übrigen sind nach § 2 Nr. 3 GebrMG [im Unterschied zum Patentrecht] auch Verfahren nicht gebrauchsmusterfähig [kein Verfahrensgebrauchsmuster]). Ein solcher Verstoß kann gemäß § 2 Abs. 1 Halbs. 2 PatG bereits aus der Tatsache hergeleitet werden, dass die Verwertung durch Gesetz oder Verwaltungsvorschrift verboten ist.[168]

58 ▶ **FALL:** In der Entscheidung **Tollwutvirus** hat der BGH[169] festgestellt, dass die Möglichkeit bestehen müsse, dass der Gegenstand einer patentfähigen Erfindung wiederholbar ausgeführt werden kann.[170] Für den Patentschutz eines neuen Mikroorganismus als solchen könne die Möglichkeit einer wiederholbaren Neuzüchtung aber durch Hinterlegung und Freigabe einer vermehrbaren Probe des Mikroorganismus ersetzt werden. ◀

aa) Der menschliche Körper

59 Der menschliche Körper in den einzelnen Phasen seiner Entstehung und Entwicklung (einschließlich der Keimzellen) sowie die bloße Entdeckung eines seiner Bestandteile einschließlich der Sequenz oder Teilsequenz eines Gens können nach § 1a Abs. 1 PatG[171] keine patentierbaren Erfindungen sein.[172]

Beachte: Eine patentierbare Erfindung kann allerdings nach § 1a Abs. 2 PatG[173] ein isolierter Bestandteil des menschlichen Körpers oder ein auf andere Weise durch ein technisches Verfahren gewonnener Bestandteil (einschließlich der Sequenz oder der Teilsequenz eines Gens) sein, selbst wenn der Aufbau dieses Bestandteils mit dem Aufbau eines natürlichen Bestandteils identisch ist.

60 § 1a Abs. 3 PatG bestimmt, dass die gewerbliche Anwendbarkeit einer Sequenz oder Teilsequenz eines Gens in der Anmeldung konkret unter Angabe der von der Sequenz oder Teilsequenz erfüllten Funktion beschrieben werden muss. Damit fordert die Regelung – abweichend von Art. 5 Abs. 3 BiotechnologieRL iVm den Erwägungsgründen

---

168 BGH Urt. v. 15.12.2015 – X ZR 30/14 (OLG Karlsruhe) = BGHZ 208, 182 = GRUR 2016, 257 – Glasfasern II: 1. Ein Unternehmen, das ein Produkt, dessen Vertrieb für einen bestimmten Verwendungszweck nur unter bestimmten, dem Schutz der Gesundheit dienenden Voraussetzungen rechtlich zulässig ist, zu diesem Verwendungszweck anbietet oder in Verkehr bringt, gibt damit unter gewöhnlichen Umständen zu erkennen, dass es diese Voraussetzungen als erfüllt ansieht. 2. Ist der Vertrieb eines Produkts für einen bestimmten Verwendungszweck nur mit einem gesundheitsrelevanten Warnhinweis rechtlich zulässig, gibt ein Unternehmen, das ein solches Produkt ohne entsprechenden Hinweis zu diesem Verwendungszweck anbietet oder in Verkehr bringt, unter gewöhnlichen Umständen zu erkennen, dass es das Produkt als ohne Warnhinweis verkehrsfähig ansieht.
169 BGH Beschl. v. 12.2.1987 – X ZB 4/86 (BPatG) = BGHZ 100, 67 = NJW 1987, 2298 – Tollwutvirus.
170 In Bestätigung von BGH Beschl. v. 27.3.1969 – X ZB 15/67 (BPatG) = BGHZ 52, 74 = GRUR 1969, 672 – Rote Taube und BGH Beschl. v. 11.3.1975 – X ZB 4/74 = BGHZ 64, 101 = GRUR 1975, 430 – Bäckerhefe.
171 Vgl. auch R 28a, b, c und R 29 Abs. 1 der AusführungsVO zum EPÜ (fortan: AOEPÜ).
172 Zur Problematik Ernsthaler/Zech, GRUR 2006, 529; Kilger/Jaenichen, GRUR 2005, 984.
173 Vgl. auch R 29 Abs. 2 der AOEPÜ.

Nr. 23 und 24 erweiternd – bei der Anmeldung eine konkrete Beschreibung unter Angabe der von der Sequenz bzw. Teilsequenz erfüllten Funktionen.[174]

Nach § 1a Abs. 4 PatG ist – wenn Gegenstand einer Erfindung eine Sequenz oder Teilsequenz eines Gens ist, deren Aufbau mit dem Aufbau einer natürlichen Sequenz oder Teilsequenz eines menschlichen Gens übereinstimmt – deren Verwendung (für die die gewerbliche Anwendbarkeit nach § 1a Abs. 3 PatG konkret beschrieben ist) in den Patentanspruch aufzunehmen (**verwendungsgebundener Stoffschutz für menschliche Gensequenzen**).[175] Die Regelung zielt auf eine Begrenzung des Schutzumfangs auf die in der Patentanmeldung beschriebene Verwendung, womit der Gesetzgeber einer Behinderung der Forschung durch Vorratspatente entgegentreten will.[176] Ein über die konkrete Funktion hinausgehender Stoffschutz fördere zudem „spekulative" Patente und wirke daher wettbewerbsverzerrend.[177] Im Bereich der Pharmazie und Biotechnologie wird dieser Ansatz kritisch gesehen. Sei es doch bereits ein wissenschaftlicher Beitrag die Substanz zu entwickeln und damit anderen die Chance zu geben, weitere Verwendungsmöglichkeiten zu entwickeln. Dieser objektive Beitrag des Erfinders ist nach § 1a Abs. 4 PatG aber nicht schutzwürdig.[178] Durch die Beschränkung der Patentierung auf eine „konkrete Verwendung" – bei der erst nach umfangreichen Versuchen feststeht, ob sie erfolgreich und umsetzbar ist – läuft der Erfinder Gefahr, leer auszugehen und den Weg für die Patentierung weiterer Verwendungen zu eröffnen, ohne einen Ausgleich dafür zu erhalten, die Substanz zunächst entwickelt zu haben.[179] Dieser Effekt kann die Erforschung neuer Substanzen hemmen und verschafft Deutschland gegenüber anderen EU-Ländern mit einer weniger restriktiven Umsetzung der BiotechnologieRL einen Wettbewerbsnachteil.

bb) Pflanzensorten und Tierrassen sowie chirurgische bzw. therapeutische Behandlungsverfahren

§ 2a Abs. 1 PatG verbietet die Erteilung von Patenten für

- **Pflanzensorten** nach § 2a Abs. 3 Nr. 4 PatG (dh nach der Legaldefinition des § 2a Abs. 3 Nr. 4 PatG eine Sorte iS der Legaldefinition der VO (EG) Nr. 2100/94 des Rates vom 27.7.1994 über den gemeinschaftlichen Sortenschutz)[180] und
- **Tierrassen** sowie

---

[174] Wobei nach Götting (§ 11 Rn. 38) der Begriff der „Funktion" unklar ist – konkret benannte Behandlungsanweisungen oder wirkungsrelevante Eigenschaften? Das Konkretisierungsgebot führe – so Götting, aaO – zu einer Einschränkung des absoluten Stoffschutzes.
[175] Götting (§ 10 Rn. 8) plädiert für eine neue Diskussion darüber, ob das „Dogma des absoluten Stoffschutzes in der bisherigen Form uneingeschränkt aufrechtzuerhalten" ist – absoluter Stoffschutz iS einer unbeschränkten Patentierbarkeit (Monopolisierung) von Nahrungs-, Genuss-, Arzneimittel- und chemischen Stoffen, womit legitimen Interessen der Allgemeinheit über eine Beschränkung der Reichweite des Patents (§ 13 PatG) bzw. der Erteilung von Zwangslizenzen (§ 24 PatG) Rechnung getragen werden kann.
[176] Götting (§ 11 Rn. 39): Es gibt „zukünftig für ein Gen, das auch beim Menschen vorkommt, keinen absoluten Stoffschutz mehr ... und eine Erfindung im Zusammenhang mit einer neuen Verwendung des gefundenen Genabschnitts (führt) nicht mehr zu einem abhängigen Patent und zu einer Lizenz des ersten Erfinders".
[177] Stellungnahme von Dr. Günter Krings (CDU/CSU) in der 97. Sitzung des Deutschen Bundestags (15. WP) am 11.3.2004, S. 8725 f.
[178] Felges, GRUR 2005, 977 (980).
[179] Felges, GRUR 2005, 977 (981).
[180] ABl. EG Nr. L 227, S. 1 – womit „Pflanzen sowie alle Pflanzensorten, die die Voraussetzungen der Homogenität und der Beständigkeit nicht erfüllen, als patentfähig anerkannt (sind)": Götting, § 14 Rn. 9.

- im Wesentlichen biologische Verfahren zur Züchtung von Pflanzen und Tieren (dh für Verfahren zur Züchtung von Pflanzen und Tieren, die nach § 2a Abs. 3 Nr. 3 PatG vollständig auf natürlichen Phänomenen wie Kreuzung und Selektion beruhen)
- (Nr. 1, respektive Art. 53 Buchst. b) EPÜ) und
- (im Interesse einer freien Zugänglichkeit medizinischer Verfahren im Rahmen einer ärztlichen Behandlung)[181] **Verfahren zur chirurgischen oder therapeutischen Behandlung**[182] des menschlichen oder tierischen Körpers und **Diagnostizierverfahren, die am menschlichen oder tierischen Körper vorgenommen werden** (**Nr. 2 S. 1**). Dabei sind jedoch Erzeugnisse zur Anwendung der genannten Verfahren ausgenommen, insbesondere Stoffe und Stoffgemische zur Anwendung in einem der vorgenannten Verfahren, zB Arzneimittel, für die Patentschutz erlangt werden kann (**Nr. 2 S. 2** respektive Art. 53c EPÜ). Damit wird auch deutlich, dass der Patentschutz für auf chemischem Weg hergestellte Stoffe nicht zweckgebunden ist.[183] Nicht ausgeschlossen ist der Patentschutz im Übrigen für zur Therapie[184] und Diagnostik verwendete Geräte.[185] Davon umfasst sind Nadeln, Scheren, Skalpelle und Spritzen sowie Apparate und Vorrichtungen, die der Beseitigung bzw. dem Ausgleich vorhandener Defekte dienen, wie Herzschrittmacher, Herz-Lungen-Maschinen, künstliche Organe, Brillen, Hörgeräte, Prothesen oder künstliche Gelenke.[186]

Beachte jedoch im Hinblick auf Pflanzensorten das **Sortenschutzgesetz** (dazu das 6. Kapitel), nach dessen § 1 Abs. 1 das Bundessortenamt einem Ursprungszüchter bzw. dem Entdecker einer Sorte (oder deren Rechtsnachfolgern, vgl. § 8 Abs. 1 SortenSchG) für eine Pflanzensorte Sortenschutz gewähren kann, wenn diese unterscheidbar, homogen, beständig, neu und durch eine eintragbare Sortenbezeichnung bezeichnet ist. Der Sortenschutz dauert nach § 13 SortenSchG bis zum Ende des 25., bei Hopfen, Kartoffeln, Reben und Baumarten bis zum Ende des 30. der auf die Erteilung (Eintragung in die Sortenschutzrolle) folgenden Kalenderjahres.

---

181 Wobei das Merkmal des „Heilzwecks" maßgeblich ist und die Patentierbarkeit ausschließt: so Ahrens, S. 101 (in Bezug auf kosmetische Verfahren). Vgl. auch Kraßer/Ann, § 14 Rn. 58.
182 „Chirurgische Behandlung" iS eines Eingriffs in den lebenden menschlichen (oder tierischen) Körper: BGH Beschl. v. 28.11.2000 – X ZB 20/99 (BPatG) = GRUR 2001, 321 (322) – Endoprotheseeinsatz. „Therapeutische Behandlung" iS einer „Anwendung medizinischer Maßnahmen, die die Ursachen oder Symptome einer Funktionsstörung des Körpers heilen, lindern, beseitigen oder abschwächen oder dem Risiko des Erwerbs einer solchen Störung vorbeugen oder dieses verhindern soll": so Ahrens, S. 100.
183 BGH Beschl. v. 14.3.1972 – X ZB 2/71 (BPatG) = BGHZ 58, 280 = GRUR 1972, 541, Ls. 1 – Imidazoline.
184 Heilverfahren sind nicht patentierbar – dazu BGH Beschl. v. 26.9.1967 (BPatG) = BGHZ 48, 313 = GRUR 1968, 142 – Glatzenoperation.
185 Benkard/Melullis, EPÜ, Art. 53 Rn. 135.
186 Benkard PatG/Asendorf/Schmidt, PatG § 2a Rn. 99. Dem Patentschutz zugänglich ist auch ein in den Körper des Patienten implantiertes Gerät zur dosierten Abgabe von Medikamenten (EPA T 245/87 ABl 1989, 171 = GRUR Int. 1989, 682 – Durchflussmessung/SIEMENS). Patentfähig sind weiterhin auch Stoffe oder Stoffgemische, die aus entnommenen Körpersubstanzen (zB Blut) gewonnen und zu therapeutischen Zwecken (zB Eigenblutbehandlung) eingesetzt werden. Dasselbe gilt für menschliche Organe oder Gewebeteile, die zur Transplantation vorgesehen sind (Benkard/Melullis, EPÜ, Art. 53 Rn. 136). Die Verwendung eines menschlichen Sehnengewebes als Hormontransplantat ist patentfähig (BPatGE 26, 104 = GRUR 1985, 276 – Schichtkeratoplastiktransplantat). Die Patentfähigkeit ist weiter gegeben für Hilfsmittel, wie bspw. Knochenzement (EPA, Entsch. v. 23.7.1983 – T 173/82 – Faserverstärker Knochenzement).

I. Patenterteilungsvoraussetzungen

Hingegen gestattet § 2a Abs. 2 S. 1 PatG die Erteilung von Patenten (**Patentfähigkeit für Erfindungen**), 63

- deren Gegenstand Pflanzen oder Tiere sind, wenn die Ausführung der Erfindung technisch **nicht auf eine bestimmte Pflanzensorte** oder **Tierrasse** beschränkt ist[187] (Nr. 1,[188] in Umsetzung von Art. 4 Abs. 2 BiotechnologieRL); bzw.
- die ein **mikrobiologisches Verfahren** (dh nach der Legaldefinition des § 2a Abs. 3 Nr. 2 PatG ein Verfahren, bei dem mikrobiologisches Material verwendet, ein Eingriff in mikrobiologisches Material durchgeführt oder mikrobiologisches Material hervorgebracht wird) oder ein **sonstiges technisches Verfahren** bzw. ein **durch ein solches Verfahren gewonnenes Erzeugnis zum Gegenstand** haben, sofern es sich dabei nicht um eine Pflanzensorte oder Tierrasse handelt[189] (Nr. 2, respektive Art. 53b EPÜ – in Umsetzung von Art. 4 Abs. 3 BiotechnologieRL).

Beachte: Hingegen kann nach § 2 Nr. 3 GebrMG für Verfahren kein Gebrauchsmusterschutz erlangt werden.

cc) Verstoß gegen die „öffentliche Ordnung" bzw. die „guten Sitten"

Für Erfindungen, deren (ausschließliche)[190] gewerbliche Verwertung gegen 64

- die „**öffentliche Ordnung**" (iS des **ordre public**, mithin die tragenden Grundsätze der geltenden Rechtsordnung)[191] oder die
- „**guten Sitten**" (iS des Anstandsgefühls aller billig und gerecht Denkenden)

verstoßen würde, werden nach § 2 Abs. 1 PatG (respektive Art. 53 Buchst. a) EPÜ, vgl. auch § 2 Nr. 1 GebrMG) keine Patente erteilt (**Schutzausschluss**). Ein solcher Verstoß kann aber noch nicht allein aus der Tatsache hergeleitet werden, dass die Verwertung der Erfindung durch Gesetz oder bloße Verwaltungsvorschrift verboten ist.

In § 2 Abs. 2 S. 1 PatG[192] listet das Gesetz in Umsetzung von Art. 6 Abs. 2 der Biotechnologie- 65 RL vornehmlich ethisch fundierte Fälle auf, in denen „insbesondere" (dh beispielhaft und nicht abschließend) Patente wegen Verstoßes gegen die „guten Sitten" oder die „öffentliche Ordnung" nicht erteilt werden (**Ausschluss der Patentierbarkeit**) – wobei in den Fällen der Nrn. 1 bis 3 die entsprechenden Vorschriften des Embryonenschutzgesetzes[193] maßgeblich sind (so § 2 Abs. 2 S. 2 PatG):

- Verfahren zum Klonen von menschlichen Lebewesen (Nr. 1);
- Verfahren zur Veränderung der genetischen Identität der Keimbahn des menschlichen Lebewesens (Nr. 2);

---

187 EPA Entsch. v. 3.10.1990 – T 19/90 = GRUR Int. 1990, 978 – Krebsmaus/Harvard II; EPA Entsch. v. 3.4.1992 – EP 0 169 672 = GRUR Int. 1993, 240 – Krebsmaus/Harvard III.
188 Vgl. auch R 27b der AOEPÜ.
189 BGH Beschl. v. 12.2.1987 – = X ZB 4/86 (BPatG) = BGHZ 100, 67 (73) = GRUR 1987, 231 – Tollwutvirus; BGH Beschl. v. 11.3.1975 – X ZB 4/74 = BGHZ 64, 101 = GRUR 1975, 430 – Bäckerhefe.
190 Weswegen Waffen, Gifte oder Sprengstoffe einem Patentschutz nicht entzogen sind: so Ahrens, S. 100.
191 So Ahrens, Rn. 100: „und somit alle Normen, die der Verwirklichung und dem Schutz von solchen Gütern dienen, die für das Leben der Gemeinschaft eine essentielle Bedeutung haben".
192 Vgl. auch R 28 der AOEPÜ.
193 Gesetz zum Schutz von Embryonen vom 13.12.1990 (BGBl. I, S. 2746).

- die Verwendung von Embryonen zu industriellen oder kommerziellen Zwecken (Nr. 3 – dazu auch noch nachstehende Rn. 76 ff.) bzw.
- Verfahren zur Veränderung der genetischen Identität von Tieren, die geeignet sind, Leiden dieser Tiere ohne wesentlichen medizinischen Nutzen für den Menschen oder das Tier zu verursachen, sowie die mithilfe solcher Verfahren erzeugten Tiere (Nr. 4).

dd) Exkurs: Der Schutz biotechnologischer Erfindungen

66 Patente werden gemäß § 1 Abs. 2 S. 1 PatG[194] (respektive Art. 53 Buchst. b) EPÜ) – der die Richtlinie 98/44/EG (BiotechnologieRL) umsetzt – für Erfindungen iSv § 1 Abs. 1 PatG allerdings gleichwohl doch erteilt, wenn sie

- ein Erzeugnis, das aus biologischem Material (iSv § 2a Abs. 3 Nr. 1 PatG, mithin einem Material, das genetische Informationen enthält und sich selbst reproduzieren oder in einem biologischen System reproduziert werden kann) besteht oder dieses enthält, oder wenn sie
- ein Verfahren, mit dem biologisches Material hergestellt oder bearbeitet wird oder bei dem es verwendet wird,

zum Gegenstand haben.

67 Im Hinblick auf die Möglichkeit der Patentierung eines in der Natur bereits vorhandenen Stoffes bestimmt § 1 Abs. 2 S. 2 PatG respektive Art. 53 Buchst b) EPÜ (in Abgrenzung zu einer bloßen Entdeckung, vorstehende Rn. 6) dass biologisches Material, das mithilfe eines technischen Verfahrens (bspw. zur Isolierung eines Stoffes) aus seiner natürlichen Umgebung isoliert oder hergestellt wird, Gegenstand einer „Erfindung" sein kann, auch wenn es in der Natur schon vorhanden war.

68 Patentierbar sind – nach Maßgabe der §§ 1a Abs. 2 und 2a Abs. 2 PatG – folgende biotechnologischen Erfindungen:

- Nach § 1a Abs. 2 PatG **Bestandteile des menschlichen Körpers**, wenn eine Isolierung oder Gewinnung mittels eines „technischen Verfahrens" erfolgt.
- Gemäß § 2a Abs. 2 Nr. 1 PatG **Pflanzen und Tiere**, wenn sich die Ausführung der Erfindung technisch nicht auf Pflanzensorten oder Tierrassen beschränkt.
- Nach § 2a Abs. 2 Nr. 2 PatG **mikrobiologische Verfahren** (bzw. sonstige technische Verfahren und durch ein entsprechendes Verfahren gewonnene Erzeugnisse), wenn es sich nicht um eine Pflanzensorte oder Tierrasse handelt.

ee) Biopatentierung[195] nach § 2a Abs. 2 PatG

69 Grundsätzlich sind Erfindungen, die sich auf biologisches Material beziehen, patentierbar.

70 **Biologisches Material** ist nach § 2a Abs. 3 Nr. 1 PatG jedes Material, das genetische Informationen enthält und sich entweder selbst reproduzieren oder in einem biologischen System reproduziert werden kann. Wichtig ist, dass diese Erfindungen andere als „**im Wesentlichen biologische Verfahren**" (iSv § 2a Abs. 3 Nr. 3 PatG) zur Züchtung

---

194 Vgl. auch R 26 bis 34 der AOEPÜ.
195 Walter GRUR-Prax 2010, 329.

I. Patenterteilungsvoraussetzungen

von Tieren oder Pflanzen und deren Erzeugnissen, nämlich die mithilfe technischer Verfahren erzeugten Tiere oder Pflanzen, betreffen.[196] Ein im „wesentlichen biologisches Verfahren" ist ein Verfahren zur Züchtung von Pflanzen und Tieren, das vollständig auf natürlichen Phänomenen wie Kreuzung oder Selektion beruht.[197] „Biologisches Verfahren" ist in erster Linie als Abgrenzung zum „technischen Verfahren" zu verstehen, bei dem mit anderen Mitteln als lebender Materie auf den Ablauf des Geschehens eingewirkt wird (zB mit chemischen oder mit physikalischen Mitteln). Ob ein Verfahren „im Wesentlichen biologisch" iSv § 2a Abs. 3 Nr. 3 PatG – und damit nicht patentierbar – ist, hängt davon ab, in welchem Umfang von menschlicher Seite technisch in das Verfahren eingegriffen wird. Spielt ein solcher Eingriff eine maßgebliche Rolle bei der Bestimmung oder Beeinflussung des angestrebten Ergebnisses, so ist das Verfahren von einer Patentierbarkeit nicht auszuschließen.[198]

Bedeutung erlangt diese Unterscheidung bei **klassischen selektiven** und **markergestützten Zuchtverfahren**:

- Das **klassische selektive Zuchtverfahren** orientiert sich am Phänotyp – dem Erscheinungsbild der Pflanze oder des Tieres – und entwickelt durch entsprechende Auswahl und Vermehrung eine Zucht mit entsprechenden Eigenschaften. Es handelt sich um ein „im Wesentlichen biologisches Verfahren", was dem Patentschutz nicht zugänglich ist.

- Beim **markergestützten Zuchtverfahren** werden Tiere und Pflanzen mithilfe von DNA-Markern nach vorteilhaften Genvariationen durchsucht, um dann einzelne Tiere und Pflanzen gezielt weiter zu züchten.[199] Dabei handelt es sich um ein **technisches Verfahren**, womit es grundsätzlich patentfähig ist.

Eine Unterscheidung über den Umfang des Patentschutzes lässt sich dann aus einer Unterscheidung zwischen Herstellungs- und Aufgabenverfahren treffen. Aus einem **Herstellungsverfahren** (das etwas Neues erzeugt oder etwas Bestehendes wesentlich verändert) erzeugte Produkte genießen einen abgeleiteten Schutz nach § 9 S. 2 Nr. 3 PatG, ohne dass für das Produkt erneuter Patentschutz beansprucht werden muss. **Aufgabenverfahren** hingegen stellen nichts her, sondern wirken auf ein Objekt ein. Ein abgeleiteter Schutz existiert nicht. Geschützt ist allein eine konkret im Patentanspruch umschriebene Methode. Ein Beispiel dafür sind markergestützte reine Screeningverfahren, bei denen mittels DNA-Analyse solche Tiere oder Pflanzen ausgewählt werden, die bestimmte Eigenschaften erfüllen. Patentiert wird nur der Auswahlvorgang.[200] Hingegen war die Klassifizierung von markergestützten Züchtungsverfahren lange umstritten. Sie erwähnen im Patentanspruch nicht nur das Screening, sondern auch den darauffolgenden Züchtungsschritt.[201] Maßgeblich ist, ob es eine funktionelle Wechselwirkung zwischen dem nicht-technischen Element „Züchtung/Kreuzung" und dem technischen Element „Screening" gibt.[202] Der Patentanspruch bezieht sich dann auf den Herstellungsweg und nicht auf das Erzeugnis.

---

196 BeckOK PatR/Fitzner, PatG § 2a Rn. 15 f.
197 Vgl. Art. 2 Abs. 2 der RL 98/44/EG.
198 BeckOK PatR/Fitzner, PatG § 2a Rn. 16. Vgl. mwN auch Fitzner, FS Nordemann, 1999, S. 50 (57).
199 Walter, GRUR-Prax 2010, 329.
200 Ein Beispiel ist das sog. „Kuh-Patent" (EP 1 330 552), bei dem mittels einer DNA-Sequenz solche Tiere einer Herde ausfindig gemacht werden, die besonders viel Milch geben. Die gezüchteten Tiere als Produkt des Auswahlprozesses unterliegen keinem patentrechtlichen Schutz.
201 Walter, GRUR-Prax 2010, 329 (331). Bsp.: „Verfahren zum Herstellen von ...".
202 Walter, GRUR-Prax 2010, 329 (331).

73 Von einem Patentanspruch iS des Herstellungsverfahrens sind weiter **Product-by-process-Patente (pbp-Patente)** zu unterscheiden. Dabei wird die Kennzeichnung eines Erzeugnisses durch das Verfahren seiner Herstellung zugelassen, wenn eine Kennzeichnung durch Parameter seiner Eigenschaften unmöglich oder gänzlich unpraktisch ist.[203] Das ist mittlerweile auch bei biologischen Erzeugnissen anerkannt.[204] Es handelt sich somit nicht um einen abgeleiteten Schutz aus § 9 S. 2 Nr. 3 PatG, sondern um ein vollwertiges Sachpatent, unabhängig vom offenbarten Herstellungsweg.[205] Gegenstand des Patents ist trotz der Beschreibung durch das Herstellungsverfahren das Erzeugnis als solches, das unabhängig vom Herstellungsweg die Voraussetzungen für die Patentierbarkeit erfüllen muss (dazu vorstehende Rn. 5). Die Entscheidungspraxis des EPA läuft damit konträr zu der des DPMA und lässt umfassendere Patentierungen zu.

74 Biotechnologische Erfindungen berühren in nicht unerheblichem Umfang **ethische und moralische Grundfragen** der Gesellschaft, weswegen der Gesetzgeber insoweit auch regulatorisch tätig geworden ist mit dem

- Gesetz zum Schutz von Embryonen (**Embryonenschutzgesetz** – ESchG) vom 13.12.1990[206] und dem Gesetz zur Sicherstellung des Embryonenschutzes im Zusammenhang mit der Einfuhr und Verwendung menschlicher embryonaler Stammzellen (**Stammzellengesetz** – StZG) vom 28.6.2002,[207] die die Patentierbarkeit entsprechender Erfindungen einschränken, und dem
- Gesetz zur Regulierung der Gentechnik (**Gentechnikgesetz** – GentG) vom 20.6.1990,[208] das bereits den Möglichkeiten einer Forschung in diesem Bereich Grenzen setzt.

75 ▶ **Fall:** Der BGH[209] hat dem EuGH zur Vorabentscheidung (Art. 267 AEUV) am 17.12.2009 ua die Frage vorgelegt, was unter dem Begriff „menschliche Embryonen" in Art. 6 Abs. 2 Buchst. c der RL 98/44/EG (BiotechnologieRL) zu verstehen ist, und ob alle Entwicklungsstadien des menschlichen Lebens von der Befruchtung der Eizelle an davon umfasst sind oder zusätzliche Voraussetzungen wie zB das Erreichen eines bestimmten Entwicklungsstadiums erfüllt sein müssen. Zudem wurde gefragt, was unter dem Begriff „Verwendung von menschlichen Embryonen zu industriellen oder kommerziellen Zwecken" zu verstehen ist. ◀

76 Der EuGH hat die Vorlagefrage am 18.10.2011[210] wie folgt beantwortet:

- Jede menschliche Eizelle vom Stadium ihrer Befruchtung an, jede unbefruchtete menschliche Eizelle, in die ein Zellkern aus einer ausgereiften menschlichen Zelle transplantiert worden ist, und jede unbefruchtete menschliche Eizelle, die durch

---

203 Vgl. etwa BGH Beschl. v. 6.7.1971 – X ZB 9/70 (BPatG) = BGHZ 57, 1 = GRUR 1972, 80 – Trioxan; BGH Beschl. v. 20.10.1977 – X ZB 8/77 (BPatG) = GRUR 1978, 162 – 7-Chlor–6–demethyltetracyclin; BGH Beschl. v. 14.12.1978 – X ZB 14/77 = BGHZ 73, 183 (188) = GRUR 1979, 461 – Farbbildröhre; BGH Beschl. v. 19.7.1984 – X ZB 18/83 (BPatG) = BGHZ 92, 129 (136) = GRUR 1985, 31, 32 – Acrylfasern. Vgl. auch BPatG Beschl. v. 5.4.1978 – 16 W (pat) 45/76 = GRUR 1978, 586, 587 – Lactobacillus bavaricus.
204 BGH Beschl. v. 30.3.1993 – X ZB 13/90 (BPatG) = BGHZ 122, 144 = GRUR 1993, 651 (655) – Tetraploide Kamille.
205 Walter, GRUR-Prax 2010, 329 (331).
206 BGBl. I, S. 2746.
207 BGBl. I, S. 2277.
208 IdF der Bekanntmachung vom 16.12.1993 (BGBl. I, S. 2066).
209 BGH Beschl. v. 17.12.2009 – Xa ZR 58/07 (BPatG) = GRUR 2010, 212 – Neuronale Vorläuferzellen.
210 EuGH Urt. v. 18.10.2011 – C.34/10 = GRUR 2011, 1104 – Oliver Brüstle / Greenpeace eV.

Parthenogenese zur Teilung und Weiterentwicklung angeregt worden ist, ist ein „menschlicher Embryo".

- Es ist Sache des nationalen Gerichts im Licht der technischen Entwicklung festzustellen, ob eine Stammzelle, die von einem menschlichen Embryo im Stadium der Blastozyste gewonnen wird, einen „menschlichen Embryo" iSv Art. 6 Abs. 2 Buchst.c) der RL 98/44 (BiotechnologieRL) darstellt.
- Der Ausschluss von der Patentierung nach dieser RL-Norm, der die Verwendung menschlicher Embryonen zu industriellen oder kommerziellen Zwecken betrifft, bezieht sich auch auf die Verwendung zu Zwecken der wissenschaftlichen Forschung, und nur die Verwendung zu therapeutischen oder diagnostischen Zwecken, die auf den menschlichen Embryo zu dessen Nutzen anwendbar ist, können Gegenstand eines Patents sein.
- Eine Erfindung ist von der Patentierung ausgeschlossen, wenn die technische Lehre, die Gegenstand des Patentantrags ist, **die vorhergehende Zerstörung menschlicher Embryonen oder deren Verwendung als Ausgangsmaterial erfordert,** in welchem Stadium auch immer die Zerstörung oder die betreffende Verwendung erfolgt, selbst wenn in der Beschreibung der beanspruchten technischen Lehre die Verwendung menschlicher Embryonen nicht erwähnt wird.

Im Anschluss an die Vorabentscheidung durch den EuGH hat der BGH im Ausgangsverfahren abschließend entschieden:[211] 77

- Die uneingeschränkte Patentierung von Vorläuferzellen, die aus menschlichen embryonalen Stammzellen gewonnen werden, ist gemäß § 2 Abs. 2 S. 1 Nr. 3 PatG ausgeschlossen, wenn in der Patentschrift ausgeführt wird, als Ausgangsmaterial kämen Stammzelllinien und Stammzellen in Betracht, die aus menschlichen Embryonen gewonnen werden.
- § 2 Abs. 2 S. 1 Nr. 3 PatG steht der Patentierung in der genannten Konstellation nicht entgegen, wenn der Patentanspruch dahin eingeschränkt wird, dass Vorläuferzellen aus humanen embryonalen Stammzellen, bei deren Gewinnung Embryonen zerstört worden sind, nicht umfasst sind.
- Menschliche Stammzellen, die ohne Zerstörung von Embryonen gewonnen wurden, sind nicht deshalb als „Embryonen" iSv § 2 Abs. 2 S. 1 Nr. 3 PatG anzusehen, weil aus ihnen durch eine Kombination mit anderen Zellen möglicherweise ein entwicklungsfähiger Embryo erzeugt werden kann.

> **Zusammenfassung:** Der menschliche Körper und die bloße Entdeckung seiner Bestandteile (§ 1a PatG), Pflanzensorten und Tierrassen sowie Verfahren zur chirurgischen oder therapeutischen Behandlung des menschlichen oder tierischen Körpers (§ 2a PatG) können grundsätzlich nicht patentiert werden. § 2 PatG verbietet zudem die Patenterteilung auf Erfindungen, deren gewerbliche Verwertung gegen die öffentliche Ordnung oder die guten Sitten verstoßen würde.

78

---

211 BGH Urt. v. 27.11.2012 – X ZR 58/07 (BPatG) = BGHZ 195, 364 = GRUR 2013, 272 – Neuronale Vorläuferzellen II.

h) Der Erfinder

79 Das „Recht auf das Patent" steht in Achtung der Erfinderpersönlichkeit[212] und der durch den Erfinder erbrachten Leistung für die Allgemeinheit nach § 6 S. 1 PatG dem Erfinder oder seinem Rechtsnachfolger zu (sog. **Erfinderprinzip**, ebenso Art. 60 Abs. 1 S. 1 EPÜ, respektive § 13 Abs. 3 GebrMG).[213]

80 Erfinder kann nur eine **natürliche Person** sein – nämlich die, die durch ihre individuelle Leistung (bzw. im Falle einer Zufallserfindung durch die Erkenntnis der technischen Zusammenhänge)[214] die Erfindung gemacht (dh das technische Problem mit technischen Mitteln einer Lösung zugeführt) hat. Eine juristische Person (bspw. ein Unternehmen in der Rechtsform einer AG oder einer GmbH, die nach außen nur durch ihre Organe und damit letztlich wieder durch natürliche Personen handlungsfähig ist), kann hingegen ebenso wenig „Erfinder" sein wie eine (teilrechtsfähige, vgl. § 124 HGB) Personenhandelsgesellschaft (OHG bzw. KG) oder eine (Außen-) GbR, der zwischenzeitlich gleichermaßen Teilrechtsfähigkeit zuerkannt wird (§ 124 HGB analog [künftig: § 705 Abs. 2 BGB neu]).

81 Kein Erfinder ist auch der (redliche oder unredliche) **Erfinderbesitzer**, dh eine Person, die bloße Kenntnis von der Erfindung hat und damit tatsächlich in der Lage ist, sie zu nutzen.[215] Der redliche Erfinderbesitzer hat gemäß § 12 PatG ein Vorbenutzungsrecht[216] und nach § 123 Abs. 5 und 6 PatG auch ein Weiterbenutzungsrecht (ebenso § 13 Abs. 3 bzw. § 21 GebrMG) – im Übrigen ist er einspruchsberechtigt (§§ 59, 21 Abs. 1 Nr. 3 und § 7 Abs. 2 PatG) und kann auch Patentnichtigkeitsklage nach § 22 Abs. 1 iVm § 21 Abs. 1 Nr. 3 PatG erheben.[217]

82 Ist der Erfinder **Arbeitnehmer** – steht er also in einem abhängigen Beschäftigungsverhältnis zu einem Arbeitgeber (§ 611a BGB) –, gelten für Erfindungen im Rahmen des Arbeitsverhältnisses die besonderen Vorgaben des Gesetzes über Arbeitnehmererfindungen (**ArbNErfG** – nachstehende Rn. 87 ff.).

83 Erfinder ist hingegen nicht derjenige, der bloß auf das technische Problem hingewiesen hat – mithin wer den Erfinder „anstiftet" (Anstifter), eine Lösung zu finden, wie bspw. der Arbeitgeber. Auch bloßen Hilfspersonen, die – ohne einen wesentlichen Beitrag an der Lösung zu haben – nur unterstützend (zB als Handwerker oder Laboranten) an der Erfindung beteiligt waren (Beihilfe), kommt kein Erfinderstatus zu.

---

212 BGH Urt. v. 20.6.1978 – X ZR 49/75 (OLG Karlsruhe) = GRUR 1978, 583 – Motorkettensäge: Der Anspruch des Erfinders auf Erfinderbenennung und auf ihre Berichtigung ist aus dem nicht übertragbaren Erfinderpersönlichkeitsrecht abzuleiten. Er kann deshalb nicht durch einen Dritten im Wege der Prozessstandschaft gerichtlich geltend gemacht werden.
213 Vor 1936 galt das Anmeldeprinzip, dazu näher Götting, § 15 Rn. 3.
214 Götting, § 15 Rn. 2.
215 Götting, § 15 Rn. 4.
216 BGH Urt. v. 10.9.2009 – Xa ZR 18/08 (OLG Jena) = GRUR 2010, 47 – Füllstoff: Ein Vorbenutzungsrecht gemäß § 12 PatG ist in aller Regel ausgeschlossen, wenn der Benutzer und der Erfinder in vertraglicher Beziehung zueinanderstehen und der Erfindungsbesitz im Zusammenhang mit der Erfüllung dieses Vertrags erlangt wurde.
217 Vgl. aber BGH Urt. v. 30.10.1990 – X ZR 16/90 (OLG Braunschweig) = GRUR 1991, 127 – Objektträger: Dem auf Übertragung bzw. Abtretung klagenden Erfindungsbesitzer kann entgegengehalten werden, er habe kein sachliches Recht an der Erfindung und deshalb auch kein Recht auf das Patent.

I. Patenterteilungsvoraussetzungen

Im Falle **mehrerer Erfinder** ist wie folgt zu unterscheiden: 84

- Haben mehrere gemeinsam eine Erfindung (aufgrund eines gemeinsamen Entschlusses oder eines übergeordneten Plans) gemacht[218] (iS einer gemeinschaftlichen Erfindertätigkeit – Zusammenarbeit zwecks Lösung einer bestimmten technischen Aufgabenstellung), so steht ihnen das Recht auf das Patent gemeinschaftlich zu (§ 6 S. 2 PatG – **Miterfinder**).[219] Wer bloß anregt (Anreger, zB der Auftraggeber, der die technische Aufgabe ohne weitere Mitarbeit stellt) oder mithilft (Gehilfe), ist hingegen nicht Miterfinder.[220] Die Miterfinder bilden (mangels einer anderen individualvertraglichen Ausgestaltung – zB als BGB-Gesellschaft und damit Gesamthandsgemeinschaft nach den §§ 705 ff. BGB, etwa weil man sich zu dem „gemeinsamen Zweck" iSv § 705 BGB einer Erfindertätigkeit zusammengeschlossen hat) eine **Bruchteilsgemeinschaft iSd §§ 741 ff. BGB**.[221]
- Damit steht ihnen am Patent (einschließlich der Früchte, bspw. den Lizenzgebühren) nach den §§ 742 f. BGB grundsätzlich ein gleicher Anteil zu.[222] Im Hinblick auf den Mitgebrauch gilt § 743 Abs. 2 BGB, in Bezug auf das Recht, über den Anteil am Patent zu verfügen, gilt § 747 BGB. Ein Zahlungsanspruch zum Ausgleich von Gebrauchsvorteilen unter den Miterfindern wird daraus aber nicht abgeleitet.[223] Der Gebrauch durch einen Teilhaber bedeutet immer auch Nutzung des Anteils des an-

---

218 Nach Eisenmann/Jautz (Rn. 134) dergestalt, „dass jeder einen wesentlichen geistigen Anteil am Erfolg hat". Vgl. auch Götting, § 16 – iS eines „schöpferischen Anteils" (so BGH Urt. v. 16.9.2003 – X ZR 142/01 (OLG München) = GRUR 2004, 50 – Verkranzungsverfahren) aufgrund einer gemeinsamen Konzeption (BGH Urt. v. 10.11.1970 – X ZR 54/67 (OLG Hamburg) = GRUR 1971, 210 (213) – Wildverbissverhinderung). Zur Vertiefung auch die Leitsätze aus BGH Urt. v. 16.9.2003 (OLG München) = GRUR 2004, 50 – Verkranzungsverfahren: 1. Miterfinder ist jeder, der einen schöpferischen Beitrag zu der Erfindung geleistet hat. Die tatrichterliche Bejahung oder Verneinung eines solchen Beitrags erfordert Feststellungen dazu, was nach Haupt- und Unteransprüchen des Patents Gegenstand der geschützten Erfindung ist. 2. Hat das Gericht Beweis zum Zustandekommen der Erfindung erhoben, ist im Zweifel anzunehmen, dass sich die Partei ihr günstige Zeugenaussagen hierzu als Sachvortrag zu eigen machen will.
219 BGH Urt. v. 20.2.1979 – X ZR 63/77 (KG Berlin) = BGHZ 73, 337 = GRUR 1979, 540 – Biedermeiermanschetten: 1. Aus den §§ 3 S. 2 und 5 S. 1 und 2 PatG ergibt sich ein Rechtsgrundsatz, nach dem ein an der Erfindung Beteiligter die Einräumung einer Mitberechtigung am Patent verlangen kann. 2. Dieser Anspruch richtet sich dem Grunde und der Höhe nach nach dem Beitrag, den der Beteiligte zu der im Patent unter Schutz gestellten Erfindung beigesteuert hat, wobei das Gewicht der Einzelbeiträge im Verhältnis zueinander und zur erfinderischen Gesamtleistung abzuwägen sind. 3. § 5 S. 3 PatG ist auf den Anspruch auf Einräumung einer Mitberechtigung entsprechend anzuwenden.
220 Götting, § 17 Rn. 5.
221 BGH Urt. v. 17.10.2000 – X ZR 223/98 (OLG München) = GRUR 2001, 226 – Rollenantriebseinheit: 1. Miterfinder bilden eine Gemeinschaft nach den §§ 741 ff. BGB, wenn sie ihr Innenverhältnis nicht anderweitig durch Vereinbarung geregelt haben. Jeder Miterfinder kann über seinen Anteil an der Erfindung frei verfügen. 2. Begehrt ein Erfinder für eine während seiner Tätigkeit als Geschäftsführer einer GmbH und in deren Unternehmensbereich zu Stande gekommene Erfindung von dieser eine Vergütung als angeblicher Alleinerfinder, so darf das Gericht die Klage nicht deshalb abweisen, weil der Kläger nicht Alleinerfinder, sondern Miterfinder ist. Der Anspruch auf Zahlung einer Vergütung als Alleinerfinder umfasst grundsätzlich auch den Anspruch auf eine Vergütung als Miterfinder.
222 BGH Urt. v. 27.9.2016 – X ZR 163/12 (OLG München) = GRUR 2016, 1257 – Beschichtungsverfahren: 1. Stehen Miterfindern die Rechte an der Erfindung in Bruchteilsgemeinschaft zu, ist die Anmeldung zum Patent durch einen Miterfinder grundsätzlich dann nicht als notwendige Maßnahme zur Erhaltung des Gegenstands gerechtfertigt, wenn der Anmelder die Anmeldung nur im eigenen Namen vornimmt. 2. Einem auf diese Weise übergangenen Mitberechtigten steht ein Schadensersatzanspruch zu, der auch einen Ausgleich für vom Anmelder gezogene Gebrauchsvorteile umfassen kann (Weiterführung von BGH Urt. v. 22.3.2005 – X ZR 152/03 (OLG München) = BGHZ 162, 342 = GRUR 2005, 663 – Gummielastische Masse II).
223 BGH Urt. v. 22.3.2005 – X ZR 152/03 (OLG München) = BGHZ 162, 342 = GRUR 2005, 663, Ls. 2 – Gummielastische Masse II.

deren Teilhabers mangels Möglichkeit einer realen Teilung. Die Grenze des § 743 Abs. 2 BGB ist erst erreicht, wenn die tatsächliche Nutzung des anderen Teils verhindert oder gestört wird.[224] Die Erfindung ist gemeinschaftlich zu verwalten (§ 744 Abs. 1 BGB). Jeder Miterfinder kann die Erfindung nach § 744 Abs. 2 BGB auf den Namen aller Miterfinder beim DPMA anmelden. Nach § 749 BGB kann ein Miterfinder jederzeit die Aufhebung der Bruchteilsgemeinschaft verlangen. Jeder Teilhaber kann nach § 745 Abs. 2 BGB eine gemeinsame Nutzung und Verwaltung verlangen, wenn eine solche nicht durch Vereinbarung oder Mehrheitsbeschluss geregelt ist. In einer Vereinbarung kann auch ein dem Bruchteil jedes Teilhabers am Patent entsprechender Gebrauchsvorteil vereinbart werden, wenn dies dem billigen Ermessen entspricht.[225]

▪ Haben mehrere die Erfindung unabhängig voneinander gemacht (Fall einer **Doppelerfindung**), so steht das Recht gemäß § 6 S. 3 PatG dem zu, der die Erfindung zuerst beim DPMA angemeldet hat (**Prioritätsprinzip**). Dem/den anderen steht nach § 12 PatG ggf. aber ein Vorbenutzungsrecht zu.

85 Ein Unternehmen (mithin eine juristische Person [AG, GmbH bzw. eG] oder eine Personen[handels]gesellschaft [OHG, KG bzw. Außen-GbR]) kann somit nicht „Erfinder" sein – wohl aber Rechtsnachfolger iSv § 6 S. 1 PatG.

86 **Zusammenfassung**: Das „Recht auf das Patent" hat nach § 6 S. 1 PatG der „Erfinder" oder sein Rechtsnachfolger. Erfinder kann nur eine natürliche Person sein. Er muss die Erfindung selbst gemacht haben. Mehrere gemeinsam können entweder Miterfinder einer gemeinsamen Erfindung sein, oder es handelt sich um eine Doppelerfindung, die demjenigen zusteht, der sie zuerst beim DPMA anmeldet.

Frage 6: Was versteht man unter einem Erzeugnispatent, was unter einem Verfahrenspatent?
Frage 7: A und B, die bei der X-AG als Entwicklungsingenieure arbeiten, haben gemeinsam ein neues Bremssystem ausgetüftelt. Die X-AG hält das Bremssystem für zukunftsweisend und möchte sich diese neue Technologie patentieren lassen.
a) Ist dies möglich?
b) Wer ist Erfinder des Bremssystems iSv § 6 PatG?
Frage 8: Wer ist Miterfinder?
Frage 9: Was ist eine Doppelerfindung?

i) Exkurs: Arbeitnehmererfinderrecht

87 Obgleich § 6 S. 1 PatG das Recht auf das Patent dem Erfinder zuweist, muss im Hinblick auf Erfindungen, die im Rahmen von Arbeitsverhältnissen (§ 611a BGB) gemacht werden (in dessen Rahmen der Arbeitgeber über die Entlohnung des Arbeitnehmers für seine Arbeitsleistung hinaus die für Erfindungen ggf. erforderlichen notwendigen

---

224 BGH Urt. v. 21.12.2005 – X ZR 165/04 (OLG Nürnberg) = GRUR 2006, 401 (402), Rn. 10 – Zylinderrohr; BGH Urt. v. 22.3.2005 – X ZR 152/03 (OLG München) = GRUR 2005, 663 (664), Rn. 2 und Ls. – Gummielastische Masse II: Solange die Mitinhaber eines gemeinschaftlichen Patents hierüber weder eine Vereinbarung noch einen Beschluss getroffen haben und auch ein nach § 745 Abs. 2 BGB insoweit bestehender Anspruch nicht geltend gemacht worden ist, kann von dem die Erfindung im Rahmen des § 743 Abs. 2 BGB benutzenden Mitinhaber ein anteiliger Ausgleich für gezogene Gebrauchsvorteile nicht verlangt werden.
225 BGH Urt. v. 22.3.2005 – X ZR 152/03 (OLG München) = BGHZ 162, 342 = GRUR 2005, 663 (664) – Gummielastische Masse II.

I. Patenterteilungsvoraussetzungen

Betriebsmittel und das Hilfspersonal zur Verfügung gestellt hat), ein Ausgleich zwischen den berechtigten Anliegen des Arbeitnehmererfinders und dem Arbeitgeber gefunden werden. Der Arbeitgeber beansprucht oft die Erfindung als Arbeitsergebnis – weil es aus dem Arbeitsverhältnis heraus gewonnen worden ist. Diesen **Interessengegensatz** zwischen Arbeitnehmererfinder (Erfinderprinzip) und Arbeitgeber (arbeitsrechtlicher Grundsatz, dass das Arbeitsergebnis dem Arbeitgeber zusteht) – der nach Schätzungen mehr als dreiviertel aller in Deutschland gemachten Erfindungen erfasst (die aus dem Arbeitsverhältnis heraus resultieren) – versucht das Gesetz über Arbeitnehmererfindungen (Arbeitnehmererfindungsgesetz [ArbNErfG]) vom 25.7.1957[226] als Arbeitnehmerschutzregelung dadurch einer Lösung zuzuführen, dass es dem Arbeitnehmererfinder Vergütungsansprüche gegen den Arbeitgeber einräumt.

▶ **Exkurs:** Nach Art. 60 Abs. 1 S. 2 EPÜ bestimmt sich, wenn der Erfinder Arbeitnehmer ist, das Recht auf das Europäische Patent nach dem Recht des Staates, in dem der Arbeitnehmer überwiegend beschäftigt ist. Wenn dies nicht feststellbar ist, gelangt das Recht des Staates zur Anwendung, in dem der Arbeitgeber den Betrieb unterhält, dem der Arbeitnehmer angehört. ◀   88

Dem **Anwendungsbereich** des ArbNErfG unterliegen nach dessen § 1   89

- **Erfindungen** (iSv § 2 ArbNErfG nur Erfindungen, die patent- oder gebrauchsmusterfähig sind) und
- **technische Verbesserungsvorschläge** (iSv § 3 ArbNErfG, mithin Vorschläge für sonstige technische Neuerungen, die nicht patent- oder gebrauchsmusterfähig sind)

von Arbeitnehmern in privaten Dienstverhältnissen (§§ 5 bis 39 ArbNErfG) und im öffentlichen Dienst (dazu § 40 ArbNErfG) sowie von Beamten und Soldaten (§ 41 ArbNErfG) – wobei § 42 ArbNErfG besondere Bestimmungen für Erfindungen an Hochschulen trifft.

Das ArbNErfG unterscheidet in Bezug auf Erfindungen iSv § 2 ArbNErfG in seinem § 4 Abs. 1 zwischen   90

- **gebundenen Erfindungen** und
- **freien Erfindungen**.

Die Vorgaben des ArbNErfG sind nach dessen § 12 im Arbeitnehmerschutzinteresse grundsätzlich **unabdingbar**.   91

Gebundene Erfindungen (Diensterfindungen) sind nach § 4 Abs. 2 ArbNErfG die während der Dauer des Arbeitsverhältnisses gemachten Erfindungen (Fertigstellung der Erfindung während des Beschäftigungszeitraums iS eines ursächlichen Zusammenhangs zwischen Arbeitsleistung und Erfindung), die entweder   92

- aus der dem Arbeitnehmer im Betrieb obliegenden Tätigkeit entstanden sind (Nr. 1 – zB aufgrund eines konkreten Arbeitsauftrags bzw. aus der allgemeinen Aufgabenstellung oder -übertragung heraus) bzw.
- maßgeblich auf Erfahrungen oder Arbeiten des Betriebs beruhen (Nr. 2).

Dabei spielt es keine Rolle, ob der Arbeitnehmer an der Erfindung während seiner Arbeitszeit oder auch in der Freizeit gearbeitet hat.

---

[226] BGBl. III, Gliederungsnummer 422 -1.

93 **Sonstige Erfindungen** von Arbeitnehmern sind gemäß § 4 Abs. 3 ArbNErfG **freie Erfindungen** – die jedoch den Beschränkungen der §§ 18 und 19 ArbNErfG unterliegen.

Beachte: Der Arbeitnehmer ist sowohl bei gebundenen Erfindungen (Diensterfindungen) als auch bei sonstigen (freien) Erfindungen der „Erfinder" (**Arbeitnehmererfinder**).

94 § 4 Abs. 4 ArbNErfG erstreckt die Vorgaben von § 4 Abs. 1 bis 3 ArbNErfG auf Erfindungen von **Beamten und Soldaten** (vgl. auch § 41 ArbNErfG) – womit bspw. das sog. **Professorenprivileg** an den Hochschulen sein Ende gefunden hat. Professoren konnten früher Erfindungen, die sie im Rahmen ihrer dienstlichen Tätigkeit machten, selbst nutzen und zur Patentanmeldung bringen).

aa) Die Diensterfindung (§§ 5 ff. ArbNErfG)

(1) Meldepflicht

95 Den Arbeitnehmer trifft als Erfinder im Falle einer Diensterfindung nach § 5 Abs. 1 S. 2 ArbNErfG eine Meldepflicht: Er muss die Erfindung dem Arbeitgeber formal **unverzüglich** (vgl. dazu die Legaldefinition in § 121 Abs. 1 S. 1 BGB – „ohne schuldhaftes Zögern") und unter Beachtung besonderer Formerfordernisse

- **gesondert** (dh separat) und
- **in Textform** (vgl. § 126b BGB – danach muss die Erklärung in einer Urkunde oder auf andere zur dauerhaften Wiedergabe in Schriftzeichen geeignete Weise abgegeben, die Person des Erklärenden genannt und der Abschluss der Erklärung durch Nachbildung der Namensunterschrift oder anders erkennbar gemacht werden)

melden und hierbei kenntlich machen, dass es sich um die **Meldung einer Erfindung** handelt. Darüber hinausgehende Vorgaben in Bezug auf die Adressierung oder die Übermittlung der Meldung an den Arbeitgeber ergeben sich nicht.[227]

96 In der Meldung muss der Arbeitnehmer inhaltlich – um dem Arbeitgeber eine Entscheidungsgrundlage dafür zu geben, ob er die Diensterfindung in Anspruch nimmt (vgl. § 6 ArbNErfG) oder nicht – gemäß § 5 Abs. 2 S. 1 ArbNErfG die **technische Aufgabe**, ihre **Lösung** und das **Zustandekommen der Diensterfindung** beschreiben (Erfordernis einer rücksichtslosen Offenbarung der Erfindung). Vorhandene Aufzeichnungen sollen nach § 5 Abs. 2 S. 2 ArbNErfG beigefügt werden, soweit sie zum Verständnis der Erfindung erforderlich sind. Die Meldung soll gemäß § 5 Abs. 2 S. 3 ArbNErfG dem Arbeitnehmer dienstlich erteilte Weisungen oder Richtlinien, die benutzten Erfahrungen oder Arbeiten des Betriebes, die Mitarbeiter sowie Art und Umfang ihrer Mitarbeit angeben und sie soll hervorheben, was der meldende Arbeitnehmer als seinen eigenen Anteil ansieht.

97 Eine Meldung, die den inhaltlichen Anforderungen des § 5 Abs. 2 ArbNErfG nicht entspricht, gilt nach der gesetzlichen Fiktion des § 5 Abs. 3 ArbNErfG als ordnungsgemäß, wenn der Arbeitgeber nicht innerhalb von zwei Monaten erklärt, dass und in welcher Hinsicht die Meldung einer Ergänzung bedarf. Der Arbeitgeber hat den Arbeitnehmer – soweit erforderlich – bei der Ergänzung der Meldung zu unterstützen.

---

[227] BGH Urt. v. 17.12.2019 – X ZR 148/17 (OLG Düsseldorf) = GRUR 2020, 388, Ls. 1 – Fesoterodinhydrogenfumarat.

I. Patenterteilungsvoraussetzungen

(2) Inanspruchnahme der Diensterfindung durch den Arbeitgeber

Der Arbeitgeber kann eine Diensterfindung auf der Grundlage einer konkreten Erfindungsmeldung durch Erklärung gegenüber dem Arbeitnehmer in Anspruch nehmen (§ 6 Abs. 1 ArbNErfG – Inanspruchnahme – vgl. zu deren Wirkung § 7 Abs. 1 ArbNErfG) mit korrespondierender Vergütungspflicht nach den §§ 9 ff. ArbNErfG. Die Inanspruchnahme gilt nach der gesetzlichen Fiktion des § 6 Abs. 2 ArbNErfG als erklärt (**Inanspruchnahmefiktion**), wenn der Arbeitgeber die Diensterfindung nicht bis zum Ablauf von vier Monaten nach Eingang der ordnungsgemäßen Meldung (iSv § 5 Abs. 2 S. 1 und S. 3 ArbNErfG) gegenüber dem Arbeitnehmer durch Erklärung in Textform (vgl. § 126b BGB) freigibt.[228] Damit reicht für den Beginn der Frist auch eine Mitteilung per Mail im Vergleich zur alten Fassung des ArbNErfG vor 2009.[229]

98

(3) Wirkung der Inanspruchnahme

Eine Inanspruchnahme durch den Arbeitgeber nach § 6 ArbNErfG hat zur Folge, dass alle vermögenswerten Rechte an der Diensterfindung auf den Arbeitgeber übergehen (so § 7 Abs. 1 ArbNErfG – Wirkung der Inanspruchnahme – Übergang aller vermögenswerter Rechte auf den Arbeitgeber, dh mit Ausnahme des Erfinderpersönlichkeitsrechts). Der Arbeitgeber wird damit zum Rechtsnachfolger des Arbeitnehmererfinders. Er ist materiell berechtigt, die Erfindung (unter Benennung des Arbeitnehmers als Erfinder) beim DPMA anzumelden.[230] Verfügungen, die der Arbeitnehmer ggf. schon vor der Inanspruchnahme getroffen hat, sind dem Arbeitgeber gegenüber iS eines relativen Verfügungsverbots (§ 135 BGB) nach § 7 Abs. 2 ArbNErfG unwirksam, soweit dadurch dessen Rechte beeinträchtigt werden.

99

(4) Anspruch des Arbeitnehmers auf eine „angemessene Vergütung"

Der Arbeitnehmer hat gegen den Arbeitgeber wegen einer erfolgten Inanspruchnahme der Erfindung nach § 9 Abs. 1 ArbNErfG einen gesetzlichen Anspruch auf „angemessene Vergütung" – wobei für die Bemessung der Vergütung gemäß § 9 Abs. 2 ArbNErfG als Bewertungsfaktoren insbesondere die wirtschaftliche Verwertbarkeit der Diensterfindung, die Aufgaben und die Stellung des Arbeitnehmers im Betrieb sowie

100

---

228 BGH Urt. v. 14.2.2017 – X ZR 64/15 (OLG München) = GRUR 2017, 504 – Lichtschutzfolie. 1. Für Erfindungen, die vor dem 1.10.2009 gemeldet wurden, ist das Schriftformerfordernis des § 5 ArbErfG aF weiterhin maßgeblich. 2. Wenn der Arbeitgeber eine nicht in Schriftform gemeldete Diensterfindung mit dem Inhalt der von seinem Arbeitnehmer entwickelten technischen Lehre zum Patent anmeldet und dabei alle an der Entwicklung beteiligten Erfinder benennt, liegt darin in der Regel auch dann eine zuverlässige Grundlage für den Beginn der in § 6 Abs. 2 S. 2 ArbErfG aF normierten Frist, wenn der Arbeitnehmer nach der Einreichung der Patentanmeldung eine formgerechte Erfindungsmeldung nachreicht. 3. Meldet ein Arbeitnehmer eine Erfindung, die im Verhältnis zu einer früher gemeldeten, vom Arbeitgeber nicht in Anspruch genommenen Erfindung lediglich eine schöpferische Weiterentwicklung darstellt, die zwar für die wirtschaftliche Verwertung der Erfindung bedeutsam, aber nicht selbstständig schutzfähig ist, erlangt der Arbeitgeber, der den Gegenstand der zweiten Meldung in Anspruch nimmt und zusammen mit dem Gegenstand der ersten Meldung zum Patent anmeldet, am Gegenstand der Anmeldung und der daraus hervorgehenden Schutzrechte nicht die Mitberechtigung. 4. Eine Benutzungsregelung, die einem der Mitberechtigten die Nutzung der gemeinsamen Erfindung verbietet, kann allenfalls unter besonderen Voraussetzungen einer ordnungsmäßigen Verwaltung und Benutzung entsprechen.
229 LG München Schlussurt. idF des Berichtigungsbeschl. v. 8.7.2013 – 7 O 6031/12 = GRUR-RR 2014, 8 – Spülbare Mehrschichtfolie.
230 Götting, § 17 Rn. 9: Wobei die arbeitsrechtliche Treuepflicht es dem Arbeitnehmererfinder gebietet, das vom Arbeitgeber erworbene Patent nicht durch Nichtigkeitsklage oder durch einen Löschungsantrag anzugreifen.

der Anteil des Betriebes an dem Zustandekommen der Diensterfindung maßgebend sind. Dabei sind auch die vom Bundesarbeitsministerium nach Maßgabe von § 11 ArbNErfG erlassenen **Richtlinien über die Bemessung der Vergütung** (Vergütungsrichtlinien) zu beachten.[231]

101 Das Verfahren im Hinblick auf die Feststellung und die Festsetzung der Vergütung – was in „angemessener Zeit" nach der Inanspruchnahme der Diensterfindung in einer **Vereinbarung** erfolgen soll – regelt im Einzelnen § 12 ArbNErfG. Kommt es zu keiner (einvernehmlichen) Vereinbarung zwischen Arbeitgeber und Arbeitnehmer, setzt Ersterer die Vergütung (zunächst) in Textform (. § 126 b BGB) einseitig fest und zahlt die Arbeitnehmervergütung entsprechend (§ 12 Abs. 3 S. 1 ArbNErfG). Die Vergütung ist gemäß § 12 Abs. 3 S. 2 ArbNErfG spätestens bis zum Ablauf von drei Monaten nach Erteilung des Schutzrechts festzusetzen. Widerspricht der Arbeitnehmer nicht in Textform (§ 126b BGB) innerhalb von zwei Monaten, ist die (einseitige) Festsetzung für beide Teile nach § 12 Abs. 4 ArbNErfG verbindlich. Widerspricht der Arbeitnehmer fristgerecht, kommt es nach den §§ 28 ff. ArbNErfG (Schlichtungsverfahren) zu einem Versuch einer gütlichen Einigung vor der beim DPMA eingerichteten Schiedsstelle. Scheitert das Schiedsstellenverfahren, eröffnet § 37 Abs. 1 ArbNErfG mit der Klage auf „angemessene Vergütung" (§ 38 ArbNErfG) den Klageweg vor das BPatG (§ 39 ArbNErfG).

Beachte: § 13 Abs. 1 S. 1 ArbNErfG berechtigt und verpflichtet allein den Arbeitgeber die gemeldete Diensterfindung im Inland zur Erteilung eines Schutzrechts anzumelden. Eine patentfähige Diensterfindung hat der Arbeitgeber nach § 13 Abs. 1 S. 2 ArbNErfG zur Erteilung eines Patents anzumelden, sofern nicht bei verständiger Würdigung der Verwertbarkeit der Erfindung der Gebrauchsmusterschutz zweckdienlicher erscheint. Die Anmeldung hat unverzüglich (vgl. § 121 Abs. 1 S. 1 BGB) zu geschehen (so § 13 Abs. 1 S. 3 ArbNErfG). Die Verpflichtung des Arbeitgebers zur Anmeldung entfällt nach § 13 Abs. 2 ArbNErfG nur in folgenden Fällen: wenn die Diensterfindung frei geworden ist (§ 8 ArbNErfG – Nr. 1);

wenn der Arbeitnehmer der Nichtanmeldung zustimmt (Nr. 2) bzw.

wenn die Voraussetzungen des § 17 ArbNErfG (Betriebsgeheimnisse) vorliegen (Nr. 3).

102 Wenn berechtigte Belange des Betriebes es erfordern, eine gemeldete Diensterfindung nicht bekanntwerden zu lassen (**Betriebsgeheimnisse**), kann der Arbeitgeber nach § 17 Abs. 1 ArbNErfG von der Erwirkung eines Schutzrechts absehen, sofern er die Schutzfähigkeit der Diensterfindung gegenüber dem Arbeitnehmer anerkennt. Erkennt der Arbeitgeber die Schutzfähigkeit der Diensterfindung nicht an, so kann er gemäß § 17 Abs. 2 ArbNErfG von der Erwirkung eines Schutzrechts absehen, wenn er zur Herbeiführung einer Einigung über die Schutzfähigkeit der Diensterfindung die Schiedsstelle (§ 29 ArbNErfG) anruft. Bei der Bemessung der Vergütung für eine Erfindung nach § 17 Abs. 1 ArbNErfG sind auch die wirtschaftlichen Nachteile zu berücksichtigen, die sich für den Arbeitnehmer daraus ergeben, dass auf die Diensterfindung kein Schutzrecht erteilt worden ist (so § 17 Abs. 2 ArbNErfG).

---

[231] Richtlinien für die Vergütung von Arbeitnehmererfindungen im privaten Dienst vom 20.7.1959 (Beilage zum BAnz. Nr. 156, S. 1) mit Änderungen vom 1.9.1983 (BAnz. Nr. 169, S. 9994).

Nach Inanspruchnahme der Diensterfindung ist der Arbeitgeber nach § 14 Abs. 1 ArbNErfG berechtigt, diese auch im Ausland zur Erteilung von Schutzrechten anzumelden (**Schutzrechtsanmeldung im Ausland**).

103

Wenn der Arbeitgeber vor Erfüllung des Anspruchs des Arbeitnehmers auf „angemessene Vergütung" die Anmeldung der Diensterfindung zur Erteilung eines Schutzrechts nicht weiterverfolgen oder das auf die Diensterfindung erteilte Schutzrecht nicht aufrechterhalten will, hat er nach § 16 Abs. 1 ArbNErfG dies dem Arbeitnehmer mitzuteilen und ihm auf dessen Verlangen und Kosten das Recht zu übertragen sowie die zur Wahrung des Rechts erforderlichen Unterlagen auszuhändigen (**Aufgabe der Schutzrechtsanmeldung oder des Schutzrechts**). Der Arbeitgeber ist gemäß § 16 Abs. 2 ArbNErfG berechtigt, das Recht aufzugeben, sofern der Arbeitnehmer nicht innerhalb von drei Monaten nach Zugang der Mitteilung die Übertragung des Rechts auf sich verlangt. Gleichzeitig mit der Mitteilung nach § 16 Abs. 1 ArbNErfG kann sich der Arbeitgeber ein nichtausschließliches Recht zur Benutzung der Diensterfindung (Lizenz) gegen angemessene Vergütung vorbehalten (so § 16 Abs. 3 ArbNErfG).

104

(5) Freigabe der Diensterfindung

Eine Diensterfindung wird nach § 8 ArbNErfG frei, wenn der Arbeitgeber sie durch Erklärung in Textform (vgl. § 126b BGB) freigibt (**Freigabe** – frei gewordene Diensterfindung). Über eine frei gewordene Diensterfindung kann der Arbeitnehmererfinder ohne die Beschränkungen der §§ 18 und 19 ArbNErfG allein verfügen.

105

> **Zusammenfassung:** Den Arbeitnehmer trifft im Falle einer Diensterfindung eine förmliche Meldepflicht (Textformerfordernis). Der Arbeitgeber kann die Diensterfindung durch Erklärung gegenüber dem Arbeitnehmer in Anspruch nehmen und ist im Gegenzug verpflichtet, den Arbeitnehmererfinder dafür angemessen zu vergüten. Nimmt der Arbeitgeber die Erfindung in Anspruch, so gehen alle vermögenswerten Rechte an der Diensterfindung auf ihn über.

106

bb) Freie Erfindungen

Im Falle freier Erfindungen iSv § 4 Abs. 3 ArbNErfG – über die der Arbeitnehmererfinder grundsätzlich frei verfügen kann – besteht nach § 18 ArbNErfG nur eine Mitteilungs- bzw. gemäß § 19 ArbNErfG eine Anbietungspflicht.

107

(1) Mitteilungspflicht (§ 18 ArbNErfG)

Der Arbeitnehmer, der während der Dauer des Arbeitsverhältnisses eine freie Erfindung gemacht hat, hat diese gemäß § 18 Abs. 1 ArbNErfG dem Arbeitgeber unverzüglich (vgl. § 121 Abs. 1 S. 1 BGB) durch Erklärung in Textform (§ 126b BGB) mitzuteilen (S. 1) und dabei die Erfindung und – wenn erforderlich – auch über ihre Entstehung so viel mitzuteilen, dass der Arbeitgeber beurteilen kann, ob die Erfindung frei ist (S. 2 – es sich also nicht um eine Diensterfindung handelt).

108

Bestreitet der Arbeitgeber nicht innerhalb von drei Monaten nach Zugang der Mitteilung durch Erklärung in Textform (§ 126b BGB) gegenüber dem Arbeitnehmer, dass die ihm mitgeteilte Erfindung frei sei, so kann die Erfindung nach § 18 Abs. 2 ArbNErfG nicht mehr als Diensterfindung (vgl. § 6 ArbNErfG) in Anspruch genommen werden.

109

110 Eine Verpflichtung zur Mitteilung freier Erfindungen – ebenso wie bei der Anbietung – besteht nach § 18 Abs. 3 ArbNErfG nicht, wenn die Erfindung offensichtlich im Arbeitsbereich des Betriebes des Arbeitgebers nicht verwendbar ist (**betriebsfremde Erfindungen**). Im Arbeitsbereich des Betriebes „verwendbar" sind alle Erfindungen, deren Gegenstand dort ohne größere Betriebsumstellung hergestellt bzw. benutzt werden kann.[232]

Beachte: Zwischen freien Erfindungen iSv § 4 Abs. 3 ArbNErfG und frei gewordenen Erfindungen nach § 8 S. 1 ArbNErfG – über die der Arbeitnehmer unbeschränkt verfügen kann (so § 8 S. 2 ArbNErfG) – muss streng unterschieden werden.

(2) Streitbeilegung

111 Kommt es zwischen dem Arbeitnehmer und dem Arbeitgeber im Zusammenhang mit der Arbeitnehmererfindung zu Streitigkeiten, zielen die §§ 28 ff. ArbNErfG auf eine **gütliche Einigung** im Rahmen eines Schiedsverfahrens.

112 In allen Streitfällen zwischen Arbeitgeber und Arbeitnehmer aufgrund des ArbNErfG kann nach dessen § 28 jederzeit die Schiedsstelle angerufen werden, wobei die Schiedsstelle zu versuchen hat, eine gütliche Einigung herbeizuführen. Die Schiedsstelle wird gemäß § 29 Abs. 1 ArbNErfG beim DPMA errichtet.

113 Rechte oder Rechtsverhältnisse, die im ArbNErfG geregelt sind, können im Wege der Klage nämlich nach § 37 Abs. 1 ArbNErfG als Klageerhebungsvoraussetzung erst geltend gemacht werden, nachdem ein Verfahren vor der Schiedsstelle vorausgegangen ist. Dies gilt gemäß § 37 Abs. 2 ArbNErfG nicht,

- wenn mit der Klage Rechte aus einer Vereinbarung (§§ 12, 19, 22, 34 ArbNErfG) geltend gemacht werden oder die Klage darauf gestützt wird, dass die Vereinbarung nicht rechtswirksam sei (Nr. 1);
- wenn seit der Anrufung der Schiedsstelle sechs Monate verstrichen sind (Nr. 2);
- wenn der Arbeitnehmer aus dem Betrieb des Arbeitgebers ausgeschieden ist (Nr. 3); bzw.
- wenn die Parteien vereinbart haben, von der Anrufung der Schiedsstelle abzusehen. Eine solche Vereinbarung kann aber erst getroffen werden, nachdem der Streitfall (§ 28 ArbnErfG) eingetreten ist. Sie bedarf im Übrigen der Schriftform nach § 126 BGB (Nr. 4).

114 Für alle Rechtsstreitigkeiten über Erfindungen eines Arbeitnehmers sind nach § 39 Abs. 1 ArbNErfG die für Patentstreitsachen zuständigen Gerichte (§ 143 PatG) ohne Rücksicht auf den Streitwert ausschließlich zuständig. Die Vorschriften über das Verfahren in Patentstreitsachen sind anzuwenden. Davon ausgenommen sind gemäß § 39 Abs. 2 ArbNErfG Rechtsstreitigkeiten, die ausschließlich Ansprüche auf Leistung einer festgestellten oder festgesetzten Vergütung für eine Erfindung zum Gegenstand haben.

(3) Anbietungspflicht (§ 19 ArbNErfG)

115 Obgleich der Arbeitgeber kein Recht zur Inanspruchnahme der freien Erfindung hat, muss der Arbeitnehmer, bevor er während der Dauer des Arbeitsverhältnisses die freie

---

232 BT-Drs. II/1648, 36; Nomos-BR ArbNErfG/Schwab ArbNErfG, § 18, Rn. 9.

I. Patenterteilungsvoraussetzungen

Erfindung anderweitig verwertet, nach § 19 Abs. 1 ArbNErfG zunächst dem Arbeitgeber mindestens ein nichtausschließliches Recht zur Benutzung der Erfindung (Lizenz) zu angemessenen Bedingungen anbieten (**Andienungspflicht des Arbeitnehmers vor anderweitiger Verwertung**), wenn die Erfindung im Zeitpunkt des Angebots in den vorhandenen oder vorbereiteten Arbeitsbereich des Betriebes des Arbeitgebers fällt – wobei dieses Angebot gleichzeitig mit der Mitteilung nach § 18 ArbNErfG abgegeben werden kann.

Nimmt der Arbeitgeber das Angebot innerhalb von drei Monaten nicht an, so erlischt das Vorrecht des Arbeitgebers (§ 19 Abs. 2 ArbNErfG). 116

Erklärt sich der Arbeitgeber innerhalb der 3-Monats-Frist zum Erwerb des ihm angebotenen Rechts bereit, macht er jedoch geltend, dass die Bedingungen des Angebots nicht „angemessen" seien, so setzt das Gericht gemäß § 19 Abs. 3 ArbNErfG auf Antrag des Arbeitgebers oder des Arbeitnehmers die Bedingungen fest. 117

Der Arbeitnehmer und der Arbeitgeber können nach § 19 Abs. 4 ArbNErfG eine andere Festsetzung der Bedingungen beantragen, wenn sich die Umstände wesentlich ändern, die für die vereinbarten oder festgesetzten Bedingungen maßgebend waren. 118

> **Zusammenfassung:** Freie Erfindungen muss der Arbeitnehmer seinem Arbeitgeber unverzüglich und in Textform mitteilen. Wenn die freie Erfindung in den Arbeitsbereich des Betriebes fällt, muss der Arbeitnehmer dem Arbeitgeber zudem eine nichtausschließliche Nutzung (Lizenz) zu angemessenen Bedingungen anbieten, bevor er die Erfindung während der Dauer des Arbeitsverhältnisses anderweitig verwertet. 119

Frage 10: Welche Folgen hat die Inanspruchnahme einer Diensterfindung durch den Arbeitgeber?

Frage 11: Warum trifft den Arbeitgeber auch im Falle einer freien Erfindung eine Mitteilungspflicht gegenüber seinem Arbeitgeber?

(4) Technische Verbesserungsvorschläge

Für technische Verbesserungsvorschläge iSv § 3 ArbNErfG (mithin Vorschläge für sonstige technische Neuerungen, die nicht patent- oder gebrauchsmusterfähig sind), die dem Arbeitgeber aber eine ähnliche Vorzugsstellung gewähren (mithin eine tatsächliche Monopolstellung) wie ein gewerbliches Schutzrecht, die arbeitsrechtlich betrachtet jedoch uneingeschränkt dem Arbeitgeber zustehen, gewährt § 20 Abs. 1 S. 1 ArbNErfG dem Arbeitnehmer einen Anspruch gegen den Arbeitgeber auf **angemessene Vergütung**, sobald dieser sie verwertet. Dabei sind die Bestimmungen des § 9 ArbNErfG (Vergütung bei Inanspruchnahme) und § 12 ArbNErfG (Feststellung oder Festsetzung der Vergütung) entsprechend anzuwenden. Im Übrigen – dh wenn der technische Verbesserungsvorschlag dem Arbeitgeber keine Vorzugsstellung verschafft – bleibt deren Behandlung (und ggf. finanzielle Kompensation) nach § 20 Abs. 2 ArbNErfG der Regelung durch einen Tarifvertrag oder eine Betriebsvereinbarung überlassen. 120

(5) Erfindungen von Arbeitnehmern im öffentlichen Dienst sowie von Beamten und Soldaten

Auf Erfindungen und technische Verbesserungsvorschläge von Arbeitnehmern, die in Betrieben und Verwaltungen des Bundes, der Länder, der Gemeinden und sonstigen 121

Körperschaften, Anstalten und Stiftungen des öffentlichen Rechts beschäftigt sind, sind nach § 40 ArbNErfG die Vorschriften für Arbeitnehmer im privaten Dienst mit folgender Maßgabe anzuwenden:

- Anstelle der Inanspruchnahme der Diensterfindung kann der Arbeitgeber eine angemessene Beteiligung an dem Ertrag der Diensterfindung in Anspruch nehmen, wenn dies vorher vereinbart worden ist. Über die Höhe der Beteiligung können im Voraus bindende Abmachungen getroffen werden. Kommt eine Vereinbarung über die Höhe der Beteiligung nicht zustande, so hat der Arbeitgeber sie festzusetzen. § 12 Abs. 3 bis 6 ArbNErfG ist dann entsprechend anzuwenden (Nr. 1).
- Die Behandlung von technischen Verbesserungsvorschlägen nach § 20 Abs. 2 ArbNErfG kann auch durch Dienstvereinbarung geregelt werden. Vorschriften, nach denen die Einigung über die Dienstvereinbarung durch die Entscheidung einer höheren Dienststelle oder einer dritten Stelle ersetzt werden kann, finden keine Anwendung (Nr. 2).
- Dem Arbeitnehmer können im öffentlichen Interesse durch allgemeine Anordnung der zuständigen obersten Dienstbehörde Beschränkungen hinsichtlich der Art der Verwertung der Diensterfindung auferlegt werden (Nr. 3).
- Zur Einreichung von Vorschlagslisten für Arbeitgeberbeisitzer in der Schiedsstelle (§ 30 Abs. 4 ArbNErfG) sind auch die Bundesregierung und die Landesregierungen berechtigt (Nr. 4).
- Soweit öffentliche Verwaltungen eigene Schiedsstellen zur Beilegung von Streitigkeiten aufgrund des ArbNErfG errichtet haben, finden die Vorschriften der §§ 29 bis 32 ArbNErfG keine Anwendung (Nr. 5).

122 Auf Erfindungen und technische Verbesserungsvorschläge von **Beamten und Soldaten** sind die Vorschriften für Arbeitnehmer im öffentlichen Dienst nach § 41 ArbNErfG entsprechend anzuwenden.

(6) Besondere Vorgaben für Erfindungen an Hochschulen

123 Mit der Abschaffung des sog. **Hochschullehrerprivilegs** im Jahre 2002 normiert § 42 ArbNErfG besondere Bestimmungen für Erfindungen an Hochschulen. Für Erfindungen der an einer Hochschule Beschäftigten gelten folgende besonderen Bestimmungen:

- Der Erfinder ist berechtigt, die Diensterfindung im Rahmen seiner Lehr- und Forschungstätigkeit zu offenbaren, wenn er dies dem Dienstherrn rechtzeitig, in der Regel zwei Monate zuvor, angezeigt hat. § 24 Abs. 2 ArbNErfG findet insoweit keine Anwendung (Nr. 1) – **positive Publikationsfreiheit**.[233]
- Lehnt ein Erfinder aufgrund seiner Lehr- und Forschungsfreiheit die Offenbarung seiner Diensterfindung ab, so ist er nicht verpflichtet, die Erfindung dem Dienstherrn zu melden. Will der Erfinder seine Erfindung zu einem späteren Zeitpunkt offenbaren, so hat er dem Dienstherrn die Erfindung unverzüglich (vgl. § 121 Abs. 1 S. 1 BGB) zu melden (Nr. 2) – **negative Publikationsfreiheit**.[234]

---

[233] Nomos-BR ArbNErfG/Schwab ArbNErfG § 42, Rn. 10.
[234] Nomos-BR ArbNErfG/Schwab ArbNErfG § 42, Rn. 12; Fleuchaus, Braitmayer: Hochschullehrerprivileg ade?; GRUR 2002, 653 (655 f.).

II. Erteilungs-, Einspruchs- und Beschwerdeverfahren

- Dem Erfinder verbleibt im Fall der Inanspruchnahme der Diensterfindung ein nichtausschließliches Recht zur Benutzung der Diensterfindung im Rahmen seiner Lehr- und Forschungstätigkeit (Nr. 3).
- Verwertet der Dienstherr die Erfindung, beträgt die Höhe der Vergütung 30 % der durch die Verwertung erzielten Einnahmen (Nr. 4).
- § 40 Nr. 1 ArbNErfG (vorstehende Rn. 121) findet keine Anwendung (Nr. 5).

II. Erteilungs-, Einspruchs- und Beschwerdeverfahren[235]

Das Erteilungs- (Anmelde-) verfahren (§§ 34 ff. PatG), das in ein **Vorprüfungs-** und ein sich daran anschließendes **Prüfungs- und Erteilungsverfahren** unterteilt ist, zielt auf die förmliche Erteilung des Patentrechts (durch Eintragung des Patents im Patentregister und Veröffentlichung im Patentblatt). Damit genießt ein eingetragenes Patent aber noch keinen endgültigen Schutz. Vielmehr kann auf einen Einspruch hin – gestützt auf bestimmte Widerrufsgründe (§ 21 PatG) – die Patentabteilung des DPMA ein bereits erteiltes Patent auch wieder widerrufen (**Einspruchsverfahren** – §§ 59 und 60 PatG). Gegen die Beschlüsse der Prüfungsstellen des DPMA (dh gegen die Erteilung oder Nichterteilung eines Patents und sonstige Beschlüsse) sowie gegen Beschlüsse der Patentabteilungen des DPMA über die (ggf. auch nur beschränkte) Aufrechterhaltung bzw. den Widerruf eines Patents findet als Rechtsmittel das **Beschwerdeverfahren** nach § 73 Abs. 1 PatG vor dem BPatG statt.

1. Erteilungsverfahren

Die Erteilung des Patents als förmliches Recht setzt sowohl das Vorliegen der

- **materiellen** Patenterteilungsvoraussetzungen nach den §§ 1 bis 5 PatG als auch das
- Durchlaufen des Patenterteilungsverfahrens (**formelle** Patenterteilungsvoraussetzungen) nach den §§ 34, 37 und 38 PatG

voraus.

Im langwierigen und komplexen Patenterteilungsverfahren (Prüfungssystem) zeigt sich nach *Eisenmann/Jautz*[236] „die starke Wirkung des Patentschutzes. Das Patent ist ein 'starkes und wertvolles' Recht".

> **Zusammenfassung:** Die Erteilung des Patents als förmliches Recht setzt sowohl das Vorliegen der materiellen Patenterteilungsvoraussetzungen nach den §§ 1 bis 5 PatG als auch das Durchlaufen des Patenterteilungsverfahrens (formelle Patenterteilungsvoraussetzungen) gemäß §§ 34, 37 und 38 PatG voraus.

2. Anmeldeverfahren

Eine Erfindung ist nach § 34 Abs. 1 PatG (schriftlich) zur Erteilung eines Patents beim DPMA (auf Vordrucken, vgl. § 4 PatV) unter Entrichtung einer Anmeldegebühr (§ 3 Abs. 1 PatKostG) anzumelden (wodurch zum einen das Patenterteilungsverfahren in Gang gesetzt wird und zum anderen in materiell-rechtlicher Hinsicht der Anspruch auf Patenterteilung nach § 7 Abs. 1 PatG zur Entstehung gelangt, ebenso wie die für die Bewertung der Neuheit notwendige Prioritätsfrage bestimmt wird). Das Patentertei-

---

[235] Beachte auch die Richtlinien für die Prüfung von Patentanmeldungen vom 11.1.2019.
[236] Eisenmann/Jautz, Rn. 153.

lungsverfahren hat analog § 50 ZPO die Partei- und analog den §§ 51 und 52 ZPO die Prozessfähigkeit des Anmelders zur Voraussetzung.

128 Die **Anmeldung** in deutscher Sprache (vgl. § 126 PatG – die Sprache vor dem DPMA und dem BPatG ist deutsch, sofern nichts anderes bestimmt ist)[237] muss gemäß § 34 Abs. 3 PatG Folgendes enthalten:

- den Namen des Anmelders (Nr. 1 – **Anmelderprinzip**, vgl. § 7 Abs. 1 PatG [unwiderlegbare Erfindervermutung vor dem DPMA], wonach – damit die sachliche Prüfung der Patentanmeldung durch die Feststellung des Erfinders nicht verzögert wird – der Anmelder im Verfahren vor dem DPMA als berechtigt gilt [gesetzliche Fiktion], die Erteilung des Patents zu verlangen);
- einen Antrag auf Erteilung des Patents (§ 9 PatV), in dem die Erfindung kurz und genau bezeichnet ist (Nr. 2);
- einen oder mehrere Patentansprüche, in denen angegeben ist, was als patentfähig unter Schutz gestellt werden soll (Nr. 3);
- eine Beschreibung der Erfindung (vgl. § 10 PatV, wobei die Erfindung nach § 34 Abs. 4 PatG so deutlich und vollständig zu offenbaren ist [da nur das, was offenbart worden ist, auch geschützt werden kann], dass ein Fachmann sie ausführen kann – Nr. 4);[238]
- die Zeichnungen (§ 12 PatV), auf die sich die Patentansprüche oder die Beschreibung beziehen (Nr. 5).

129 **Weitere Anmeldevoraussetzungen** finden sich in der

- Patentverordnung (PatV) vom 1.9.2003 und in der
- VO über das DPMA vom 1.4.2004,

Erläuterungen zur Patentanmeldung finden sich zudem im Merkblatt für Patentanmelder.

Beachte: Die Benennung der Patentansprüche (§ 34 Abs. 4 Nr. 3 PatG) ist deshalb so bedeutsam, weil deren Inhalt den Schutzbereich des Patents bestimmt (so § 14 S. 1 PatG) – wobei die Beschreibung (§ 34 Abs. 3 Nr. 4 PatG) und die Zeichnungen (§ 34 Abs. 3 Nr. 5 PatG) zur Auslegung der Patentansprüche mit herangezogen werden können.

Beachte zudem: Ein Anmelder mit Wohnsitz im Ausland muss nach § 25 PatG einen **Inlandsvertreter** bestellen. Wer im Inland weder Wohnsitz, Sitz noch Niederlassung hat, kann an einem im PatG geregelten Verfahren vor dem DPMA oder dem BPatG nach § 25 Abs. 1 PatG nur teilnehmen und die Rechte aus einem Patent nur geltend machen, wenn er im Inland einen Rechtsanwalt oder Patentanwalt als Vertreter bestellt hat, der zur Vertretung im Verfahren vor dem DPMA, dem BPatG und in bürgerlichen Rechtsstreitigkeiten, die das Patent betreffen, sowie zur Stellung von Strafanträgen bevollmächtigt ist.

130 Die Anmeldung kann nach § 34 Abs. 2 PatG auch über ein **Patentinformationszentrum** (**PIZ**) eingereicht werden, wenn diese Stelle durch Bekanntmachung des BMJV im Bundesgesetzblatt dazu bestimmt worden ist, Patentanmeldungen entgegenzunehmen. Eine

---

237 Vgl. auch § 35 PatG (Übersetzung).
238 Eisenmann/Jautz, Rn. 146, regen an, wie folgt zu verfahren: Darstellung des Standes der Technik (§ 31 Abs. 7 PatG), Beschreibung der technischen Aufgabe und der Lösung anhand eines Ausführungsbeispiels.

II. Erteilungs-, Einspruchs- und Beschwerdeverfahren

Anmeldung, die ein Staatsgeheimnis iSv § 93 StGB enthalten kann, darf bei einem Patentinformationszentrum allerdings nicht eingereicht werden.

Die Anmeldung darf gemäß § 34 Abs. 5 PatG nur eine einzige Erfindung enthalten oder eine Gruppe von Erfindungen, die untereinander in der Weise verbunden sind, dass sie eine einzige allgemeine erfinderische Idee verwirklichen (**Einheitlichkeit der Erfindung**).[239]

131

Nach § 37 Abs. 1 PatG hat der Anmelder innerhalb von fünfzehn Monaten nach der Anmeldung (bzw., wenn für die Anmeldung ein früherer Zeitpunkt [Priorität] als maßgebend in Anspruch genommen wird, innerhalb von fünfzehn Monaten nach diesem Zeitpunkt) den oder die Erfinder zu benennen (**Erfinderbenennung** – als Aspekt des Erfinderpersönlichkeitsrechts [Recht auf Erfinderehre]) und zu versichern, dass weitere Personen seines Wissens an der Erfindung nicht beteiligt sind. Ist der Anmelder nicht oder nicht allein der Erfinder, so hat er auch anzugeben, wie das Recht auf das Patent an ihn gelangt ist. Die Richtigkeit dieser Angaben wird vom DPMA jedoch nicht geprüft.

132

Zum Zwecke einer **ersten Offensichtlichkeitsprüfung** durch die Vorprüfungsstelle des DPMA ist der Anmeldung (ausschließlich zur technischen Unterrichtung) nach § 36 Abs. 1 PatG eine kurze Zusammenfassung (vgl. § 13 PatV: maximal 150 Worte) beizufügen, die einen bestimmten Inhalt enthalten muss (§ 36 Abs. 2 PatG), nämlich

133

- die Bezeichnung der Erfindung,
- eine Kurzfassung der in der Anmeldung enthaltenen Offenbarung, die das technische Gebiet der Erfindung angeben und die so gefasst sein muss, dass sie ein klares Verständnis des technischen Problems, seiner Lösung und der hauptsächlichen Verwendungsmöglichkeiten der Erfindung erlaubt, sowie
- eine in der Kurzfassung erwähnte Zeichnung.

Sind in der Kurzfassung mehrere Zeichnungen erwähnt und ist nicht eindeutig, welche Zeichnung die Erfindung nach Auffassung des Anmelders am deutlichsten kennzeichnet, so bestimmt die Prüfungsstelle gemäß § 36 Abs. 2 S. 3 PatG[240] diejenige Zeichnung, die die Erfindung am deutlichsten kennzeichnet.

Die Zusammenfassung kann noch bis zum Ablauf von 15 Monaten nach dem Anmeldetag oder – sofern für den Anmeldetag ein früherer Zeitpunkt (Priorität) als maßgebend in Anspruch genommen wird – bis zum Ablauf von 15 Monaten nach diesem Zeitpunkt nachgereicht werden.

134

Ein **Akteneinsichtsrecht** besteht nach § 31 PatG auf Antrag zugunsten jedermann, wenn und soweit ein „berechtigtes Interesse" glaubhaft gemacht wird. Berechtigtes Interesse an der Akteneinsicht ist – anders als das „rechtliche Interesse" in § 299 Abs. 2 ZPO – ein nach vernünftiger Erwägung durch die Sachlage gerechtfertigtes Interesse, das sich nicht auf ein bereits vorhandenes Recht zu stützen braucht, sondern auch tatsächlicher (wirtschaftlicher) Art sein kann.[241]

135

---

[239] Zum Umfang der Prüfung der Einheitlichkeit von Patentanmeldungen im Rahmen der Offensichtlichkeitsprüfungen nach den §§ 42 Abs. 1, 34 Abs. 5 PatG (in Weiterführung von BPatG Urt. v. 28.12.2005 – 21 W (pat) 63/05 = BPatGE 49, 154 – Tragbares Gerät): BPatG Beschl. v. 10.1.2008 – = BPatGE 50, 260 = GRUR 2009, 50.

[240] § 36 Abs 1 geänd. durch G v. 16.7.1998 (BGBl. I S. 1827); Abs. 2 Satz 3 angef. mWv 1.5.2022 durch G v. 10.8.2021 (BGBl. I S. 3490).

[241] BeckOK PatR/Otten-Dünnweber PatG § 31 Rn. 10.

136 ▶ **EXKURS: PRIORITÄT UND ALTERSRANG ALS PATENTHINDERNIS Grundsatz:** Nach § 6 S. 3 PatG steht das Patent grundsätzlich dem zu, der die Erfindung zuerst angemeldet hat (**Priorität**). Eine ältere Anmeldung begründet wegen ihrer Zugehörigkeit zum Stand der Technik (vgl. § 3 Abs. 2 PatG) für eine jüngere Anmeldung ein **Patenthindernis**.

Ausnahmen:
§ 40 PatG gestattet die **Inanspruchnahme einer inneren Priorität**. Dem Anmelder steht nach § 40 Abs. 1 PatG innerhalb einer Frist von zwölf Monaten nach dem Anmeldetag einer beim DPMA eingereichten früheren Patent- oder Gebrauchsmusteranmeldung für die Anmeldung derselben Erfindung zum Patent ein Prioritätsrecht zu, es sei denn, dass für die frühere Anmeldung schon eine inländische oder ausländische Priorität in Anspruch genommen worden ist. Für die Anmeldung kann gemäß § 40 Abs. 2 PatG die Priorität mehrerer beim DPMA eingereichter Patent- oder Gebrauchsmusteranmeldungen in Anspruch genommen werden.[242] Die Priorität kann nach § 40 Abs. 3 PatG nur für solche Merkmale der Anmeldung in Anspruch genommen werden, die in der Gesamtheit der Anmeldungsunterlagen der früheren Anmeldung deutlich offenbart sind. Die Priorität kann gemäß § 40 Abs. 4 PatG nur innerhalb von zwei Monaten nach dem Anmeldetag der späteren Anmeldung in Anspruch genommen werden. Die Prioritätserklärung gilt erst als abgegeben, wenn das Aktenzeichen der früheren Anmeldung angegeben worden ist. Ist die frühere Anmeldung noch beim DPMA anhängig, so gilt sie gemäß § 40 Abs. 5 PatG mit der Abgabe der Prioritätserklärung nach § 40 Abs. 4 PatG als zurückgenommen. Dies gilt nicht, wenn die frühere Anmeldung ein Gebrauchsmuster betrifft. ◀

137 § 41 PatG iVm Art. 4 C Abs. 1 PVÜ statuiert die sog. **Unionspriorität**. Wer nach einem Staatsvertrag (PVÜ) die Priorität einer früheren ausländischen Anmeldung derselben Erfindung in Anspruch nimmt, hat nach Art. 41 Abs. 1 PatG vor Ablauf des 16. Monats nach dem Prioritätstag Zeit, Land und Aktenzeichen der früheren Anmeldung anzugeben und eine Abschrift der früheren Anmeldung einzureichen, soweit dies nicht bereits geschehen ist. Innerhalb der Frist können die Angaben geändert werden. Werden die Angaben nicht rechtzeitig gemacht, so wird der Prioritätsanspruch für die Anmeldung verwirkt. Ist die frühere ausländische Anmeldung in einem Staat eingereicht worden, mit dem kein Staatsvertrag über die Anerkennung der Priorität besteht, so kann der Anmelder gemäß § 41 Abs. 2 PatG ein dem Prioritätsrecht nach der PVÜ entsprechendes Prioritätsrecht in Anspruch nehmen, soweit nach einer Bekanntmachung des BMJV im Bundesgesetzblatt der andere Staat aufgrund einer ersten Anmeldung beim DPMA ein Prioritätsrecht gewährt, das nach Voraussetzungen und Inhalt dem Prioritätsrecht nach der PVÜ vergleichbar ist. Dann ist § 41 Abs. 1 PatG anzuwenden.

138 In § 3 Abs. 5 Nr. 2 PatG ist im Übrigen die sog. **Ausstellungspriorität** geregelt. Für den Neuheitsbegriff des § 3 Abs. 1 PatG bleibt danach eine Offenbarung der Erfindung außer Betracht, wenn sie nicht früher als sechs Monate vor Einreichung der Anmeldung erfolgt ist und unmittelbar oder mittelbar zurückgeht auf die Tatsache, dass der Anmelder oder sein Rechtsvorgänger die Erfindung auf amtlichen oder amtlich anerkannten Ausstellungen iS des am 22.11.1928 in Paris unterzeichneten Abkommens über internationale Ausstellungen zur Schau gestellt hat. Dies gilt dann nicht, wenn der Anmelder bei Einreichung der Anmeldung angibt, dass die Erfindung tatsächlich zur

---

242 BGH Beschl. v. 29.4.1997 – X ZB 19/96 (BPatG) = BGHZ 135, 298 = GRUR 1997, 890 – Drahtbiegemaschine: Der Nachanmelder kann die Priorität der früheren Anmeldung nicht in Anspruch nehmen, wenn nach der Geltendmachung einer widerrechtlichen Entnahme die frühere Patentanmeldung zurückgenommen worden ist, ohne dass ein Einspruchsverfahren stattgefunden hat.

II. Erteilungs-, Einspruchs- und Beschwerdeverfahren

Schau gestellt worden ist und er innerhalb von vier Monaten nach der Einreichung hierüber eine Bescheinigung einreicht. Die genannten Ausstellungen werden vom BMJV im Bundesanzeiger bekanntgemacht.

3. Vorprüfungsverfahren

Die Vorprüfungsstelle des DPMA führt lediglich eine **Offensichtlichkeitsprüfung** durch. Sie prüft nach § 42 PatG von Amts wegen zum einen, ob bestimmte **offensichtliche formelle Mängel**, nämlich die Anforderungen nach

- § 34 PatG (Vorgaben über die Anmeldung einer Erfindung),
- § 36 PatG (Vorgaben hinsichtlich der Anmeldungsunterlagen),
- § 37 PatG (Erfinderbenennung) und
- § 38 PatG (Vorgaben hinsichtlich der Änderung einer Anmeldung),

vorliegen.

Zum anderen prüft die Vorprüfungsstelle auch das Vorliegen bestimmter **offensichtlicher materieller Mängel** (§ 42 Abs. 2 PatG), nämlich ob der Gegenstand der Anmeldung

- seinem Wesen nach keine Erfindung ist (Nr. 1),
- nicht gewerblich anwendbar ist (Nr. 2) bzw.
- nach § 1a Abs. 1, § 2 oder § 2a Abs. 1 PatG von der Patentanmeldung ausgeschlossen ist (Nr. 3).

Liegen nach der Vor- (Offensichtlichkeits-) prüfung offensichtliche formelle Mängel im vorgenannten Sinne vor, so fordert die Prüfungsstelle nach § 42 Abs. 1 S. 1 PatG den Anmelder auf, die Mängel innerhalb einer bestimmten Frist zu beseitigen (**Aufforderung zur Mängelbeseitigung**). Im Falle des Vorliegens eines der vorbezeichneten offensichtlichen materiellen Mängel benachrichtigt die Prüfungsstelle gemäß § 42 Abs. 2 S. 2 und 3 PatG den Anmelder unter Angabe der Gründe hiervon und fordert ihn auf, sich innerhalb einer bestimmten Frist zu äußern (**Aufforderung, sich zu äußern** [Gewährung rechtlichen Gehörs]).

Die Prüfungsstelle weist nach § 42 Abs. 3 PatG die Anmeldung zurück (**Zurückweisung der Anmeldung**), wenn

- die nach § 42 Abs. 1 PatG gerügten (formellen) Mängel nicht beseitigt werden oder
- wenn die Anmeldung aufrechterhalten wird, obgleich eine patentfähige Erfindung offensichtlich nicht vorliegt (§ 42 Abs. 2 Nr. 1 bis 3 PatG).

Nach § 31 Abs. 2 Nr. 2 PatG erfolgt spätestens 18 Monate nach dem Anmeldetag (bzw., wenn Priorität beansprucht wird, dem Prioritätstag) eine **Offenlegung der Akten** durch das DPMA (sofern die Anmeldung nicht gemäß § 31 Abs. 2 Nr. 1 PatG bereits vorzeitig – aufgrund des Einverständnisses des Anmelders – offengelegt worden ist). Nach § 32 Abs. 5 PatG enthält das Patentblatt regelmäßig erscheinende Übersichten über die Eintragungen im Register, soweit sie nicht nur den regelmäßigen Ablauf der Patente oder die Eintragung und Löschung ausschließlicher Lizenzen betreffen, und Hinweise auf die Möglichkeit der Einsicht in die Akten von Patentanmeldungen (**Hinweis auf die Möglichkeit auf Akteneinsicht**). Nach Ablauf von 18 Monaten und der

Veröffentlichung des Hinweises hat jedermann ein Recht auf Einsicht in die Akten der Patentanmeldung und die zu diesen gehörenden Modelle und Probestücken.

144 Liegen keine materiellen oder formellen Mängel vor (bzw. wurden entsprechende Mängel beseitigt), veröffentlicht das DPMA den Inhalt der zur Einsicht freistehenden Unterlagen in der Offenlegungsschrift (vgl. § 32 Abs. 1 Nr. 1 PatG), die die nach § 32 Abs. 2 S. 1 PatG jedermann zur Einsicht freistehenden Unterlagen der Anmeldung und die Zusammenfassung (§ 36 PatG) in der ursprünglich eingereichten oder vom DMPA zur Veröffentlichung zugelassenen geänderten Form enthält. Die Offenlegungsschrift wird nach § 32 Abs. 2 S. 2 PatG nicht veröffentlicht, wenn die Patentschrift bereits veröffentlicht worden ist.

145 Damit beendet die Vorprüfungsstelle ihre Tätigkeit im Zusammenhang mit dem Anmeldeverfahren und es schließt sich – sofern ein entsprechender gesonderter Antrag gestellt worden ist – das **Prüfungs- und Erteilungsverfahren** an.

Beachte: Wegen der mit der Offenlegung bereits verbundenen Gefahren einer Nachahmung gewährt § 33 PatG dem Anmelder einen **einstweiligen Schutz** gegen einen bösgläubigen Benutzer der Erfindung in Gestalt eines **Entschädigungsanspruchs** (angemessene Entschädigung, regelmäßig in Höhe der üblichen Lizenzgebühr): Von der Veröffentlichung des Hinweises gem. § 32 Abs. 5 PatG an kann der Anmelder nach § 33 Abs. 1 PatG von demjenigen, der den Gegenstand der Anmeldung benutzt hat, obwohl er wusste oder wissen musste, dass die von ihm benutzte Erfindung Gegenstand der Anmeldung war, eine nach den Umständen angemessene Entschädigung verlangen. Weitergehende Ansprüche sind ausgeschlossen. Der Anspruch besteht nach § 33 Abs. 2 PatG nicht, wenn der Gegenstand der Anmeldung offensichtlich nicht patentfähig ist. Auf die Verjährung finden gemäß § 33 Abs. 3 PatG die Vorschriften der §§ 194 ff. BGB entsprechende Anwendung mit der Maßgabe, dass die Verjährung frühestens ein Jahr nach der Erteilung des Patents eintritt. Hat der Verpflichtete durch die Verletzung auf Kosten des Berechtigten „etwas" erlangt, findet § 852 BGB entsprechende Anwendung.

146 Werden vor der Erteilung des Patents Rechte aus einer Anmeldung, in deren Akten die Einsicht jedermann freisteht (§ 31 Abs. 1 S. 2 Halbs. 2 und Abs. 2 PatG), gerichtlich geltend gemacht und kommt es für die Entscheidung des Rechtsstreits darauf an, dass ein Anspruch nach § 33 Abs. 1 PatG besteht, so kann das Gericht nach § 140 PatG (**Verletzung des einstweiligen Schutzes**) anordnen, dass die Verhandlung bis zur Entscheidung über die Erteilung des Patents auszusetzen ist. Ist ein Antrag auf Prüfung gemäß § 44 PatG nicht gestellt worden, so hat das Gericht der Partei, die Rechte aus der Anmeldung geltend macht, auf Antrag des Gegners eine Frist zur Stellung des Antrags auf Prüfung zu setzen. Wird der Antrag auf Prüfung nicht innerhalb der Frist gestellt, so können in dem Rechtsstreit Rechte aus der Anmeldung nicht geltend gemacht werden.

147 ▶ **Exkurs:** Nach § 43 Abs. 1 PatG führt das DPMA auf Antrag des Anmelders unter Zugrundelegung der in den Patentgründen bezeichneten Erfindung eine gebührenpflichtige Recherche zum Stand der Technik anhand der öffentlichen Druckschriften durch (sog. **isolierte Recherche**), auf deren Grundlage der Anmelder entscheiden kann, ob er die Anmeldung aufrechterhält oder doch besser zurücknimmt. Der Antrag auf isolierte Recherche kann bereits mit der Anmeldung – aber auch so lange, wie die Frist für den Prüfungsantrag (§ 44 Abs. 2 PatG) noch nicht abgelaufen ist – gestellt werden. Nach § 43 Abs. 4 PatG gilt der Antrag auf isolierte Recherche als nicht gestellt, wenn schon ein Prüfantrag nach § 44 PatG gestellt

II. Erteilungs-, Einspruchs- und Beschwerdeverfahren

worden ist. Der Antrag auf isolierte Recherche wird – nachdem ein Hinweis auf die Möglichkeit der Akteneinsicht erfolgt ist – im Patentblatt veröffentlicht, womit jeder dem DPMA Druckschriften, die einer Patenterteilung entgegenstehen, nach § 43 Abs. 3 S. 2 PatG angeben kann. Das DPMA informiert den Anmelder nach Abschluss der Recherche – allerdings ohne Gewährsübernahme für die Vollständigkeit – über die ermittelten Druckschriften (so § 43 Abs. 7 S. 1 PatG). Zur Information der Öffentlichkeit erfolgt alsdann nach § 43 Abs. 7 S. 2 PatG eine Bekanntmachung im Patentblatt, dass die Mitteilung ergangen ist. ◄

> **Zusammenfassung:** Das Patenterteilungsverfahren wird durch die schriftliche Anmeldung des Patents beim DPMA eingeleitet (§ 34 PatG). Daran schließt sich eine Offensichtlichkeitsprüfung an, bei der die Anmeldung auf offensichtliche formelle und materielle Mängel überprüft wird (§ 42 PatG). Liegen keine offensichtlichen Mängel vor, veröffentlicht das DPMA die Unterlagen in der Offenlegungsschrift.

148

Frage 12: Welchen Zweck verfolgt die „kurze Zusammenfassung"?
Frage 13: Welche offensichtlichen formellen Mängel prüft die Vorprüfungsstelle des DPMA im Rahmen des Vorprüfungsverfahrens?
Frage 14: Welche offensichtlichen materiellen Mängel prüft die Vorprüfungsstelle des DPMA im Rahmen des Vorprüfungsverfahrens?

4. Prüfungs- und Erteilungsverfahren

Das DPMA prüft in dem sich anschließenden Prüfungs- und Erteilungsverfahren nach § 44 Abs. 1 PatG **auf Antrag**, ob die Anmeldung den Anforderungen der §§ 34, 37 und 38 PatG genügt und ob der Gegenstand der Anmeldung nach den §§ 1 bis 5 PatG patentfähig ist. Ein technischer Fachmann der Prüfungsstelle des DPMA prüft also nunmehr umfassend (wobei auch die Ermittlungsmöglichkeiten nach § 46 PatG [Anhörungen und Vernehmungen] eröffnet sind) auf einen entsprechenden **besonderen Antrag** des Anmelders hin (der wiederum gebührenpflichtig ist)[243] die

149

- **formellen Erfordernisse**, dh nach
    - § 34 PatG (Name des Anmelders, Antrag auf Patenterteilung, die Nennung eines oder mehrerer Patentansprüche, die Beschreibung des Patents sowie die Zeichnungen),
    - § 37 PatG (Benennung des Erfinders und Versicherung, dass weitere Personen nach Wissen des Anmelders an der Erfindung nicht beteiligt sind) und
    - § 38 PatG (ggf. nachgereichte Änderungen der in der Anmeldung enthaltenen Angaben, die den Gegenstand der Anmeldung nicht erweitern) sowie die
- **materiellen Erfordernisse**, mithin ob eine patentfähige Erfindung vorliegt,[244] dh ob die positiven bzw. negativen Voraussetzungen für die Erteilung eines Patents nach

---

243 150 Euro, wenn der Antrag nach § 43 PatG bereits gestellt wurde. 350 Euro, wenn ein solcher Antrag noch nicht gestellt worden ist: § 44 Abs. 2 S. 2 PatG iVm Anlage A I.1. zu § 2 Abs. 1 PatKostG.
244 BGH Urt. v. 17.7.2012 – X ZR 117/11 (BPatG) = BGHZ 194, 107 = GRUR 2012, 1124 – Polymerschaum: 1. Die Prüfung der Patentfähigkeit erfordert regelmäßig eine Auslegung des Patentanspruchs, bei der dessen Sinngehalt in seiner Gesamtheit und der Beitrag, den die einzelnen Merkmale zum Leistungsergebnis der Erfindung liefern, zu bestimmen sind. Dem Patentanspruch darf dabei nicht deshalb ein bestimmter Sinngehalt beigelegt werden, weil sein Gegenstand andernfalls gegenüber den Ursprungsunterlagen unzulässig erweitert wäre. 2. Ergibt die mündliche Verhandlung des Patentnichtigkeitsberufungsverfahrens, dass die Sache nicht zur Endentscheidung reif ist, kommt es für die Entscheidung, ob es sachdienlich ist, die gebotene weitere Sachaufklärung dem Patentgericht zu übertragen oder zu diesem Zweck das Beru-

- § 1 PatG (Voraussetzungen der Erteilung eines Patents),
- § 1a PatG (menschliche Gene),
- § 2 PatG (keine Erteilung eines Patents bei einem Verstoß gegen die öffentliche Ordnung oder die guten Sitten),
- § 2a PatG (Pflanzen und Tiere),
- § 3 PatG (Neuheit einer Erfindung),
- § 4 PatG (erfinderische Tätigkeit) sowie
- § 5 PatG (gewerbliche Anwendbarkeit einer Erfindung)

vorliegen.[245]

150 Der Antrag auf Prüfung kann nach § 44 Abs. 2 PatG vom Anmelder selbst und von jedem Dritten, der jedoch hierdurch nicht an dem Prüfungsverfahren beteiligt wird, bis zum Ablauf von sieben Jahren nach Einreichung der Anmeldung gestellt werden. Die Zahlungsfrist für die Prüfungsgebühr nach dem PatKostG beträgt drei Monate ab Fälligkeit (§ 3 Abs. 1 PatKostG). Diese Frist endet spätestens mit Ablauf von sieben Jahren nach Einreichung der Anmeldung. Die 7-Jahres-Frist für die Stellung eines Prüfungsantrags zielt darauf ab, dem Anmelder Zeit für seine Entscheidung zu geben: Kostspieligkeit einer Prüfung versus (Un-) Rentabilität der Erfindung.

151 Wird bis zum Ablauf der in § 44 Abs. 2 PatG bezeichneten Frist ein Antrag auf Prüfung nicht gestellt oder wird eine für die Anmeldung zu entrichtende Jahresgebühr nicht rechtzeitig entrichtet (§ 7 Abs. 1 PatKostG), so gilt nach der gesetzlichen Fiktion des § 58 Abs. 3 PatG die Anmeldung als zurückgenommen. Nach § 44 Abs. 5 S. 1 PatG wird das Prüfungsverfahren allerdings auch dann fortgesetzt, wenn der Antrag auf Prüfung zurückgenommen wird. Damit soll „Tricksereien" durch die Stellung und die Zurücknahme von Prüfungsanträgen begegnet werden.

152 Genügt eine Anmeldung den vorgenannten **formellen Anforderungen** der §§ 34, 37 und 38 PatG nicht oder sind etwa auch die Anforderungen des § 36 PatG (Zusammenfassung, die ausschließlich der technischen Unterrichtung dient) offensichtlich nicht erfüllt, so fordert die Prüfungsstelle nach § 45 Abs. 1 S. 1 PatG den Anmelder auf, die Mängel innerhalb einer bestimmten Frist zu beseitigen. Kommt die Prüfungsstelle in Bezug auf die **materiellen Eintragungsvoraussetzungen** zum Ergebnis, dass eine nach den §§ 1 bis 5 PatG patentfähige Erfindung nicht vorliegt, so benachrichtigt sie gemäß § 45 Abs. 2 PatG den Patentsucher hiervon unter Angabe der Gründe und fordert ihn auf, sich innerhalb einer bestimmten Frist zu äußern (Gewährung rechtlichen Gehörs).

153 Die Prüfungsstelle weist die Anmeldung nach § 48 S. 1 PatG zurück (**Zurückweisung der Anmeldung**), wenn

---

fungsverfahren vor dem BGH fortzusetzen, in erster Linie darauf an, auf welchem Weg die noch offenen Sachfragen möglichst effizient und zügig geklärt werden können.

245 BGH Urt. v. 12.3.2002 – X ZR 43/01 (OLG Düsseldorf) = BGHZ 150, 161 = GRUR 2002, 511 – Kunststoffrohrteil: 1. Für die Bestimmung des Schutzbereichs eines Patents kommt es grundsätzlich nicht auf Vorgänge im Erteilungsverfahren an, die der Patenterteilung vorausgegangen sind. 2. Der Rücknahme der Beschwerde des Patentinhabers gegen die in einem Einspruchsverfahren ergangene Entscheidung kommt rechtsgestaltende Wirkung nur insoweit zu, als durch sie die Entscheidung über die Aufrechterhaltung oder den Widerruf des europäischen Patents in Bestandskraft erwächst.

II. Erteilungs-, Einspruchs- und Beschwerdeverfahren

- die nach § 45 Abs. 1 S. 1 PatG gerügten formellen Mängel nicht innerhalb einer gesetzten Frist beseitigt werden, oder wenn
- die Prüfung ergibt, dass eine nach den §§ 1 bis 5 PatG patentfähige Erfindung nicht vorliegt.

Genügt die Anmeldung hingegen den Erfordernissen 154

- der §§ 34, 37 und 38 PatG,
- sind nach § 45 Abs. 1 PatG gerügte Mängel der Zusammenfassung beseitigt und ist der
- Gegenstand der Anmeldung nach den §§ 1 bis 5 PatG patentfähig,

dh liegen alle formellen und materiellen Voraussetzungen einer Patenterteilung vor, so beschließt die Prüfungsstelle nach § 49 Abs. 1 PatG die Erteilung des Patents (**Erteilungsbeschluss** als begünstigender Verwaltungsakt [iSv § 35 VwVfG], der ein privates Recht [in Gestalt des Patentrechts] begründet).

Beachte: Wenn das Patent nicht oder nicht antragsgemäß erteilt wird, kann der Anmelder gegen den Beschluss der Prüfungsstelle gemäß § 73 Abs. 1 PatG mit dem **Rechtsmittel der Beschwerde** zum BPatG vorgehen.

Die Erteilung des Patents wird nach § 58 Abs. 1 S. 1 PatG im **Patentblatt** veröffentlicht, womit die gesetzlichen Wirkungen des Patents (vgl. § 9 PatG) mit **konstitutiver Wirkung** eintreten (so § 58 Abs. 1 S. 3 PatG [Entstehung des Patents] – Offenbarung der Erfindung [Formalakt als Entstehungsvoraussetzung des Patents]). Damit erlangt die Erfindungsidee zugunsten des Patentinhabers Monopolcharakter. Zugleich haben aber auch interessierte Kreise die Möglichkeit, auf dem durch die Veröffentlichung offenbarten Stand der Technik aufzubauen. Auch die Patentschrift (die nach § 32 Abs. 3 PatG die Patentansprüche, die Beschreibung und die Zeichnungen, aufgrund derer das Patent erteilt worden ist, enthält – zudem die Angabe der Druckschriften, die das DPMA für die Beurteilung der Patentfähigkeit der angemeldeten Erfindung in Betracht gezogen hat, vgl. § 43 Abs. 1 PatG) wird parallel dazu veröffentlicht (so § 58 Abs. 1 S. 2 PatG). 155

Beachte: Die §§ 50 bis 55 PatG treffen Sonderregelungen im Hinblick auf **Geheimpatente** (dh für den Fall, dass ein Patent für eine Erfindung nachgesucht wird, die ein Staatsgeheimnis iSv § 93 StGB darstellt [§ 50 Abs. 1 S. 1 PatG], bzw. das Patent eine Erfindung betrifft, die nach § 50 Abs. 4 PatG von einem fremden Staat aus Verteidigungsgründen geheim gehalten und der Bundesregierung mit deren Zustimmung nur unter der Auflage anvertraut wird, die Geheimhaltung zu wahren).

Das Patent wird alsdann in das **Patentregister (Patentrolle)** eingetragen, wobei dieser Eintragung allerdings nur **deklaratorische Bedeutung** zukommt. Nach § 30 Abs. 1 PatG führt das DPMA ein Register, das die Bezeichnung der Patentanmeldungen, in deren Akten (aufgrund des erheblichen Publizitätsinteresses) jedermann Einsicht gewährt wird, und das die erteilten Patente und ergänzenden Schutzzertifikate (vgl. § 16a PatG) sowie Name und Wohnort der Anmelder oder Patentinhaber angibt. Im Patentregister sind auch Anfang, Ablauf, Erlöschen, Anordnung und Beschränkung, Widerruf, Erklärung der Nichtigkeit der Patente und ergänzenden Schutzzertifikate sowie die Erhebung eines Einspruchs und einer Nichtigkeitsklage zu vermerken. Das DPMA vermerkt nach § 30 Abs. 3 S. 1 PatG im Register eine Änderung in der Person, im Namen 156 oder im Wohnort des Anmelders oder Patentinhabers und seines Vertreters sowie Zustellungsbevollmächtigten, wenn sie ihm nachgewiesen wird. Solange die Änderung nicht eingetragen ist, bleibt der frühere Anmelder, Patentinhaber, Vertreter oder Zustellungsbevollmächtigte nach Maßgabe des PatG berechtigt und verpflichtet (so § 30 Abs. 3 S. 2 PatG – **verfahrensrechtliche Legitimationswirkung im Verhältnis zu Dritten**). Das DPMA trägt nach § 30 Abs. 4 S. 1 PatG auf Antrag des Patentinhabers oder des Lizenznehmers auch die Erteilung einer ausschließlichen Lizenz in das Register ein, wenn ihm die Zustimmung des anderen Teils nachgewiesen wird (sog. **Lizenzvermerk**). Der entsprechende Antrag ist unzulässig, solange eine **Lizenzbereitschaft** (§ 23 Abs. 1 PatG – Erklärung der Bereitschaft, dass es jedermann gestattet wird, gegen angemessene Vergütung die Erfindung zu benutzen) erklärt ist (so § 30 Abs. 4 S. 2 PatG). Die Eintragung kann gemäß § 30 Abs. 4 S. 3 PatG auf Antrag des Patentinhabers oder des Lizenznehmers auch wieder gelöscht werden. Der Löschungsantrag des Patentinhabers bedarf nach § 30 Abs. 4 S. 4 PatG des Nachweises der Zustimmung des bei der Eintragung benannten Lizenznehmers oder seines Rechtsnachfolgers.

157 Außer dem Einsichtsrecht in das Patentregister nach § 30 Abs. 1 PatG gewährt das DPMA nach § 31 Abs. 1 S. 1 PatG auch jedermann auf Antrag Einsicht in die Patentakten (sowie in die zu den Akten gehörenden Modelle und Probestücke), wenn und soweit ein „berechtigtes Interesse" glaubhaft gemacht wird (**Publizität**).

Beachte aber: Die Einsicht in das Register und in die Akten von Patenten einschließlich der Akten von Beschränkungs- oder Widerrufsverfahren (§ 64 PatG) steht gemäß § 31 Abs. 1 S. 2 PatG **jedermann** frei.

158 Das DPMA veröffentlicht – da insbesondere im Hinblick auf die Bedeutung des „Standes der Technik" ein großes Publizitätsinteresse besteht[246] – die

- **Offenlegungsschrift** (§ 32 Abs. 1 Nr. 1 PatG), die gemäß § 32 Abs. 2 PatG die nach § 31 Abs. 2 PatG jedermann zur Einsicht freistehenden Unterlagen der Anmeldung und die Zusammenfassung (§ 36 PatG) in der ursprünglich eingereichten oder vom DPMA zur Veröffentlichung zugelassenen geänderten Form enthält (allerdings wird die Offenlegungsschrift nicht veröffentlicht, wenn die Patentschrift bereits veröffentlicht worden ist), und die
- **Patentschrift** (§ 32 Abs. 1 Nr. 2 PatG), die gemäß § 32 Abs. 3 PatG die Patentansprüche, die Beschreibung und die Zeichnungen, aufgrund derer das Patent erteilt worden ist, enthält. Außerdem sind in der Patentschrift die Druckschriften anzugeben, die das DPMA für die Beurteilung der Patentfähigkeit der angemeldeten Erfindung in Betracht gezogen hat (§ 43 Abs. 1 PatG). Ist die Zusammenfassung (§ 36 PatG) noch nicht veröffentlicht worden, so ist sie in die Patentschrift aufzunehmen. Die Patentschrift muss mit dem Erteilungsbeschluss übereinstimmen. Veröffentlicht wird auch das
- **Patentblatt** (§ 32 Abs. 1 Nr. 3 PatG), das gemäß § 32 Abs. 5 PatG regelmäßig erscheinende Übersichten über die Eintragungen im Register enthält, soweit sie nicht nur den regelmäßigen Ablauf der Patente oder die Eintragung und Löschung ausschließlicher Lizenzen betreffen, und Hinweise auf die Möglichkeit der Einsicht in die Akten von Patentanmeldungen.

---

246 So Eisenmann/Jautz, Rn. 153a.

II. Erteilungs-, Einspruchs- und Beschwerdeverfahren

Zusammenfassung: Im Prüfungsverfahren prüft ein technischer Fachmann des DPMA vollumfänglich das Vorliegen der notwendigen formellen und materiellen Voraussetzungen einer Patentanmeldung. Eine Prüfung erfolgt nur auf Antrag. Vor der Antragsstellung kann auf separaten Antrag hin bereits der „Stand der Technik" ermittelt werden (§ 43 PatG), um die Erfolgsaussichten einer beabsichtigten Anmeldung abzuschätzen und ggf. Kosten zu sparen. Innerhalb einer bestimmten Frist können im Prüfungsverfahren gerügte formelle Mängel beseitigt werden. In Bezug auf das Vorliegen von materiellen Mängeln ist dem Anmelder die Gelegenheit zur Stellungnahme innerhalb einer bestimmten Frist zu geben (Gewährung rechtlichen Gehörs). Mittels Erteilungsbeschluss wird das Patent konstitutiv begründet (§ 49 PatG).

159

Frage 15: Unter welchen Voraussetzungen beschließt das DPMA die Erteilung des Patents?
Frage 16: Wann treten die gesetzlichen Wirkungen des Patents ein?
Frage 17: Was veröffentlicht das DPMA im Rahmen der Patenterteilung?

5. Einspruchsverfahren (§§ 59 ff. PatG)

Innerhalb von neun Monaten nach der Veröffentlichung der Erteilung eines Patents im Patentblatt (vgl. § 58 Abs. 1 S. 1 PatG) kann nach § 59 Abs. 1 PatG „jeder" (**Populareinspruch** – im Falle der widerrechtlichen Entnahme aber nur der Verletzte [vgl. § 21 Abs. 1 Nr. 3 iVm § 7 Abs. 2 PatG]) gegen das Patent schriftlich Einspruch erheben. Damit wird deutlich, dass die Veröffentlichung der Patenterteilung im Patentblatt die gesetzlichen Wirkungen des Patents zwar entstehen lässt (so § 58 Abs. 1 S. 3 iVm § 9 PatG), das Patent aber noch keinen (gesicherten) endgültigen Bestand hat. Es kann immer noch widerrufen werden (vgl. § 61 PatG).

160

Ist gegen ein Patent Einspruch erhoben worden, so kann nach § 59 Abs. 2 S. 1 PatG jeder Dritte, der nachweist, dass gegen ihn Klage wegen Verletzung des Patents erhoben worden ist, nach Ablauf der Einspruchsfrist dem Einspruchsverfahren als Einsprechender beitreten, wenn er den Beitritt innerhalb von drei Monaten nach dem Tag erklärt, an dem die Verletzungsklage erhoben worden ist. Das Gleiche gilt gemäß § 59 Abs. 2 S. 2 PatG für jeden Dritten, der nachweist, dass er nach einer Aufforderung des Patentinhabers, eine angebliche Patentverletzung zu unterlassen, gegen diese Klage auf Feststellung erhoben hat, dass er das Patent nicht verletzt.

161

Der Einspruch ist schriftlich zu erklären und zu begründen (§ 59 Abs. 1 S. 2 PatG) und kann nur auf die Behauptung gestützt werden, dass einer der in § 21 PatG genannten **Widerrufsgründe** vorliegt (§ 59 Abs. 1 S. 3 PatG).

162

Die **Patentabteilung** des DPMA entscheidet dann gemäß § 61 Abs. 1 S. 1 PatG durch Beschluss über den Einspruch: Wird das Patent gemäß § 61 Abs. 1 S. 2 PatG überhaupt (**Aufrechterhaltung**) und ggf. in welchem Umfang aufrechterhalten (**beschränkte Aufrechterhaltung**)[247] oder widerrufen (**Widerruf**)? Auch wenn der Einspruch zurückgenommen wird, wird das Verfahren nach § 61 Abs. 1 S. 3 PatG von Amts wegen ohne

163

---

[247] BGH Beschl. v. 5.3.1996 – X ZB 13/92 = GRUR 1996, 747 – Lichtbogen-Plasma-Beschichtungssystem: 1. Eine Teilung des Patents liegt nicht vor, wenn dessen Gegenstand vollständig abgetrennt und in ein neues Anmeldeverfahren überführt werden soll. Im Stammpatent muss vielmehr ein Rest des Patents verbleiben, wobei es ausreicht, dass sich der abgetrennte und der verbleibende Teil wenigstens durch ein Anspruchsmerkmal voneinander unterscheiden. 2. Um wirksam zu sein, muss die Teilungserklärung bestimmt sein. Sie muss unzweideutig zum Ausdruck bringen, dass das Patent geteilt wird, welcher Gegenstand Inhalt des Stammpatents bleibt und was Gegenstand des weiteren Einspruchsverfahrens ist.

den Einsprechenden fortgesetzt. Dagegen ist das Verfahren nach § 61 Abs. 1 S. 4 PatG[248] beendet, wenn sich der zurückgenommene Einspruch ausschließlich auf den Widerrufsgrund einer widerrechtlichen Entnahme nach § 21 Abs. 1 Nr. 3 PatG gestützt hat. In diesem Fall oder wenn das Verfahren in der Hauptsache erledigt ist, wird die Beendigung des Verfahrens durch Beschluss festgestellt, § 61 Abs. 1 S. 5 PatG.[249]

164 Das Patent wird gemäß § 59 Abs. 1 S. 3 iVm § 21 Abs. 1 PatG nach § 61 PatG widerrufen (**Widerruf des Patents**), wenn sich ergibt (**Widerrufsgründe**), dass

- der Gegenstand des Patents nach den §§ 1 bis 5 PatG nicht patentfähig ist (Nr. 1),
- das Patent die Erfindung nicht so deutlich und vollständig offenbart, dass ein Fachmann sie ausführen kann (Nr. 2),
- der wesentliche Inhalt des Patents den Beschreibungen, Zeichnungen, Modellen, Gerätschaften oder Einrichtungen eines anderen oder einem von diesem angewendeten Verfahren ohne dessen Einwilligung entnommen worden ist (widerrechtliche Entnahme – Nr. 3) bzw.
- der Gegenstand des Patents über den Inhalt der Anmeldung in der Fassung hinausgeht, in der sie bei der für die Einreichung der Anmeldung zuständigen Behörde ursprünglich eingereicht worden ist (Nr. 4, Halbs. 1).
- Das Gleiche gilt, wenn das Patent auf einer Teilanmeldung oder einer nach § 7 Abs. 2 PatG eingereichten neuen Anmeldung beruht und der Gegenstand des Patents über den Inhalt der früheren Anmeldung in der Fassung hinausgeht, in der sie bei der für die Einreichung der früheren Anmeldung zuständigen Behörde ursprünglich eingereicht worden ist (Nr. 4, Halbs. 2).

165 Betreffen die Widerrufsgründe nur einen Teil des Patents, so wird es nach § 21 Abs. 2 PatG mit einer entsprechenden Beschränkung aufrechterhalten. Die Beschränkung kann in Form einer Änderung der Patentansprüche, der Beschreibung oder der Zeichnungen vorgenommen werden.

166 Mit dem Widerruf gelten nach der gesetzlichen Fiktion des § 21 Abs. 3 PatG die Wirkungen des Patents und der Anmeldung von Anfang an (dh mit **ex tunc-Wirkung**) als nicht eingetreten. Bei einer beschränkten Aufrechterhaltung ist diese Bestimmung entsprechend anzuwenden.

167 Wird das Patent widerrufen – oder nur beschränkt aufrechterhalten –, so wird dies gleichermaßen im Patentblatt veröffentlicht (so § 61 Abs. 3 PatG).

6. Beschwerdeverfahren (§§ 65 ff. PatG)

168 Das BPatG – als selbstständiges und unabhängiges Bundesgericht am Sitz des DPMA in München –, das jedoch, anders etwa als der Bundesgerichtshof (BGH), das Bundesarbeitsgericht (BAG), das Bundessozialgericht (BSG) oder der Bundesfinanzhof (BFH), kein oberstes Bundesgericht, sondern statusmäßig OLG ist (da seine Entscheidungen mit der Rechtsbeschwerde zum BGH angreifbar sind), – entscheidet nach § 65 Abs. 1 iVm § 73 Abs. 1 PatG über Beschwerden gegen Beschlüsse der

---

[248] § 61 Abs. 2 eingef., bish. Abs. 2 und 3 werden Abs. 3 und 4 mWv 1.7.2006 durch G v. 21.6.2006 (BGBl. I S. 1318); Abs. 1 neu gef. mWv 1.5.2022 durch G v. 10.8.2021 (BGBl. I S. 3490).
[249] Wie vor.

III. Nichtigkeitsverfahren

- Prüfungsstellen und
- Patentabteilungen des DPMA sowie über
- Klagen auf Erklärung der Nichtigkeit von Patenten.

Gegen die Beschlüsse der Beschwerdesenate des BPatG, durch die über eine Beschwerde nach § 73 PatG oder über die Aufrechterhaltung oder den Widerruf eines Patents nach § 61 Abs. 2 PatG entschieden wird, findet nach § 100 Abs. 1 PatG – wenn der Beschwerdesenat des BPatG die Rechtsbeschwerde im Beschluss zugelassen hat – die Rechtsbeschwerde an den BGH statthaft. Die Rechtsbeschwerde ist gemäß § 100 Abs. 2 PatG zuzulassen, wenn

- eine „Rechtsfrage von grundsätzlicher Bedeutung" zu entscheiden ist (Nr. 1) oder
- die „Fortbildung des Rechts" oder die „Sicherung einer einheitlichen Rechtsprechung" eine Entscheidung des BGH erfordert (Nr. 2).

III. Nichtigkeitsverfahren

Das Patent kann nach § 22 Abs. 1 PatG auf Antrag (§ 81 PatG)[250] durch das BPatG auch für nichtig erklärt werden,[251] wenn sich ergibt, dass

- einer der in § 21 Abs. 1 PatG aufgezählten Gründe vorliegt, mithin, dass
  – der Gegenstand des Patents nach den §§ 1 bis 5 PatG nicht patentfähig ist (Nr. 1),[252]
  – das Patent die Erfindung nicht so deutlich und vollständig offenbart, dass ein Fachmann sie ausführen kann (Nr. 2),
  – der wesentliche Inhalt des Patents den Beschreibungen, Zeichnungen, Modellen, Gerätschaften oder Einrichtungen eines anderen oder einem von diesem angewendeten Verfahren ohne dessen Einwilligung entnommen worden ist (widerrechtliche Entnahme – Nr. 3) bzw.
  – der Gegenstand des Patents über den Inhalt der Anmeldung in der Fassung hinausgeht, in der sie bei der für die Einreichung der Anmeldung zuständigen Behörde ursprünglich eingereicht worden ist. Das Gleiche gilt, wenn das Patent auf einer Teilanmeldung oder einer nach § 7 Abs. 2 PatG eingereichten neuen Anmeldung beruht und der Gegenstand des Patents über den Inhalt der früheren An-

---

250 BGH Urt. v. 28.5.2009 – Xa ZR 140/05 (BPatG) = GRUR 2009, 837 – Bauschalungsstütze: Zweckangaben in einem Sachanspruch haben im Nichtigkeitsverfahren keine andere Bedeutung als im Verletzungsprozess. Sie haben regelmäßig die Aufgabe, den durch das Patent geschützten Gegenstand dahin zu definieren, dass er nicht nur die im Patentanspruch genannten räumlich-körperlichen Merkmale erfüllen, sondern auch so ausgebildet sein muss, dass er für den im Patentanspruch angegebenen Zweck verwendbar ist.
251 BGH Urt. v. 26.6.1973 – X ZR 23/71 (BPatG) = GRUR 1974, 146 – Schraubennahtrohr: Zum Rechtsschutzbedürfnis für eine Nichtigkeitsklage gegen ein bei Klageerhebung bereits erloschenes Patent.
252 BGH Urt. v. 24.7.2012 – X ZR 51/11 (OLG Frankfurt aM) = BGHZ 194, 194 = GRUR 2012, 1126 – Flaschenträger: 1. Die Prüfung der Patentfähigkeit erfordert regelmäßig eine Auslegung des Patentanspruchs, bei der dessen Sinngehalt in seiner Gesamtheit und der Beitrag, den die einzelnen Merkmale zum Leistungsergebnis der Erfindung liefern, zu bestimmen sind. Dem Patentanspruch darf dabei nicht deshalb ein bestimmter Sinngehalt beigelegt werden, weil sein Gegenstand andernfalls gegenüber den Ursprungsunterlagen unzulässig erweitert wäre. 2. Ergibt die mündliche Verhandlung des Patentnichtigkeitsberufungsverfahrens, dass die Sache nicht zur Endentscheidung reif ist, kommt es für die Entscheidung, ob es sachdienlich ist, die gebotene weitere Sachaufklärung dem BPatG zu übertragen oder zu diesem Zweck das Berufungsverfahren vor dem BGH fortzusetzen, in erster Linie darauf an, auf welchem Weg die noch offenen Sachfragen möglichst effizient und zügig geklärt werden können.

meldung in der Fassung hinausgeht, in der sie bei der für die Einreichung der früheren Anmeldung zuständigen Behörde ursprünglich eingereicht worden ist (Nr. 4).

Oder, wenn
- der Schutzbereich des Patents erweitert worden ist.

171 Das Verfahren wegen Erklärung der Nichtigkeit des Patents (oder des ergänzenden Schutzzertifikats bzw. wegen der Erteilung oder Rücknahme der Zwangslizenz oder wegen der Anpassung der durch Urteil festgesetzten Vergütung für eine Zwangslizenz) wird nach § 81 Abs. 1 PatG durch **Klage** eingeleitet. Die Klage ist gegen den im Register als Patentinhaber Eingetragenen oder gegen den Inhaber der Zwangslizenz zu richten.

172 Klage auf Erklärung der Nichtigkeit des Patents kann gemäß § 81 Abs. 2 PatG nicht erhoben werden, solange beim DPMA ein Einspruch (§ 59 iVm § 21 PatG) noch erhoben werden kann oder ein Einspruchsverfahren beim DPMA noch anhängig ist. Die Klage ist nach § 81 Abs. 4 S. 1 PatG beim BPatG schriftlich zu erheben. Über die Klage wird gemäß § 84 Abs. 1 S. 1 PatG durch Urteil entschieden.

173 Über § 22 Abs. 2 PatG gelten § 21 Abs. 2 und 3 PatG entsprechend mit der Folge, dass wenn die Nichtigkeitsgründe, die nur einen Teil des Patents betreffen, es mit einer entsprechenden Beschränkung aufrechterhalten wird (§ 21 Abs. 2 PatG). Die Beschränkung kann in Form einer Änderung der Patentansprüche, der Beschreibung oder der Zeichnungen vorgenommen werden.

174 Mit der Nichtigkeitserklärung gemäß § 22 Abs. 2 iVm § 21 Abs. 3 PatG gelten die Wirkungen des Patents und der Anmeldung von Anfang an (dh mit ex tunc-Wirkung) als nicht eingetreten. Bei einer beschränkten Aufrechterhaltung ist diese Bestimmung entsprechend anzuwenden.

175 Im deutschen Patentrecht existiert ein Dualismus zwischen Nichtigkeitsverfahren und Patentverletzungsprozess (**Trennungsprinzip**). Die Frage der Verletzung des Patents (Patentstreitigkeit)[253] und die Frage der Nichtigkeit eines Patents werden in getrennten Verfahren und vor unterschiedlichen Gerichten geprüft und entschieden. Das Trennungsprinzip dient dazu, das Verfahren und die Besetzung des Gerichts an die **Besondeheiten des Streitgegenstandes** anzupassen. Im Verletzungsverfahren sollte schnell und kostengünstig über eine Vielzahl von Verfahren entschieden werden können (Zivilgerichtsstreitigkeiten), wohingegen im Nichtigkeitsverfahren besonders fachrechtskundige und technische Mitglieder über die Rechtsbeständigkeit eines Patents zu entscheiden haben.[254] Von Nachteil ist, dass die Beurteilung von Verletzungs- und Gültigkeitsfrage zeitlich auseinanderfallen kann.[255]

176 In § 83 PatG[256] wurde ein **qualifizierter Hinweis** des BPatG an die Parteien eines Verletzungsverfahren eingefügt, womit frühzeitig eine vorläufige Einschätzung der Sach- und Rechtslage im Nichtigkeitsverfahren offengelegt wird, die den ordentlichen Gerichten im anhängigen Verletzungsverfahren die summarische Prüfung der Erfolgsaus-

---

253 Rn. 245.
254 BT-Drs. 19/25821, S. 30.
255 BT-Drs. 19/25821, S. 30.
256 § 83 neu gef. mWv 1.10.2009 durch G v. 31.7.2009 (BGBl. I S. 2521); Abs. 1 Sätze 2–6 eingef., bish. Satz 2 wird Satz 7 und geänd., bish. Satz 3 wird Satz 8 mWv 1.5.2022 durch G v. 10.8.2021 (BGBl. I S. 3490).

IV. Rechtswirkungen des Patents

sichten des Nichtigkeitsverfahrens erleichtert.[257] Nach § 83 Abs. 1 S. 2 PatG soll dieser Hinweis innerhalb von sechs Monaten nach Zustellung der Klage [im Nichtigkeitsverfahren] erfolgen. Ist eine Patentstreitsache [im Zivilgerichtsverfahren] anhängig, soll dieser Hinweis nach § 83 Abs. 1 S. 3 PatG dem anderen Gericht auch von Amts wegen übermittelt werden.

Zusammenfassung: Der Einspruch gegen das Patent nach § 59 PatG ist ein **Popularanspruch**. Der zu begründende Einspruch kann nur auf die Widerrufsgründe aus § 21 Abs. 1 PatG gestützt werden. Bei erfolgreichem Einspruch wird das Patent nach § 61 PatG widerrufen. Dagegen ist das Beschwerdeverfahren nach § 65 PatG vor dem BPatG eröffnet. Auch kann beantragt werden, dass das Patent nach § 81 PatG für nichtig erklärt wird, wegen Vorliegens der Gründe aus § 21 Abs. 1 iVm § 22 Abs. 1 PatG.

Frage 18: Wann muss ein Patent widerrufen werden?
Frage 19: Welche Rechtsfolgen hat der Widerruf eines Patents?
Frage 20: Unter welchen Voraussetzungen kann ein Patent für nichtig erklärt werden?

IV. Rechtswirkungen des Patents

Dem Patent als absolutem Recht kommt – vergleichbar dem Eigentum (§ 903 BGB)[258] – sowohl ein positiver als auch ein negativer Inhalt zu. Darüber hinaus genießt der Patentinhaber strafrechtlichen Schutz gegen Beeinträchtigungen seines Schutzrechts (**dreifache Rechtswirkungen des Patents**).[259]

1. Positiver Inhalt

a) Wirkung des Patents (§ 9 PatG)

Das Patent hat nach § 9 S. 1 PatG (iS einer Belohnung des Erfinders für seine Leistung und die Offenlegung des Erfindungsgedankens) die Wirkung, dass allein der Patentinhaber befugt ist, die patentierte Erfindung im Rahmen des geltenden Rechts zu benutzen (alleiniges Benutzungsrecht iS eines **ausschließlichen Verwertungsrechts**). Nur eine private, nicht-gewerbliche Nutzung (ieS) ist Dritten nach § 11 Nr. 1 PatG gestattet. Die Nutzungsverbote nach § 9 S. 2 PatG, denen Dritte sich ausgesetzt sehen, differenzieren danach, ob es sich um ein

- Erzeugnis- oder um ein
- Verfahrenspatent

handelt.

---

[257] BT-Drs. 19/25821, S. 30.
[258] BGH Urt. v. 24.3.1994 – X ZR 108/91 (OLG Düsseldorf) = BGHZ 125, 334 = GRUR 1994, 602 – Rotationsbürstenwerkzeug: 1. Der Anspruch auf Erteilung des Patents und das Recht aus dem Patent sind pfändbar. 2. Das Pfändungspfandrecht an der durch die Anmeldung begründeten Anwartschaft setzt sich nach Erteilung des Patents an diesem fort. 3. Das Patentrecht verbleibt nach der Pfändung dem Patentinhaber. Die Pfändung nimmt dem Patentinhaber die Berechtigung zu allen das Pfandrecht beeinträchtigenden Verfügungen. Das Recht zur Eigennutzung des Patents durch den Patentinhaber wird bis zur Pfandverwertung ebensowenig eingeschränkt wie der Fortbestand der bereits vor der Pfändung begründeten Lizenzrechte. Der Pfändungspfandgläubiger erlangt durch die Pfändung kein ausschließliches Benutzungsrecht an der Erfindung oder an dem Patent. Er ist daher nicht berechtigt, den Abnehmern des Patentinhabers die Benutzung der von diesem oder dem Inhaber einer fortbestehenden Lizenz erworbenen patentgemäßen Gegenstände zu untersagen.
[259] So Eisenmann/Jautz, Rn. 158.

180 Aus diesem Grund sind dem Patentinhaber diverse **Verwertungsrechte** (Belohnungsfunktion – materielle Seite des Patentrechts [wirtschaftliche Vorteile aus der Erfindung]) eingeräumt, die in § 9 S. 2 PatG – negativ als **Ausschließungs- (Abwehr-) rechte** formuliert – ihm folgende (abschließend bestimmte) Rechte einräumen: Jedem Dritten ist es gemäß § 9 S. 2 PatG verboten (**Verbietungsrechte**), ohne Zustimmung des Patentinhabers

- ein **Erzeugnis**, das Gegenstand des Patents ist (**Erzeugnispatent**),
  - herzustellen (Herstellungsbefugnis – auch Wiederherstellung),[260]
  - anzubieten[261] (iS eines Anbietens[262] des geschützten Gegenstandes zur ent- oder unentgeltlichen Überlassung an beliebige Dritte),[263]
  - in Verkehr zu bringen oder
  - zu gebrauchen (Gebrauch) bzw.
  - zu den genannten Zwecken entweder einzuführen (Einfuhr) oder (auch nur) zu besitzen (Besitz) (Nr. 1);

---

260 BGH Urt. v. 21.8.2012 – X ZR 33/10 (OLG Düsseldorf) = BGHZ 194, 272 = GRUR 2012, 1230 – MPEG-2-Videosignalcodierung: 1. Eine Videobilder repräsentierende Folge von Videobilddaten kann als unmittelbares Ergebnis eines Herstellungsverfahrens anzusehen sein und als solches Erzeugnisschutz nach § 9 S. 2 Nr. 3 PatG genießen. 2. Ist eine Datenfolge als unmittelbares Verfahrenserzeugnis eines Videobildcodierungsverfahrens anzusehen, wird vom Erzeugnisschutz auch ein Datenträger erfasst, auf dem die erfindungsgemäß gewonnene Datenfolge gespeichert worden ist oder der eine Vervielfältigung eines solchen Datenträgers darstellt. 3. Ist ein derartiger Datenträger (hier: digitales Videomasterband) mit Zustimmung des Patentinhabers in den Verkehr gebracht worden, hält sich auch die Herstellung weiterer Datenträger (hier: DVDs), die die erfindungsgemäß codierte Datenfolge enthalten, im Rahmen der aus der Erschöpfung des Patentrechts folgenden Befugnis zum bestimmungsgemäßen Gebrauch der erzeugten Datenfolge. 4. Die Lieferung von Datenträgern mit der erfindungsgemäßen Datenfolge, die nicht rechtswidrig ist, weil der Patentinhaber im Rahmen einer Testbestellung durch Zurverfügungstellung der Datenfolge veranlasst hat, kann die Gefahr künftiger patentverletzender Handlungen begründen, wenn der Lieferant in Unkenntnis der Erschöpfung handelt. 5. Ein optischer Datenträger, der Daten enthält, die mittels eines patentgeschützten Decodierungsverfahrens in Videobilddaten umgewandelt werden können, stellt nicht schon wegen dieser Eignung ein Mittel dar, das sich auf ein wesentliches Element des Decodierungsverfahrens bezieht. Vgl. auch BGH Urt. v. 27.9.2016 – X ZR 124/15 (OLG München) = BGHZ 212, 115 = GRUR 2017, 261 – Rezeptortyrosinkinase II: 1. Eine Datenfolge kommt nur dann als durch ein patentgeschütztes Verfahren unmittelbar hergestelltes Erzeugnis in Betracht, wenn sie sachlich-technische Eigenschaften aufweist, die ihr durch das Verfahren aufgeprägt worden sind, und sie daher ihrer Art nach tauglicher Gegenstand eines Sachpatents sein kann (im Anschluss an BGH Urt. v. 21.8.2012 – X ZR 33/10 = BGHZ 194, 272 = GRUR 2012, 1230 – MPEG-2-Videosignalcodierung). 2. Die Darstellung eines mittels eines patentgeschützten Verfahrens gewonnenen Untersuchungsbefundes und hieraus gewonnener Erkenntnisse stellt als Wiedergabe von Informationen kein Erzeugnis dar, das Schutz nach § 9 S. 2 Nr. 3 PatG genießen kann.

261 BGH Urt. v. 16.9.2003 – X ZR 179/02 (OLG Düsseldorf) = GRUR 2003, 1031 – Kupplung für optische Geräte: 1. Das Verteilen eines Werbeprospekts, der eine Darstellung eines Gegenstand des Patents entsprechenden Erzeugnisses enthält, erfüllt in aller Regel den Tatbestand des „Anbietens" iSv § 9 S. 2 Nr. 1 PatG. 2. Dabei kommt es nicht darauf an, ob das Werbemittel die Merkmale des Patents offenbart, wenn bei objektiver Betrachtung ein Erzeugnis dargestellt ist, das diese Merkmale aufweist.

262 BGH Urt. v. 16.5.2006 – X ZR 163/04 (OLG Düsseldorf) = BGHZ 167, 374 = GRUR 2006, 927 – Kunststoffbügel: 1. Das Vorstellen eines schutzrechtsverletzenden Gegenstands zum Zweck der Aufnahme in die Listung eines Handelsunternehmens ist auch dann ein an das Handelsunternehmen gerichtetes Anbieten iS der § 9 PatG und § 11 GebrMG, wenn durch die Listung Lieferanten des Handelsunternehmens dazu veranlasst werden, solche Gegenstände nachzufragen und für ihre Lieferungen insbesondere auch an Verkaufshäuser des Handelsunternehmens in Deutschland zu verwenden. 2. Die Schadensersatzpflicht für die Benutzungsform des Anbietens umfasst auch den Schaden, der dem Schutzrechtsinhaber in Folge von schutzrechtsverletzenden Lieferungen Dritter entsteht, die durch die schutzrechtsverletzende Angebotshandlung adäquat und zurechenbar verursacht worden sind.

263 Götting, § 23 Rn. 9.

IV. Rechtswirkungen des Patents

- ein **Verfahren**, das Gegenstand des Patents ist (**Verfahrenspatent**),[264]
  - anzuwenden[265] oder
  - (wenn der Dritte weiß oder es aufgrund der Umstände offensichtlich ist, dass die Anwendung des Verfahrens ohne Zustimmung des Patentinhabers verboten ist) zur Anwendung im Geltungsbereich des PatG anzubieten (Nr. 2);
- das durch ein Verfahren, das Gegenstand des Patents ist, unmittelbar hergestellte Erzeugnis
  - anzubieten,
  - in Verkehr zu bringen oder
  - zu gebrauchen bzw.
  - zu den genannten Zwecken entweder einzuführen oder zu besitzen (Nr. 3),

womit unmittelbaren Erzeugnissen eines geschützten Verfahrens (Herstellungsverfahren) derselbe Schutz wie Erzeugnissen (die Gegenstand des Patents sind) gewährt wird.[266]

Beachte auch die Sonderregelungen in den §§ 9a bis 9c PatG, wenn das Patent biologisches Material betrifft.

b) Exkurs: Der Erschöpfungsgrundsatz

Der Erschöpfungsgrundsatz besagt, dass das Patentrecht auf ein spezielles Produkt dann **verbraucht (erschöpft)** ist, wenn dieses vom Patentinhaber – bzw. einem von diesem autorisierten Dritten (zB einem Lizenznehmer) – in Deutschland (dh im Inland) **in den Verkehr gebracht worden ist**.[267] Hinsichtlich eines **Sachpatents** bedeutet dies, dass die die Lehre des Schutzrechts verkörpernde Sache mit der Veräußerung (nach § 929 S. 1 BGB – Übereignung) durch den Schutzrechtsinhaber (oder seinen Lizenznehmer) „gemeinfrei" wird, dass also der Erwerber einer Sache diese in beliebiger Weise benutzen darf und die Verbietungsrechte des Schutzrechtsinhabers an der Sache damit erlöschen.[268] Auch die nach einem **Verfahrenspatent** hergestellten Erzeugnisse, auf die sich nach Vorschrift des § 9 S. 2 Nr. 2 und 3 PatG der Patentschutz erstreckt, werden mit der Veräußerung durch den Berechtigten (Patentinhaber oder autorisierter Dritter)

181

---

[264] BGH Urt. v. 14.11.2000 – X ZR 137/99 (OLG Nürnberg) = GRUR 2001, 223 Bodenwaschanlage: 1. Der Inhaber eines Verfahrenspatents ist grundsätzlich nicht gehindert, von dem Erwerber einer zur Ausführung des Verfahrens bestimmten und geeigneten Vorrichtung die Zahlung von Lizenzgebühren versprechen zu lassen (Bestätigung von BGH Urt. v. 24.9.1979 – KZR 14/18 = GRUR 1980, 38 – Fullplastverfahren). 2. Die Vereinbarung einer Mindestlizenz schließt die Anpassung der Lizenz nach den Grundsätzen des Wegfalls der Geschäftsgrundlage nicht zwingend aus (Fortführung von BGH, Urt. v. 15.3.1973 – KZR 11/72 (OLG Düsseldorf) = BGHZ 60, 312 = GRUR 1974, 40 = NJW 1973, 1238 (1239) = LM § 20 GWB Nr. 3 L – Bremsrolle).
[265] BGH Urt. v. 5.7.2005 – X ZR 14/03 (OLG Karlsruhe) = GRUR 2005, 845 – Abgasreinigungsvorrichtung: 1. In der sinnfälligen Herrichtung einer Vorrichtung zur Ausübung eines patentgeschützten Verfahrens liegt noch keine Anwendung des Verfahrens. 2. Die Verpflichtung des Patentlizenznehmers, für die Veräußerung einer selbst nicht geschützten Vorrichtung, die für die Ausübung des erfindungsgemäßen Verfahrens ausgelegt ist, eine Lizenzgebühr zu zahlen, wenn die Vorrichtung im patentfreien Ausland eingesetzt werden soll, stellt eine über den Inhalt des Schutzrechts hinausgehende Beschränkung des Lizenznehmers dar. 3. Eine solche Verpflichtung kann grundsätzlich auch in einem Vergleich nicht wirksam übernommen werden.
[266] Götting, § 23 Rn. 13.
[267] Näher dazu Eisenmann/Jautz, Rn. 156a.
[268] Vgl. zum patentverletzenden Umbau BGH Urt. v. 8.3.1973 – X ZR 6/70 (OLG München) = GRUR 1973, 518 – Spielautomat II.

frei und stehen nunmehr beliebiger Benutzung offen.²⁶⁹ In der Folge kann ein Erwerber das Produkt ungehindert nutzen und gebrauchen.²⁷⁰ Der Patentinhaber kann keine das Eigentumsrecht des Erwerbers (vgl. § 903 BGB) überlagernden Ansprüche aus dem Patentrecht mehr gegen den Erwerber mehr geltend machen. Bei der Erschöpfung handelt es sich um eine **Einwendung** eines möglichen Beklagten, für die dieser im Rahmen von unmittelbaren (§ 9 PatG) oder mittelbaren (§ 10 PatG) Patentrechtsverletzungsvorwürfen beweispflichtig wäre.²⁷¹

180 Ein Vertrieb im Ausland führt grundsätzlich keine Erschöpfung herbei – doch ist im Hinblick auf die EU-Mitgliedstaaten die Warenverkehrsfreiheit nach Art. 34 und Art. 35 AEUV zu beachten. Diese erfährt ggf. eine Begrenzung durch die Bestandsgarantie für gewerbliche Schutzrechte nach Art. 36 AEUV. Hat ein Unternehmen in einem EU-Mitgliedstaat für dieselbe Erfindung ein Parallelpatent und bringt es dort sein Produkt in den Verkehr, tritt eine **EU-weite Erschöpfung** ein – ebenso wie in dem Fall, dass das Unternehmen kein Parallelpatent hatte, ein solches aber hätte anmelden können. Dem Grundsatz des freien Warenverkehrs wird somit ein Vorrang dergestalt eingeräumt, dass ein Patentinhaber den Import eines Produkts aus einem Staat, in dem sein Patent keinen Patentschutz genießt, in einen Staat, in dem es Patentschutz genießt, nicht unterbinden kann.

c) Erfinderrecht

183 Mit der Erfindung als Realakt erwächst dem Erfinder **ipso iure** zur Sicherung seiner Beziehung zum Erfindungsgedanke das **Erfinderrecht** (als einheitliches Recht mit persönlichkeitsrechtlichen und verwertungsrechtlichen Befugnissen, vgl. insbesondere nach § 6 PatG das „Recht auf das Patent").²⁷² Dieses gewährt dem Erfinder im Verletzungsfall über § 1004 BGB analog auch einen Unterlassungsanspruch und über § 823 Abs. 1 BGB (das Patentrecht als „sonstiges Recht") einen Schadensersatzanspruch.

184 Nach § 8 S. 1 PatG kann der Berechtigte, dessen Erfindung von einem Nichtberechtigten angemeldet ist, oder der durch eine „widerrechtliche Entnahme Verletzte" vom Patentsucher verlangen, dass ihm der Anspruch auf Erteilung des Patents abgetreten wird. Der im Wege der Klage geltend zu machende **Patentvindikationsanspruch** wegen widerrechtlicher Entnahme dient dazu, den Zwiespalt, der sich aus der formalen Rechteinhaberschaft eines sachlich nicht berechtigten Anmelders oder Patentinhabers ge-

---

269 Beschreibung des Erschöpfungsgrundsatzes: RG II B 12/31 = RGZ 133, 326 (330) – Isolierung elektrischer Leitungen; BGH Urt. v. 12.6.1951 – I ZR 75/50 (OLG Düsseldorf) = BGHZ 2, 261 (267 f.) = GRUR 1951, 449 – Tauchpumpensatz.
270 Beachte den Unterschied: BGH Urt. v. 24.9.1979 – KZR 14/78 (OLG München) = GRUR 1980, 38 f. – Fullplastverfahren. Ein Verbrauch des Schutzrechts tritt nicht ein, wenn der Schutzrechtsinhaber eine Vorrichtung in den Verkehr bringt, die selbst nicht geschützt ist, sondern sich nur zur Ausführung eines geschützten Verfahrens oder zur Herstellung geschützter Gegenstände eignet: Hiernach tritt durch die Veräußerung einer Vorrichtung, mit deren Hilfe ein durch ein Patent geschütztes Verfahren ausgeübt werden kann, eine Erschöpfung des Verfahrenspatents auch dann nicht ein, wenn der Veräußerer zugleich Inhaber des Verfahrenspatents ist. Eine Auffassung, wonach durch die Veräußerung einer Vorrichtung, mit deren Hilfe patentierte Gegenstände hergestellt werden können oder die dazu dient, ein geschütztes Verfahren auszuüben, die nach dem Verfahren hergestellten, dem Erzeugnispatent entsprechenden künftigen Produkte, die mithilfe dieser Vorrichtung hergestellt werden, für den Erwerber der Vorrichtung gemeinfrei seien, lässt sich mit der Lehre von der Erschöpfung des Patentrechts nicht in Einklang bringen.
271 Benkard/Scharen PatG, § 9, Rn. 16.
272 Götting, § 28 Rn. 2.

IV. Rechtswirkungen des Patents

genüber dem sachlich berechtigten Erfinder ergibt, zugunsten des Letzteren zu beseitigen.[273]

Hat die Anmeldung bereits zum Patent geführt, so kann der Berechtigte gemäß § 8 S. 2 PatG vom Patentinhaber die **Übertragung des Patents** verlangen. Dieser Anspruch ist verschuldensunabhängig und quasi-dinglich ausgestaltet.[274] Der Anspruch kann grundsätzlich (vorbehaltlich § 8 S. 4 und 5 PatG) nur innerhalb einer Frist von zwei Jahren nach der Veröffentlichung der Erteilung des Patents (§ 58 Abs. 1 PatG) durch Klage geltend gemacht werden (so § 8 S. 3 PatG). Hat der Verletzte allerdings Einspruch wegen widerrechtlicher Entnahme (§ 21 Abs. 1 Nr. 3 PatG) erhoben, so kann er die Klage nach § 8 S. 4 PatG auch noch innerhalb eines Jahres nach dem rechtskräftigen Abschluss des Einspruchsverfahrens erheben. § 8 S. 3 und 4 PatG sind nicht anzuwenden, wenn der Patentinhaber beim Erwerb des Patents nicht in gutem Glauben war (so § 8 S. 5 PatG). Dem bösgläubigen Patentinhaber kommt damit nur eine mögliche 30-jährige Verjährungsfrist nach § 197 Abs. 1 Nr. 1 BGB bei dinglichen Ansprüchen zugute.[275]

185

Darüber hinaus räumt das Patentrecht dem Erfinder auch ein **Erfinderpersönlichkeitsrecht** (als immaterielle Seite des Patentrechts in Anerkennung der schöpferischen Leistung des Erfinders) ein – mag dieses auch geringere Wirkungen als das Urheberpersönlichkeitsrecht zeitigen. Das Erfinderpersönlichkeitsrecht,[276] also das Recht als Erfinder auch benannt zu werden (iS eines Rechts auf Erfinderehre), gewinnt Gestalt im **Erfinderbenennungsrecht** nach § 37 PatG (Benennung des Erfinders bei der Patentanmeldung) bzw. in § 63 PatG (Erfinderbenennung in der Offenbarungsschrift).

186

Ein Verzicht des Erfinders auf Nennung in der Offenbarungsschrift ist nach § 63 Abs. 1 S. 5 PatG ohne rechtliche Wirksamkeit (Unwirksamkeit eines Verzichts auf die Erfinderehre). Ist die Person des Erfinders unrichtig oder im Falle von § 63 Abs. 1 S. 3 PatG (Konstellation, in der der vom Anmelder angegebene Erfinder ein Unterbleiben der Benennung nach § 63 Abs. 1 S. 2 PatG beantragt) überhaupt nicht angegeben worden, so sind der Patentsucher oder Patentinhaber sowie der zu Unrecht Benannte gemäß § 63 Abs. 2 PatG dem Erfinder verpflichtet, dem DPMA gegenüber die Zustimmung dazu zu erklären, dass die in § 61 Abs. 1 S. 1 und 2 PatG vorgesehene Nennung berichtigt oder nachgeholt wird. Die Zustimmung ist unwiderruflich. Durch die Erhebung einer Klage auf Erklärung der Zustimmung wird das Verfahren zur Erteilung des Patents nicht aufgehalten.

187

Daneben ist ggf. auch ein Schadensersatzanspruch nach § 823 Abs. 1 BGB (Patent als „sonstiges Recht") gegeben. Im Übrigen wird ein Recht auf Anerkennung der Erfinderehre anerkannt[277] und ein **Selbstbestimmungsrecht des Erfinders über seinen Erfin-**

188

---

273 BGH Urt. v. 20.2.1979 – X ZR 63/77 (KG Berlin) = BGHZ 73, 337 = GRUR 1979, 540 (541) – Biedermeiermanschetten.
274 BGH Beschl. v. 16.12.1993 – X ZB 12/92 (BPatG) = BGHZ 124, 343 = GRUR 1996, 42 – Lichtfleck: 1. Die vertragliche Übertragung eines Patents auf den Einsprechenden im Laufe eines auf erfinderrechtliche Vindikation gestützten Klageverfahrens führt nicht ohne Weiteres auch zur Erledigung der Hauptsache eines parallel anhängigen, auf widerrechtliche Entnahme gestützten Einspruchsverfahrens. 2. Erwirbt der Einsprechende im Laufe eines zulässigen Einspruchsverfahrens wegen widerrechtlicher Entnahme das Patent, so ist das Verfahren jedenfalls dann fortzusetzen, wenn der Einsprechende den Einspruch deshalb weiterverfolgt, weil er das Nachanmelderecht nach § 7 Abs. 2 PatG in Anspruch nehmen will. Vgl. auch BeckOK PatR/Schnekenbühl, PatG § 8 Rn. 2.
275 BeckOK PatR/Schnekenbühl, PatG § 8 Rn. 31.
276 Dazu näher Ring/Kiefel/Möller-Klapperich, Urheberrecht, Rn. 216 ff.
277 Götting, § 18 Rn. 6.

dungsgedanken²⁷⁸ (nicht jedoch auf die [bloße] Erfindungsidee): Will der Erfinder den Erfindungsgedanken geheim halten, als Patent anmelden oder weiterentwickeln (dh benutzen – is eines Verwertungsrechts)?

d) Weitere Wirkungen des Patents (§ 10 PatG)

189 Das Patent hat nach § 10 Abs. 1 PatG ferner die Wirkung, dass es jedem Dritten verboten ist, ohne Zustimmung des Patentinhabers im Geltungsbereich des PatG anderen als den zur Benutzung der patentierten Erfindung berechtigten Personen Mittel, die sich auf ein wesentliches Element²⁷⁹ der Erfindung beziehen,²⁸⁰ zur Benutzung der Erfindung im Geltungsbereich dieses Gesetzes anzubieten oder zu liefern, wenn der Dritte weiß oder es aufgrund der Umstände offensichtlich ist, dass diese Mittel dazu geeignet und bestimmt sind, für die Benutzung der Erfindung verwendet zu werden. Das ist dann nicht der Fall, wenn es sich bei den Mitteln um allgemein im Handel erhältliche Erzeugnisse handelt, es sei denn, dass der Dritte den Belieferten bewusst veranlasst, in einer nach § 9 S. 2 PatG verbotenen Weise zu handeln (so § 10 Abs. 2 PatG).

190 Bei dieser **mittelbaren Patentverletzung** handelt es sich um einen **Gefährdungstatbestand**.²⁸¹ Objektive Voraussetzung ist die Geeignetheit des Mittels zur Patentverletzung (also die objektive Geeignetheit des Mittels, die Erfindung zu verwirklichen oder zu

---

278 Götting, § 18 Rn. 7.
279 BGH Urt. v. 4.5.2004 – X ZR 48/03 (OLG Frankfurt aM) = BGHZ 159, 76 = GRUR 2004, 758 – Flügelradzähler: 1. Ein Mittel bezieht sich iSd § 10 PatG auf ein wesentliches Element der Erfindung, wenn es geeignet ist, mit einem oder mehreren Merkmalen des Patentanspruchs bei der Verwirklichung des geschützten Erfindungsgedankens funktional zusammenzuwirken. Ein für die technische Lehre der Erfindung völlig untergeordnetes Merkmal kann als nicht-wesentliches Element der Erfindung außer Betracht zu lassen sein. 2. Für die Beurteilung der Frage, wann der Austausch von Teilen einer Vorrichtung deren Neuherstellung gleichkommt, bedarf es einer die Eigenart des patentgeschützten Erzeugnisses berücksichtigenden Abwägung der schutzwürdigen Interessen des Patentinhabers an der wirtschaftlichen Verwertung der Erfindung einerseits und des Abnehmers am ungehinderten Gebrauch der in den Verkehr gebrachten konkreten erfindungsgemäßen Vorrichtung andererseits– Vgl. auch BGH Urt. v. 27.2.2007 – X ZR 113/04 (OLG Düsseldorf) = GRUR 2007, 773 – Rohrschweißverfahren: 1. Bei einem Verfahrensanspruch bezieht sich eine im Patentanspruch genannte Vorrichtung, die zur Ausführung des Verfahrens verwendet wird, regelmäßig auf ein wesentliches Element der Erfindung iSd § 10 Abs. 1 PatG. 2. Sieht ein in mehrere Verfahrensabschnitte aufgeteiltes Schweißverfahren vor, in einem ersten Teil von Verfahrensschritten einen Datenträger mit Schweißdaten herzustellen, der in einem zweiten Teil von Verfahrensschritten zur Steuerung des Schweißvorgangs benutzt wird, macht der Verwender des Datenträgers von dem Verfahren mit allen seinen Merkmalen Gebrauch, wenn er das Schweißverfahren mittels der gespeicherten Schweißdaten durchführt. 3. Fehlen entgegenstehende Abreden, ist in der Lieferung des die Schweißdaten enthaltenden Datenträgers an Dritte seitens des Patentinhabers oder seiner Lizenznehmer die (stillschweigende) Erlaubnis für die Abnehmer zu sehen, das geschützte Verfahren zweckentsprechend anzuwenden (Ergänzung zu BGH Urt. v. 24.9.1979 – KZR 14/78 (OLG München) = GRUR 1980, 38 – Fullplastverfahren).
280 BGH Urt. v. 3.2.2015 – X ZR 69/13 (OLG Karlsruhe) = BGHZ 204, 114 = GRUR 2015, 467 – Audiosignalcodierung: 1. Ein Mittel bezieht sich nicht schon dann auf ein wesentliches Element der Erfindung i.S. von § 10 Abs. 1 PatG, wenn es zur Verwirklichung eines Verfahrensschritts eingesetzt wird, der den in einem Patentanspruch eines Verfahrenspatents vorgesehenen Schritten vorausgeht. Dies gilt auch dann, wenn der vorgelagerte Schritt notwendig ist, um die im Patentanspruch vorgesehenen Schritte ausführen zu können, und wenn das Mittel aufgrund seiner konkreten Ausgestaltung ausschließlich zu diesem Zweck eingesetzt werden kann. 2. Ein Mittel, mit dem bestimmte Verfahrensschritte bei der Übertragung eines Audiosignals ausgeführt werden, bezieht sich nicht auf ein wesentliches Element der Erfindung, wenn das Patent zwar ein Übertragungsverfahren schützt, im Patentanspruch aber nur andere Schritte dieses Verfahrens näher festgelegt sind und die Ausgestaltung der Verfahrensschritte, auf die sich das Mittel bezieht, für die Verwirklichung der Erfindung nicht von Bedeutung ist. 3. Wer im Ausland ein Mittel, das sich auf ein wesentliches Element der Erfindung bezieht, an einen Dritten liefert, der es mit seinem Wissen und Wollen zur Benutzung der Erfindung in Deutschland weiterliefert, veranlasst eine Lieferung des Mittels im Geltungsbereich des Patentgesetzes.
281 Leistner, GRUR 1/2010 Beilage, S. 10.

IV. Rechtswirkungen des Patents

nutzen)[282] und dabei der Bezug auf ein „wesentliches Element der Erfindung" (**Mittelmerkmal**).[283] Der BGH stellt darauf ab, ob das Mittel geeignet ist, bei der Verwirklichung des geschützten Erfindungsgedankens mit dem wesentlichen Element funktional zusammenzuwirken.[284] Als Mittel kommen nur körperliche Gegenstände in Betracht.[285] Weitere Voraussetzung ist, dass der Empfänger des Mittels nicht berechtigter Benutzer der patentierten Erfindung ist (**Berechtigungsmerkmal**).[286] Abgestellt wird bei dieser Voraussetzung auf die Frage, ob die patentrechtlichen Ausschließlichkeitsrechte an der Gesamtvorrichtung auch nach einer Zusammenfügung mit dem (hieran angepassten) Mittel noch als erschöpft angesehen werden können. Dies ist nur dann der Fall, wenn die Handlung dem bestimmungsgemäßen Gebrauch zuzuordnen ist.[287] Würde die Gesamtvorrichtung dagegen erneut hergestellt werden, wäre der Empfänger nicht Berechtigter iSv § 10 Abs. 1 PatG.[288] In diesem Spannungsfeld zwischen Mittel-

---

[282] BGH Urt. v. 10.10.2000 – X ZR 176/98 (OLG Düsseldorf) = GRUR 2001, 228 – Luftheizgerät: 1. Die mittelbare Patentverletzung nach dem PatG 1981 setzt im Gegensatz zur früheren Rechtslage keine unmittelbare Verletzung des Patents durch den Dritten voraus. 2. Die Eignung und Bestimmung des Mittels, vom Abnehmer für die Benutzung der Erfindung verwendet zu werden, ist aufgrund der Umstände offensichtlich, wenn sich dies für den unbefangenen Betrachter der Umstände von selbst ergibt und vernünftige Zweifel an der Eignung und Bestimmung des Mittels zur patentverletzenden Benutzung nicht bestehen. Der Nachweis der Offensichtlichkeit setzt die Feststellung von Tatsachen (Umständen) voraus.
[283] BeckOK PatR/Ernsthaler PatG § 10 Rn. 5: „Wesentliche Elemente" erfüllen ein oder mehrere Merkmale des Patentanspruchs.
[284] BGH Urt. v. 21.8.2012 – X ZR 33/10 (OLG Düsseldorf) = BGHZ 194, 272 = GRUR 2012, 1230 (1235) – MPEG-2-Videosignalcodierung; BGH Urt. v. 3.5.2006 – X ZR 45/05 (OLG Düsseldorf) = GRUR 2006, 837 (838) – Laufkranz.
[285] BGH Urt. v. 10.10.2000 – X ZR 176/98 (Düsseldorf) = GRUR 2001, 228 (231).
[286] Reisner, GRUR 2020, 345 f.
[287] BGH Urt. v. 24.10.2017 – X ZR 55/16 (OLG Düsseldorf) = BGHZ 216, 300 = GRUR 2018, 170 (174 f.) – Trommeleinheit: 1. Aus einer freiwilligen Vereinbarung, in der sich Unternehmen gegenüber der Europäischen Kommission zur Einhaltung bestimmter Standards zum Zwecke des Umweltschutzes verpflichtet haben, um eine zwingende Regelung der Kommission gemäß Art. 15 der RL 2009/125/EG zu vermeiden, ergeben sich grundsätzlich keine Rechte Dritter. 2. Für die Beurteilung der Frage, ob der Austausch von Teilen einer mit Zustimmung des Patentinhabers in Verkehr gebrachten Vorrichtung zum bestimmungsgemäßen Gebrauch gehört oder eine Neuherstellung darstellt, ist als maßgeblicher Bezugspunkt das geschützte Erzeugnis heranzuziehen. Dies gilt auch dann, wenn der Berechtigte ein Exemplar des geschützten Erzeugnisses (hier: eine Bildtrommeleinheit) als Bestandteil eines umfassenderen Gegenstands (hier: einer Prozesskartusche) in Verkehr gebracht hat. 3. Wenn ein Patentanspruch ein aus mehreren Teilen bestehendes Erzeugnis schützt, der Berechtigte jedoch nur Gegenstände in Verkehr bringt, die nochmals weitere Bestandteile umfassen und deshalb im Hinblick auf das geschützte Erzeugnis eine tatsächliche Verkehrsauffassung nicht festgestellt werden kann, ist für die Abgrenzung zwischen bestimmungsgemäßem Gebrauch und Neuherstellung allein darauf abzustellen, ob sich gerade in den ausgetauschten Teilen die technischen Wirkungen der Erfindung widerspiegeln (Ergänzung zu BGH Urt. v. 17.7.2012 – X ZR 97/11 (OLG München) = GRUR 2012, 1118 – Palettenbehälter II).
[288] BGH Urt. v. 24.10.2017 – X ZR 55/16 (OLG Düsseldorf) = BGHZ 216, 300 = GRUR 2018, 170 (174 f.) – Trommeleinheit. Zur Abgrenzung zwischen bestimmungsgemäßem Gebrauch und Neuherstellung: BGH Urt. v. 27.2.2007 – X ZR 38/06 (OLG Düsseldorf) = GRUR 2007, 769 – Pipettensystem: 1. Ein Merkmal des Patentanspruchs kann iSd § 10 PatG als nichtwesentliches Element der Erfindung anzusehen sein, wenn es zu dem Leistungsergebnis der Erfindung, dh zu der erfindungsgemäßen Lösung des dem Patent zu Grunde liegenden technischen Problems, nichts beiträgt. 2. Für die Abgrenzung zwischen bestimmungsgemäßem Gebrauch und Neuherstellung eines erfindungsgemäßen Erzeugnisses ist maßgeblich, ob die getroffenen Maßnahmen unter Berücksichtigung der spezifischen Eigenschaften, Wirkungen und Vorteile der Erfindung noch die Identität des bereits in den Verkehr gebrachten konkreten patentgeschützten Erzeugnisses wahren oder der Schaffung eines neuen erfindungsgemäßen Erzeugnisses gleichkommen. 3. Der bei Vorrichtungen der betreffenden Art an sich übliche Austausch eines Teils kann die Neuherstellung der Vorrichtung bedeuten, wenn die technischen Wirkungen der Erfindung gerade in dem ausgewechselten Teil in Erscheinung treten, weil die Erfindung dessen Funktionsweise oder Lebensdauer beeinflusst. 4. Hingegen rechtfertigt es die Annahme einer Neuherstellung regelmäßig nicht, wenn das ausge-

merkmal und Berechtigungsmerkmal schlägt *Reisner* ein Stufenmodell vor,[289] das im Rahmen des Berechtigungsmerkmals (2. Stufe) für eine Neuherstellung mehr als ein funktionales Zusammenwirken (1. Stufe) fordert, nämlich, dass sich der Erfindungsgedanke gerade in dem funktionalen Zusammenwirken realisiert, der Vorteil der Erfindung im Zusammenwirken also erneut verwirklicht wird.[290] Eine Auseinandersetzung mit der erfinderischen Leistung des Erfinders und inwieweit sich in dem Mittel (bspw. einem Austausch- oder Ersatzteil) diese Erfindungsidee verkörpert, ist deshalb im Einzelfall notwendig.[291]

191 Subjektiv wird die Kenntnis des Anbieters oder Lieferanten von der Bestimmung des Mittels zu dieser Rechtsverletzung durch den Abnehmer verlangt, zumindest aber die Kenntnis von Umständen, die dies offensichtlich erscheinen lassen. In ständiger Rechtsprechung ist die Qualität der Geeignetheit der Mittel zur Patentverletzung für die Erfüllung des subjektiven Tatbestands ausschlaggebend.[292] Offensichtlichkeit ist gegeben, wenn eine „hinreichend" sichere Erwartung besteht, dass der Abnehmer das Mittel patentverletzend verwenden wird.[293]

192 Relevant werden mittelbare Patentverletzungen in einem zunehmend wachsenden Markt an täglichen Bedarfsartikeln und Verschleißteilen (die Teil einer patentgeschützten Gesamtvorrichtung sind), die neben den Markenprodukten meistens von Drittanbietern zu einem günstigeren Preis angeboten werden.[294] Auch Druckerpatronen oder Kaffeepads[295] waren insoweit schon Gegenstand der Auseinandersetzung.

193 **Beachte:** Ein Vernichtungsanspruch der Gegenstände nach § 140a PatG lässt sich beim Vorliegen einer mittelbaren Patentverletzung nicht begründen. Nur das Anbieten und Liefern mittelbar patentverletzender Gegenstände ist im Geltungsbereich des PatG verboten, nicht jedoch der Besitz und das Anbieten sowie das Liefern außerhalb des Geltungsbereichs des PatG und zu anderen Zwecken als zur Benutzung der Erfindung.[296]

194 Personen, die die in § 11 Nr. 1 bis 3 PatG genannten Handlungen vornehmen, gelten iSv § 10 Abs. 1 PatG nicht als Personen, die zur Benutzung der Erfindung berechtigt sind (so § 10 Abs. 3 PatG).

---

wechselte Teil lediglich Objekt der erfindungsgemäß verbesserten Funktionsweise der Gesamtvorrichtung ist (Fortführung von BGH, Urt. v. 4.5.2004 – X ZR 48/03 (OLG Frankfurt a.M.) = BGHZ 159, 76 = GRUR 2004, 758 – Flügelradzähler, und BGH Urt. v. 3.5.2006 – X ZR 45/05 = GRUR 2006, 837 – Laufkranz).
289 So auch Schön, GRUR 2021, 353.
290 BGH Urt. v. 24.10.2017 – X ZR 55/16 (OLG Düsseldorf) = BGHZ 216, 300 = GRUR 2018, 170 (175) – Trommeleinheit. Dazu auch Reisner, GRUR 2020, 345 (351).
291 Reisner, GRUR 2020, 345 (351).
292 BeckOK PatR/Ensthaler PatG § 10 Rn. 3.
293 BGH Urt. v. 13.6.2006 – X ZR 153/03 (KG) = BGHZ 168, 124 = GRUR 2006, 839 – Deckenheizung; BeckOK PatR/Ensthaler PatG § 10 Rn. 13.
294 Reisner, GRUR 2020, 345 (350).
295 Vgl. in Bezug auf Nespressokapseln OLG Düsseldorf Urt. v. 21.2.2013 – I 2 U 72/12 = GRUR-RR 2013, 185 ff.: 1: Der Austausch einer verbrauchten Kapsel eines Kaffeesystems durch eine neue Kapsel durch die Abnehmer stellt keine unberechtigte Benutzung der technischen Lehre des Teils der Maschine schützenden Patents dar. Durch den Austausch der Kapseln wird der technische oder wirtschaftliche Vorteil der Erfindung nicht erneut verwirklicht. 2. Betreffen die Vorteile der Erfindung einzig und allein die Extraktionsvorrichtung für ein Kapselsystem, so verkörpern die ihr zugeführten Kapseln nicht wesentliche Elemente des Erfindungsgedankens.
296 BGH Urt. v. 22.11.2005 – X ZR 79/04 (OLG München) = GRUR 2006, 570 (574) – Extracoronales Geschiebe.

2. Negativer Inhalt

Der Patentinhaber kann sich gegen Rechtsverletzungen (mithin gegen eine **rechtswidrige, gegen die §§ 9 bis 13 PatG verstoßende Benutzung seiner patentierten Erfindung**) nach Maßgabe der §§ 139 ff. PatG wehren. Wer entgegen der §§ 9 bis 13 PatG eine patentierte Erfindung benutzt, kann vom Verletzten auf

- Unterlassung (§ 139 Abs. 1 PatG, respektive § 24 Abs. 1 GebrMG),
- Schadensersatz (§ 139 Abs. 2 PatG, respektive § 24 Abs. 2 GebrMG),
- Vernichtung und Rückruf des Erzeugnisses, das Gegenstand des Patents ist (§ 140a PatG, respektive § 24a GebrMG),
- Auskunft über die Herkunft und den Vertriebsweg des benutzten Erzeugnisses (§ 140b PatG, respektive § 24b GebrMG),
- Urkundenvorlage- und Besichtigung (§ 140c PatG),
- Vorlage von Bank-, Finanz- oder Handelsunterlagen (§ 140d PatG, respektive § 24d GebrMG) oder auf
- öffentliche Bekanntmachung des Urteils (§ 140e PatG, respektive § 24e GebrMG)

in Anspruch genommen werden.

Aus einer Schutzrechtsverletzung (**Patentrechtsverletzung**) können auch andere bürgerlich-rechtliche Ansprüche resultieren.[297]

Eine **Schutzrechtsverletzung** begeht, wer eine nach den §§ 9 bis 13 PatG (respektive den §§ 11 bis 14 GebrMG) verbotene (unmittelbare oder mittelbare) Benutzungshand-

---

[297] BGH Urt. v. 24.10.2000 – X ZR 15/98 (OLG Dresden) = GRUR 2001, 407 – Bauschuttsortieranlage: 1. Ein Rechtsmangel der Kaufsache ist bei einer behaupteten Patentverletzung bereits dann dargetan und bewiesen, wenn feststeht, dass einem Dritten ein Schutzrecht zusteht, kraft dessen er allein befugt ist, einen Gegenstand, wie er verkauft worden ist, zu benutzen. Beruft sich hingegen der Verkäufer darauf, dass der Patentinhaber sein Recht nicht mehr geltend machen könne, weil es erschöpft ist oder er der Benutzung zugestimmt hat, so trifft ihn hierfür die Darlegungs- und Beweislast. 2. Verletzt der gekaufte Gegenstand das Patent eines Dritten, ist es grundsätzlich interessengerecht, dem Verkäufer zunächst Gelegenheit zu geben, den Rechtsmangel zu beseitigen, bevor dem Käufer das Recht zugebilligt wird, sich vom Vertrag zu lösen und Schadensersatz wegen Nichterfüllung zu verlangen oder vom Vertrag zurückzutreten.

lung (Patentrechtsverletzung[298] is einer Nutzung der Erfindungsidee in ihrer technischen Wirkung)[299] vornimmt. **Rechtswidrig** handelt, wer die Benutzungshandlung

- ohne Zustimmung des Berechtigten bzw.
- ohne gesetzliche Erlaubnis

begeht.

Beachte insoweit auch § 139 Abs. 3 PatG, der für Verfahrenspatente eine **Beweislastregelung** trifft: Ist Gegenstand des Patents ein Verfahren zur Herstellung eines neuen Erzeugnisses, so gilt bis zum Beweis des Gegenteils das gleiche Erzeugnis, das von einem anderen hergestellt worden ist als nach dem patentierten Verfahren hergestellt. Bei der Erhebung des Beweises des Gegenteils sind die berechtigten Interessen des Beklagten an der Wahrung seiner Herstellungs- und Betriebsgeheimnisse zu berücksichtigen.

a) Unterlassungsanspruch (§ 139 Abs. 1 PatG)

198 Wer (dh der Verletzer – ggf. aber auch eine für den Verletzer tätig gewordene Mittelsperson) entgegen den §§ 9 bis 13 PatG eine patentierte Erfindung objektiv rechtswidrig benutzt, kann von dem Verletzten bei **Wiederholungsgefahr** (die im Falle einer bereits erfolgten Verletzungshandlung vermutet wird – wobei der Gegenbeweis möglich ist) nach § 139 Abs. 1 PatG (respektive § 24 Abs. 1 GebrMG) – verschuldensunabhängig – auf Unterlassung in Anspruch genommen werden.[300]

---

298 BGH Urt. v. 13.12.2005 – X ZR 14/02 (OLG Düsseldorf) = GRUR 2006, 399 – Rangierkatze: 1. Eine Patentverletzung liegt jedenfalls vor, wenn die Merkmale des Patentanspruchs verwirklicht sind und die angegriffene Ausführungsform objektiv geeignet ist, die patentgemäßen Eigenschaften und Wirkungen zu erreichen. Einer Patentverletzung steht nicht entgegen, dass eine Vorrichtung normalerweise anders bedient wird und die Abnehmer deshalb von der patentverletzenden Lehre regelmäßig keinen Gebrauch machen. Die Patentverletzung entfällt in einem solchen Fall selbst dann nicht, wenn der Hersteller ausdrücklich eine andere Verwendung seiner Vorrichtung empfiehlt, so lange die Nutzung der patentgemäßen Lehre möglich bleibt. 2. Für die Prüfung einer Patentverletzung ist es unerheblich, dass ein zusätzlicher Vorteil, den die angegriffene Ausführungsform aufweist, behördlichen Vorgaben entspricht, die nach Inkrafttreten des Streitpatents Gültigkeit erlangten. Vgl. auch BGH Urt. v. 17.2.1999 – X ZR 22/97 (OLG Karlsruhe) = GRUR 1999, 914 – Kontaktfederblock: 1. Sind die Merkmale eines erteilten Patentanspruchs bei der angegriffenen Ausführungsform identisch verwirklicht, ist der Einwand abgeschnitten, die als patentverletzend beanstandete Ausführungsform stelle mit Rücksicht auf den Stand der Technik keine Erfindung dar – sog. **„Formstein"-Einwand** (BGHZ 98, 12 ff.). 2. Die Prüfung des sog. **„Formstein"-Einwandes** setzt methodisch die Klärung aller Merkmale und ihrer Funktion im Rahmen der patentgemäßen Lehre und weiterhin die Feststellung, zumindest die Unterstellung voraus, dass von jedem einzelnen Anspruchsmerkmal des Klagepatents bei der angegriffenen Ausführungsform Gebrauch gemacht, mindestens eines dieser Merkmale jedoch nicht in wortsinngemäßer Form verwirklicht ist.
299 Götting, § 30 Rn. 3.
300 BGH Urt. v. 20.5.2008 – X ZR 180/05 (OLG Düsseldorf) = BGHZ 176, 311 = GRUR 2008, 896 – Tintenpatrone: 1. Dem Patent- oder Gebrauchsmusterinhaber steht grundsätzlich auch dann ein Unterlassungsanspruch gegen den Verletzer zu, wenn er an dem Schutzrecht eine ausschließliche Lizenz vergeben hat. 2. Der Schutzrechtsinhaber, der an dem Schutzrecht eine ausschließliche Lizenz vergeben hat, kann den Verletzer unabhängig von dem ausschließlichen Lizenznehmer auf Schadensersatz in Anspruch nehmen. Schutzrechtsinhaber und Lizenznehmer sind nicht Mitgläubiger. 3. Dem Schutzrechtsinhaber steht ein eigener Anspruch auf Auskunft und Rechnungslegung zu, mit dem er sämtliche Angaben beanspruchen kann, die er benötigt, um sich für eine der Schadensausgleichsmethoden zu entscheiden und seinen Anspruch nach der gewählten Methode zu beziffern. Vgl. zum Kennzeichenrecht auch BGH Urt. v. 5.11.2015 – I ZR 50/14 (OLG Zweibrücken) = GRUR 2016, 705 – ConText: 1. Ein Unterlassungsantrag, der im vorangestellten abstrakten Teil die Verwendung eines Zeichens in Alleinstellung zum Gegenstand hat, im angefügten „Insbesondere"-Teil aber das Zeichen innerhalb einer aus mehreren Bestandteilen bestehenden Gesamtbezeichnung aufführt, ist widersprüchlich und daher unbestimmt i.S. des § 253 Abs. 2 Nr. 2 ZPO. 2. Soll die Nutzung eines Firmenbestandteils untersagt werden, muss eine Begehungsgefahr nicht nur für

IV. Rechtswirkungen des Patents

Der Anspruch besteht auch dann schon, wenn eine Zuwiderhandlung erstmalig droht (**Erstbegehungsgefahr** – Beeinträchtigungs- oder Begehungsgefahr) auf der Grundlage von Tatsachen, die die ernsthafte Gefahr einer künftigen Verletzung vermuten lassen. Eine Patentverletzung braucht also noch nicht begangen worden zu sein. Es genügt, dass Tatsachen vorliegen, die die Besorgnis künftiger Verletzungshandlungen rechtfertigen.[301] Eine Beeinträchtigungsgefahr kann zB schon dann gegeben sein, wenn gegenüber einer Unterlassungsklage ein Recht zu der beanstandeten Handlung behauptet wird, nicht aber, wenn dies nur zur Verteidigung und erkennbar ohne Absicht oder Vorbehalt zukünftiger Verletzungen geschieht.[302]

199

Zur **Annahme einer Wiederholungsgefahr** genügt es im Allgemeinen, dass das widerrechtliche Verhalten vor der Klagerhebung verwirklicht worden ist.[303] An die Beseitigung oder Widerlegung der Wiederholungsgefahr sind strenge Anforderungen zu stellen. Sie ist nur dann zu verneinen, wenn unstreitig oder bewiesen ist, dass besondere Umstände gegeben sind, welche zuverlässig erwarten lassen, dass jede Wahrscheinlichkeit für eine Wiederholung fehlt oder beseitigt ist. Eine Wiederholungsgefahr wird nicht schon durch die bloße Einstellung der Verletzung beseitigt.[304]

200

Beachte: Gegen einen Unterlassungsanspruch hat der Verletzer ggf. den kartellrechtlichen **Zwangslizenzeinwand**.[305]

Der Unterlassungsanspruch wird in Rechtsprechung und Literatur zunehmend kritisch gesehen. Als **quasi-automatischer Unterlassungsanspruch**[306] folgt er bisher in der Praxis auf jede materiell festgestellte Patentverletzung, was nicht immer sachgerecht sei.[307] Folgende Problemkreise werden insoweit gesehen: nicht praktizierte Patente (bspw. NPE – Non Practicing Entity; patent trolls), komplexe Verletzungsgegenstände (ein verletztes Patent in einem Gesamtprodukt mit mehreren Erfindungen), erhebliche Drittinteressen (Dritte sind auf eine verletzende Ausführung angewiesen – Beispiel: Medikament gegen Morbus Fabry, Lizenznehmerin hatte Herstellungsprobleme, Patentverletzerin vertrieb Drittprodukt)[308] oder Standardisierung[309] (**Orange-Book-Standard-Entscheidung**).[310]

201

---

die Verwendung der Gesamtbezeichnung, sondern für die Benutzung des Firmenbestandteils bestehen. 3. Hat eine Partei ihr Vorbringen im Laufe des Rechtsstreits oder im Hinblick auf einem Vorprozess gehaltenen Vortrag geändert, insbesondere präzisiert, ergänzt oder berichtigt, kann dies im Rahmen der Beweiswürdigung (§ 286 ZPO) Bedeutung erlangen. 4. Die allgemeinen Grundsätze über die Verwirkung von Ansprüchen (§ 21 Abs. 4 MarkenG iVm § 242 BGB) sind bei der Durchsetzung von Ansprüchen aus einem Unternehmenskennzeichen neben der Regelung über die Anspruchsverwirkung in § 21 Abs. 2 MarkenG anwendbar.

301 BGH Urt. v. 18.12.1969 – X ZR 52/67 (OLG München) = GRUR 1970, 358 (360) – Heißläuferdetektor; Hanseatisches OLG Hamburg Urt. v. 3.10.1952 – 5 U 14/52 = GRUR 1953, 123; Benkard PatG/Grabinski/Zülch PatG § 139 Rn. 28.
302 BGH Urt. v. 31.5.2001 – I ZR 106/99 (OLG Hamburg) = GRUR 2001, 1174 – Berührungsaufgabe.
303 BGH Urt. v. 16.9.2003 – X ZR 179/02 (OLG Düsseldorf) = GRUR 2003, 1031 (1033) – Kupplung für optische Geräte; Benkard PatG/Grabinski/Zülch PatG § 139 Rn. 29.
304 Benkard PatG/Grabinski/Zülch PatG § 139 Rn. 30.
305 Götting, § 30 Rn. 7.
306 Stierle, GRUR 2019, 873.
307 Stierle, GRUR 2020, 262.
308 LG Mannheim Urt. v. 18.1.2011 – 2 O 75/10 – Replagal.
309 Näher dazu Stierle, GRUR 2019, 873.
310 BGH Urt. v. 6.5.2009 – KZR 39/06 (OLG Karlsruhe) = NJW-RR 2009, 1047 – Orange Book Standard: dolo agit-Einwand.

202 **Verhältnismäßigkeitserwägungen.** Bereits heute erkennt der BGH in Einzelfällen eine Aufbrauchfrist der patentverletzenden Gegenstände an und berücksichtigt damit Verhältnismäßigkeitserwägungen bei der Prüfung des Anspruchs aus § 139 Abs. 1 PatG: „Die Einräumung einer Aufbrauchfrist kommt im Patentverletzungsprozess nur dann in Betracht, wenn die sofortige Durchsetzung des Unterlassungsanspruchs des Patentinhabers auch unter Berücksichtigung seiner Interessen aufgrund besonderer Umstände des Einzelfalls gegenüber dem Verletzer eine unverhältnismäßige, durch das Ausschließlichkeitsrecht und die regelmäßigen Folgen seiner Durchsetzung nicht gerechtfertigte Härte darstellte und daher treuwidrig wäre."[311]

203 Mit **Stand März 2021** befindet sich der Diskussionsentwurf eines Zweiten Gesetzes zur Vereinfachung und Modernisierung des Patentrechts in der Diskussion, der in § 139 Abs. 1 S. 3 PatG-DiskE einen **Verhältnismäßigkeitsvorbehalt** in das PatG als rechtsvernichtende Einwendung aufnehmen will.[312]

204 Durchgesetzt hat sich mit § 139 Abs. 1 S. 3 PatG n.F.[313] ein **klarstellender Hinweis**, wonach der Unterlassungsanspruch des Patentinhabers gegen den Verletzer „ausgeschlossen [ist], soweit die Inanspruchnahme aufgrund der besonderen Umstände des Einzelfalls und der Gebote von Treu und Glauben für den Verletzer oder Dritte zu einer unverhältnismäßigen, durch das Auschließlichkeitsrecht nicht gerechtfertigten Härte führen würde. In diesem Fall ist dem Verletzten ein angemessener Ausgleich in Geld zu gewähren. Der Schadensersatzanspruch nach Absatz 2 bleibt hiervon unberührt." Das Vorliegen des Unterlassungsanspruches soll die Regel bleiben.[314] Der Verletzer hat damit ihn entlastende Verhältnismäßigkeitserwägungen weiterhin beizubringen. Den Patentverletzer trofft die Darlegungs- und Beweislast für die Unverhältnismäßigkeit der Inanspruchnahme. Auf die Aufnahme von Regelbeispielen in den Gesetzestext ist bewusst verzichtet worden.[315] Soweit der Unterlassungsanspruch ausgeschlossen ist, ist dem Verletzten nach § 139 Abs. 1 S. 5 PatG ein angemessener Ausgleich in Geld zu zahlen.

205 Die Instanzgerichte berücksichtigen bisher in der Praxis Verhältnismäßigkeitserwägungen sehr zurückhaltend. Es kam zu Fällen, in denen die wirtschaftlichen Nachteile einer gerichtlich gewährten Unterlassungsverfügung ersichtlich über das Maß hinausgingen, das für eine hinreichend abschreckende Wirkung erforderlich ist.[316] Der Gesetzgeber wollte deshalb klarstellen, dass die Inanspruchnahme auf Unterlassung im

---

311 BGH Urt. v. 10.5.2016 – X ZR 114/13 (OLG Karlsruhe) = GRUR 2016, 1031, Ls. 2 – Wärmetauscher.
312 Näher dazu Schacht, GRUR 2021, 440.
313 In Kraft getreten am 18.8.2021.
314 Meckel, GRUR-Prax 2021, 585.
315 BT-Drs. 19/25821, 53-55. Beispielhaft aufgeführte Gesichtspunkte sind: Interesse des Verletzten an der Unterlassungsverfügung, wirtschaftliche Auswirkungen der Unterlassungsverfügung, komplexe Produkte, subjektive Elemente wie Art und Umfang des Verschuldens oder fehlendes Bemühen um eine Linzenzvereinbarung durch den Patentinhaber, oder treuwidriges Verhalten durch langes Zuwarten mit Geltendmachung eines Unterlassungsanspruchs; Drittinteressen.
316 BT-Drs 19/ 25821 S. 53: Bei Verletzung eines Patents, was eine Detail-Funktionalität einer Teilkomponente betrifft, konnte der Verletzte eine Unterlassung der Nutzung des gesamten Produkts verlangen, ohne das deren Verhältnismäßigkeit geprüft wurde. Damit drohen im Einzelfall hohe Schäden bis hin zur Einstellung des Betriebs eines Netzwerks oder die Untersagung des Verkaufs fertig hergestellter komplexer Produkte, obwohl der Wert der Erfindung in keinem Verhälnis zum Schaden für den patentverletzenden Hersteller steht.

Einzelfall **ausnahmsweise unverhältnismäßig** sein kann.³¹⁷ Die ausdrückliche Berücksichtigung des Verhältnismäßigkeitsgrundsatzes in § 139 PatG darf jedoch nicht zu einer Entwertung des Patentrechts führen, weshalb nach Ansicht des Gesetzgebers die Einschränkung dieses Anspruchs auf **besonders gelagerte Ausnahmefälle beschränkt** bleiben soll.³¹⁸

Sollte das Gericht es im Einzelfall für notwendig erachten, den Unterlassungsanspruch zu beschränken oder befristet auszuschließen, führt dies – anders als eine Zwangslizenz nach § 24 PatG – nicht zu einer Legalisierung der Patentverletzung. Ein etwaiger Schadensersatzanspruch bleibt unberührt.³¹⁹ Dies gilt auch dann, wenn dem Verletzten ein Ausgleichsanspruch nach § 139 Abs. 1 S. 4 PatG zusteht.³²⁰

206

Beachte: Der Verletzte kann analog § 1004 BGB wegen einer Verletzung des Patentrechts als absolutes Recht auch eine verschuldensunabhängige Klage auf Beseitigung der Störung (**Beseitigungsklage**) erheben. Soweit der Anspruch auf Vernichtung patentverletzender Gegenstände, ihren Rückruf und ihre Entfernung aus den Vertriebswegen gerichtet ist, hat allerdings § 140a PatG Vorrang.³²¹

b) Schadensersatzanspruch (§ 139 Abs. 2 PatG)

Wer die rechtswidrige Handlung – dh die Benutzung einer patentierten Erfindung entgegen den §§ 9 bis 13 PatG – vorsätzlich (dh mit Wissen und Wollen und in Kenntnis der Rechtswidrigkeit des Verhaltens [Vorsatztheorie]) oder auch nur fahrlässig (dh in Außerachtlassung der im Verkehr erforderlichen Sorgfalt [§ 276 Abs. 2 BGB]), mithin **schuldhaft**, vornimmt, ist dem Verletzten nach § 139 Abs. 2 PatG (respektive § 24 GebrMG) zum Ersatz des daraus entstehenden Schadens verpflichtet.

207

Das Verschulden richtet sich nach den allgemeinen Grundsätzen aus § 276 BGB oder § 823 BGB. Im gewerblichen Rechtsschutz werden strenge Anforderungen an die Sorgfaltspflicht gestellt: Wer seine Interessen trotz zweifelhafter Rechtslage auf Kosten fremder Rechte wahrnimmt, trägt grundsätzlich das Risiko einer unzutreffenden rechtlichen Beurteilung.³²² Größere Unternehmen³²³ müssen insoweit auch verstärkte An-

208

---

317 Kritisch Meckel, GRUR-Prax 2021, 586, 87: Allerdings kann die Tragweite dieser Privilegierung der Abnehmer erheblich sein. Man betrachte als Szenario eine Lieferkette wie zB in der Automobilindustrie, in der ein patentverletzendes Teil von einem Zulieferer an einen industriellen Abnehmer (zB Automobilhersteller) geliefert wird. Der Abnehmer könnte sich in einem gegen ihn gerichteten Verletzungsprozess mit dem Einwand verteidigen, dass der Unterlassungsanspruch zu einer unverhältnismäßigen Härte für den Zulieferer der patentverletzenden Teile führen würde. Dies wäre unabhängig von der Frage, ob der Abnehmer selbst in zumutbarer Weise Zugriff auf nicht patentverletzende Alternativen hätte (zB in Form patentfrei ausgestalteter Teile oder durch Bezug beim Berechtigten). Angesichts der Tiefe dieses Eingriffs in die Rechte des Verletzten bleibt abzuwarten, inwieweit die anzustellende Gesamtabwägung aller Umstände in einer solchen Konstellation jemals zugunsten des Verletzers ausgehen kann.
318 BT-Drs. 19/25821, 31.
319 BT-Drs. 19/25821, 61: Als Entschädigung sei dabei im Regelfall mindestens der Betrag zu zahlen, der im Fall einer vertraglichen Einräumung des Rechts als Vergütung angemessen wäre, sofern es an der Schutzwürdigkeit des Patentinhabers nicht ausnahmsweise offensichtlich mangele. Je nach den Umständen des Einzelfalles komme aber auch eine höhere Entschädigung in Betracht.
320 BT-Drs. 19/25821, 31.
321 Benkard PatG/Grabinski/Zülch PatG § 139 Rn. 38.
322 BGH Urt. v. 16.12.1986 – KZR 36/85 (OLG Düsseldorf) = GRUR 1987, 564 (566) – Taxi Genossenschaft; Benkard, PatG/Grabinski/Zülch, PatG, § 139 Rn. 43.
323 BGH Urt. v. 15.12.2015 – X ZR 30/14 (OLG Karlsruhe) = BGHZ 208, 182 = GRUR 2016, 257 – Glasfasern II: 3. Der gesetzliche Vertreter einer Gesellschaft, die ein patentverletzendes Erzeugnis herstellt oder erstmals im Inland in den Verkehr bringt, ist dem Verletzten zum Schadensersatz verpflichtet, wenn er die

forderungen treffen, da sie sich über Patentanmeldungen oder -erteilungen informiert halten müssen, um nicht schuldhaft iSv. fahrlässig zu handeln.

Beachte: Nach § 141a Abs. 1 PatG (respektive § 24g GebrMG) bleiben Ansprüche aus anderen gesetzlichen Vorschriften als dem PatG unberührt. Dies hat zur Folge, dass der Verletzte ggf. (bspw. bei Eingriffen in sein Erfinderrecht) auch Ansprüche aus ungerechtfertigter Bereicherung nach den §§ 812 ff. BGB geltend machen kann (was kein Verschulden des Verletzers zur Voraussetzung hat[324] – [bspw. nach § 812 Abs. 1 S. 1 2. Alt BGB: Eingriffskondiktion]) oder Ansprüche nach § 823 BGB bzw. dem UWG.

209 Der „Schaden" liegt in der Beeinträchtigung des absoluten Rechts (Erfindungsrecht oder Verwertungsrecht) des Verletzten (dh des Patentinhabers oder ausschließlichen Lizenznehmers).[325] Bei der Bemessung des Schadensersatzes (**Schadensersatzhöhe**) kann auch der Gewinn, den der Verletzer durch die Verletzung des Rechts erzielt hat, berücksichtigt werden. Der Schadensersatzanspruch kann im Übrigen auf der Grundlage des Betrages berechnet werden, den der Verletzer als angemessene Vergütung hätte entrichten müssen, wenn er vom Rechteinhaber die Erlaubnis zur Benutzung der Erfindung eingeholt hätte. Insoweit hat der Verletzer nach seiner **Wahl** gemäß § 139 Abs. 2 PatG iVm §§ 249, 252 BGB (in Umsetzung von Art. 13 der EnforcementRL – Richtlinie 2004/48/EG des Europäischen Parlaments und des Rates vom 29.4.2004 zur Durchsetzung der Rechte des geistigen Eigentums) **drei Möglichkeiten der Schadensberechnung:**

- Ersatz des Vermögensschadens (dh des unmittelbaren Schadens, der ihm tatsächlich entstanden ist) einschließlich eines ggf. entgangenen Gewinns[326] (§§ 249, 252 BGB).
- (**Auch ohne den Nachweis eines konkreten Vermögensschadens**) Zahlung einer angemessenen Lizenzgebühr zuzüglich eines Zuschlags für den Vorteil, den der Verletzer erlangt hat, nebst Zinsen (sog. **Lizenzanalogie** – arg.: Der Verletzer soll nicht besser dastehen als derjenige, der den Rechteinhaber um die Gewährung einer Lizenz gebeten hätte).[327]

---

ihm möglichen und zumutbaren Maßnahmen unterlässt, die Geschäftstätigkeit des Unternehmens so einzurichten und zu steuern, dass hierdurch keine technischen Schutzrechte Dritter verletzt werden. 4. Für die Annahme, dass die schuldhafte Verletzung eines Patents durch eine Gesellschaft, die ein Produkt herstellt oder in den inländischen Markt einführt, auf einem schuldhaften Fehlverhalten ihres gesetzlichen Vertreters beruht, bedarf es im Regelfall keines näheren Klägervortrags und keiner näheren tatrichterlichen Feststellungen zu den dafür maßgeblichen Handlungen des gesetzlichen Vertreters.

324 BGH Urt. v. 30.11.1976 – X ZR 81/72 (OLG Düsseldorf) = BGHZ 68, 90 = GRUR 1977, 250 – Kunststoffhohlprofil.
325 BGH Urt. v. 25.9.2007 – X ZR 60/06 (OLG Düsseldorf) = BGHZ 173, 374 = GRUR 2008, 93, Rn. 16 – Zerkleinerungsvorrichtung; BGH Urt. v. 14.5.2009 – I ZR 98/06 (OLG Hamburg) = BGHZ 181, 98 = GRUR 2009, 856, Rn. 69 – Tripp-Trapp-Stuhl; BGH Urt. v. 24.7.2012 – X ZR 51/11 (OLG Frankfurt aM) = BGHZ 194, 194 = GRUR 2012, 1226, Rn. 15 – Flaschenträger; Benkard PatG/Grabinski/Zülch PatG § 139 Rn. 57.
326 BGH Urt. v. 5.7.2005 – X ZR 167/03 (OLG Karlsruhe) = GRUR 2005, 936 – Vergleichsempfehlung II: Umsatzeinbußen des Patentinhabers oder eines ausschließlichen Lizenznehmers durch Benutzungshandlungen Dritter, die infolge der vollständigen oder teilweisen Nichtigerklärung des Patents von diesem nicht mehr erfasst werden, stellen keinen von einer Ersatzpflicht erfassten, ausgleichspflichtigen Schaden dar. Das gilt auch für Umsatzeinbußen und Einbußen an Lizenzgebühren, die den Vertragsparteien eines Lizenzvertrages durch eine infolge der vollständigen oder teilweisen Nichtigerklärung des Patents rückwirkend vom Patentschutz nicht mehr erfasste Konkurrenztätigkeit entstehen.
327 BGH Urt. v. 30.5.1995 (OLG Karlsruhe) – X ZR 54/93 – GRUR 1995, 578 – Steuereinrichtung II: 1. Ein Schutzrechtsverletzer schuldet bei der Schadensberechnung nach Lizenzanalogie das, was vernünftige Parteien bei Abschluss eines Lizenzvertrages vereinbart hätten, wenn sie die künftige Entwicklung und namentlich den Umfang der Rechtsverletzung vorausgesehen hätten (BGH Urt. v. 18.2.1992 – X ZR 7/90 =

IV. Rechtswirkungen des Patents

- Herausgabe des durch die unberechtigte Nutzung der Erfindung erzielten Reingewinns des Verletzers (**Verletzergewinn**, § 139 Abs. 2 S. 2 PatG), wobei der Verletzer nicht berechtigt ist, seine Gemeinkosten (Fixkosten) zum Abzug zu bringen.[328]

Zur Bezifferung des entstandenen Schadens stehen dem Verletzten **Hilfsansprüche** auf Auskunftserteilung und Rechnungslegung nach den §§ 242, 259 BGB (die wegen der unterschiedlichen Zielsetzung gesondert neben § 140b PatG geltend gemacht werden können) zu, wobei im Falle von Geschäftsgeheimnissen zur Wahrung der Verschwiegenheit die Auskunftserteilung gegenüber einer Vertrauensperson zu erfolgen hat.[329]

Bei den drei beschriebenen **Berechnungsarten** (-methoden) handelt es sich um Variationen bei der Ermittlung des gleichen einheitlichen Schadens und nicht um verschiedene Ansprüche mit unterschiedlichen Rechtsgrundlagen, so dass kein Wahlschuldverhältnis vorliegt. Die Berechnung von Schadensersatz nach einer der genannten Berechnungsarten/-methoden schließt die Berechnung nach einer der anderen genannten Berechnungsarten/-methoden aus, nicht aber die zusätzliche Berücksichtigung sonstiger konkreter Schäden. Bei einer **mittelbaren Patentverletzung** ist – abgesehen von sonstigen Schadenspositionen – der zu ersetzende Schaden derjenige, der durch die unmittelbare Patentverletzung des Abnehmers des Mittels entsteht.[330] Sonstiger Schaden kann ein **Marktverwirrungs- und Diskreditierungsschaden** sein, der gesondert zu beweisen ist. Er umfasst bspw. die Kosten einer Gegenwerbung oder einen zeitlich über die Patentverletzung hinausgehenden Umsatzverlust.[331]

210

211

Beachte: Der Patentanmelder hat **nach Offenlegung der Akten** gemäß § 31 Abs. 2 Nr. 2 PatG (womit er einen einstweiligen Schutz genießt) im Verletzungsfall (keinen Schadenersatzanspruch, sondern) einen **Anspruch auf angemessene Entschädigung** nach § 33 PatG (Entschädigung für angemeldete Erfindungen).

---

328 GRUR 1992, 432 – Steuereinrichtung I). 2. Bei zusammengesetzten Vorrichtungen, von denen nur ein Teil patentiert ist, ist die sachgerechte Bezugsgröße unter Berücksichtigung aller Umstände des Einzelfalles vor allem nach Verkehrsüblichkeit und Zweckmäßigkeit zu bestimmen. Bei der insoweit gebotenen Prüfung kann es namentlich eine Rolle spielen, ob die Gesamtvorrichtung üblicherweise als Ganzes geliefert wird und ob sie durch den geschützten Teil insgesamt eine Wertsteigerung erfährt. 3. Für die Bemessung der Lizenzgebühr sind die besonderen Umstände des Einzelfalles maßgebend. Der Tatrichter hat die Lizenzgebühr gemäß § 287 Abs. 1 ZPO aufgrund einer wertenden Entscheidung unter Würdigung aller Umstände nach freier Überzeugung zu bemessen. Der Tatrichter darf nicht willkürlich schätzen, sondern muss für die Überzeugung, die er sich gebildet hat, gesicherte Grundlagen haben. Diese müssen erkennen lassen, dass er sich nicht etwa eine Sachkunde angemaßt hat, die ihm nicht zukommen. § 287 ZPO zielt zwar auf eine Vereinfachung und Beschleunigung des Verfahrens ab, rechtfertigt aber nicht, in oder für die Streitentscheidung zentralen Frage auf nach Sachlage unerlässliche Erkenntnisse zu verzichten. 4. Benutzt der Verletzer eigene oder lizenz- und schadensersatzpflichtige Drittrechte mit, kann sich das lizenzmindernd auswirken, wenn dadurch eine Wertsteigerung eingetreten ist oder die Parteien sich aus anderen Gründen gleichwohl auf eine Herabsetzung des Lizenzsatzes geeinigt hätten. Dies gilt auch bei voneinander unabhängigen Schutzrechten, wenn und soweit durch das Zusammenwirken mehrerer geschützter Erfindungsgedanken im fertigen Produkt eine Wertsteigerung eintritt, so dass der Erfolgsanteil der benutzten Einzelerfindung geringer erscheint als in dem Fall, in dem sich die gewerbliche Nutzung allein an dessen Lehre ausrichtet.
328 Götting, § 30 Rn. 24.
329 Götting, § 30 Rn. 25.
330 Benkard PatG/Grabinski/Zülch PatG § 139 Rn. 61.
331 Benkard PatG/Grabinski/Zülch PatG § 139 Rn. 76.

Beachte zudem: Der BGH[332] gewährt dem Verletzten im Übrigen auch einen verschuldensunabhängigen Anspruch aus **Eingriffskondiktion** (§ 812 Abs. 1 S. 1 2. Alt. BGB, vorstehende Rn. 203). Herauszugeben ist die aufgrund der Verletzungshandlung dem Verletzer zugeflossene Bereicherung. „Der Anspruch richtet sich auf Zahlung einer angemessenen Lizenzgebühr als Wertersatz nach § 818 Abs. 2 BGB, nicht auf Herausgabe des Verletzergewinns".[333] Hat der Verpflichtete durch die Verletzung auf Kosten des Berechtigten „etwas" erlangt, findet gemäß § 141 S. 2 PatG auch die Regelung des § 852 BGB über den Herausgabeanspruch nach Eintritt der Verjährung entsprechende Anwendung. Praktische Bedeutung erlangt der Kondiktionsanspruch bei fehlendem Verschulden im Rahmen von § 139 Abs. 2 PatG.[334]

c) Vernichtung und Rückruf des Erzeugnisses, das Gegenstand des Patents ist (§ 140a PatG)

212 Wer entgegen den §§ 9 bis 13 PatG eine patentierte Erfindung benutzt, kann nach § 140a Abs. 1 PatG (respektive § 24a GebrMG) von dem Verletzten auf Vernichtung (als besondere Form eines Beseitigungsanspruchs) der im Besitz oder Eigentum des Verletzers befindlichen Erzeugnisse, die Gegenstand des Patents sind, in Anspruch genommen werden.[335] Dies gilt auch für den Fall, dass es sich um Erzeugnisse handelt, die durch ein Verfahren, das Gegenstand des Patents ist, unmittelbar hergestellt worden sind. Der Anspruch auf Vernichtung erfasst auch die im Eigentum des Verletzers stehenden Materialien und Geräte, die vorwiegend zur Herstellung dieser Erzeugnisse gedient haben (so § 140a Abs. 2 PatG).

Beachte: Seit 1990 wurden infolge des Produktpirateriegesetzes **analoge Vernichtungsansprüche** auch in § 24a GebrMG, § 18 MarkenG, § 43 DesignG, § 37a SortenSchG, § 9 Abs. 1 HalbLSchG sowie in die §§ 98 und 99 UrhG aufgenommen.

213 Wer entgegen den §§ 9 bis 13 PatG eine patentierte Erfindung benutzt, kann von dem Verletzten nach § 140a Abs. 3 PatG auch auf Rückruf der Erzeugnisse, die Gegenstand des Patents sind, oder auf deren endgültiges Entfernen aus den Vertriebswegen in An-

---

332 BGH Urt. v. 30.11.1976 – X ZR 81/71 (OLG Düsseldorf) = BGHZ 68, 90 = GRUR 1977, 250 – Kunststoffhohlprofil.
333 Götting, § 30 Rn. 22.
334 Benkard PatG/Grabinski/Zülch PatG § 139 Rn. 84.
335 BGH Urt. v. 16.5.2017 – X ZR 120/15 (OLG Karlsruhe) = BGHZ 215, 89 = GRUR 2017, 785 – Abdichtsystem: 1. Die Wirksamkeit einer Frist zur Berufungserwiderung hängt nicht davon ab, ob der Berufungsbeklagte darüber belehrt wurde, dass auch eine Anschlussberufung nur innerhalb dieser Frist zulässig ist. 2. Die in § 140a Abs. 3 S. 1 PatG vorgesehenen Ansprüche auf Rückruf und auf endgültige Entfernung aus den Vertriebswegen können nebeneinander geltend gemacht werden. 3. Ein Anspruch auf Rückruf aus den Vertriebswegen ist nicht deshalb ausgeschlossen, weil der Verpflichtete im Ausland ansässig ist. 4. Ein im Ausland ansässiger Lieferant eines im Inland patentgeschützten Erzeugnisses, der einen ebenfalls im Ausland ansässigen Abnehmer beliefert, ist nicht ohne Weiteres verpflichtet, die weitere Verwendung der gelieferten Ware durch den Abnehmer zu überprüfen oder zu überwachen. 5. Der Lieferant ist in der genannten Lage zu einer Überprüfung des Sachverhalts verpflichtet, wenn für ihn konkrete Anhaltspunkte vorliegen, die es als naheliegend erscheinen lassen, dass seine Abnehmer die gelieferte Ware ins Inland weiterliefern oder dort anbieten. 6. Die pflichtwidrige und schuldhafte Ermöglichung oder Förderung einer fremden Patentverletzung kann Ansprüche aus §§ 139 ff. PatG nur dann begründen, wenn es wirklich zu einer Patentverletzung durch den Dritten gekommen ist oder wenn zumindest Erstbegehungsgefahr besteht (Bestätigung von BGH Urt. v. 30.4.1964 – Ia ZR 224/63 (OLG Düsseldorf) = GRUR 1964, 496 (497) – Formsand II). 7. Die pflichtwidrige und schuldhafte Förderung oder Ermöglichung einer fremden Patentverletzung begründet nicht ohne Weiteres einen uneingeschränkten Anspruch auf Unterlassung von Handlungen, die für sich gesehen noch keine Patentverletzung darstellen. 8. Sofern ein Abnehmer zumindest eine Verletzungshandlung begangen hat, ist der Lieferant, der dies pflichtwidrig und schuldhaft mitverursacht hat, grundsätzlich verpflichtet, über alle Lieferungen an diesen Abnehmer Rechnung zu legen.

IV. Rechtswirkungen des Patents

spruch genommen werden[336] (**Anspruch auf Rückruf bzw. endgültige Entfernung aus den Vertriebswegen**) – was auch für den Fall gilt, dass es sich um Erzeugnisse handelt, die durch ein Verfahren, das Gegenstand des Patents ist, unmittelbar hergestellt worden sind.

Die Ansprüche nach § 140a Abs. 1 und 3 PatG beziehen sich auf „Erzeugnisse, die Gegenstand des Patents sind" (§ 9 S. 2 Nr. 1 PatG – oder unmittelbar durch ein Verfahren hergestellt worden sind, das Gegenstand des Patents ist [§§ 9 S. 2 Nr. 3, 140a Abs. 1 S. 2 PatG]). Das in Rede stehende Patent muss sich auf die zu vernichtenden Gegenstände beziehen. Erzeugnisse, die den Vorwurf der mittelbaren Patentverletzung begründen, sind als solche nicht Gegenstand des Patents. Bezüglich solcher Erzeugnisse besteht daher nach h.M. kein Anspruch auf Vernichtung.[337] Eine Mindermeinung[338] will den Vernichtungsanspruch aber auch auf Erzeugnisse nach § 10 PatG erweitern und legt dann einen höheren Wert auf die Prüfung der Unverhältnismäßigkeit einer Vernichtung. Diese Mindermeinung verkennt jedoch, dass trotz des Abschreckungseffekts dieser Norm dem entgegen § 139 PatG zusätzlichen im Wortlaut erwähnten Merkmal „Erzeugnisse, die Gegenstand des Patents sind" keine Bedeutung zukäme.

§ 140a Abs. 4 PatG schließt den Vernichtungsanspruch (§ 140a Abs. 1 und 2 PatG) und den Rückrufanspruch des Verletzten (§ 140a Abs. 3 PatG) nur in solchen Fällen aus, in denen die Inanspruchnahme im Einzelfall „unverhältnismäßig" ist (Anspruchsausschluss für den Fall, dass rechtmäßige Zustände auch ohne eine Vernichtung – mithin durch ein **milderes Mittel** – wieder hergestellt werden können).[339] Ist der rechtswidrige Zustand dann „auf andere Weise" zu beseitigen, so ist dieses sodann mildere Mittel einer Vernichtung vorzuziehen.[340] Bei der **Prüfung der Verhältnismäßigkeit** sind auch die berechtigten Interessen Dritter zu berücksichtigen (§ 140a Abs. 4 S. 2 PatG), die also nicht zugleich Verletzer sind, bspw. jene eines Eigentümers der durch den Verletzer in Verkehr gebrachten Gegenstände. Mit dem Einwand der Unverhältnismäßigkeit des Rückrufs kann der Schuldner im Zwangsvollstreckungsverfahren nicht gehört werden. Vielmehr ist er dann gehalten, Vollstreckungsabwehrklage (§ 767 ZPO) zu erheben.[341]

---

336 BGH Urt. v. 17.9.2009 – Xa ZR 2/08 (OLG Düsseldorf) = BGHZ 182,0245 = GRUR 2009, 1142 – MP3-Player-Import: 1. Den Spediteur, der auf Vernichtung angeblich patentverletzender Ware in Anspruch genommen wird, trifft keine prozessuale Obliegenheit zur Beschaffung der für ein qualifiziertes Bestreiten erforderlichen Informationen über die nähere Beschaffenheit der Ware. Er kann daher die Übereinstimmung mit der erfindungsgemäßen Lehre grundsätzlich mit Nichtwissen bestreiten. 2. Schuldner des Unterlassungs- und des Vernichtungsanspruchs ist nicht nur, wer in eigener Person einen der Benutzungstatbestände des § 9 PatG verwirklicht oder vorsätzlich die Verwirklichung des Benutzungstatbestands durch einen Dritten ermöglicht. Verletzer und damit Schuldner ist vielmehr auch, wer die Verwirklichung des Benutzungstatbestands durch den Dritten ermöglicht oder fördert, obwohl er sich mit zumutbarem Aufwand die Kenntnis verschaffen kann, dass die von ihm unterstützte Handlung das absolute Recht des Patentinhabers verletzt. 3. Den Spediteur trifft keine generelle Prüfungspflicht im Hinblick auf Schutzrechtsverletzungen durch die transportierte Ware (Bestätigung von BGH Urt. v. 15.1.1957 – I ZR 56/55 (OLG Hamburg) = GRUR 1957, 352 (354) – Taeschner/Pertussin II). 4. Eine Pflicht zur Einholung von Erkundigungen und ggf. zur eigenen Prüfung der Ware kann jedoch für den Spediteur entstehen, wenn ihm konkrete Anhaltspunkte für eine Schutzrechtsverletzung vorliegen.
337 BGH Urt. v. 22.11.2005 – X ZR 79/04 (OLG München) = GRUR 2006, 570, Rn. 32 – Extracoronales Geschiebe; LG Düsseldorf Urt. v. 26.11.2009 – 4b O 110/09 = InstGE 11, 257 – Bajonett-Anschlussvorrichtung.
338 Tellmann, GRUR 2007, 353.
339 Benkard PatG/Grabinski/Zülch PatG § 140a, Rn. 8d.
340 Benkard PatG/Grabinski/Zülch PatG § 140a, Rn. 8b.
341 OLG Düsseldorf Beschl. v. 25.11.2019 – 2 W 15/19 = GRUR-RR 2020, 146, Ls. 1 – Bakterienkultivierung II.

216 Ein möglicher **Schutzrechtsablauf** ist für einen bereits entstandenen Vernichtungsanspruch ein abwägungsrelevanter Umstand bei der Prüfung eines Anspruchsausschlusses wegen Unverhältnismäßigkeit nach § 140a Abs. 4 PatG. Es ist berücksichtigen, dass von den mit dem Vernichtungsanspruch verfolgten gesetzlichen Zielen allein das Ziel der Verhinderung erneuter Patentverletzungen entfallen ist. Der Schutzrechtsablauf lässt daher einen bereits entstandenen Vernichtungsanspruch nur ausnahmsweise entfallen, wenn im Einzelfall das Erhaltungsinteresse des Verletzers und ggf. Dritter das Vernichtungsinteresse des Berechtigten überwiegt und die mit dem Anspruch verfolgten Gesetzeszwecke der Abschreckung und Sanktionierung nicht entgegenstehen.[342]

d) Auskunftsanspruch (§ 140b PatG)

217 Wer entgegen den §§ 9 bis 13 PatG eine patentierte Erfindung benutzt, kann von dem verletzten Rechteinhaber nach § 140b Abs. 1 PatG (respektive § 24b GebrMG) auf unverzügliche (vgl. § 121 Abs. 1 S. 1 BGB) Auskunft über die Herkunft und den Vertriebsweg der benutzten Erzeugnisse in Anspruch genommen werden.

Beachte: Seit 1990 wurden infolge des Produktpirateriegesetzes **analoge Auskunftsansprüche** auch in § 24b GebrMG, § 19 MarkenG, § 46 DesignG, § 37b SortenSchG, § 9 Abs. 1 HalblSchG sowie in § 101a UrhG aufgenommen.

218 § 140b Abs. 2 PatG weitet den Adressatenkreis des Auskunftsanspruchs in Fällen offensichtlicher Rechtsverletzung oder in Fällen, in denen der Verletzte gegen den Verletzer Klage erhoben hat, auch gegen eine Person aus (**Ausweitung des Auskunftsanspruchs – Drittauskunft**), die in gewerblichem Ausmaß

- rechtsverletzende Erzeugnisse in ihrem Besitz hatte (Nr. 1),
- rechtsverletzende Dienstleistungen in Anspruch nahm (Nr. 2),
- für rechtsverletzende Tätigkeiten genutzte Dienstleistungen erbrachte (Nr. 3) oder
- nach den Angaben einer in Nr. 1, 2 oder 3 genannten Person an der Herstellung, Erzeugung oder am Vertrieb solcher Erzeugnisse oder an der Erbringung solcher Dienstleistungen beteiligt war (Nr. 4).

219 Etwas anderes gilt dann, wenn die Person nach den §§ 383 bis 385 ZPO im Prozess gegen den Verletzer zur Zeugnisverweigerung berechtigt wäre. Der zur Auskunft Verpflichtete kann von dem Verletzten den Ersatz der für die Auskunftserteilung erforderlichen Aufwendungen verlangen, so § 140b Abs. 2 S. 3 PatG.

220 Der zur Auskunft Verpflichtete hat nach § 140b Abs. 3 PatG (**Umfang des Auskunftsanspruchs**) Angaben zu machen über

- Namen und Anschrift der Hersteller, Lieferanten und anderer Vorbesitzer der Erzeugnisse oder der Nutzer der Dienstleistungen sowie der gewerblichen Abnehmer und Verkaufsstellen, für die sie bestimmt waren (Nr. 1), und
- die Menge der hergestellten, ausgelieferten, erhaltenen oder bestellten Erzeugnisse sowie über die Preise, die für die betreffenden Erzeugnisse oder Dienstleistungen bezahlt wurden (Nr. 2).

---

342 Böttcher, GRUR 2021, 143.

IV. Rechtswirkungen des Patents

Der Auskunftsanspruch gegen den Verletzer (§ 140b Abs. 1 PatG) bzw. der erweiterte Auskunftsanspruch (§ 140b Abs. 2 PatG) ist gemäß § 140b Abs. 3 PatG (**Anspruchsausschluss**) – analog § 140a Abs. 4 PatG (beim Vernichtungs- und Rückrufanspruch) – ausgeschlossen, wenn die Inanspruchnahme im Einzelfall „**unverhältnismäßig**" ist. 221

Erteilt der zur Auskunft Verpflichtete die Auskunft vorsätzlich oder grob fahrlässig falsch bzw. unvollständig, so ist er dem Verletzten nach § 140b Abs. 5 PatG zum Ersatz des daraus entstehenden Schadens verpflichtet (**Schadensersatzanspruch**). Ersatzfähig ist der adäquat-kausal verursachte Schaden, insbesondere Kosten einer fruchtlosen Inanspruchnahme von Personen, die vom Verpflichteten zu Unrecht als mögliche Patentverletzer benannt wurden, oder entgangene Ersatzansprüche, die wegen Verjährung oder aufgrund der entstandenen Verzögerung uneinbringlich geworden sind.[343] 222

In Fällen einer „offensichtlichen Rechtsverletzung" kann die Verpflichtung zur Erteilung der Auskunft im Wege der **einstweiligen Verfügung** gemäß § 140b Abs. 7 PatG nach den §§ 935 bis 945 ZPO angeordnet werden. 223

§ 140b Abs. 9 PatG regelt unter Beschränkung des Fernmeldegeheimnisses des Art. 10 GG im Hinblick auf Rechtsverletzungen im Internet, dass aufgrund einer vorherigen richterlichen Anordnung (Richtervorbehalt) Internetprovider zur Auskunft verpflichtet werden können (**Auskunftsverpflichtung von Internetprovidern**): Kann die Auskunft nur unter Verwendung von Verkehrsdaten (§ 3 Nr. 30 TKG) erteilt werden, ist nach § 140b Abs. 9 PatG für ihre Erteilung eine vorherige richterliche Anordnung über die Zulässigkeit der Verwendung der Verkehrsdaten erforderlich, die von dem Verletzten zu beantragen ist. Für den Erlass dieser Anordnung ist das LG, in dessen Bezirk der zur Auskunft Verpflichtete seinen Wohnsitz, seinen Sitz oder eine Niederlassung hat, ohne Rücksicht auf den Streitwert ausschließlich zuständig. Die Entscheidung trifft die Zivilkammer. Für das Verfahren gelten die Vorschriften des Gesetzes über das Verfahren in Familiensachen und in den Angelegenheiten der freiwilligen Gerichtsbarkeit (FamFG) entsprechend. Die Kosten der richterlichen Anordnung trägt der Verletzte. Gegen die Entscheidung des LG ist die Beschwerde statthaft. Die Beschwerde ist binnen einer Frist von zwei Wochen einzulegen. Die Vorschriften zum Schutz personenbezogener Daten bleiben im Übrigen unberührt. Durch § 140b Abs. 2 iVm Abs. 9 PatG wird das Grundrecht des Fernmeldegeheimnisses (Art. 10 GG) eingeschränkt (so § 140b Abs. 10 PatG). 224

e) Urkundenvorlage- und Besichtigungsanspruch (§ 140c PatG)

Wer mit hinreichender Wahrscheinlichkeit entgegen den §§ 9 bis 13 PatG eine patentierte Erfindung benutzt, kann von dem Rechteinhaber oder einem anderen Berechtigten gemäß § 140c Abs. 1 PatG (respektive § 24c GebrMG) – zwecks Gewinnung von Beweismitteln (und in Übereinstimmung mit dem allgemeinen zivilrechtlichen Besichtigungsanspruch nach Maßgabe des § 809 BGB) – auf Vorlage einer Urkunde oder Besichtigung einer Sache, die sich in seiner Verfügungsgewalt befindet, oder eines Verfahrens, das Gegenstand des Patents ist, in Anspruch genommen werden (**materiell-rechtlicher Vorlage- oder Besichtigungsanspruch in Umsetzung von Art. 6 und 7 der Enforcement-RL**), wenn dies zur Begründung von dessen Ansprüchen erforderlich ist. Besteht die hinreichende Wahrscheinlichkeit einer in „gewerblichem Ausmaß" begangenen Rechtsverletzung, erstreckt sich der Anspruch auch auf die **Vorlage von Bank-, Fi-** 225

---

[343] Benkard PatG/Grabinski/Zülch PatG § 140b, Rn. 23.

nanz- oder Handelsunterlagen. Soweit der vermeintliche Verletzer geltend macht, dass es sich um vertrauliche Informationen handelt, trifft das Gericht die erforderlichen Maßnahmen, um den im Einzelfall gebotenen Schutz zu gewährleisten. Die vertraulichen Informationen dürfen nicht bereits offenkundig sein oder dem Antragsteller in sonstiger Weise – ohne dass Vertraulichkeitsvereinbarungen getroffen worden sind – bekannt geworden sein.[344] Meist wird es ausreichen, die Informationen einem neutralen, zur Verschwiegenheit verpflichteten Dritten zur Kenntnis zu bringen.[345]

226 Ein bei einer Besichtigung regelmäßig hinzuzuziehender Sachverständiger mit dem nötigen Expertenwissen hat lediglich Feststellungen zu den tatsächlichen Gegebenheiten zu treffen. Zu seinen Aufgaben gehört es nicht, den Sinngehalt von Merkmalen des Streitpatents zu ermitteln bzw. über die Frage der Patentbenutzung zu befinden.[346] Unabhängig von der Formulierung des Beweisbeschlusses hat das Gericht die Auslegung des Streitpatents im Anschluss an die Besichtigung eigenverantwortlich vorzunehmen und darüber zu befinden, ob die tatsächlichen Feststellungen zum Aufbau bzw. zur Arbeitsweise der streitgegenständlichen Vorrichtung als Patentbenutzung zu qualifizieren sind.[347]

227 Der Urkundenvorlage- und Besichtigungsanspruch ist – analog § 140a Abs. 4 PatG (beim Vernichtungs- und Rückrufanspruch) und § 140b Abs. 2 PatG (beim Auskunftsanspruch) – nur ausgeschlossen, wenn die Inanspruchnahme im Einzelfall „unverhältnismäßig" ist (so § 140c Abs. 2 PatG – **Anspruchsausschluss**).

228 Je höher die Wahrscheinlichkeit einer Patentverletzung und damit die Wahrscheinlichkeit eines rechtswidrigen Verhaltens, desto durchgreifender müssen die schützenswerten rechtlichen Interessen des Antragsgegners sein, damit die Anordnung einer Besichtigung oder einer Vorlage unverhältnismäßig ist.[348]

229 Die Verpflichtung zur Vorlage einer Urkunde oder zur Duldung der Besichtigung einer Sache kann nach § 140c Abs. 3 PatG auch im Wege der **einstweiligen Verfügung** nach den §§ 935 bis 945 ZPO angeordnet werden, wobei das Gericht die erforderlichen Maßnahmen treffen muss, um den Schutz vertraulicher Informationen zu gewährleisten.

f) Anspruch auf Vorlage von Bank-, Finanz- oder Handelsunterlagen (§ 140d PatG)

230 Der Verletzte kann den Verletzer bei einer „in gewerblichem Ausmaß begangenen Rechtsverletzung" in den Fällen des § 139 Abs. 2 PatG (dh wenn die Handlung vorsätzlich oder fahrlässig vorgenommen wurde zur Sicherung der Erfüllung des Schadensersatzanspruchs) gemäß § 140d Abs. 1 S. 1 PatG (respektive § 24d GebrMG und in Umsetzung von Art. 9 Abs. 2 S. 2 der Enforcement-RL) auch auf Vorlage von Bank-, Finanz- oder Handelsunterlagen bzw. einen geeigneten Zugang zu den entsprechenden Unterlagen in Anspruch nehmen, die sich in der Verfügungsgewalt des Verletzers befinden. Voraussetzung ist, dass diese für die Durchsetzung des Schadensersatzanspruchs erforderlich sind und ohne ihre Vorlage die Erfüllung des Schadensersatzanspruchs fraglich ist. Damit soll der Verletzte sich Kenntnis über die Vermögenslage des Verletzers verschaffen können. Soweit der Verletzer geltend macht, dass es sich um vertrauli-

---

[344] BeckOK PatR/Pitz PatG § 140c Rn. 29.
[345] BeckOK PatR/Pitz PatG § 140c Rn. 30.
[346] OLG München Beschl. v. 29.8.2019 – 6 W 508/19 = GRUR-RS 2019, 41077, Ls. 2 – Schutzgas-Spülung.
[347] OLG München Beschl. v. 29.8.2019 – 6 W 508/19 = GRUR-RS 2019, 41077, Ls. 3 – Schutzgas-Spülung.
[348] BeckOK PatR/Pitz PatG § 140c Rn. 18.

che Informationen handelt, trifft das Gericht nach § 140d Abs. 1 S. 2 PatG die erforderlichen Maßnahmen, um den im Einzelfall gebotenen Schutz zu gewährleisten.

Dieser Anspruch ist – analog § 140a Abs. 4 PatG (beim Vernichtungs- und Rückrufanspruch), § 140b Abs. 2 PatG (beim Auskunftsanspruch) bzw. § 140c Abs. 2 PatG (beim Urkundenvorlage- und Besichtigungsanspruch) – nur ausgeschlossen, wenn die Inanspruchnahme im Einzelfall „unverhältnismäßig" ist (so § 140d Abs. 2 PatG – **Anspruchsausschluss**).

Die Verpflichtung zur Urkundenvorlage kann nach § 140d Abs. 3 PatG im Wege der **einstweiligen Verfügung** nach den §§ 935 bis 945 ZPO angeordnet werden, wenn der Schadensersatzanspruch „offensichtlich" besteht, wobei das Gericht die erforderlichen Maßnahmen treffen muss, um den Schutz vertraulicher Informationen zu gewährleisten.

Der Unterschied zwischen § 140c PatG und § 140d PatG besteht darin, dass bei ersterem Anspruch die Unterlagen benötigt werden zur Feststellung einer Patentverletzung und bei letzterem Anspruch nach festgestellter Patentverletzung die Unterlagen zur weiteren Durchsetzung eines Schadensersatzanspruchs und zur Feststellung seiner Höhe erforderlich sind.

g) Anspruch auf öffentliche Bekanntmachung des Urteils (§ 140e PatG)

Ist eine Klage aufgrund des PatG erhoben worden, so kann der obsiegenden Partei nach § 140e PatG (respektive § 24e GebrMG und in Umsetzung von Art. 15 der Enforcement-RL) im Urteil die Befugnis zugesprochen werden, das Urteil auf Kosten der unterliegenden Partei öffentlich bekannt zu machen, wenn sie ein „berechtigtes Interesse" darlegt. Art und Umfang der Bekanntmachung werden im Urteil bestimmt. Die Befugnis erlischt, wenn von ihr nicht innerhalb von drei Monaten nach Eintritt der Rechtskraft des Urteils Gebrauch gemacht wird. Das bloße Obsiegen als solches rechtfertigt die Urteilsbekanntmachung auf Kosten des Unterlegenen also noch nicht.[349]

h) Aktiv- und Passivlegitimation im Rechtsstreit

Aktivlegitimiert ist der im Patentregister eingetragene Rechteinhaber – gleichermaßen ggf. neben diesem auch der bzw. die Inhaber ausschließlicher Lizenzen[350] (nicht jedoch der bzw. die Inhaber einfacher Lizenzen, da diese keine abstrakte dingliche Wirkung, sondern nur eine relative, dh schuldrechtliche Wirkung zeitigen). Derjenige, der durch eine (unmittelbare oder mittelbare) rechtswidrige Benutzungshandlung eine Schutzrechtsverletzung begeht, ist passivlegitimiert (wobei Mittäter, Anstifter und Gehilfen als Gesamtschuldner nach den §§ 830, 840 BGB haften).[351] Der Verantwortliche hat für seine Arbeitnehmer als seine Verrichtungsgehilfen nach § 831 BGB bzw. für seine Organmitglieder gemäß § 31 BGB einzustehen.

Im Hinblick auf das Verfahren in Patentstreitigkeiten bestimmt § 143 Abs. 1 PatG (respektive § 27 GebrMG), dass für alle Klagen, durch die ein Anspruch aus einem der im PatG geregelten Rechtsverhältnisse geltend gemacht wird (**Patentstreitsachen**), die Zivilkammern der Landgerichte ohne Rücksicht auf den Streitwert ausschließlich zuständig sind (**ausschließliche sachliche Zuständigkeit der Landgerichte**). Die Landesregie-

---

349 LG München I Urt. v. 24.11.2011 – 7 O 22100/10, Rn. 124.
350 Gegen eine generelle Aktivlegitimation von ausschließlichen Lizenznehmern: Jestaedt GRUR 2020, 354.
351 Götting, § 31 Rn. 30.

rungen werden nach § 143 Abs. 2 PatG ermächtigt, durch Rechtsverordnung die Patentstreitsachen für die Bezirke mehrerer Landgerichte einem von ihnen zuzuweisen (Konzentrationsermächtigung). Die Landesregierungen können diese Ermächtigungen auch auf die Landesjustizverwaltungen übertragen. Die Länder können außerdem durch Vereinbarung den Gerichten eines Landes obliegende Aufgaben insgesamt oder teilweise dem zuständigen Gericht eines anderen Landes übertragen. In Sachsen ist bspw. das LG Leipzig für alle Patentstreitigkeiten zuständig.[352]

237 Von den **Kosten**, die durch die Mitwirkung eines Patentanwalts in dem Rechtsstreit entstehen, sind gemäß § 143 Abs. 3 PatG die Gebühren nach § 13 RVG und außerdem die notwendigen Auslagen des Patentanwalts zu erstatten.

238 Wer eine Klage nach § 139 PatG erhoben hat, kann gemäß § 145 PatG gegen den Beklagten wegen derselben oder einer gleichartigen Handlung aufgrund eines anderen Patents nur dann eine weitere Klage erheben, wenn er ohne sein Verschulden nicht in der Lage war, auch dieses Patent in dem früheren Rechtsstreit geltend zu machen (**Zwang zur Klagekonzentration** mit korrespondierender verzichtbarer prozesshindernder Einrede zugunsten des Beklagten).[353]

239 Hat der Patentinhaber, nachdem er Ansprüche gegen einen Patentverletzer rechtshängig gemacht hat, einem Dritten eine ausschließliche Lizenz an dem Klagepatent eingeräumt, ist der **Dritte als (Teil-) Rechtsnachfolger** des Patentinhabers an der Erhebung einer eigenen Klage gegen den Patentverletzer gehindert, solange die Klage des Patentinhabers rechtshängig ist. Das rechtskräftige Urteil über die Klage des Patentinhabers wirkt unter den genannten Voraussetzungen auch für und gegen den Dritten.[354]

i) Verjährung

240 Auf die Ansprüche wegen Verletzung der Patentrechte finden nach § 141 PatG (respektive § 24c S. 1 GebrMG) die §§ 194 ff. BGB entsprechende Anwendung. Nach § 195 BGB beträgt die regelmäßige Verjährungsfrist drei Jahre (**dreijährige Verjährungsfrist**). Die regelmäßige Verjährungsfrist beginnt gemäß § 198 Abs. 1 BGB grundsätzlich mit dem Schluss des Jahres, in dem der Anspruch entstanden ist und der Gläubiger von den den Anspruch begründenden Umständen und der Person des Schuldners Kenntnis erlangt oder ohne grobe Fahrlässigkeit erlangen müsste.

3. Strafrechtlicher Schutz (§ 142 PatG)

241 In Ergänzung der zivilrechtlichen Sanktionsmöglichkeiten statuiert § 142 PatG (respektive § 25 GebrMG) eine Regelung des **Nebenstrafrechts** zwecks Gewährleistung auch eines strafrechtlichen Schutzes im Falle von Patentverletzungen. Mit Freiheitsstrafe bis zu drei Jahren oder mit Geldstrafe wird nach § 142 Abs. 1 PatG bestraft, wer ohne die erforderliche Zustimmung des Patentinhabers oder des Inhabers eines ergänzenden Schutzzertifikats (§§ 16a, 49a PatG) – mithin rechtswidrig – und vorsätzlich (dh schuldhaft, vgl. § 15 StGB, wonach nur ein vorsätzliches Handeln strafbar ist, wenn nicht das Gesetz fahrlässiges Handeln ausdrücklich mit Strafe bedroht)

---

[352] Eine vollständige Auflistung aller Zuständigkeiten im gewerblichen Rechtsschutzverfahren ist im GRUR-Atlas zu finden. Internetpräsenz: http://www.grur.org/de/grur-atlas/gerichte/gerichtszustaendigkeiten.html.
[353] Götting, § 31 Rn. 36.
[354] BGH Urt. v. 19.2.2013 – X ZR 70/12 (OLG Düsseldorf) = GRUR 2013, 1269 – Wundverband.

IV. Rechtswirkungen des Patents

- ein Erzeugnis, das Gegenstand des Patents oder des ergänzenden Schutzzertifikats ist (§ 9 S. 2 Nr. 1 PatG – Erzeugnispatent), herstellt oder anbietet, in Verkehr bringt, gebraucht oder zu einem der genannten Zwecke entweder einführt oder besitzt (Nr. 1) oder
- ein Verfahren, das Gegenstand des Patents oder des ergänzenden Schutzzertifikats ist (§ 9 S. 2 Nr. 2 PatG – Verfahrenspatent), anwendet oder zur Anwendung im Geltungsbereich des PatG anbietet (Nr. 2).
- § 142 S. 1 Nr. 1 PatG ist auch anzuwenden, wenn es sich um ein Erzeugnis handelt, das durch ein Verfahren, das Gegenstand des Patents oder des ergänzenden Schutzzertifikats ist, unmittelbar hergestellt worden ist (§ 9 S. 2 Nr. 3 PatG).

Beachte: § 142 Abs. 1 PatG erfasst nur rechtswidrige und vorsätzlich (schuldhaft) begangene unmittelbare Benutzungshandlungen, wohingegen entsprechende mittelbare Benutzungshandlungen „nach den allgemeinen Vorschriften des Strafrechts über Anstiftung, Beihilfe und Mittäterschaft zu beurteilen" sind.[355]

Handelt der Täter gewerbsmäßig, so ist die Strafe nach § 142 Abs. 2 PatG Freiheitsstrafe bis zu fünf Jahren oder Geldstrafe. Der **Versuch** ist strafbar (so § 142 Abs. 3 PatG). In den Fällen des § 142 Abs. 1 PatG wird die Tat nach § 142 Abs. 4 PatG nur auf Antrag (vgl. zum Strafantrag die §§ 77 bis 77d StGB) verfolgt (**Antragsdelikt**), es sei denn, dass die Strafverfolgungsbehörde wegen des besonderen öffentlichen Interesses an der Strafverfolgung ein Einschreiten von Amts wegen für geboten hält. Gegenstände, auf die sich die Straftat bezieht, können gemäß § 142 Abs. 5 PatG eingezogen werden, wobei § 74a StGB anzuwenden ist. Wird auf Strafe erkannt, so ist, wenn der Verletzte es beantragt und ein berechtigtes Interesse daran dartut, nach § 142 Abs. 6 PatG anzuordnen, dass die **Verurteilung** auf Verlangen **öffentlich bekanntgemacht** wird. Die Art der Bekanntmachung ist im Urteil zu bestimmen. Ein öffentliches Interesse kann sich aus der Beeinträchtigung des Werts des Patents durch Marktverwirrung ergeben.[356] Das ist zugleich sachliche Voraussetzung des Antrags und muss vom Verletzten substantiiert dargelegt werden.[357] Aspekte, die ein öffentliches Interesse bejahen, sind eine allgemeine Verwirrung des Marktes durch die Patentverletzung, eine durch die Verletzung hervorgerufene Unsicherheit bei den Abnehmern und eine daraus folgende Beeinträchtigung und Entwertung des Patents.[358] Ein **persönlicher Strafausschließungsgrund** ist in § 142 Abs. 7 PatG geregelt, wonach keine Bestrafung nach § 142 Abs. 1 bis 3 PatG erfolgt, soweit ein Unterlassungsanspruch nach § 139 Abs. 1 S. 3 PatG ausgeschlossen ist. Dem Verletzer kann nicht vorgeworfen werden, wenn er in der Zeit des Ausschlusses des Unterlassungsanspruchs die verletzenden Produkte noch herstellt oder weiterverkauft, gleichwohl wird nicht die Rechtswidrigkeit seines Tuns aufgehoben, sondern nur ein besonderer Strafausschließungsgrund für die Dauer des Ausschlusses des Unterlassungsnaspruchs geschaffen.[359]

---

[355] Götting, § 31 Rn. 2.
[356] BGH Urt. v. 15.1.1957 – I ZR 39/55 (OLG Hamburg) = BGHZ 23,100 = GRUR 1957, 231 (236) – Taeschner.
[357] Benkard PatG/Grabinski/Zülch PatG § 142 Rn. 21.
[358] Benkard PatG/Grabinski/Zülch PatG § 142 Rn. 21.
[359] BT-Drs. 19/25821, S. 56

4. Exkurs: Die Patentberühmung

243 Wer Gegenstände oder ihre Verpackung mit einer Bezeichnung versieht, die geeignet ist, den Eindruck zu erwecken, dass die Gegenstände durch ein Patent oder eine Patentanmeldung nach dem PatG geschützt seien (bspw. durch Vermerke wie „DPB" [Deutsches Bundespatent], „p" oder „gesetzlich geschützt"), oder wer in öffentlichen Anzeigen, auf Aushängeschildern, auf Empfehlungskarten oder in ähnlichen Kundgebungen eine Bezeichnung solcher Art verwendet (**öffentlicher Hinweis auf ein Patent**), ist nach § 146 PatG (respektive § 30 GebrMG) verpflichtet, jedem, der ein berechtigtes Interesse an der Kenntnis der Rechtslage hat, auf Verlangen hin Auskunft darüber zu geben, auf welches Patent oder auf welche Patentanmeldung sich die Verwendung der Bezeichnung stützt. Maßstab für die Anerkennung eines berechtigten Interesses ist der mit dem Auskunftsanspruch verfolgte Normzweck. Der Anspruch steht den Personen zu, die in einem möglichen späteren wettbewerbsrechtlichen Rechtsstreit, der mit dem Auskunftsanspruch nach § 146 PatG vorbereitet werden soll, aktivlegitimiert sind. Dies sind die Mitbewerber des Patentberühmers (§ 8 Abs. 3 Nr. 1 UWG bzw. § 9 UWG iVm § 2 Abs. 1 Nr. 3 UWG) bzw. Verbände, qualifizierte Einrichtungen und Kammern nach § 8 Abs. 3 Nr. 2 bis 4 UWG.[360] Die Darlegung einer konkreten Absicht, die wettbewerbsrechtliche Klage zu erheben, ist für die Geltendmachung des Auskunftsanspruchs allerdings nicht erforderlich.[361]

244 Im Falle einer unberechtigten Patentberühmung kann gegen den sich Berühmenden ein

- Unterlassungsanspruch (§ 8 iVm § 3 Abs. 1 iVm § 5 Abs. 1 S. 2 Nr. 3 UWG [Rechte des geistigen Eigentums]) bzw. ein
- Schadensersatzanspruch (§ 9 iVm § 3 Abs. 1 iVm § 5 Abs. 1 S. 2 Nr. 3 UWG [Rechte des geistigen Eigentums])

geltend gemacht werden. Im Übrigen ist ein entsprechendes Verhalten auch nach § 16 Abs. 1 UWG (strafbare Werbung) strafbar.[362]

245
5. Zuständigkeiten in Patentstreitigkeiten

Nach § 143 Abs. 1 PatG sind für die Geltendmachung von Verletzungstatbeständen in Patentstreitsachen die **Zivilkammern der Länder** zuständig. Zu den Patentstreitsachen

---

[360] BeckOK PatR/Kircher PatG § 146 Rn. 11.
[361] OLG Frankfurt a.M. Urt. v. 29.4.1965 – 6 U 85/64 = GRUR 1967, 88 (89) – Steuerventile.
[362] BGH Urt. v. 30.11.1989 – I ZR 191/87 (OLG Hamm) = GRUR 1992, 329 – AjS-Schriftenreihe: Ein Firmenschlagwort, das weder Firmenbestandteil noch als besondere Geschäftsbezeichnung herausgestellt ist, genießt Schutz nach § 16 Abs. 1 UWG auch bei eigener Unterscheidungskraft nur, wenn es Verkehrsgeltung erlangt hat. Zur Frage der Verkehrsgeltung einer aus den Anfangsbuchstaben der Namen von Gesellschaftern gebildeten Buchstabenzusammenstellung, die (auch) neben den ausgeschriebenen Gesellschafternamen zur Kennzeichnung der Gesellschaft gebraucht werden. Auch zur Frage der Verwechslungsgefahr von aus den Buchstabenkombinationen „AS" und „AjS" gebildeten Bezeichnungen bei weitgehend identischem Waren- und Branchenbereich (hier Vertrieb juristischer Skripten). Zu den Voraussetzungen des Verwirkungseinwands gegenüber einem auf § 16 Abs. 1 UWG gestützten kennzeichnungsrechtlichen Unterlassungsanspruch. Wird mit dem aus einer Gesellschaft ausscheidenden Gesellschafter (hiermit dem Kommanditisten einer KG) vereinbart, dass dieser keinem Wettbewerbsverbot unterworfen sein solle, widerspricht dessen spätere Konkurrenztätigkeit auch dann nicht ohne Weiteres dem Grundsatz von Treu und Glauben (§ 242 BGB), wenn die Gesellschaft die bisherigen Arbeitsergebnisse des ausscheidenden Gesellschafters weiter nutzen darf und durch dessen Wettbewerb die Einkünfte der Gesellschaft geschmälert werden, mit denen diese dem ausgeschiedenen Gesellschafter zugesagte Abfindung finanziert.

IV. Rechtswirkungen des Patents

zählen alle Klagen, die einen Anspruch auf eine Erfindung oder aus einer Erfindung zum Gegenstand haben oder sonst wie mit einer Erfindung eng verknüpft sind.[363] Verletzungstatbestände werden damit im Rahmen der ordentlichen Gerichtsbarkeit geltend gemacht und nicht vor dem BPatG. Der Verletzungsrichter ist an den Tatbestand der Patenterteilung gebunden und nicht befugt, den Rechtsbestand des Patents in Frage zu stellen.[364] Um Entscheidungen mit der nötigen Sachkunde zu entscheiden und eine kurze Verfahrensdauer zu fördern, sieht § 143 Abs. 2 PatG die Möglichkeit vor, **Patentstreitkammern** zu bilden.[365] Patentstreitsachen sind somit auf insgesamt 12 Landgerichte konzentriert.[366]

> **Zusammenfassung:** Die positiven Wirkungen des Patents sind in § 9 PatG normiert, Ausnahmen hierzu bspw. in § 11 PatG. Beim In-Verkehr-Bringen der Sache, die für eine ihrer Merkmale Patentschutz genießt, wird nach dem Erschöpfungsgrundsatz die Benutzung des patentierten Merkmals gemeinfrei. Der negative Inhalt des Patents gewährt dem Rechteinhaber im Falle einer Patentverletzung die in den §§ 139 ff. PatG geregelten Abwehr-, Schadenersatz- und (sonstigen) Hilfsansprüche.

246

Frage 21: Welche Rechtswirkungen entfaltet das Patent?
Frage 22: Was bedeutet der „Erschöpfungsgrundsatz"?
Frage 23: Welche Ansprüche hat ein Patentinhaber gegen einen Verletzer?
Frage 24: B ist Inhaber des Patents mit der Patentnummer 123456789 – einem Kugelschreiber mit einer Mine, die bei unterschiedlichem Druck immer in gleicher Intensität schreibt. X hält diese im Einzelhandel angebotenen Produkte für überteuert und macht sich die Technik der druckunabhängigen Mine zu eigen. Er bringt einen Kugelschreiber auf den Markt mit unterschiedlicher Optik, aber mit der identischen Funktionsweise einer druckunabhängigen Mine. Sein Produkt findet starken Absatz.

---

363 BGH, Urt. v. 22.6.1954 – I ZR 225/53 (OLG Stuttgart) = BGHZ 14, 72 = GRUR 1955, 83 – Vermögensrechtliche Ansprüche.
364 BT-Drs. 19/25821, S. 30.
365 BeckOK PatR/Kircher, 21. Ed. 15.7.2021, PatG § 143 Rn. 17.
366 Eine Liste mit allen zuständigen Landgerichten: BeckOK PatR/Kircher, 21. Ed. 15.7.2021, PatG § 143 Rn. 26.
 - Die Zuständigkeit der festgelegten Landgerichte erstreckt sich neben Patentstreitsachen auch auf Gebrauchsmusterstreitsachen. Einzige Ausnahme: In Rheinland-Pfalz ist für Gebrauchsmusterstreitsachen nicht das Landgericht Frankfurt a. M., sondern das Landgericht Frankenthal zuständig (§ 11 VO v. 15.12.1982, GVBl. 1982, 460).

a) B will gegen X vorgehen und erreichen, dass der Vertrieb des Kugelschreibers unterbleibt und seine Nachteile (rückläufiger Absatz) ausgeglichen werden. Was kann er tun?
b) Was für ein Schaden ist B entstanden, und wie wird dieser berechnet? ◄

6. Schema Patentverletzungen

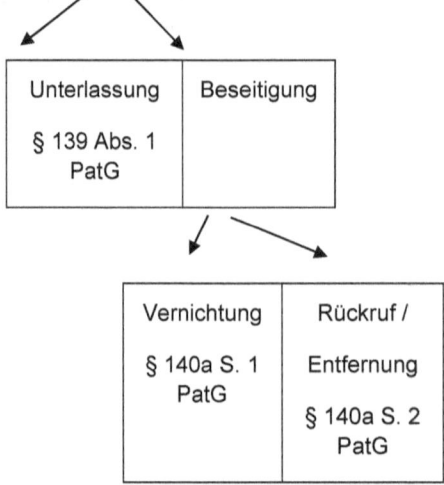

V. Beschränkungen des Patents im Hinblick auf seinen Schutzumfang (§§ 12 und 13 sowie 24 PatG)

1. Einschränkung der Wirkungserstreckung eines Patents (§ 11 PatG)

Die Wirkung des Patents (**als einem sozialgebundenen Recht**)[367] – dh sein Schutzumfang – erstreckt sich nach § 11 PatG (respektive § 12 GebrMG) ua nicht (Restriktion

---

367 So Eisenmann/Jautz, Rn. 159.

V. Beschränkungen des Patents im Hinblick auf seinen Schutzumfang

im Interesse Privater wie der Öffentlichkeit) auf bestimmte Benutzungshandlungen, nämlich

- Handlungen, die im **privaten Bereich zu nichtgewerblichen Zwecken** vorgenommen werden (Nr. 1);
- Handlungen zu Versuchszwecken (**Versuchsprivileg**), die sich auf den Gegenstand der patentierten Erfindung (selbst) beziehen (Nr. 2 – Prüfung von Weiterentwicklungsmöglichkeiten);
- die Nutzung biologischen Materials zum Zweck der Züchtung, Entdeckung und Entwicklung einer neuen Pflanzensorte (Nr. 2 Buchst. a);
- Studien und Versuche und die sich daraus ergebenden praktischen Anforderungen, die für die Erlangung einer arzneimittelrechtlichen Genehmigung für das Inverkehrbringen in der EU oder einer arzneimittelrechtlichen Zulassung in den Mitgliedstaaten der EU oder in Drittstaaten erforderlich sind – **Roche-Bolar-Regel** (Nr. 2 Buchst. b);[368] bzw.
- die unmittelbare Einzelzubereitung von Arzneimitteln in Apotheken aufgrund ärztlicher Verordnung (**Rezeptur**) sowie auf Handlungen, welche die auf diese Weise zubereiteten Arzneimittel betreffen (Nr. 3).

Zwecks Vermeidung einer Behinderung des internationalen Rechtsverkehrs erstreckt sich die Wirkung des Patents nach § 11 Nr. 4 bis 6 PatG auch nicht auf

249

- den an Bord von Schiffen eines anderen PVÜ-Mitgliedstaates stattfindenden Gebrauch des Gegenstands der patentierten Erfindung im Schiffskörper, in den Maschinen, im Takelwerk, an den Geräten und sonstigem Zubehör, wenn die Schiffe vorübergehend oder zufällig in die Gewässer gelangen, auf die sich der Geltungsbereich des PatG erstreckt, vorausgesetzt, dass dieser Gegenstand dort ausschließlich für die Bedürfnisse des Schiffes verwendet wird (Nr. 4);
- den Gebrauch des Gegenstands der patentierten Erfindung in der Bauausführung oder für den Betrieb der Luft- oder Landfahrzeuge eines anderen PVÜ-Mitgliedstates oder des Zubehörs solcher Fahrzeuge, wenn diese vorübergehend oder zufällig in den Geltungsbereich des PatG gelangen (Nr. 5); bzw. auf
- die in Art. 27 des Abkommens vom 7.12.1944 über die Internationale Zivilluftfahrt[369] vorgesehenen Handlungen, wenn diese Handlungen ein Luftfahrzeug eines anderen Staates betreffen, auf den dieser Artikel anzuwenden ist (Nr. 6).

2. Vorbenutzung (§ 12 PatG)

Die Wirkung des Patents (einschließlich des einstweiligen Schutzes einer Patentanmeldung) tritt nach § 12 Abs. 1 S. 1 PatG (respektive § 13 Abs. 3 GebrMG) gegen den nicht ein, der zur Zeit der Anmeldung bereits im Inland die Erfindung in Benutzung genommen oder die dazu erforderlichen Veranstaltungen[370] getroffen hatte (Wahrung des Besitzstands eines inländischen Vorbenutzers der jetzt patentierten Erfindung –

250

---

368 § 11 Nr. 2b PatG ist bspw. wichtig für die Durchführung klinischer Studien mit bestehenden patentgeschützten Wirkstoffen zur Erlangung eines Impfstoffes gegen Sars-2-COVID 19: § Metzger/Zech, GRUR 2020, 561 (564).
369 BGBl. 1956 II S. 411.
370 BGH Urt. v. 12.6.2012 – X ZR 131/09 (OLG Düsseldorf) = GRUR 2012, 895 – Desmopressin: 1. Die nach § 12 Abs. 1 PatG für den Erwerb eines Vorbenutzungsrechts erforderliche Benutzung oder Veranstal-

Vorbenutzungsrecht). Dieser redliche „**Erfindungsbesitzer**" ist befugt, die Erfindung (trotz des jetzt entgegenstehenden Schutzrechts – mithin den Erfindungsgedanken einschließlich damit einhergehender Ausführungsformen [allerdings ohne eine Möglichkeit der Weiterentwicklung bzw. eines Wechsels der Benutzungsarten])[371] grundsätzlich für die „Bedürfnisse seines eigenen Betriebs" in eigenen oder fremden Werkstätten (weiter) auszunutzen. Die Befugnis kann nur zusammen mit dem Betrieb vererbt oder veräußert (und damit auch nicht ge- oder verpfändet) werden (**Betriebsgebundenheit des Vorbenutzungsrechts**). Das Vorbenutzungsrecht ist kein absolutes Recht, da es dem Vorbenutzer nur ein positives Recht zur Benutzung, nicht jedoch gegenüber Dritten Abwehrrechte einräumt. Hat der Anmelder oder sein Rechtsvorgänger die Erfindung vor der Anmeldung anderen mitgeteilt und sich dabei seine Rechte für den Fall der Patenterteilung vorbehalten, so kann sich der, welcher die Erfindung infolge der Mitteilung erfahren hat, nicht auf entsprechende Maßnahmen berufen, die er innerhalb von sechs Monaten nach der Mitteilung getroffen hat (so § 12 Abs. 1 S. 4 PatG)

251 Steht dem Patentinhaber ein Prioritätsrecht zu, so ist an Stelle der in § 12 Abs. 1 PatG bezeichneten Anmeldung die frühere Anmeldung maßgebend (so § 12 Abs. 2 PatG). Dies gilt jedoch nicht für Angehörige eines ausländischen Staates, der hierin keine Gegenseitigkeit verbürgt, soweit diese die Priorität einer ausländischen Anmeldung in Anspruch nehmen.

3. Zwangspatent (§ 13 PatG)

252 Die Wirkung des Patents tritt nach § 13 Abs. 1 PatG (respektive § 13 Abs. 3 GebrMG) insoweit nicht ein, als die Bundesregierung anordnet (**Anordnung**), dass die Erfindung im „**Interesse der öffentlichen Wohlfahrt**" (dh für Zwecke der Allgemeinheit – was enger als das „öffentliches Interesse" zu verstehen ist)[372] benutzt werden soll. Das Interesse der öffentlichen Wohlfahrt rechtfertigt Eingriffe zum Schutz gegen erhebliche Gefährdungen, zB Seuchen, Infektionsschutz, Umweltschäden oder Beeinträchtigungen der Energie- und Wasserversorgung.[373] Eine Benutzung muss als Verwaltungsakt (§ 35 VwVfG) angeordnet werden, der angibt, welche Benutzungsarten oder -handlungen

---

tung setzt voraus, dass der Handelnde selbstständigen Erfindungsbesitz erlangt hat. Erfindungsbesitz ist gegeben, wenn die sich aus Aufgabe und Lösung ergebende technische Lehre objektiv fertig und subjektiv erkannt worden ist, dass die tatsächliche Ausführung der Erfindung möglich ist. 2. Die für den Erfindungsbesitz erforderliche subjektive Erkenntnis liegt vor, wenn das Handeln planmäßig auf die Verwirklichung einer technischen Lehre gerichtet ist, die alle Merkmale des erfindungsgemäßen Gegenstands verwirklicht (hier: eine bestimmte Rezeptur für eine pharmazeutische Zusammensetzung). Ob der Handelnde darüber hinaus Kenntnis von Wirkungen hat, die nach den Angaben in der Beschreibung mit der Verwirklichung des erfindungsgemäßen Gegenstands verbunden sind (hier: eine mit der Beachtung einer Obergrenze für den Oxidationsmittelgehalt erreichte bessere Haltbarkeit), ist unerheblich. Vgl. auch BGH Urt. v. 9.12.2014 – X ZR 6/13 (BPatG) = GRUR 2015, 463 – Presszange: 1. Ein Angebot, das nicht an die Öffentlichkeit, sondern an einen (potenziellen) Vertragspartner gerichtet ist, stellt nur dann eine offenkundige Vorbenutzung dar, wenn die Weiterverbreitung der dem Angebotsempfänger damit übermittelten Kenntnis an beliebige Dritte nach der Lebenserfahrung nahegelegen hat. Ist das Angebot auf die Herstellung eines erst noch zu entwickelnden Gegenstands gerichtet, kann dies nicht ohne Weiteres angenommen werden. 2. Die Schlussfolgerung, dass nach der allgemeinen Lebenserfahrung die nicht nur entfernte Möglichkeit bestanden hat, dass beliebige Dritte und damit auch Fachkundige durch eine Vorbenutzung zuverlässige Kenntnis von der Erfindung erhalten, setzt voraus, dass wie etwa bei einem Angebot oder einer Lieferung mindestens ein Kommunikationsakt feststeht, an den ein Erfahrungssatz anknüpfen kann.

371 Götting, § 25 Rn. 8 f.
372 Lenz/Kieser NJW 2002, 401 (402): Schutz vor Milzbrandangriffen.
373 BeckOK, PatR/Ensthaler, PatG, § 13 Rn. 7.

V. Beschränkungen des Patents im Hinblick auf seinen Schutzumfang

der §§ 9 und 10 PatG für welche Dauer von der Anordnung umfasst sein sollen („insoweit […] als"), also inwieweit die Anordnung notwendig ist.[374] Die Zwangsanordnung als ultima ratio unterliegt dem Maßstab der Erforderlichkeit, weswegen auch andere Instrumente, wie eine Zwangslizenz (dazu nachstehende Rn. 251 ff.), auszuschöpfen sind.[375]

Besondere Bedeutung erhält § 13 Abs. 1 S. 1 PatG durch die aktuelle Suche nach einem Impfstoff gegen Sars II-COVID-19. § 5 Abs. 2 Nr. 5 IfSG (Infektionsschutzgesetz) ermächtigt das Bundesministerium für Gesundheit eine entsprechende Anordnung zu treffen, vorausgesetzt es liegt eine epidemische Lage von nationaler Tragweite vor, was nach § 5 Abs. 1 S. 1 IfSG der Deutsche Bundestag feststellt (am 25.3.2020 bspw. geschehen).[376]

Die Wirkung des Patents erstreckt sich ferner nicht auf der Benutzung einer Erfindung, die im **„Interesse der Sicherheit des Bundes"** von der zuständigen obersten Bundesbehörde oder in deren Auftrag von einer nachgeordneten Stelle angeordnet wird. Das Interesse der Sicherheit des Bundes umfasst den Schutz gegen – von außen oder von innen kommende – Angriffe, denen mittels Landesverteidigung zu begegnen ist und die Abwendung sonstiger vergleichbarer schwerwiegender Gefahren für die Sicherheit des Bundes. Die Anordnung kann dem Schutz der Zivilbevölkerung, zB dem Luft- oder Katastrophenschutz, dienen.[377]

Für die Anfechtung einer Anordnung nach § 13 Abs. 1 PatG iVm § 190 Abs. 1 Nr. 8 VwGO ist das BVerwG zuständig, wenn sie von der Bundesregierung oder einer zuständigen obersten Bundesbehörde getroffen worden ist (so § 13 Abs. 2 PatG).

Der Patentinhaber hat in den Fällen des § 13 Abs. 1 PatG gegen den Bund einen **Anspruch auf angemessene Vergütung** – § 13 Abs. 3 PatG. Wegen deren Höhe ist im Streitfall der Rechtsweg vor die ordentlichen Gerichte (dh die Zivilgerichtsbarkeit) eröffnet.

4. Zwangslizenz

Eine nicht ausschließliche Befugnis zur gewerblichen Benutzung einer Erfindung kann durch das BPatG nach dessen § 24 Abs. 1 (respektive § 20 GebrMG – in Anpassung an die Vorgaben der Art. 27 Abs. 1 S. 2 und S. 3 des TRIPS-Übereinkommen) im Einzelfall erteilt werden (**Zwangslizenz**), wenn folgende Voraussetzungen[378] erfüllt sind:

- Der Lizenzsucher muss sich innerhalb eines angemessenen Zeitraumes erfolglos bemüht haben, vom Patentinhaber die Zustimmung zu erhalten, die Erfindung zu angemessenen geschäftsüblichen Bedingungen zu benutzen (Nr. 1, was die grundsätzliche Bereitschaft des Lizenzsuchers voraussetzt, eine angemessene Vergütung zu zahlen – **Verweigerungshaltung des Patentinhabers**) **und** (kumulativ)

---

374 Benkard, PatG/Scharen, PatG, § 13 Rn. 3; Schulte/ Rinken, PatG, § 13, Rn. 7.
375 Keukenschrijver, PatG, § 13, Rn. 8; Benkard, PatG/Scharen, PatG, § 13 Rn. 4.
376 Metzger/Zech GRUR 2020, 561 (565). Die Anordnung nach § 5 Abs. 2 Nr. 5 IfSG ist möglich für Produkte, die durch einen Verweis auf § 5 Abs. 2 Nr. 4 IfSG abschließend aufgezählt sind, mithin Arzneimittel einschließlich Betäubungsmittel, Wirk-, Ausgangs- und Hilfsstoffe dafür, Medizinprodukte, Labordiagnostik, Hilfsmittel sowie Gegenstände der persönlichen Schutzausrüstung und Produkte zur Desinfektion.
377 Benkard, PatG/Scharen, PatG, § 13 Rn. 6.
378 Restriktive Auslegung: Unter dem aktuellen PatG von 1980 wurden die entsprechenden Voraussetzungen einmal bejaht: BGH Urt. v. 11.7.2017 – X ZB 2/17 (BPatG) = BGHZ 215, 214 = GRUR 2017, 1017 – Raltegravir. Vgl. auch Stierle GRUR 2020; 30 – Alirocumab.

- das **öffentliche Interesse** (als unbestimmter Rechtsbegriff) muss die Erteilung einer Zwangslizenz gebieten (Nr. 2, iS einer Abwägung aller Umstände des konkret in Rede stehenden Einzelfalles unter Berücksichtigung des Verhältnismäßigkeitsgrundsatzes – Individualinteresse des Patentinhabers versus Interessen der Allgemeinheit). Die Bewertung der abzuwägenden Belange unterliegt wechselnden Anschauungen, so dass sich das öffentliche Interesse nicht in allgemeingültiger Weise umschreiben lässt, sondern, wie bei jeder Generalklausel, einem Wandel unterworfen ist.[379] Es können auch wirtschaftliche und sozialpolitische Erwägungen berücksichtigt werden.[380]

258 Praktisch denkbar sind aktuell Zwangslizenzen auf Patente bei unzureichender medizinischer Versorgung und Herstellung von patentrechtlich geschützten Produkten, die zur Bekämpfung und Eindämmung von Sars 2 COVID-19 benötigt werden, wie Testkits, medizinisches Gerät, Desinfektionsmittel oder besondere Schutzkleidung.[381]

259 Nachgedacht wird in diesem Zusammenhang auch über eine „Open Covid License", die befristet bis zum Ablauf eines Jahres nach der Erklärung der WHO, dass die Pandemie beendet ist, gehen soll.[382]

260 Kann der Lizenzsucher eine ihm durch Patent mit jüngerem Zeitrang geschützte Erfindung nicht verwerten, ohne ein Patent mit älterem Zeitrang zu verletzen (**abhängige Erfindung**), so hat er nach § 24 Abs. 2 S. 1 PatG gegenüber dem Inhaber des Patents mit dem älteren Zeitrang einen Anspruch auf Einräumung einer Zwangslizenz, sofern die Voraussetzung des § 24 Abs. 1 Nr. 1 PatG erfüllt ist (Nr. 1, dh nach erfolglosem Bemühen um eine Lizenz) und seine eigene Erfindung im Vergleich mit derjenigen des Patents mit dem älteren Zeitrang einen wichtigen technischen Fortschritt von erheblicher wirtschaftlicher Bedeutung aufweist. Der Patentinhaber kann dann im Gegenzug verlangen, dass ihm der Lizenzsucher eine Gegenlizenz zu angemessenen Bedingungen für die Benutzung der patentierten Erfindung mit dem jüngeren Zeitrang einräumt (so § 24 Abs. 2 S. 2 PatG). Dies gilt nach § 24 Abs. 3 PatG entsprechend, wenn ein Pflanzenzüchter ein Sortenschutzrecht nicht erhalten oder verwerten kann, ohne ein früheres Patent zu verletzen (**abhängiges Sortenschutzrecht**).

261 § 24 Abs. 2 PatG wurde infolge der *Polyferon*- Entscheidung des BGH neu ins PatG aufgenommen. In dieser Entscheidung hat der BGH ausgeführt, dass auch das Auffinden einer erfinderischen und durch ein weiteres Patent geschützten Verwendung einer zuvor offenbarten Sequenz nicht für sich das öffentliche Interesse begründet, die Nutzung einer solchen erfinderischen Verwendung im Wege einer Zwangslizenz zu ermöglichen.[383] Begründet wurde die Einführung des § 24 Abs. 2 PatG dann damit, dass sich durch eine solche Zwangslizenz die Folgen eines absoluten Stoffschutzes dort, wo sich die Parteien nicht einigen und hierdurch die Verwertung einer bedeutenden Verwendungserfindung gefährdet ist, sinnvoll abwickeln lassen.[384]

---

379 BGH Urt. v. 5.12.1995 – X ZR 26/92 (BPatG) = BGHZ 131, 247 = GRUR 1996, 190 (192 f.) – Interferongamma/Polyferon; BeckOK, PatR/Wilhelmi, PatG, § 24 Rn. 26.
380 Metzger/Zech, GRUR 2020, 561 (564).
381 Metzger/Zech, GRUR 2020, 561 (564).
382 Metzger/Zech, GRUR 2020, 561 (564).
383 BGH Urt. v. 5.12.1995 – X ZR 26/92 (BPatG) = BGHZ 131, 247 = GRUR 1996, 190 (193) – Interferongamma/Polyferon.
384 Feldges, GRUR 2005, 977 (980).

V. Beschränkungen des Patents im Hinblick auf seinen Schutzumfang

Für eine patentierte Erfindung auf dem Gebiet der **Halbleitertechnologie** darf gemäß § 24 Abs. 4 PatG eine Zwangslizenz im Rahmen des § 24 Abs. 1 PatG nur erteilt werden, wenn dies zur Behebung einer in einem Gerichts- oder Verwaltungsverfahren festgestellten wettbewerbswidrigen Praxis des Patentinhabers erforderlich ist.

262

Übt der Patentinhaber die patentierte Erfindung nicht oder nicht überwiegend im Inland aus (**Nichtausübung des Patents im Inland als Rechtfertigung eines öffentlichen Interesses**), so können nach § 24 Abs. 5 S. 1 PatG Zwangslizenzen im Rahmen des § 24 Abs. 1 PatG erteilt werden, um eine ausreichende Versorgung des Inlandsmarktes mit dem patentierten Erzeugnis sicherzustellen. Die Einfuhr steht insoweit der Ausübung des Patents im Inland gleich (so § 24 Abs. 5 S. 2 PatG).

263

Die Erteilung einer Zwangslizenz an einem Patent ist nach § 24 Abs. 6 S. 1 PatG erst nach dessen Erteilung zulässig. Sie kann gemäß § 24 Abs. 6 S. 2 PatG eingeschränkt erteilt und von Bedingungen abhängig gemacht werden. Umfang und Dauer der Benutzung sind nach § 24 Abs. 6 S. 3 PatG auf den Zweck zu begrenzen, für den sie gestattet worden ist. Der Patentinhaber hat gegen den Inhaber der Zwangslizenz gemäß § 24 Abs. 6 S. 4 PatG **Anspruch auf eine Vergütung,** die nach den Umständen des Falles angemessen ist und den wirtschaftlichen Wert der Zwangslizenz in Betracht zieht. Tritt bei den künftig fällig werdenden wiederkehrenden Vergütungsleistungen eine wesentliche Veränderung derjenigen Verhältnisse ein, die für die Bestimmung der Höhe der Vergütung maßgebend waren, so ist jeder Beteiligte berechtigt, eine entsprechende Anpassung zu verlangen (so § 24 Abs. 6 S. 5 PatG). Sind die Umstände, die der Erteilung der Zwangslizenz zugrunde lagen, entfallen und ist ihr Wiedereintritt unwahrscheinlich, so kann der Patentinhaber nach § 24 Abs. 6 S. 6 PatG auch die Rücknahme der Zwangslizenz verlangen.

264

Die Zwangslizenz an einem Patent kann nach § 24 Abs. 7 S. 1 PatG nur zusammen mit dem Betrieb übertragen werden, der mit der Auswertung der Erfindung befasst ist (**Betriebslizenz**). Die Zwangslizenz an einer Erfindung, die Gegenstand eines Patents mit älterem Zeitrang ist, kann nur zusammen mit dem Patent mit jüngerem Zeitrang übertragen werden (so § 24 Abs. 7 S. 2 PatG).

265

Beachte: Mit der Erteilung einer Zwangslizenz steht dem Lizenzsucher ein **einfaches** (kein ausschließliches) **Nutzungsrecht** zu. Er kann die Erfindung nutzen, muss dies aber nicht. Die Erteilung einer Unterlizenz ist ausgeschlossen.

5. Exkurs: Verhältnis von § 24 PatG zu § 19 GWB (verbotenes Verhalten marktbeherrschender Unternehmen)

Der BGH hat in seiner **Standard-Spundfaß-Entscheidung**[385] festgestellt, dass ein sich aus dem Missbrauch einer marktbeherrschenden Stellung, einer unbilligen Behinderung oder einer Diskriminierung ergebender Anspruch auf Einräumung einer Patentlizenz nach § 19 GWB nicht durch die nach § 24 PatG dem BPatG eingeräumte Befugnis zur Erteilung einer Zwangslizenz ausgeschlossen wird. Ein marktbeherrschender Patentinhaber verstößt gegen das Diskriminierungsverbot des § 19 GWB, wenn er den Umstand, dass der Zugang zu einem nachgelagerten Markt aufgrund einer Industrienorm oder normähnlichen Rahmenbedingung von der Befolgung der patentgemäßen Lehre abhängig ist, dazu ausnutzt, um bei der Vergabe von Lizenzen den Zutritt zu

266

---

[385] BGH Urt. v. 13.7.2004 – KZR 40/02 = BGHZ 160, 67 = NJW-RR 2005, 526, Ls. 1 und 2 – Standard-Spundfass.

267 Zum Problem eines kartellrechtlichen **Zwangslizenzeinwandes** gegen einen patentrechtlichen Unterlassungsanspruch hat der BGH in seiner **Orange-Book-Standard-Entscheidung**[386] festgestellt, dass der aus dem Patent in Anspruch genommene Beklagte gegenüber dem Unterlassungsbegehren des klagenden Patentinhabers nach § 139 Abs. 1 PatG einwenden kann, dieser missbrauche eine marktbeherrschende Stellung, wenn er sich weigere, mit dem Beklagten einen Patentlizenzvertrag zu nicht diskriminierenden und nicht behindernden Bedingungen abzuschließen. Missbräuchlich handelt ein Patentinhaber jedoch nur, wenn der Beklagte ihm ein unbedingtes Angebot auf Abschluss eines Lizenzvertrages gemacht hat, an das er sich gebunden hält und das der Patentinhaber nicht ablehnen darf, ohne gegen das Diskriminierungs- oder das Behinderungsverbot zu verstoßen, und wenn der Beklagte, solange er den Gegenstand des Patents bereits benutzt, diejenigen Verpflichtungen einhält, die der abzuschließende Lizenzvertrag an die Benutzung des lizenzierten Gegenstandes knüpft. Hält der Beklagte die Lizenzforderung des Patentinhabers für missbräuchlich überhöht oder weigert sich der Patentinhaber, die Lizenzgebühr zu beziffern, genügt dem Erfordernis eines unbedingten Angebots ein Angebot auf Abschluss eines Lizenzvertrages, bei dem der Lizenzforderer die Höhe der Lizenzgebühr nach billigem Ermessen bestimmt.

Vor dem Absatz 267 steht folgender Text:

diesem Markt nach Kriterien zu beschränken, die der auf die Freiheit des Wettbewerbs gerichteten Zielsetzung des GWB widerspricht.

Beachte: Neben der Zwangslizenz, bei der die fehlende Zustimmung des Schutzrechtsinhabers durch eine gerichtliche Entscheidung ersetzt wird, bestehen auch **gesetzliche Lizenzen** – vgl. etwa § 123 Abs. 5 PatG: Wer im Inland in gutem Glauben den Gegenstand eines Patents, das infolge der Wiedereinsetzung wieder in Kraft tritt, in der Zeit zwischen dem Erlöschen und dem Wiederinkrafttreten des Patents in Benutzung genommen oder in dieser Zeit die dazu erforderlichen Veranstaltungen getroffen hat, ist befugt, den Gegenstand des Patents für die Bedürfnisse seines eigenen Betriebs in eigenen oder fremden Werkstätten weiterzubenutzen. Diese Befugnis kann nur zusammen mit dem Betrieb vererbt oder veräußert werden.

268 § 23 Abs. 1 PatG eröffnet die Möglichkeit einer **Lizenzbereitschaftserklärung**: Erklärt sich der Patentanmelder oder der im Register (§ 30 Abs. 1 PatG) als Patentinhaber Eingetragene dem DPMA gegenüber schriftlich bereit, jedermann die Benutzung der Erfindung gegen angemessene Vergütung zu gestatten (womit er Dritten keine ausschließlichen Nutzungsrechte mehr erteilen kann – was sein Patentrecht in hohem Maße entwertet), so ermäßigen sich die für das Patent nach Eingang der Erklärung fällig werdenden Jahresgebühren auf die Hälfte.[387] Die Erklärung ist im Register einzutragen und im Patentblatt zu veröffentlichen.

VI. Übergang des Rechts auf das Patent bzw. des Patents (§ 15 PatG)

269 Das Recht auf das Patent (dh das Erfinderrecht einschließlich des Erfinderpersönlichkeitsrechts), der Anspruch auf Erteilung des Patents und das Recht aus dem Patent selbst ist **vererblich**. Sie gehen – nach dem Tod des Erfinders bzw. des Patentinhabers – gemäß § 15 Abs. 1 S. 1 PatG (respektive § 22 Abs. 2 S. 1 GebrMG) unmittelbar auf

---

[386] BGH Urt. v. 6.5.2009 (OLG Karlsruhe) – KZR 39/06 = BGHZ 180, 312 = NJW-RR 2009, 1047, Ls. 1 und 2 – Orange-Book-Standard.
[387] Gebührentabelle des DPMA, Internetauftritt: https://www.dpma.de/service/gebuehren/patente/index.html.

VI. Übergang des Rechts auf das Patent bzw. des Patents (§ 15 PatG)

den oder die Erben über (vgl. § 1922 Abs. 1 BGB – **Universalsukzession**). Die Erben bilden ggf. eine Miterbengemeinschaft (§§ 2032 ff. BGB). Vom Erblasser zu Lebzeiten erteilte (einfache oder ausschließliche) Lizenzen bleiben hiervon unberührt und haben weiter Bestand (vgl. § 15 Abs. 3 PatG).

Wenn der Erfinder sein Patent nicht selbst nutzt oder nutzen kann, kann er das Patent oder das Recht daraus auch auf einen Dritten übertragen: § 15 Abs. 1 S. 2 PatG (respektive § 22 Abs. 1 S. 2 GebrMG) bestimmt im Hinblick auf eine **Übertragung des Rechts auf das Patent bzw. des Patents unter Lebenden**, dass das Recht auf das Patent, der Anspruch auf Erteilung des Patents und das Recht aus dem Patent (dh nicht die Erfindung selbst, sondern nur das Recht aus dieser – beachte insoweit den Unterschied zwischen Erfinder und Patentinhaber, vorstehende Rn. 176).

- beschränkt oder
- unbeschränkt

durch formlose **Abtretung** nach § 413 iVm § 398 BGB übertragen werden können. Die Wirksamkeit der Übertragung hängt nicht von einer Umschreibung im Patentregister ab. Letzterer kommt im Verfahren lediglich Legitimationswirkung zu.[388]

Eine **unbeschränkte Übertragung** erfolgt etwa im Zuge eines Veräußerungsgeschäfts (Veräußerung des Patentrechts) – bspw. durch einen Rechtskauf (§ 453 iVm § 433 BGB) als Verpflichtungsgeschäft sowie eine formlose Abtretung des Patents (§ 413 iVm § 398 BGB) als Verfügungsgeschäft, wobei der Erwerber dann als neuer Patentinhaber ins Patentregister eingetragen wird.[389]

Eine **beschränkte Übertragung** kann bspw. im Zuge einer **Patentlizenz** – etwa in Gestalt einer Herstellungs-, Vertriebs- oder Gebrauchslizenz, ggf. auch einer Quotenlizenz bzw. als persönliche Lizenz oder Betriebslizenz – erfolgen. Zudem sind Beschränkungen in örtlicher (Gebiets- oder Bezirkslizenz) oder zeitlicher Hinsicht (Zeitlizenz) möglich. Das Recht auf das Patent, der Anspruch auf Erteilung des Patents und das Recht aus dem Patent, können nach § 15 Abs. 2 S. 1 PatG ganz oder teilweise Gegenstand von **ausschließlichen** oder **nicht ausschließlichen (einfachen) Lizenzen** sein – die für den gesamten Geltungsbereich des PatG oder einen Teil desselben erteilt werden können. Dies geschieht durch den Abschluss eines Lizenzvertrages[390] als schuldrechtlichem Verpflichtungsgeschäft (iS eines Vertrages **sui generis**, der vom Grundsatz der Vertrags-

---

[388] Vgl. RGZ 139, 52 (56): „Eine Vereinbarung (ist) zulässig und rechtswirksam ..., wonach sich jemand verpflichtet, für einen anderen auf einem ihm näher angegebenen Gebiete erfinderisch tätig zu werden und die zukünftige Erfindung zum Patent anzumelden mit der Wirkung, dass das Patent sofort und unmittelbar mit seiner Erteilung dem anderen zustehen soll. [...] Das Vertragsverhältnis, das solchen Vereinbarungen zugrunde liegt, kann sehr verschieden sein. Es kann ein Dienstvertrag sein. Auch kann ein Werkvertrag zugrunde liegen, zB wenn sich Jemand zur Ausführung des Werkes herausstellt, dass gleichzeitig eine erfinderische Tätigkeit entfaltet werden soll".

[389] BGH Urt. v. 14.1.1958 – I ZR 171/56 (OLG Düsseldorf) = GRUR 1958, 288 – Diarähmchen: 1. Übernimmt der Erwerber eines Patents vertraglich rückständige Patentamtsgebühren, so folgt hieraus noch nicht ohne Weiteres, dass auf ihn auch Schadensersatzansprüche wegen Patentverletzungen aus der Zeit vor der Übertragung des Patents stillschweigend übergehen. Die Übertragung derartiger Schadensersatzansprüche bedarf – wie die Übertragung von Lizenzansprüchen – besonderer Abtretung. 2. Die auf Zahlung einer angemessenen Lizenz gerichteten Schadensersatzansprüche wegen Patentverletzungen aus der Zeit vor der Währungsreform sind – wie die vor der Währungsreform bis zum 20.6.1948 fällig gewordenen Patentlizenzansprüche – im Verhältnis 10 zu 1 umzustellen.

[390] BGH Urt. v. 27.3.1961 – I ZR 94/59 (OLG Hamburg) = GRUR 1961, 466 – Gewinderollkopf: In Ermangelung einer dahingehenden Vereinbarung im Lizenzvertrag kann dem Lizenzgeber grundsätzlich nicht das Recht zugebilligt werden, eine vom Lizenznehmer erteilte Abrechnung durch einen beeideten Buchsachverstän-

freiheit, vgl. § 311 Abs. 1 BGB [ggf. mit Beschränkungen des Kartellrechts] beherrscht wird) sowie einer formlosen Abtretung (§ 413 iVm § 398 BGB) als Verfügungsgeschäft.

273 Die Vereinbarung über die Übertragung bedarf in der Praxis oft einer **Auslegung**. Grundsätzlich wird der Rechteinhaber nicht mehr Rechte übertragen wollen als nötig bzw. als dies noch dem Vertragszweck (analog § 31 Abs. 5 UrhG in Anlehnung an die für das gesamte Immaterialgüterrecht maßgebliche **Zweckübertragungstheorie**)[391] erforderlich ist.[392]

274 Im Fall einer **ausschließlichen Lizenz** wird dem Lizenznehmer ein alleiniges Verwertungsrecht[393] in dem ihm zugestandenen Vertriebsgebiet iS eines dinglichen Nutzungsrechts (mit absoluter Wirkung sowohl gegenüber Dritten als auch dem Lizenzgeber selbst iS eines Rechts des Lizenznehmers, selbstständig aus eigenem Recht gegen Rechtsverletzungen vorzugehen) zugestanden.[394] Dieses **alleinige Verwertungsrecht** gestattet es dem Lizenznehmer (im Rahmen der erteilten Lizenz) sowohl gegen Schutzrechtsverletzungen eines Dritten als ggf. auch gegen solche des Lizenzgebers (mithin des Patentinhabers[395] selbst) vorzugehen.[396] Ausschließliche Lizenzen können vom Li-

digen nachprüfen zu lassen. Von diesem Grundsatz ist selbst im Falle der Vereinbarung einer Stücklizenz keine Ausnahme zu machen, es sei denn, dass Grund zu der Annahme besteht, dass die in der Abrechnung enthaltenen Angaben vom Lizenznehmer nicht mit der erforderlichen Sorgfalt gemacht worden sind. Zur notwendigen Lizenzierung bei Verwendung von Objekten in Computerspielen: Schmid/Düwel, MMR 2020, 155.

391 Dazu näher Ring/Kiefel/Möller/Klapperich, Urheberrecht, Rn. 179.
392 Götting, § 26 Rn. 14. Vgl. auch BGH Urt. v. 24.4.2007 – X ZR 64/04 (OLG Jena) = GRUR 2007, 963 – Polymer-Lithium-Batterien: 1. Zur Frage einer vorvertraglichen Verpflichtung des Patentlizenznehmers, bei Abschluss des Lizenzvertrags eine Auseinandersetzung mit dem Lizenzpatent nach § 34 Abs. 7 PatG in einer nachfolgenden eigenen Patentanmeldung zu offenbaren (Abgrenzung gegen BGH Urt. v. 28.5.1957 – I ZR 46756 = GRUR 1957, 597 – Konservendosen II). 2. Die Auseinandersetzung mit dem Stand der Technik in einer Patentanmeldung stellt für sich genommen keinen Angriff gegen das Lizenzpatent nicht dar.
393 BGH Urt. v. 11.1.2005 – X ZR 20/02 (OLG Düsseldorf) = GRUR 2005, 406 – Leichtflüssigkeitsabscheider: Erfordert bei einem Lizenzvertrag die Benutzung der lizenzierten Erfindung die Mitbenutzung einer weiteren Erfindung des Lizenzgebers, ist diese im Zweifel mitlizenziert. Vgl. auch BGH Urt. v. 20.7.1999 – X ZR 121/96 (OLG Karlsruhe) = GRUR 2000, 138 – Knopflochnähmaschinen: Wenn der Schutzrechtsinhaber einem Dritten das ausschließliche Nutzungsrecht verschafft, entsteht in der Regel eine Ausübungspflicht des ausschließlichen Lizenznehmers. Inhalt, Umfang und Fortbestand der Pflicht stehen jedoch unter dem Vorbehalt der Zumutbarkeit und sind von dem Tatrichter unter Abwägung der Umstände des Einzelfalls zu bestimmen. Wenn das eingeholte gerichtliche Sachverständigengutachten und ein sodann vorgelegtes Privatgutachten einander in einem entscheidungserheblichen Punkt widersprechen, muss der Tatrichter bei fehlender eigener Sachkunde in der Regel zumindest eine ergänzende Stellungnahme des bisherigen gerichtlichen Sachverständigen zu dem gegenteiligen Privatgutachten einholen.
394 BGH Urt. v. 14.3.2000 – X ZR 115/98 (OLG Düsseldorf) = GRUR 2000, 685 – Formunwirksamer Lizenzvertrag: 1. Bei formunwirksamen Lizenzverträgen erfolgt der Bereicherungsausgleich im Wege der Lizenzanalogie nach denselben Grundsätzen wie bei Schutzrechtsverletzungen. 2. Die Lizenzgebühr bemisst sich dabei nicht nach dem, was die Vertragspartner in dem formunwirksamen Lizenzvertrag vereinbart haben, sondern nach dem objektiven Wert des tatsächlich Erlangten. Für dessen Bemessung kommt es auf die Gesamtheit aller Umstände an. Allerdings kann das vertraglich vereinbarte Entgelt Anhaltspunkte für die Angemessenheit und Üblichkeit der Lizenzgebühr bieten.
395 BGH Urt. v. 20.5.2008 – X ZR 180/05 (OLG Düsseldorf) = BGHZ 176, 311 = GRUR 2008, 896 – Tintenpatrone: 1. Dem Patent- oder Gebrauchsmusterinhaber steht grundsätzlich auch dann ein Unterlassungsanspruch gegen den Verletzer zu, wenn er an dem Schutzrecht eine ausschließliche Lizenz vergeben hat. 2. Der Schutzrechtsinhaber, der an dem Schutzrecht eine ausschließliche Lizenz vergeben hat, kann den Verletzer unabhängig von dem ausschließlichen Lizenznehmer auf Schadensersatz in Anspruch nehmen; Schutzrechtsinhaber und Lizenznehmer sind nicht Mitgläubiger. 3. Dem Schutzrechtsinhaber steht ein eigener Anspruch auf Auskunft und Rechnungslegung zu, mit dem er sämtliche Angaben beanspruchen kann, die er benötigt, um sich für eine der Schadensausgleichsmethoden zu entscheiden und seinen Anspruch nach der gewählten Methode zu beziffern.
396 Näher Eisenmann/Jautz, Rn. 165.

zenznehmer vererbt (und auch unter Lebenden) weiter übertragen werden – der Lizenznehmer kann auch Unterlizenzen an ihnen erteilen.[397]

Die **nichtausschließliche (einfache) Lizenz** ist hingegen dadurch gekennzeichnet, dass sie dem Lizenznehmer nur das Recht gewährt, die lizensierte Erfindung – neben anderen (dh Dritten oder dem Lizenzgeber selbst) – zu nutzen (positive Befugnis zur Nutzung). Sie wirkt nicht dinglich (dh gegenüber jedermann – es bestehen also auch keine Abwehrbefugnisse gegen Dritte bzw. den Lizenzgeber). Die einfache Lizenz wirkt damit obligatorisch (relative Wirkung) aus dem Lizenzvertrag zwischen Lizenznehmer und Lizenzgeber heraus.[398]

275

Beachte: Das DPMA trägt nach § 30 Abs. 4 S. 1 PatG auf Antrag des Patentinhabers oder des Lizenznehmers die Erteilung einer ausschließlichen Lizenz in das Patentregister ein, wenn ihm die Zustimmung des anderen Teils nachgewiesen wird.

Gegen einen Lizenznehmer, der gegen eine ihm auferlegte Beschränkung der Lizenz (vgl. § 15 Abs. 2 S. 1 PatG) verstößt, kann nach § 15 Abs. 2 S. 2 PatG das Recht aus dem Patent (vgl. § 9 PatG) geltend gemacht werden.

276

§ 15 Abs. 3 PatG gewährt **Sukzessionsschutz**: Ein Rechtsübergang oder die Erteilung einer Lizenz berührt nicht Lizenzen, die Dritten vorher bereits erteilt worden sind.[399]

277

Ein Rechteübergang (von Todes wegen, vgl. § 17 Abs. 1 S. 1 PatG iVm § 1922 BGB) oder die Erteilung einer Lizenz (vgl. § 17 Abs. 1 S. 2 und Abs. 2 S. 1 PatG) berührt nach § 17 Abs. 3 PatG nicht Lizenzen, die Dritten vorher erteilt worden sind.

278

VII. Erlöschen des Patents

Wenn ein Patent – aufgrund des Vorliegens eines Erlöschensgrundes – erloschen ist, wird die Erfindung grundsätzlich (vorbehaltlich eines existenten ergänzenden Schutzzertifikats, nachstehende Rn. 278) **gemeinfrei** mit der Folge, dass sie nunmehr von jedermann uneingeschränkt genutzt werden darf.[400]

279

Das Patent endet zum einen mit dem **Ablauf der Schutzfrist**: Das Patent dauert nach § 16 Abs. 1 S. 1 PatG zwanzig Jahre. Fristbeginn ist der Tag, der auf die Anmeldung der Erfindung folgt.[401]

280

Ein Patent kann aber auch schon früher, dh vor Ablauf der 20-Jahre-Frist, erlöschen, wenn die (Verlängerungs-) Gebühren (nach § 17 Abs. 1 PatG ist für jedes Patent für das dritte und jedes folgende Jahr – gerechnet vom Anmeldetag an – eine Jahresgebühr

281

---

397 Götting, § 26 Rn. 18.
398 Näher Eisenmann/Jautz, Rn. 166.
399 Ebenso zum Zeichenrecht auch BGH Urt. v. 27.3.2013 – I ZR 93/12 (OLG Karlsruhe) = GRUR 2013, 1150 – Baumann: 1. Ein vom Lizenzgeber während der Vertragsbeziehung erworbenes Kennzeichenrecht geht dem Kennzeichenrecht des Lizenznehmers vor, das dieser ebenfalls während des Laufs des Lizenzvertrags erlangt hat, weil die Stellung des Lizenznehmers im Verhältnis zum Lizenzgeber nach Beendigung des Lizenz- oder Gestattungsvertrags nicht besser als diejenige eines Dritten ist, der erstmals ein mit dem lizenzierten Kennzeichenrecht identisches oder ähnliches Zeichen nutzt. 2. An den Nachweis eines Lizenz- oder Gestattungsvertrags, aus dem der Lizenzgeber einen Vorrang seines Kennzeichenrechts im Verhältnis zum Kennzeichenrecht des Lizenznehmers ableitet, sind regelmäßig keine geringen Anforderungen zu stellen.
400 So Eisenmann/Jautz, Rn. 168.
401 Patentfreie Techniken im Beatmungsbereich konnten zur massenhaften Herstellung von kostengünstigen Beatmungsgeräten während der Corona-Situation genutzt werden, mit weiteren Nachweisen: Metzger/Zech, GRUR 2020, 561 (563).

zu entrichten) nicht rechtzeitig gezahlt werden (so § 20 Abs. 1 Nr. 3 PatG – **Zahlung der Patentverlängerungsgebühr**). Die Zahlung der fällig werdenden Jahresgebühren ist für den Rechteinhaber ein Rentabilitätsproblem: Rentiert sich das Patent – genauer, der Schutz, der ihm dieses gewährt – für ihn nicht mehr länger, kann er das Schutzrecht durch Nicht-Weiterentrichtung der Gebühren zum Erlöschen bringen.

282 Die Patentabteilung des DPMA (§ 61 Abs. 1 PatG) kann aufgrund eines innerhalb von drei Monaten nach der Veröffentlichung der Patenterteilung erfolgten wirksamen Einspruchs (§ 59 Abs. 1 iVm den in § 21 PatG genannten Widerrufsgründen) ein Patent mit ex-tunc-Wirkung widerrufen (**Widerruf des Patents** mit Wirkung von von Anfang an) und damit dessen Erlöschen herbeiführen.

283 Das BPatG kann nach Maßgabe des § 81 iVm den §§ 22 Abs. 1 und § 22 Abs. 1 PatG ein Patent mit ex-tunc-Wirkung (§ 22 Abs. 2 iVm § 21 Abs. 3 PatG) für nichtig erklären (**Nichtigerklärung des Patents**) und damit dessen Erlöschen herbeiführen.

VIII. Ergänzendes Schutzzertifikat

284 Nach Art. 3 der VO (EWG) Nr. 1768/92 des Rates vom 18.6.1991 über die Schaffung eines ergänzenden Schutzzertifikats für Arzneimittel wird ein Zertifikat dann erteilt, wenn im Zeitpunkt dieser Anmeldung

- das Erzeugnis durch ein in Kraft befindliches Grundpatent geschützt ist (Buchst. a);
- für das Erzeugnis als Arzneimittel eine gültige Genehmigung für das Inverkehrbringen gemäß der RL 65/65/EWG bzw. der RL 81/851/EWG erteilt wurde (Buchst. b);
- für das Erzeugnis nicht bereits ein Zertifikat erteilt wurde (Buchst. c); und
- die unter Buchst. b) erwähnte Genehmigung die erste Genehmigung für das Inverkehrbringen dieses Erzeugnisses als Arzneimittel ist (Buchst. d).

Frage 25: Kann ein Patentinhaber sein Patent auf Dritte übertragen und wenn ja, wie?
Frage 26: R ist Patentinhaber. E möchte die technische Lehre des Patents nutzen. Was kann getan werden?

IX. Prüfungsschema Patentrecht[402]

285 ▶ *I. Objektiver Tatbestand*

1. Bestehen des verletzten Rechts
Das eingetragene Patent existiert (Rn. 5 ff.)

2. Schutzumfang, § 14 PatG (Rn. 177)

3. Verletzungstatbestand/Rechtswidrigkeit (§§ 9 bis 13 PatG)
- unmittelbare Patentverletzung, § 9 PatG (Rn. 177)
- mittelbare Patentverletzung, § 10 PatG (Rn. 187)
- Ausnahme: Handlungen nach § 11 PatG (Rn. 242)
- weitere Ausnahme: relatives Benutzungsrecht nach § 12 PatG (Rn. 244)
- weitere Ausnahme: öffentliches Interesse gemäß § 13 PatG (Rn. 246)

---

[402] Vgl. Benkard, PatG/Grabinski/Zülch, PatG, § 139 ff.

IX. Prüfungsschema Patentrecht

4. *Aktivlegitimation (Rn. 230)*
   - Patentinhaber: Vermutungswirkung gemäß § 30 PatG
   - ausschließlicher Lizenznehmer
   - nicht: einfacher Lizenznehmer
5. *Passivlegitimation (Rn. 230)*
   - Verletzer
   - Mittäter
   - Unternehmen und dessen Organe (§ 31 BGB)
   - im Kontext mit § 140b PatG: auch Dritte.[403] ◄

II. Spezielle Voraussetzungen eines hergeleiteten Anspruchs

1. Beim Unterlassungsanspruch (§ 139 Abs. 1 PatG):
   Beeinträchtigungsgefahr oder Wiederholungsgefahr (Rn. 198)
2. Beim Schadensersatzanspruch (§ 139 Abs. 2 PatG):
   - Verschulden
   - Schadensberechnung (Rn. 204 ff.)
3. Beim Rückruf bzw. bei der Entfernung (§ 140a PatG):
   - Anspruchsgegenstand: Erzeugnisse oder unmittelbare Verfahrenserzeugnisse
   - Besitz und/oder Eigentum des Verletzers
   - § 140a Abs. 2 PatG: Materialien und Erzeugnisse zur Herstellung
   - keine Unverhältnismäßigkeit
4. Beim Auskunftsanspruch (§ 140b PatG – Rn. 212)
   - Passivlegitimation auch Dritter (§ 140b Abs. 2 PatG)
   - Umfang der Auskunftspflicht (§ 140b Abs. 3 PatG)
   - Unverhältnismäßigkeit (§ 140b Abs. 4 PatG)
   - Beachte: auch weiterführende Rechtsfolgen nach § 140b Abs. 5 bis 9 PatG
5. Beim Urkunden- und Besichtigungsanspruch (§ 140c PatG)
   - lediglich hinreichende Wahrscheinlichkeit einer Patentverletzung nach den §§ 9 bis 13 PatG
   - Unverhältnismäßigkeit ◄

---

[403] Hierzu ausführlich: Benkard, PatG/Grabinski/Zülch, PatG, § 140b Rn. 3 ff.

3. Kapitel: Gebrauchsmusterrecht

1 Das Patentrecht und das Gebrauchsmusterrecht ähneln sich als Ausschließlichkeitsrechte (absolute Rechte) in vielerlei Hinsicht. Das Gebrauchsmuster findet als mit dem Patentrecht eng verwandtes gewerbliches technisches Schutzrecht auf kleinere Erfindungen – etwa Alltagserfindungen[1] – Anwendung (**kleines Patent**), die wegen des geringeren technischen Fortschritts die für ein Patent notwendige Erfindungshöhe nicht erreichen. Insoweit wird es oft auch als „Minipatent" oder – im Unterschied zum Patentrecht als „großem Schutzrecht" – als „kleines Schutzrecht" bezeichnet.[2] Es kann aber auch Unterbau oder Vorstufe eines Patents sein.[3]

2 Die Vorteile des Gebrauchsmusterrechts sind darin zu sehen, dass dieses – im Vergleich zum Patentrecht als seinem „großen Bruder" – einfacher, schneller und kostengünstiger erlangt werden kann. So erfolgt bspw. bei der Gebrauchsmusteranmeldung im Rahmen des Registrierungsverfahrens (Anmeldeverfahrens) nur eine beschränkte Prüfung der materiellen Voraussetzungen im Rahmen des § 8 GebrMG. Zudem kennt das Gebrauchsmusterrecht im Unterschied zum Patentrecht auch kein Einspruchsverfahren – was zugleich aber als „Schwäche" dieses Schutzrechts zu bewerten ist, da ein eingetragenes Gebrauchsmuster (als damit zunächst ungeprüftes Schutzrecht) im Rechtswege leichter angreifbar ist als ein eingetragenes Patentrecht.

3 Nach § 13 Abs. 3 GebrMG finden die Vorschriften des Patentrechts über

- das Recht auf den Schutz (§ 6 PatG),
- den Anspruch auf Erteilung des Schutzrechts (§ 7 Abs. 1 PatG),
- den Anspruch auf Übertragung (§ 8 PatG),
- das Vorbenutzungsrecht (§ 12 PatG) und über
- die staatliche Benutzungsanordnung (§ 13 PatG)

auf das Gebrauchsmuster **entsprechende Anwendung**.

I. Materiell-rechtliche Voraussetzungen einer Gebrauchsmustererteilung

4 Als Gebrauchsmuster werden nach § 1 Abs. 1 GebrMG Erfindungen (nachstehende Rn. 6 ff.) geschützt, die neu (Rn. 10 ff.) sind, auf einem erfinderischen Schritt beruhen (Rn. 17 ff.) und gewerblich anwendbar sind (Rn. 16).

5 **PRÜFUNGSFOLGE NACH § 1 ABS. 1 GEBRMG:**

- Erfindung
- Neuheit
- erfinderischer Schritt (iS einer bestimmten Erfindungshöhe)
- gewerbliche Anwendbarkeit ◄

---

1 So Eisenmann/Jautz, Rn. 175.
2 Eisenmann/Jautz, Rn. 173 f.
3 Götting, § 12 Rn. 2.

I. Materiell-rechtliche Voraussetzungen einer Gebrauchsmustererteilung

1. Der Begriff der Erfindung

Der Begriff und die Anforderungen an eine „Erfindung" entsprechen – nachdem das frühere Erfordernis im Gebrauchsmusterrecht, dass der Erfindung „Raumform" zukommen müsse, im Jahre 1990 aufgegeben wurde – jenen des § 1 Abs. 1 PatG. Auch die **Ausschlüsse vom Gebrauchsmusterschutz** in § 1 Abs. 2 und Abs. 3 GebrMG korrespondieren mit jenen des Patentrechts in § 1 Abs. 3 und 4 PatG.

6

Beachte: Das Gebrauchsmuster kann auch **unbewegliche Sachen** (zB Erfindungen an Bauwerken sowie an mit Gebäuden fest verbundenen Teilen bzw. an Anlagen) erfassen.[4]

Ein zentraler Unterschied zum Patent besteht jedoch darin, dass **Verfahren** (iSv Arbeits- und Herstellungsverfahren) vom Gebrauchsmusterschutz ausgeschlossen sind (so § 2 Nr. 3 GebrMG – **kein Verfahrensgebrauchmuster**). Der Gebrauchsmusterschutz erfasst somit nur Gegenstände, gewährt aber keinen Verfahrensschutz. § 2 Nr. 3 GebrMG schließt auch die Eintragung eines Gebrauchsmusters für die Verwendung bekannter Stoffe im Rahmen einer neuen medizinischen Indikation nicht aus.[5] Denn dabei handelt es sich um die Eignung eines bekannten Stoffs für einen bestimmten medizinischen Einsatzzweck und damit um den Schutz einer dem Stoff innewohnenden Eigenschaft. Geschützt wird ein begrenzter Erzeugnisanspruch in Form eines konkreten Verwendungsanspruchs. Ein unbegrenzter Erzeugnisanspruch umfasst hingegen alle Verwendungsmöglichkeiten.[6]

7

Als Gegenstand eines Gebrauchsmusters iSv § 1 Abs. 1 GebrMG werden nach § 1 Abs. 2 GebrMG – in Übereinstimmung mit § 1 Abs. 3 PatG (und einem Verweis in § 1 Abs. 2 Nr. 5 GebrMG auf § 1 Abs. 2 PatG) – „insbesondere" nicht angesehen (sog. **Nichterfindungen**):

8

- Entdeckungen sowie wissenschaftliche Theorien und mathematische Methoden (Nr. 1);
- ästhetische Formschöpfungen (Nr. 2);
- Pläne, Regeln und Verfahren für gedankliche Tätigkeiten, für Spiele oder für geschäftliche Tätigkeiten sowie Programme für Datenverarbeitungsanlagen (Nr. 3); oder
- die Wiedergabe von Informationen (Nr. 4).

Beachte: Nach § 1 Abs. 2 Nr. 5 GebrMG sind **biotechnologische Erfindungen** iSv § 1 Abs. 2 PatG **nicht** gebrauchsmusterschutzfähig.

§ 1 Abs. 2 GebrMG steht dem Schutz als Gebrauchsmuster allerdings nur insoweit entgegen, als für die genannten Gegenstände oder Tätigkeiten „als solche" Schutz begehrt wird (so § 1 Abs. 1 GebrMG – entsprechend § 1 Abs. 4 PatG).

9

---

4 So Eisenmann/Jautz, Rn. 178.
5 BGH Beschl. v. 5.10.2005 – X ZB 7/03 (BPatG) = BGHZ 164, 220 = GRUR 2006, 135 – Arzneimittelgebrauchsmuster: Schutz für ein Arzneimittel als neue Verwendung. Auch im Rahmen der Corona-Situation – bereits bekannte Wirkstoffe mit neuer Anwendungsmöglichkeit, dazu näher: Metzger/Zech, GRUR 2020, 561.
6 BGH Beschl. v. 5.10.2005 – X ZB 7/03 (BPatG) = BGHZ 164, 220 = GRUR 2006, 135, Rn. 11 – Arzneimittelgebrauchsmuster.

2. Neuheitsbegriff

10 Der Gegenstand eines Gebrauchsmusters gilt nach der gesetzlichen Fiktion des § 3 Abs. 1 S. 1 GebrMG als „neu", wenn er nicht zum „Stand der Technik" gehört. Der „Stand der Technik" umfasst (im Unterschied zu den Vorgaben nach § 3 PatG, vorstehendes 2. Kapitel, Rn. 30 ff.) alle Kenntnisse, die vor dem für den Zeitrang der Anmeldung maßgeblichen Tag

- durch schriftliche Beschreibung oder
- durch eine im Geltungsbereich des GebrMG erfolgte Benutzung

der Öffentlichkeit zugänglich gemacht worden sind (so § 3 Abs. 1 S. 2 GebrMG).

11 Eine innerhalb von sechs Monaten vor dem für den Zeitrang der Anmeldung maßgeblichen Tag erfolgte Beschreibung oder Benutzung bleibt nach § 3 Abs. 1 S. 3 GebrMG außer Betracht (**allgemeine Nutzungs- [Erfinder-] schonfrist von sechs Monaten**), wenn sie auf der Ausarbeitung des Anmelders oder seines Rechtsvorgängers beruht.

12 Vgl. im Übrigen den (gegenüber § 3 Abs. 5 S. 1 Nr. 1 PatG) **weitergehenden Ausstellungsschutz** nach § 6a GebrMG.

13 Vgl. zudem § 6 Abs. 2 GebrMG, wonach die Vorschriften des PatG über die ausländische Priorität entsprechend anzuwenden sind. Damit kann auch für Gebrauchsmusteranmeldungen Unionspriorität in Anspruch genommen werden, wofür § 41 PatG entsprechend gilt.

14 Der **Neuheitsbegriff** des Gebrauchsmusterrechts weist damit einige **Unterschiede** gegenüber jenem des Patentrechts (vgl. § 3 PatG) auf.[7] Während das Patentrecht auf einem absoluten Neuheitsbegriff basiert (dh es für die Beurteilung des „Stands der Technik" keine Rolle spielt, ob die Kenntnis durch schriftliche oder mündliche Beschreibung, durch Benutzung oder in sonstiger Weise der Öffentlichkeit im In- oder Ausland zugänglich gemacht worden ist), folgt das Gebrauchsmusterrecht einem „**relativen Neuheitsbegriff**":

- Eine öffentliche mündliche Beschreibung oder eine sonstige Veröffentlichung sind damit nicht neuheitsschädlich und schaden beim Gebrauchsmusterschutz nicht.
- Eine Vorbenutzung schadet nur dann, wenn sie im Geltungsbereich des GebrMG (mithin nur im Inland) erfolgt ist.
- § 3 Abs. 1 S. 3 GebrMG statuiert zugunsten des Anmelders eines Gebrauchsmusters eine Erfinderschonfrist von sechs Monaten – wohingegen das Patentrecht in § 3 Abs. 4 PatG eine Schonfrist nur in besonderen Konstellationen anerkennt.

15 Dem Anmelder steht nach § 6 Abs. 1 GebrMG innerhalb einer Frist von zwölf Monaten nach dem Anmeldetag einer beim DPMA eingereichten früheren Patent- oder Gebrauchsmusteranmeldung für die Anmeldung derselben Erfindung zum Gebrauchsmuster ein Prioritätsschutz zu (**innere Priorität**). Etwas anderes gilt dann, wenn für die frühere Anmeldung schon eine inländische oder ausländische Priorität in Anspruch genommen worden ist. Nach § 6 Abs. 2 GebrMG sind die Vorschriften über die auslän-

---

7 Vgl. etwa BGH Beschl. v. 3.12.1996 (BPatG) – X ZB 1/96 = GRUR 1997, 360 – Profilkrümmer: 1. Der Prüfung eines Gebrauchsmusters auf Schutzfähigkeit ist der im Schutzanspruch umschriebene Gegenstand zugrunde zu legen. Dass die Beschreibung eine bestimmte Anwendung dieses Gegenstands offenbart, hat außer Betracht zu bleiben. 2. Zur Frage, ob und unter welchen Voraussetzungen mündliche Äußerungen im Gebrauchsmusterrecht dem Stand der Technik zugerechnet werden können.

I. Materiell-rechtliche Voraussetzungen einer Gebrauchsmustererteilung

dische (dh die Unions- oder Ausstellungs-) **Priorität** unter Verweis auf das Patentrecht (vgl. § 41 PatG) entsprechend anzuwenden.

3. Gewerbliche Anwendbarkeit

Nach der gesetzlichen Fiktion des § 3 Abs. 2 GebrMG gilt der Gegenstand eines Gebrauchsmusters als gewerblich anwendbar, wenn es auf irgendeinem gewerblichen Gebiet einschließlich der Land- und Forstwirtschaft hergestellt oder benutzt werden kann. § 3 Abs. 2 PatG entspricht der Parallelregelung im Patentrecht in § 5 Abs. 1 PatG (vorstehendes 2. Kapitel, Rn. 53 ff.), soweit der Gegenstand des Gebrauchsmusters kein Verfahren betrifft (vgl. § 2 Nr. 3 GebrMG).

16

4. Erfinderischer Schritt

Das Tatbestandsmerkmal „erfinderischer Schritt" in § 1 Abs. 1 GebrMG hat im Unterschied zur „erfinderischen Tätigkeit" in § 4 PatG keine Legaldefinition im GebrMG erfahren. Gemeint ist damit aber die **Erfindungshöhe**, die erreicht werden muss, um dem Erfinder ein Gebrauchsmusterrecht zu verleihen (**Erfindungsqualität**).[8]

17

Der BGH[9] hat festgestellt, dass für die Beurteilung des „erfinderischen Schritts" – unter Berücksichtigung der unterschiedlichen Anforderungen an den „Stand der Technik" (§ 3 Abs. 1 S. 2 und 3 GebrMG versus § 3 Abs. 1 S. 2 und Abs. 2 PatG) – grundsätzlich auf die im Patentrecht entwickelten Grundsätze zurückgegriffen werden kann. Ob ein **erfinderischer Schritt** gegeben ist, ist im Rahmen einer Einzelfallbewertung unter Heranziehung qualitativer, nicht hingegen quantitativer Gesichtspunkte festzustellen.[10]

18

Wie die Erfindungshöhe für ein Gebrauchsmuster zu bestimmen ist, beurteilt sich somit nach denselben Kriterien wie im Kontext des § 4 PatG – wenngleich an den Grad der Erfindungshöhe für das Gebrauchsmusterrecht aber geringere Anforderungen zu stellen sind als an jene für ein Patent.[11] Indiziell wird ein „erfinderischer Schritt" dann

19

---

8 So Eisenmann/Jautz, Rn. 183.
9 BGH Beschl. v. 20.6.2006 – X ZB 27/05 (BPatG) = GRUR 2006, 842 – Demonstrationsschrank.
10 BGH Beschl. v. 20.6.2006 – X ZB 27/05 (BPatG) = GRUR 2006, 842 – Demonstrationsschrank: 1. Wie die Patentierungsvoraussetzung der erfinderischen Tätigkeit im Patentrecht ist auch das Kriterium des erfinderischen Schritts im Gebrauchsmusterrecht nach § 1 GebrMG kein quantitatives, sondern ein qualitatives. Die Beurteilung des erfinderischen Schritts ist wie die der erfinderischen Tätigkeit das Ergebnis einer Wertung. 2. Die Beurteilung des erfinderischen Schritts ist im Verfahren der zugelassenen Rechtsbeschwerde gegen eine Entscheidung im Gebrauchsmusterlöschungsverfahren oder nach Erlöschen des Gebrauchsmusters im Verfahren zur Feststellung der Unwirksamkeit des Gebrauchsmusters nach revisionsrechtlichen Grundsätzen zu überprüfen (Fortführung von BGH Urt. v. 7.3.2006 – X ZR 213/01 = BGHZ 166, 305 = GRUR 2006, 663 – Vorausbezahlte Telefongespräche; BGH, Urt. v. 5.7.2005 – X ZR 167/03 (OLG Karlsruhe) = GRUR 2005, 936). 3. Für die Beurteilung des erfinderischen Schritts kann bei Berücksichtigung der Unterschiede, die sich daraus ergeben, dass der Stand der Technik im Gebrauchsmusterrecht hinsichtlich mündlicher Beschreibungen und hinsichtlich von Benutzungen außerhalb des Geltungsbereichs des Gebrauchsmustergesetzes in § 3 GebrMG abweichend definiert ist, auf die im Patentrecht entwickelten Grundsätze zurückgegriffen werden. Es verbietet sich dabei, Naheliegendes etwa unter dem Gesichtspunkt, dass es der Fachmann nicht bereits auf der Grundlage seines allgemeinen Fachkönnens und bei routinemäßiger Berücksichtigung des Stands der Technik ohne Weiteres finden könne, als keinen erfinderischen Schritt beruhend zu bewerten. 4. Ist im Gebrauchsmusterlöschungsbeschwerdeverfahren vor dem BPatG unberücksichtigt geblieben, dass in Folge des Ablaufs der Schutzdauer des Gebrauchsmusters nicht mehr eine Löschung, sondern nur noch die Feststellung seiner Unwirksamkeit erfolgen konnte, kann im nachfolgenden Rechtsbeschwerdeverfahren die Entscheidung des BPatG entsprechend berichtigt werden. Die Feststellung des dafür erforderlichen Rechtsschutzbedürfnisses kann das Rechtsbeschwerdegericht selbst treffen.
11 Umstritten, so aber Eisenmann/Jautz, Rn. 183; BGH Beschl. v. 15.10.2003 – 5 W (pat) 420/2 = GRUR 2004, 852 – Materialstreifenpackung.

bejaht, wenn die Erfindung eine „nicht unerhebliche Bereicherung des Standes der Technik" darstellt.

Frage 27: Was sind die Schwächen des Gebrauchsmusterrechts gegenüber dem Patentrecht?
Frage 28: Können „Verfahren" Gebrauchsmusterschutz genießen?
Frage 29: Wann ist ein Gebrauchsmuster als „neu" zu bewerten?
Frage 30: Was versteht man unter dem „erfinderischen Schritt"?

II. Ausschlüsse vom Gebrauchsmusterschutz

20   Vom Gebrauchsmusterschutz ausgeschlossen sind nach § 2 GebrMG (**Schutzausschließungsgründe**) – vergleichbar dem Patent (dort § 2 Abs. 1 und § 2 Buchst. a) PatG) –:

- Erfindungen, deren Verwertung gegen die „öffentliche Ordnung" oder die „guten Sitten" verstoßen würde – wobei ein solcher Verstoß aber noch nicht allein aus der Tatsache hergeleitet werden kann, dass die Verwertung der Erfindung durch ein Gesetz oder eine Verwaltungsvorschrift verboten ist (Nr. 1 – entsprechend § 2 Abs. 1 PatG);
- Pflanzensorten oder Tierarten (Nr. 2, entsprechend § 2a PatG) bzw.
- Verfahren (Nr. 3).

Beachte: Eine Besonderheit gegenüber dem Patentrecht bildet § 2 Nr. 3 GebrMG, wonach Verfahren nicht vom Gebrauchsmusterrechtsschutz erfasst werden (**kein Verfahrensgebrauchsmuster**).

III. Gebrauchsmustererteilungsverfahren

21   Das Gebrauchsmustererteilungsverfahren (**Anmeldesystem**) ist einfacher und zeitlich weniger aufwändig als das Patenterteilungsverfahren ausgestaltet:

- Zum einen erfolgt keine Prüfung aller materiell-rechtlichen Gebrauchsmustervoraussetzungen des § 1 Abs. 1 GebrMG (so ausdrücklich § 8 Abs. 1 S. 2 GebrMG) – geprüft wird gemäß § 8 Abs. 1 S. 2 GebrMG **nicht**
  – die Neuheit (§ 3 Abs. 1 GebrMG),
  – der erfinderische Schritt und
  – die gewerbliche Anwendbarkeit (§ 3 Abs. 2 GebrMG).
- Zum anderen fehlt ein Einspruchsverfahren.

22   Damit korreliert jedoch auch die relative Schwäche des Gebrauchsmusterrechts, dessen relative Schutzvoraussetzungen erst im Rahmen eines nachgelagerten **Gebrauchsmusterverletzungsprozesses** geprüft werden können (§ 13 Abs. 1 iVm § 15 Abs. 1 und 3 GebrMG).

1. Das Anmeldeverfahren

23   Das Anmeldeverfahren ist in § 4 Abs. 1 und 3 GebrMG sowie der auf der Grundlage von § 4 Abs. 4 GebrMG erlassenen Gebrauchsmusterverordnung vom 11.5.2004[12]

---

[12] BGBl. I, S. 890.

III. Gebrauchsmustererteilungsverfahren

(Verordnung zur Ausführung des Gebrauchsmusterrechts [GebrMVO]) geregelt. Zudem ist das Merkblatt des DPMA zur Gebrauchsmusteranmeldung zu beachten. Für jede Erfindung ist nach § 4 Abs. 1 S. 2 GebrMG (wie beim Patent) eine besondere Anmeldung erforderlich (**Grundsatz der Einheitlichkeit**).

Erfindungen, für die Gebrauchsmusterschutz begehrt wird, bedürfen einer Anmeldung (auf Mustervordruck) nebst Entrichtung einer Anmeldegebühr (vgl. § 3 Abs. 1 PatKostG) bei der Gebrauchsmusterstelle des DPMA (§ 4 Abs. 1 S. 1 GebrMG) bzw. einem Patentinformationszentrum (PIZ, § 4 Abs. 2 S. 1 GebrMG). Die Anmeldung muss nach § 4 Abs. 3 GebrMG folgende Angaben enthalten:

- den Namen des Anmelders (Nr. 1, mithin einer parteifähigen Person);
- einen Antrag auf Eintragung des Gebrauchsmusters, in dem der Gegenstand des Gebrauchsmusters kurz und (technisch) genau bezeichnet ist (Nr. 2 iVm § 3 Abs. 2 Nr. 2 GebrMVO);
- einen oder mehrere Schutzansprüche, in denen angegeben ist, was als schutzfähig unter Schutz gestellt werden soll (Nr. 3 iVm § 5 GebrMVO);
- eine Beschreibung des Gegenstandes des Gebrauchsmusters (Nr. 4 iVm § 6 GebrMVO – gefordert wird eine so deutliche und vollständige Offenbarung des Erfindungsgedankens, dass dessen Nachbildung durch Sachverständige möglich ist); und
- die Zeichnungen, auf die sich die Schutzansprüche oder die Beschreibung beziehen (Nr. 5 iVm § 7 GebrMVO).

Der **Anmeldetag der Gebrauchsmusteranmeldung** ist nach § 4a Abs. 1 GebrMG der Tag, an dem die Unterlagen nach § 4 Abs. 3 Nr. 1 und Nr. 2 GebrMG und, soweit sie jedenfalls Angaben enthalten, die dem Anschein nach als Beschreibung anzusehen sind, nach § 4 Abs. 3 Nr. 4 GebrMG

- beim DPMA (Nr. 1) oder
- (wenn diese Stelle durch Bekanntmachung des BMJV im Bundesgesetzblatt dazu bestimmt ist) bei einem Patentinformationszentrum (PIZ, Nr. 2)

eingegangen sind. Wenn die Anmeldung eine Bezugnahme auf Zeichnungen enthält und der Anmeldung keine Zeichnungen beigefügt sind oder wenn mindestens ein Teil einer Zeichnung fehlt, so fordert das DPMA den Anmelder gemäß § 4a Abs. 2 S. 1 GebrMG auf, innerhalb einer Frist von einem Monat nach Zustellung der Aufforderung entweder die Zeichnungen nachzureichen oder zu erklären, dass die Bezugnahme als nicht erfolgt gelten soll. Reicht der Anmelder auf diese Aufforderung die fehlenden Zeichnungen oder die fehlenden Teile nach, so wird gemäß § 4a Abs. 2 S. 2 GebrMG der Tag des Eingangs der Zeichnungen oder der fehlenden Teile beim DPMA Anmeldetag. Anderenfalls gilt die Bezugnahme auf die Zeichnungen als nicht erfolgt (so § 4a Abs. 2 S. 3 GebrMG).

Beachte: Bis zur Verfügung über die Eintragung des Gebrauchsmusters sind nach § 4 Abs. 5 S. 1 GebrMG **Änderungen der Anmeldung** zulässig, soweit sie den Gegenstand der Anmeldung nicht erweitern. Aus Änderungen, die den Gegenstand der Anmeldung erweitern, können Rechte nicht hergeleitet werden (§ 4 Abs. 5 S. 2 GebrMG).

Der Anmelder kann die Anmeldung jederzeit nach § 4 Abs. 6 S. 1 GebrMG teilen (**Teilung der Gebrauchsmusteranmeldung**). Die Teilung ist schriftlich zu erklären (§ 4 Abs. 6 S. 2 GebrMG). Für jede Teilanmeldung bleiben nach § 4 Abs. 6 S. 3 GebrMG der Zeitpunkt der ursprünglichen Anmeldung und eine dafür in Anspruch genommene Priorität erhalten. Für die abgetrennte Anmeldung sind für die Zeit bis zur Teilung die gleichen Gebühren zu entrichten, die für die ursprüngliche Anmeldung zu entrichten waren (§ 4 Abs. 6 S. 4 GebrMG).

2. Verfahren der Gebrauchsmusterregistrierung

27 Entspricht die Anmeldung

- den **formellen Anforderungen** des
  - § 4 GebrMG (Erfordernisse der Anmeldung, vorstehende Rn. 23 ff.) und des
  - § 4a GebrMG (weitere Erfordernisse der Anmeldung) sowie des
  - § 4b GebrMG (Besonderheiten für den Fall, dass die Anmeldung ganz oder teilweise nicht in deutscher Sprache abgefasst ist), und
- (darüber hinaus auch)[13] noch den **absoluten Schutzvoraussetzungen** (wobei zu beachten ist, dass nach der ausdrücklichen Vorgabe des § 8 Abs. 1 S. 2 GebrMG aber nicht alle materiell rechtlichen Voraussetzungen des § 1 Abs. 1 GebrMG vorliegen müssen [vorstehende Rn. 2 und 21]), nämlich
  - ob für den Gegenstand der Anmeldung überhaupt Gebrauchsmusterschutz gewährt werden kann,
  - dass keine Nichterfindung iSv § 1 Abs. 2 GebrMG vorliegt und
  - dass keine Schutzausschließungsgründe iSv § 2 GebrMG vorliegen

(geprüft wird somit nicht die Neuheit [§ 3 Abs. 1 GebrMG], der erfinderische Schritt [§ 1 Abs. 1 GebrMG] und die gewerbliche Anwendbarkeit [§ 3 Abs. 2 GebrMG]), so verfügt die Gebrauchsmusterstelle des DPMA gemäß § 8 Abs. 1 S. 1 GebrMG – nach dieser nur **beschränkten Prüfung** – die Eintragung des angemeldeten Gebrauchsmusters in das Register für Gebrauchsmuster (**Gebrauchsmusterrolle**). Dem Formalakt der **Eintragung in die Gebrauchsmusterrolle** kommt – anders als im Patentrecht (dort: Erteilungsbeschluss des DPMA) – **konstitutive Wirkung** zu.

Beachte: § 7 Abs. 1 GebrMG (**Recherchemöglichkeit**) eröffnet – in Anlehnung an § 43 PatG – auf Antrag des Anmelders (oder dem als Gebrauchsmusterinhaber Eingetragenen bzw. jedem Dritten, vgl. § 7 Abs. 2 S. 1 GebrMG) die Möglichkeit zu beantragen, dass das DPMA die öffentlichen Druckschriften, die für die Beurteilung der Schutzfähigkeit der Gebrauchsmusteranmeldung oder des Gebrauchsmusters in Betracht zu ziehen sind, ermittelt (**Gebrauchsmusterrecherche**). Dies kann den Anmelder in die Lage versetzen, die Rechtsbeständigkeit (Aufrechterhaltbarkeit) seines materiell weitgehend ungeprüften Schutzrechts (vgl. § 8 Abs. 1 S. 2 GebrMG) besser bewerten zu können.

Beachte weiter: Eine Sachprüfung der materiellen Schutzvoraussetzungen, nämlich die Prüfung des Gegenstands der Anmeldung auf Neuheit (§ 3 Abs. 1 GebrMG), erfinderischer Schritt und gewerbliche Anwendbarkeit (§ 3 Abs. 2 GebrMG), findet nach der ausdrücklichen Regelung in § 8 Abs. 1 S. 2 GebrMG nicht statt (**bloß beschränkte Prüfung der materiell-**

---

13 BGH Beschl. v. 27.3.2018 (BPatG) – X ZB 18/16 = GRUR 2018, 605 – Feldmausbekämpfung: 1. Im Gebrauchsmustereintragungsverfahren hat die Gebrauchsmusterstelle zu prüfen, ob eines der in § 2 GebrMG aufgeführten Schutzhindernisse vorliegt. 2. Der Ausschluss von Gebrauchsmusterschutz für Verfahren steht in Einklang mit Art. 14 Abs. 1 S. 1 und Art. 3 Abs. 1 S. 1 GG.

III. Gebrauchsmustererteilungsverfahren

rechtlichen Gebrauchsmustervoraussetzungen). Eine Prüfung auf Neuheit, erfinderischer Schritt und gewerbliche Anwendbarkeit ist daher – nur nachgelagert – im Rahmen eines
> Gebrauchsmusterverletzungsprozesses (§ 24 iVm § 27 GebrMG) bzw. eines
> Gebrauchsmusterlöschungsverfahrens (§ 17 GebrMG)

möglich. Im Unterschied zum Patentrecht kennt das GebrMG auch kein besonderes Einspruchsverfahren.

Mit der Eintragung (von Name und Wohnsitz des Anmelders [und ggf. seines Vertreters im Inland, vgl. § 28 GebrMG] sowie der Zeit der Anmeldung, so § 8 Abs. 2 GebrMG [ggf. auch eine Verlängerung der Schutzdauer nach § 23 Abs. 2 GebrMG und Löschungen] – weder verboten noch verpflichtend vorgegeben ist hingegen die Benennung des Erfinders) im Register für Gebrauchsmuster entsteht das Gebrauchsmusterrecht (**konstitutive Wirkung der Eintragung** – anders als beim Patentrecht [Veröffentlichung der Erteilung]): Die Eintragung des Gebrauchsmusters hat nach § 11 Abs. 1 S. 1 GebrMG die Wirkung, dass allein der Inhaber befugt ist, den Gegenstand des Gebrauchsmusters zu benutzen. Die Eintragung ist im Patentblatt bekannt zu machen (§ 8 Abs. 3 S. 1 GebrMG). Der **Bekanntmachung** kommt – im Unterschied zum Patentrecht (vgl. § 58 Abs. 1 S. 3 PatG) – jedoch nur **deklaratorische Bedeutung** zu. Das DPMA stellt dem Inhaber des Gebrauchsmusters nach § 25 DPMA-VO eine Urkunde aus. 28

Die **Einsicht in das Register** sowie in die Akten eingetragener Gebrauchsmuster einschließlich der Akten von Löschungsverfahren steht nach § 8 Abs. 5 S. 1 GebrMG jedermann frei. Im Übrigen gewährt das DPMA jedermann auf Antrag auch Einsicht in die Akten, wenn und soweit ein „**berechtigtes Interesse**" glaubhaft gemacht wird (so § 8 Abs. 5 S. 1 GebrMG) 29

§ 8 Abs. 1 S. 3 GebrMG iVm § 49 Abs. 2 PatG gestatten die Aussetzung der Eintragung bis zu einer Dauer von 15 Monaten und § 9 GebrMG ermöglicht – vergleichbar den §§ 50 ff. PatG – die Anmeldung von **Geheimgebrauchsmustern**. 30

Beachte: Der Gebrauchsmusterschutz wird nach § 13 Abs. 1 GebrMG durch die Eintragung nicht begründet, wenn gegen den als Inhaber Eingetragenen ein Löschungsanspruch besteht, der von jedermann beantragt werden kann (§ 16 iVm § 15 Abs. 1 GebrMG) – womit der deutliche Unterschied des „relativ schwachen Gebrauchsmusterrechts" zum „starken und wertvollen Patentrecht"[14] deutlich wird.

Probleme: Der Eintragung im Gebrauchsmusterregister kommt ausnahmsweise in folgenden Fällen **keine konstitutive Wirkung** zu: 31

■ Beim Fehlen der im Rahmen der im Gebrauchsmustererteilungsverfahren nicht geprüften materiellen Schutzvoraussetzungen der §§ 1 bis 3 GebrMG (beschränkte Prüfung) entsteht – trotz der Eintragung – nur ein **Scheinrecht**, das keine Rechtswirkungen zeitigt. Es kann jederzeit nach § 13 Abs. 1 iVm § 15 Abs. 1 Nr. 1 GebrMG wieder gelöscht werden. Im Verletzungsrechtsstreit kann die Unwirksamkeit als Einrede geltend gemacht werden.

■ Ist ein Gebrauchsmuster schon wegen einer **prioritätsälteren Patent-** oder **Gebrauchsmusteranmeldung** geschützt, begründet eine prioritätsjüngere Eintragung

---
14 So Eisenmann/Jautz, Rn. 193.

gleichermaßen kein Schutzrecht. Diese Eintragung kann nach § 13 Abs. 1 iVm § 15 Abs. 1 Nr. 2 GebrMG gelöscht werden.

- Ist der Gegenstand der Anmeldung schließlich unzulässig erweitert worden, kann auch dies zur Löschung der Eintragung führen (§ 13 Abs. 1 iVm § 15 Abs. 1 Nr. 3 GebrMG).

Frage 31: Welche Vorteile bietet das Gebrauchsmustererteilungsverfahren gegenüber dem Patenterteilungsverfahren?

IV. Die Rechtswirkungen des eingetragenen Gebrauchsmusters

32 Wie das Patentrecht hat auch das mit der Eintragung in das Register für Gebrauchsmuster entstandene Gebrauchsmusterrecht

- einen positiven Inhalt (§ 11 GebrMG, nachstehende Rn. 35 ff.) und
- einen negativen Inhalt (§ 24 GebrMG, Rn. 38 ff.). Zudem gewährt das Gebrauchsmusterrecht
- einen strafrechtlichen Schutz (§ 25 GebrMG, Rn. 44 f.).

33 Die **Beschränkungen im Schutzumfang** nach § 12 GebrMG (**erlaubte Handlungen**), wonach die Wirkung des Gebrauchsmusters sich nicht erstreckt auf

- Handlungen, die im privaten Bereich zu nichtgewerblichen Zwecken vorgenommen werden (Nr. 1),
- Handlungen zu Versuchszwecken, die sich auf den Gegenstand des Gebrauchsmusters beziehen (Nr. 2) und
- Handlungen der in § 11 Nr. 4 bis 6 PatG bezeichneten Art (Nr. 3),

entsprechen weitgehend jenen des Patentrechts (vgl. § 11 PatG).

34 § 13 Abs. 3 GebrMG verweist ua auch auf die entsprechende Anwendung von

- § 12 PatG (Vorbenutzungsrecht) und
- § 13 PatG (Beschränkungen im öffentlichen Interesse – staatliche Benutzungsanordnung)

im Gebrauchsmusterrecht.

1. Der positive Inhalt des Gebrauchsmusters

35 Die Eintragung des Gebrauchsmusters hat nach § 11 Abs. 1 S. 1 GebrMG die Wirkung, dass allein der Rechteinhaber befugt ist, den Gegenstand des Gebrauchsmusters zu benutzen (**Nutzungsrecht**). Jedem Dritten ist es gemäß § 11 Abs. 1 S. 2 GebrMG hingegen verboten (**Benutzungsverbote** – identisch mit jenen des Erzeugnispatents[15] – beachte aber: ein Verfahrensgebrauchsmuster existiert nach § 2 Nr. 3 GebrMG nicht, vorstehende Rn. 7 und 20), ohne Zustimmung des Inhabers ein Erzeugnis, das Gegenstand des Gebrauchsmusters ist,

- herzustellen,
- anzubieten,

---

15 So Eisenmann/Jautz, Rn. 199a.

IV. Die Rechtswirkungen des eingetragenen Gebrauchsmusters

- in den Verkehr zu bringen oder
- zu gebrauchen bzw.
- zu den genannten Zwecken entweder einzuführen oder zu besitzen.

Beachte auch den **Erschöpfungsgrundsatz** (vorstehendes Kapitel 2, Rn. 179), wenn ein Erzeugnis, das Gebrauchsmusterschutz genießt, von dessen Rechteinhaber (bzw. einem autorisierten Dritten, etwa einem Lizenznehmer) im Inland bzw. in einem EU-Mitgliedstaat in den Verkehr gebracht worden ist.

Mittelbare Gebrauchsmusterverletzung: Die Eintragung hat nach § 11 Abs. 2 S. 1 GebrMG zudem die Wirkung, dass es jedem Dritten verboten ist, ohne Zustimmung des Rechteinhabers im Geltungsbereich des GebrMG anderen als zur Benutzung des Gegenstands des Gebrauchsmusters berechtigten Personen Mittel, die sich auf ein wesentliches Element des Gegenstands des Gebrauchsmusters beziehen, zu dessen Benutzung im Geltungsbereich des GebrMG anzubieten oder zu liefern, wenn der Dritte weiß oder es aufgrund der Umstände offensichtlich ist, dass diese Mittel dazu geeignet und bestimmt sind, für die Benutzung des Gegenstands des Gebrauchsmusters verwendet zu werden. 36

Dies gilt gemäß § 11 Abs. 2 S. 2 GebrMG dann nicht, wenn es sich bei den Mitteln um allgemein im Handel erhältliche Erzeugnisse handelt, es sei denn, dass der Dritte den Belieferten bewusst veranlasst in einer nach § 11 Abs. 1 S. 2 GebrMG verbotenen Weise zu handeln. Personen, die die in § 12 Nr. 1 und 2 GebrMG genannten (erlaubten) Handlungen vornehmen (vorstehende Rn. 33), mithin 37

- Handlungen im privaten Bereich zu nichtgewerblichen Zwecken bzw.
- Handlungen zu Versuchszwecken, die sich nicht auf den Gegenstand des Gebrauchsmusters beziehen,

gelten gemäß § 11 Abs. 2 S. 3 GebrMG im Sinne von dessen S. 1 nicht als „Personen, die zur Benutzung des Gegenstands des Gebrauchsmusters berechtigt sind".

2. Der negative Inhalt des Gebrauchsmusters

a) Unterlassungsanspruch

Wer entgegen der §§ 11 bis 14 GebrMG ein Gebrauchsmuster benutzt, kann nach § 24 Abs. 1 S. 1 GebrMG von dem Verletzten bei Wiederholungsgefahr auf **Unterlassung** in Anspruch genommen werden – wobei der Anspruch auch schon dann besteht, wenn eine Zuwiderhandlung „erstmalig droht" (so § 24 Abs. 1 S. 2 GebrMG [entsprechend § 139 Abs. 1 PatG] – **Unterlassungsanspruch bei Erstbegehungsgefahr**). 38

Mit § 24 Abs. 1 S. 3 bis 5 GebrMG[16] wurde äquivalent zu § 139 Abs. 1 S. 3 bis 5 PatG ein klärender Hinweis zur Berücksichtigung von Verhältnismäßigkeitserwägungen geschaffen, die eine unverhältnismäßige Inanspruchnahme des Verletzers in Ausnahmefällen verhindern soll. Es besteht insoweit kein sachlicher Grund für eine Ungleichbehandlung der systemverwandten Schutzrechte. Zudem soll verhindert werden, dass die Erwägungen zu dem neuen § 139 Abs. 1 S. 3 bis 5 PatG durch einen Rückgriff auf das Gebrauchsmusterrecht umgangen wird.[17] 39

---

[16] Abs. 1 Sätze 3–5 angef. mWv 18.8.2021 durch G v. 10.8.2021 (BGBl. I S. 3490).
[17] BT-Drs. 19/25821, 31.

b) Schadensersatz

40 Wer die Handlung – mithin die Benutzung eines Gebrauchsmusters entgegen der §§ 11 bis 14 GebrMG – vorsätzlich (dh mit Wissen und Wollen und in Kenntnis der Rechtswidrigkeit des Handelns) oder fahrlässig (Außerachtlassung der im Verkehr erforderlichen Sorgfalt, § 276 Abs. 2 BGB), dh schuldhaft, vornimmt, ist dem Verletzten nach § 24 Abs. 2 S. 1 GebrMG (entsprechend § 139 Abs. 2 S. 1 PatG) zum Ersatz des daraus entstehenden Schadens verpflichtet. Bei der Bemessung des Schadensersatzes (**Schadensersatzhöhe**) kann gemäß § 24 Abs. 2 S. 2 GebrMG (entsprechend § 139 Abs. 2 S. 2 PatG) auch der Gewinn, den der Verletzer durch die Verletzung des Rechts erzielt hat, berücksichtigt werden. Der Schadensersatzanspruch kann des Weiteren auf der Grundlage des Betrages berechnet werden, den der Verletzer als angemessene Vergütung hätte entrichten müssen, wenn er die Erlaubnis zur Nutzung der Erfindung eingeholt hätte (so § 24 Abs. 2 S. 3 GebrMG [entsprechend § 139 Abs. 2 S. 3 PatG] – Lizenzanalogie). Es besteht also, wie im Patentrecht, die Möglichkeit einer **dreifachen Schadensberechnung** (2. Kapitel, Rn. 204)

c) Hilfsansprüche

41 Der Unterlassungs- und der Schadensersatzanspruch nach § 24 GebrMG werden flankiert von einem

- Vernichtungsanspruch der das Gebrauchsmuster verletzenden Erzeugnisse sowie der Geräte, die der Herstellung dieser Erzeugnisse dienen (§ 24a Abs. 1 GebrMG [entsprechend § 140a Abs. 1 PatG]) bzw. einem Rückrufrecht hinsichtlich solcher Gegenstände bzw. einem Anspruch auf deren endgültiges Entfernen aus den Vertriebswegen (§ 24 a Abs. 2 GebrMG [entsprechend § 140a Abs. 3 PatG]);
- Auskunftsanspruch (§ 24b GebrMG [entsprechend § 140b PatG]);
- Urkundenvorlage- bzw. Besichtigungsanspruch (§ 24c GebrMG [entsprechend § 140c Abs. 1 S. 1 PatG]);
- Anspruch auf Vorlage von Bank-, Finanz- oder Handelsunterlagen bzw. auf einen geeigneten Zugang zu entsprechenden Unterlagen (§ 24d GebrMG [entsprechend § 140c Abs. 1 S. 2 PatG]) bzw. einem
- Anspruch auf Bekanntmachung eines obsiegenden Urteils auf Kosten der unterlegenen Partei (§ 24e GebrMG [entsprechend § 140e PatG]).

d) Verjährung

42 Auf die Verjährung der Ansprüche wegen Verletzung des Schutzrechts finden nach § 24f S. 1 GebrMG (entsprechend § 141 S. 1 PatG) die §§ 194 ff. BGB entsprechende Anwendung (3-Jahre-Regelverjährungsfrist). Hat der Verpflichtete durch die Verletzung auf Kosten des Berechtigten „etwas" erlangt, findet § 852 BGB entsprechende Anwendung (so § 24f S. 2 GebrMG [entsprechend § 141 S. 2 PatG]).

e) Andere gesetzliche Ansprüche

43 „Ansprüche aus anderen gesetzlichen Vorschriften" bleiben nach § 24g GebrMG (entsprechend § 141a PatG) unberührt, können also neben jenen des GebrMG zur Anwen-

IV. Die Rechtswirkungen des eingetragenen Gebrauchsmusters

dung gelangen, bspw. ein Anspruch nach § 812 Abs. 1 S. 1 2. Alt. BGB (Eingriffskondiktion).

f) Schema Gebrauchsmusterrechtsverletzungen

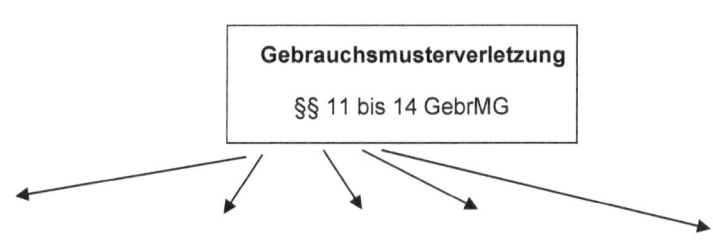

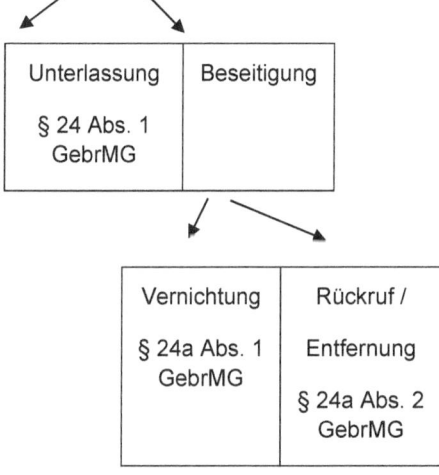

3. Strafrechtlicher Schutz

Mit Freiheitsstrafe bis zu drei Jahren oder mit Geldstrafe wird nach § 25 Abs. 1 GebrMG (entsprechend § 142 PatG) bestraft, wer ohne die erforderliche Zustimmung des Inhabers des Gebrauchsmusters

- ein Erzeugnis, das Gegenstand des Gebrauchsmusters ist (§ 11 Abs. 1 S. 2 GebrMG), herstellt, anbietet, in Verkehr bringt, gebraucht oder zu einem der genannten Zwecke entweder einführt oder besitzt (Nr. 1) bzw.
- das Recht aus einem Patent entgegen § 14 GebrMG ausübt (Nr. 2).

46 Der Versuch ist nach § 25 Abs. 3 GebrMG strafbar – ein Strafantrag ist notwendig (so § 25 Abs. 4 GebrMG).

4. Exkurs: Zollbeschlagnahme

47 Ein Erzeugnis, das ein nach dem GebrMG geschütztes Gebrauchsmuster verletzt, unterliegt nach Maßgabe des § 25a GebrMG (entsprechend § 142a PatG) auf Antrag und gegen Sicherheitsleistung des Rechteinhabers bei seiner Einfuhr oder Ausfuhr der Beschlagnahme durch die Zollbehörde, sofern die Rechtsverletzung offensichtlich ist – was allerdings im Verkehr mit anderen EU-Mitgliedstaaten (bzw. EWR-Vertragsstaaten) nur dann gilt, soweit (überhaupt noch) Kontrollen durch die Zollbehörden stattfinden.

Frage 32: Welche Beschränkungen des Schutzumfangs gibt es im Gebrauchsmusterrecht?
Frage 33: Welche Aspekte hat der positive Inhalt des Gebrauchsmusters?
Frage 34: Welchen Inhalt hat der negative Inhalt des Gebrauchsmusters?

V. Das Gebrauchsmusterlöschungsverfahren

48 Nach § 15 Abs. 1 GebrMG hat jeder gegen den als Inhaber im Register für Gebrauchsmuster Eingetragenen einen Anspruch auf Löschung des Gebrauchsmusters, wenn

- der Gegenstand des Gebrauchsmusters nach den §§ 1 bis 3 GebrMG nicht schutzfähig ist (Nr. 1),
- der Gegenstand des Gebrauchsmusters bereits aufgrund einer früheren Patent- oder Gebrauchsmusteranmeldung geschützt worden ist (Nr. 2) oder
- der Gegenstand des Gebrauchsmusters über den Inhalt der Anmeldung in der Fassung hinausgeht, in der sie ursprünglich eingereicht worden ist (Nr. 3).

49 Im Falle des § 13 Abs. 2 GebrMG – dh wenn der wesentliche Inhalt der Eintragung den Beschreibungen, Zeichnungen, Modellen, Gerätschaften oder Einrichtungen eines anderen ohne dessen Einwilligung entnommen worden ist – steht nach § 15 Abs. 2 GebrMG nur dem Verletzten der Löschungsanspruch zu.

50 Die Gebrauchsmusterabteilung des DPMA entscheidet nach Maßgabe der §§ 15 bis 17 GebrMG nach mündlicher Verhandlung und Beweisaufnahme durch Beschluss.

Beachte: Gegen Beschlüsse der Gebrauchsmusterstelle des DPMA im Rahmen des Eintragungsverfahrens bzw. solche der Gebrauchsmusterabteilung beim Löschungsverfahren kann nach § 18 Abs. 1 GebrMG Beschwerde zum BPatG eingelegt werden, das durch Beschluss entscheidet. Beschlüsse des BPatG können gemäß § 18 Abs. 4 GebrMG durch Rechtsbeschwerde – sofern das BPatG diese zugelassen hat – zum BGH angegangen werden.

VI. Übergang des Gebrauchsmusterrechts und Lizenzierung

51 Das Recht auf das Gebrauchsmuster, der Anspruch auf seine Eintragung und das durch die Eintragung begründete Recht gehen nach § 22 Abs. 1 S. 1 GebrMG (entspre-

VI. Übergang des Gebrauchsmusterrechts und Lizenzierung

chend § 15 Abs. 1 S. 1 PatG) auf den oder die Erben über (**Vererblichkeit des Gebrauchsmusterrechts** nach § 1922 Abs. 1 BGB).

Die vorgenannten Rechte können gemäß § 22 Abs. 1 S. 2 GebrMG (entsprechend § 15 Abs. 1 S. 2 PatG) auch rechtsgeschäftlich beschränkt oder unbeschränkt auf andere übertragen werden (**rechtsgeschäftliche Übertragung**), durch

- Abschluss eines **schuldrechtlichen Verpflichtungsgeschäfts** (zB eines Rechtskaufs nach den §§ 453, 433 BGB) sowie einem damit korrespondierenden
- **Verfügungsgeschäft** (beschränkte oder unbeschränkte Übertragung der Rechte nach § 413 iVm § 398 BGB).

52

Die Rechte nach § 22 Abs. 1 GebrMG können gemäß § 22 Abs. 2 S. 1 GebrMG ganz oder teilweise Gegenstand von

53

- ausschließlichen oder
- nicht ausschließlichen Lizenzen

für den Geltungsbereich des GebrMG oder einen Teil desselben sein. Soweit ein Lizenznehmer gegen eine Beschränkung seiner Lizenz nach § 22 Abs. 2 S. 1 GebrMG verstößt, kann das durch die Eintragung begründete Recht gegen ihn geltend gemacht werden (so § 22 Abs. 2 S. 2 GebrMG).

Beachte: Probleme mit einer Gebrauchsmusterlizenz können dann auftreten, wenn dem zugrundeliegenden Gebrauchsmuster eine im Eintragungsverfahren nicht geprüfte materiell-rechtliche Voraussetzung (vgl. § 8 Abs. 1 S. 2 GebrMG – wonach eine Prüfung des Gegenstands der Anmeldung auf „Neuheit", „erfinderischer Schritt" und „gewerbliche Anwendbarkeit" nicht stattfindet – Fehlen einer oder mehrerer relativer Schutzvoraussetzung(en) [vorstehende Rn. 2 und 21]) fehlt. In diesem Fall hat sich der Lizenzvertrag auf ein nicht existentes Gebrauchsmuster (**Schein-Gebrauchsmusterrecht**, das allerdings im Register für Gebrauchsmuster eingetragen ist) bezogen.[18]

Ist der Lizenzvertrag damit unwirksam?

Nach Ansicht des BGH[19] bleibt der Lizenzvertrag so lange wirksam, wie das Gebrauchsmuster formell gültig ist – mithin keine Löschung erfolgt ist. Dies wird damit begründet, dass in dieser Zeitspanne der Lizenznehmer auch noch in der Lage ist, die wirtschaftlichen Vorteile aus der Lizenz zu nutzen. So heißt es im Werbespiegel Urteil des BGH:[20] Grundsätzlich ist jedes lizenzierte Gebrauchsmuster der Gefahr von Angriffen auf seinen Rechtsbestand ausgesetzt. Es ist dem Lizenznehmer in der Regel geläufig, dass stets mit solchen Angriffen gerechnet werden muss und dass die Löschung des lizenzierten Rechts oder die Feststellung seiner Unwirksamkeit in einem Verletzungsstreit in den seltensten Fällen von vornherein als ausgeschlossen erscheinen kann. Die Anwendung des § 275 BGB oder der §§ 437, 440 BGB auf das Rechtsverhältnis zwischen den Parteien des Lizenzvertrags würde dem Lizenzgeber das Wagnis für die Rechtsbeständigkeit des lizenzierten Gebrauchsmusters auferlegen und ihm den Anspruch auf die Gegenleistung absprechen, obwohl er im Regelfall bei wirtschaftlicher Betrachtungsweise seine Leistung erbracht hat. Diese besteht angesichts der fast nie

54

---

18 So Eisenmann/Jautz, Rn. 197.
19 BGH Urt. v. 15.10.1976 – I ZR 23/75 (OLG Hamburg) = GRUR 1977, 159 – Ostfriesische Tee Gesellschaft.
20 BGH Urt. v. 28.9.1976 – X ZR 22/75 (OLG Celle) = GRUR 1977, 107 (109) – Werbespiegel.

ganz auszuschließenden Unsicherheit der Schutzrechtslage weniger in der Verschaffung einer Nutzungsbefugnis an einem unanfechtbaren Gebrauchsmuster als vielmehr in der Einräumung einer von den Mitbewerbern respektierten tatsächlichen Vorzugsstellung, die das eingetragene Gebrauchsmuster nach außen dokumentiert und absichert. Solange das Gebrauchsmuster formell in Geltung steht und von den Mitbewerbern respektiert wird, ist der Lizenznehmer in der Lage, den wirtschaftlichen Vorteil wahrzunehmen, den ihm die Lizenz verschafft. Dabei ist es ohne wesentliche Bedeutung, ob das Gebrauchsmuster, falls es mit einem Löschungsantrag angegriffen wird, mit rückwirkender Kraft (ex tunc) beseitigt werden würde.

55 Allerdings ist es den Parteien unbenommen, abweichende Absprachen zu treffen, insbesondere die Frage des Einstehens des Lizenzgebers für fehlende Schutzvoraussetzungen anders zu regeln, womit der Sachverhalt anders – als vom BGH entschieden – zu bewerten wäre.

56 Ein Rechteübergang (§ 22 Abs. 1 GebrMG) bzw. die Erteilung einer Lizenz (§ 22 Abs. 2 GebrMG) berühren gemäß § 22 Abs. 3 GebrMG nicht Lizenzen, die Dritten bereits vorher erteilt worden sind (**Sukzessionsschutz**).

VII. Beendigung des Gebrauchsmusters

57 Die Gebrauchsmusterschutzfrist ist nach § 23 Abs. 1 GebrMG kürzer als die des Patents: Die Schutzdauer eines eingetragenen Gebrauchsmusters beginnt mit dem Anmeldetag und endet zehn Jahre (Höchstdauer) nach Ablauf des Monats, in den der Anmeldetag fällt. Die Schutzfrist beträgt zunächst drei Jahre. Die weitere Aufrechterhaltung des Schutzes wird gemäß § 23 Abs. 2 S. 1 GebrMG durch die Zahlung einer Aufrechterhaltungsgebühr für das vierte bis sechste, siebte bis achte sowie für das neunte und zehnte Jahr (dh dreimalige Verlängerungsmöglichkeit), gerechnet vom Anmeldetag an, bewirkt. Die Aufrechterhaltung wird nach § 23 Abs. 2 S. 2 GebrMG im Register für Gebrauchsmuster vermerkt.

58 § 23 Abs. 3 GebrMG ordnet zudem zwei **Erlöschensgründe** an: Das Gebrauchsmuster erlischt, wenn

- der als Inhaber Eingetragene durch schriftliche Erklärung an das DPMA auf das Gebrauchsmuster verzichtet (Nr. 1) oder
- die Aufrechterhaltungsgebühr nicht rechtzeitig nach Maßgabe des PatentKostG (vgl. §§ 7 Abs. 1, 13 Abs. 3 bzw. 14 Abs. 2 und 5 PatG) gezahlt wird (Nr. 2, vorstehende Rn. 56).

59 Ein Gebrauchsmuster kann auch im Zuge eines **Löschungsverfahrens** nach den §§ 15 bis 17 GebrMG mit ex tunc-Wirkung beendet werden.

VIII. „Abzweigung" einer Gebrauchsmusteranmeldung – Patentrecht und Gebrauchsmusterrecht

60 Der Erfinder kann für seine Erfindung zunächst eine Patentanmeldung vornehmen und (um deren Schutz zu verstärken oder für den Fall einer Ablehnung der Anmeldung bzw. eines Widerrufs des Patents einen „Restschutz" zu genießen) im Nachgang noch eine Gebrauchsmusteranmeldung „nachschieben".[21] Für diesen Fall kann er im Rah-

---

21 So Eisenmann/Jautz, Rn. 194.

VIII. „Abzweigung" einer Gebrauchsmusteranmeldung

men der Gebrauchsmusteranmeldung gemäß § 5 Abs. 1 S. 1 GebrMG erklären, dass er für diese den für die Patentanmeldung maßgebenden Anmeldetag für dieselbe Erfindung für sich in Anspruch nimmt. Dann bleibt ihm das mit der Patentanmeldung beanspruchte Prioritätsrecht für die Gebrauchsmusteranmeldung erhalten (so § 5 Abs. 1 S. 2 GebrMG) – wobei das Recht bis zum Ablauf von zwei Monaten nach dem Ende des Monats, in dem die Patentanmeldung erledigt oder ein etwaiges Einspruchsverfahren abgeschlossen ist, jedoch längstens bis zum Ablauf des zehnten Jahres nach dem Anmeldetag der Patentanmeldung, ausgeübt werden kann (so § 5 Abs. 1 S. 3 GebrMG – sog. Abzweigung einer Gebrauchsmusteranmeldung aus einer Patentanmeldung).

Frage 35: Kann ein Gebrauchsmuster auf Dritte übertragen werden?

Frage 36: A ist Inhaber eines Gebrauchsmusters. B hat mit A einen Lizenzvertrag zur Nutzung der geschützten Lehre abgeschlossen. C greift das Gebrauchsmuster erfolgreich gerichtlich an. Wie wirkt sich diese Situation auf den Lizenzvertrag zwischen A und B aus?

Frage 37: In welchem Verhältnis stehen Gebrauchsmusteranmeldung und Patentanmeldung zueinander?

Frage 38: (Abschlusssachverhalt):[22] Unternehmen N ist Patentinhaber. Das Patent betrifft ein System mit einer speziellen Vorrichtung zum Extrahieren einer Kapsel für Kaffeemaschinen. Solche Vorrichtungen sind grundsätzlich im Stand der Technik bekannt. Bei den bekannten, aber preisintensiv herzustellenden Vorrichtungen erfolgt die Einführung einer Kapsel in einer vertikalen Ebene und die Extraktion wird dann durch mehrere mechanische Bauteile auf horizontaler Ebene verwirklicht. Nach erfolgter Extraktion wird die Kapsel durch eine separate Öffnung entfernt (wodurch die Kapsel drei verschiedene Positionen einnehmen kann). Diese Vorrichtungen sind aufgrund der starken Bewegungen verschleißanfällig. Problematisch bei den bekannten Extraktionsprozessen ist die richtige Positionierung der Kapsel, was bisher durch mehrere mechanische Bauteile in der Maschine realisiert wird, die die richtige Positionierung ertasten. Bauliche Besonderheiten einer Kapsel werden bisher nicht zur Positionierung der Kapsel benutzt.

In der Patentschrift wird ausgeführt: Die von N geschützte Lehre beschreibt eine entgegen den bekannten Vorrichtungen preisgünstigere und verschleißärmere Vorrichtung zur Extrahierung von Kaffeekapseln. Die Kapsel wird nach dem Einführen in die Vorrichtung in einer Zwischenposition gehalten, von der aus sie dann durch nur ein bewegliches mechanisches Bauteil in eine Extraktionsposition verbracht wird. Dabei fällt der Flansch der Kapsel (ringförmiger Führungsrand als Verdickung der Kapsel) in eine Führungsrinne und sorgt für eine unproblematische Positionierung. Notwendig für die patentierte Vorrichtung sind demnach Kaffeekapseln mit einem dickeren Führungsrand, dem Flansch, weil sonst die Kapsel nicht in der Zwischenposition gehalten werden könnte. Nach erfolgter Extraktion wird die Kapsel durch die Öffnung des beweglichen Bauteils in dieselbe Zwischenposition wie zu Beginn freigegeben und fällt in einen Behälter (wodurch die Kapsel zwei verschiedene Positionen einnehmen kann).

Konkurrentin S will den Markt für Kapseln, die mit Kaffeemaschinen der N kompatibel sind, nicht gänzlich dieser allein überlassen und stellt günstigere Kaffeekapseln aus Plastik und Papier mit anderen Kaffeemischungen her, als sie N aus Aluminium vertreibt. S wirbt damit, dass ihre Kapseln mit den Maschinen der N kompatibel sind. Auch diese Kapseln weisen einen Flansch auf und lassen sich in der Zwischenposition in der Maschine halten. Anschlie-

---

[22] Angelehnt an die Entscheidung des OLG Düsseldorf Urt. v. 21.2.2013 – I 2 U 72/12 = GRUR-RR 2013, 185 – Nespressokapseln – und zugleich vereinfacht.

ßend sorgt das bewegliche Bauteil der Maschine der N durch Verschiebung und Fixierung mittels des Flanschs für die richtige Positionierung und die Kapsel kann extrahiert werden. N will den Vertrieb der Kapseln der S unterbinden. Was kann die N tun?

ANTWORTEN AUF DIE KONTROLLFRAGEN:

Frage 1: Was hat der Gesetzgeber als „Nichterfindung" deklariert?

Der Gesetzgeber hat im PatG keine Definition des Begriffs der „Erfindung" gegeben. Vielmehr hat er in § 1 Abs. 3 PatG „insbesondere" (dh nicht abschließend) einen Katalog von „Nichterfindungen" aufgelistet. Nichterfindungen sind Entdeckungen sowie wissenschaftliche Theorien und mathematische Methoden, ästhetische Formschöpfungen, Pläne, Regeln und Verfahren für gedankliche Tätigkeiten, für Spiele oder für geschäftliche Tätigkeiten sowie Programme für Datenverarbeitungsanlagen als solche und die bloße Wiedergabe von Informationen.

Frage 2: Wie definiert der BGH den Begriff der „Erfindung"?

Der Bundesgerichtshof definiert eine „Erfindung" auf dem Gebiet der Technik wie folgt: Dem Patentschutz zugänglich ist eine Lehre zum planmäßigen Handeln unter Einsatz beherrschbarer Naturkräfte zur Erreichung eines kausal übersehbaren Erfolges. Auch die planmäßige Ausnutzung biologischer Naturkräfte und Erscheinungen wird dabei vom Patentschutz nicht grundsätzlich ausgeschlossen.

Frage 3: Welchen Schutz genießen Computerprogramme nach dem UrhG?

Als geistige Schöpfung genießen Computerprogramme – wie bspw. Microsoft Office 365 – als Programme für Datenverarbeitungsanlagen (vgl. § 1 Abs. 3 Nr. 3 PatG) keinen Patentschutz. Sie sind Nichterfindungen, aber gemäß § 2 Abs. 1 Nr. 1 UrhG nach Maßgabe der §§ 69a ff. UrhG urheberrechtsfähig. Computerprogramme werden gemäß § 69a Abs. 3 UrhG geschützt, wenn sie individuelle Werke in dem Sinne darstellen, dass sie das Ergebnis einer eigenen geistigen Schöpfung ihres Urhebers sind. Computerprogramme iSd UrhG sind Programme in jeder Gestalt einschließlich des Entwurfmaterials. Der urheberrechtliche Schutz gilt für alle Ausdrucksformen eines Computerprogramms. Ideen und Grundsätze, die einem Element eines Computerprogramms zugrunde liegen (einschließlich der den Schnittstellen zugrundeliegenden Ideen und Grundsätze) sind hingegen urheberrechtlich nicht geschützt.

Frage 4: Wann gilt eine Erfindung als „neu"?

Eine Erfindung gilt nach der gesetzlichen Fiktion des § 3 Abs. 1 PatG als „neu", wenn sie nicht zum „Stand der Technik" gehört.

Frage 5: Was versteht man unter dem „Stand der Technik"?

Der Stand der Technik umfasst alle Kenntnisse, die der Öffentlichkeit vor dem maßgeblichen Stichtag durch schriftliche oder mündliche Beschreibung, durch Benutzung oder in sonstiger Weise zugänglich gemacht worden sind. Stichtag ist grundsätzlich der Anmeldetag beim DPMA.

Frage 6: Was versteht man unter einem Erzeugnispatent, was unter einem Verfahrenspatent?

Während sich ein Erzeugnispatent auf eine bestimmte, spezifisch technische Eigenschaften aufweisende Sache bezieht, nimmt ein Verfahrenspatent auf eine bestimmte zeitliche Reihenfolge Bezug (bspw. Patente für Herstellungs- oder Arbeitsverfahren).

VIII. „Abzweigung" einer Gebrauchsmusteranmeldung

Frage 7: A und B, die bei der X-AG als Entwicklungsingenieure arbeiten, haben gemeinsam ein neues Bremssystem ausgetüftelt. Die X-AG hält das Bremssystem für zukunftsweisend und möchte sich diese neue Technologie patentieren lassen.
a) Ist dies möglich?
b) Wer ist Erfinder des Bremssystems iSv § 6 PatG?

a) Ja. Es handelt sich um eine „gebundene Erfindung" iSv § 4 Abs. 2 ArbNErfG, die der Arbeitgeber der beiden Entwicklungsingenieure A und B – die X-AG – an sich ziehen und als Patent anmelden kann.

b) Erfinder des Bremssystems kann nur eine natürliche Person sein – nämlich die, die die Erfindung gemacht hat (mithin A und B als Miterfinder), nicht jedoch eine juristische Person wie die X-AG oder eine Personen- (handels-) gesellschaft.

Frage 8: Wer ist Miterfinder?

Haben mehrere gemeinsam eine Erfindung dergestalt gemacht, dass jeder von ihnen einen wesentlichen geistigen Anteil am Erfolg hat, sind sie Miterfinder: Nach § 6 S. 2 PatG steht ihnen das Recht auf das Patent dann gemeinschaftlich zu.

Frage 9: Was ist eine Doppelerfindung?

Haben mehrere Personen eine Erfindung unabhängig voneinander gemacht, spricht man von einer Doppelerfindung. Erfinder ist der, der die Erfindung zuerst beim DPMA angemeldet hat (Prioritätsprinzip, vgl. § 6 S. 3 PatG).

Frage 10: Welche Folgen hat die Inanspruchnahme einer Diensterfindung durch den Arbeitgeber?

Eine Inanspruchnahme durch den Arbeitgeber hat zur Folge, dass alle vermögenswerten Rechte an der Diensterfindung (dh die Verwertungsrechte) auf den Arbeitgeber übergehen.

Frage 11: Warum trifft den Arbeitnehmer auch im Falle einer freien Erfindung eine Mitteilungspflicht gegenüber seinem Arbeitgeber?

Die Mitteilungspflicht des Arbeitnehmers soll es dem Arbeitgeber ermöglichen, zu beurteilen, ob es sich tatsächlich um eine freie Erfindung oder doch um eine Diensterfindung handelt.

Frage 12 Was beinhaltet die „kurze Zusammenfassung"?

Die „kurze Zusammenfassung" muss nach § 36 Abs. 2 PatG die Bezeichnung der Erfindung, eine Kurzfassung der in der Anmeldung enthaltenen Offenbarung sowie eine in der Kurzfassung erwähnte Zeichnung enthalten.

Frage 13: Welche offensichtlichen formellen Mängel prüft die Vorprüfungsstelle des DPMA im Rahmen des Vorprüfungsverfahrens?

Die Vorprüfungsstelle des DPMA prüft nach § 42 Abs. 1 PatG das Vorliegen bestimmter offensichtlich vorliegender formeller Mängel, nämlich ob die Anforderungen nach § 34 PatG (Vorgaben über die Anmeldung einer Erfindung), § 36 PatG (Vorgaben hinsichtlich der Anmeldungsunterlagen), § 37 PatG (Erfinderbenennung) und § 38 PatG (Vorgaben hinsichtlich der Änderung einer Anmeldung) erfüllt sind.

Frage 14: Welche offensichtlichen materiellen Mängel prüft die Vorprüfungsstelle des DPMA im Rahmen des Vorprüfungsverfahrens?

Die Vorprüfungsstelle des DPMA prüft das Vorliegen bestimmter offensichtlicher materieller Mängel (§ 42 Abs. 2 PatG), nämlich ob der Gegenstand der Anmeldung seinem Wesen nach überhaupt eine Erfindung ist, gewerblich anwendbar ist oder nach § 2 PatG von der Patentanmeldung ausgeschlossen ist.

Frage 15: Unter welchen Voraussetzungen beschließt das DPMA die Erteilung des Patents?

Die Prüfungsstelle des DPMA kann nach § 49 Abs. 1 PatG die Erteilung des Patents beschließen, wenn die Anmeldung den Erfordernissen der §§ 34, 37 und 38 PatG (mithin den formellen Anforderungen) genügt, nach § 45 Abs. 1 PatG gerügte Mängel der Zusammenfassung beseitigt worden sind und der Gegenstand der Anmeldung nach den §§ 1 bis 5 PatG patentfähig ist, dh wenn der Antrag auch die materiell-rechtlichen Anforderungen an eine Patenterteilung erfüllt.

Frage 16: Wann treten die gesetzlichen Wirkungen des Patents ein?

Die gesetzlichen Wirkungen des Patents treten mit der Veröffentlichung der Patenterteilung im Patentblatt ein (vgl. § 58 Abs. 1 S. 1 PatG). Damit ist das Patent zunächst einmal wirksam entstanden.

Frage 17: Was veröffentlicht das DPMA im Rahmen der Patenterteilung?

Im Rahmen einer Patenterteilung veröffentlicht das DPMA folgende Schriften:

- die Offenlegungsschrift (§ 32 Abs. 1 Nr. 1 PatG),
- die Patentschrift (§ 32 Abs. 1 Nr. 2 PatG) und
- das Patentblatt (§ 32 Abs. 1 Nr. 3 PatG).

Frage 18: Wann muss ein Patent widerrufen werden?

Ein Patent muss widerrufen werden, wenn einer der gesetzlichen Widerrufsgründe des § 21 PatG erfüllt ist, dh wenn

- die Prüfung des Patents ergibt, dass der Gegenstand des Patents nach den §§ 1 bis 5 PatG nicht patentfähig ist,
- das Patent die Erfindung nicht so deutlich und vollständig offenbart, dass ein Fachmann sie ausführen kann,
- der wesentliche Inhalt des Patents den Beschreibungen, Zeichnungen, Modellen, Gerätschaften oder Einrichtungen eines anderen oder einem von diesem angewendeten Verfahren ohne dessen Einwilligung entnommen worden ist oder
- der Gegenstand des Patents über den Inhalt der Anmeldung in der Fassung hinausgeht, in der sie bei der für die Einreichung der Anmeldung zuständigen Behörde ursprünglich eingereicht worden ist.

Frage 19: Welche Rechtsfolgen hat der Widerruf eines Patents?

Mit dem Widerruf gelten iS einer gesetzlichen Fiktion die Wirkungen des Patents als von Anfang an nicht eingetreten. Die Erfindung ist nicht mehr geschützt, sondern gemeinfrei. Der Erfinder kann damit vor allem die Nutzung seiner Idee durch Dritte nicht mehr unterbinden.

Frage 20: Unter welchen Voraussetzungen kann ein Patent für nichtig erklärt werden?

Ein Patent kann auf einen entsprechenden Klageantrag hin vom BPatG für nichtig erklärt werden, wenn einer der in § 21 Abs. 1 PatG genannten Nichtigkeitsgründe vorliegt oder wenn der Schutzbereich des Patents erweitert wurde.

VIII. „Abzweigung" einer Gebrauchsmusteranmeldung

Frage 21: Welche Rechtswirkungen entfaltet das Patent?

Das Patent entfaltet dreifache Rechtswirkungen: ihm kommt sowohl ein positiver als auch ein negativer Inhalt zu. Darüber hinaus genießt der Patentinhaber strafrechtlichen Schutz gegen Beeinträchtigungen seines Schutzrechts.

Frage 22: Was bedeutet der „Erschöpfungsgrundsatz"?

Der Erschöpfungsgrundsatz besagt, dass ein für ein bestimmtes Produkt erteiltes Patentrecht dann verbraucht, dh erschöpft ist, wenn das Produkt vom Patentinhaber – oder von einem von diesem autorisierten Dritten (zB einem Lizenznehmer) – in Deutschland schon einmal rechtmäßig in den Verkehr gebracht worden ist. Dies ist zB dann der Fall, wenn das patentierte Produkt (wie bspw. eine Pumpe oder ein Bremssystem) vom Patentinhaber (bzw. einem von diesem autorisierten Dritten) an einen Käufer veräußert worden ist. Dann kann der Erwerber des Produktes dieses ungehindert nutzen und gebrauchen, ohne dabei Beschränkungen aufgrund des Patentrechts zu unterliegen. Der Patentinhaber kann keine das Eigentumsrecht des Erwerbers überlagernden Ansprüche aus dem Patentrecht heraus mehr gegen den Erwerber geltend machen.

Frage 23: Welche Ansprüche hat ein Patentinhaber gegen einen Verletzer?

Der Patentinhaber kann gegen einen Verletzer folgende Ansprüche geltend machen:

- Unterlassung der verletzenden Handlung (§ 139 Abs. 1 PatG),
- Schadensersatz (§ 139 Abs. 2 PatG),
- Vernichtung und Rückruf des Erzeugnisses, das Gegenstand des Patents ist (§ 140a PatG),
- Auskunft über die Herkunft und den Vertriebsweg des benutzten Erzeugnisses (§ 140b PatG),
- Urkundenvorlage und Besichtigung (§ 140c PatG),
- Vorlage von Bank-, Finanz- oder Handelsunterlagen (§ 140d PatG) und ggf.
- öffentliche Bekanntmachung des Urteils (§ 140e PatG).

Frage 24: B ist Patentinhaber des Patents mit der Patentnummer 123456789 – einem Kugelschreiber mit einer Mine, die bei unterschiedlichem Druck immer in gleicher Intensität schreibt. X hält dieses Produkt im Einzelhandel für überteuert und macht sich die Technik der druckunabhängigen Mine zu eigen. Er bringt einen Kugelschreiber auf den Markt mit unterschiedlicher Optik, aber der identischen Funktionsweise einer druckunabhängigen Mine. Sein Produkt findet starken Absatz.

a) B will gegen X vorgehen und erreichen, dass der Vertrieb des Kugelschreibers unterbleibt und ihm entstandene Nachteile ausgeglichen werden. Was kann er tun?

b) Was für ein Schaden ist B entstanden und wie wird er berechnet?

a) B kann von X Unterlassung des Vertriebs des Imitatprodukts nach § 139 Abs. 1 PatG und – da X schuldhaft gehandelt hat – auch Ersatz des erlittenen Schadens gemäß § 139 Abs. 2 PatG verlangen.

b) Die Berechnung des Schadens ist schwierig, da B bei Geltendmachung seines Schadensersatzanspruchs gegen X konkret die Summe beziffern mu ss, auf die sich sein Schaden beläuft, weil X ein Imitat auf den Markt gebracht hat. Wie hoch ist also die Summe seines Verlustes?

Die Praxis ist dazu übergegangen den Schadensersatz nach der Höhe des Gewinns zu beziffern den der Verletzer X durch die Verletzung des Patents des B erzielt hat (vgl. § 139 Abs. 2 S. 2 PatG). Insoweit trifft den X eine Auskunftspflicht gegenüber B.

Der Schadensersatzanspruch des B kann aber auch auf der Grundlage des Betrages berechnet werden, den der Verletzer X als angemessene Vergütung hätte entrichten müssen, wenn er bei B eine Erlaubnis zur Benutzung der Erfindung (Lizenz) eingeholt hätte (vgl. § 139 Abs. 2 S. 3 PatG).

Damit bestehen insgesamt drei Möglichkeiten einer Schadensberechnung:

- Geltendmachung des entgangenen Gewinns als Differenz des Vermögens des Verletzten B vor und nach der Patentverletzung (§§ 249, 253 BGB).
- Geltendmachung des Betrages, den der Patentinhaber B durch die Erteilung einer Lizenz hätte einnehmen können (Lizenzanalogie – § 139 Abs. 2 S. 3 PatG).
- Herausgabe des Gewinns, den der Patentverletzer X tatsächlich erzielt hat (§ 139 Abs. 2 S. 2 PatG).

Frage 25: Kann der Patentinhaber sein Patent auf Dritte übertragen, und wenn ja, wie?

Ja, der Patentinhaber kann sein Patent auf Dritte übertragen. Zum einen kann er das Patent – von Todes wegen – vererben (vgl. § 15 Abs. 1 S. 1 PatG iVm § 1922 BGB). Zum anderen kann der Patentinhaber das Patent auch veräußern, indem er aufgrund eines Vertrags – unter Lebenden – einem Dritten sein Recht gegen Entgelt abtritt (§ 15 Abs. 1 S. 2 PatG). Die unbeschränkte Übertragung eines Patents unter Lebenden vollzieht sich wie folgt: Der Patentinhaber veräußert bspw. durch einen Rechteverkauf (§§ 453, 433 BGB) als Verpflichtungsgeschäft sowie in Erfüllung der daraus resultierenden Verpflichtung einer formlosen Abtretung des Patentrechts (§ 413 iVm § 398 BGB) als Verfügungsgeschäft sein Patent an einen Käufer als Erwerber. Der Erwerber wird alsdann als neuer Patentinhaber ins Patentregister eingetragen. Der Eintragung kommt allerdings nur deklaratorische Bedeutung zu.

Frage 26: R ist Patentinhaber. E möchte die technische Lehre des Patents des R nutzen. Was kann getan werden?

a) R kann E eine ausschließliche Lizenz erteilen mit der Folge, dass dem Lizenznehmer E dann ein alleiniges Verwertungsrecht an der patentierten Erfindung zusteht. E kann damit sowohl gegen Schutzrechtsverletzungen eines Dritten als auch solche des Lizenzgebers (dh des Patentinhabers R) selbst vorgehen.

b) Räumt R dem E hingegen bloß eine einfache Lizenz ein, hat der Lizenznehmer E nur das Recht, die lizenzierte Erfindung – neben anderen (dh Dritten bzw. dem Lizenzgeber R) – zu nutzen. Der Umfang der dem E eingeräumten Rechte bemisst sich dann aus der Vertragsbeziehung zwischen ihm als Lizenznehmer und R als Lizenzgeber.

Frage 27: Was sind die Schwächen des Gebrauchsmusterrechts gegenüber dem Patentrecht?

Die Schwäche des Gebrauchsmusterrechts liegt darin, dass bei der Gebrauchsmusteranmeldung nur eine beschränkte Prüfung der materiellen Voraussetzungen im Rahmen des § 8 GebrMG erfolgt. Dh es findet im Unterschied zum Patentanmeldeverfahren keine Sachprüfung aller materiell-rechtlicher Entstehungsvoraussetzungen – nämlich keine Prüfung des Gegenstands der Anmeldung auf Neuheit, erfinderischen Schritt und gewerbliche Anwendbarkeit – statt. Zudem fehlt – im Unterschied zum Patentrecht – ein Einspruchsverfahren, womit ein eingetragenes Gebrauchsmuster im Rechtswege leichter angreifbar ist als ein eingetragenes Patentrecht.

Frage 28: Können Verfahren Gebrauchsmusterschutz genießen?

Nein, da nach § 2 Nr. 3 GebrMG „Verfahren" nicht vom Gebrauchsmusterschutz erfasst werden.

VIII. „Abzweigung" einer Gebrauchsmusteranmeldung

Frage 29: Wann ist ein Gebrauchsmuster „neu"?

Das Gebrauchsmusterrecht folgt einem „relativen Neuheitsbegriff": Eine öffentliche mündliche Beschreibung schadet beim Gebrauchsmusterschutz – anders als beim Patent – nicht. Eine Vorbenutzung schadet nur dann, wenn sie im Geltungsbereich des GebrMG (mithin im Inland) erfolgt ist.

Frage 30: Was versteht am unter dem „erfinderischen Schritt"?

Mit dem legal nicht definierten Tatbestandsmerkmal „erfinderischer Schritt" ist die Erfindungshöhe gemeint, die erreicht werden muss, um dem Erfinder einen Gebrauchsmusterschutz zu gewähren. Wie die Erfindungshöhe im Einzelnen zu bestimmen ist, beurteilt sich grundsätzlich nach denselben Kriterien wie beim Patent. Allerdings sind an den Grad der Erfindungshöhe für das Gebrauchsmuster geringere Anforderungen zu stellen als beim Patent. Ein Indiz dafür, dass ein „erfinderischer Schritt" vorliegt, ist die Tatsache, dass die Erfindung eine „nicht unerhebliche Bereicherung des Standes der Technik" darstellt.

Frage 31: Welche Vorteile bietet das Gebrauchsmustererteilungsverfahren gegenüber dem Patenterteilungsverfahren?

Das Gebrauchsmustererteilungsverfahren ist im Vergleich zum Patenterteilungsverfahren einfacher und zeitlich weniger aufwändig: Zum einen erfolgt keine Prüfung aller materiell rechtlichen Gebrauchsmustervoraussetzungen des § 1 Abs. 1 GebrMG. Zum anderen fehlt ein Einspruchsverfahren (vergleichbar der §§ 59 ff. PatG im Patenterteilungsverfahren). Damit korreliert jedoch auch die „relative Schwäche" des Gebrauchsmusterrechts, dessen wesentliche Schutzvoraussetzungen erst im Rahmen eines nachgelagerten Gebrauchsmusterverletzungsprozesses geprüft werden können.

Frage 32: Welche Beschränkungen des Schutzumfangs gibt es im Gebrauchsmusterrecht?

Für das Gebrauchsmuster bestehen Beschränkungen im Schutzumfang dahingehend, dass Handlungen, die im privaten Bereich zu nichtgewerblichen Zwecken vorgenommen werden, Handlungen zu Versuchszwecken, die sich auf den Gegenstand des Gebrauchsmusters beziehen, und Handlungen der in § 11 Nr. 4 bis 6 PatG bezeichneten Art keine Verletzung des Gebrauchsmusterrechts darstellen.

Frage 33: Welche Aspekte hat der positive Inhalt des Gebrauchsmusters?

Der positive Inhalt des Gebrauchsmusterrechts hat zwei Aspekte:

– Nach § 11 Abs. 1 GebrMG ist allein der Inhaber des Gebrauchsmusters berechtigt, den Gegenstand des Gebrauchsmusters zu benutzen (Nutzungsrecht).
– Jedem Dritten ist es verboten, ohne Zustimmung des Gebrauchsmusterrechtsinhabers ein Erzeugnis, das Gegenstand des Gebrauchsmusters ist, herzustellen, anzubieten, in den Verkehr zu bringen oder zu gebrauchen oder zu den genannten Zwecken entweder einzuführen oder zu besitzen (Benutzungsverbot).

Frage. 34: Welche Aspekte hat der negative Inhalt des Gebrauchsmusters?

Der negative Inhalt des Gebrauchsmusterrechts beinhaltet einen Schadensersatzanspruch (§ 24 Abs. 2 GebrMG), Auskunftsansprüche (§ 24b Abs. 1 bis 10 GebrMG), Vorlageansprüche (§ 24c Abs. 1 bis 5 und § 24d Abs. 1 bis 4 GebrMG), einen Urteilsveröffentlichungsanspruch (§ 24e GebrMG), einen Abwehranspruch auf Unterlassung (§ 24 Abs. 1 GebrMG) und Beseitigungsansprüche auf Vernichtung (§ 24a Abs. 1 GebrMG) und Rückruf sowie Vernichtung (§ 24a Abs. 2 GebrMG).

Frage 35: Kann ein Gebrauchsmuster auf Dritte übertragen werden?

Ein Gebrauchsmuster kann sowohl vererbt als auch rechtsgeschäftlich übertragen werden (§ 22 GebrMG). Die rechtsgeschäftliche Übertragung kann sowohl beschränkt als auch unbeschränkt (Stichwort „Lizenz") erfolgen. Die rechtsgeschäftliche Übertragung erfolgt durch Abschluss eines schuldrechtlichen Verpflichtungsgeschäfts (zB eines Rechtekaufs nach den §§ 453, 433 BGB) sowie einem damit korrespondierenden Verfügungsgeschäft als Erfüllung (beschränkte oder unbeschränkte Übertragung des Rechts nach § 413 iVm § 398 BGB).

Frage 36: A ist Inhaber eines Gebrauchsmusters. B hat mit A einen Lizenzvertrag zur Nutzung der geschützten Lehre abgeschlossen. C greift das Gebrauchsmuster erfolgreich gerichtlich an. Wie wirkt sich diese Situation auf den Lizenzvertrag zwischen A und B aus?

Die Auswirkungen der Löschung des Gebrauchsmusterrechts auf den Lizenzvertrag des A mit dem Lizenznehmer B gestalten sich wie folgt: Da das der Gebrauchsmusterlizenz zugrundeliegende Gebrauchsmuster (mit ex tunc-Wirkung) gelöscht wurde, hat sich der Lizenzvertrag auf ein (von Anfang an) nicht existentes Gebrauchsmuster bezogen – ein sog. Schein-Gebrauchsmusterrecht. Dieses war im Zeitpunkt des Abschlusses des Lizenzvertrages aber im Register für Gebrauchsmuster eingetragen. Nach Ansicht des BGH bleibt der Lizenzvertrag aber so lange wirksam, wie das Gebrauchsmuster formell gültig ist – mithin keine Löschung erfahren hat: Die Rechtsverbindlichkeit eines Lizenzvertrages über ein Gebrauchsmuster sowie die Verpflichtung des Lizenznehmers zur Zahlung der vereinbarten Lizenzgebühren werden durch das Fehlen der relativen Schutzvoraussetzungen (dh der Neuheit, des erfinderischen Schritts und der gewerblichen Anwendbarkeit) mangels abweichender Parteivereinbarung so lange nicht berührt, wie das Gebrauchsmuster formell in Geltung steht und von den Mitbewerbern respektiert wird. Dies wird damit begründet, dass in dieser Zeitspanne der Lizenznehmer auch noch in der Lage ist, die wirtschaftlichen Vorteile aus der Lizenz zu nutzen.

Frage 37: In welchem Verhältnis stehen Gebrauchsmusteranmeldung und Patentanmeldung zueinander?

Der Erfinder kann zunächst eine Patentanmeldung vornehmen und im Nachgang noch eine Gebrauchsmusteranmeldung „nachschieben", wobei er dann im Rahmen der Gebrauchsmusteranmeldung gemäß § 5 Abs. 1 S. 1 GebrMG erklären kann, dass er für diese den für die Patentanmeldung maßgebenden Anmeldetag für dieselbe Erfindung in Anspruch nimmt. Dann bleibt ihm das mit der Patentanmeldung beanspruchte Prioritätsrecht für die Gebrauchsmusteranmeldung erhalten (so § 5 Abs. 1 S. 2 GebrMG).

Frage 38: Abschlusssachverhalt:

N will den Vertrieb der Kapseln der S unterbinden. Was kann die N tun?
Anspruch auf Unterlassung nach § 139 Abs. 1 PatG
I. Objektiver Tatbestand

1. **Bestehen des verletzten Rechts**
   – N hat eine Erfindung patentieren lassen.
   – Patent besteht noch (+), keine gegenteiligen Angaben.
2. **Schutzumfang (§ 14 PatG)**
   Patentierbare Erfindung auf dem Gebiet der Technik:
   Definition: technisches Problem ist es hier, ein Extrahierungssystem zu verwirklichen mit einfacherem Aufbau, preisgünstiger und mechanisch zuverlässiger.

VIII. „Abzweigung" einer Gebrauchsmusteranmeldung

- **technische Lehre** (+): Extraktionsvorrichtung für Kaffeekapseln in Kaffeemaschine; zwei Positionen der Kapsel – Zwischenposition bei Einführung und Öffnung, Schließposition bei Extraktion; Führungsrinne in Maschine, der den Flansch einer Kapsel hält und damit für optimale Positionierung sorgt.
- **Neuheit** (+) (Definition: Zum Stand der Technik gehören Extrahierungssysteme mit vertikalem Kapseleinwurf und horizontaler Extraktion mit minimal drei Positionen der Kapsel und mehreren beweglichen Bauteilen für die Extraktion, die aufgrund starker Bewegung verschleißanfällig sind und hohe Produktionskosten haben.
- **auf einer erfinderischen Tätigkeit beruhend** (+): keine gegenteiligen Sachverhaltsangaben.
- **gewerblich nutzbar** (+): Kaffeemaschinen, die Umsatz generieren.

3. **Verletzungstatbestand (§ 10 PatG)**
   - § 10 Abs. 1 PatG – Mittelmerkmal (+):
   Das Mittel ist geeignet, die Erfindung zu verwirklichen oder zu nutzen, wenn bei der Verwirklichung des geschützten Erfindungsgedankens das Mittel mit dem wesentlichen Element der Erfindung funktional zusammenwirkt.
   Hier: Mittel sind Kaffeekapseln mit einem Flansch. Kapsel kann in der Maschine verwendet werden und realisiert den Erfindungsgedanken – einfacherer Extraktionsprozess. Kapsel muss baulich einen Führungsrand (Flansch) aufweisen, damit sie in der Zwischenposition gehalten wird.
   - Berechtigungsmerkmal (-):
   Der Empfänger des Mittels darf nicht berechtigter Benutzer der patentierten Erfindung sein. Abgrenzung zwischen bestimmungsgemäßem Gebrauch (Erschöpfungsgrundsatz) und Neuherstellung.
   Ist die Verwendung einer neuen Kapsel ein bestimmungsgemäßer Gebrauch oder wird damit der wesentliche Kern der Erfindung jedes Mal aufs Neue verwirklicht iS einer Neuherstellung des Extraktionssystems? – ergo: Müssen die Kapseln der N verwendet werden, weil sie vom Patent mit umfasst sind?
   Arg. (-): Merkmal der Kapsel – sie benötigt einen Führungsrand, weitere Eigenschaften sind im Patent nicht benannt. Die wesentliche Erfindung wird nicht durch die Kapsel gekennzeichnet, sondern durch die Extraktionsvorrichtung. Die Kapsel ist dabei nur ein passives Objekt, das mit der Erfindung zusammenwirken muss, aber nicht deren originärer Bestandteil ist. Originärer Bestandteil beschränkt sich auf das Patent-Extraktionssystem mit einem beweglichen Element und zwei anstatt drei Positionen für eine Kapsel. Das Einsetzen einer neuen Kapsel bewirkt nicht, dass die Erfindung des einfacheren und verschleißärmeren Systems bei jedem Extrahierungsvorgang neu verwirklicht wird. Bei den Kapseln handelt es sich um bereits nach dem Stand der Technik bekannte Ausführungen, die im Stand der Technik lediglich anders verwendet worden sind.
   Anwendbarkeit von § 10 Abs. 2 PatG? (-)
   Kapseln mit einem Flansch sind keine alltäglichen im Handel zu erhaltenden Erzeugnisse, da bisher nur komplizierte Extraktionssysteme bekannt sind, für die Kapseln ohne Flansch verwendet werden.

4. **Ergebnis**
Objektiver Tatbestand ist nicht erfüllt.
Kein Anspruch der N gegen S auf Unterlassung nach § 139 Abs. 1 PatG.

4. Kapitel: Markenrecht

I. Kennzeichenrechte

1 Kennzeichen zielen – wie bspw. auch der Personenname (vgl. § 12 BGB) – auf eine Individualisierung, dh auf eine Unterscheidung von Personen. Im gewerblichen Bereich individualisiert und unterscheidet eine Marke als Kennzeichen die Waren und Dienstleistungen eines Unternehmens von denen eines anderen Unternehmens. Ein Unternehmen kann – muss aber nicht zwingend – seine Waren oder Dienstleistungen mit einer Marke kennzeichnen und damit individualisieren. Es steht dem Unternehmen nämlich auch frei, sog. no-name-Produkte anzubieten.

Frage 1: Was versteht man unter einer Marke?

2 Zeichenschutz kann national, europäisch oder international erlangt werden.

1. Nationale Kennzeichenrechte

3 Die nationalen Kennzeichenrechte sind in Deutschland vor allem im Gesetz über den Schutz von Marken und sonstigen Kennzeichen (Markengesetz – fortan: MarkenG) geregelt. Der Personenname wird nach § 12 BGB, die Firma als Unternehmensname (als Name eines Kaufmanns, unter dem er seine Geschäfte betreibt) in den §§ 17 ff. HGB geschützt.

4 Das MarkenG beruht auf einer **europäischen Rechtsharmonisierung** (mit dem Ziel einer Erleichterung des freien Waren- und Dienstleistungsverkehrs im Hinblick auf einen Schutz der eingetragenen Marke) in Gestalt von Richtlinienrecht, nämlich der

- Ersten Richtlinie 89/104/EWG des Rates vom 21.12.1988 zur Angleichung der Rechtsvorschriften der Mitgliedstaaten über die Marken,
- Richtlinie 2008/95/EG des Europäischen Parlaments und des Rates vom 22.10.2008 zur Angleichung der Rechtsvorschriften der Mitgliedstaaten über die Marken (durch die die Richtlinie 89/104/EWG inhaltlich geändert wurde) und der
- Richtlinie 2015/2436/EU des Europäischen Parlaments und des Rates vom 16.12.2015 zur Angleichung der Rechtsvorschriften der Mitgliedstaaten über die Marken (fortan: MarkenRL), durch die die Richtlinie 2008/95/EG inhaltlich geändert wurde. Die MarkenRL ist mit ihrem wesentlichen Inhalt nach ihrem Art. 56 Abs. 1 seit dem 12.1.2016 in Kraft getreten ist (ausschließlich der Art. 1, 7, 15, 19, 20, 21 MarkenRL, die seit dem 15.1.2019 gelten, so Art. 56 Abs. 2 MarkenRL). Daneben umfasst die MarkenRL auch die Änderung der Gemeinschaftsmarkenverordnung (EG) Nr. 207/2009 (fortan: GMV, dazu nachstehende Rn. 7 ff.).[1]

5 Die Richtlinien zielen auf eine Angleichung der unterschiedlichen nationalen Markenrechte der EU-Mitgliedstaaten. Die Harmonisierung der Markenrechte der EU-Staaten durch die MarkenRL erfasst aber nur die **eingetragene Marke** (nicht auch durch Benutzung und Verkehrsgeltung zur Entstehung gelangte Marken oder Notorietätsmarken). Die Harmonisierung erfasst folgende Bereiche:

---

[1] Renvert, IP kompakt, Ausgabe Februar 2016, S. 2.

I. Kennzeichenrechte

- Den **Markenbegriff**, der zwar weit gefasst ist, aber in Art. 3 MarkenRL[2] dahingehend konkretisiert wird, dass die Marke geeignet sein muss, in dem Register in einer Weise dargestellt zu werden, dass die zuständigen Behörden und das Publikum den Gegenstand des ihrem Inhaber gewährten Schutzes klar und eindeutig bestimmen können (Art. 3b MarkenRL). Damit entfällt die noch nach der RL 2008/95/EG verlangte, allein mögliche graphische Darstellbarkeit zugunsten einer weiter gefassten Darstellbarkeit „in irgendeiner Weise". Eintragbar sind damit neben Wörtern einschließlich Personennamen, Abbildungen, Buchstaben, Zahlen, Form oder Verpackung von Waren nunmehr auch Farben und Klänge.
- Die absoluten und relativen **Eintragungshindernisse** (Art. 4 und 5 MarkenRL)[3] und weitere hierunter einzuordnende Regelungen zur nachträglichen Feststellung der Nichtigkeit oder des Verfalls der Marke (Art. 6 MarkenRL), Eintragungshindernisse oder Nichtigkeitsgründe nur in Bezug auf einen Teil der Waren oder Dienstleistungen (Art. 7 MarkenRL), wegen fehlender Unterscheidungskraft oder Bekanntheit einer älteren Marke als Grund für die Bestandskraft einer eingetragenen Marke (Art. 8 MarkenRL) sowie der Ausschluss der Nichtigerklärung aufgrund von Duldung (Art. 9 MarkenRL).
- Die MarkenRL erstreckt sich weiter auf die **aus der Marke resultierenden Rechte** (Art. 10 MarkenRL).[4]
- Sie trifft Regelungen über **Beschränkungen der Wirkung der Marke** (Art. 14 MarkenRL), die **Erschöpfung** (Art. 15 MarkenRL), die **Benutzung der Marke** (Art. 16 MarkenRL),[5] einschließlich der Einreden im Verletzungsverfahren (Art. 17 und 18 MarkenRL), **Verfallsgründe von Markenrechten** (Art. 19 bis 21 MarkenRL) sowie Regelungen bezüglich der Marke als **Vermögensgegenstand** (Art. 22 bis 26 MarkenRL), insbesondere Lizenzen (Art. 25 MarkenRL). Die MarkenRL trifft im Übrigen
- Regelungen zu **Garantiemarken, Gewährleistungsmarken** und **Kollektivmarken** (Art. 27 bis 36 MarkenRL), zum

---

2 Marken können gemäß Art. 3 MarkenRL Zeichen aller Art sein, insbesondere Wörter, einschließlich Personennamen, oder Abbildungen, Buchstaben, Zahlen, Farben, die Form oder Verpackung der Ware oder Klänge, soweit solche Zeichen geeignet sind, a) Waren oder Dienstleistungen eines Unternehmens von denjenigen anderer Unternehmen zu unterscheiden und b) in dem Register in einer Weise dargestellt zu werden, dass die zuständigen Behörden und das Publikum den Gegenstand des ihrem Inhaber gewährten Schutzes klar und eindeutig bestimmen können.
3 Neuerungen gegenüber der RL 2008/95/EG finden sich für absolute Eintragungshindernisse in Art. 4 Abs. 1 Buchst. e MarkenRL, weiter die Ergänzung des Katalogs der Zeichen und Formen, die im Falle der Eintragung der Nichtigkeitserklärung unterliegen würden in Hinblick auf Unionsvorschriften und internationale Bestimmungen in Art. 4 Abs. 1 Buchst. i bis l MarkenRL, sowie eine Verschiebung des relevanten Zeitpunkts für eine mittlerweile eingetretene Unterscheidungskraft auf den Zeitpunkt der Antragsstellung zur Nichtigerklärung in Art. 4 Abs. 4 S. 2 MarkenRL (und damit größerer Bestandsschutz einer eingetragenen Marke), und die Änderung der Möglichkeit der Mitgliedstaaten, von Art. 4 Abs. 5 S. 1 MarkenRL abzuweichen in Art. 4 Abs. 5 MarkenRL. In Bezug auf relative Eintragungshindernisse ist eine Anpassung des Bekanntheitsschutzes erfolgt (neben Unionsmarken werden jetzt auch für ältere in einem Mitgliedstaat in Art. 5 Abs. 3a MarkenRL gelistete Marken erfasst) – ebenso werden Ursprungsbezeichnungen und geographischen Angaben in Art. 5 Abs. 3 c MarkenRL aufgenommen.
4 Neu ist die Aufnahme des Transits (von Waren, einschließlich ihrer Verpackung, die aus Drittstaaten stammen und ohne Zustimmung eine Marke aufweisen, die mit der für derartige Waren eingetragenen Marken identisch ist oder in ihren wesentlichen Aspekten nicht von dieser Marke zu unterscheiden ist) als ausdrückliche Verletzungshandlung in Art. 10 Abs. 4 MarkenRL.
5 Neu ist, dass die Benutzungsschonfrist von 5 Jahren nach Art. 16 Abs. 2 MarkenRL in Ländern mit einem Widerspruchsverfahren erst ab dem Tag beginnt, ab dem kein Widerspruch mehr gegen die Marke möglich ist oder, falls Widerspruch erhoben wurde, ab dem Tag, an dem die das Widerspruchsverfahren beendende Entscheidung Rechtskraft erlangt hat oder der Widerspruch zurückgenommen wurde.

- **Verfahren**, insbesondere die Anmeldung und Eintragung (Art. 37 bis 42 Marken-RL), das Widerspruchs-, Verfalls- und Nichtigkeitsverfahren (Art. 43 bis 47 MarkenRL),[6] die Dauer und Verlängerung der Eintragung (Art. 48 und 49 MarkenRL) sowie die Kommunikation mit dem Markenamt (Art. 50 MarkenRL). Weiterhin enthält sie Vorgaben zur
- Verwaltungszusammenarbeit (Art. 51 und 52 MarkenRL) und Schlussbestimmungen (Art. 53 bis 57 MarkenRL), in denen auch Fragen des **Datenschutzes** (Art. 53 MarkenRL) behandelt werden.

6 Damit wird das MarkenG, soweit es auf der Umsetzung europäischen Richtlinienrechts beruht, nicht mehr national, sondern durch den EuGH am Maßstab des europäischen Rechts (MarkenRL) ausgelegt. Die deutschen Gerichte sind deshalb gehalten, Auslegungsfragen dem EuGH zur Vorabentscheidung nach Art. 267 AEUV vorzulegen.

2. Europäische Kennzeichenrechte

7 Die VO (EU) 2017/1001 des Europäischen Parlaments und des Rates vom 14.7.2017 über die Unionsmarke (**UnionsmarkenVO – UMV**) hat zum 1.10.2017 (Art. 212 Abs. 2 UMV) die Gemeinschaftsmarkenverordnung (GMVO)[7] abgelöst, die nach Art. 211 Abs. 1 UMV aufgehoben wurde. Bestehende Gemeinschaftsmarken wurden automatisch in Unionsmarken umgewandelt.

8 Das Unionsmarkenrecht ersetzt allerdings nicht die nationalen Markenrechte.[8] Ein zweispuriger Ansatz (**Zweigleisigkeit** – Nebeneinanderbestehen der Unionsmarke [frü-

---

6 Neu ist, dass (entgegen der bis dahin geltenden deutschen Gesetzeslage) der maßgebliche Zeitpunkt im Widerspruchsverfahren aufgrund der Einrede der Nichtbenutzung nach Art. 43 und Art. 44 Abs. 1 MarkenRL für die Bestimmung der fünfjährigen Benutzungsschonfrist der Zeitraum vor dem Anmelde- oder Prioritätstag der jüngeren Marke ist, und nicht mehr der Veröffentlichungstag der Eintragung der jüngeren Marke maßgeblich ist. Weiterhin soll für die Erklärung des Verfalls oder der Nichtigkeit einer Marke ein Verwaltungsverfahren vor den nationalen Markenämtern bereitgestellt werden, wo bisher in Deutschland nach § 53 Abs. 4 MarkenG aF nur eine Klage vor den Zivilgerichten möglich war.

7 Mit der VO (EG) Nr. 40/94 des Rates vom 20.12.1993 über die Gemeinschaftsmarke (Gemeinschaftsmarkenverordnung – kurz: GMVO – geändert durch die VO (EG) Nr. 207/2009 des Rats über die Gemeinschaftsmarke vom 26.2.2009) wurde erstmals eine für die gesamte EU geltende Gemeinschaftsmarke (Community Trade Mark – CMT) mit einem in allen EU-Mitgliedstaaten einheitlich und unmittelbar geltenden Gemeinschaftsmarkenrecht geschaffen.

8 EuGH Urt. v. 12.2.2004 – C-363/99 = GRUR 2004, 674 – Postkontor: 1. Art. 3 der Ersten RL 89/104 EWG des Rates vom 21. 12. 1988 zur Angleichung der Rechtsvorschriften der Mitgliedstaaten über die Marken ist dahin auszulegen, dass eine für die Eintragung von Marken zuständige Behörde neben der Marke in der hinterlegten Form alle relevanten Tatsachen und Umstände berücksichtigen muss. Eine solche Behörde hat vor dem Erlass einer endgültigen Entscheidung über einen Antrag auf Eintragung einer Marke alle relevanten Tatsachen und Umstände zu berücksichtigen. Auch das mit einer Klage gegen eine Entscheidung über einen Antrag auf Eintragung einer Marke befasste Gericht hat im Rahmen der Ausübung seiner in der einschlägigen nationalen Regelung festgelegten Befugnisse alle relevanten Tatsachen und Umstände zu berücksichtigen. 2. Die Tatsache, dass eine Marke in einem Mitgliedstaat für bestimmte Waren oder Dienstleistungen eingetragen wurde, hat keinen Einfluss auf die Prüfung, der ein Antrag auf Eintragung einer ähnlichen Marke für ähnliche wie die für die erste Marke eingetragenen Waren oder Dienstleistungen durch die in einem anderen Mitgliedstaat für die Eintragung von Marken zuständige Behörde unterzogen wird. 3. Art. 3 Abs. 1 Buchst. c der RL 89/104/EWG steht der Eintragung einer Marke entgegen, die ausschließlich aus Zeichen oder Angaben besteht, welche im Verkehr zur Bezeichnung von Merkmalen der Waren oder Dienstleistungen dienen können, für die die Eintragung beantragt wird, auch wenn es gebräuchlichere Zeichen oder Angaben zur Bezeichnung dieser Merkmale gibt. Dies gilt unabhängig von der Zahl der Konkurrenten, die ein Interesse an der Benutzung der Zeichen oder Angaben haben können, aus denen die Marke besteht. Sehen die anwendbaren nationalen Rechtsvorschriften vor, dass sich das von einer zuständigen Behörde in einem Gebiet, in dem mehrere offiziell anerkannte Sprachen nebeneinander bestehen, durch die Eintragung einer in einer dieser Sprachen abgefassten Wortmarke verliehene ausschließliche Recht von

I. Kennzeichenrechte

her: Gemeinschaftsmarke] und der nationalen Marken) hat Bedeutung für kleinere und mittlere Unternehmen mit einem ausschließlich nationalen wirtschaftlichen Handlungsfeld, die nicht auf das Eintragen einer kostenintensiveren Unionsmarke angewiesen sind.[9]

Die Unionsmarke ist nach Art. 1 Abs. 2 UMV **einheitlich.** Dies bedeutet, dass sie einheitliche Wirkung für die gesamte Union hat und nur für dieses gesamte Gebiet eingetragen und übertragen werden kann. Auch der Gegenstand eines Verzichts bzw. einer Entscheidung über den Verfall der Rechte des Inhabers oder die Nichtigkeit erfasst den gesamten Raum der EU. Ihre Benutzung kann nur für die gesamte Union untersagt werden. Dieser Grundsatz gilt, sofern in der UMV nichts anderes bestimmt ist (so Art. 1 Abs. 2 S. 3 UMV). 9

Durch eine **einzige Eintragung** der Marke in das Register für Unionsmarken beim **Amt der Europäischen Union für geistiges Eigentum** (**EUIPO** [im Folgenden: „Amt" – Art. 2 Abs. 1 UMV] – das in der außer Kraft getretenen GMVO benannte Harmonisierungsamt für den Binnenmarkt [Marken, Muster und Modelle – kurz: HABM] ging in das EUIPO über, weshalb alle Verweise des Unionsrechts auf das HABM, als Verweise auf das „Amt", also auf das EUIPO, gelten [so Art. 2 Abs. 2 UMV] in Alicante (Spanien) wird nach erfolgter Prüfung und Eintragung der Marke ein einheitlicher Schutzstandard, dh ein **gleichförmiger Markenschutz in allen EU-Mitgliedstaaten** für die Dauer von zehn Jahren mit unbegrenzter Verlängerungsmöglichkeit begründet. Mit Art. 30 Abs. 1 UMV ist eine Anmeldung der Unionsmarke nur noch in einem vereinfachten Verfahren vor dem EUIPO möglich. Die bisherige Möglichkeit der Anmeldung einer Marke entweder direkt bei dem vormaligen HABM oder über die Patentämter 10

Rechts wegen auf die Übersetzungen in die übrigen Sprachen erstreckt, so muss die zuständige Behörde bei jeder dieser Übersetzungen prüfen, dass sie nicht ausschließlich aus Zeichen oder Angaben besteht, welche im Verkehr zur Bezeichnung von Merkmalen der fraglichen Waren oder Dienstleistungen dienen können. 4. Art. 3 Abs. 1 RL 89/104/EWG ist dahin auszulegen, dass eine Marke, die iSv Buchst. c dieser Bestimmung die Merkmale bestimmter Waren oder Dienstleistungen, nicht aber die Merkmale anderer Waren oder Dienstleistungen beschreibt, nicht zwangsläufig als unterscheidungskräftig iSv Buchst. b der genannten Bestimmung hinsichtlich dieser anderen Waren oder Dienstleistungen angesehen werden kann. Ob eine Marke die Merkmale bestimmter Waren oder Dienstleistungen iSv Art. 3 Abs. 1 Buchst. c der RL 89/104/ EWG beschreibt, ist für die Beurteilung der Unterscheidungskraft dieser Marke hinsichtlich anderer Waren oder Dienstleistungen iSv Buchst. b dieses Absatzes unerheblich. 5. Art. 3 Abs. 1 Buchst. c der RL 89/104/EWG ist dahin auszulegen, dass eine Marke, die sich aus einem Wort mit mehreren Bestandteilen zusammensetzt, von denen jeder Merkmale der Waren oder Dienstleistungen beschreibt, für die die Eintragung beantragt wird, selbst einen die Merkmale dieser Waren oder Dienstleistungen beschreibenden Charakter im Sinne der genannten Bestimmung hat, es sei denn, dass ein merklicher Unterschied zwischen dem Wort und der bloßen Summe seiner Bestandteile besteht. Dies setzt entweder voraus, dass das Wort aufgrund der Ungewöhnlichkeit der Kombination in Bezug auf die genannten Waren oder Dienstleistungen einen Eindruck erweckt, der hinreichend weit von dem abweicht, der bei bloßer Zusammenfügung der seinen Bestandteilen zu entnehmenden Angaben entsteht, und somit über die Summe dieser Bestandteile hinausgeht, oder dass das Wort in den allgemeinen Sprachgebrauch eingegangen ist und dort eine ihm eigene Bedeutung erlangt hat, so dass es nunmehr gegenüber seinen Bestandteilen autonom ist. Im letztgenannten Fall ist noch zu prüfen, ob das Wort, das eine eigene Bedeutung erlangt hat, nicht selbst beschreibend im Sinne der genannten Bestimmung ist. Bei der Beurteilung, ob eine solche Marke unter das Eintragungshindernis des Art. 3 Abs. 1 Buchst. c der RL 89/104/EWG fällt, spielt es keine Rolle, ob es Synonyme gibt, mit denen dieselben Merkmale der im Eintragungsantrag aufgeführten Waren oder Dienstleistungen bezeichnet werden können, oder ob die Merkmale der Waren oder Dienstleistungen, die beschrieben werden können, wirtschaftlich wesentlich oder nebensächlich sind. 6. Die RL 89/104/EWG hindert eine für die Eintragung von Marken zuständige Behörde daran, eine Marke für bestimmte Waren oder Dienstleistungen unter der Voraussetzung einzutragen, dass sie ein bestimmtes Merkmal nicht aufweisen. 7. Art. 3 der RL 89/104/ EWG steht der Praxis einer für die Eintragung von Marken zuständigen Behörde entgegen, die darin besteht, nur die Eintragung „offensichtlich unzulässiger" Marken abzulehnen.

9 So Götting, § 52 Rn. 2.

der EU-Mitgliedstaaten (in Deutschland dem DPMA) nach Art. 25 Abs. 1 GMVO ist damit entfallen.[10] Bereits im Jahr 2012 erfolgten 96,3 % der Anmeldungen durch das elektronische Anmeldesystem direkt beim Amt. Somit gab es keinen faktischen Grund, das doppelgleisige Anmeldesystem über die europäische und die nationalen Behörden beizubehalten.[11]

11 Das Amt prüft nach Art. 41 UMV, ob die **Anmeldung der Unionsmarke**

- dem in Art. 31 Abs. 3 UMV festgelegten Anmeldeverfahren (mit Ergänzungen in Regel 1 ff. der Durchführungsverordnung (EU) 2018/626 [Unionsmarken-DVO]) sowie
- den Erfordernissen für die Zuerkennung eines Anmeldetags nach Art. 32 UMV genügt und
- ggf. die Klassengebühren[12] innerhalb der vorgeschriebenen Frist entrichtet worden sind.

12 Das Amt erstellt nach Art. 43 Abs. 1 UMV auf Antrag des Anmelders der Unionsmarke bei Einreichung der Anmeldung einen **Unionsrecherchebericht**, in dem diejenigen ermittelten älteren Unionsmarken oder Anmeldungen von Unionsmarken aufgeführt werden, die gemäß Art. 8 UMV gegen die Eintragung der angemeldeten Unionsmarke geltend gemacht werden können. Diese Markenrecherche ist eine **kostenlose** Dienstleistung des Amtes.[13]

13 Sind die Erfordernisse für die Anmeldung einer Unionsmarke erfüllt, so wird die Anmeldung nach Art. 44 Abs. 1 S. 1 UMV für die Zwecke des Art. 46 UMV (Beginn einer dreimonatigen Widerspruchsfrist) veröffentlicht, soweit sie nicht gemäß Art. 42 UMV (aufgrund absoluter Eintragungshindernisse iSv Art. 7 UMV) zurückgewiesen wird.

14 Innerhalb einer Frist von drei Monaten nach Veröffentlichung der Anmeldung der Unionsmarke kann gegen die Eintragung derselben nach Art. 46 Abs. 1 UMV **Widerspruch** mit der Begründung erhoben werden, dass die Marke nach Art. 8 UMV von der Eintragung auszuschließen ist. Auf den Widerspruch des Inhabers einer älteren Marke ist nach **Art. 8 Abs. 1 UMV (relative Eintragungshindernisse)** die angemeldete Marke von der Eintragung ausgeschlossen,

- wenn sie mit der älteren Marke identisch ist und die Waren oder Dienstleistungen, für die die Marke angemeldet worden ist, mit den Waren oder Dienstleistungen identisch sind, für die die ältere Marke Schutz genießt (Buchst. a);
- wenn wegen ihrer Identität oder Ähnlichkeit mit der älteren Marke und der Identität oder Ähnlichkeit der durch die beiden Marken erfassten Waren oder Dienstleistungen für das Publikum die Gefahr von Verwechslungen in dem Gebiet besteht, in dem die ältere Marke Schutz genießt – wobei die Gefahr von Verwechslungen die Gefahr einschließt, dass die Marke mit der älteren Marke gedanklich in Verbindung gebracht wird (Buchst. b).

---

10 BeckOK, MarkenR/Rohlfing-Dijoux, UMV, 2017 Art. 30 Rn. 2.
11 BeckOK, MarkenR/Rohlfing-Dijoux, UMV 2017 Art. 30 Rn. 2a.
12 Siehe VO (EU) 2017/1001, Anhang 1 Höhe der Gebühren.
13 BeckOK, UMV/Schramek, UMV, Art. 43 Rn. 1.

I. Kennzeichenrechte

„Ältere Marken" iSv Art. 8 Abs. 1 UMV sind nach dessen Abs. 2   15

- Marken mit einem früheren Anmeldetag als dem Tag der Anmeldung der Unionsmarke, ggf. mit der für diese Marken in Anspruch genommenen Priorität, die den nachstehenden Kategorien angehören (Buchst. a):
  - Unionsmarken;
  - in einem Mitgliedstaat (oder, soweit Belgien, Luxemburg und die Niederlande betroffen sind, beim BENELUX-Amt für geistiges Eigentum) eingetragene Marken;
  - mit Wirkung für einen Mitgliedstaat international registrierte Marken (IR-Marken);
  - aufgrund internationaler Vereinbarungen mit Wirkung für die EU eingetragene Marken.
- Anmeldungen von Marken nach Buchst. a (vorbehaltlich ihrer Eintragung – Buchst. b);
- Marken, die am Tag der Anmeldung der Unionsmarke, ggf. am Tag der für die Anmeldung der Unionsmarken in Anspruch genommenen Priorität, in einem Mitgliedstaat iS des Art. 6 PVÜ notorisch bekannt sind (Buchst. c).

Art. 8 UMV gewährt – anders als § 42 MarkenG – ein umfassendes Widerspruchsrecht   16
aus älteren Rechten (vgl. aber auch § 51 Abs. 1 MarkenG).

Ergibt die Prüfung, dass die Marke für alle oder einen Teil der Waren oder Dienstleistungen, für die die Unionsmarke beantragt worden ist, von der Eintragung ausgeschlossen ist, so wird die Anmeldung nach Art. 47 Abs. 5 UMV für diese Waren oder Dienstleistungen zurückgewiesen. Ist die Marke von der Eintragung nicht ausgeschlossen, so wird der Widerspruch zurückgewiesen.   17

Entspricht die Anmeldung den Vorschriften der UMV und wurde innerhalb der Frist   18
gemäß Art. 46 Abs. 1 UMV kein Widerspruch erhoben oder hat sich ein erhobener Widerspruch durch Zurücknahme, Zurückweisung oder auf andere Weise erledigt, so wird die Marke gemäß Art. 51 Abs. 1 UMV mit den in Art. 111 Abs. 2 UMV genannten Angaben in das Register eingetragen und die Eintragung veröffentlicht. Sie zeigt damit die Wirkungen des Art. 9 UMV (**Rechte aus der Unionsmarke**).

Wer die Rechte des Inhabers einer Unionsmarke nach Art. 9 UMV verletzt, indem er   19
trotz eines Verbotes und ohne Zustimmung des Markeninhabers im geschäftlichen Verkehr

- ein mit der Unionsmarke identisches Zeichen für Waren oder Dienstleistungen benutzt, die mit denjenigen identisch sind, für die sie eingetragen ist (Nr. 1),
- ein Zeichen benutzt, wenn wegen der Identität oder Ähnlichkeit des Zeichens mit der Unionsmarke und der Identität oder Ähnlichkeit der durch die Unionsmarke und das Zeichen erfassten Waren oder Dienstleistungen für das Publikum die Gefahr von Verwechslungen besteht, einschließlich der Gefahr, dass das Zeichen mit der Marke gedanklich in Verbindung gebracht wird (Nr. 2), oder
- ein mit der Unionsmarke identisches Zeichen oder ein ähnliches Zeichen für Waren oder Dienstleistungen benutzt, die nicht denen ähnlich sind, für die die Unionsmarke eingetragen ist, wenn diese in der Union bekannt ist und das Zeichen in der Absicht benutzt wird, die Unterscheidungskraft oder die Wertschätzung der Unions-

marke ohne rechtfertigenden Grund in unlauterer Weise auszunutzen oder zu beeinträchtigen (Nr. 3),

wird nach § 143a Abs. 1 MarkenG mit Freiheitsstrafe bis zu drei Jahren oder mit Geldstrafe bestraft (**Strafbarkeit einer Unionsmarkenrechtsverletzung**). § 143 Abs. 2 bis 6 MarkenG gelten entsprechend (so § 143a Abs. 2 MarkenG).

20 Auf Verlangen des Anmelders hat der Inhaber einer älteren Unionsmarken der Widerspruch erhoben hat, nach Art. 47 Abs. 2 UMV im Rahmen eines **Widerspruchsverfahrens** den Nachweis zu erbringen, dass er innerhalb der letzten fünf Jahre vor dem Anmeldetag oder dem Prioritätstag der Anmeldung der Unionsmarke die ältere Unionsmarke in der Union für die Waren oder Dienstleistungen, für die sie eingetragen ist oder auf die er sich zur Begründung seines Widerspruchs beruft, ernsthaft benutzt hat, oder dass berechtigte Gründe für die Nichtbenutzung vorliegen, sofern zu diesem Zeitpunkt die ältere Unionsmarke seit mindestens fünf Jahren eingetragen ist. Kann er diesen Nachweis nicht erbringen, so wird der Widerspruch zurückgewiesen. Nach Art. 47 Abs. 3 UMV ist Abs. 2 auf ältere nationale Marken iSv Art. 8 Abs. 2 Buchst. a UMV mit der Maßgabe entsprechend anzuwenden, dass an die Stelle der Benutzung in der Union die Benutzung in dem Mitgliedstaat tritt, in dem die ältere Marke geschützt ist. Hat der Inhaber die Unionsmarke für die Waren oder Dienstleistungen, für die sie eingetragen ist, innerhalb von fünf Jahren, gerechnet von der Eintragung an, nicht ernsthaft in der Union benutzt, oder hat er eine solche Benutzung während eines ununterbrochenen Zeitraums von fünf Jahren ausgesetzt, so unterliegt die Unionsmarke nach Art. 18 Abs. 1 UMV den in der UMV vorgesehenen Sanktionen,[14] es sei denn, dass berechtigte Gründe für die Nichtbenutzung vorliegen.

21 Art. 18 UMV verlangt, dass die Benutzung „**ernsthaft**" ist. Unter ernsthafter Benutzung ist eine Benutzung zu verstehen, die nicht symbolisch allein zum Zweck der Wahrung der durch die Marke verliehenen Rechte erfolgt, sondern die der Hauptfunktion der Marke entspricht, nämlich dem Verbraucher die Ursprungsidentität einer Ware oder Dienstleistung zu garantieren, indem ihm ermöglicht wird, diese Ware oder Dienstleistung ohne Verwechslungsgefahr von Waren oder Dienstleistungen anderer Herkunft zu unterscheiden (tatsächliche und nach außen gerichtete Benutzung – keine Scheinbenutzung).[15] Das Amt verlangt von einem Markeninhaber zum Nachweis der Benutzung Angaben zu Ort, Zeit, Umfang und Art der Benutzung.[16]

22 Die Art. 83 bis 93 UMV haben erstmalig zwecks Abhilfe eines vormaligen Ungleichgewichts zwischen den nationalen und dem Unionsmarkensystem das neue Rechtsinstitut einer **Unionsgewährleistungsmarke** statuiert. Nach Art. 83 Abs. 1 UMV ist eine Unionsgewährleistungsmarke eine Unionsmarke, die bei der Anmeldung als solche bezeichnet wird und die geeignet ist, Waren oder Dienstleistungen, für die der Inhaber

---

14 Als Sanktionen sieht die UMV die Erklärung des Verfalls auf Antrag eines Dritten vor (Art. 58 Abs. 1 S. 1 Buchst. a UMV). Zudem besteht die Gefahr des Einwands der mangelnden Benutzung, der im Widerspruchs-, Nichtigkeits- und Verletzungsverfahren erhoben werden kann. Sofern berechtigt, verhindert der Einwand die Durchsetzung der Markenrechte. Siehe auch Erwägungsgrund Nr. 24 der UMV: Schutz nur bei Benutzung der Marke.
15 EuGH Urt. v. 11.3.2003 – Rs. C-40/01 = GRUR 2003, 425 Rn. 36 – Ansul.
16 Pauli/Brommer, GRUR-Prax 2019, 78 mit näheren Erläuterungen zu den genannten Kategorien. Leitentscheidung zu Umfang der Benutzung, bei der das Handelsvolumen berücksichtigt wird: EuG GRUR Int. 2005, 47 Rn. 46 ff., bestätigt durch EuGH (1. Kammer), Urt. v. 11.5.2006 – C 416/04 P = GRUR 2006, 582 – The Sunrider Corp./HABM, VITAFRUIT: Bei einem Absatz von 3.516 Einheiten Fruchtsaft und einem Umsatz von ca. EUR 4.800 mit einem Kunden wurde der Umfang der Benutzung als ausreichend erachtet.

I. Kennzeichenrechte

der Marke das Material, die Art und Weise der Herstellung der Waren oder der Erbringung der Dienstleistungen, die Qualität, Genauigkeit oder andere Eigenschaften (mit Ausnahme der geographischen Herkunft) gewährleistet, von solchen zu unterscheiden, für die keine derartige Gewährleistung besteht.[17] Wichtigste Anforderung an den Markeninhaber ist nach Art. 83 Abs. 2 UMV dessen **Neutralitätspflicht**. Natürliche oder juristische Personen, einschließlich Einrichtungen, Behörden oder juristische Personen des öffentlichen Rechts, können eine Unionsgewährleistungsmarke anmelden, sofern sie keine gewerbliche Tätigkeit ausüben, die die Lieferung von Waren oder Dienstleistungen, für die eine Gewährleistung besteht, umfasst. Sinn und Zweck dieser Regelung ist es, die Neutralität der Überwachung der Qualitätsstandards sicherzustellen und damit Wettbewerbsverzerrungen durch Eigeninteressen des Markeninhabers auszuschließen.[18] Dieses integrierte faktische Wettbewerbsverbot reduziert die praktische Anwendbarkeit.[19]

Grundsätzlich ermittelt das Amt nach Art. 95 Abs. 1 S. 1 UMV den Sachverhalt von Amts wegen. Sowohl in Verfahren mit Bezug auf die Geltendmachung relativer Eintragungshindernisse nach Art. 95 Abs. 1 S. 2 UMV (Beschränkung auf die Anträge und das Vorbringen der Parteien) als auch nach Art. 95 Abs. 1 S. 3 UMV in Nichtigkeitsverfahren gemäß Art. 59 UMV beschränkt das Amt seine Prüfung auf die von den Beteiligten angeführten Gründe und Argumente (**Einschränkung des Amtsermittlungsgrundsatzes**).

Eine national angemeldete Marke hat nach dem Grundsatz der **Koexistenz beider Marken**, der nationalen Marke und der Unionsmarke, neben der Letzteren weiterhin Bestand.[20]

Im Hinblick auf die Entstehung der Unionsmarke und ihre Rechtswirkungen besteht eine **große Übereinstimmung zwischen den Regelungen im MarkenG und jenen in der UMV**:[21]

- Nationale Marke (§ 3 Abs. 1 MarkenG) wie Unionsmarke (Art. 4 Buchst. a UMV) setzen ein Zeichen voraus, das geeignet ist, Waren und Dienstleistungen eines Unternehmens von denjenigen anderer Unternehmen zu unterscheiden. Dabei kommt es weder bei der nationalen Marke noch der Unionsmarke mehr darauf an, dass sich das Zeichen graphisch darstellen lässt. In Art. 4 Buchst. b UMV wird weiter ausdrücklich darauf Bezug genommen, dass das Zeichen lediglich in einer Weise dargestellt werden muss, dass die zuständigen Behörden und das Publikum den Gegenstand des dem Inhaber einer solchen Marke gewährten Schutzes klar und eindeutig bestimmen können. Das MarkenG statuiert die wortgleiche Voraussetzung in § 8 Abs. 1 MarkenG. Auch aus der Voraussetzung des „Geeignetseins zur Unterscheidbarkeit" von Waren und Dienstleistungen verschiedener Unternehmen in § 3 Abs. 1 MarkenG, lässt sich die Voraussetzung für das entsprechende Zeichen ableiten, mit ebendiesem Zweck in das Markenregister eintragbar zu sein. Der deutsche Gesetzgeber schreibt der Ergänzung in Art. 4 Buchst. b UMV damit nur eine deklaratorische Bedeutung zu, die es zum Verständnis der Voraussetzungen an ein eintragbares Zeichen nicht in notwendiger Weise bedarf.

---

17 Näheres zur praktischen Relevanz der Unionsgewährleistungsmarke Fezer, GRUR 2017, 1188.
18 Dröge, GRUR 2017, 1198 (1199).
19 Näher Dröge, GRUR 2017, 1198.
20 So Eisenmann/Jautz, Rn. 730.
21 Näher dazu Eisenmann/Jautz, Rn. 728.

- Die absoluten Eintragungshindernisse sind sowohl nach § 8 MarkenG als auch nach Art. 7 UMV zwingend zu prüfen.
- Relative Eintragungshindernisse werden sowohl nach den §§ 9 und 42 MarkenG als auch nach Art. 8 UMV nur im Widerspruchsverfahren geprüft.
- Nationale Marke (§ 14 Abs. 1 MarkenG) wie Unionsmarke (Art. 9 Abs. 1 UMV) statuieren ein Ausschließlichkeitsrecht.
- Die Rechtswirkungen der nationalen Marke (§ 14 Abs. 2 MarkenG) entsprechen jenen der Unionsmarke (Art. 9 Abs. 2 UMV).
- Nationale Marke (§ 47 MarkenG) wie Unionsmarke (Art. 52 UMV) haben eine Schutzdauer von zehn Jahren mit der Möglichkeit, dass diese verlängert werden kann. Dabei handelt es sich um eine Ereignisfrist[22] gerechnet vom Tag der Anmeldung an (§ 33 Abs. 1 MarkenG).

26 Das nationale Markenrecht weist allerdings gegenüber dem Regime der Unionsmarke bspw. auch folgende **Unterschiede** auf:[23]

- Die Unionsmarke kann nach Art. 6 UMV nur durch Eintragung zur Entstehung gelangen, wohingegen § 4 MarkenG drei **Möglichkeiten der Entstehung eines Markenschutzes** statuiert:
  – Eintragung (dh registrierte Marken – Registermarke [§ 4 Nr. 1 MarkenG]),
  – Benutzung und Verkehrsgeltung (Benutzungsmarke [§ 4 Nr. 2 MarkenG]) sowie
  – notorische Bekanntheit (Notorietätsmarke [§ 4 Nr. 3 MarkenG]).
- Der Widerspruch gegen eine Unionsmarke ist nach den Art. 46 ff. UMV vor ihrer Eintragung zu erheben (und nach der Anmeldung der Unionsmarke), wohingegen nach den §§ 41 und 42 MarkenG Widerspruch erst gegen eine Marke eingelegt werden kann, nachdem diese ins Markenregister eingetragen ist.
- Die Übertragung der Unionsmarke bedarf nach Art. 20 Abs. 3 UMV der Schriftform, wohingegen die nationale Marke nach § 27 MarkenG iVm §§ 413, 398 BGB formlos übertragen werden kann.
- Die Wirkung einer Übertragung gegenüber Dritten erfolgt für die Unionsmarke erst nach der Eintragung in das Register des Rechteübergangs in das Unionsregister gemäß Art. 27 iVm Art. 20 UMV (Rechtsübergang), Art. 22 (dingliche Rechte) oder Art. 25 (Lizenz). Hingegen treten nach den §§ 27, 30 MarkenG die Rechtswirkungen der Übertragung einer nationalen Marke gegenüber Dritten sofort ein.

3. Internationale Kennzeichenrechte

27 Neben der nationalen Marke und der Unionsmarke besteht nach Maßgabe des Madrider Abkommens über die internationale Registrierung von Marken (**Madrider Markenübereinkommens [MMA]**) als völkerrechtlichem Vertrag, den 55 Staaten[24] ratifiziert haben, und dem **Protokoll zum Madrider Abkommen über die internationale Registrierung von Marken (PMMA)**, das 106 Staaten[25] ratifiziert haben, auch die Möglichkeit, internationalen Kennzeichenschutz in Gestalt sog. **IR-Marken** zu erlangen.

---

22 BT-Drs. 19/25821, S. 34.
23 Nach Eisenmann/Jautz, Rn. 729.
24 Stand: 15.9.2020: 5. Madrid Agreement Concerning the International Registration of Marks.
25 So Eisenmann/Jautz Rn. 730.

I. Kennzeichenrechte

Die Angehörigen eines jeden Vertragsstaates des MMA können sich in allen übrigen Vertragsstaaten dieses Abkommens nach Art. 1 Abs. 2 MMA den Schutz ihrer im Ursprungsland für Waren oder Dienstleistungen eingetragenen Marken dadurch sichern lassen, dass sie diese Marken durch Vermittlung der Behörde des Ursprungslandes bei dem im Übereinkommen zur Errichtung der Weltorganisation für geistiges Eigentum (WIPO) vorgesehenen Internationalen Büro für geistiges Eigentum (in Genf) hinterlegen. Damit kann durch eine (einzige) Hinterlegung und eine (einzige) Registrierung Markenschutz in allen MMA-Vertragsstaaten erreicht werden. Der Markenschutz mit einer Schutzdauer von zunächst 20 Jahren (Art. 6 Abs. 1 MMA) hat in einem jeden dieser MMA-Vertragsstaaten den Inhalt und den Umfang, den eine nationale Marke dort genießt.

28

Die Umsetzung des MMA unter dem Regime des MarkenG erfolgt nach dessen §§ 107 ff. (Schutz von Marken nach dem MMA und nach dem PMMA). Nach § 107 MarkenG sind die Vorschriften des MarkenG auf internationale Registrierungen von Marken nach dem PMMA, die durch Vermittlung des DPMA vorgenommen werden oder deren Schutz sich auf das Gebiet der Bundesrepublik Deutschland erstreckt, grundsätzlich entsprechend anzuwenden, soweit in den §§ 107 bis 125 MarkenG nichts anderes bestimmt ist. Der Rechteinhaber einer IR-Marke genießt daher in Deutschland in demselben Umfang Schutz, wie das MarkenG ihn einer beim DPMA eingetragenen deutschen Marke gewährt[26] (Art. 4 Abs. 1 S. 1 PMMA). Soweit ausländische Rechtsordnungen weitergehende Rechte des Inhabers der Basismarke vorsehen, sind diese in Deutschland unerheblich, da dem Inhaber der erstreckten ausländischen Basismarke im Inland lediglich die Rechte des Inhabers einer deutschen Marke zustehen.[27] Seit dem 31.10.2015 gibt es kein Mitglied des MMA, das nicht auch Mitglied des PMMA ist. Aufgrund des Vorrangs des PMMA gegenüber dem MMA erfolgt die internationale Registrierung von Marken nur noch nach dem PMMA.[28]

29

Der Antrag auf internationale Registrierung einer in das Register eingetragenen Marke nach Art. 3 MMA ist gemäß Art. 108 Abs. 1 MarkenG beim DPMA zu stellen. Die internationale Registrierung einer Marke, deren Schutz nach Art. 3ter MMA auf das Gebiet der Bundesrepublik Deutschland (durch ausdrückliche Nennung) erstreckt worden ist, hat nach § 112 MarkenG dieselbe Wirkung, wie wenn die Marke am Tag der internationalen Registrierung nach Art. 3 Abs. 4 MMA oder am Tag der Eintragung der nachträglichen Schutzerstreckung nach Art. 3ter Abs. 2 MMA zur Eintragung in das vom DPMA geführte Register angemeldet und eingetragen worden wäre. International registrierte Marken werden nach § 113 Abs. 1 MarkenG in gleicher Weise wie zur Eintragung in das Register angemeldete Marken nach § 37 MarkenG auf absolute Schutzhindernisse geprüft.

30

Da die Europäische Union seit dem 1.10.2004 MMA-Mitglied ist, kann der Inhaber einer Unionsmarke (vorstehende Rn. 27) durch einen Antrag auch in allen MMA-Vertragsstaaten Markenschutz erlangen.

31

4. Darstellung aller Regelwerke im Kennzeichenrecht

Schema: Regelwerke im Kennzeichenrecht

32

---

26 BGH Urt. v. 4.11.1966 – Ib ZR 161/64 (OLG München) = GRUR Int 1967, 396 – Napoléon II; BeckOK, MarkenR/Viefhues, MarkenG, § 112 Rn. 1; Brenner, GRUR Int 1969, 48 – Alcacyl.
27 Brenner, GRUR Int 1969, 48 – Alcacyl.
28 BT-Drs. 19/25821, S. 34.

	Aktuell – neue Fassung			Alte Fassung
Völkerrechtliche Verträge	TRIPS	PVÜ	MMA	
EU-Verordnung	VO (EU) 2017/1001 UnionsmarkenVO – UMV			VO (EG) Nr. 40/94 VO (EG) Nr. 207/2009 GemeinschaftsmarkenVO – GMVO
EU-DurchführungsVO	VO (EU) 2018/626			VO (EG) Nr. 2868/95
EU-Richtlinie	RL (EU) 2015/2436 (MarkenRL)			RL 89/104/EWG RL 2008/95/EG
nationales Gesetz	Markengesetz (MarkenG)			
nationale DurchführungsVO	Markenverordnung (MarkenV)			

Frage 2: Nach welchen Regelwerken des deutschen, europäischen und internationalen Rechts kann Kennzeichenschutz erlangt werden?

33 **Zusammenfassung:** Eine Marke unterscheidet und individualisiert als Kennzeichen die Waren und Dienstleistungen eines Unternehmens von denen eines anderen Unternehmens. Ein Anmelder kann für sein Zeichen nationalen, europäischen und internationalen Zeichenschutz begehren. Die nationalen Kennzeichenrechte – Marken und sonstige gewerbliche Kennzeichen (geschäftliche Zeichen, dh Unternehmenskennzeichen und Werktitel) – sind im MarkenG geregelt, das auf einer europäischen Rechtsharmonisierung infolge von Markenrechtsrichtlinien beruht. Der Personenname wird nach § 12 BGB, die Firma als Unternehmensname nach den §§ 17 ff. HGB geschützt.

Auf europäischer Ebene kann nach Maßgabe der UMV durch eine einzige Eintragung einer Marke in das Register für Unionsmarken beim EUIPO in Alicante sowie nach erfolgter Prüfung und Eintragung der Unionsmarke Markenschutz in allen EU-Mitgliedstaaten erlangt werden. Eine Marke muss damit – um europaweit Markenschutz zu genießen – nicht mehr in jedem einzelnen EU-Mitgliedstaat zur Anmeldung gebracht werden. Nach dem Grundsatz der Koexistenz kann eine nationale Marke neben der Unionsmarke geschützt werden.

Das MMA eröffnet im Übrigen die Möglichkeit der Anmeldung einer internationalen (sog. IR-) Marke durch eine Hinterlegung und eine Registrierung in allen MMA-Vertragsstaaten.

II. Vom deutschen Markenrecht geschützte Kennzeichen

34 Das MarkenG schützt als Gesamtkodifikation nach seinem § 1 seit der großen Markenrechtsreform vom 1.1.1995 (über die europarechtlichen Vorgaben der MarkenRL hinausgehend, die allein auf einen Markenschutz ieS [dh der Marke selbst] abstellt) drei Kennzeichenrechte, nämlich

II. Vom deutschen Markenrecht geschützte Kennzeichen

- Marken (Nr. 1, in Gestalt von Waren- und Dienstleistungsbezeichnungen),
- geschäftliche Bezeichnungen (Nr. 2 – iSv § 5 MarkenG) sowie
- geografische Herkunftsangaben (Nr. 3 – iS der §§ 126 ff. MarkenG),

mithin alle im Geschäftsverkehr benutzten Kennzeichen.

Mit der Markenrechtsreform 1995 ist der bis dato zwecks Absicherung der Herkunftsfunktion der Marke geltende **Akzessorietätsgrundsatz** im vormaligen Warenzeichenrecht (Warenzeichengesetz – WZG), der Verwechslungsgefahren begegnen sollte, aufgegeben worden. Das Zeichen ist nicht mehr an einen Geschäftsbetrieb gebunden. Damit kann jedermann (auch auf die Gefahr eines rechtsmissbräuchlichen Verhaltens) eine Marke anmelden und Markenrechte erwerben (**Spekulationsmarken** bei fehlendem Benutzungswillen des Anmelders, deren Anmeldung aber nach § 50 Abs. 3 iVm § 8 Abs. 2 Nr. 10 MarkenG [Nichtigkeitsgrund der bösgläubigen Markenanmeldung] begegnet werden kann)

Die letzte große Markenrechtsreform ist mit dem Markenrechtsmodernisierungsgesetz (MaMoG) vom 11.12.2019 erfolgt, die der Umsetzung der RL (EU) 2015/2436 (MarkenRL) diente.

Frage 3: Welche Kennzeichenrechte werden durch das MarkenG geschützt?

Unter den Begriff der Marke iSv § 1 Nr. 1 MarkenG fallen sowohl die

- Individualmarken (§ 4 MarkenG) als auch die
- Kollektivmarken (§ 97 MarkenG).

Individualmarken können – entsprechend der Art ihrer Entstehung – noch einmal unterschieden werden in

- angemeldete und (nach vorangegangenem Prüfverfahren) eingetragene (dh registrierte) Marken (sog. **Registermarken**, § 4 Nr. 1 MarkenG),
- durch Benutzung und (den Besitzstand der) Verkehrsgeltung erworbene Marken (sog. **Benutzungsmarken**, § 4 Nr. 2 MarkenG) und
- (iSv Art. 6bis der PVÜ) notorisch bekannte (allbekannte) Marken (**Notorietätsmarken**, § 4 Nr. 3 MarkenG).

Dabei handelt es sich um drei **gleichwertige Entstehungstatbestände** einer Individualmarke.

Frage 4: Nennen Sie bitte die drei Entstehungsformen einer Individualmarke.

Unter den Begriff der **geschäftlichen Bezeichnung** (Individualisierungsmittel im Geschäftsverkehr)[29] fallen

---

29 Fezer, MarkenR, MarkenG, § 5 Rn. 2.

- **Werktitel**[30] (§ 5 Abs. 1 Alt. 2 und Abs. 3 MarkenG, **werkidentifizierend**) – was die Namen oder besondere Bezeichnungen von Druckschriften, Filmwerken, Tonwerken, Bühnenwerken oder sonstigen vergleichbaren Werken sind.[31]
- **Unternehmenskennzeichen** (§ 5 Abs. 1 Alt. 1 und Abs. 2 S. 1 MarkenG, **unternehmensidentifzierend**) – sind neben dem
  - Namen (§ 12 BGB) und der
  - Firma (§§ 17 ff., 37 HGB) auch
  - weitere Unternehmenskennzeichen, die als
    - besondere Bezeichnungen eines Geschäftsbetriebs oder eines Unternehmens benutzt werden, und denen
    - gleichgestellte Geschäftsabzeichen und sonstige zur Unterscheidung des Geschäftsbetriebs von anderen Geschäftsbetrieben bestimmte Zeichen iSvon § 5 Abs. 2 S. 2 MarkenG, die innerhalb bestimmter Verkehrskreise als Kennzeichen des Geschäftsbetriebs gelten.

Frage 5: Was ist unter einer geschäftlichen Bezeichnung zu verstehen?

Beachte: Die §§ 107 und 119 MarkenG stellen den in Deutschland beim DPMA angemeldeten und registrierten Marken (**nationale Registermarken**) die auf der Grundlage internationaler Markenabkommen, nämlich

> Art. 4 Abs. 1 des MMA bzw.
> Art. 4 Abs. 1 Buchst. a) PMMA

international registrierte Marken gleich (dazu vorstehende Rn. 29): Die Vorschriften des Markengesetzes sind nämlich auf internationale Registrierungen von Marken nach dem MMA bzw. dem PMMA, die durch Vermittlung des DPMA vorgenommen werden oder deren Schutz sich auf das Gebiet der Bundesrepublik Deutschland erstreckt, entsprechend anzuwenden, soweit im MarkenG oder im MMA bzw. dem PMMA nichts anderes bestimmt ist.

Beachte zudem: Keine Marke, die dem Anwendungsbereich des deutschen Markenrechts nach § 1 Nr. 1 MarkenG unterfällt, ist hingegen, die Unionsmarke, die supranational und gemeinschaftsweit in der UMV (vorstehendes 1. Kapitel, Rn. 23 und vorstehende Rn. 7 ff.) normiert ist. Die §§ 125 Buchst. b bis i MarkenG enthalten insoweit nur ergänzende Bestimmungen. § 125 Buchst. a MarkenG ist im Zuge der Modernisierung durch das MaMoG entfallen, da eine Anmeldung der Unionsmarke nur noch einheitlich über das EUIPO (und nicht mehr im Wege einer Übermittlung durch das DPMA) erfolgen kann.

---

30 BPatG Beschl. v. 27.12.2019 – 27 W (pat) 25/18 = GRUR-Prax 2020, 177: T-Shirts mit einem auf der Vorderseite abgebildeten, mehr oder weniger aufwändig gestalteten Bild können vergleichbare Werke iSv § 5 Abs. 3 MarkenG sein. Dann liegt es nahe, die Wortfolge „THE GOOD THE BAD AND THE WHITE" als Werktitel aufzufassen, der über die erforderliche Unterscheidungskraft verfügt. Bei einer Wortfolge, auf die Werktitelschutz gegründet wird, handelt es sich in Zusammenhang mit einem Trägermedium (hier: T-Shirt) nicht um einen Werktitel, sondern vielmehr um eine Herkunftsangabe.

31 LG Düsseldorf Urt. v. 3.4.2019 – 2 a O 22/19 = GRUR-Prax 2019, 554 – Kiesgrube: Die Bezeichnung einer musikalischen Veranstaltungsreihe ist als Werktitel nach § 5 Abs. 3 MarkenG schutzfähig, wenn die Einzelveranstaltungen einem geistig erfassbaren organisatorischen Konzept folgen, welches sowohl das besondere Ambiente des Veranstaltungsortes als auch die musikalischen Darbietungen erfasst. Zu berücksichtigen ist insbesondere, ob in der Gesamtschau erkennbar wird, dass bereits die ersten Events einem geistig erfassbaren künstlerischen und organisatorischen Konzept folgen, welches es zulässt, die Festivalserie – über eine bloße Dienstleistung hinaus – als geistiges Produkt zu qualifizieren.

III. Kennzeichenschutz außerhalb des Markenrechts

Zusammenfassung: Das MarkenG schützt folgende Kennzeichenrechte: Marken, geschäftliche Bezeichnungen und geographische Herkunftsangaben. Dem Markenbegriff unterfallen sowohl Individualmarken als auch Kollektivmarken. Als Individualmarken genießen angemeldete und eingetragene (dh registrierte) Marken (Registermarken), durch Benutzung Verkehrsgeltung erlangt habende Marken (Benutzungsmarken) und notorisch bekannte (iSv allbekannten) Marken (Notorietätsmarken) Markenschutz. Als geschäftliche Bezeichnungen schützt § 5 MarkenG zum einen Unternehmenskennzeichen – nämlich besondere Bezeichnungen eines Geschäftsbetriebs sowie Geschäftsabzeichen und sonstige zur Unterscheidung des Geschäftsbetriebs von anderen Geschäftsbetrieben bestimmte Zeichen – sowie Werktitel. 40

III. Kennzeichenschutz außerhalb des Markenrechts

Neben dem Markenrecht als Teil des gewerblichen Rechtsschutzes besteht auch ein Kennzeichenschutz für den Personennamen (§ 12 BGB) und die Firma (§§ 17 ff. HGB). 41

1. Der Personenname

Der **bürgerliche Name einer natürlichen Person** (Personenname) wird in § 12 BGB geschützt: Wird das Recht zum Gebrauch eines Namens durch den Berechtigten von einem anderen bestritten oder wird das Interesse des Berechtigten dadurch verletzt, dass ein anderer unbefugt den gleichen Namen gebraucht,[32] so kann der Berechtigte von dem Anderen Beseitigung der Beeinträchtigung verlangen. Sind weitere Beeinträchtigungen zu besorgen, so kann er auf Unterlassung klagen. 42

Der Schutz des Namens ist – so das BVerfG[33] – Bestandteil des grundrechtlich geschützten **allgemeinen Persönlichkeitsrechts** (Art. 2 Abs. 1 iVm Art. 1 Abs. 1 GG): Der Name hat damit nicht nur Ordnungs- und Unterscheidungsfunktion, sondern ist auch Ausdruck der Identität und Individualität des Menschen. Als solcher lässt sich der Name auch nicht beliebig austauschen. Vielmehr begleitet er die Lebensgeschichte seines Trägers, der unter dem Namen als Person identifizierbar wird.[34] Dementsprechend kann der Einzelne auch verlangen, dass die Rechtsordnung seinen Namen respektiert und schützt.[35] 43

---

[32] BGH Urt. v. 28.9.2011 – I ZR 188/09 (KG) = GRUR 2012, 534 – Landgut Borsig: Der Eigentümer einer Liegenschaft, die im allgemeinen Sprachgebrauch des maßgeblichen Verkehrs mit dem bürgerlichen Namen einer Familie bezeichnet wird, kann diese Bezeichnung ungeachtet der Zustimmung der Namensträger für die Liegenschaft oder einen damit verbundenen Geschäftsbetrieb (weiter-) verwenden, wenn hierfür ein berechtigtes Interesse besteht.
[33] BVerfG Beschl. v. 21.8.2006 – 1 BvR 2047/03 = NJW 2007, 671, Rn. 14 – maxem.de.
[34] BVerfG Beschl. v. 24.3.1998 – 1 BvR 131/96 = BVerfGE 97, 391 (399) = NJW 1998, 2889.
[35] BVerfG Urt. v. 18.2.2004 – 1 BvR 193/97 = BVerfGE 109, 256 (266) = NJW 2004, 1155; BGH Urt. v. 5.6.2008 – I ZR 96/07 (OLG Hamburg) = GRUR 2008, 1124 – Zerknitterte Zigarettenschachtel: Wird der Name einer bekannten Persönlichkeit ohne deren Einwilligung in einer Werbeanzeige genannt, kann nicht ohne Weiteres davon ausgegangen werden, dass dem Schutz des Persönlichkeitsrechts des Genannten (Art. 2 Abs. 1 iVm Art. 1 Abs. 1 GG) stets der Vorrang gegenüber der Meinungsäußerungsfreiheit des Werbenden (Art. 5 Abs. 1 GG) zukommt. Vielmehr kann die mit der Namensnennung verbundene Beeinträchtigung des Persönlichkeitsrechts hinzunehmen sein, wenn sich die Werbeanzeige einerseits in satirisch-spöttischer Form mit einem in der Öffentlichkeit diskutierten Ereignis auseinandersetzt, an dem der Genannte beteiligt war, und wenn andererseits der Image- oder Werbewert des Genannten durch die Verwendung seines Namens nicht ausgenutzt und nicht der Eindruck erweckt wird, als identifiziere er sich mit dem beworbenen Produkt oder empfehle es.

44 Eine **unberechtigte Namensanmaßung** nach § 12 S. 1 Fall 2 BGB liegt nach Ansicht des BGH[36] dann vor, wenn ein Dritter unbefugt den gleichen Namen gebraucht, dadurch eine Zuordnungsverwirrung eintritt und schutzwürdige Interessen des Namensträgers verletzt werden. Diese Voraussetzungen sind im Allgemeinen bspw. schon dann erfüllt, wenn ein fremder Name als **Domainname** verwendet wird. Ein zu einer Identitätsverwirrung führender unbefugter Namensgebrauch kann so bereits dann schon zu bejahen sein, wenn ein Nichtberechtigter den Domainnamen bislang nur hat registrieren lassen. Über die Zuordnungsverwirrung hinaus wird auch ein besonders schutzwürdiges Interesse des Namensträgers beeinträchtigt, wenn sein Name durch einen Nichtberechtigten als Domainname unter der in Deutschland üblichen Top-Level-Domain ".de" registriert wird.[37] Denn die den Berechtigten ausschließende Wirkung setzt bei der Verwendung eines fremden Namens als Domainname schon mit der Registrierung ein.

2. Die Firma

45 Die Firma eines Kaufmanns ist nach § 17 Abs. 1 HGB der Name, unter dem er seine Geschäfte betreibt und die Unterschrift abgibt.

46 Unter den **Kaufmannsbegriff** fallen sowohl der

- Einzelkaufmann (§§ 1 bis 5 HGB) als auch
- Personenhandelsgesellschaften (§ 6 HGB, mithin die OHG nach § 105 HGB und die KG gemäß § 161 HGB – nicht jedoch die GbR iS des § 705 BGB, die Personen-, aber nicht Personenhandelsgesellschaft ist, da sie kein Handelsgewerbe iSv § 1 Abs. 2 HGB betreibt) sowie
- juristische Personen (dh die AG, die GmbH und die eG).

47 Ein Kaufmann kann unter seiner Firma klagen und verklagt werden (so § 17 Abs. 2 HGB).

48 Inhaber gleichlautender Firmen müssen sich – so der BGH[38] – durch **unterscheidungskräftige Zusätze** zur Firma voneinander abgrenzen (vgl. auch § 30 HGB – Unterscheidbarkeitserfordernis): Die Zusätze müssen ihrer Funktion als Name entsprechen, also aus Worten bestehen, womit die Beifügung eines Bildzeichens zu einem von mehreren Firmen benutzten Firmenbestandteil selbst bei Verkehrsgeltung des Zeichens nicht zur namensmäßigen Unterscheidung genügt. Die Wahl des Unterscheidungszusatzes gegenüber gleichberechtigten Namensträgern steht dem Firmeninhaber frei.

49 Wer eine nach den Vorschriften der §§ 17 ff. HGB über die **Handelsfirma** ihm nicht zustehende Firma gebraucht, ist nach § 37 Abs. 1 HGB vom Registergericht zur Unterlassung des Gebrauchs der Firma durch Festsetzung von Ordnungsgeld anzuhalten. Wer in seinen Rechten dadurch verletzt wird, dass ein anderer eine Firma unbefugt ge-

---

36 BGH Urt. v. 21.9.2006 – I ZR 201/03 (OLG Düsseldorf) = NJW 2007, 682 – solingen.info.
37 BGH Urt. v. 24.4.2008 – I ZR 159/05 (OLG Düsseldorf) = GRUR 2008, 1099 – afilias.de: Grundsätzlich verletzt ein Nichtberechtigter, für den ein Zeichen als Domainname unter der in Deutschland üblichen Top-Level-Domain „de" registriert ist, das Namens- oder Kennzeichenrecht desjenigen, der an einem identischen Zeichen ein Namens- oder Kennzeichenrecht hat. Etwas anderes gilt jedoch regelmäßig dann, wenn das Namens- oder Kennzeichenrecht des Berechtigten erst nach der Registrierung des Domainnamens durch den Nichtberechtigten entstanden ist (im Anschluss an BGH, Urt. v. 9.9.2004 – I ZR 65/02 (OLG Oldenburg) = GRUR 2005, 430 = NJW 2005, 1196 = WRP 2005, 488 – mho.de).
38 BGH Urt. v. 6.7.1954 – I ZR 167/52 (OLG Köln) = BGHZ 14, 155 = GRUR 1955, 42, Ls. – Firmen- und Firmenbestandteilsschutz.

braucht, kann von diesem nach § 37 Abs. 2 S. 1 HGB die **Unterlassung des Gebrauchs der Firma** verlangen. Ein nach sonstigen Vorschriften begründeter Anspruch auf Schadensersatz bleibt hiervon unberührt (so § 37 Abs. 2 S. 2 HGB).

Zusammenfassung: Während das Markenrecht Teil des gewerblichen Rechtsschutzes ist, gewähren § 12 BGB Kennzeichenschutz für den Personennamen und die §§ 17 ff. HGB Kennzeichenschutz für die Firma, dh den Namen eines Kaufmanns.

Bestreitet ein Dritter einem Berechtigten das Recht zum Gebrauch seines Namens oder verletzt er das Interesse des Berechtigten dadurch, dass er unbefugt den gleichen Namen gebraucht (unberechtigte Namensanmaßung), so kann der Berechtigte vom Verletzer Beseitigung der Beeinträchtigung bzw. Unterlassung verlangen.

Die Firma eines Kaufmanns, dh eines Einzelkaufmanns, einer Personenhandelsgesellschaft bzw. einer juristischen Person, ist nach § 17 Abs. 1 HGB der Name, unter dem der Kaufmann seine Geschäfte betreibt und die Unterschrift abgibt. Im Falle der Verletzung des Firmenrechts kann das Registergericht nach § 37 Abs. 1 HGB den Verletzer zur Unterlassung des Gebrauchs der Firma durch Festsetzung von Ordnungsgeld anhalten. Im Falle eines unbefugten Gebrauchs der Firma kann der in seinen Rechten verletzte Kaufmann den Verletzer auch nach § 37 Abs. 2 S. 1 HGB auf Unterlassung des Firmengebrauchs in Anspruch nehmen.

Frage 6: Welche Möglichkeiten eines Kennzeichenschutzes kennen Sie außerhalb des Markenrechts?

IV. Markenrechtsschutz

Dem Markenrechtsschutz unterfallen – wie bereits ausgeführt (Rn. 34) – sowohl Individualkennzeichen iS der §§ 3 und 4 MarkenG als auch Kollektivkennzeichen iSv § 97 MarkenG.

1. Das Individualkennzeichen (Einzelmarke)

Als Marke können nach § 3 Abs. 1 MarkenG alle „Zeichen" geschützt werden (**Marke als Kennzeichen**), sofern diese geeignet sind, Waren oder Dienstleistungen eines Unternehmens von denjenigen anderer Unternehmen zu unterscheiden (**Unterscheidungsfunktion der Marke**). Die Unterscheidungsfunktion muss sich auf bestimmte, einzeln definierte (mithin nicht alle) Waren oder Dienstleistungen eines Unternehmens (**Warenklassen**) beziehen (vgl. auch § 14 Abs. 2 S. 1 MarkenG: identische Zeichen für identische Waren, Nr. 1). Die Markenanmeldung muss deshalb nach § 32 Abs. 2 Nr. 4 MarkenG ein Verzeichnis der Waren oder Dienstleistungen enthalten, für die die Eintragung beantragt wird.

Waren und Dienstleistungen werden nach der sog. **Nizza-Klassifikation**[39] unterteilt. Die Nizza-Klassifikation beruht auf dem Grundgedanken, dass es keine denkbare Ware oder Dienstleistung gibt, die nicht **eindeutig** einer Klasse zugeordnet werden kann. Im Zweifel muss anhand des Sachzusammenhangs, Zwecks, Materials, der Vorgehensweise etc entschieden werden, welcher Klasse eine Ware oder Dienstleistung zuzuordnen ist.[40] Eine Ware oder Dienstleistung gehört **stets nur zu einer Klasse**, es sei denn,

---

[39] Am 1.1.2021 ist die Version 2021 der 11. Ausgabe der Nizza-Klassifikation (NCL 11–2021) in Kraft getreten: https://www.dpma.de/marken/klassifikation/waren_dienstleistungen/nizza/index.html.
[40] BeckOK, MarkenR/v. Bomhard/Rohlfing-Dijoux, UMV 2017, Art. 33 Rn. 33.

sie besteht aus unterschiedlichen, voneinander trennbaren Bestandteilen. Eine Mehrzahl von Zwecken jedoch führt nicht zu einer Klassifizierung ein und derselben Ware in diversen Klassen. In diesem Fall muss der **Hauptzweck** aus Sicht des relevanten Verkehrs ermittelt werden. Dieser ist dann ausschlaggebend.[41] Weder die Nizza-Klassifikation noch die alphabetische Liste der Waren- und Dienstleistungen ist für die Eintragungsfähigkeit bindend. Vielmehr kann der Anmelder auch einen **anderen verkehrsüblichen Begriff** benennen, wenn die Begriffe der Nizza-Klassifikation die angemeldeten Waren oder Dienstleistungen nicht treffen. Die benannten Begriffe sind dann unter eine vorhandene Klasse zu definieren.[42]

Beachte: Der Begriff der „Dienstleistung" iSv Art. 3 Buchst. a MarkenRL[43] umfasst auch Dienstleistungen, die im Rahmen des Einzelhandels mit Waren erbracht werden.[44] Für die Zwecke der Eintragung einer Marke für solche Dienstleistungen ist es nicht notwendig, die in Rede stehenden Dienstleistungen konkret zu bezeichnen. Dagegen sind nähere Angaben in Bezug auf die Waren und Arten von Waren notwendig, auf die sich die Dienstleistungen beziehen.[45]

54 Je nachdem, ob dem Zeichen Unterscheidungskraft hinsichtlich einer Ware oder einer Dienstleistung zukommt, spricht man von einer

- **Warenmarke** oder einer
- **Dienstleistungsmarke.**

55 Eine Marke ist somit ein **Kennzeichen**, das der **Individualisierung** (Unterscheidung) von Waren und/oder Dienstleistungen eines Unternehmens von jenen eines anderen Unternehmens dient. Der Marke kommt damit Kennzeichnungs- und Unterscheidungsfunktion zu (sog. **produktidentifizierendes Unterscheidungszeichen im Marktwettbewerb**).[46]

---

41 BeckOK, MarkenR/v. Bomhard/Rohlfing-Dijoux, UMV 2017, Art. 33 Rn. 33a.
42 Stögmüller, GRUR-Prax 2012, 557; BPatG Beschl. v. 12.3.2020 – 30 W (pat) 21/18 (DPMA) = GRUR-Prax 2020, 308 – Klasseneinteilung des DPMA gerichtlich überprüfbar: 1. Der Anmelder hat ein berechtigtes Interesse an der zutreffenden Klassifikation durch das DPMA. 2. Ist ein Dienstleistungsbegriff aus sich heraus nicht ausreichend bestimmt und bleibt er auch nach Auslegung unter Berücksichtigung der Klassenziffer erläuterungsbedürftig, kann er durch weitere Zusätze präzisiert werden.
43 RL (EU) 2015/2436. Vgl. EuGH Urt. v. 7.7.2005 – C-418/02 = GRUR 2005, 764 – Praktiker Bau- und Heimwerkermärkte AG, Praktiker: 1. Der Begriff „Dienstleistungen" i.S. der Ersten RL 89/104/EWG des Rates vom 21. 12. 1988 zur Angleichung der Rechtsvorschriften der Mitgliedstaaten über die Marken, insbesondere ihres Art. 2, erfasst Dienstleistungen, die im Rahmen des Einzelhandels mit Waren erbracht werden. 2. Für die Zwecke der Eintragung einer Marke für solche Dienstleistungen ist es nicht notwendig, die in Rede stehenden Dienstleistungen konkret zu bezeichnen. Dagegen sind nähere Angaben in Bezug auf die Waren oder Arten von Waren notwendig, auf die sich die Dienstleistungen beziehen.
44 EuGH Urt. v. 7.7.2005 – C-418/02 = GRUR 2005, 764, Ls. 1 – Praktiker: Marke „Praktiker" für die Dienstleistung „Einzelhandel mit Bau-, Heimwerker- und Gartenartikel und anderen Verbrauchsgütern für den Do-it-yourself-Bereich".
45 EuGH Urt. v. 7.7.2005 – C-418/02 = GRUR 2005, 764, Ls. 2 – Praktiker, wobei fraglich ist, ob diese Kriterien des EuGH im Kontext des Einzelhandels mit Waren auch auf den Einzelhandel mit Dienstleistungen bezogen werden können: näher Götting, § 53 Rn. 49.
46 Eisenmann/Jautz, Rn. 231. Dazu bspw. EuGH Urt. v. 25.1.2007 – C-321/03 = GRUR 2007, 231 – Dyson Ltd./ Registrar of Trade Marks: Art. 2 der Ersten RL 89/104/EWG des Rates vom 21. 12. 1988 zur Angleichung der Rechtsvorschriften der Mitgliedstaaten über die Marken ist dahin auszulegen, dass der Gegenstand einer Markenanmeldung wie der im Ausgangsverfahren fraglichen, die sich auf alle denkbaren Formen eines durchsichtigen Behältnisses oder Auffangbehälters als Teil der äußeren Oberfläche eines Staubsaugers bezieht, kein „Zeichen" im Sinne dieser Bestimmung darstellt und damit auch keine Marke im Sinne dieser Bestimmung sein kann.

IV. Markenrechtsschutz

a) Funktionen der Marke

Letztlich schützt die Marke die Werbeleistung eines Warenanbieters bzw. Dienstleistungserbringers. Die Marke schützt damit im Unterschied zum Patent und zum Gebrauchsmuster (dort: Schutz einer erfinderischen gewerblichen Leistung) **eine gestalterische gewerbliche Leistung**.[47]

Herkömmlicherweise werden einer Marke aber neben der Individualisierungs- und Unterscheidungsfunktion auch noch weitere Funktionen beigemessen (**Multifunktionalität der Marke**).[48] Andere Markenfunktionen als die Herkunftsfunktion (siehe nachfolgende Rn. 58 f.) spielen dabei aber keine originär eigenständige Rolle für die Bestimmung des Schutzumfangs des Verwechslungstatbestandes iS der MarkenRL (vgl. § 14 Abs. 2 Nr. 1 und 2 MarkenG).[49]

aa) Herkunftsfunktion

Die Herkunftsfunktion wird meist als die **Hauptfunktion der Marke** angesehen. So hat etwa der EuGH[50] entschieden, dass Hauptfunktion einer Marke die Herkunftsfunktion sei, nämlich die Ursprungsidentität der Waren oder Dienstleistungen, für die sie eingetragen wurde, zu garantieren (auch **Identifikationsfunktion**),[51] um für diese Waren und Dienstleistungen einen Absatzmarkt zu erschließen oder zu sichern. Die **Verkehrsauffassung** (dh die Ansicht der angesprochenen Verkehrskreise) entscheidet darüber, ob der Marke als Kennzeichen iS eines Hinweises auf eine betriebliche Herkunft Unterscheidungskraft – **abstrakt** (§ 3 Abs. 1 MarkenG, nachstehende Rn. 86) und **konkret** (§ 8 Abs. 2 Nr. 1 MarkenG, Rn. 148 ff.)[52] – zukommt. Die Marke verweist den Käufer einer Ware oder den Nutzer einer Dienstleistung auf ein (bestimmtes) Unternehmen,[53] mithin den Hersteller der Ware (**Warenmarke**) bzw. den Erbringer der Dienstleistung (**Dienstleistungsmarke**): Identifikationsfunktion („abstrakte Herkunftsfunktion im Sinne einer Produktverantwortung des Zeicheninhabers").[54] Der Abnehmer wird in die Lage versetzt, die Ware oder Dienstleistung nach ihrer betrieblichen Herkunft zu unterscheiden. In der vormaligen RL 2008/95/EG war die Herkunftsfunktion in Erwägungs-

---

47 Eisenmann/Jautz, Rn. 232b.
48 Fezer, GRUR 2003, 457 (463).
49 EuGH Urt. v. 18.6.2009 – C-487/07 = GRUR 2009, 756 – L'Oréal, Rn. 59; Ingerl/Rohnke MarkenG § 14 Rn. 388.
50 EuGH Urt. v. 11.3.2003 – Rs. C-40/01 = EuZW 2003, 311, Rn. 43; EuGH Urt. v. 22.6.1994 – Rs C-9/93 = GRUR Int. 1994, 614, Rn. 45 – Ideal Standard II unter Bezugnahme auf EuGH Urt. v. 17.10.1990 – Rs C-10/89 = GRUR Int. 1990, 960, Rn. 13, 14 – HAG II.
51 EuGH Urt. v. 25.7.2018 – C-129/17 = GRUR 2018, 917 (919), Rn. 35 – Mitsubishi ua./ Duma ua; Ingerl/Rohnke MarkenG § 14 Rn. 386.
52 Grundsätzliche Eintragungsfähigkeit schlagwortartiger Wortfolgen: „DENKEN.SCHÜTZEN. HANDELN" – BPatG Beschl. v. 25.6.2020 – 30 W (pat) 531/18 = GRUR-Prax 2020, 443 (444). Eine Positionsmarke (die gleichbleibende Platzierung auf einer Ware beansprucht) ist unterscheidungskräftig, wenn sie charakteristische Merkmale aufweist, die aus dem bei den beanspruchten Waren üblichen gestalterischen Rahmen fallen und nicht nur technisch-funktionell sind.
53 Götting (§ 53 Rn. 18) ist der Auffassung, dass die Herkunftsfunktion nach Aufgabe des Akzessorietätsgrundsatzes „nicht mehr im Sinne eines konkreten Hinweises auf ein bestimmtes Unternehmen verstanden werden kann".
54 Götting, § 53 Rn. 18; Fezer, MarkenG, Einl. D Rn. 4, 28.

grund Nr. 11[55] als einzige Funktion einer Marke ausdrücklich genannt.[56] Nach der RL (EU) 2015/2436 (MarkenRL) wird der ausdrückliche Zweck der Herkunftsfunktion wortgleich übernommen und im Stellenwert damit beibehalten.

59 In Ausnahmefällen kann selbst bei einer Verwendung identischer Marken zur Kennzeichnung identischer Waren durch nicht miteinander verbundene Unternehmen eine Beeinträchtigung der Herkunftsfunktion zu verneinen sein.[57]

bb) Garantiefunktion

60 Der Waren- bzw. Dienstleistungsmarke wird eine seitens der Verbraucher (die darauf vertrauen – **Vertrauensfunktion**) zumindest gleichbleibende – oder sich stets gar verbessernde – Beschaffenheit (Güte und Qualität) im Hinblick auf ihre Außendarstellung und ihren guten Ruf iS einer Qualitäts- oder Garantiefunktion zugesprochen. Dabei kann auch eine **Investitionsfunktion** (dh, der Markeninhaber hat die Möglichkeit, die Marke einzusetzen, um einen Ruf zu erwerben oder zu wahren, der geeignet ist, durch verschiedene Geschäftsmethoden Verbraucher anzuziehen und zu binden)[58] Berücksichtigung finden, nämlich dann, wenn durch eine nachteilige Außendarstellung und einer damit einhergehenden Verschlechterung des Rufes potenzielle Investitionen durch Dritte unterbleiben.[59]

cc) Werbefunktion

61 Der Marke kommt des Weiteren im Hinblick auf die Verkaufs- oder Vertriebsförderung ein in wirtschaftlicher Hinsicht erhebliches PR-Potential iS der Absatzkommunikation mit den Werbeadressaten (**kommerzielle Kommunikationsfunktion**) wegen der mit ihr verbundenen korrespondierenden Imagebildung zugunsten von Waren und Dienstleistungen zu (iS einer **bekannten oder berühmten Marke**). Deshalb ist die Marke auch ein bedeutendes Marketinginstrument. Insoweit wird bekannten Marken Schutz vor Rufausbeutung (vgl. § 9 Abs. 1 Nr. 3 MarkenG – „im Inland bekannte Marke") bzw. gegen eine Verwässerung ihrer Werbeausstrahlung (vgl. § 14 Abs. 2 Nr. 3 MarkenG – „im Inland bekannte Marke") zugebilligt.

---

55 „Der durch die eingetragene Marke gewährte Schutz, der insbesondere die Herkunftsfunktion der Marke gewährleisten sollte, sollte im Falle der Identität zwischen der Marke und dem Zeichen und zwischen den Waren oder Dienstleistungen absolut sein. Der Schutz sollte sich ebenfalls auf Fälle der Ähnlichkeit von Zeichen und Marke und der jeweiligen Waren oder Dienstleistungen erstrecken. Es ist unbedingt erforderlich, den Begriff der Ähnlichkeit im Hinblick auf die Verwechslungsgefahr auszulegen. Die Verwechslungsgefahr sollte die spezifische Voraussetzung für den Schutz darstellen; ob sie vorliegt, hängt von einer Vielzahl von Umständen ab, insbesondere dem Bekanntheitsgrad der Marke im Markt, der gedanklichen Verbindung, die das benutzte oder eingetragene Zeichen zu ihr hervorrufen kann, sowie dem Grad der Ähnlichkeit zwischen der Marke und dem Zeichen und zwischen den damit gekennzeichneten Waren oder Dienstleistungen. Bestimmungen über die Art und Weise der Feststellung der Verwechslungsgefahr, insbesondere über die Beweislast, sollten Sache nationaler Verfahrensregeln sein, die von dieser Richtlinie nicht berührt werden sollten."
56 Ingerl/Rohnke, MarkenG, § 14 Rn. 384.
57 EuGH Urt. v. 22.9.2011 – C-482/09 = GRUR 2012, 519, Rn. 75 ff. – Budvar/Anheuser-Busch – Budweiser; BeckOK MarkenR/Mielke MarkenG § 14 Rn. 128.
58 EuGH Urt. v. 25.7.2018 – C-129/17 = GRUR 2018, 917 (919), Rn. 36 – Mitsubishi ua/Duma ua.
59 BeckOK, MarkenR/Mielke, MarkenG, § 14 Rn. 134 f.

IV. Markenrechtsschutz

Eine **Beeinträchtigung der Werbefunktion** liegt vor, wenn die beanstandete Benutzung die Möglichkeit des Markeninhabers beeinträchtigt, die Marke „als Element der Verkaufsförderung oder als Instrument der Handelsstrategie einzusetzen".[60]

dd) Kommunikationsfunktion

Das moderne Marketing spricht der Marke weiter auch (in Zusammenfassung der diversen Einzelfunktionen – Multifunktionalität der Marke iS eines Zeichens, dem Kommunikations-, Investitions- und Werbefunktion zukommt)[61] einen allgemeinen Kommunikationseffekt zu, der sich nicht auf kommerzielle Zwecke beschränken muss.

62

63

---

60 EuGH, Urt. v. 23.3.2010 – C-236/08 bis C-238/08 = GRUR 2010, 445, Rn. 92 – Google und Google France. Bspw. keine Beeinträchtigung der Werbefunktion durch Keyword-Advertising (Anzeigen von Werbemitteln abhängig von individuellen Schlüsselwörtern bei Suchportalen); EuGH Urt. v. 25.3.2010 – C-278/08 = GRUR 2010, 451, Rn. 33 – Bergspechte. Bestätigt von EuGH Urt. v. 22.9.2011 – C-323/09 = GRUR 2011, 1124 – Interflora: 1. Art. 5 Abs. 1 Buchst. a der Ersten RL 89/104/EWG des Rates vom 21. 12. 1988 zur Angleichung der Rechtsvorschriften der Mitgliedstaaten über die Marken und Art. 9 Abs. 1 Buchst. a der VO (EG) Nr. 40/94 des Rates vom 20. 12.1993 über die Gemeinschaftsmarke sind dahin auszulegen, dass der Inhaber einer Marke es einem Mitbewerber verbieten kann, anhand eines mit dieser Marke identischen Schlüsselworts, das der Mitbewerber ohne Zustimmung des Markeninhabers im Rahmen eines Internetreferenzierungsdienstes ausgewählt hat, für Waren oder Dienstleistungen zu werben, die mit denen, für die die Marke eingetragen ist, identisch sind, wenn diese Benutzung eine der Funktionen der Marke beeinträchtigen kann. Eine solche Benutzung
– beeinträchtigt die herkunftshinweisende Funktion der Marke, wenn aus der anhand des genannten Schlüsselwortes gezeigten Werbung für einen normal informierten und angemessen aufmerksamen Internetnutzer nicht oder nur schwer zu erkennen ist, ob die beworbenen Waren oder Dienstleistungen von dem Inhaber der Marke bzw. einem mit ihm wirtschaftlich verbundenen Unternehmen oder vielmehr von einem Dritten stammen;
– beeinträchtigt im Rahmen eines Referenzierungsdienstes mit den Merkmalen des im Ausgangsverfahren in Rede stehenden nicht die Werbefunktion der Marke;
– beeinträchtigt die Investitionsfunktion der Marke, wenn sie es dem Markeninhaber wesentlich erschwert, seine Marke zum Erwerb oder zur Wahrung eines Rufs einzusetzen, der geeignet ist, Verbraucher anzuziehen und zu binden.
2. Art. 5 Abs. 2 der RL 89/104/EWG und Art. 9 Abs. 1 Buchst. c der VO (EG) Nr. 40/94 sind dahin auszulegen, dass der Inhaber einer bekannten Marke es einem Mitbewerber verbieten kann, anhand eines dieser Marke entsprechenden Schlüsselwortes, das dieser Mitbewerber ohne Zustimmung des Markeninhabers im Rahmen eines Internetreferenzierungsdienstes ausgewählt hat, zu werben, wenn dieser Mitbewerber damit die Unterscheidungskraft oder die Wertschätzung der Marke ohne rechtfertigenden Grund in unlauterer Weise ausnutzt (Trittbrettfahren) oder wenn in der genannten Werbung eine Beeinträchtigung dieser Unterscheidungskraft (Verwässerung) oder Wertschätzung (Verunglimpfung) liegt. In einer Werbung anhand eines solchen Schlüsselwortes liegt zB dann eine Beeinträchtigung der Unterscheidungskraft der bekannten Marke (Verwässerung), wenn sie zu einer Abschwächung dieser Marke zu einem Gattungsbegriff beiträgt. Dagegen darf der Inhaber einer bekannten Marke es unter anderem nicht verbieten, dass Mitbewerber anhand von dieser Marke entsprechenden Schlüsselwörtern eine Werbung erscheinen lassen, mit der, ohne eine bloße Nachahmung von Waren oder Dienstleistungen des Inhabers dieser Marke anzubieten, ohne eine Verwässerung oder Verunglimpfung herbeizuführen und ohne im Übrigen die Funktionen der bekannten Marke zu beeinträchtigen, eine Alternative zu den Waren oder Dienstleistungen ihres Inhabers vorgeschlagen wird. Näher dazu auch BeckOK MarkenR/Mielke MarkenG § 14 Rn. 131. Eine Beeinträchtigung der Werbefunktion wird auch bejaht für den Fall des debranding (Dritter entfernt ohne Zustimmung des Markeninhabers alle auf den Waren angebrachten, mit den Marken identischen Zeichen): EuGH Urt. v. 25.7.2018 – C-129/17 = GRUR 2018, 917 – Mitsubishi/Duma; BeckOK, MarkenR/Mielke, MarkenG, § 14 Rn. 129.

61 EuGH Urt. v. 18.6.2009 – C-487/07 = GRUR 2009, 756, Rn. 58 – L´Oréal/Bellure: 1. Art. 5 Abs. 2 der Ersten RL 89/104/EWG des Rates vom 21. 12. 1988 zur Angleichung der Rechtsvorschriften der Mitgliedstaaten über die Marken ist dahin auszulegen, dass das Vorliegen einer unlauteren Ausnutzung der Unterscheidungskraft oder der Wertschätzung der Marke i.S. dieser Bestimmung weder das Bestehen einer Verwechslungsgefahr noch die Gefahr einer Beeinträchtigung dieser Unterscheidungskraft oder Wertschätzung oder allgemein des Inhabers der Marke voraussetzt. Der Vorteil, der sich aus der Verwendung eines Zeichens, das einer bekannten Marke ähnlich ist, durch einen Dritten ergibt, ist eine unlautere Ausnutzung der Unterscheidungskraft oder der Wertschätzung der Marke durch den Dritten, wenn dieser durch die Verwen-

Frage 7: Welche Funktionen werden einer Marke beigemessen? Beschreiben Sie diese.

b) Markenfunktion und Markenrechtsverletzung

64 Der Funktion der Marke kommt insbesondere dann eine besondere Bedeutung zu, wenn ein Markeninhaber eine Verletzung seines Markenrechts nach § 14 Abs. 2 MarkenG behauptet, weil ein unberechtigter Dritter im geschäftlichen Verkehr ohne die Zustimmung des Markeninhabers

- ein identisches Zeichen für identische Waren oder Dienstleistungen verwendet (Nr. 1); oder
- ein ähnliches Zeichen für ähnliche Waren oder Dienstleistungen verwendet und Verwechslungsgefahr besteht (Nr. 2); bzw.
- ein mit der bekannten Marke des Markeninhabers identisches oder ähnliches Zeichen für ähnliche Waren oder Dienstleistungen verwendet (Nr. 3).

65 ▶ **Voraussetzungen von Ansprüchen aus § 14 MarkenG:** Ansprüche aus § 14 MarkenG setzen eine der in § 14 Abs. 2 bis 4 MarkenG genannten Verletzungshandlungen voraus. Erforderlich[62] ist:

- **Benutzung eines Zeichens**
  - als **Marke in markenrechtsrelevanter Weise**, dh zur Unterscheidung von Waren und Dienstleitungen,
  - unter **Verletzung oder drohender Verletzung** von geschützten Markenfunktionen
- **durch einen Dritten**
- im **geschäftlichen Verkehr,**
- **ohne Zustimmung des Inhabers** einer geschützten Marke,
- sofern einer der in **§ 14 Abs. 2 Nr. 1 bis 3 MarkenG** genannten Tatbestände einer Markenrechtsverletzung verwirklicht wird.

---

dung versucht, sich in den Bereich der Sogwirkung dieser Marke zu begeben, um von ihrer Anziehungskraft, ihrem Ruf und ihrem Ansehen zu profitieren und um ohne finanzielle Gegenleistung der wirtschaftlichen Anstrengungen des Markeninhabers zur Schaffung und Aufrechterhaltung des Images dieser Marke auszunutzen. 2. Art. 5 Abs. 1 Buchst. a der RL 89/104/EWG ist dahin auszulegen, dass der Inhaber einer eingetragenen Marke die Benutzung eines mit seiner Marke identischen Zeichens für Waren oder Dienstleistungen, die mit denjenigen identisch sind, für die die Marke eingetragen wurde, durch einen Dritten in einer vergleichenden Werbung, die nicht alle in Art. 3a Abs. 1 der RL 84/450/EWG des Rates vom 10. 9. 1984 zur Angleichung der Rechts- und Verwaltungsvorschriften der Mitgliedstaaten über irreführende Werbung in der durch die RL 97/55/EG des Europäischen Parlaments und des Rates vom 6. 10. 1997 geänderten Fassung genannten Zulässigkeitsvoraussetzungen erfüllt, untersagen kann, auch wenn diese Benutzung die Hauptfunktion der Marke, die darin besteht, auf die Herkunft der Waren oder Dienstleistungen hinzuweisen, nicht beeinträchtigen kann, vorausgesetzt, diese Benutzung beeinträchtigt eine der anderen Funktionen der Marke oder könnte sie beeinträchtigen. 3. Art. 3a Abs. 1 der RL 84/450/EWG in der durch die RL 97/55/EG geänderten Fassung ist dahin auszulegen, dass ein Werbender, der in einer vergleichenden Werbung ausdrücklich oder implizit erwähnt, dass die Ware, die er vertreibt, eine Imitation einer Ware mit notorisch bekannter Marke ist, „eine Ware oder eine Dienstleistung als Imitation oder Nachahmung" i.S. von Art. 3a Abs. 1 Buchst. h der RL 84/450/EWG darstellt. Der aufgrund einer solchen unerlaubten vergleichenden Werbung durch den Werbenden erzielte Vorteil ist als „unlautere Ausnutzung" des Rufs dieser Marke i.S. von Art. 3a Abs. 1 Buchst. g der RL 84/450/EWG zu betrachten.

62 Nach BeckOK, MarkenR/Mielke, MarkenG, § 14 Rn. 13 ff.

IV. Markenrechtsschutz

Eine Verletzung ist ausgeschlossen, wenn sich der Dritte für seine Nutzung 66

- auf eigene prioritätsältere Rechte stützen kann oder
- wenn die Nutzung durch gesetzliche Schranken (insbesondere die §§ 23, 24 MarkenG) gedeckt ist.

Vgl. im Einzelnen zu den Voraussetzungen näher nachstehende Rn. 223 ff.

Der BGH[63] hat im Hinblick auf das **Problem einer Markenverletzung bei Doppelidentität** ausgeführt, dass § 14 Abs. 2 Nr. 1 MarkenG dann erfüllt ist – dh eine Verletzungshandlung vorliegt –, wenn die Benutzung des mit der Marke identischen Zeichens im geschäftlichen Verkehr ohne Zustimmung des Markeninhabers für Waren und Dienstleistungen erfolgt, die mit denjenigen identisch sind, für die die Marke eingetragen ist, und wenn das Zeichen wie eine Marke benutzt wird. Dies ist dann der Fall, wenn die Benutzung des Zeichens durch den Dritten die Funktionen der Marke und insbesondere ihre wesentliche Funktion, den Verbrauchern die Herkunft der Waren oder Dienstleistungen zu garantieren, beeinträchtigt oder beeinträchtigen kann. Zu den Funktionen der Marke gehören neben der Hauptfunktion, der Gewährleistung der Herkunft, auch ihre anderen Funktionen wie ua die Gewährleistung der Qualität der mit ihr gekennzeichneten Ware oder Dienstleistung oder die Kommunikations-, Investitions- oder Werbefunktion (dazu bereits vorstehende Rn. 56 ff.). 67

Frage 8: Welche Bedeutung kommt der Markenfunktion bei einer Markenrechtsverletzung zu?

c) Rechtsnatur der Marke

Die Marke, deren Schutzgegenstand ein Kennzeichen zur Unterscheidung von Waren oder Dienstleistungen[64] eines Unternehmens von jenen eines anderen Unternehmens ist, ist ein **gewerbliches Schutzrecht**. 68

Der Marke kommt ein erheblicher **Vermögenswert** zu. Es kann sein, dass die Marke wertvoller ist als das die Marke verwendende Unternehmen selbst (mit all seinen Betriebsmitteln, vgl. bspw. den Börsen- und damit Unternehmenswert von Google oder sonstigen Digitalunternehmen im Vergleich zum „Realvermögen", dh Grund und Boden oder Maschinen). In der Folge ist die Marke grundsätzlich auch beleihbar, mithin zugunsten des Markeninhabers taugliches Sicherungsinstrument iS einer Kreditunterlage. Probleme insoweit bereitet allerdings die Bewertung der Marke iS einer konkreten Bezifferung ihres Wertes. 69

Zugunsten ihres Inhabers ist die Marke ein **absolutes Recht**, das dem Markeninhaber gegenüber jedermann Schutz gewährt. 70

Das Markenrecht ist weiterhin auch ein **Ausschließlichkeitsrecht** (vgl. § 14 Abs. 1 MarkenG). Dh, der Markeninhaber kann nach § 14 Abs. 2 MarkenG unberechtigten Dritten die Verwendung seines geschützten Kennzeichenrechts im geschäftlichen Verkehr untersagen. Eine Verwendung des Kennzeichens ohne Zustimmung des Markeninhabers ist in den dort enumerativ angeführten Fällen untersagt. 71

---

63 BGH Urt. v. 14.1.2010 – I ZR 88/08 (OLG Nürnberg) = WRP 2010, 1039, Rn. 16 – Opel-Blitz II.
64 Cassardt in Creifelds Rechtswörterbuch, Marke, 24. Edition 2020.

183

72 Zugleich ist das Markenrecht ein **verselbstständigtes Recht:**[65] Selbstständigkeit besteht sowohl gegenüber dem Unternehmen als auch gegenüber den gekennzeichneten Waren und Dienstleistungen. In der Folge kann bspw. der Warenhersteller der Verwendung seiner Warenmarke für die gesamte Vertriebskette (über Groß- und Zwischenhändler bis zum Endabnehmer) zustimmen. Der Markeninhaber kann seine bekannte Marke aber auch zur Kennzeichnung weiterer, bisher von ihm noch nicht gekennzeichneter neuer Waren oder Dienstleistungen verwenden. Dann spricht man von einer sog. **Dachmarke.**

Frage 9: Charakterisieren Sie bitte die Rechtsnatur einer Marke.

2. Das Kollektivkennzeichen (Kollektivmarke)

73 Als **Kollektivmarken** (früher auch **Fachverbandsmarken** genannt)[66] können nach § 97 Abs. 1 MarkenG alle auch als (Einzel-) Marke schutzfähigen Zeichen iSv § 3 MarkenG eingetragen werden, die geeignet sind, die Waren oder Dienstleistungen der (Verbands-) Mitglieder des Inhabers der Kollektivmarke von denjenigen anderer Unternehmen nach ihrer betrieblichen oder geographischen Herkunft, ihrer Art, ihrer Qualität oder ihren sonstigen Eigenschaften zu unterscheiden. Auf Kollektivmarken sind die Vorschriften des MarkenG entsprechend anzuwenden, soweit in den §§ 97 bis 106 MarkenG nicht etwas anderes bestimmt ist (so § 97 Abs. 2 MarkenG). Kollektivmarken sind in der neuen MarkenRL (RL (EU) 2015/2436) obligatorisch, also zwingend vorgeschrieben, im Unterschied zur fakultativen Ausgestaltung nach der vormaligen RL (EG) 2008/95/EG. Für den deutschen Gesetzgeber hat dies keine Änderung bewirkt, da die §§ 97 ff. MarkenG den Regelungen der MarkenRL bereits nahezu wortidentisch entsprechen. Die einzig notwendige Änderung war die Neueinfügung von § 97 Abs. 1 S. 2 MarkenG, wonach Kollektivmarken bei der Anmeldung als solche ausdrücklich zu bezeichnen sind.[67]

74 Gleichermaßen besteht eine **Unionskollektivmarke** (vorstehende Rn. 7). Ihre Ausgestaltung richtet sich nach den Art. 74 bis 82 UMV. Diese Regelungen entsprechen den §§ 97 ff. MarkenG zur nationalen Kollektivmarke.[68]

Frage 10: Was versteht man unter einer Kollektivmarke?

3. Geschäftliche Bezeichnungen

75 Als geschäftliche Bezeichnungen werden nach § 5 Abs. 1 MarkenG

- **Unternehmenskennzeichen** (§ 5 Abs. 2 S. 1 MarkenG – insbesondere Geschäftsabzeichen iSv § 5 Abs. 2 S. 2 MarkenG) und
- **Werktitel** (§ 5 Abs. 3 MarkenG)

geschützt.

---

65 Eisenmann/Jautz, Rn. 232b.
66 BeckOK, MarkenR/Schoene, MarkenG, § 97 Rn. 1.
67 BeckOK, MarkenR/Schoene, MarkenG, § 97 Rn. 6.
68 BeckOK, MarkenR/Schoene, MarkenG, § 97 Rn. 5.

IV. Markenrechtsschutz

a) Unternehmenskennzeichen

Unternehmenskennzeichen sind nach § 5 Abs. 2 S. 1 MarkenG Zeichen, die im geschäftlichen Verkehr als 76

- Name (vgl. § 12 BGB), als
- Firma (vgl. § 17 HGB) oder als
- besondere Bezeichnung eines Geschäftsbetriebs oder eines Unternehmens

benutzt werden.

Maßgeblich für den Schutzcharakter ist eine diesen Zeichen bereits immanente Namens-, Identifizierungs- und Unterscheidungsfunktion des Unternehmenskennzeichens[69] (**Geschäftszeichen mit Namensfunktion**). 77

Der besonderen Bezeichnung eines Geschäftsbetriebs stehen gemäß § 5 Abs. 2 S. 2 MarkenG solche Geschäftsabzeichen und sonstige zur Unterscheidung des Geschäftsbetriebs von anderen Geschäftsbetrieben bestimmte Zeichen gleich, die innerhalb beteiligter Verkehrskreise als Kennzeichen des Geschäftsbetriebs gelten (**Geschäftszeichen ohne Namensfunktion**). 78

Der **Umfang schutzfähiger Unternehmenskennzeichen** ist enger als in § 3 MarkenG.[70] Maßgeblich ist die **Verkehrsauffassung,** die nur bestimmten Zeichen eine Schutzfähig- 79

---

[69] Vgl. etwa BGH Urt. v. 31.7.2008 – I ZR 21/06 (OLG Hamm) = GRUR 2008, 1108 – Haus&Grund III: 1. Wird ein Dachverband im Wege gewillkürter Prozessstandschaft von einem Landesverband zur Geltendmachung markenrechtlicher Abwehransprüchen gegenüber einem jüngeren Kollisionszeichen ermächtigt, so kann sich das schutzwürdige Eigeninteresse des Dachverbands aus der Mitgliedschaft des Landesverbands im Zentralverband ergeben, wenn die verletzte Bezeichnung auch vom Dachverband benutzt wird. 2. Eine schlagwortartige Kurzbezeichnung eines eingetragenen Vereins, die vom offiziellen Vereinsnamen abweicht, kann Schutz als besondere Geschäftsbezeichnung iSd § 5 Abs. 2 S. 1 MarkenG genießen. Wird ein solches Schlagwort von Landesverbänden und Ortsvereinen benutzt, kann die Benutzung auch dem Dachverband zugutekommen, wenn der Verkehr das Schlagwort nicht nur den Landesverbänden und Ortsvereinen, sondern der gesamten Organisation zuordnet. Vgl. auch BGH Urt. v. 28.6.2007 – I ZR 49/04 (OLG München) = BGHZ 173, 57 = GRUR 2007, 884 – Cambridge Institute: 1. Der Schutz des Unternehmenskennzeichens einer Sprachschule, die nur regional und nicht bundesweit tätig ist, ist auf deren räumliches Tätigkeitsfeld beschränkt. 2. Die Aktivlegitimation für den Unterlassungsanspruch nach § 128 Abs. 1 MarkenG steht neben den in § 8 Abs. 3 UWG Genannten auch den berechtigten Benutzern einer geographischen Herkunftsangabe zu. 3. Berechtigte Benutzer einer geographischen Herkunftsangabe, die für Dienstleistungen verwendet wird, sind nur diejenigen Personen und Unternehmen, die in dem durch die geographische Herkunftsangabe bezeichneten Gebiet geschäftsansässig sind und von dort ihre Dienstleistungen erbringen. Zudem BGH Urt. v. 31.3.2010 – I ZR 174/07 (OLG Düsseldorf) = GRUR 2010, 738 – Peek & Cloppenburg: Die Gleichgewichtslage, die zwischen zwei in derselben Branche, aber an verschiedenen Standorten tätigen gleichnamigen Handelsunternehmen besteht, kann dadurch gestört werden, dass eines der beiden Unternehmen das Unternehmenskennzeichen als Internetadresse oder auf seinen Internetseiten verwendet, ohne dabei ausreichend deutlich zu machen, dass es sich nicht um den Internetauftritt des anderen Unternehmens handelt (in Abgrenzung zu BGH Urt. 13.6.2005 – I ZR 288/02 = GRUR 2006, 159 = NJW-RR 2006, 412 = WRP 2006, 238 – hufeland.de). Vgl. auch BeckOK, MarkenR/ Weiler, MarkenG, § 5 Rn. 10.

[70] BeckOK, MarkenR/Weiler, MarkenG, § 5 Rn. 12. Vgl. aber BGH Urt. v. 7.4.2016 – I ZR 237/14 (OLG Frankfurt aM) = GRUR 2016, 1066 – mt-perfect: 1. An die für die Aufrechterhaltung eines Unternehmenskennzeichenrechts i.S. des § 5 Abs. 2 S. 1 MarkenG erforderliche Zeichenbenutzung sind keine höheren Anforderungen zu stellen als an die für seine anfängliche Entstehung erforderlichen Benutzungshandlungen. 2. Das Fehlen einer für den Geschäftsbetrieb erforderlichen behördlichen Erlaubnis oder mangelndes Bemühen um ihre Erlangung lassen für sich genommen nicht den Schluss zu, es liege keine dauerhafte wirtschaftliche Betätigung vor, die zur Entstehung oder Aufrechterhaltung eines Unternehmenskennzeichenrechts i.S. des § 5 Abs. 2 S. 1 MarkenG führt.

keit nach § 5 MarkenG zuerkennt. Eine Prüfung hat im Einzelfall zu erfolgen.[71] Ein Name (§ 12 BGB), eine Firma (§ 17 HGB) oder eine besondere Bezeichnung, die nicht unterscheidungskräftig ist, kann durch die **Erlangung von Verkehrsgeltung** schutzfähig werden.[72] Bei Geschäftsabzeichen und anderen zur Unterscheidung des Geschäftsbetriebs bestimmten Zeichen iS des § 5 Abs. 2 Nr. 2 MarkenG ist die Verkehrsgeltung als maßgebliche Größe für die Feststellung, ob ein Geschäftsabzeichen vorliegt, bereits immer Voraussetzung für die Entstehung des Schutzes.[73]

b) Werktitel

80   Werktitel können Titelschutz genießen.[74] Schutzobjekt ist ein Zeichen, das geeignet ist, eine geistige Leistung zu identifizieren und sie von anderen zu unterscheiden.[75] Unter

---

71   Vgl. etwa BGH Urt. v. 24.2.2005 – I ZR 161/02 (OLG Stuttgart) = GRUR 2005, 871 – Seicom: Mit der endgültigen Aufgabe der Firma ist in der Regel auch der Verlust des aus dem Firmenschlagwort gebildeten Unternehmenskennzeichens verbunden. Davon unberührt bleibt, dass das alte Firmenschlagwort als besondere Geschäftsbezeichnung gemäß § 5 Abs. 2 S. 1 Alt. 3 MarkenG neben der neuen Firma Schutz (für einen Teil des Geschäftsbetriebs) mit eigener Priorität erlangen kann. Zudem BGH Urt. v. 30.1.2008 – I ZR 134/05 (OLG Rostock) = GRUR 2008, 801 – Hansen-Bau: Aus Familiennamen gebildete geschäftliche Bezeichnungen sind unabhängig von der Häufigkeit des Namens durch § 5 MarkenG geschützt. Die Häufigkeit des Familiennamens beeinflusst nur die Kennzeichnungskraft und damit den Schutzumfang der Bezeichnung (in Abgrenzung zu BGH Urt. v. 2.3.1979 – I ZR 46/77 = GRUR 1979, 642 (643) – Billich; BGH Urt. v. 17.1.1991 – I ZR 117/89 = GRUR 1991, 472 (473) – Germania; BGH Urt. v. 12.7.1995 – I ZR 140/93 = BGHZ 130, 276 (278) = GRUR 1995, 825 – Torres). Schutzfähig sind bspw. Buchstabenfolgen, die jedoch nicht als Wort aussprechbar sein müssen – BGH Urt. v. 5.10.2000 – I ZR 166/98 (OLG Frankfurt aM) = GRUR 2001, 344 – DB Immobilienfonds: Unternehmenskennzeichen, die aus einer als Wort nicht aussprechbaren Buchstabenkombination bestehen – hier: DB Immobilienfonds – kann in der Regel, sofern sie nicht einen konkret beschreibenden Begriffsinhalt haben, die Unterscheidungskraft nicht abgesprochen werden. Ihrem Schutz nach § 15 Abs. 2 MarkenG steht in diesem Fall grundsätzlich auch kein Freihaltungsbedürfnis entgegen. Vgl. auch BGH Urt. v. 6.11.2013 (OLG Frankfurt aM) – I ZR 153/12 = GRUR 2014, 506, Rn. 11 – sr.de: Dem Saarländischen Rundfunk steht gegen den Inhaber des Domainnamens „sr.de" gemäß § 12 BGB ein Anspruch auf Einwilligung in die Löschung zu. BGH Urt. v. 13.12.2012 – I ZR 150/11 = GRUR 2013, 294 Rn. 12 – dlg.de; BGH Urt. v. 19.2.2009 – I ZR 135/06 = GRUR 2009, 685 Rn. 18 – ahd.de; BGH Urt. v. 9.9.2004 – I ZR 65/02 = GRUR 2005, 430 – mho.de; OLG Düsseldorf Urt. v. 20.12.2011 – I-20 U 180/11 = MMR 2012, 563 (564). *Wappen* (zB einer Stadt) oder *Siegel* bzw. *Embleme* (zB einer Universität) haben Namensfunktion und sind schutzfähig: BGH Urt. v. 28.3.2002 – I ZR 235/99 = GRUR 2002, 917 (919) – Düsseldorfer Stadtwappen; BGH Urt. v. 23.6.1994 – I ZR 15/92 = BGHZ 126, 287 = GRUR 1994, 844 (845) – Rotes Kreuz; BGH Urt. v. 23.9.1992 – I ZR 251/90 = BGHZ 119, 237 = GRUR 1993, 151 (153) – Universitätsemblem; BGH Urt. v. 19.5.1976 – I ZR 81/75 = GRUR 1976, 644 (646) – Kyffhäuser.
72   BGH Urt. v. 31.3.2010 – I ZR 36/08 = GRUR 2010, 1020, Rn. 14 – Verbraucherzentrale; BGH Urt. v. 19.7.2007 – I ZR 137/04 = GRUR 2007, 888, Rn. 19 – Euro Telekom; BGH Urt. v. 16.12.2004 – I ZR 69/02 (OLG München) = GRUR 2005, 517 (518) – Literaturhaus; BGH Urt. v. 16.12.2004 – I ZR 69/02 = GRUR 2005, 514 (515) – Telekom.
73   BeckOK, MarkenR/Weiler, MarkenG, § 5 Rn. 92.
74   BGH Urt. v. 14.5.2009 – I ZR 231/06 (OLG Köln) = GRUR 2009, 1055 – airdsl: 1. Der Schutz eines Domainnamens als Werktitel nach § 5 Abs. 1 und 3 MarkenG kann grundsätzlich erst einsetzen, wenn das über den Domainnamen erreichbare titelschutzfähige Werk weitgehend fertiggestellt ist. 2. Für die Vorverlagerung des Schutzes eines Werktitels durch eine Titelschutzanzeige reicht die bloße Titelankündigung auf der eigenen Internetseite der Werktitelschutz beanspruchenden Partei nicht aus. 3. Eine markenmäßige Benutzung eines Domainnamens kommt auch dann in Betracht, wenn bei Aufruf des Domainnamens eine automatische Weiterleitung zu einer unter einem anderen Domainnamen abrufbaren Internetseite erfolgt.
75   Vgl. etwa BGH Urt. v. 1.3.2001 – I ZR 211/98 (OLG Hamburg) = BGHZ 147, 56 = GRUR 2001, 1050 – Tagesschau: 1. Werktitel, die von Haus aus mangels hinreichender Unterscheidungskraft oder wegen eines bestehenden Freihaltebedürfnisses nicht schutzfähig sind, können den Schutz der §§ 5, 15 MarkenG in Anspruch nehmen, wenn sie innerhalb der angesprochenen Kreise durchgesetzt sind. 2. Besteht die Übung, als Titel für eine bestimmte Werkkategorie (hier: Nachrichtensendungen im Fernsehen) eine nur wenig unterscheidungskräftige Bezeichnung zu wählen, die über den Charakter der Sendung Auskunft gibt, ist bei der Bemessung des Schutzumfangs solcher Werktitel oder entsprechender Marken – mögen sie auch durchgesetzt, bekannt oder sogar berühmt sein – das schutzwürdige Interesse der Wettbewerber zu be-

IV. Markenrechtsschutz

Werktitel sind nach § 5 Abs. 3 MarkenG[76] die Namen oder besonderen Bezeichnungen von Druckschriften (mithin die Titel von Zeitungen, Zeitschriften oder Büchern),[77] Filmwerken, Tonwerken (bspw. die Titel periodisch ausgestrahlter Radio- und Fernsehsendungen), Bühnenwerken oder sonstigen vergleichbaren Werken zu verstehen.[78]

Frage 11: Nennen Sie bitte Beispiele für einen Werktitel.

---

rücksichtigen, für ihre Werke oder Leistungen ebenfalls eine „sprechende" Kennzeichnung zu wählen. Im Anwendungsbereich des § 14 Abs. 2 Nr. 2 und des § 15 Abs. 2 MarkenG geschieht dies durch eine sachgerechte Handhabung des Merkmals der Verwechslungsgefahr sowie durch § 23 Nr. 2 MarkenG. Bei bekannten Werktiteln oder Marken kann ein solches berechtigtes Interesse dazu führen, dass das Merkmal „ohne rechtfertigenden Grund in unlauterer Weise" zu verneinen ist. Vgl. auch BGH Urt. v. 13.10.2004 – I ZR 181/02 (OLG Hamburg) = GRUR 2005, 264 – Das Telefon-Sparbuch: Ein Sachbuch und eine Broschüre über Telefontarife, die einer Zeitschrift beigefügt ist, weisen keine hinreichende Werknähe auf, aufgrund derer der Verkehr das eine Werk für das andere halten könnte. Weitere Hinweise auch bei BeckOK, MarkenR/Weiler, MarkenG, § 5 Rn. 156.

[76] BGH Urt. v. 28.1.2016 – I ZR 202/14 (OLG Köln) = GRUR 2016, 939 – wetter.de: 1. Titelschutzfähige Werke i.S. von § 5 Abs. 3 MarkenG können auch Apps für Mobilgeräte sowie Informationsangebote im Internet sein. 2. Der Bezeichnung „wetter.de" kommt keine für einen Werktitelschutz i.S. § 5 Abs. 1 und 3 MarkenG hinreichende originäre Unterscheidungskraft für eine App und eine Internetseite zu, auf der ortsspezifisch aufbereitete Wetterdaten und weitere Informationen in Bezug auf das Thema Wetter zum Abruf bereitgehalten werden. 3. Die nach der Rechtsprechung des BGH für Zeitungs- und Zeitschriftentitel geltenden geringen Anforderungen an die Unterscheidungskraft von Werktiteln können auf Apps für Mobilgeräte und auf Internetangebote, die nicht auch als Printversion erhältlich sind, nicht angewendet werden, weil es (bislang) an einer entsprechenden Verkehrsgewöhnung an die Benutzung von Gattungsbezeichnungen in diesen Bereichen fehlt.

[77] BGH Urt. v. 28.4.2016 – I ZR 254/14 (OLG Köln) – GRUR 2016, 1301 – Kinderstube: 1. Die Annahme eines einheitlichen Werktitelrechts für Druckerzeugnisse und über das Internet zugängliche journalistische oder literarische Angebote setzt voraus, dass der Verkehr die Angebote als einheitliches Produkt mit unterschiedlichen Vertriebswegen, nicht hingegen lediglich als miteinander verwandte, aber nach Inhalt und Erscheinungsbild eigenständige Angebote ansieht. 2. Ein Klageantrag, der auf die Unterlassung einer Zeichenverwendung „als Titel" gerichtet ist, enthält keine Beschränkung auf werktitelmäßige Verwendungen, wenn er auf die konkrete Verletzungsform Bezug nimmt und nicht nur auf Werktitel, sondern auch auf Marken gestützt ist. 3. Der Begriff „Erziehung" der Dienstleistungsklasse 41 erfasst nicht nur die erzieherische Tätigkeit, sondern auch die Vermittlung erzieherischen Wissens durch Beratung und Information über Erziehung. 4. Der Begriff „Kinderstube" ist für die Dienstleistung „Erziehung" wegen des ihm innewohnenden beschreibenden Anklangs von unterdurchschnittlicher originärer Unterscheidungskraft. 5. Bestehen Unterschiede in der Zusammen- oder Getrenntschreibung der im Übrigen nur durch Groß- oder Kleinschreibung voneinander abweichenden Wortbestandteile (hier: „Kinderstube"/„Kinder STUBE"), liegt regelmäßig keine Zeichenidentität, sondern Zeichenähnlichkeit vor. 6. Wird der Abmahnung auf mehrere Schutzrechte gestützt und hat eine nachfolgende Klage erst aufgrund eines im Prozess nachrangig geltend gemachten Rechts Erfolg, so besteht ein Anspruch auf Abmahnkostenerstattung in voller Höhe des einfachen Gegenstandswerts der Abmahnung, der (anders als der gerichtliche Streitwert im Falle des § 45 Abs. 1 S. 2 GKG) nicht zu erhöhen ist. 7. Hat die Klage aufgrund eines nachrangig geltend gemachten Streitgegenstands oder nicht aufgrund sämtlicher kumulativ geltend gemachter Streitgegenstände Erfolg, so bemisst sich im Rahmen des § 92 Abs. 1 ZPO der Prozesserfolg und -verlust regelmäßig nach dem Verhältnis der Anzahl der erfolgreichen oder erfolglosen Streitgegenstände zum Gesamtstreitwert. Ergeht eine Entscheidung über zwei Streitgegenstände, von denen nur einer der Klage zum Erfolg verhilft, sind die Kosten des Rechtsstreits danach gegeneinander aufzuheben oder hälftig zu teilen. Vgl. zudem BGH Beschl. v. 17.2.2000 – I ZB 33/97 (BPatG) = GRUR 2000, 882 – Bücher für eine bessere Welt: 1. Buchtitel sind grundsätzlich dem Markenschutz zugänglich. Der Gefahr der Monopolisierung der Titel gemeinfrei gewordener Werke ist im Rahmen des Freihaltebedürfnisses oder – im Falle eines als Marke eingetragenen Werktitels – im Rahmen des Schutzumfangs nach § 23 Nr. 2 MarkenG zu begegnen. 2. Die Wortfolge „Bücher für eine bessere Welt" ist für die Waren „Bücher, Broschüren" im Hinblick auf ein bestehendes Freihaltebedürfnis nicht eintragungsfähig. Darüber hinaus fehlt der Wortfolge für diese Waren jegliche Unterscheidungskraft.

[78] BeckOK, MarkenR/Weiler, MarkenG, § 5 Rn. 159.3: *Werbeslogans* sind selbst dann, wenn sie sich auf ein Werk iSd § 5 Abs. 3 MarkenG beziehen, keine Titel, da sie im Verkehr nicht als individualisierender Hinweis auf das Werk, sondern als Anpreisung der Werkeigenschaften verstanden werden.

4. Geographische Herkunftsangaben

81 Geographische Herkunftsangaben iSd MarkenG können ebenfalls Kennzeichenschutz genießen und sind nach § 126 Abs. 1 MarkenG die Namen von Orten, Gegenden, Gebieten oder Ländern sowie sonstige Angaben oder Zeichen, die im geschäftlichen Verkehr zur Kennzeichnung der geographischen Herkunft von Waren oder Dienstleistungen benutzt werden (**örtliche Herkunftskennzeichen**). Die in § 126 Abs. 1 MarkenG aufgezählten Herkunftsbeschreibungen sind nicht abschließend.[79] Die Größe des umgrenzten Bereiches der Herkunft ist für die Schutzfähigkeit unerheblich.[80] Eine objektive Produkteigenschaft, die ein Produkt bestimmter geographischer Herkunft von gleichartigen Produkten anderer Herkunft unterscheidet, ist ebensowenig Voraussetzung für den Schutz der Herkunftsangabe.[81] Damit ist § 127 Abs. 1 MarkenG restriktiv auszulegen: Bei der Beurteilung der Frage, ob eine **Gefahr der Irreführung über die geographische Herkunft** eines Produkts besteht, müssen bei Agrarerzeugnissen und Lebensmitteln mit der geographischen Herkunft etwa verbundene besondere Qualitäts- oder Eigenschaftsvorstellungen so unberücksichtigt bleiben.[82] Der Schutz geographischer Herkunftsangaben wird heute nicht mehr – wie früher – als wettbewerbsrechtlicher Schutz, sondern als **Kennzeichenschutz** qualifiziert.[83]

82 Bei den in § 126 Abs. 1 MarkenG genannten Herkunftsbezeichnungen handelt es sich um **unmittelbare geographische Herkunftsangaben**. Der geographische Bezug wird direkt aus der Bezeichnung deutlich.[84] Daneben gibt es Kennzeichen oder Aufmachungen, die – ohne einen Ort unmittelbar zu benennen – vom Verkehr als Hinweis auf eine bestimmte geographische Herkunft verstanden werden (**mittelbare Herkunftsangaben**). Die Herkunftsaussage ergibt sich aus einem bewusst oder unbewusst stattfindenden gedanklichen Schluss des Betrachters. Im Einzelfall ist nach der Verkehrsauffassung zu entscheiden, ob die Qualität für den Schutz einer solchen assoziierten Herkunftsangabe gegeben ist.[85] Im Umkehrschluss kann auch eine positiv festgestellte Assoziation von Bezeichnungen zu bereits geschützten geographischen Herkunftsangaben zu Abwehransprüchen führen.[86]

---

79 Stadtteile oder -bezirke können ebenso eine geographische Herkunftsangabe bilden wie die Namen von Flüssen oder Seen. Es kommt darauf an, ob mit dem Namen eine Region bezeichnet werden kann: Marx, Fezer/Büscher/Obergfell, UWG, Rn. 59.
80 Marx, Fezer/Büscher/Obergfell, UWG, Rn. 49.
81 Lange, Marken- und Kennzeichenrecht, Rn. 1959.
82 BGH Urt. v. 31.3.2016 – I ZR 86/13 (OLG Köln) = BGHZ 209, 302 = GRUR 2016, 741 – Himalaya Salz.
83 BGH Urt. v. 31.3.2016 – I ZR 86/13 (OLG Köln) = BGHZ 209, 302 = GRUR 2016, 741 – Himalaya Salz: 1. Die in den §§ 126 ff. MarkenG enthaltenen Regelungen vermitteln nach der Novellierung des Markengesetzes durch das Gesetz zur Verbesserung der Durchsetzung von Rechten des geistigen Eigentums vom 7.7.2008 (BGBl. I, S. 1191) für geographische Herkunftsangaben keinen lauterkeitsrechtlich, sondern einen kennzeichenrechtlich begründeten Schutz. 2. Die Bestimmung des § 127 Abs. 1 MarkenG ist unionsrechtskonform dahingehend einschränkend auszulegen, dass bei der Beurteilung der Frage, ob eine Gefahr der Irreführung über die geographische Herkunft des Produkts besteht, bei Agrarerzeugnissen und Lebensmitteln mit der geographischen Herkunft etwa verbundene besondere Qualitäts- oder Eigenschaftsvorstellungen unberücksichtigt bleiben. 3. Ein Online-Händler ist für ein im eigenen Namen auf seiner Internetseite eingestelltes Verkaufsangebot als Täter verantwortlich, auch wenn er sich bei der Ausgestaltung der Produktpräsentation eines dritten Unternehmers – hier seines Lieferanten – bedient.
84 BeckOK, MarkenR/Schulteis, MarkenG, § 126 Rn. 18.
85 BGH Urt. v. 24.6.1982 – I ZR 108/80 (OLG München) = GRUR 1982, 685 f. – Ungarische Salami II; BGH Urt. v. 10.4.1981 – I ZR 162/79 (OLG München) = GRUR 1981, 666 f. – Ungarische Salami I. Umrisse, auch Wahrzeichen von Städten: Marx, Fezer/Büscher/Obergfell, UWG, Rn. 61 – bspw. aus Flaggen oder Wappen hergeleitete Farben von Ländern – Rot-Weiß-Grün als Nationalfarben Ungarns.
86 Die Angaben „Glen" und „Glen Els" bei Whisky weisen einen unmittelbaren Bezug zu „Scotch Whisky" auf, so dass ihre Verwendung für aus dem Harz stammende Whiskys eine unzulässige Anspielung ge-

IV. Markenrechtsschutz

Negatives Tatbestandsmerkmal: Dem Schutz als geographische Herkunftsangabe sind allerdings nach § 126 Abs. 2 MarkenG solche Namen, Angaben oder Zeichen iSd § 126 Abs. 1 MarkenG nicht zugänglich, bei denen es sich um **Gattungsbezeichnungen** handelt. Als Gattungsbezeichnungen sind solche Bezeichnungen anzusehen, die zwar eine Angabe über die geographische Herkunft iSd § 126 Abs. 1 MarkenG enthalten oder von einer solchen Angabe abgeleitet sind, die jedoch ihre ursprüngliche Bedeutung verloren haben und als Namen von Waren oder Dienstleistungen oder als Bezeichnungen oder Angaben der Art, der Beschaffenheit, der Sorte oder sonstiger Eigenschaften oder Merkmale von Waren oder Dienstleistungen dienen. Der **unmittelbare Zusammenhang** zwischen dem geographischen Ursprung des Erzeugnisses und einer bestimmten Qualität, dem Ansehen oder einer anderen Eigenschaft des Erzeugnisses, die sich aus diesem geographischen Ursprung ergibt, ist verschwunden. **Die Bezeichnung beschreibt nur noch eine bestimmte Art oder einen bestimmten Typ von Erzeugnissen.**[87]

83

Zusammenfassung: Der Markenschutz erfasst **Individualkennzeichen** (§§ 3 und 4 MarkenG) und **Kollektivkennzeichen** (§ 97 MarkenG).

84

Eine Marke ist ein Kennzeichen zur **Individualisierung** von Waren und/oder Dienstleistungen eines Unternehmens von jenen eines anderen Unternehmens (**Kennzeichnungs- und Unterscheidungsfunktion**). Sie schützt die Werbeleistung als gestalterische gewerbliche Leistung. Hauptfunktion einer Marke ist die **Herkunftsfunktion**. Ihr kommt auch **Garantiefunktion** zu, da sie auf eine zumindest gleichbleibende oder sich verbessernde Beschaffenheit (guter Ruf) verweist. Der Marke kommt auch ein erhebliches PR-Potential (**Werbefunktion**) wegen der mit ihr verbundenen Imagebildung zu (Marke als Marketinginstrument). Das moderne Marketing spricht der Marke im Übrigen einen darüber hinausgehenden Kommunikationseffekt (**Kommunikationsfunktion**) zu. Die Herkunftsfunktion ist vor allem dann relevant, wenn eine Verletzung des Markenrechts nach § 14 Abs. 2 MarkenG in Rede steht, wenn nämlich die Benutzung des Zeichens durch einen Dritten insbesondere die wesentliche Funktion der Marke, den Verbrauchern die Herkunft der Waren oder Dienstleistung zu garantieren, beeinträchtigt wird.

Die Marke ist **gewerbliches Schutzrecht**. Ihr kommt ein erheblicher **Vermögenswert** zu. Als absolutes Recht gewährt sie ihrem Inhaber Schutz gegenüber jedermann. Die Marke

---

mäß Art. 16 Buchst. b der VO (EG) Nr. 110/2008 (SpirituosenVO) ist, deren Unterlassung in analoger Anwendung von § 135 MarkenG verlangt werden kann: OLG Hamburg Urt. v. 19.9.2019 – 3 U 262/16 = GRUR-Prax 2020, 211. Dagegen verneint von OLG München Urt. v. 1.2.2018 – 29 U 885/17 = GRUR-RR 2018, 381: Die Verwendung der Bezeichnung NEUSCHWANSTEINER für Bier begründe keine Fehlvorstellung der angesprochenen Verkehrskreise über die geographische Herkunft des Bieres, da das auf einem Hügel erbaute Schloss Neuschwanstein als Museum und Touristenattraktion für das Brauen von Bier nicht traditionell bekannt ist.

87 Vgl. etwa EuGH Urt. v. 2.7.2009 – C-343/07 = GRUR 2009, 961 (967) – Bayerisches Bier; EuGH Urt. v. 4.12.2019 – C-432/18 = GRUR 2020, 69: Badischer Essig darf Aceto Balsamico genannt werden, da der Schutz als geschützte geographische Angabe (g.g.A.) der Bezeichnung „Aceto Balsamico di Modena" sich nicht auf die einzelnen nicht geographischen Bestandteile bezieht („Aceto", „Balsamico", „Aceto Balsamico"). Diese enthalten als Gattungsbezeichnungen keine unzulässige Anspielung und können im gesamten Gebiet der Union verwendet werden: EuG Urt. v. 12.9.2007 – T-291/03 = GRUR 2007, 974 (976) – GRANA BIRAGHI/grana padano; BPatG Beschl. v. 14.4.2016 – 30 W (pat) 35/13 = GRUR 2017, 528 (531). Nach BGH Urt. v. 6.6.1980 – I ZR 97/98 (OLG Hamburg) = GRUR 1981, 71 (74) – Lübecker Marzipan war eine Umwandlung in eine Gattungsbezeichnung noch nicht erfolgt, wenn noch ein Anteil von 13,7 % des Verkehrskreises in der Angabe eine Herkunftsangabe erkannte. Zudem BeckOK MarkenR/Schulteis MarkenG § 126 Rn. 31.1. Eine Quote von mehr als 25 % der Verkehrskreise, die eine Angabe als Herkunftsangabe sehen, verlangen Ingerl/Rohnke, Rn. 15, um eine Umwandlung in eine Gattungsbezeichnung verneinen zu können; BeckOK, MarkenR/Schulteis, MarkenG, § 126 Rn. 29.

begründet als Ausschließlichkeitsrecht das Recht zugunsten des Markeninhabers, unberechtigten Dritten die Verwendung des geschützten Kennzeichenrechts im geschäftlichen Verkehr zu untersagen. Das Markenrecht ist ein (sowohl gegenüber dem Unternehmen als auch gegenüber den gekennzeichneten Waren und Dienstleistungen) **verselbstständigtes Recht** mit der Folge, dass etwa der Warenhersteller der Verwendung seiner Warenmarke für die gesamte Vertriebskette zustimmen und er seine bekannte Marke auch zur Kennzeichnung noch nicht gekennzeichneter neuer Waren oder Dienstleistungen verwenden kann.

Kollektivmarken sind als (Einzel-) Marken schutzfähige Zeichen eines rechtsfähigen Verbandes, die dieser seinen Mitgliedern zur Unterscheidung von ihren Waren oder Dienstleistungen gegenüber anderen Unternehmen überlässt.

Als **geschäftliche Zeichen** schützbare **Unternehmenskennzeichen** sind Zeichen, die im geschäftlichen Verkehr als Name, Firma oder besondere Bezeichnung eines Geschäftsbetriebs oder eines Unternehmens benutzt werden.

Werktitel sind Namen oder besondere Bezeichnungen von Druckschriften, Filmwerken, Tonwerken, Bühnenwerken oder sonstigen vergleichbaren Werken.

Geographische Herkunftsangaben sind die Namen von Orten, Gegenden, Gebieten oder Ländern sowie sonstige Angaben oder Zeichen, die im geschäftlichen Verkehr zur Kennzeichnung der geographischen Herkunft von Waren oder Dienstleistungen benutzt werden. Sie sind von bloßen **Gattungsbezeichnungen** abzugrenzen.

V. Entstehungsformen des Markenschutzes

85 Markenschutz kann nach § 4 MarkenG in dreierlei Weise entstehen:

- Durch die Eintragung eines Zeichens (nach vorangegangener Prüfung) als Marke in das vom DPMA geführte Markenregister (Nr. 1). Man spricht dann von einer **eingetragenen Marke**, die oft auch mit ® gekennzeichnet wird (**Registermarke**).
- Durch die Benutzung eines Zeichens im geschäftlichen Verkehr (mithin ohne Eintragung des Zeichens in das Markenregister), soweit das Zeichen innerhalb der beteiligten Verkehrskreise als Marke Verkehrsgeltung erworben hat (Nr. 2). Dann spricht man von einer **benutzten Marke mit Verkehrsgeltung.** Oder
- durch die iSd Art. 6bis PVÜ notorische Bekanntheit einer Marke (Nr. 3). Dann handelt es sich um ein all- und altbekanntes Zeichen (sog. **notorisch bekannte Marken** bzw. Notorietätsmarke).

1. Schützbare Zeichenformen

86 Als schützbare Zeichenformen benennt das MarkenG für alle Markenkategorien iS des § 4 MarkenG – dh sowohl für die eingetragene (Register-) Marke als auch für die benutzte Marke mit Verkehrsgeltung und die notorisch bekannte Marke – in seinem § 3 Abs. 1 beispielhaft (vgl. den Wortlaut „**insbesondere**") und damit nicht abschließend (kein Numerus Clausus der Zeichenformen, womit auch Zeichenkombinationen [zB Wort-Bild-Marken als Kombinationsmarken] oder neue, innovative und kreative Zeichenformen [bspw. Positions- oder Bewegungsmarken] einem Schutz zugänglich sind) nachfolgende **Zeichen**, sofern diese geeignet sind, Waren oder Dienstleistungen eines

V. Entstehungsformen des Markenschutzes

Unternehmens von denjenigen anderer Unternehmen (überhaupt) zu unterscheiden (sog. **abstrakte Unterscheidungskraft**):[88]

- Wörter einschließlich Personennamen (Namensmarke, zB Siemens, Bosch, Daimler usw)
- Abbildungen
- Buchstaben
- Zahlen
- Klänge (Hörzeichen)
- dreidimensionale Gestaltungen einschließlich der Form einer Ware oder ihrer Verpackung
- sonstige Aufmachungen einschließlich Farben und Farbzusammenstellungen

Die Markenart definiert den **Schutzgegenstand** und ist daher im Eintragungsverfahren ebenso relevant wie bei der rechtserhaltenden Benutzung und der Verletzung der Markenrechte. Insbesondere vermittelt jede Markenart **artspezifische Elemente**, die im Rahmen der Verletzungsprüfung zu berücksichtigen sind und sowohl das zu vergleichende Zeichen selbst als auch die möglichen Ähnlichkeitsrichtungen (bildlich, klanglich, begrifflich) mitbestimmen. Ohne Übernahme dieser artspezifischen Elemente im Rahmen der eigenen Markenart muss eine Verletzung ausscheiden.[89]

Frage 12: Welche grundsätzlich schützbaren Zeichenformen für Register-, Benutzungs- und Notorietätsmarken kennen Sie?

a) Wörter (Wortzeichen)

Als Wortzeichen können bspw. geschützt werden:

- Buchstaben (sog. **Buchstabenmarke** – zB K,[90] VW, DB, BASF, BMW oder IPod).
- Zahlen (sog. **Zahlenmarke** – in Ziffernform, etwa „4711" bzw. „1",[91] oder auch ausgeschrieben, bspw. „Quattro" oder „FÜNFER"[92]).
- Buchstaben mit Zahlen kombiniert (sog. **Buchstabenzahlenmarke**[93] – zB Kö8 – Modekette in Freiberg, Blume2000, K2 Sports).
- Ein Wort (sog. **Wortmarke** – zB „Adidas", „Allianz", „Persil", „Puma", „Siemens"),[94] einschließlich **Phantasiebezeichnungen**. Das Zeichen „GARANT" zB ist – so das BPatG[95] – jedenfalls für Finanzanalysen, bei denen eine Bürgschaft iS einer Garantenstellung eines Dritten nicht in Frage kommt, schutzfähig. Für sonstige Finanzdienstleistungen bestehe, soweit es sich nicht um unmittelbare Sachangaben

---

88 Wohingegen die konkrete Unterscheidungskraft – mithin die Frage, ob die Eignung zur Unterscheidung in Bezug auf bestimmte Waren oder Dienstleistungen besteht – absolutes Eintragungshindernis iSv § 8 Abs. 2 Nr. 1 MarkenG ist (nachstehende Rn. 148 ff.).
89 Klein, GRUR-Prax 2020, 472 (474).
90 BGH Beschl. v. 15.6.2000 – I ZB 4/98 (BPatG) = GRUR 2001, 161.
91 BGH Beschl. v. 18.4.2002 – I ZB 23/99 (BPatG) = GRUR 2002, 970 – „Zahl 1".
92 BGH Beschl. v. 22.9.1999 – I ZB 19/97 (BPatG) = GRUR 2000, 231 – FÜNFER.
93 BGH Urt. v. 20.1.1956 – I ZR 146/53 (OLG Düsseldorf) = BGHZ 19, 367 = GRUR 1956, 219 – Buchstaben und Zahlenkombination.
94 Weiteres Bsp.: Das Wortzeichen HELMUT RAHN (Name eines deutschen Fußballspielers) ist für Waren der Klassen 25 und 28, ua Sportutensilien, sowie Dienstleistungen der Klasse 41, ua Sportveranstaltungen, unterscheidungskräftig, so BPatG Beschl. v. 22.4.2020 – 29 W (pat) 508/20, GRUR-Prax 2020, 307.
95 BPatG Beschl. v. 26.11.2012 – 29 W (pat) 104/11 = GRUR 2013, 385 – GARANT.

89 handelt (bspw. „Finanzierung von Wareneinkäufen" oder „Finanzierungsberatung"), ein hinreichend enger Bezug, weswegen jedoch das Zeichen insoweit nicht schutzfähig sei. Phantasiebezeichnungen dürfen **nicht irreführend** sein.[96]

Als Wortmarke können auch **Unternehmenskennzeichen** (einschließlich Geschäftszeichen) und **Werktitel** geschützt werden, obgleich diese bereits nach § 5 Abs. 1 MarkenG als **geschäftliche Bezeichnungen** geschützt sind. Voraussetzung ist auch hier wiederum, dass der Zeicheninhaber am geschäftlichen Verkehr teilnimmt[97] und dass das Zeichen Unterscheidungskraft entfaltet.[98] Fehlt es an einer Unterscheidungskraft, wird eine im Prozess substantiiert vorgetragene **Verkehrsgeltung** (Bekanntheit und damit Unterscheidungskraft in Fachkreisen) verlangt.[99]

90 ▪ **Zusammengesetzte Worte** (bspw. „Mercedes-Benz") können ebenfalls Schutz genießen, genauso wie mehrere Worte (sog. **Mehrwortmarke** – zB „Burger King") – nicht jedoch „Literaturhaus e.V.":[100] Der BGH führt aus, dass der Kläger auf den Gebieten der Förderung der Literatur und des Buchwesens sowie der bildenden Kunst und der neuen Medien tätig sei und dafür ein Literaturhaus betreibe. Die Bezeichnung „Literaturhaus" benenne dabei nur diesen Tätigkeitsbereich durch die Zusammenfügung der beschreibenden Wörter „Literatur" und „Haus", ohne dass durch diese Zusammenfügung der beschreibende Charakter der Wortkombination verloren gehe. Es sei daher keine einprägsame Neubildung. Eine darüber hinausgehende Verkehrsgeltung konnte durch den Kläger nicht vorgetragen werden. Gleiches gelte für andere Wortkombinationen mit „Haus", wie „Möbelhaus", „Musikhaus" oder „Autohaus".

91 ▪ **Werbesprüche** (dh mehrere kurze Sätze – sog. **Sloganmarke** – zB „Hoffentlich Allianz versichert", „Bar jeder Vernunft"[101] oder „Have a break"[102]) können ebenfalls geschützt werden. Der EuGH urteilte in einem Vorabentscheidungsverfahren, dass es möglich ist, dass eine Marke Unterscheidungskraft nach Art. 3 Abs. 3 der RL 2008/95/EG (heute wortgleich mit Art. 4 Abs. 4 RL (EU) 2015/ 2436 [MarkenRL]) aufgrund oder infolge der Benutzung dieser Marke als Teil oder in Verbindung mit einer anderen Marke erlangen kann.[103]

92 ▪ Auch ein **Personenname** (§ 12 BGB) sowie die Verwendung eines **Namens in einem Unternehmenskennzeichen** (nach § 5 Abs. 2 S. 1 MarkenG), mithin der eigene Name, ein Phantasiename oder ein fremder Name (wobei jedoch ein berechtigter Na-

---

96 OLG Hamburg Urt. v. 6.5.1999 – 3 U 70/98 = LMR 1999, 97 – „Frischera" für Fertiggerichte; OLG Hamburg Urt. v. 5.5.2004 – 5 U 134/03 = BeckRS 2003, 153377 – BB-Radio steht nicht für Berlin-Brandenburg, sondern ist eine Phantasiebezeichnung.
97 BGH Urt. v. 30.3.1953 – IV ZR 176/52 (OLG Hamburg) = GRUR 1953, 446 (447); BGH Urt. v. 23.1.1976 – I ZR 95/75 (OLG Zweibrücken) = GRUR 1976, 370 (371) – Lohnsteuerhilfeverein.
98 BGH Urt. v. 6.12.2001 – I ZR 136/99 (OLG München) = GRUR 2002, 814 (816) – Festspielhaus I; BGH Urt. v. 27.11.2003 – I ZR 79/01 (OLG Düsseldorf) = GRUR 2004, 514 (515) – Euro Telekom.
99 BGH Urt. v. 30.1.2003 (OLG Stuttgart) – I ZR 136/99 = GRUR 2003, 792 – Festspielhaus II.
100 BGH Urt. v. 16.12.2004 – I ZR 69/02 (OLG München) = MMR 2005, 374 – Literaturhaus.
101 BGH Beschl. v. 13.6.2002 – I ZB 1/00 (BPatG) = GRUR 2002, 1070 – Bar jeder Vernunft: Die Wortfolge „Bar jeder Vernunft" ist unter anderem für „Papier, Schreibwaren, Bürogeräte, Bekleidungsstücke, Erziehung und Unterricht" unterscheidungskräftig i.S. von § 8 Abs. 2 Nr. 1 MarkenG. Dagegen kann die Wortfolge für andere Waren und Dienstleistungen jegliche Unterscheidungskraft fehlen, wenn ihr der Verkehr nur eine inhaltliche Beschreibung der Waren oder Dienstleistungen entnimmt.
102 EuGH Urt. v. 7.7.2005 – C-353/03 = GRUR 2005, 763 – Nestle/Mars.
103 EuGH Urt. v. 7.7.2005 – C-353/03 = GRUR 2005, 763 (764) – Nestle/Mars.

menschträger ggf. einen Anspruch auf Löschung seines Namens nach § 13 Abs. 2 Nr. 1 iVm § 51 Abs. 1 MarkenG hat) kann als Wortzeichen schützbar sein.

Im Hinblick auf den Schutz als Wortmarke spielt es keine Rolle, ob das Wort bzw. die Worte der **deutschen Sprache** oder einer **Fremdsprache** entlehnt sind. Auch reine **Kunstwörter** sind schützbar. 93

Ein **fremdes Schriftzeichen** kann hingegen idR nicht als Wortzeichen, sondern ggf. als Bildzeichen (nachstehende Rn. 95 ff.) geschützt werden. Ein Wort in einem bestimmten Schriftzug kann uU als Wort-Bildzeichen schützbar sein 94

Frage 13: Benennen Sie bitte einige Beispiele für eine Wortmarke.

b) Abbildungen (Bildzeichen)

Als Bildmarke[104] kann bspw. auch ein **Signet** (zB ein Stern, ein Kranich oder ein Emblem) geschützt werden. Des Weiteren kann auch für ein Kombinationszeichen (mithin ein Wort-Bildzeichen, das sich aus einem Wort- und einem Bildzeichen zusammensetzt, zB Osram mit Glühbirne) Markenschutz erlangt werden. 95

Dabei ist als **Bildmarke** auch das Bildnis bzw. Portrait einer (verstorbenen oder lebenden) Person eintragungsfähig.[105] Dem Bildnis einer dem Verkehr bekannten Person fehlt aber für solche Waren und Dienstleistungen jegliche Unterscheidungskraft iSv § 8 Abs. 2 Nr. 1 und Nr. 2 MarkenG, bei denen der Verkehr einen thematischen oder sonstigen sachlichen Bezug zu der abgebildeten Person herstellt und es deshalb als (bloß) beschreibenden Hinweis auf diese und nicht als Hinweis auf die Herkunft der betreffenden Waren oder Dienstleistungen aus einem bestimmten Unternehmen verstanden wird und damit die Unterscheidungskraft iSd Markenschutzes fehlt.[106] 96

Eine besondere Form der Bildmarke ist die **Bewegungsmarke**, die – sofern sie markenfähig ist (was voraussetzt [worauf später noch einzugehen sein wird, nachstehende Rn. 117], dass sie nach § 8 Abs. 1 MarkenG geeignet sind, im Register so dargestellt zu werden, dass die zuständigen Behörden und das Publikum den Gegenstand des Schutzes klar und eindeutig bestimmen können) – auch ins Markenregister eintragbar ist. Als Bewegungsmarke, die eine Folge bewegter Bilder unter Zeichenschutz stellt, ist ein natürlicher Bewegungsvorgang oder ein künstlicher Bewegungsvorgang (Zeichentrick) 97

---

[104] Vgl. etwa BGH Beschl. v. 6.2.2013 – I ZB 85/11 (BPatG) = GRUR 2013, 1046 – Variable Bildmarke: Den Anforderungen an ein Zeichen iS von Art. 2 MarkenRL bzw. § 3 Abs. 1 MarkenG genügt es nicht, wenn sich der Gegenstand einer Anmeldung auf eine Vielzahl unterschiedlicher Erscheinungsformen erstrecken können soll und er deshalb nicht hinreichend bestimmt ist. Deshalb fehlt „variablen Marken", mit denen Schutz für eine abstrakt unbestimmte Zahl unterschiedlicher Erscheinungsformen oder allgemeiner Gestaltungsprinzipien beansprucht wird, die für eine Eintragung erforderliche Markenfähigkeit. Vgl. auch BGH Beschl. v. 12.8.2004 – I ZB 1/04 (BPatG) = GRUR 2005, 257 – Bürogebäude: 1. Besteht ein Bildzeichen nur aus der photographischen Abbildung des Gegenstands, auf den sich die Dienstleistung bezieht, für die der Markenschutz beansprucht wird, fehlt dem Zeichen regelmäßig jegliche Unterscheidungskraft. 2. Ruft ein Bildzeichen für die Dienstleistung, für die die Eintragung beantragt ist, positive Assoziationen hervor, die die Art der Dienstleistung nur vage umschreiben (hier: sachlich-professionell, kompetent, zeitgemäß, innovativ, dynamisch, hochwertig), so reicht dies, anders als bei einer wörtlichen Beschreibung von Dienstleistungen, für die Annahme eines Eintragungshindernisses nach § 8 Abs. 2 Nr. 1 MarkenG nicht aus. 3. Fasst der Verkehr ein Bildzeichen als Angabe des Ortes auf, an dem die Dienstleistungen erbracht wurden, für die der Schutz beantragt ist, fehlt dem Zeichen jegliche Unterscheidungskraft.
[105] BGH Urt. v. 1.12.1999 (KG) = BGHZ 143, 214 = GRUR 2000, 709 – Marlene Dietrich; BGH Beschl. v. 24.4.2008 – I ZB 21/06 (BPatG) = GRUR 2008, 1093, Ls. 1 – Marlene-Dietrich-Bildnis.
[106] BGH Beschl. v. 24.4.2008 – I ZB 21/06 (BPatG) = GRUR 2008, 1093, Ls. 2 – Marlene-Dietrich-Bildnis.

zu verstehen.[107] Markenfähigkeit setzt voraus, dass sich die Bildelemente in einem **einheitlichen Sinneseindruck** erfassen lassen,[108] was wiederum nach den Umständen des Einzelfalls zu beurteilen ist.

c) Buchstaben

98 Schutzfähig sind weiterhin Buchstaben, bspw. ein Einzelbuchstabe oder eine Buchstabenkombination, die aber – oftmals in einer bestimmten Darstellungsweise – auch als Bildmarke klassifiziert werden können.[109]

d) Zahlen

99 Zahlen sind ebenso schutzfähig, bspw. ein Bruch, eine Wurzel, eine Gleichung oder eine mathematische Anweisung. Hingegen ist eine in Wortform ausgeschriebene Zahl als „Wortzeichen" zu qualifizieren (vorstehende Rn. 88).

e) Hörzeichen

100 Unter einem Hörzeichen (**Hörmarken** und **Klangmarken**) sind akustische – dh nichtsprachliche – Zeichen (etwa Töne, Tonfolgen, Geräusche oder sog. Jingles, bspw. der Deutschen Telekom) zu verstehen, die durch das menschliche Gehör wahrnehmbar sind – zB Erkennungszeichen in der Rundfunk-, Fernseh- oder Kinowerbung (etwa musikalische Erkennungsmelodien).

101 Grundsätzlich markenfähig sind bspw. auch **Naturtöne** (zB das Rauschen des Meeres oder eines Wasserfalls bzw. Duschgeräusche) bzw. ein gesprochener Werbeslogan.

102 Bei **nichtmusikalischen Hörzeichen** (bspw. Geräusche) – die nicht in Notenform wiedergegeben werden können – stellte sich früher nach § 8 Abs. 1 MarkenG aF das Problem einer graphischen Darstellbarkeit des eigentlich als Marke nach § 3 Abs. 1 MarkenG schützbaren Zeichens. In der Neufassung des § 8 Abs. 1 MarkenG nF wurde (nachstehende Rn. 138 f.) das Erfordernis der graphischen Darstellbarkeit durch eine allgemeinere (generalisierendere) Voraussetzung, nämlich die **Geeignetheit des Zeichens zur Unterscheidung der Marke von Waren und Dienstleistungen der jeweiligen Kategorie** ersetzt, womit die Hinterlegung von Tonträgern mit einer Aufnahme der Geräusche oder einem Sonogram (dh ein mittels Echografie erstelltes Bild) den heutigen Anforderungen genügt.[110]

---

107 Eisenmann/Jautz, Rn. 242.
108 BeckOK, MarkenR/Kur, MarkenG, § 3 Rn. 33.
109 Ein Beispiel zur Unterscheidungskraft des Buchstaben B: Bogner B (Bekleidungsgeschäft) und Barbie B (Spielzeug) in BGH Urt. v. 2.2.2012 – I ZR 50/11 (OLG Köln) = GRUR 2012, 930 – Bogner B/Barbie B: 1. Einzelbuchstaben sind regelmäßig von Haus aus normal kennzeichnungskräftig, wenn sie über nicht zu vernachlässigende graphische Gestaltungen verfügen und keine Anhaltspunkte für eine vom Durchschnitt abweichende Kennzeichnungskraft vorliegen. 2. Eine Zeichenähnlichkeit im Klang zwischen Kollisionszeichen, die aus Einzelbuchstaben bestehen, scheidet im Allgemeinen aus, wenn der Verkehr nicht daran gewöhnt ist, aus einem Einzelbuchstaben gebildete Marken mit dem Lautwert des Einzelbuchstabens ohne weitere Zusätze zu benennen. 3. Bestehen die kollidierenden Zeichen jeweils aus einem einzelnen Buchstaben, haben bildliche Zeichenunterschiede bei der Beurteilung der visuellen Zeichenähnlichkeit ein wesentlich größeres Gewicht als bei normalen Wortzeichen.
110 BeckOK, MarkenR/Kur, MarkenG, § 3 Rn. 41, 41.1.

V. Entstehungsformen des Markenschutzes

Die **praktische Umsetzung** der Anmeldung eines Hörzeichens[111] zum Markenregister im Falle einer Registermarke wird nach § 11 MarkenV (**Markenverordnung**[112] [Verordnung zur Ausführung des Markengesetzes]) dadurch gewährleistet, dass der Anmeldung zwei übereinstimmende zweidimensionale graphische Wiedergaben der Marke beigefügt werden. Klangmarken sind in einer **üblichen Notenschrift** darzustellen. Der Anmelder muss im Übrigen eine **klangliche Wiedergabe der Marke auf einem Datenträger** einreichen. Die Anmeldung kann auch eine Beschreibung der Marke enthalten. Für den einzureichenden Datenträger gelten folgende Standards: Die beim DPMA lesbaren Datenträgerformate werden auf der Internetseite www.dpma.de bekannt gegeben. Die klangliche Wiedergabe ist auf dem Stammverzeichnis eines leeren Datenträgers abzulegen. Zulässige Dateiformate sind WAVE-Format (*.wav) und MP3-Format (*.mp3). Die Abtastfrequenz muss mindestens 44,1 Kilohertz, die Auflösung mindestens 16 Bit betragen. Gepackte und komprimierte Dateien werden vom DPMA nicht bearbeitet.[113]

103

f) Dreidimensionale Gestaltungen (Formmarke)

Zeichenfähig sind nach der ausdrücklichen Regelung in § 3 Abs. 1 MarkenG grundsätzlich (sofern eine hinreichende abstrakte Unterscheidungskraft vorliegt) auch dreidimensionale Gestaltungen einschließlich der Form einer Ware oder ihrer Verpackung als **Formmarke**. Dabei stellt sich hier gleichermaßen – wie bei allen Zeichen – die Frage, ob das dreidimensionale Zeichen als solches geeignet ist, Waren oder Dienstleistungen eines Unternehmens von denjenigen eines anderen Unternehmens zu unterscheiden. Im Übrigen muss das Zeichen gegenüber der Ware oder Dienstleistung unabhängig sein (keine Identität iS einer **funktionalen Identität** von Zeichen und Marke – gedankliche Trennbarkeit).

104

Beim Schutz dreidimensionaler Gestaltungen sind jedoch die im Interesse einer Gewährleistung der Kennzeichnungsfunktion in § 3 Abs. 2 MarkenG statuierten **Schutzausschließungstatbestände** (dazu noch nachstehende Rn. 120 ff.) besonders zu beachten, mithin die Schranken des Schutzes einer Warenmarke (nicht jedoch einer Dienstleistungsmarke) im Hinblick auf

105

---

[111] EuGH Urt. v. 27.11.2003 – C-283/01 = GRUR 2004, 54 – Shield Mark/Kist: 1. Art. 2 der Ersten RL 89/104/EWG des Rates vom 21. 12. 1988 zur Angleichung der Rechtsvorschriften der Mitgliedstaaten über die Marken ist dahin auszulegen, dass Hörzeichen als Marken anerkannt werden müssen, wenn sie geeignet sind, Waren oder Dienstleistungen eines Unternehmens von denjenigen eines anderen Unternehmens zu unterscheiden, und sich graphisch darstellen lassen. 2. Art. 2 der RL 89/104/EWG ist dahin auszulegen, dass ein Zeichen, das als solches nicht visuell wahrnehmbar ist, eine Marke sein kann, sofern es Gegenstand einer graphischen Darstellung, insbesondere mithilfe von Figuren, Linien oder Schriftzeichen sein kann, die klar, eindeutig, in sich abgeschlossen, leicht zugänglich, verständlich, dauerhaft und objektiv ist. Bei einem Hörzeichen sind diese Anforderungen nicht erfüllt, wenn das Zeichen graphisch dargestellt wird mittels einer Beschreibung durch Schriftsprache, etwa durch den Hinweis, dass das Zeichen aus den Noten eines bekannten musikalischen Werks besteht, oder dass es sich um einen Tierlaut handelt, oder mittels eines Onomatopoetikums ohne weitere Erläuterung, oder mittels einer Notenfolge ohne weitere Erläuterung. Dagegen sind die genannten Anforderungen erfüllt, wenn das Zeichen durch ein in Takte gegliedertes Notensystem dargestellt wird, das insbesondere einen Notenschlüssel, Noten- und Pausenzeichen, deren Form ihren relativen Wert angeben, und ggf. Vorzeichen enthält.
[112] Aufgrund des § 65 Abs. 1 Nr. 2 bis 10 und 13 sowie des § 138 Abs. 1 MarkenG vom 25.10.1994 (BGBl. 1994 I S. 3084, 1995 I S. 156), von denen § 65 Abs. 1 zuletzt durch Artikel 2 Abs. 9 des Gesetzes vom 12.3.2004 (BGBl. I S. 390) geändert worden ist, iVm § 1 Abs. 2 der DPMA-VO vom 1.4.2004 (BGBl. I S. 514) durch das DMPA verordnet.
[113] Stand 22.10.2020 unter https://www.dpma.de/marken/anmeldung/erforderliche_angaben/markenformenundderendarstellung/index.html.

- **warenbedingte** (Nr. 1 – eine durch Art und Weise der Ware selbst bedingte Form),
- **technisch erforderliche** (Nr. 2 – eine zur Erreichung einer technischen Wirkung erforderliche Form) und
- **wertverleihende** (Nr. 3 – eine der Ware einen wesentlichen Wert verleihende Form)

Formen.

106 Ist ein Fall des § 3 Abs. 2 MarkenG einschlägig, ist das Zeichen mit permanenter Wirkung **nicht eintragungsfähig**, da es nicht auf eine möglicherweise vorliegende Unterscheidungskraft von Waren und Dienstleistungen ankommt[114] (§ 8 Abs. 3 MarkenG [Eintragung aufgrund Verkehrsdurchsetzung] verweist nicht auf § 8 Abs. 1 MarkenG und damit auch nicht auf die in § 8 Abs. 1 enthaltene Verweisung auf § 3 MarkenG). Es ist weiterhin unerheblich, ob und in welchem Maße das Zeichen von den beteiligten Verkehrskreisen tatsächlich einem konkreten Unternehmen zugerechnet wird.[115]

107 Eine Besonderheit bildet auch die **Darstellbarkeit dreidimensionaler Formen**: So bestimmt § 12 MarkenV im Hinblick auf die Anmeldung sonstiger Markenformen, dass der Anmelder der Anmeldung zwei übereinstimmende zweidimensionale graphische Wiedergaben der Marke beizufügen hat. Wenn die Marke in Farbe eingetragen werden soll, so sind die Farben in der Anmeldung zu bezeichnen. Die Anmeldung kann auch eine Beschreibung der Marke enthalten.[116]

g) Sonstige Aufmachungen

108 Als sonstige Aufmachung iS der Aufzählung des § 3 Abs. 1 MarkenG kommt bspw. eine **Positionsmarke** in Betracht. Unter einer Positionsmarke versteht man ein Zeichen, das auf einer Ware an gleichbleibender Stelle (gleiche Positionierung) und in gleicher Form, Farbe und Größe besonders angeordnet ist, zB eine Zick-Zack-Linie auf einem Turnschuh[117] oder ein „Y"-Zeichen auf einem Kleidungsstück.[118] Dabei ist eine Positionsmarke **unterscheidungskräftig**, wenn sie charakteristische Merkmale aufweist, die aus dem bei den beanspruchten Waren üblichen gestalterischen Rahmen fallen und nicht nur technisch-funktionell sind.[119] Um den **Schutzumfang** bestimmen zu können, muss der (technische) Träger der Marke auf der mit der Anmeldung gemäß § 32 Abs. 2 Nr. 3 MarkenG einzureichenden Abbildung definiert sein. Form und Größe der Positionsmarke sollen in einer Beschreibung festgelegt werden.[120]

109 Obgleich § 3 Abs. 1 MarkenG **Geruchsmarken, Geschmacksmarken** oder **Tastmarken** (vorstehende Rn. 113 ff.) nicht ausdrücklich benennt, sind auch diese grundsätzlich markenfähig, sofern ihnen abstrakt Unterscheidungseignung zukommt. Zu beachten ist im Hinblick auf diese drei Markenformen wiederum – sofern die Markenform Re-

---

114 BeckOK, MarkenR/Kur, MarkenG, § 3 Rn. 54.
115 EuGH Urt. v. 20.9.2007 – C-371/06 = GRUR 2007, 970 – Benetton/G-Star.
116 Beispiele hierzu: BGH Beschl. v. 20.1.2003 – I ZB 48/98 (BPatG) = GRUR 2004, 507 – Transformationsgehäuse; BGH, Beschl. v. 20.11 2003 – I ZB 18/98 (BPatG) = GRUR 2004, 506 – Stabtaschenlampe; BGH Beschl. v. 20.11.2003 – I ZB 46/98 (BPatG) = GRUR 2004, 505 – Radio-Uhr II; BGH Beschl. v. 15.12.2005 – I ZB 33/04 (BPatG) = BGHZ 166, 65 = GRUR 2006, 679 – Porsche Boxster.
117 BPatG Beschl. v. 12.5.1998 – 27 W (pat) 153/96 = BPatGE 40, 76 – Jeanstasche mit Ausrufezeichen.
118 BPatG Beschl. v. 12.5.1998 – 27 W (pat) 45/96 = BPatGE 40, 71 = GRUR 1998, 819 – Jeanstasche mit Ausrufezeichen.
119 BPatG Beschl. v. 11.3.2020 – 26 W (pat) 6/19 = GRUR-Prax 2020, 444 – L förmige Blende bei Kreiselpumpen für Heizungsgeräte.
120 BPatG Beschl. v. 11.3.2020 – 26 W (pat) 6/19 = GRUR-Prax 2020, 444 – L förmige Blende bei Kreiselpumpen für Heizungsgeräte.

V. Entstehungsformen des Markenschutzes

gistermarke (§ 4 Nr. 1 MarkenG) in Rede steht – das Formalerfordernis einer **geeigneten Darstellbarkeit des Schutzumfangs** nach § 8 Abs. 1 MarkenG, ohne das es zu keiner Eintragung ins Markenregister kommen kann.

aa) Farbmarken

Farben und Farbzusammenstellungen können als **abstrakte Farbmarke** (zB als farbige Bildmarke) – selbst als isolierte konturlose Farbe – schutzfähig sein. Dabei können allerdings drei Probleme auftreten: Zunächst einmal die geeignete Darstellbarkeit der Farbe bzw. der Farbzusammenstellung im Zusammenhang mit der Prüfung ihrer Schutzfähigkeit nach § 8 Abs. 1 MarkenG. Hinzu kommt das Problem einer notwendigen Unterscheidungskraft nach § 8 Abs. 2 Nr. 1 MarkenG. Nicht zu vernachlässigen ist auch das Problem eines Freihaltebedürfnisses (vgl. § 8 Abs. 2 Nr. 2 MarkenG) für eine Farbe.[121]

110

So hat der BGH[122] etwa in seiner Entscheidung „Farbmarke gelb/schwarz" festgestellt, dass konturlose konkrete Farben und Farbzusammenstellungen (konkret: die Farbzusammenstellung gelb/schwarz) grundsätzlich markenfähig sein können iS eines abstrakten oder absoluten Farbenschutzes, sofern sie die allgemeinen Anforderungen an die Markenfähigkeit von Zeichen iSv § 3 Abs. 1 MarkenG (**abstrakte Markenfähigkeit**) erfüllen: Unterscheidungskraft, Umfang des Freihaltebedürfnisses und Grad der Verkehrsgeltung. Auch Farbmarken müssen daher die allgemeinen Voraussetzungen der Markenfähigkeit, wie vor allem den **Grundsatz der Selbstständigkeit der Marke von dem Produkt**, erfüllen. Es seien – so der BGH – keine generellen Anhaltspunkte dafür ersichtlich, dass (abstrakte) Farben oder Farbkombinationen zur Kennzeichnung von Waren oder Dienstleistungen iSv § 3 Abs. 1 MarkenG ungeeignet sind.[123] Im Ge-

111

---

121 Vgl. etwa EuGH Urt. v. 24.6.2004 – C-49/02 = GRUR 2004, 858 – Heidelberger Bauchemie: Als Marke zur Eintragung in das Register angemeldete abstrakt und konturlos beanspruchte Farben oder Farbzusammenstellungen, deren Farbtöne unter Einreichung eines Farbmusters wörtlich benannt sowie nach einem international anerkannten Farbklassifikationssystem genau bezeichnet sind, können eine Marke i.S. von Art. 2 der Ersten RL 89/104/EWG des Rates vom 21. 12. 1988 zur Angleichung der Rechtsvorschriften der Mitgliedstaaten über die Marken sein, sofern feststeht, dass diese Farben oder Farbzusammenstellungen in dem Zusammenhang, in dem sie verwendet werden, sich tatsächlich als Zeichen darstellen und die Anmeldung eine systematische Anordnung enthält, in der die betreffenden Farben in vorher festgelegter und beständiger Weise verbunden sind. Auch wenn eine Farbzusammenstellung die Voraussetzungen einer Marke i.S. von Art. 2 dieser RL erfüllt, muss die für die Eintragung von Marken zuständige Behörde prüfen, ob die angemeldete Zusammenstellung der übrigen, ua in Art. 3 derselben RL vorgesehenen Voraussetzungen erfüllt, um im Hinblick auf die Waren oder Dienstleistungen des Unternehmens, für die Eintragung beantragt, als Marke eingetragen werden zu können. Bei dieser Prüfung sind alle maßgeblichen Umstände des Einzelfalls, zu denen ggf. auch die Benutzung des als Marke angemeldeten Zeichens gehört, zu berücksichtigen. Dabei ist auch dem Allgemeininteresse daran Rechnung zu tragen, dass die Verfügbarkeit der Farben für die anderen Wirtschaftsteilnehmer, die Waren oder Dienstleistungen der von der Anmeldung erfassten Art anbieten, nicht ungerechtfertigt beschränkt wird.
122 BGH Beschl. v. 10.12.1998 – I ZB 20–96 (BPatG) = BGHZ 140, 193 = NJW 1999, 1186 – Farbe gelb-schwarz; vorher schon das BPatG Beschl. v. 15.7.1998 – 28 W (pat) 1/98 = GRUR 1999, 61 – Aral-Blau I.
123 Zur generellen Markenfähigkeit von Farben bereits: BPatG Beschl. v. 15.7.1998 – 28 W (pat) 1/98 = GRUR 1999, 61 – ARAL-Blau I; BPatG Beschl. v. 15.7.1998 – 28 W (pat) 296/97 = WRP 1999, 329 – Blau/Weiß I; BGH WRP 1999, 334 – Blau / Weiß II; BGH MarkenR 1999, 38 – Orange; BGH MarkenR 1999, 108 (109) – Light Green; BGH Urt. v. 22.9.2005 – I ZR 188/02 (OLG München) = GRUR 2005, 1044 – Dentale Abformmasse: 1. Bei einer Abweichung der Eintragung einer Marke von der angemeldeten Darstellung ist für den Schutz der Marke die eingetragene Gestaltung maßgebend. 2. Die für den kennzeichenmäßigen Gebrauch einer farblichen Gestaltung herkunftshinweisende Verwendung setzt insbesondere dann, wenn die Farbgebung in dem betreffenden Produktbereich das technische Anwendung unterstützt, voraus, dass die Farbe als solche im Verhältnis zu den übrigen Elementen in einer Weise hervortritt, dass sie als Kennzeichnungsmittel verstanden wird. 3. Es ist nicht ausgeschlossen, dass der Verkehr ein dem Produkt an-

schäftsverkehr würden im Gegenteil derartige Kennzeichnungsmittel zur Unternehmens- oder Waren- (Dienstleistungs-) Kennzeichnung vielfach verwendet.[124]

112 Der EuGH lässt es für das **Bestimmtheitserfordernis** genügen, dass sich die Farbnuance, auf die sich der Schutz beziehen soll, durch eine hinreichend genaue graphische Darstellung, unter Heranziehung eines **international anerkannten Farbcodes**, eingrenzen lässt.[125]

Frage 14: Welche Probleme stellen sich im Zusammenhang mit Farbmarken?

bb) Geruchsmarken

113 Eine **Geruchs-** (oder **Riech-) marke**, die auch als **olfaktorische Marke** bezeichnet wird, kann bspw. für parfümierte Papiertaschentücher oder entsprechendes Brief- oder Toilettenpapier in Betracht kommen.

114 Ein als solches visuell nicht wahrnehmbares Zeichen konnte früher nach § 8 Abs. 1 MarkenG aF nur dann eine eintragungsfähige Marke sein, wenn es mittels Figuren, Linien oder Schriftzeichen **graphisch darstellbar** ist – und diese Darstellung klar, eindeutig, in sich abgeschlossen, leicht zugänglich, verständlich, dauerhaft und objektiv war. Anders als bei Hörmarken gab es jedoch keine höchstrichterlich anerkannte Form der graphischen Darstellung, die die Marke in hinreichend präziser und dauerhafter Form wiedergeben konnte.[126] Eine Geruchsmarke war nämlich weder durch eine chemische Formel noch durch eine Beschreibung in Wortsprache bzw. durch die Hinterlegung einer Probe (bzw. einer Kombination der genannten Möglichkeiten) in diesem Sinne

---

haftendes Merkmal, das erst nach Abschluss des im geschäftlichen Verkehr ablaufenden Erwerbsvorgangs bei zweckentsprechender Verwendung durch den Erwerber in Erscheinung tritt, als ein zur Bezeichnung der Herkunft des Produkts eingesetztes Zeichen versteht. Ein solches Verständnis liegt jedoch bei einer erst nach dem Erwerbsvorgang sichtbar werdenden Farbe zumal dann fern, wenn der Verkehr dieser auch oder sogar in erster Linie eine technische Funktion zuschreibt.

124 BGH Beschl. v. 25.3.1999 – I ZB 23/98 (BPatG) = GRUR 1999, 730 – Farbmarke magenta/grau.
125 EuGH Urt. v. 6.5.2003 – Rs. C-104/01 = GRUR 2003, 604 – Libertel: 1. Eine Farbe als solche, ohne räumliche Begrenzung, kann für bestimmte Waren oder Dienstleistungen Unterscheidungskraft iSv Art. 3 Abs. 1 S. 1 Buchst. b und Abs. 3 der Ersten RL 89/104/EWG des Rates vom 21. 12. 1988 zur Angleichung der Rechtsvorschriften der Mitgliedstaaten über die Marken haben, sofern sie Gegenstand einer graphischen Darstellung sein kann, die klar, eindeutig, in sich abgeschlossen, leicht zugänglich, verständlich, dauerhaft und objektiv ist. Die bloße Wiedergabe der betreffenden Farbe auf Papier erfüllt diese Voraussetzung nicht, wohl aber die Bezeichnung der Farbe nach einem international anerkannten Kennzeichnungscode. 2. Bei der Beurteilung der Unterscheidungskraft einer bestimmten Farbe als Marke ist das Allgemeininteresse zu berücksichtigen, das daran besteht, dass die Verfügbarkeit der Farben für die anderen Wirtschaftsteilnehmer, die Waren oder Dienstleistungen der von der Anmeldung erfassten Art anbieten, nicht ungerechtfertigt beschränkt wird. 3. Einer Farbe als solcher kann Unterscheidungskraft i.S. von Art. 3 Abs. 1 Buchst. b und Abs. 3 der RL 89/104/EWG zukommen, sofern die Marke in der Wahrnehmung des maßgeblichen Publikums geeignet ist, die Ware oder Dienstleistung, für die die Eintragung beantragt wird, als von einem bestimmten Unternehmen stammend zu kennzeichnen und diese Ware oder Dienstleistung von denjenigen anderer Unternehmen zu unterscheiden. 4. Der Umstand, dass die Eintragung der Farbe als solcher für eine Vielzahl von Waren oder Dienstleistungen oder aber für eine spezifische Ware oder Dienstleistung oder eine spezifische Gruppe von Waren oder Dienstleistungen beantragt wird, ist zusammen mit den anderen Umständen des Einzelfalls von Bedeutung, um sowohl die Unterscheidungskraft der Farbe, deren Eintragung beantragt wird, auch die Frage zu beurteilen, ob ihre Eintragung dem Allgemeininteresse zuwiderläuft, das daran besteht, dass die Verfügbarkeit der Farben für die anderen Wirtschaftsteilnehmer, die Waren oder Dienstleistungen der von der Anmeldung erfassten Art anbieten, nicht ungerechtfertigt beschränkt wird. 5. Die für die Eintragung von Marken zuständige Behörde hat zur Beurteilung, ob eine Marke Unterscheidungskraft i.S. von Art. 3 Abs. 1 Buchst. b und Abs. 3 der RL 89/104/EWG hat, eine konkrete Prüfung vorzunehmen, bei der alle Umstände des Einzelfalls, zu denen auch die Benutzung der Marke gehört, zu berücksichtigen sind.
126 BeckOK, MarkenR/Kur, MarkenG, § 3 Rn. 42.

V. Entstehungsformen des Markenschutzes

darstellbar. Ihre Eintragung wurde daher wegen unzureichender Darstellbarkeit abgewiesen.[127] Nach dem Wegfall der Voraussetzung einer graphischen Darstellbarkeit in der Neufassung des § 8 Abs. 1 MarkenG und dem Ersetzen dieses Tatbestandsmerkmals durch die weite Voraussetzung einer **geeigneten Darstellbarkeit zur Unterscheidung** ist das Hinterlegen einer Duftprobe als taugliches Darstellungsmittel grundsätzlich möglich. Jedoch ist auch künftig die Dauerhaftigkeit der Hinterlegung nicht gewährleistet,[128] genausowenig wie die geforderte leicht zugängliche Möglichkeit der Wahrnehmung des Duftes durch das Amt und Dritte.[129] Olfaktorische Marken können deshalb im Augenblick allein als Benutzungsmarken kraft Verkehrsgeltung nach § 4 Nr. 2 MarkenG Markenschutz erlangen.

cc) Geschmacksmarke

Eine Geschmacksmarke, die auch als **gustatorische Marke** bezeichnet wird, kann bspw. für die Kennzeichnung eines Lippenstifts, der einen bestimmten Geschmack hat, in Betracht kommen. Problematisch ist aber auch bei gustatorischen Marken eine geeignete Darstellbarkeit zur Unterscheidung von Waren und Dienstleistungen (§ 8 Abs. 1 MarkenG). Markenschutz kann für diese Markenform im Augenblick daher auch nur im Wege einer Benutzung und Verkehrsgeltung (dh als Benutzungsmarke iSv § 4 Nr. 2 MarkenG und nicht als Registermarke) erlangt werden.

115

dd) Tastmarken

Tastmarken, die auch als **haptische Marken** bezeichnet werden, können etwa für Personen mit Sehschwäche bedeutsam sein. Ihre Schutzfähigkeit wird vom BGH grundsätzlich anerkannt:[130] Ausreichend für das **Bestimmtheitserfordernis** ist die Angabe der wesentlichen Eigenschaften des Gegenstandes, dessen Berühren die Sinneswahrnehmung auslöst. Es muss eine **hinreichend präzise Form der Darstellung** (vgl. § 8 Abs. 1 MarkenG) gefunden werden, die gerade das charakteristische, haptische Element in objektiver, verständlicher Weise zum Ausdruck bringt.[131] Hingegen ist nicht erforder-

116

---

127 EuGH Urt. v. 12.12.2002 – Rs. C-273/00 = GRUR 2003, 145 Rn. 44 – Sieckmann/DPMA.
128 EuGH Urt. v. 12.12.2002 – C-273/00 = GRUR 2003, 145 – Sieckmann: 1. Art. 2 der Ersten RL 89/104/EWG des Rates vom 21.12.1988 zur Angleichung der Rechtsvorschriften der Mitgliedstaaten über die Marken ist dahin auszulegen, dass ein Zeichen, das als solches nicht visuell wahrnehmbar ist, eine Marke sein kann, sofern es insbesondere mithilfe von Figuren, Linien oder Schriftzeichen graphisch dargestellt werden kann und die Darstellung klar, eindeutig, in sich abgeschlossen, leicht zugänglich, verständlich, dauerhaft und objektiv ist. 2. Bei einem Riechzeichen wird den Anforderungen an die graphische Darstellung weder durch eine chemische Formel noch durch eine Beschreibung in Worten, die Hinterlegung einer Probe des Geruchs oder die Kombination dieser Elemente genügt.
129 BeckOK, MarkenR/Kur, MarkenG, § 3 Rn. 44.1.
130 BGH Beschl. v. 5.10.2008 – I ZB 73/05 (BPatG) = BGHZ 169, 175 = GRUR 2007, 148 – Tastmarke. Vgl. auch BPatG Beschl. v. 23.3.2007 – 26 W (pat) 3/05 Tastmarke = GRUR 2008, 348 – Tastmarke. Kritisch Götting, § 53 Rn. 32.
131 BGH Beschl. v. 5.10.2008 – I ZB 73/05 (BPatG) = BGHZ 169, 175 = GRUR 2007, 148 – Tastmarke: 1. Ein über den Tastsinn wahrnehmbares Zeichen kann eine Marke sein. 2. Den Anforderungen der graphischen Darstellbarkeit der Marke kann grundsätzlich dadurch genügt werden, dass der einen bestimmten Wahrnehmungsvorgang auslösende Gegenstand objektiv hinreichend genau und bestimmt bezeichnet wird. 3. Bei einem Zeichen, das über den Tastsinn vermittelt werden soll, bedarf es dazu der hinreichend bestimmten Angabe der maßgeblichen Eigenschaften des Gegenstands, durch dessen Berühren die Sinneswahrnehmungen ausgelöst werden, die sich als Hinweis auf die Unterscheidung von Waren oder Dienstleistungen aus einem bestimmten Unternehmen eignen sollen. Die mit dem Erfordernis der graphischen Darstellbarkeit verfolgten Zwecke gebieten es dagegen nicht, dass (auch) die Sinnesempfindungen als solche, die über den Tastsinn ausgelöst werden, bezeichnet werden.

lich, dass auch die Sinnesempfindungen, die via Tastsinn ausgelöst werden, beschrieben werden.

ee) Bewegungsmarke

117 Als Bewegungsmarken werden Zeichen beschrieben, die einen **Bewegungsablauf** schützen. Es kann sich dabei um zweidimensionale oder dreidimensionale Zeichen handeln. Die Bewegungen können – soweit sie sich **hinreichend beschreibend darstellen lassen (Darstellung in Gestalt von Bildern)** – zur Eintragung angemeldet werden. Notwendig ist kein Video oÄ, wäre aber nach der Neufassung des § 8 Abs. 1 MarkenG auch möglich. In einem Fall vor dem damaligen HABM[132] (heute: EUIPO) – Lamborghini-Türbewegungsablauf – wurde dem Antragsteller der begehrte Gemeinschaftsmarken- (heute: Unionsmarken-) schutz für ein **dreidimensionales Bewegungszeichen** in Form eines Bewegungsablaufs, der sich durch einen Schwenk einer nach oben öffnenden Tür eines Autos kennzeichnet, mit der Begründung verwehrt, dieser Bewegungsablauf erschöpfe sich (im konkreten Fall) in einer charakteristischen mechanischen Bewegung, die einer technischen Funktion einer Autotür gleichkommt. Damit stünde der damalige Art. 7 Abs. 1 Buchst. e ii VO (EG) 40/94 (heute Art. Abs. 1 Buchst. e ii UMV) – respektive § 3 Abs. 2 Nr. 2 MarkenG – einer Eintragung permanent entgegen.

2. Notwendigkeit einer abstrakten Unterscheidungskraft des Zeichens

118 Die Anerkennung als grundsätzlich markenfähiges Zeichen setzt nach § 3 Abs. 1 MarkenG – wie im Einzelnen bereits im Kontext der verschiedenen Markenformen schon angesprochen – voraus, dass das Zeichen, **generell betrachtet**, geeignet sein muss, Waren oder Dienstleistungen eines Unternehmens von denjenigen anderer Unternehmen zu unterscheiden (**abstrakte Unterscheidungskraft des Zeichens**). Damit ist eine generelle Eignung des Zeichens zur Unterscheidung nach Maßgabe der kommerziellen Herkunft gemeint.[133] Es wird abgestellt auf die Wahrnehmung eines normal informierten, aufmerksamen und verständigen **Durchschnittsverbrauchers** der in Rede stehenden Kategorien von Waren oder Dienstleistungen.[134]

119 Ob in einem konkret in Rede stehenden Einzelfall tatsächlich einem zum Markenregister angemeldeten Zeichen Unterscheidungskraft zukommt – hier sprechen wir von der sog. **konkreten Unterscheidungskraft** –, ist im Hinblick auf eine Registermarke iSv § 4 Nr. 1 MarkenG erst im Rahmen des Anmeldeverfahrens nach Maßgabe des § 8 Abs. 2 Nr. 1 MarkenG (**Prüfung der absoluten Schutzhindernisse**, nachstehende Rn. 148 ff.) zu untersuchen.

Frage 15: Was versteht man unter der abstrakten Unterscheidungskraft eines Zeichens im Unterschied zur konkreten Unterscheidungskraft?

3. Schutzausschließungsgründe

120 Dem Schutz als Marke sind nach § 3 Abs. 2 MarkenG allerdings solche Zeichen im **Allgemeininteresse** zwecks **Verhinderung einer Monopolbildung** zulasten der Mitbewerber nicht zugänglich, die „ausschließlich" aus einer Form bestehen,

---

[132] HABM, Entscheidung v. 23.9.2003 – R 772/2001–1 = GRUR 2004, 63 – Lamborghini-Türbewegungsablauf.
[133] BeckOK, MarkenR/Kur, MarkenG, § 3 Rn. 13.
[134] EuGH Urt. v. 18.6.2002 – Rs. C-299/99 = GRUR 2002, 804, Ls. 3 – Philips/Remington.

- die **durch die Art der Ware selbst bedingt ist** (Nr. 1 – mithin eine Form, die notwendiger Bestandteil der Ware in dem Sinne ist, dass sie jedes generische Produkt der Gattung auch aufweist) bzw.
- die zur **Erreichung einer technischen Wirkung erforderlich ist** (Nr. 2 – wobei der EuGH es bereits ausreichen lässt, dass nur „wesentliche Merkmale" der Ware einer technischen Funktion entsprechen und deshalb gewählt wurden, um diese Funktion zu erfüllen).[135] Es spielt keine Rolle, ob alternative Gestaltungen mit gleichem technischem Wert für die Konkurrenz zur Verfügung stehen oder nicht. Oder
- die der **Ware einen wesentlichen (ästhetischen) Wert verleiht** (Nr. 3 – allerdings soll die Originalität der Gestaltung nicht die Anwendung der Nr. 3 herbeiführen).

Im Hinblick auf die **Verpackung** einer Ware gehört die Verpackung dann zur Ware, wenn die Ware wegen aus ihrer Art herrührender Gründe gewöhnlich in der spezifischen Verpackung verpackt vermarktet wird, damit sie eine besondere Form hat.[136] Die Verpackung an sich (nicht dagegen eine besondere Gestaltung) ist hingegen nicht schutzfähig, wenn die Ware nur verpackt verkehrsfähig ist oder wird (Beispiel Flüssigkeiten).

Der Grund, warum solche Zeichen nicht schutzfähig sind, liegt darin begründet, dass der Markenschutz aufgrund der **Kennzeichnungsfunktion** der Marke ein Zeichen zur Kennzeichnung einer Ware oder Dienstleistung schützen soll. Hingegen soll der Markenschutz Konkurrenten (losgelöst vom eventuellen Bestehen anderer gewerblicher Schutzrechte, bspw. eines Patent- oder Gebrauchsmusterrechts) nicht davon abhalten, mit dem Konkurrenzprodukt vergleichbare oder gar identische Waren zu produzieren[137] oder zu vertreiben.

---

[135] EuGH Urt. v. 18.6.2002 – Rs. C-299/99 = GRUR 2002, 804 – Philips/Remington.
[136] EuGH Urt. v. 12.2.2004 – C-218/01 = GRUR 2004, 428 – Henkel KGaA Henkel: 1. Bei dreidimensionalen Marken, die aus der Verpackung von Waren bestehen, die aus mit der Art der Ware selbst zusammenhängenden Gründen verpackt Gegenstand des Wirtschaftsverkehrs sind, ist die Verpackung der Ware der Form der Ware dergestalt gleichzusetzen, dass die Verpackung als Form der Ware iSv Art. 3 Abs. 1 Buchst. e der Ersten RL 89/104/EWG des Rates vom 21. 12. 1988 zur Angleichung der Rechtsvorschriften der Mitgliedstaaten über die Marken gelten kann und ggf. zur Bezeichnung der Merkmale der verpackten Ware, einschließlich ihrer Beschaffenheit, iSv Art. 3 Abs. 1 Buchst. c der RL dienen kann. 2. Bei dreidimensionalen Marken, die aus der Verpackung von Waren bestehen, die aus mit der Art der Ware selbst zusammenhängenden Gründen verpackt Gegenstand des Wirtschaftsverkehrs sind, ist für die Beurteilung der Unterscheidungskraft iSv Art. 3 Abs. 1 Buchst. b der Richtlinie 89/104/ EWG die Wahrnehmung des durchschnittlich informierten, aufmerksamen und verständigen Durchschnittsverbrauchers dieser Waren zu Grunde zu legen. Eine solche Marke muss es ihm ermöglichen, die betreffenden Waren auch ohne analysierende und vergleichende Betrachtungsweise sowie ohne besondere Aufmerksamkeit von den Waren anderer Unternehmen zu unterscheiden. 3. Die Unterscheidungskraft einer Marke i.S. von Art. 3 Abs. 1 Buchst. b der RL 89/104/EWG kann allein aufgrund des jeweiligen inländischen Verkehrsverständnisses beurteilt werden, ohne dass weitere amtliche Ermittlungen erforderlich sind, ob und in welchem Umfang identische oder ähnliche Marken in anderen Mitgliedstaaten der Europäischen Union eingetragen oder von der Eintragung ausgeschlossen worden sind. Die Tatsache, dass in einem Mitgliedstaat eine identische Marke für identische Waren oder Dienstleistungen eingetragen wurde, kann von der zuständigen Behörde eines anderen Mitgliedstaats unter sämtlichen Umständen, die sie in ihre Beurteilung der Unterscheidungskraft einer Marke einzubeziehen hat, berücksichtigt werden, ist jedoch für ihre Entscheidung, die Anmeldung einer Marke zur Eintragung zuzulassen oder zurückzuweisen, nicht maßgebend. Dagegen kann die Tatsache, dass eine Marke in einem Mitgliedstaat für bestimmte Waren oder Dienstleistungen eingetragen wurde, auf die von der markenrechtlichen Registerbehörde eines anderen Mitgliedstaats vorzunehmende Prüfung der Unterscheidungskraft einer ähnlichen Marke für ähnliche Waren oder Dienstleistungen der ersten Marke eingetragenen Waren oder Dienstleistungen keinen Einfluss haben.
[137] BGH Beschl. v. 14.12.2000 – I ZB 26/98 (BPatG) = GRUR 2001, 416 – Unterscheidungskraft dreidimensionaler Marken; BGH Beschl. v. 9.7.2009 – I ZB 88/07 (BPatG) = GRUR 2010, 138, Ls. 1 – ROCHER-Kugel.

123 ▶ **ABGRENZUNG ZU TECHNISCHEN SCHUTZRECHTEN:** Sinn und Zweck des § 3 Abs. 2 Nr. 1 und Nr. 2 MarkenG ist es, die **Wettbewerbsfreiheit auf dem Produktmarkt** zu erhalten und Innovationen zu ermöglichen. Es ist zu differenzieren zwischen der durch das Markenrecht geschützten Exklusivität eines Zeichens (durch das Markenrecht zeitlich unbefristet) und der nicht gewollten Exklusivität des Produkts (durch ein Patent- und Gebrauchsmusterrecht zeitlich nur befristet).[138] Dabei ist darauf zu achten, dass eine technisch bedingte Verpackung keinen Markenschutz „für sich" beanspruchen kann. Dh, eine Formmarke muss über die technisch bedingte Grundform hinausreichende **nichttechnische Elemente** aufweisen, wie bspw. die Form einer Coca-Cola- oder einer Odol-Flasche. Dann sind auch **Phantasieformen** (etwa Kühlerfiguren, bspw. „Emily" bei Rolls-Royce) markenfähig. ◀

124 So hat der BGH etwa in seiner **Legostein-Entscheidung**[139] festgestellt, dass bei der Beurteilung der Frage, ob ein Zeichen (konkret: roter quaderförmiger Spielbaustein mit zwei symmetrischen Reihen aus jeweils vier flachen, glatten und zylindrischen Noppen an der Oberfläche – **Legostein**), das ausschließlich aus einer Form besteht, die zur Erreichung einer technischen Wirkung iSv § 3 Abs. 2 Nr. 2 MarkenG erforderlich ist, diejenigen Merkmale außer Betracht zu lassen sind, die die Grundform der Warengattung ausmachen. **Markenschutz** soll demnach allein das verbleibende Merkmal der zylindrischen Kupplungselemente (Noppen) erlangen. Dienen diese verbleibenden Merkmale aber ausschließlich der Herbeiführung einer technischen Wirkung (konkret: Verbindung der Spielbausteine), ist, so der BGH, die Warenform nach § 3 Abs. 2 Nr. 2 MarkenG vom Markenschutz auch dann ausgenommen, wenn die technische Lösung (konkret: Klemmwirkung durch Kupplungselemente in Form von Noppen) durch unterschiedlich ausgestaltete Merkmale (konkret: unterschiedlich geformte, bspw. zylindrische oder runde Noppen) erreicht werden kann. Der BGH begründet dies damit, dass ebendiese im Legostein angewandte zylindrische Form der Noppen die bestgeeignete Variante zur Verbindung von derartigen Bauelementen sei, weshalb die technische Wirkung und nicht die Ästhetik im Vordergrund stehe. Der Legostein erfüllt im Ergebnis daher vordergründig eine technische Funktion.

125 ▶ **ABGRENZUNG ZUM URHEBER- UND DESIGNRECHT:** § 3 Abs. 2 Nr. 3 MarkenG erfüllt eine Abgrenzungsfunktion im Verhältnis zum Schutz ästhetisch-kreativer Leistungen durch das Urheber- und Designrecht.[140] Diese andere Schutzrichtung steht einer Eintragung als Marke nur dann entgegen, wenn der Verkehr allein in dem **ästhetischen Gehalt der Form den wesentlichen Wert der Ware** erblickt und der Form neben ihrer ästhetischen Wirkung[141] die **Funktion eines Herkunftshinweises** nicht mehr zugebilligt werden kann.[142] Prägt hingegen in den Augen des Verkehrs nicht allein die ästhetische Formgebung die eigentliche Ware, sondern erscheint diese ästhetische Formgebung nur als eine „Zutat" zu der Ware, deren Nutz- oder Verwendungszweck auf anderen Eigenschaften beruht, steht sie der Eintragung der Form als Marke auch dann nicht entgegen, wenn es sich um eine ästhetisch besonders

---

138 BeckOK, MarkenR/Kur, MarkenG, § 3 Rn. 50.
139 BGH Beschl. v. 16.7.2009 – I ZB 53/07 (BPatG) = BGHZ 182, 325 = GRUR 2010, 231, Ls. 3 – Legostein. Vgl. auch EuGH Urt. v. 14.9.2010 – C-48/09 P = GRUR 2010, 1008 – Lego.
140 BeckOK, MarkenR/Kur, MarkenG, § 3 Rn. 91.
141 BGH Beschl. v. 24.5.2007 – I ZB 37/04 (BPatG) = GRUR 2008, 71 – Fronthaube: 1. Unter dem durch die Form vermittelten Wert einer Ware iSv § 3 Abs. 2 Nr. 3 MarkenG ist der ästhetische Wert zu verstehen, den die Form der Ware verleiht. 2. Der Ausschlussgrund des § 3 Abs. 2 Nr. 3 MarkenG steht dem Schutz eines Zeichens, das aus der Form der Ware besteht, als Marke nur dann entgegen, wenn der Verkehr allein in dem ästhetischen Gehalt der Form den wesentlichen Wert der Ware sieht und es deshalb von vornherein als ausgeschlossen angesehen werden kann, dass der Form neben ihrer ästhetischen Wirkung zumindest auch die Funktion eines Herkunftshinweises zukommen kann.
142 BeckOK, MarkenR/Kur, MarkenG, § 3 Rn. 96.

gelungene Gestaltung handelt.[143] Auch mit § 3 Abs. 2 Nr. 3 MarkenG erfolgt eine Unterscheidung bezüglich der Schutzdauer: Nämlich zwischen dem **zeitlich unbegrenzten** Markenschutz und dem **zeitlich befristeten** Urheber- bzw. Designschutz.[144] ◄

Eine korrekte Anwendung des § 3 Abs. 2 Nr. 3 MarkenG erfordert, dass die **wesentlichen Merkmale der Ware** dadurch ermittelt werden, dass der von dem Zeichen hervorgerufene Gesamteindruck zugrunde gelegt und die Bestandteile des Zeichens nacheinander einzeln geprüft werden. Die Vorgehensweise ist in der Praxis nicht einheitlich. **Beurteilungskriterien** sind: Die Warenkategorie, der künstlerische Wert der fraglichen Form, ihre Andersartigkeit im Vergleich zu anderen auf dem Markt genutzten Formen, ein bedeutender Preisunterschied gegenüber ähnlichen Produkten oder die Ausarbeitung einer Vermarktungsstrategie, die hauptsächlich die ästhetischen Eigenschaften der jeweiligen Ware herausstreicht.[145] Die **Wahrnehmung des Zeichens durch den Durchschnittsverbraucher** soll bei der Entscheidung, ob das Schutzhindernis vorliegt, zwar kein entscheidender Faktor, wohl aber ein **nützliches Beurteilungskriterium bei der Ermittlung der wesentlichen Merkmale des Zeichens** sein.[146] Das ist insoweit wenig überzeugend, als das Schutzhindernis weiterhin auch vorliegen soll, wenn aus **objektiven Gesichtspunkten** hervorgeht, dass die Entscheidung des Verbrauchers, die betreffende

126

---

143 BGH Beschl. v. 24.5.2007 – I ZB 37/04 (BPatG) = GRUR 2008, 71, Rn. 18 – Fronthaube; BGH Beschl. v. 9.7.2009 – I ZB 88/07 (BPatG) = GRUR 2010, 138, Rn. 19 – ROCHER-Kugel.
144 EuGH Urt. v. 18.9.2014 – C-205/ 13 = GRUR 2014, 1097 Rn. 19, 20, 31 – Hauck.
145 EuGH Urt. v. 18.9.2014 – C-205/ 13 = GRUR 2014, 1097 Rn. 35 und Ls. – Hauck: 1. Die Ratio der Eintragungshindernisse in Art. 3 Abs. 1 Buchst. e der RL 89/104/EWG besteht darin, zu verhindern, dass der Schutz des Markenrechts seinem Inhaber ein Monopol für technische Lösungen oder Gebrauchseigenschaften einer Ware einräumt, die der Benutzer auch bei den Waren der Mitbewerber suchen kann. 2. Das Verbot der Eintragung rein funktioneller Formen oder solcher, die der Ware einen wesentlichen Wert verleihen (vgl. Art. 3 Abs. 1 Buchst. e zweiter und dritter Gedankenstrich der Richtlinie 89/104/EWG), hat das unmittelbare Ziel zu verhindern, dass das ausschließliche und auf Dauer angelegte Recht, dass eine Marke verleiht, dazu dienen kann, andere Rechte, für die der Unionsgesetzgeber eine begrenzte Schutzdauer vorsehen wollte, zu verewigen. 3. Das Eintragungshindernis in Art. 3 Abs. 1 Buchst. e erster Gedankenstrich der RL 89/104/EWG kann keine Anwendung finden, wenn sich die Markenanmeldung auf eine Warenform bezieht, für die ein weiteres Element, wie ein dekoratives oder phantasievolles Element, das der gattungstypischen Funktion dieser Ware nicht innewohnt, von Bedeutung oder wesentlich ist. 4. Art. 3 Abs. 1 Buchst. e erster Gedankenstrich der Ersten RL 89/104/EWG des Rates vom 21.12.1988 zur Angleichung der Rechtsvorschriften der Mitgliedstaaten über die Marken ist dahin auszulegen, dass in dieser Bestimmung vorgesehene Eintragungshindernis auf ein Zeichen anwendbar ist, das ausschließlich aus der Form einer Ware besteht, die eine oder mehrere wesentliche Gebrauchseigenschaften aufweist, die der oder den gattungstypischen Funktion(en) dieser Ware innewohnen, nach denen der Verbraucher möglicherweise auch bei den Waren der Mitbewerber sucht. 5. Die vermutete Wahrnehmung des Zeichens durch den Durchschnittsverbraucher ist kein entscheidender Faktor bei der Anwendung des in Art. 3 Abs. 1 Buchst. e dritter Gedankenstrich der RL 89/104/EWG genannten Eintragungshindernisses, sondern kann allenfalls ein nützliches Beurteilungskriterium für die zuständige Behörde bei der Ermittlung der wesentlichen Merkmale des Zeichens bilden. In dieser Hinsicht können andere Beurteilungskriterien berücksichtigt werden, wie die Art der in Rede stehenden Warenkategorie, der künstlerische Wert der fraglichen Form, ihre Andersartigkeit im Vergleich zu anderen auf dem jeweiligen Markt allgemein genutzten Formen, ein bedeutender Preisunterschied gegenüber ähnlichen Produkten oder die Ausarbeitung einer Vermarktungsstrategie, die hauptsächlich die ästhetischen Eigenschaften der jeweiligen Ware herausstreicht. 6. Art. 3 Abs. 1 Buchst. e dritter Gedankenstrich der Ersten RL 89/104 ist dahin auszulegen, dass das in dieser Bestimmung vorgesehene Eintragungshindernis auf ein Zeichen anwendbar ist, das ausschließlich aus der Form einer Ware mit mehreren Eigenschaften, die ihr in unterschiedlicher Weise jeweils einen wesentlichen Wert verleihen können, besteht. Bei der Feststellung, ob das fragliche Eintragungshindernis anwendbar ist, stellt die Wahrnehmung der Form der Ware durch die angesprochenen Verkehrskreise nur eines der Beurteilungskriterien dar. 7. Art. 3 Abs. 1 Buchst. e der Ersten RL 89/104 ist dahin auszulegen, dass die im ersten und im dritten Gedankenstrich dieser Bestimmung genannten Eintragungshindernisse nicht zusammen anwendbar sind.
146 EuGH Urt. v. 18.9.2014 – C-205/ 13 = GRUR 2014, 1097 Rn. 34 – Hauck; EuGH Urt. v. 23.4.2020 – C-237/19 = GRUR 2020, 631, Rn. 44 – Gömböc Kutató.

Ware zu kaufen, durch das Merkmal der Ware – aufgrund seiner ästhetischen Funktion – bestimmt wird.[147]

127 So hat der BGH etwa in seiner **Rittersport-Entscheidung**[148] entschieden, dass selbst wenn davon ausgegangen wird, dass sich eine quadratische Form von anderen Rechtecken mit ungleichen Seitenlängen wesentlich unterscheidet, dieser Unterschied **keinen relevanten künstlerischen oder gestalterischen Wert** und keine wesentliche Andersartigkeit der Warenform begründen kann: Zwar betreibe die Inhaberin der angegriffenen Marke mit der jahrelangen Benutzung des Werbespruchs „Quadratisch. Praktisch. Gut." eine **Vermarktungsstrategie**, die spezifisch auf die angegriffene Form der Ware bzw. auf die Form der Verpackung bezogen sei. Im **Rahmen der Gesamtabwägung** überwiege aber der Umstand, dass die angegriffene Form der Grundform der beanspruchten Ware bzw. der Grundform der üblichen Verpackung der beanspruchten Ware entspreche und dass der Verbraucher mit der quadratischen Form einen **bestimmten Herkunftsnachweis zu einem Unternehmen** verbindet. Unwesentlich für den wesentlichen Wert sei, dass das Zeichen durch Werbung bereits eine hohe Verkehrsdurchsetzung genießt und als Wettbewerbsvorteil Konkurrenten benachteiligt. Maßgeblich für die Beurteilung, ob das Schutzhindernis vorliegt, sei nach § 3 Abs. 2 Nr. 3 MarkenG allein der wesentliche Wert der Form an sich.[149] Der Verbraucher kauft die quadratisch verpackte Schokolade aber nicht wegen der Verpackung an sich, sondern wegen der

---

147 EuGH Urt. v. 23.4.2020 – C-237/19 = GRUR 2020, 631, Rn. 47 – Gömböc Kutató.
148 BGH Beschl. v. 23.7.2020 – I ZB 42/19 (BPatG) = GRUR 2020, 1089 – Quadratische Tafelschokoladenverpackung II. Dazu auch BGH Beschl. v. 18.10.2017 – I ZB 105/16 (BPatG) = BGHZ 216, 208 = GRUR 2018, 404 – Quadratische Schokoladenverpackung I: 1. Der Löschungsantragsteller kann sein Löschungsbegehren im Verfahren vor dem DPMA in entsprechender Anwendung von § 263 ZPO auf andere Schutzhindernisse erweitern. Im Beschwerdeverfahren vor dem BPatG kann ein zulässiges Rechtsmittel unter den Voraussetzungen des § 263 ZPO mit einer Erweiterung des Löschungsantrags verbunden werden. 2. Die in der Marke gezeigten wesentlichen Merkmale der Form der Ware oder der ihr gleichgestellten Form der Verpackung sind iSv § 3 Abs. 2 Nr. 1 MarkenG durch die Art der Ware selbst bedingt, wenn sie wesentliche Gebrauchseigenschaften aufweisen, die den gattungstypischen Funktionen der Ware innewohnen, nach denen der Verbraucher auch bei den Waren der Mitbewerber suchen könnte. Es ist nicht erforderlich, dass die in Rede stehende Form für die Funktion der betreffenden Ware unentbehrlich ist und dem Hersteller keinen Freiraum für seine wesentlichen persönlichen Beitrag lässt. 3. Ebenso wie bei dem Schutzhindernis des § 3 Abs. 2 Nr. 2 MarkenG sind für das in § 3 Abs. 2 Nr. 1 MarkenG geregelte Schutzhindernis ausschließlich Gebrauchseigenschaften von Bedeutung, die für den Verbraucher wesentlich sind. Wesentliche Erleichterungen bei der Verpackung, der Lagerung und dem Transport durch die in Rede stehende Form sind Vorteile bei der Herstellung und dem Vertrieb der Ware, sie kommen jedoch nicht dem Benutzer zugute. 4. Das Schutzhindernis des § 3 Abs. 2 Nr. 1 MarkenG greift nur ein, wenn die in der Form verkörperten Eigenschaften (hier: quadratische Form von Tafelschokolade) für den Gebrauch der jeweiligen Ware typisch sind und dem bestimmungsgemäßen Einsatz der Ware dienen (hier: Verzehr von Tafelschokolade). Vorteile, die nur in für die Verwendung unüblichen Konstellationen eintreten (hier: Mitführen von Tafelschokolade in einer Jackentasche zum Verzehr unterwegs), stellen keine wesentlichen Gebrauchseigenschaften dar und führen nicht dazu, dass das Schutzhindernis des § 3 Abs. 2 Nr. 1 MarkenG eingreift.
149 BGH Beschl. v. 23.7.2020 – I ZB 42/19 (BPatG) = GRUR 2020, 1089 (1094), Rn. 45 – Quadratische Tafelschokoladenverpackung II: 1. Aus § 54 Abs. 2 MarkenG geht nicht hervor, dass im Markenlöschungsverfahren eine Erweiterung des Streitgegenstands um weitere Löschungsgründe unzulässig ist. Ist bereits ein Löschungsverfahren anhängig und werden weitere Löschungsgründe geltend gemacht, werden diese vielmehr unter den Voraussetzungen der entsprechend anwendbaren Regelung des § 263 ZPO Gegenstand des laufenden Verfahrens, ohne ein neues Löschungsverfahren in Gang zu setzen. Den nachgeschobenen Löschungsgründen muss daher auch nicht innerhalb von zwei Monaten widersprochen werden, um eine Löschung zu verhindern. 2. Das Schutzhindernis des § 3 Abs. 2 Nr. 3 MarkenG bezieht sich nicht nur auf die Form von Waren, die einen rein künstlerischen oder dekorativen Wert haben, sondern auch auf Warenformen, die außer einem bedeutenden ästhetischen Element auch wesentliche funktionelle Eigenschaften aufweisen. 3. Das Schutzhindernis des § 3 Abs. 2 Nr. 3 MarkenG liegt vor, wenn aus objektiven und verlässlichen Gesichtspunkten hervorgeht, dass die Entscheidung der Verbraucher, die betreffende Ware zu kaufen, in hohem Maße dadurch bestimmt wird, dass die Form der Ware einen wesentlichen

V. Entstehungsformen des Markenschutzes

damit assoziierten Herkunftsangabe der Schokolade zu einem bestimmten Unternehmen, verbunden mit dem Anspruch an eine entsprechende Qualität. Dabei hat der BGH festgestellt, dass die quadratische Form der angegriffenen Schlauchbeutelverpackung der Schokolade keinen wesentlichen Wert verleiht.[150]

4. Exkurs: Fehlende internationale Kompatibilität.

§ 3 Abs. 2 MarkenG – der Art. 4 Abs. 1 Buchst. e) i bis iii MarkenRL und damit harmonisiertes EU-Recht umsetzt – ist nach Meinungen in der Literatur[151] schwer in das internationale Regelwerk des Markenrechts integrierbar. Ein **permanenter Hinderungstatbestand** für die Eintragungsfähigkeit eines Zeichens im Umfang von § 3 Abs. 2 Nr. 1 bis 3 MarkenG ist weder im TRIPS, der in seinem Art. 15 auf Art. 6quinquies PVÜ verweist, noch in jenem des Art. 6quinquies PVÜ enthalten. Damit kann ein Markenschutz für Handelsmarken anderer Vertragsstaaten des TRIPS oder des PVÜ in Deutschland grundsätzlich nicht aufgrund von Ausschlussgründen nach Maßgabe von § 3 Abs. 2 MarkenG verwehrt werden (**Telle-quelle-Schutz**, vorstehendes 1. Kapitel Rn. 18). Der BGH[152] löst diesen Widerspruch, indem er § 3 Abs. 2 MarkenG als besondere Ausprägung von Art. 6quinquies B Nr. 2 PVÜ sieht.[153] Diese Auslegung steht jedoch wiederum im Konflikt mit Art. 6quinquies C PVÜ, wonach für die Beurteilung der Schutzfähigkeit alle Tatumstände zu berücksichtigen sind und somit faktisch für die Fälle des Art. 6quinquies B PVÜ (außer der der Sittenwidrigkeit, Nr. iii) eine **Eintragungsfähigkeit kraft Verkehrsdurchsetzung** (alle Umstände des Einzelfalls) möglich ist – was aber wiederum durch § 3 Abs. 2 MarkenG ausgeschlossen sein soll.[154] Angeregt wird daher eine Novellierung, die einem dynamischen Wirtschaftsmarkt Rechnung trägt und dem Ziel der MarkenRL in Erwägungsgrund 41,[155] einen vollständigen Gleichlauf von MarkenRL einerseits und PVÜ sowie TRIPS andererseits zu erreichen, Rechnung trägt. Es sollte von einer permanenten Wirkung der Eintragungshindernisse

128

Wert verleiht. Es kommt nicht darauf an, ob die Form der Ware für den Markeninhaber einen besonderen wirtschaftlichen Wert hat, weil sie sich im Verkehr als Hinweis auf die Herkunft der Ware durchgesetzt hat. 4. Bei der Entscheidung, ob dieses Schutzhindernis vorliegt, ist die Verkehrsauffassung kein entscheidender Faktor. Maßgeblich sind vielmehr Beurteilungskriterien, wie die Art der in Rede stehenden Warenkategorie, der künstlerische Wert der fraglichen Form, ihre Andersartigkeit im Vergleich zu anderen auf dem jeweiligen Markt allgemein genutzten Formen, ein bedeutender Preisunterschied gegenüber ähnlichen Produkten oder die Ausarbeitung einer Vermarktungsstrategie, die hauptsächlich die ästhetischen Eigenschaften der jeweiligen Ware herausstreicht.

150 BGH Beschl. v. 23.7.2020 – I ZB 42/19 (BPatG) = GRUR 2020, 1089 (1094), Rn. 45 – Quadratische Tafelschokoladenverpackung II.
151 BeckOK, MarkenR/Kur, MarkenG, § 3 Rn. 57.1 und zustimmend Hacker, Ströbele/Hacker/Thiering, Rn. 100.
152 BGH Beschl. v. 17.11.2005 – I ZB 12/04 (BPatG) = GRUR 2006, 589 Rn. 15 – Rasierer mit drei Scherköpfen.
153 „Die Eintragung von Handelsmarken darf nur dann verweigert werden, wenn die Marken jeder Unterscheidungskraft entbehren oder ausschließlich aus Zeichen oder Angaben zusammengesetzt sind, die im Verkehr zur Bezeichnung der Art, der Beschaffenheit, der Menge, der Bestimmung, des Wertes, des Ursprungsortes der Erzeugnisse oder der Zeit der Erzeugung dienen können, oder die im allgemeinen Sprachgebrauch oder in den redlichen und ständigen Verkehrsgepflogenheiten des Landes, in dem der Schutz beansprucht wird, üblich sind."
154 EuGH Urt. v. 20.9.2007 – C-371/06 = GRUR 2007, 970 – Benetton/G-Star: Die Situation zu Beginn der Vermarktung ist entscheidend. Umstände können sich nicht ändern.
155 Dort heißt es: Die Mitgliedstaaten sind durch die PVÜ zum Schutz des gewerblichen Eigentums und durch das TRIPS-Übereinkommen gebunden. Es ist erforderlich, dass sich diese Richtlinie mit der PVÜ und dem TRIPS-Übereinkommen in vollständiger Übereinstimmung befindet. Die Verpflichtungen der Mitgliedstaaten, die sich aus der PVÜ und jenem Übereinkommen ergeben, sollten durch diese Richtlinie nicht berührt werden. Ggf. sollte Art. 351 Abs. 2 AEUV Anwendung finden.

aus § 3 Abs. 2 MarkenG Abstand genommen werden und die Möglichkeit einer Rechtsdurchsetzung geschaffen werden.

129 **Zusammenfassung:** Als Register-, Benutzungs- bzw. Notoritätsmarke können bspw. folgende Zeichenformen Schutz beanspruchen, sofern diese geeignet sind, Waren oder Dienstleistungen eines Unternehmens von denjenigen anderer Unternehmen zu unterscheiden: Wörter (**Wortzeichen** – etwa Buchstaben [**Buchstabenmarke**], Zahlen [**Zahlenmarke**], Buchstaben mit Zahlen kombiniert [**Buchstabenzahlenmarke**], ein Wort [**Wortmarke**], zusammengesetzte Worte, mehrere Worte [**Mehrwortmarke**] oder Werbesprüche), Abbildungen (**Bildmarke**, auch **Kombinationsmarke** oder **Bewegungsmarke**), Buchstaben (bspw. ein **Einzelbuchstabe** oder eine **Buchstabenkombination**), Zahlen (zB ein Bruch, eine Wurzel, eine Gleichung oder eine mathematische Anweisung), **Hörzeichen** (bspw. auch Naturtöne und ggf. nichtmusikalische Hörzeichen wie Geräusche), dreidimensionale Gestaltungen (**Formmarke**) einschließlich dreidimensionaler Gestaltungen einschließlich der Form einer **Ware** oder ihrer **Verpackung**, sonstige Aufmachungen (bspw. eine **Positionsmarke**) oder Farben und Farbzusammenstellungen (**Farbmarke**), Geruchs- (Riech-) marken (auch olfaktorische Marken genannt), **Geschmacksmarken** (gustatorische Marken) oder **Tastmarken** (haptische Marken).

Einem grundsätzlich markenfähigen Zeichen muss zudem **abstrakte Unterscheidungskraft** zukommen. Dies bedeutet, dass es – generell betrachtet – geeignet sein muss, Waren oder Dienstleistungen eines Unternehmens von denjenigen anderer Unternehmen zu unterscheiden. Man spricht dabei auch von einer **generellen Eignung des Zeichens zur Unterscheidung.** Die abstrakte Unterscheidungskraft ist von der **konkreten Unterscheidungskraft** zu unterscheiden. Bei Letzterer geht es um die Frage, ob in einem konkret in Rede stehenden **Einzelfall** tatsächlich einem zum Markenregister angemeldeten Zeichen Unterscheidungskraft zukommt. Die konkrete Unterscheidungskraft wird erst im Rahmen des **Anmeldeverfahrens** nach § 8 Abs. 2 Nr. 1 MarkenG bei der Prüfung der absoluten Schutzhindernisse geprüft.

Dem Markenschutz unterfallen nach § 3 Abs. 2 MarkenG solche Zeichen nicht, die allein aus einer Form bestehen, die durch die Art der Ware selbst bedingt ist, die zur Erreichung einer technischen Wirkung erforderlich ist oder die der Ware einen wesentlichen Wert verleiht.

VI. Die eingetragene Marke (§ 4 Nr. 1 MarkenG – Registermarke)

130 Der Markenschutz für eine eingetragene Marke entsteht nach § 4 Nr. 1 MarkenG durch die **Eintragung eines Zeichens als Marke** in das vom DPMA geführte Markenregister. Die eingetragene – registrierte – Marke wird nach ihrer Eintragung meist mit einem „R" – ® für **Registered (Registrierte Marke)** gekennzeichnet. Zwingend vorgeschrieben ist dies allerdings nicht. Daneben werden die Bezeichnungen **trade mark** ™ (**Handelsmarke**) und **service mark** ˢᴹ (**Dienstleitungsmarke**) verwendet. Die beiden Zeichen weisen darauf hin, dass Schutzrechte bestehen, und zwar in Form einer zumindest hinterlegten Anmeldung. Das **Copyright-Symbol** „C" © wird dagegen für ein urheberrechtlich bereits geschütztes Werk verwendet.

131 Vorab soll zunächst geklärt werden, wer überhaupt eine Marke ins Markenregister eintragen lassen kann. Nach § 7 MarkenG, der die **Inhaberschaft von eingetragenen und angemeldeten Marken** regelt, können folgende Personen und Gesellschaften eine Markeneintragung beantragen:

VI. Die eingetragene Marke (§ 4 Nr. 1 MarkenG – Registermarke)

- **natürliche Personen** (Nr. 1, dh bspw. Einzelkaufleute, aber auch Kleingewerbetreibende oder Freiberufler);
- **juristische Personen** (mithin eine Aktiengesellschaft, eine Gesellschaft mit beschränkter Haftung oder eine eingetragene Genossenschaft – Nr. 2) oder
- **Personengesellschaften**, sofern sie mit der Fähigkeit ausgestattet sind, Rechte zu erwerben und Verbindlichkeiten einzugehen (Nr. 3).

Unter **Personengesellschaften** sind zunächst die Personenhandelsgesellschaften zu verstehen, nämlich die OHG und die KG, denen § 124 Abs. 1 HGB (iVm § 161 Abs. 2 HGB) Teilrechtsfähigkeit verleiht. Zum anderen fällt unter diese Begrifflichkeit – nach einer Änderung der BGH-Rechtsprechung im Jahre 2001[156] – aber auch die GbR, sofern sie **Außengesellschaft**[157] ist (womit auf sie § 124 HGB analoge Anwendung findet [künftig: § 705 Abs. 2 BGB neu], vgl. auch § 5 Abs. 1 Nr. 2 S. 3 MarkenV).

§ 7 MarkenG erfasst seinem Wortlaut nach zwar nur angemeldete oder eingetragene Marken – findet jedoch auch auf nicht-eingetragene Marken (mithin die Benutzungsmarke kraft Verkehrsgeltung und die Notorietätsmarke) entsprechende Anwendung.[158]

Frage 16: Wer kann Inhaber einer eingetragenen Marke sein? Benennen Sie bitte dazu auch einige Beispiele.

Je nachdem, in welcher Branche für welche Produkte oder Dienstleistungen eine Marke angemeldet wird, kann zwischen

- Herstellermarken,
- Handelsmarken oder
- Dienstleistungsmarken

unterschieden werden.

1. Eintragungsvoraussetzungen einer Marke

Ein Zeichen kann in das beim DPMA geführte Markenregister – das in der Zweigstelle des DPMA in Jena verortet ist – eingetragen werden, wenn folgende **Voraussetzungen** erfüllt sind:

Es handelt sich um ein grundsätzlich **markenfähiges Zeichen** iSv § 3 MarkenG (Vorliegen der allgemeinen materiell-rechtlichen Markenvoraussetzungen). Dabei ist Folgendes zu untersuchen:

- **§ 3 Abs. 1 MarkenG:** Handelt es sich um ein grundsätzlich **schutzfähiges Zeichen** nach § 3 Abs. 1 MarkenG?
  Danach können als Marke alle Zeichen geschützt werden, insbesondere Wörter einschließlich Personennamen, Abbildungen, Buchstaben, Zahlen, Hörzeichen, dreidimensionale Gestaltungen, einschließlich der Form einer Ware oder ihrer Verpackung sowie sonstige Aufmachungen einschließlich Farben und Farbzusammenstel-

---

[156] BGH Urt. v. 29.1.2001 (OLG Nürnberg) – II ZR 331/00 = BGHZ 146, 341 = NJW 2001, 1056; aA noch die ältere Judikatur: BGH Urt. v. 24.2.2000 (OLG Hamm) – I ZR 168/97 = GRUR 2000, 1028 – Ballermann: Die GbR könne nicht Markeninhaberin sein, wohl könnten aber die einzelnen GbR-Gesellschafter als Miteigentümer (als natürliche Personen) gemeinsam Markeninhaber sein.
[157] So auch BPatG Beschl. v. 20.8.2004 – 25 W (pat) 232/03 = GRUR 2004, 1030 – Markenregisterfähigkeit.
[158] Götting, § 53 Rn. 52.

lungen, die geeignet sind, Waren oder Dienstleistungen eines Unternehmens von denjenigen anderer Unternehmen zu unterscheiden.
- **§ 3 Abs. 2 MarkenG:** Ist der **Markenschutz ausnahmsweise ausgeschlossen?** (Unzugänglichkeit eines Markenschutzes)
Dies ist dann der Fall, wenn ein Zeichen ausschließlich aus einer Form besteht,
  – die durch die Art der Ware selbst bedingt ist (Nr. 1),
  – die zur Erreichung einer technischen Wirkung erforderlich ist (Nr. 2) oder
  – die der Ware einen wesentlichen Wert verleiht (Nr. 3).
- **§ 8 MarkenG:** Der Eintragung des Zeichens ins Markenregister dürfen des Weiteren keine **absoluten Schutzhindernisse** nach § 8 MarkenG entgegenstehen.
- **§ 10 MarkenG:** Das Zeichen darf **kein Plagiat einer notorisch bekannten Marke** iSv § 10 MarkenG sein.
- **§ 9 MarkenG:** Der Eintragung des Zeichens ins Markenregister dürfen keine **relativen Schutzhindernisse** nach den §§ 9, 42 MarkenG entgegenstehen.

Frage 17: Nennen Sie bitte die materiellen Voraussetzungen, die das DPMA prüfen muss, bevor eine Marke ins Markenregister eingetragen werden kann.

a) Absolute Schutzhindernisse (§ 8 MarkenG)

137   Das DPMA prüft gemäß § 37 Abs. 1 MarkenG im **Eintragungsverfahren** die in § 8 MarkenG im öffentlichen Interesse normierten absoluten Schutzhindernisse[159] (Ablehnungsgründe, die einer Entstehung des formellen Markenrechts entgegenstehen) – unaufgefordert – **von Amts wegen**. Absolutes Schutzhindernis (Eintragungshindernis) ist nach

- § 8 Abs. 1 MarkenG zum einen die fehlende Möglichkeit, das angemeldete Zeichen in geeigneter Weise zur Unterscheidung von Waren und Dienstleistungen darzustellen.[160]
- § 8 Abs. 2 MarkenG nimmt zum anderen die dort enumerativ in vierzehn Nummern aufgelisteten Marken von einer Eintragung ausdrücklich aus.

Fall 18: Welche absoluten Schutzhindernisse stehen einer Markeneintragung entgegen?

aa) Fehlen einer geeigneten Darstellbarkeit zur Unterscheidung von Waren und Dienstleistungen (§ 8 Abs. 1 MarkenG)

138   Von der Eintragung als Marke sind nach § 8 Abs. 1 MarkenG (eigentlich) schutzfähige Zeichen iSd § 3 MarkenG – wonach grundsätzlich alle Zeichen, sofern ihnen abstrakte Unterscheidungskraft zukommt, markenfähig sind – ausgeschlossen, die sich nicht in geeigneter Weise zur Unterscheidung von Waren und Dienstleistungen darstellen lassen (**Notwendigkeit einer geeigneten Darstellbarkeit** im Interesse der Rechtssicherheit und -klarheit als Ausdruck des Bestimmtheitsgrundsatzes): Ausgeschlossen sind (eigentlich)

---

[159] Im Unterschied zu den sog. relativen Schutzhindernissen nach den §§ 9 bis 13 MarkenG, die bloße Löschungsansprüche eines Dritten gegen den Markeninhaber begründen.

[160] § 8 Abs. 1 MarkenG erfasst nur Registermarken – nicht hingegen auch durch Benutzung erworbene (nicht eingetragene) Markenrechte iSv § 4 Nr. 2 MarkenG: so BGH Urt. v. 19.2.2009 – I ZR 195/06 (OLG Köln) = GRUR 2009, 783 – UHU; aA Götting, § 54 Rn. 4 unter Bezugnahme auf Fezer, FS 50 Jahre BundespatG, 2011, S. 593 (596 ff.).

VI. Die eingetragene Marke (§ 4 Nr. 1 MarkenG – Registermarke)

markenfähige Zeichen, die nicht geeignet sind, im Register so dargestellt zu werden, dass die zuständigen Behörden und das Publikum den Gegenstand des Schutzes klar und eindeutig bestimmen können.

Das vormals strengere Erfordernis einer graphischen Darstellbarkeit ist mit der Modernisierung des MarkenG durch das **MarkenrechtsmodernisierungsG** zum 11.12.2018[161] entfallen. Damit besteht das Erfordernis einer grundsätzlichen **graphischen iS einer zweidimensionalen Darstellbarkeit** des Zeichens durch Schriftzeichen nicht mehr. 139

Die Marke muss nach der Reform trotzdessen immer noch so genau dargestellt werden können, da sich hieraus ihr **Schutzumfang** bestimmt, auf den sich der Markeninhaber letztlich berufen kann. Bereits nach früherer Rechtsprechung konnte von einer graphischen Wiedergabe der Marke dann abgesehen werden, wenn diese mit hinreichend eindeutigen Symbolen umschrieben werden konnte.[162] Der EuGH[163] hatte schon in Bezug auf die frühere Rechtslage in seiner **Sieckmann-Entscheidung** zur graphischen Darstellbarkeit neuer Markenformen (wie bspw. Farb- und Hörmarken oder dreidimensionalen Marken) festgestellt, dass ein Zeichen, das visuell nicht wahrnehmbar ist, dann „Marke" sein kann, wenn es insbesondere mithilfe von Figuren, Linien oder Schriftzeichen graphisch dargestellt werden kann und die Darstellung **klar, eindeutig, in sich abgeschlossen, leicht zugänglich, verständlich, dauerhaft und objektiv** (sog. Sieckmann-Kriterien)[164] ist. Bei einem **Geruchs-, Riech-** oder **Geschmackszeichen** wurde allerdings angenommen, dass den Anforderungen an die graphische Darstellung iS der Sieckmann-Kriterien weder durch eine chemische Formel noch durch eine Beschreibung in Worten, die Hinterlegung einer Probe des Geruchs oder die Kombination dieser Elemente Rechnung getragen werden kann. 140

Die Sieckmann-Kriterien und damit auch die Anforderungen an die Qualität der Darstellbarkeit haben sich nach **neuer Gesetzeslage (dh der Novellierung des § 8 Abs. 1 MarkenG) nicht geändert**.[165] Geruchs- und Geschmacksmarken können auch weiterhin **nicht in geeigneter Weise dargestellt werden**.[166] Die Anforderungen der Sieckmann-Kriterien gelten nur für Eintragungs- (Register-) marken (§ 4 Nr. 1 MarkenG), nicht aber für Benutzungsmarken (§ 4 Nr. 2 MarkenG) bzw. Notorietätsmarken (§ 4 Nr. 3 MarkenG), die schon aufgrund ihrer Verkehrsdurchsetzung oder notorischen Bekanntheit die entsprechende Unterscheidungskraft besitzen.[167] Für Benutzungsmarken gilt allerdings das Gebot der Bestimmtheit.[168] Markenschutz als Benutzungsmarke kann nur an **konkreten Zeichen** und nicht an abstrakten Einzelmerkmalen entstehen.[169] Der Anspruchsteller muss im Verletzungsprozess das Zeichen, für das Schutz nach § 4 Nr. 2 MarkenG bestehen soll, daher **genau definieren**.[170] 141

In sich „abgeschlossen" meint, dass das Zeichen mit einem **einheitlichen, innerhalb eines kurzen Zeitmoments erfahrbaren Sinneseindruck** erfassbar sein muss. Auf visuelle Marken bezogen muss das Zeichen „auf einen Blick" erfassbar sein, um in der Ent- 142

---

161 BGBl. I, S. 2357.
162 BGH Beschl. v. 25.3.1999 – I ZB 23/98 (BPatG) = GRUR 1999, 730 – Farbmarke magenta/grau.
163 EuGH Urt. v. 12.12.2002 – Rs. C-273/00 = GRUR 2003, 145 – Ls. 1 und 2 – Ralf Sieckmann/DPMA.
164 BeckOK, MarkenR/Kur, MarkenG, § 3 Rn. 22.
165 BeckOK, MarkenR/Kur, MarkenG, § 3 Rn. 23.
166 Beispiel für Riechmarken: BeckOK, MarkenR/Kur, MarkenG, § 3 Rn. 44.1.
167 BGH Urt. v. 19.2.2009 – I ZR 195/06 (OLG Köln) = BGHZ 180,77 = GRUR 2009, 783, Rn. 28 – UHU.
168 BGH Urt. v. 19.2.2009 – I ZR 195/06 (OLG Köln) = BGHZ 180,77 = GRUR 2009, 783, Rn. 31 – UHU.
169 BeckOK, MarkenR/Weiler, MarkenG, § 4 Rn. 31.
170 BGH Urt. v. 19.2.2009 – I ZR 195/06 (OLG Köln) = BGHZ 180,77 = GRUR 2009, 783, Rn. 32 – UHU.

scheidungssituation – typischerweise bei der Auswahl zwischen verschiedenen Angeboten beim Einkauf – seine Aufgabe marktgerecht erfüllen zu können. Entsprechendes gilt für andere Sinneseindrücke.[171]

143 Im Hinblick auf die **geeignete Darstellbarkeit** bestimmt die MarkenV im Einzelnen Folgendes:

- Wenn der Anmelder angibt, dass die Marke in der vom DPMA verwendeten üblichen Druckschrift eingetragen werden soll (**Wortmarke**), so ist die Marke nach § 7 MarkenV in der Anmeldung in **üblichen Schriftzeichen** (Buchstaben, Zahlen oder sonstige Zeichen) wiederzugeben.

- Im Fall, dass eine vom Anmelder gewählte graphische Wiedergabe einer Wortmarke iSd § 7 MarkenV als zweidimensionale Wort-Bild-Marke, Bildmarke oder in Farbe eingetragen werden soll, sind nach § 8 MarkenV (**Bildmarken**) der Anmeldung **zwei übereinstimmende zweidimensionale graphische Wiedergaben der Marke** beizufügen. Wenn die Marke in Farbe eingetragen werden soll, sind die Farben zusätzlich in der Anmeldung zu bezeichnen. Weitere Möglichkeiten sind in § 8 Abs. 2 bis 6 MarkenV geregelt.

- Soll die Marke als **dreidimensionale Marke** eingetragen werden, so sind nach § 9 MarkenV der Anmeldung zwei übereinstimmende zweidimensionale graphische Wiedergaben der Marke (Verweis auf die Anforderungen nach § 8 Abs. 1 MarkenV) beizufügen. Die Wiedergaben können bis zu sechs verschiedene Ansichten enthalten und sind auf einem Blatt Papier einzureichen. Wenn die Marke in Farbe eingetragen werden soll, so sind auch die Farben in der Anmeldung zu bezeichnen.

- Im Fall der Eintragung als **Farbmarke** ist nach § 10 MarkenV der Anmeldung einer einfarbigen abstrakten Farbmarke ein Farbmuster beizufügen. Die Farbe ist mit der Nummer eines international anerkannten Farbklassifikationssystems zu bezeichnen.

- Soll die Marke als **Klangmarke** eingetragen werden, so sind der Anmeldung nach § 11 MarkenV zwei übereinstimmende zweidimensionale graphische Wiedergaben der Marke beizufügen. Klangmarken sind in einer üblichen Notenschrift darzustellen. Der Anmelder muss auch eine klangliche Wiedergabe der Marke auf einem Datenträger einreichen. Die Anmeldung kann eine Beschreibung der Marke enthalten. Ein Sonogramm wird nach der neuen Rechtslage ausreichen.

- Im Fall der Eintragung als **Positionsmarke, Kennfadenmarke, Mustermarke, Bewegungsmarke, Multimediamarke** oder als **Hologrammmarke** ist der Anmeldung nach § 12 MarkenV eine Darstellung der Marke beizufügen, die den Erfordernissen des § 8 Abs. 1 MarkenG genügt. **Kennfadenmarken** sind herkunftskennzeichnende Markierungen entlang der Länge von Waren, die nach Längeneinheiten verkauft und dazu regelmäßig abgeschnitten werden. Kennfadenmarken verlaufen dementsprechend regelmäßig parallel zur Länge der gekennzeichneten Ware und bestehen typischerweise zB in farbigen Webkantenflächen, Farbstreifen auf Schläuchen, Glasstäben/-röhren oder Kabeln.[172]

- Soll die Marke als **sonstige Markenform** eingetragen werden, so sind der Anmeldung nach § 12a MarkenV zwei übereinstimmende zweidimensionale graphische Wiedergaben der Marke beizufügen. Unter den Voraussetzungen des § 6a Abs. 2 MarkenV kann die Darstellung auch durch Text erfolgen.

---

171 BeckOK, MarkenR/Kur, MarkenG, § 3 Rn. 27.
172 https://www.dpma.de/docs/marken/mf_kennfadenmarke.pdf.

VI. Die eingetragene Marke (§ 4 Nr. 1 MarkenG – Registermarke)

Im Hinblick auf eine **konturlose Farbkombinationsmarke** hat der BGH[173] festgestellt, dass diese nur dann nach § 8 Abs. 1 MarkenG aF graphisch darstellbar ist, wenn sie **Angaben zur systematischen Anordnung der Farben** (Farbverteilung) enthält: Die im Anmeldeformular in Bezug genommene Beschreibung der Marke könne – besonders bei nicht unmittelbar graphisch darstellbaren Zeichen – Bestandteil der graphischen Darstellung iSd § 8 Abs. 1 MarkenG aF und der Wiedergabe der Marke iSd § 32 Abs. 2 Nr. 2 MarkenG sein. In diesem Fall bestimme sie maßgeblich den mit der Marke beanspruchten Schutzgegenstand.

144

Der EuGH[174] hat bspw. in Bezug auf die graphische Darstellbarkeit im Hinblick auf die dem MarkenG zugrundeliegende MarkenRL (deren Anforderungen insoweit durch das MarkenG nF nicht geändert worden sind) festgestellt, dass **Hörzeichen** als Marken anerkannt werden müssen, wenn sie geeignet sind, Waren oder Dienstleistungen eines Unternehmens von denjenigen eines anderen Unternehmens zu unterscheiden, und sie sich graphisch darstellen lassen: Ein Zeichen, das als solches nicht visuell wahrnehmbar ist, könne eine Marke sein, sofern es Gegenstand einer graphischen Darstellung, insbesondere mithilfe von Figuren, Linien oder Schriftzeichen sein könne, die klar, eindeutig, in sich abgeschlossen, leicht zugänglich, verständlich, dauerhaft und objektiv sei (sog. Sieckmann-Kriterien, vorstehende Rn. 140). Bei einem Hörzeichen seien diese Anforderungen aber nicht erfüllt, wenn das Zeichen graphisch dargestellt wird mittels einer Beschreibung durch Schriftsprache, etwa durch den Hinweis, dass das Zeichen aus den Noten eines bekannten musikalischen Werkes besteht oder dass es sich um einen Tierlaut handelt, oder mittels eines Onomatopoetikums ohne weitere Erläuterung oder mittels einer Notenfolge ohne weitere Erläuterung. Dagegen seien die notwendigen Anforderungen dann erfüllt, wenn das Zeichen durch ein in Takte gegliedertes Notensystem dargestellt wird, das insbesondere einen Notenschlüssel, Noten- und Pausenzeichen, deren Form ihren relativen Wert angeben, und ggf. Vorzeichen enthält.

145

Diese Ausführungen des EuGH zu Hörzeichen dürften gleichermaßen für Geschmacks- und Riech- sowie für Tastmarken gelten.

146

Frage 19: Was verstehen wir unter dem Erfordernis einer geeigneten Darstellbarkeit des Zeichens und benennen Sie bitte einige damit zusammenhängende Probleme.

bb) Von einer Eintragung ausdrücklich ausgeschlossene Marken (§ 8 Abs. 2 MarkenG)

Die Eintragung folgender Marken nimmt § 8 Abs. 2 MarkenG ausdrücklich von einer Eintragung ins Markenregister aus:

147

- Marken mit fehlender Unterscheidungskraft (Nr. 1)
- beschreibende Zeichen oder Angaben (Nr. 2)
- übliche Bezeichnungen (Nr. 3)
- Marken, die eine Täuschungsgefahr begründen (Nr. 4)
- Marken, die gegen die öffentliche Ordnung oder die guten Sitten verstoßen (Nr. 5)
- Hoheitszeichen, Gewährzeichen und Zeichen internationaler Organisationen (Nr. 6 bis 9)

---

[173] BGH, Beschl. v. 5.10.2006 – I ZB 86/05 (BPatG) = BGHZ 169, 167 = GRUR 2007, 55 – Farbmarke gelb/grün II unter Bezugnahme auf BGH Beschl. v. 19.9.2001 – I ZB 3/99 (BPatG) = GRUR 2002, 427 – Farbmarke gelb/grün I.
[174] EuGH Urt. v. 27.11.2003 – C-283/01 = GRUR 2004, 54 – Shield Mark/Kist.

- geschützte Ursprungsbezeichnungen und geographische Angaben (Nr. 9 bis 12)
- Marken, die gegen sonstige gesetzliche (öffentlich-rechtliche) Benutzungsverbote verstoßen (Nr. 13)
- Marken, bei deren Anmeldung der Anmelder bösgläubig war (Nr. 14)

Frage 20: Welche Marken sind ausdrücklich von einer Eintragung im Markenregister ausgeschlossen?

(1) Marken mit fehlender Unterscheidungskraft (Nr. 1)

148 Während § 3 Abs. 1 MarkenG für die grundsätzliche Markenfähigkeit eines Zeichens **abstrakte Unterscheidungskraft** des Zeichens voraussetzt, ist eine Marke, der für die Waren oder Dienstleistungen jegliche Unterscheidungskraft fehlt (die also ihrer Identifizierungsfunktion nicht genügt), nach dem Schutzhindernis des § 8 Abs. 2 Nr. 1 MarkenG nicht eintragungsfähig. Die Eintragungsfähigkeit einer Marke setzt – positiv gewendet – **konkrete Unterscheidungskraft** voraus. Dabei reicht eine ganz geringe Unterscheidungskraft aus, „die fast jedem Zeichen innewohnt".[175]

149 „Unterscheidungskraft" iSv § 8 Abs. 2 Nr. 1 MarkenG ist nach Ansicht des BGH[176] die einer Marke innewohnende (konkrete) Eignung, vom Verkehr als Unterscheidungsmittel aufgefasst zu werden, das die in Rede stehenden Waren oder Dienstleistungen **als von einem bestimmten Unternehmen stammend** kennzeichnet und die Waren oder Dienstleistungen damit von denjenigen anderer Unternehmen unterscheidet:[177] Die Hauptfunktion der Marke besteht darin, die Ursprungsidentität der gekennzeichneten Waren oder Dienstleistungen zu gewährleisten. Da allein das Fehlen jeglicher Unterscheidungskraft ein Eintragungshindernis begründet, ist ein großzügiger Maßstab anzulegen, so dass jede auch noch so geringe Unterscheidungskraft genüge, um das Schutzhindernis des § 8 Abs. 2 Nr. 1 MarkenG zu überwinden.[178]

150 Abzustellen ist – so der EuGH[179] – auf die Anschauung des angesprochenen Verkehrs.[180] Dabei sei auf die mutmaßliche Wahrnehmung eines normal informierten, an-

---

[175] Götting, § 54 Rn. 5 unter Bezugnahme auf BGH Beschl. v. 20.11.2003 – I ZB 48/98 (BPatG) = GRUR 2004, 507 (509) – Transformatorengehäuse.
[176] BGH Beschl. v. 13.9.2012 – I ZB 68/11 (BPatG) = GRUR 2013, 522, Rn. 8 – Deutschlands schönste Seiten.
[177] EuGH, Urt. v. 21.2010 – C-398/08 = GRUR 2010, 228, Rn. 33 – Audi (Vorsprung durch Technik); EuGH Urt. v. 12.7.2012 – C-311/11 = GRUR Int. 2012, 914, Rn. 23 – Smart/HABM (Wir Machen Das Besondere Einfach!); BGH Beschl. v. 21.11.2011 – I ZB 56/09 (BPatG) = GRUR 2012, 270, Rn. 8 – Link economy.
[178] BGH Beschl. v. 24.6.2010 – I ZB 115/08 (BPatG) = GRUR 2010, 1100, Rn. 10 – TOOOR!; BGH Beschl. v. 4.4.2012 – I ZB 22/12 (BPatG) = GRUR 2012, 1143, Rn. 7 – Stavsat.
[179] EuGH Urt. v. 8.5.2008 – C-304/06 = GRUR 2008, 608, Rn. 67 – Eurohypo. Ebenso BGH Beschl. v. 8.3.2012 – I ZB 13/11 (BPatG) = BGHZ 193, 21 = GRUR 2012, 1044, Rn. 9 – Neuschwanstein.
[180] Differenzierend BGH Beschl. v. 8.3.2012 – I ZB 13/11 (BPatG) = BGHZ 193, 21 = GRUR 2012, 1044 – Neuschwanstein: 1. Fasst der Verkehr die aus dem Namen einer Sehenswürdigkeit (hier: Schloss Neuschwanstein) gebildete Marke (hier: Neuschwanstein) im Zusammenhang mit Waren, die typischerweise als Reiseandenken oder -bedarf vertrieben werden, nur als Bezeichnung der Sehenswürdigkeit und nicht als Produktkennzeichen auf, fehlt der Marke jegliche Unterscheidungskraft iSv § 8 Abs. 2 Nr. 1 MarkenG. 2. Allein der Umstand, dass die fraglichen Waren und Dienstleistungen im Umfeld einer Sehenswürdigkeit an Touristen vertrieben oder für sie erbracht werden können, rechtfertigt nicht die Annahme, einer aus dem Namen der Sehenswürdigkeit gebildeten Marke fehle jegliche Unterscheidungskraft (§ 8 Abs. 2 Nr. 1 MarkenG). 3. Einer Marke fehlt nicht deshalb jegliche Unterscheidungskraft iS von § 8 Abs. 2 Nr. 1 MarkenG, weil es sich um die Bezeichnung eines bedeutenden Kulturguts handelt. 4. Das BPatG ist nicht nach § 82 Abs. 1 S. 1 MarkenG iVm § 139 ZPO verpflichtet, den Markeninhaber im Löschungsverfahren auf die Sachdienlichkeit einer Einschränkung des Waren- oder Dienstleistungsverzeichnisses hinzuweisen. Im Rechtsbeschwerdeverfahren ist die Entscheidung des BPatG daher auch nicht

VI. Die eingetragene Marke (§ 4 Nr. 1 MarkenG – Registermarke)

gemessen aufmerksamen und verständigen Durchschnittsverbrauchers der fraglichen Waren oder Dienstleistungen zu rekurrieren. Dieser großzügige Beurteilungsmaßstab gelte auch für Wortfolgen, an deren Unterscheidungskraft grundsätzlich keine strengeren Anforderungen als an andere Wortmarken zu stellen sind.[181] Von mangelnder Unterscheidungskraft sei deshalb bei einer Wortfolge lediglich bei beschreibenden Angaben oder Anpreisungen und Werbeaussagen allgemeiner Art auszugehen. Grundsätzlich nicht unterscheidungskräftig würden des Weiteren in der Regel längere Wortfolgen sein. Auch die Mehrdeutigkeit und Interpretationsbedürftigkeit einer Wortfolge kann einen Anhaltspunkt für eine hinreichende Unterscheidungskraft[182] bieten. Dabei dürfen die Anforderungen an die Eigenart im Rahmen der Bewertung nicht überspannt werden. Auch einer für sich genommen eher einfachen Aussage kann nicht von vornherein die Eignung zur Produktidentifikation abgesprochen werden.[183]

Sei daher eine Wortfolge (im konkreten Fall: „**Deutschlands schönste Seiten**") für die Ware „Druckschriften" inhaltsbeschreibend und nicht unterscheidungskräftig, werde dies im Regelfall auch für die Dienstleistungen gelten, die sich auf die Veröffentlichung und Herausgabe von Druckschriften beziehen. Eine Ausnahme komme allerdings für die fraglichen Dienstleistungen in Betracht, wenn die Wortfolge sich nur zur Beschreibung eines eng begrenzten Themas eignet.[184]

151

Im Hinblick auf **Eventmarken** – wie bspw. „FUSSBALL WM 2006" – hat der BGH[185] festgestellt, dass einer sprachüblichen Bezeichnung für das Ereignis der Fußballweltmeisterschaft im Jahr 2006, die der Verkehr wegen ihrer allgemeinen Bekanntheit und ihrer begrifflichen Eindeutigkeit stets mit diesem Ereignis als solchem in Verbindung bringt, die Eignung fehle, als Unterscheidungsmittel Waren und Dienstleistungen als von einem bestimmten Unternehmen stammend zu kennzeichnen: Eine begriffliche Kategorisierung entsprechender Kennzeichnungen als „Ereignismarken" oder „Eventmarken" sei insoweit bedeutungslos, als sie insbesondere nicht zu geringeren Anforderungen an die Schutzvoraussetzungen derartiger Bezeichnungen führen könne. Auch eine **Ereignismarke** könne nur dann als Marke eingetragen werden, wenn sie die Eintragungsvoraussetzungen erfüllt, also insbesondere (auch) über hinreichende Unterscheidungskraft verfügt.

152

---

aufzuheben, um dem Markeninhaber Gelegenheit zur Einschränkung des Waren- und Dienstleistungsverzeichnisses zu geben.
181 EuGH Urt. v. 21.10.2004 – C-64/02 = GRUR 2004, 1027, Rn. 32 und 44 – Eupo Möbelwerk (Das Prinzip Der Bequemlichkeit.); BGH Beschl. v. 17.5.2001 – I ZB 60/98 (BPatG) = GRUR 2001, 1043 (1044 f.) – Gute Zeiten – Schlechte Zeiten.
182 BGH Beschl. v. 15.1.2009 – I ZB 30/06 (BPatG) = GRUR 2009, 412 – STREETBALL: Der Beurteilung, ob ein Zeichen für die angemeldeten Waren oder Dienstleistungen über hinreichende Unterscheidungskraft verfügt, ist das Verkehrsverständnis im Zeitpunkt der Entscheidung über den Antrag auf Eintragung des Zeichens als Marke zu Grunde zu legen. Ist für den Anmelder bereits ein identisches Zeichen für dieselben Waren oder Dienstleistungen eingetragen, so sind deshalb keine anderen, insbesondere keine noch geringeren Anforderungen an das Vorliegen der Unterscheidungskraft zu stellen als sonst.
183 BGH Beschl. v. 22.1.2009 – I ZB 34/08 (BPatG) = GRUR 2009, 949, Rn. 12 und Ls. – My World: 1. Das Erfordernis einer strengen und umfassenden Prüfung der Schutzhindernisse nach § 8 Abs. 2 MarkenG bedeutet, dass nicht nur eine summarische Prüfung erfolgen darf, sondern alle Gesichtspunkte umfassend zu würdigen sind. 2. Die Wortfolge „My World" ist für eine Vielzahl der Waren der Klasse 16 (zB Druckereierzeugnisse, Zeitschriften, Bücher, Poster) und für eine Reihe von Dienstleistungen der Klasse 41 (etwa Veröffentlichung und Herausgabe von Druckereierzeugnissen, Dienstleistungen eines Ton- und Fernsehstudios, Produktion von Fernseh- und Rundfunksendungen) nicht unterscheidungskräftig iSv § 8 Abs. 2 Nr. 1 MarkenG.
184 BGH Beschl. v. 13.9.2012 – I ZB 68/11 (BPatG) = GRUR 2013, 522, Ls. – Deutschlands schönste Seiten.
185 BGH Beschl. v. 27.4.2006 – I ZB 96/05 (BPatG) = BGHZ 167, 278 = GRUR 2006, 850 – FUSSBALL WM 2006.

153 Ein von Hause aus unterscheidungskräftiger **Werbespruch (Werbeslogan)** – im konkreten Fall „Aus Akten werden Fakten" – kann nicht als Marke geschützt werden, wenn er im Zeitpunkt der Entscheidung über die Eintragung zu einem **branchenüblichen Werbemittel** (und damit nicht mehr unterscheidungskräftigen Herkunftsnachweis zu einem konkreten Unternehmen) geworden ist[186] – andererseits sollen Slogans wie „Radio von hier"[187] oder „Das Prinzip der Bequemlichkeit"[188] Unterscheidungskraft genießen (wegen ihrer Kürze, einer gewissen Originalität und Prägnanz der Wortfolge bzw. der Mehrdeutigkeit und der damit korrespondierenden Interpretationsbedürftigkeit).[189]

154 Die Kombination „**Stadtwerke Augsburg**" spezifiziert – so das BPatG[190] – hingegen in unterscheidungskräftiger Weise einen Betrieb: Im markenrechtlichen Eintragungsverfahren sei zu berücksichtigen, dass es wettbewerbswidrig wäre, die Bezeichnung „Stadtwerke" ohne eine Trägerschaft durch eine Kommune zu verwenden. „Center" sei nicht vergleichbar mit einer eine Trägerschaft der öffentlichen Hand aufzeigenden Bezeichnung wie „Stadtwerke".[191]

155 Der Begriff **FLATRATE** ist nach Ansicht des BPatG[192] für „Kraftfahrzeuge und deren Teile" und die „Finanzierung von Kraftfahrzeugen; Vermittlung von Versicherungen für Kraftfahrzeuge; Finanzierung von Kraftfahrzeug-Garantie-Versicherungen" (für die im konkreten Fall angemeldeten Waren/Dienstleistungen) nicht schutzfähig. Zum Anmeldezeitpunkt im Jahre 2006 sei der Begriff als Hinweis auf eine Gegenleistung in Gestalt einer „flachen" (gleichbleibend niedrigen) Rate verständlich. Im Zeitpunkt der Entscheidung im Jahr 2012 könnte „Flatrate" als verkehrsübliche, beschreibende Angabe im Automobilbereich dahingehend festgestellt werden, dass zusammen mit dem Kraftfahrzeug weitere Leistungen, wie Wartung und Reparatur, Kauffinanzierung und Fahrzeugversicherungen, angeboten werden.

156 Nach Ansicht des BGH[193] fehlt auch einem Wort- oder Bildzeichen, das aus der **Kombination einfacher graphischer Elemente mit einem Wort** besteht, das vom Verkehr im Zusammenhang mit den beanspruchten Waren und Dienstleistungen nur als Zuruf, Ausruf oder Grußformel aufgefasst wird (im konkreten Fall „hey"), die konkrete Unterscheidungskraft.

157 Einem Begriff, der in der Werbung seinem Sinngehalt nach als „modern" oder „aktuell" verwendet und vom Verkehr so auch verstanden wird – im konkreten Fall „Today" –, fehlt nach Ansicht des BPatG[194] für Waren des täglichen Bedarfs jegliche Unterscheidungskraft – ebenso wie den Begriffen „TURBO"[195] bzw. „Hautaktiv",[196] an-

---

186 BPatG Beschl. v. 29.10.2012 – 30 W (pat) 40/11 = GRUR 2013, 383.
187 BGH Beschl. v. 8.12.1999 – I ZB 2/97 (BPatG) = GRUR 2000, 321 – Radio von hier.
188 EuGH Urt. v. 21.10.2004 – C-64/02 P = GRUR 2004, 1027 – EUPO Möbelwerk – DAS PRINZIP DER BEQUEMLICHKEIT.
189 Götting, § 54 Rn. 6.
190 BPatG Beschl. v. 11.9.2012 – 27 W (pat) 83/12 = GRUR 2013, 396 – Stadtwerke.
191 So auch eintragungsfähig: „Rheinpark Center Neuss" – BPatG Beschl. v. 21.7.2010 – 29 W (pat) 522/10. Oder andere Kombinationen aus üblichen Begriffen: bspw. „Volks.Hähnchen": BPatG Beschl. v. 28.3.2011 – 29 W (pat) 5/11 = GRUR 2012, 277. Hingegen keine Eintragungsfähigkeit für „Chiemsee": EuGH Urt. v. 4.5.1999 – Rs. C-108/97 und C-109/97 = GRUR Int 1999, 727.
192 BPatG Beschl. v. 11.9.2012 – 27 W (pat) 83/12 = GRUR 2013, 397 – Stadtwerke.
193 BGH Beschl. v. 14.1.2010 – I ZB 32/09 (BPatG) = GRUR 2010, 640 – hey!.
194 BGH Beschl. v. 6.11.1997 – I ZB 17/95 (BPatG) = WRP 1998, 495 – Today.
195 BGH Beschl. v. 23.3.1995 – I ZB 20/93 (BPatG) = GRUR 1995, 410 – TURBO.
196 BPatG Beschl. v. 6.2.1996 – 24 W (pat) 274/94 = GRUR 1996, 489 – Hautaktiv.

VI. Die eingetragene Marke (§ 4 Nr. 1 MarkenG – Registermarke)

ders hingegen als dem Begriff „POTECH".[197] Auch „Yes",[198] „For You"[199] und „Look"[200] zur Kennzeichnung von Zigaretten und Tabakerzeugnissen seien schutzfähig. Auch die Bezeichnung „quattro" genügt, so sie für Personenkraftwagen und bestimmte konstruktionsgebundene Teile solcher Wagen verwendet wird, den nach § 8 Abs. 2 Nr. 1 MarkenG zu stellenden (geringen) Anforderungen an die Unterscheidungskraft.[201]

Im Hinblick auf die **Farbe gelb** hat der BGH[202] festgestellt, dass **abstrakten Farbmarken** im Allgemeinen die erforderliche Unterscheidungskraft fehlt: Ob besondere Umstände vorliegen, die gleichwohl die Annahme rechtfertigen, die **konturlose Farbmarke** sei unterscheidungskräftig, sei anhand einer umfassenden Prüfung sämtlicher relevanter Umstände vorzunehmen. In diesem Rahmen sei die Frage, ob die Marke für eine sehr beschränkte Anzahl von Waren oder Dienstleistungen angemeldet und der maßgebliche Markt sehr spezifisch ist, nur ein – wenn auch gewichtiges – Kriterium für die Beurteilung der Unterscheidungskraft. 158

Der Markenschutz steht nach Ansicht des BGH[203] einer **ästhetisch wertvollen Formgebung** nur dann entgegen, wenn der Verkehr allein in dem ästhetischen Gehalt der Form den wesentlichen Wert der Ware sieht: Werde eine Formmarke **nie isoliert, sondern nur zusammen mit weiteren Kennzeichen benutzt**, seien die Angaben zur Marktposition, zu Umsätzen und Werbeankündigungen auf die Zeichenkombination bezogen und deshalb für die Durchsetzung der reinen Formmarke im Regelfall nicht genügend aussagekräftig. An den Durchsetzungsgrad einer Formmarke, die eine von den typischen Merkmalen der Produkte dieser Warengattung abweichende Gestaltung aufweist, seien aber keine besonders hohen Anforderungen zu stellen. 159

Der Wortfolge „**Gute Zeiten – Schlechte Zeiten**" fehlt nach Ansicht des BPatG[204] für Tonträger, Bücher, Magazine, die Ausstrahlung von Fernsehprogrammen, Fernsehunterhaltung und Filmproduktion wegen des thematischen Bezugs zu diesen Waren und Dienstleistungen jegliche Unterscheidungskraft. Dagegen seien für Waren und Dienstleistungen, bei denen der Verkehr dieser Wortfolge keine inhaltliche Beschreibung entnimmt, die Eintragungshindernisse des § 8 Abs. 2 Nr. 1 und Nr. 2 MarkenG nicht gegeben. 160

Frage 21: Wann fehlt einer Marke „jegliche Unterscheidungskraft" und benennen Sie bitte einige Beispiele dafür.

(2) Beschreibende Zeichen oder Angaben (Nr. 2)

Von der Eintragung sind nach § 8 Abs. 2 Nr. 2 MarkenG **Zeichen deskriptiven Charakters** ausgeschlossen, die ausschließlich aus Zeichen oder Angaben bestehen, die im Verkehr zur Bezeichnung der Art, der Beschaffenheit, der Menge, der Bestimmung, des 161

---

197 BGH Beschl. v. 19.1.1995 – I ZB 20/92 (BPatG) = GRUR 1995, 408 – PROTECH.
198 BGH Beschl. v. 15.7.1999 – I ZB 16/97 (BPatG) = GRUR 1999, 1089 – YES.
199 BGH Beschl. v. 15.7.1999 – I ZB 47/96 (BPatG) = GRUR 1999, 1093 – FOR YOU.
200 BGH Beschl. v. 7.6.2001 – I ZB 20/99 (BPatG) = GRUR 2001, 1150 – LOOK: Die Wortmarke „LOOK" ist für Rohtabak, Tabakerzeugnisse, Zigarettenpapier und Raucherbedarfsartikel unterscheidungskräftig iSv § 8 Abs. 2 Nr. 1 MarkenG.
201 BGH Beschl. v. 9.2.1995 – I ZB 21/92 (BPatG) = GRUR 1997, 366 – quattro II.
202 BGH Beschl. v. 19.11.2009 – I ZB 76/08 (BPatG) = GRUR 2010, 637 – Farbe gelb.
203 BGH Beschl. v. 9.7.2009 – I ZB 88/07 (BPatG) = GRUR 2010, 138 – ROCHER-Kugel.
204 BPatG Beschl. v. 17.5.2001 – I ZB 60/98 (BPatG) = GRUR 2001, 1043 – „Gute Zeiten – Schlechte Zeiten".

Wertes, der geographischen Herkunft, der Zeit der Herstellung der Waren oder der Erbringung der Dienstleistungen oder zur Bezeichnung sonstiger Merkmale der Waren oder Dienstleistungen dienen können.[205]

162 Im Hinblick auf entsprechende unmittelbar beschreibende Angaben (sog. **Produktmerkmalsbezeichnungen**)[206] besteht ein **Freihaltebedürfnis** zugunsten einzelner Dritter oder der Allgemeinheit. Dh, der Gesetzgeber will eine **Monopolisierung** solcher Zeichen zugunsten Einzelner verhindern. Der Gebrauch der Zeichen soll der Allgemeinheit ungehindert offenstehen.

163 Von § 8 Abs. 2 Nr. 2 MarkenG werden nur Wörter erfasst, die einen **Warenbezug** aufweisen, die also die in der Bestimmung im Einzelnen angeführten Angaben, sonstige Merkmale der Waren oder unmittelbar mit ihr in Beziehung stehende Umstände bezeichnen – was für „FOR YOU" nicht zutrifft:[207] Ein darüber hinausgehendes Eintragungshindernis eines Freihaltungsbedürfnisses an allgemeinen, nicht warenbezogenen und in verschiedenen Warenbereichen einsetzbaren Ausdrücken könne der Regelung hingegen nicht entnommen werden.

164 Der Begriff „Lotto" stellt nach Ansicht des BGH[208] eine bloß **beschreibende Angabe eines Glücksspiels** dar, auch wenn sich die Bedeutung des Begriffs für Teile des Verkehrs inzwischen auf eine bestimmte Art eines Glücksspiels (nämlich „6 aus 49") eingeengt habe. Nach Ansicht des BGH[209] ist auch die Bezeichnung „COTTON LINE" als Kennzeichen für ein Unternehmen der Textilbranche nicht unterscheidungskräftig.

165 Beschreibt ein Wort – wie bspw. „Bonus" – nicht die Art, die Beschaffenheit, die Menge, die Bestimmung, den Wert, die geographische Herkunft, die Zeit der Herstellung oder sonstige Merkmale der der Anmeldung zugrunde liegenden Waren selbst, sondern mit diesen Merkmalen nur **mittelbar in Beziehung stehende Vertriebsmodalitäten** oder sonstige die Ware selbst nicht unmittelbar betreffende Umstände, so darf nach Ansicht des BPatG[210] die Markenanmeldung nicht wegen eines Freihaltungsbedürfnisses zurückgewiesen werden.

166 Der EuGH[211] hat im Hinblick auf eine Marke, die sich aus einer **sprachlichen Neuschöpfung** mit mehreren Bestandteilen (im konkreten Fall „BIOMILD") zusammensetzt, von denen jeder Bestandteil Merkmale der Waren oder Dienstleistungen beschreibt, Folgendes entschieden: Die Marke habe in diesem Fall selbst einen die Merkmale dieser Waren oder Dienstleistungen beschreibenden Charakter. Etwas Anderes gelte nur dann, wenn ein merklicher Unterschied zwischen der Neuschöpfung und der bloßen Summe ihrer Bestandteile bestehe. Dies setze voraus, dass die Neuschöpfung aufgrund der Ungewöhnlichkeit der Kombination in Bezug auf die genannten Waren oder Dienstleistungen einen Eindruck erweckt, der hinreichend weit von dem abweicht, der bei bloßer Zusammenfügung der ihren Bestandteilen zu entnehmenden An-

---

205 Bspw. BGH Beschl. v. 21.9.2000 – I ZB 35/98 (BPatG) = GRUR 2001, 240 – SWISS ARMY: 1. Eine Wortfolge, die vom Verkehr als Bezeichnung einer staatlichen Einrichtung verstanden wird (hier: „SWISS ARMY"), kann abstrakt markenfähig sein. 2. Zur Frage, ob der Eintragung des Wortzeichens „SWISS ARMY" für „modische Armbanduhren Schweizer Ursprungs" absolute Schutzhindernisse nach § 8 Abs. 1 Nr. 1 und 2 MarkenG entgegenstehen.
206 So Eisenmann/Jautz, Rn. 256.
207 BGH Beschl. v. 15.7.1999 – I ZB 47/96 (BPatG) = GRUR 1999, 1093 – FOR YOU.
208 BGH Beschl. v. 19.1.2006 – I ZB 11/04 (BPatG) = GRUR 2006, 760 – Lotto.
209 BGH Urt. v. 27.9.1995 – I ZR 199/93 (OLG Nürnberg) = GRUR 1996, 68 – COTTON LINE.
210 BGH Beschl. v. 23.10.1997 – I ZB 18/95 (BPatG) = GRUR 1998, 465 – Bonus.
211 EuGH Urt. v. 12.2.2004 – Rs. C-265/00 = GRUR Int. 2004, 410 – BIOMILD.

VI. Die eingetragene Marke (§ 4 Nr. 1 MarkenG – Registermarke)

gaben entsteht, und somit über die Summe dieser Bestandteile hinausgeht. Dabei spiele es keine Rolle, ob es Synonyme gibt, mit denen dieselben Merkmale der im Eintragungsantrag aufgeführten Waren oder Dienstleistungen bezeichnet werden können.

Frage 22: Warum fehlt beschreibenden Zeichen oder Angaben die Eintragungsfähigkeit und benennen Sie bitte einige Beispiele.

(3) Übliche Bezeichnungen (Nr. 3)

Als Marke sind nach § 8 Abs. 2 Nr. 3 MarkenG auch solche Zeichen (obgleich ihnen sowohl abstrakte Unterscheidungskraft iSv § 3 Abs. 1 MarkenG als auch konkrete Unterscheidungskraft gemäß § 8 Abs. 2 Nr. 1 MarkenG zukommt) nicht eintragungsfähig, die ausschließlich aus Zeichen oder Angaben bestehen, die im **allgemeinen Sprachgebrauch** oder in den redlichen und ständigen Verkehrsgepflogenheiten zur Bezeichnung der Waren oder Dienstleistungen „üblich" geworden sind. Dabei muss zwischen den unterschiedlichen Waren und Dienstleistungen differenziert werden. Es ist durchaus möglich, dass ein Zeichen für eine bestimmte Ware oder Dienstleistung „üblich" geworden ist, für andere hingegen noch Unterscheidungskraft hat und damit eintragungsfähig bleibt. 167

Damit scheidet ein Markenschutz für übliche Bezeichnungen iSv Gattungsbezeichnungen – bspw. „Sekt" oder „Creme" – aus. Nicht dagegen, wenn diese **üblichen Bezeichnungen in Kombination mit anderen Zeichen** wiederum Unterscheidungsfunktion gewinnen. 168

Die Bedeutung der Bestimmung erschöpft sich darin, allgemein sprachgebräuchliche oder verkehrsübliche Bezeichnungen für die in Rede stehende Ware (iS **der Notwendigkeit eines Produktbezugs**) von der Eintragung auszuschließen. Dabei handelt es sich einerseits um ursprünglich unterscheidungskräftige Freizeichen, die von mehreren Unternehmen zur Bezeichnung bestimmter Waren verwendet und deshalb vom Verkehr nicht mehr als kennzeichnend verstanden werden, und andererseits – insofern überschneiden sich die Anwendungsbereiche der Bestimmungen des § 8 Abs. 2 Nr. 1, Nr. 2 und Nr. 3 MarkenG – um **Gattungsbezeichnungen**, die angesichts ihres beschreibenden Inhalts von der Eintragung als Marke ausgeschlossen sind. 169

Dagegen kommt eine Anwendung des Eintragungshindernisses auf Angaben, die lediglich **für andere als die im Verzeichnis aufgeführten Waren als Bezeichnung** üblich geworden sind oder bei denen es sich – ganz allgemein – um verkehrsübliche Wörter oder Begriffe handelt, die mit den in Frage stehenden Waren iS einer Bezeichnung nichts zu tun haben, nicht in Betracht. Vor diesem Hintergrund steht nach Ansicht des BGH[212] das Eintragungshindernis des § 8 Abs. 2 Nr. 3 MarkenG der Eintragung des Zeichens „ABSOLUT" nicht entgegen, weil es sich bei ihm weder um ein Freizeichen noch sonst um eine Gattungsbezeichnung für die konkret relevante Ware Wodka handelt. 170

Weitere, die angemeldeten Waren oder Dienstleistungen nicht unmittelbar beschreibende Wörter oder Begriffe der allgemeinen Sprache werden also von diesem Eintragungshindernis nicht erfasst. 171

---

212 BGH Beschl. v. 24.6.1999 – I ZB 45/96 (BPatG) = GRUR 1999, 1096 – ABSOLUT.

(4) Täuschungsgefahr (Nr. 4)

172 Nicht eintragungsfähig sind nach § 8 Abs. 2 Nr. 4 MarkenG weiterhin Zeichen, die geeignet sind, das Publikum insbesondere über die Art, die Beschaffenheit oder die geographische Herkunft der Waren oder Dienstleistungen zu täuschen (**Irreführungsverbot**). Markenschutz wird damit täuschenden Bezeichnungen verweigert, aber nur dann, wenn die **Eignung zur Täuschung „ersichtlich"** ist. Dies ist allein dann der Fall, „wenn keine Benutzungsform denkbar ist, in der das Zeichen ohne Täuschung verwendet werden könnte".[213] Nach § 37 Abs. 3 MarkenG ist nämlich eine Anmeldung nur zurückzuweisen (iS einer eingeschränkten Prüfung – anders als im Löschungsverfahren nach § 54 Abs. 1 MarkenG, in dessen Rahmen eine umfassende Prüfung stattfindet), wenn die Eignung zur Täuschung iSv § 8 Abs. 2 Nr. 4 MarkenG „ersichtlich" ist.

(5) Verstoß gegen die öffentliche Ordnung oder die guten Sitten (Nr. 5)

173 Marken, die im Allgemeininteresse gegen die öffentliche Ordnung oder gegen die guten Sitten verstoßen, können nach § 8 Abs. 2 Nr. 5 MarkenG nicht ins Markenregister eingetragen werden.

174 Von einem Verstoß gegen die „guten Sitten" ist nach Ansicht des BGH[214] dann auszugehen, wenn das angemeldete Zeichen geeignet ist, das **Empfinden der angesprochenen Verkehrskreise erheblich zu verletzen**, indem es etwa in sittlicher, politischer oder religiöser Hinsicht anstößig oder herabwürdigend wirkt oder eine **grobe Geschmacksverletzung** darstellt (vgl. etwa im Recht des unlauteren Wettbewerbs [UWG] die Verwendung des Wortes „Busengrapscher" für ein alkoholisches Getränk):[215] Maßgeblich sei insoweit die Sicht eines durchschnittlichen Angehörigen der angesprochenen Verkehrskreise, wobei nicht nur die Verkehrskreise zu berücksichtigen seien, an die sich die mit der angemeldeten Marke beanspruchten Waren oder Dienstleistungen unmittelbar richten, sondern auch die Teile des Publikums, die dem Zeichen im Alltag zufällig begegnen. Maßgeblich sei weder eine übertrieben nachlässige noch eine besonders feinfühlige und empfindsame, sondern eine **normal tolerante und durchschnittlich sensible Sichtweise**. Auch dürfe die Prüfung des Schutzversagungsgrunds nicht in einer **Geschmackszensur** bestehen. Soweit eine Liberalisierung der Anschauungen des angesprochenen Verkehrs im Hinblick auf die Verwendung vulgärer, obszöner oder beleidigender Worte stattgefunden habe, müsse ihr Rechnung getragen werden. Andererseits sei eine noch nicht eingetretene, sondern sich nur in Ansätzen abzeichnende Liberalisierung oder Banalisierung in der Sichtweise grob anstößiger Ausdrücke in der Eintragungspraxis nicht vorwegzunehmen.

175 So hat der BGH[216] bspw. entschieden, dass für die Beurteilung, ob eine Marke gegen die „guten Sitten" verstößt, es nicht nur auf die Sicht der Verkehrskreise ankommt, an die sich die mit der Marke beanspruchten Waren und Dienstleistungen richten, sondern auch auf die Anschauungen der Teile des Publikums, **die dem Zeichen im Alltag begegnen**. Maßstab für die Beurteilung des Sittenverstoßes sei eine normal tolerante

---

213 Götting, § 54 Rn. 16.
214 BGH Beschl. v. 2.10.2012 – I ZB 89/11 (BPatG) = GRUR 2013, 729, Rn. 9 – Ready to Fuck.
215 BGH Urt. v. 18.5.1995 – I ZR 91/93 (KG) = BGHZ 130, 5 = GRUR 1995, 592 – Busengrabscher.
216 BGH Beschl. v. 2.10.2012 – I ZB 89/11 (BPatG) = WRP 2013, 626 – READY TO FUCK.

VI. Die eingetragene Marke (§ 4 Nr. 1 MarkenG – Registermarke)

und durchschnittlich sensible Sichtweise der maßgeblichen Verkehrskreise – weswegen die Wortfolge „READY TO FUCK" gegen die „guten Sitten" verstoße.

Festzuhalten ist jedoch, dass Produkte selbst derartige anstößige Namen haben können, ihnen aber in einem solchen Fall nur das Schutz- (Marken-) recht verweigert wird.

▶ **Exkurs:** Der EuGH[217] hat in Bezug auf die Unionsmarke „**Fack ju Göthe**" und Art. 7 Abs. 1 Buchst. f. UMV (der mit § 8 Abs. 2 Nr. 5 MarkenG korrespondiert) entschieden, dass der Titel der Filmkomödie von der deutschsprachigen breiten Öffentlichkeit nicht als moralisch verwerflich wahrgenommen wird, weswegen die EUIPO erneut über die Eintragung des von Constantin Film angemeldeten Zeichens entscheiden muss.

Frage 23: Wann verstößt eine Marke gegen die guten Sitten und geben Sie bitte ein Beispiel dafür.

(6) Hoheitszeichen, Gewährzeichen und Zeichen internationaler Organisationen (Nr. 6 bis 8)

Nicht eintragungsfähig sind nach § 8 Abs. 2 Nr. 6 MarkenG weiterhin Marken, die Staatswappen, Staatsflaggen oder andere staatliche Hoheitszeichen oder Wappen eines inländischen Ortes[218] oder eines inländischen Gemeinde- oder weiteren Kommunalverbandes enthalten, bzw. nach § 8 Abs. 2 Nr. 8 MarkenG solche Marken, die Wappen, Flaggen oder andere Kennzeichen, Siegel oder Bezeichnungen internationaler zwischenstaatlicher Organisationen enthalten, die nach einer Bekanntmachung des BMJV im Bundesgesetzblatt von der Eintragung als Marke ausgeschlossen sind.[219] Voraussetzung ist eine **Notifikation** (Beglaubigung) des geschützten Zeichens nach Art. 6ter Abs. 3 Buchst. b PVÜ.[220]

---

217 EuGH Urt. v. 27.2.2020 – C-240/18 P = GRUR 2020, 395 – Constantin Film Produktion GmbH/ EUIPO.
218 BGH Urt. v. 28.3.2002 – I ZR 235/99 (OLG Düsseldorf) = GRUR 2002, 917 – Düsseldorfer Stadtwappen: 1. Die nicht genehmigte Verwendung des Wappens einer Großstadt im Zusammenhang mit dem Titel eines Anzeigenblatts kann das Namensrecht des Wappeninhabers (hier aus § 14 NWGO i.V. mit § 12 BGB analog) unter dem Gesichtspunkt einer namensmäßigen Zuordnungsverwirrung verletzen. 2. Der „Gebrauch" eines fremden Wappens iSv § 12 BGB ist nicht nur bei einer völlig identischen Übernahme, sondern auch bei einer nur ähnlichen Wiedergabe gegeben, sofern diese die wesentlichen Merkmale des Originals enthält und damit geeignet ist, auf den Berechtigten hinzuweisen. Vgl. auch BGH Urt. v. 23.9.1992 – I ZR 251/90 (OLG Karlsruhe) = BGHZ 119, 237 – Universitätsemblem: Wenn Subjekte des Verwaltungsrechts ihren Namen, ihr Wappen und ihr Siegel gegen ein zu zahlendes Entgelt auf Waren – besonders Kleidungsstücken wie T-Shirts uä – abbilden, so handeln sie im Rahmen ihrer in die Selbstverwaltungskompetenz fallenden Vermögensverwaltung. Dies bedarf keiner besonderen Ermächtigung und verstößt damit auch nicht gegen Vorschriften des öffentlichen Rechts. Die aufgrund einer obligatorischen Gestattung erfolgende und abgeleitete Namensrechte nicht begründende Verwendung eines fremden Namens kann auch originäre Namensrechte des Verwenders nicht begründen, wenn sie nicht namensmäßig, sondern lediglich in der Form eines Namensaufdrucks auf Waren ohne jede Herkunftshinweisfunktion erfolgt. Zu den Anforderungen an die Darlegung eines für den Verwirkungseinwand erforderlichen schutzwürdigen Besitzstands bei langjährigem Duldungsanschein und entsprechend schutzwürdigem Vertrauen auf eine ungestörte Fortbenutzung einer fremden Bezeichnung.
219 Anders, wenn Rückschlüsse auf Wappen oder Flaggen gezogen werden können: Marx in Fezer/Büscher/ Obergfell UWG, Rn. 61: Bspw. aus Flaggen oder Wappen hergeleitete Farben von Ländern – Rot-Weiß-Grün als Nationalfarben Ungarns, vgl. BGH Urt. v. 24.6.1982 – I ZR 108/80 (OLG München) = GRUR 1982, 685 f. – Ungarische Salami II; BGH Urt. v. 10.4.1981 – I ZR 162/79 (OLG München) = GRUR 1981, 666 f. – Ungarische Salami I. Weiterhin auch Umrisse oder Wahrzeichen von Städten.
220 BeckOK, MarkenR/Schoene, MarkenG, § 8 Rn. 778.

179 § 8 Abs. 2 Nr. 7 MarkenG untersagt die Eintragung von Marken, die amtliche Prüf- oder Gewährzeichen enthalten, die nach einer Bekanntmachung des BMJV im Bundesgesetzblatt von der Eintragung als Marke ausgeschlossen sind.

180 Das BPatG[221] hat hierzu in Bezug auf **Verkehrszeichen** (im Fall eines Ampelmännchens) entschieden, dass diese weder Hoheits- noch Prüfzeichen iSv § 8 Abs. 2 Nr. 6 und 7 MarkenG sind.

(7) Geschützte Ursprungsbezeichnungen und geografische Angaben (Nr. 9 bis 12)

181 Nach § 8 Abs. 2 Nr. 9 MarkenG ist auch die Eintragung von Marken untersagt, die nach deutschem Recht,[222] nach Rechtsvorschriften der EU[223] oder nach internationalen Übereinkünften,[224] denen die EU oder Deutschland angehört, und die Ursprungsbezeichnungen (**geschützte Ursprungsbezeichnung [g.U.]**) und geografische Angaben (**geschützte geographische Angabe [g.g.A.]**) schützen, von der Eintragung ausgeschlossen sind. Dabei handelt es sich um andere Schutzrechte als „geographische Herkunftsangaben" nach § 126 ff. MarkenG. G.g.A. und g.U. zeichnen sich dadurch aus, dass sie in ein **Register eingetragen** sind und dass dieser Eintragung eine Spezifikation zugrunde liegt, dh ein **Katalog von Anforderungen**, die ein Produkt erfüllen muss, um den geschützten Namen zu tragen. Bei geografischen Herkunftsangaben iS der §§ 126 ff. MarkenG gibt es beides nicht.[225] Eine deutsche Regelung zum Schutz von g.g.A./g.U. ist bspw. die SolingenV, die einen besonderen, öffentlich-rechtlich konkretisierten (dh gleichsam registermäßigen) Schutz des Namens „Solingen" für Schneidwaren vorsieht.[226] Eine bei Nr. 9 relevante Regelung ist auch Art. 23 TRIPS, der Wein und Spirituosen gegen Markeneintragungen schützt.

182 Nr. 9 (und die folgenden Nrn. 10 bis 12) sind mit der Umsetzung der MarkenRL im Zuge der Markenrechtsmodernisierung ins MarkenG aufgenommen worden und **Rechtsgrundverweisungen** zu den jeweiligen Regelungen in den Normkatalogen auf deutscher, europäischer und internationaler Ebene.[227]

183 Nr. 10 regelt einen aus den in Nr. 9 genannten Regelwerken abgeleiteten besonderen Schutz für **Weine**. Nr. 11 normiert einen besonderen Schutz von traditionellen Spezialitäten (**geschützte traditionelle Spezialitäten [g.t.S.]**). Nach Nr. 12 sind von der Eintragung auch Marken ausgeschlossen, die aus einer im Einklang mit deutschem Recht, mit den Rechtsvorschriften der EU oder mit internationalen Übereinkünften, denen die EU oder die Bundesrepublik Deutschland angehören, zu Sortenschutzrechten eingetragenen früheren **Sortenbezeichnung** bestehen oder diese in ihren wesentlichen Elementen wiedergeben und die sich auf Pflanzensorten derselben Art oder eng verwandter Arten beziehen. Dabei handelt es sich (anders als bei den Nrn. 9 bis 11) nicht um eine Rechtsgrundverweisung (vorstehende Rn. 182), sondern um ein **eigenständiges Schutzhindernis**. Die Vorschrift verfolgt das im **Allgemeininteresse** liegende Ziel, dass Sortenbezeichnungen von allen frei verwendet werden können.[228] Sie verhindert die Mono-

---

221 BPatG Beschl. v. 27.9.2012 – 27 W (pat) 31/11 = GRUR 2013, 379, Ls. 1 – Gehendes Ampelmännchen.
222 Beispiele in BeckOK, MarkenR/Schoene MarkenG, § 8 Rn. 805 und 806.
223 Beispiele in BeckOK, MarkenR/Schoene MarkenG, § 8 Rn. 803 und 804.
224 Beispiele in BeckOK, MarkenR/Schoene MarkenG, § 8 Rn. 807 bis 810e.
225 BeckOK, MarkenR/Schoene MarkenG, § 8 Rn. 800.
226 BeckOK, MarkenR/Schoene MarkenG, § 8 Rn. 806.
227 Nahezu wortlautgetreue Umsetzung von Art. 4 Abs. 1 Buchst. i MarkenRL bzw. Art. 7 Abs. 1 Buchst. j UMVO.
228 BeckOK, MarkenR/Schoene, MarkenG, § 8 Rn. 833.

VI. Die eingetragene Marke (§ 4 Nr. 1 MarkenG – Registermarke)

polisierung und sichert das Recht, die fraglichen Sortenbegriffe zur Beschreibung von Waren zu verwenden.[229]

(8) Öffentlich-rechtliches Benutzungsverbot (Nr. 13)

Nach Nr. 13 soll die Eintragung von Marken, deren Benutzung für die beanspruchten Waren und Dienstleistungen im öffentlichen Interesse untersagt ist, verhindern.[230] Nach der Eintragung in Kraft tretende öffentliche Verbote sind im Löschungsverfahren nicht zu berücksichtigen.[231] Jede Möglichkeit einer erlaubten markenmäßigen Benutzung schließt die Schutzversagung im Eintragungsverfahren aus.[232] Nicht ernst zu nehmende Bezeichnungen wie „Kokain-Ball" für Veranstaltungen sind nicht ersichtlich verboten und darum als Marke eintragbar.[233]

184

(9) Bösgläubigkeit bei der Markenanmeldung (Nr. 14)

Abschließend ist nach § 8 Abs. 2 Nr. 14 MarkenG auch im Rahmen eines Schutzes gegen **Rechtsmissbrauch** die Eintragung von Marken ausgeschlossen, die **bösgläubig** – dh rechtsmissbräuchlich (durch Ausnutzung einer formalen Rechtsposition ohne sachlich rechtfertigenden Grund zur Erreichung eines verwerflichen Zweckes,[234] bspw. schon durch falsche oder irreführende Angaben gegenüber dem DPMA, bzw. die Anmeldung einer bekannten Marke durch einen Nichtberechtigten) oder sittenwidrig[235] – angemeldet worden sind. Es gibt **keine Legaldefinition der Bösgläubigkeit**. Das Vorliegen von Bösgläubigkeit ist vielmehr auf der Grundlage von **Indizien des Einzelfalles** festzustellen.[236] Ein maßgebliches Indiz oder Kriterium ist dabei ein beabsichtigter **zweckfremder Einsatz der Marke**.[237] Es handelt derjenige nicht bösgläubig, der ein Zeichen als Marke anmeldet, obwohl er weiß (**Kenntnis**), dass ein anderer das Zeichen für dieselbe Warenkategorie benutzt, aber keinen formalen Kennzeichenschutz daran hat. Zu dieser Kenntnis müssen besondere Umstände hinzutreten, die das Verhalten des Anmelders als unlauter erscheinen lassen.[238] **Besondere Umstände** können darin liegen, dass

185

---

229 EuG Urt. v. 8.6.2019 – T-569/18 = BeckRS 2019, 11457, Rn. 27 zu Art. 7 Abs. 1 Buchst. m UMV.
230 Vgl. hierzu bspw. § 3a UWG iVm der Health-Claims-VO: „bekömmlich" ist nicht eintragbar für Bier, da für Getränke mit mehr als 1,2% Alkoholgehalt keine gesundheitsbezogenen Angaben gemacht werden dürfen, so OLG Stuttgart Urt. v. 3.11.2016 – 2 U 37/16 = GRUR-Prax 2017, 29 – bekömmlich.
231 BeckOK, MarkenR/Schoene, MarkenG, § 8 Rn. 835.
232 BGH Beschl. v. 13.10.2004 – I ZB 10/02 (BPatG) = GRUR 2005, 258 – Ruximycin; BPatG Beschl. v. 27.3.2012 – 27 W (pat) 83/11 = GRUR 2012, 1148 – Robert Enke.
233 BPatG Beschl. v. 25.2.2004 – 32 W (pat) 331/02 = GRUR 2004, 875 f. – Kokain Ball; BPatG Beschl. v. 1.7.1998 – 26 W (pat) 112/97 = BeckRS 1998, 14432 – Cannabis für Feuerzeuge.
234 Eisenmann/Jautz, Rn. 262b.
235 „Wenn der Anmelder das angemeldete Zeichen nicht als Marke, dh als Herkunftsnachweis, benutzen, sondern die formelle Rechtsstellung als Inhaber eines Kennzeichenrechts lediglich zum Zwecke der rechtsmissbräuchlichen oder sittenwidrigen Behinderung Dritter einsetzen will iS von „Beeinträchtigung eines schutzwürdigen Besitzstandes an einer nicht geschützten Bezeichnung, (sittenwidrige(n) Behinderung, fehlender Benutzungswille und Markenerschleichung": Götting, § 54 Rn. 23.
236 BeckOK, MarkenR/Schoene, MarkenG, § 8 Rn. 892. Vgl. etwa BPatG Beschl. v. 17.4.2014 – 30 W (pat) 32/12 = GRUR 2014, 780 – LIQUIDROM: 1. Werden Räumlichkeiten nebst einem darin eingerichteten Geschäftsbetrieb (hier: Badebetrieb) unter einer bestimmten Bezeichnung (hier: „LIQUIDROM") verpachtet, so wächst der aus der Benutzung der Bezeichnung resultierende Besitzstand an dieser Bezeichnung nicht dem Pächter, sondern dem Verpächter zu (im Anschluss an BGH Urt. v. 28.10.1958 – I ZR 114757 = GRUR 1959, 87 – Fischl). 2. Auch gegenüber einem räumlich (hier: auf das Gebiet von Berlin) beschränkten Besitzstand kann sich die Anmeldung einer bundesweit geltenden Marke als bösgläubig darstellen.
237 BGH Urt. v. 10.8.2000 – I ZR 283/97 (OLG München) = GRUR 2000, 1032 – Equi 2000; BPatG, Beschl. v. 16.11.199 – 27 W (pat) 94/99 = GRUR 2000, 809 – SSZ; Steinbeck, FS 50 Jahre BPatG, 2011, 777.
238 OLG Frankfurt aM Beschl. v. 18.8.2020 – 6 W 87/20 = GRUR-Prax 2020, 480.

der Markenanmelder in Kenntnis eines schutzwürdigen Besitzstandes des Vorbenutzers ohne zureichenden sachlichen Grund mit dem **Ziel der Störung** des Vorbenutzers oder in der Absicht, den Gebrauch der Bezeichnung zu sperren, gehandelt hat.[239] Weiterhin muss nach § 37 Abs. 3 MarkenG – vergleichbar § 8 Abs. 2 Nr. 4 MarkenG – die Bösgläubigkeit bei der Ausnutzung „**ersichtlich**" sein. „Ersichtlich" ist, was sich aus Anmeldeakten, Prüfungs- und Recherchematerial sowie üblichen Informationsquellen ohne Weiteres ergibt.[240] Dabei ist es unerheblich, ob das Zeichen sonst eintragungsfähig wäre.[241]

cc) Verkehrsdurchsetzung (§ 8 Abs. 3 MarkenG)

186 Die Regelungsvorgaben in

- § 8 Abs. 2 Nr. 1 MarkenG (fehlende Unterscheidungskraft),
- § 8 Abs. 2 Nr. 2 MarkenG (bloß beschreibende Zeichen und Angaben) und
- § 8 Abs. 2 Nr. 3 MarkenG (übliche Bezeichnungen)

als absolute Schutzhindernisse gelangen nach § 8 Abs. 3 MarkenG dann nicht zur Anwendung, wenn die Marke sich **vor** dem Zeitpunkt der Entscheidung über die Eintragung infolge ihrer Benutzung für die Waren oder Dienstleistungen, für die sie angemeldet worden ist, in den beteiligten Verkehrskreisen durchgesetzt hat (**Verkehrsdurchsetzung** – wobei eine Untergrenze von 50 % im gesamten Bundesgebiet anzusetzen ist)

187 Dies bedeutet, dass die nach § 8 Abs. 2 Nr. 1, Nr. 2 und Nr. 3 MarkenG nicht unterscheidungskräftigen bzw. beschreibenden Angaben dann doch als Marke eingetragen werden können, wenn sie bei **allen beteiligten Verkehrskreisen** – und zwar innerhalb des gesamten Bundesgebiets – Verkehrsdurchsetzung erlangt haben.[242] Die Verkehrsdurchsetzung kompensiert damit eine fehlende Unterscheidungskraft bzw. den bloß deskriptiven Charakter eines Zeichens.

Beachte: Der Begriff der „Verkehrsdurchsetzung" in § 8 Abs. 3 MarkenG, bezogen auf das **gesamte Gebiet der Bundesrepublik Deutschland**, der dann doch zur Eintragungsfähigkeit einer Marke führt, ist strikt von jenem der „Verkehrsgeltung" – innerhalb der beteiligten Verkehrskreise – nach § 4 Nr. 2 MarkenG (im Hinblick auf die Entstehung eines Markenrechts für Zeichen infolge Benutzung und Verkehrsgeltung) zu unterscheiden, wodurch unmittelbar und bei niedrigerer Verkehrsdurchsetzungsquote (sowie ggf. auch regional beschränkt) Markenschutz entstehen kann.[243]

188 Die Frage, ob eine Marke infolge Benutzung „Unterscheidungskraft" erlangt hat, ist – so der BGH[244] – aufgrund einer Gesamtschau aller Gesichtspunkte zu beantworten, die zeigen können, dass die Marke die Eignung erlangt hat, die fraglichen Waren oder Dienstleistungen als von einem bestimmten Unternehmen stammend zu kennzeichnen und diese Ware oder Dienstleistung damit von den Waren oder Dienstleistungen anderer Unternehmen zu unterscheiden: Dabei könne für die Feststellung des im Einzelfall

---

239 OLG Frankfurt aM Beschl. v. 18.8.2020 – 6 W 87/20 = GRUR-Prax 2020, 480, Ls. 2.
240 BeckOK, MarkenR/Schoene, MarkenG, § 8 Rn. 885.
241 BeckOK, MarkenR/Schoene, MarkenG, § 8 Rn. 863.
242 BGH Beschl. v. 21.2.2008 – I ZB 24/05 (BPatG) = GRUR 2008, 710, Rn. 35 – VISAGE; EuG Urt. v. 14.12.2018 – T-801/17 = BeckRS 2018, 32422.
243 So Eisenmann/Jautz, Rn. 263b.
244 BGH Beschl. v. 23.10.2008 – I ZB 48/07 (BPatG) = GRUR 2009, 669 – POST II.

VI. Die eingetragene Marke (§ 4 Nr. 1 MarkenG – Registermarke)

erforderlichen Durchsetzungsgrads **nicht von festen Prozentsätzen ausgegangen werden**, auch wenn – sofern nicht besondere Umstände eine abweichende Beurteilung rechtfertigen – die untere Grenze für die Annahme einer Verkehrsdurchsetzung **nicht unterhalb von 50 %** angesetzt werden könne.[245] Die Verkehrsdurchsetzung ist durch eine demoskopische Verkehrsbefragung (**demoskopisches Gutachten**) zu ermitteln.[246] Handele es sich jedoch um einen Begriff, der die fraglichen Waren oder Dienstleistungen ihrer Gattung nach abstrakt beschreibt (im konkreten Fall: „Post"), kämen Bedeutungswandel und damit eine Verkehrsdurchsetzung erst bei einem deutlich höheren Durchsetzungsgrad in Betracht.[247] Denn ein sehr bekannter beschreibender Begriff könne Unterscheidungskraft nur bei einer langen und intensiven Benutzung der Marke erlangen. Daher sei im Einzelfall eine sehr hohe oder eine nahezu einhellige Verkehrsdurchsetzung notwendig.

Im Verfahren der Verkehrsdurchsetzung ist nicht notwendigerweise stets auf die Erreichung der 50 % im Rahmen der Demoskopie abzustellen, wenn sich nach allen vom EuGH in seiner **Chiemsee-Entscheidung**[248] entwickelten Kriterien iS einer Gesamtschau eine Durchsetzung des Zeichens als herkunftshinweisend ergibt – wie das BPatG bspw. im Falle des Verbrauchermagazins „test"[249] entschieden hat.

Das angemeldete Wortzeichen „**Spielwarenmesse**" ist – so das BPatG[250] – für die beanspruchte Dienstleistung „Veranstaltung von gewerblichen Fachmessen auf dem Gebiet der Spielwaren" aufgrund der nachgewiesenen Verkehrsdurchsetzung schutzfähig.

Das sog. **DDR-Ampelmännchen** ist – so das BPatG – jedoch nicht in den allgemein üblichen Zeichenschatz (§ 8 Abs. 2 und 3 MarkenG) eingegangen.[251]

---

245 So schon BGH Beschl. v. 1.3.2001 – I ZB 54/98 (BPatG) = GRUR 2001, 1042 (1043) – REICH UND SCHOEN.
246 BGH Beschl. v. 21.7.2016 – I ZB 52/15 (BPatG) = BGHZ 211, 268 = GRUR 2016, 1167 – Sparkassen-Rot: 1. Im Rahmen einer Befragung zur Erstellung eines demoskopischen Gutachtens zur Verkehrsdurchsetzung ist mit der Eingangsfrage zu ermitteln, ob der Befragte das in Rede stehende Zeichen im Zusammenhang mit den beanspruchten Waren und Dienstleistungen schon einmal wahrgenommen hat. Erst im Anschluss daran kann bei dem Personenkreis, der das Zeichen kennt, nachgefragt werden, ob er es als Hinweis auf ein ganz bestimmtes Unternehmen sieht. Dabei darf die Eingangsfrage den herkunftshinweisenden Charakter des Zeichens nicht bereits suggerieren. 2. Steht fest, dass mehrere Dienstleistungen unterschiedlicher Art typischerweise von einem einzigen Unternehmen erbracht werden (hier: Bankdienstleistungen für Privatkunden) und der angesprochene Verkehr erwartet, wenn er die wichtigste dieser Dienstleistungen in Anspruch nimmt (hier: Führung eines Girokontos), dass dieses Unternehmen auf Anfrage weitere Dienstleistungen (hier: Ausgabe von Debit- und Kreditkarten, Kredite, Geldanlagen usw) anbietet, kann dieses Dienstleistungsbündel Gegenstand einer einzigen Befragung zur Verkehrsdurchsetzung eines Zeichens sein, das hierfür Geltung beansprucht. 3. Ein demoskopisches Gutachten kann den Nachweis der Verkehrsdurchsetzung erbringen, wenn es keine grundlegenden methodischen Mängel aufweist und nach Abschlägen einen Kennzeichnungsgrad von über 50% ergibt. 4. Ein demoskopisches Gutachten ist nicht geeignet, die Verkehrsdurchsetzung eines Zeichens zu widerlegen, wenn auf sein Ergebnis wegen methodischer Mängel Aufschläge gemacht werden müssen, die dazu führen, dass für das in Frage stehende Zeichen ein Kennzeichnungsgrad von über 50 % erreicht wird. 5. Ebenso wie größere Zeiträume zwischen Anmeldetag und Zeitpunkt der Erstattung eines demoskopischen Gutachtens regelmäßig die Annahme ausschließen, das Gutachtenergebnis könne auf den Anmeldetag zurückbezogen werden, stehen größere Zeiträume zwischen der Erstattung eines demoskopischen Gutachtens und der Entscheidung über den Löschungsantrag im Regelfall dessen Verwertung im Rahmen der Prüfung einer Verkehrsdurchsetzung im Entscheidungszeitpunkt entgegen.
247 So schon BGH Beschl. v. 19.1.2006 – I ZB 11/04 (BPatG) = GRUR 2006, 760, Rn. 20 – LOTTO.
248 EuGH Urt. v. 4.5.1999 – Rs. C-108 und 109/97 = GRUR 1999, 723 – Chiemsee.
249 BPatG Beschl. v. 27.6.2012 – 29 W (pat) 22/11 = GRUR 2013, 388 – test.
250 BPatG Beschl. v. 12.9.2012 – 29 W (pat) 79/12 = GRUR 2013, 394 – Spielwarenmesse.
251 BPatG Beschl. v. 27.9.2012 – 27 W (pat) 31/11 = GRUR 2013, 379, Ls. 1 – Gehendes Ampelmännchen.

Frage 24: Welche Voraussetzungen müssen erfüllt sein, damit eine eigentlich nach § 8 Abs. 2 Nr. 1, 2 bzw. 3 MarkenG nicht eintragungsfähige Marke kraft Verkehrsdurchsetzung doch eintragungsfähig ist?

dd) Weitere Einschränkungen (§ 8 Abs. 4 MarkenG)

192 Nach § 8 Abs. 4 MarkenG gelangen § 8 Abs. 2 Nr. 6, 7 und 8 MarkenG auch dann zur Anwendung, wenn die Marke die **Nachahmung** eines dort aufgeführten Zeichens enthält. § 8 Abs. 2 Nr. 6, 7 und 8 MarkenG sind nicht anzuwenden, wenn der Anmelder befugt ist, in der Marke eines der dort aufgeführten Zeichen zu führen, selbst wenn es mit einem anderen der dort aufgeführten Zeichen verwechselt werden kann.

193 § 8 Abs. 2 Nr. 7 MarkenG ist ferner nicht anzuwenden, wenn die Waren oder Dienstleistungen, für die die Marke angemeldet worden ist, mit denen, für die das Prüf- oder Gewährzeichen eingeführt ist, weder identisch noch diesen ähnlich sind.

194 § 8 Abs. 2 Nr. 8 MarkenG ist des Weiteren nicht anzuwenden, wenn die angemeldete Marke nicht geeignet ist, beim Publikum den unzutreffenden Eindruck einer Verbindung mit einer internationalen zwischenstaatlichen Organisation hervorzurufen.

b) Plagiate notorisch bekannter Marken (§ 10 MarkenG)

195 Von der Eintragung ausgeschlossen ist eine Marke außer im Falle ihrer fehlenden geeigneten Darstellbarkeit (§ 8 Abs. 1 MarkenG) bzw. beim Vorliegen absoluter Schutzhindernisse (§ 8 Abs. 2 MarkenG) nach **§ 10 Abs. 1 MarkenG** (in Umsetzung von Art. 5 Abs. 2 Buchst. d MarkenRL) auch dann, wenn sie mit einer **im Inland** iSd Art. 6bis PVÜ – (vorstehende Rn. 85) **notorisch bekannten Marke mit älterem Zeitrang** identisch oder dieser ähnlich ist und die weiteren Voraussetzungen des § 9 Abs. 1 Nr. 1 (Identitätsschutz), Nr. 2 (Verwechslungsschutz) oder Nr. 3 MarkenG (Bekanntheitsschutz) (dazu gleich nachstehende Rn. 199 – relative Schutzhindernisse) gegeben sind.

196 Dies gilt gemäß § 10 Abs. 2 MarkenG nicht, wenn der Anmelder (des prioritätsjüngeren Zeichens) von dem Inhaber der notorisch bekannten Marke zur Anmeldung ermächtigt worden ist.

197 Die Frage eines **Plagiats einer notorisch bekannten Marke** (Notorietät iS einer Allbekanntheit einer Marke) wird nach § 37 Abs. 1 MarkenG vom DPMA im Rahmen des Eintragungsverfahrens zwar **geprüft**, doch erfolgt eine Zurückweisung des Eintragungsantrags gemäß § 37 Abs. 4 MarkenG nur dann, wenn die Notorietät „amtsbekannt" ist, dh wenn es sich um einen offensichtlichen Missbrauchsfall handelt.

198 § 10 MarkenG kann (als **relatives Schutzhindernis**) sowohl im

- Widerspruchsverfahren (§ 42 Abs. 2 Nr. 2 MarkenG) als auch im
- Löschungsverfahren (§ 51 Abs. 1 MarkenG)

geltend gemacht werden.

c) Relative Schutzhindernisse (§ 9 MarkenG)

199 Relative Schutzhindernisse (als **Löschungsgründe** – vgl. § 51 Abs. 1 MarkenG) zielen – im Unterschied zu absoluten Schutzhindernissen (die zwecks Wahrung öffentlicher Interessen von Amts wegen zu prüfen sind) – auf **einen Schutz der privaten Interessen** ei-

VI. Die eingetragene Marke (§ 4 Nr. 1 MarkenG – Registermarke)

nes Inhabers eines kollidierenden Zeichens.[252] Ein eingetragenes Zeichen darf die Rechtsposition einer angemeldeten oder bereits eingetragenen älteren Marke nicht beeinträchtigen. Ansonsten steht dem prioritär nachrangigen Zeichen ein nach § 9 MarkenG zu berücksichtigendes relatives Schutzhindernis entgegen.

Im Rahmen des Eintragungsverfahrens nach § 37 Abs. 1 MarkenG werden nur die absoluten Schutzhindernisse gemäß § 8 MarkenG geprüft. Es erfolgt jedoch keine Prüfung der relativen Schutzhindernisse von Amts wegen. Vielmehr werden relative Schutzhindernisse nach § 9 MarkenG nur aufgrund eines **Widerspruchs gemäß § 42 MarkenG** bzw. im **Zuge einer Löschungsklage wegen Nichtigkeit** nach § 51 Abs. 1 MarkenG geprüft.

Die Löschung eines neu eingetragenen Zeichens kommt nach § 9 Abs. 1 MarkenG bei Bestehen einer angemeldeten oder eingetragenen Marke mit älterem Zeitrang in **drei Fällen in Betracht** (vgl. auch die wortgleichen Regelungen des § 14 Abs. 2 Nr. 1 bis 3 MarkenG, die regeln, wann ein Rechteinhaber gegen die Benutzung seiner Marke durch Dritte vorgehen kann):

- Doppelidentität (Nr. 1),
- Verwechselungsgefahr (Nr. 2) oder
- Schutz bekannter Marken (Nr. 3).

aa) Doppelidentität (§ 9 Abs. 1 Nr. 1 MarkenG)

Die neu eingetragene (dh die **prioritätsältere**) Marke ist mit einer angemeldeten oder eingetragenen Marke mit älterem Zeitrang (**prioritätsjüngere** Marke) identisch (Identität) und die Waren oder Dienstleistungen, für die sie eingetragen worden ist, sind mit den Waren oder Dienstleistungen identisch, für die die Marke mit älterem Zeitrang angemeldet oder eingetragen worden ist (Nr. 1 – **Fall einer Doppelidentität – Identitätsschutz**).[253]

Diese Konstellation ist dadurch gekennzeichnet, dass sowohl eine Identität der neuen Marke mit einer Marke mit älterem Zeitrang als auch eine Identität der Waren oder Dienstleistungen der neuen Marke mit den Waren und Dienstleistungen der älteren Marke besteht (**doppelte Identität**).

bb) Verwechslungsgefahr (§ 9 Abs. 1 Nr. 2 MarkenG)

Die neu eingetragene (prioritätsjüngere) Marke begründet wegen ihrer Identität oder Ähnlichkeit mit einer angemeldeten oder eingetragenen (prioritätsälteren) Marke mit älterem Zeitrang und der Identität oder der Ähnlichkeit der durch die beiden Marken erfassten Waren oder Dienstleistungen für das Publikum die **Gefahr von Verwechslungen** (einschließlich der Gefahr, dass die Marken gedanklich miteinander in Verbindung gebracht werden – Nr. 2 – **Fall einer Verwechslungsgefahr** wegen identischer/ähnlicher Marken mit identischen/ähnlichen Waren oder Dienstleistungen – **Verwechslungsschutz**).

---

[252] Götting, § 54 Rn. 24.
[253] Vgl. etwa OLG Köln Urt. v. 20.12.2019 – 6 U 92/19 – CLOWNS: Die Verwendung des Zeichens „Clown" im Zusammenhang mit einer bekannten Marke für Fruchtgummi- und Lakritzprodukte auf einer durchsichtigen Verpackung für Fruchtgummiprodukte in Clown-Form sieht der Verkehr nicht als herkunftshinweisend, sondern allein als Beschreibung der Warenform an.

205 Die Beurteilung der Verwechslungsgefahr in § 9 Abs. 1 Nr. 2 MarkenG – die gleichermaßen für den Verletzungstatbestand des § 14 Abs. 2 Nr. 2 MarkenG relevant ist – ist in Umsetzung der MarkenRL unionsrechtlich zu bestimmen. Nach Ansicht des BGH[254] ist die Beurteilung unter Berücksichtigung **aller Umstände des Einzelfalls** vorzunehmen: Dabei bestehe eine Wechselwirkung zwischen den in Betracht zu ziehenden Faktoren, insbesondere der Ähnlichkeit der Zeichen und der Ähnlichkeit der mit ihnen gekennzeichneten Waren oder Dienstleistungen. Bei dieser umfassenden Beurteilung der Verwechslungsgefahr ist auf den durch die Zeichen hervorgerufenen Gesamteindruck der von der Marke angesprochenen Verkehrskreise abzustellen, wobei insbesondere ihre unterscheidungskräftigen und dominierenden Elemente zu berücksichtigen seien.[255]

206 Gehören zu den **angesprochenen Verkehrskreisen** sowohl **Fachkreise** (zB Ärzte oder Apotheker) als auch das **allgemeine Publikum** (Endverbraucher), kann der Gesamteindruck, den die verschiedenen Verkehrskreise von den Marken haben, nach Ansicht des BGH[256] unterschiedlich ausfallen, mit folgender Rechtsfolge: Kann aufgrund der **gespaltenen Verkehrsauffassung** nur bei einem der verschiedenen Verkehrskreise eine Verwechslungsgefahr bejaht werden, reicht dies für die Verwirklichung des § 9 Abs. 1 Nr. 2 MarkenG grundsätzlich aus.

207 Der EuGH[257] stellt bei der Beurteilung der Frage, ob eine Bezeichnung, eine Marke oder eine Werbeaussage geeignet ist, den Käufer irrezuführen, auf die **mutmaßliche Er-**

---

254 BGH Urt. v. 5.2.2009 – I ZR 167/06 (OLG Hamburg) = GRUR 2009, 484, Rn. 23 – Metrobus.
255 BGH Urt. v. 11.11.1997 – C-251/95 = GRUR 1998, 387 – Sabel BV/Puma: Fall einer springenden Raubkatze: Die rein assoziative gedankliche Verbindung, die der Verkehr über die Übereinstimmung des Sinngehalts zweier Marken zwischen diesen herstellen könnte, begründet für sich genommen keine „Gefahr von Verwechslungen, die die Gefahr einschließt, dass die Marke mit der älteren Marke gedanklich in Verbindung gebracht wird", iS des Art. 4 Abs. 1 Buchst. b der MarkenRL. Vgl. auch OLG Hamburg Urt. v. 29.10.2020 – 5 U 81/17 = GRUR 2021, 76 – SchoolJUMP: 1. Eine Verwechslungsgefahr ist dann ausgeschlossen, wenn markenrechtlicher Schutz gegenüber einer Ware und/oder Dienstleistung des angegriffenen Zeichens beansprucht wird, für die die Klagemarke selbst schutzunfähig ist. 2. Danach darf der Schutzumfang der Klagemarke nicht auf solche Dienstleistungen ausgedehnt werden, für die die ältere Marke einen beschreibenden Sinngehalt aufweist oder sonst schutzunfähig ist. Zur Verwechslungsgefahr bei kennzeichnungsschwachen Marken auch BGH Beschl. v. 6.2.2020 – I ZB 21/19 (BPatG) = GRUR 2020, 870 – INJEKT/INJEX: 1. Im Löschungsklageverfahren wirkt die Benutzung einer Spezialware auch für einen umfassenderen, nicht zu breiten Warenoberbegriff rechtserhaltend. Die gebotene wirtschaftliche Betrachtungsweise und das berechtigte Interesse des Zeicheninhabers, in seiner geschäftlichen Bewegungsfreiheit nicht ungebührlich eingeengt zu werden, rechtfertigen es, auch die Waren im Warenverzeichnis zu belassen, die nach der Verkehrsauffassung gemeinhin zum gleichen Warenbereich gehören. 2. Die für das Löschungsverfahren im Interesse der wirtschaftlichen Bewegungsfreiheit des Markeninhabers entwickelte Rechtsprechung zur Einschränkung von Oberbegriffen gilt nicht für das Markenverletzungsverfahren. Ist die Marke für einen (weiten) Warenoberbegriff eingetragen, ist sie in diesem Verfahren so zu behandeln, als sei sie nur für die konkret benutzten Waren registriert. Damit ist jedoch nicht gemeint, dass der Schutz der Marke lediglich auf das konkret vertriebene Einzelprodukt mit sämtlichen individuellen Eigenschaften (hier: zweiteilige Einmalspritzen) besteht. Der Schutz erstreckt sich vielmehr auf gleichartige Waren (hier: medizinische Spritzen) (in Fortführung von BGH Urt. v. 29.6.2006 – I ZR 110/03 = GRUR 2006, 937 = WRP 2006, 1133 – Ichthyol II). 3. Wird aus einem wegen beschreibender Anklänge kennzeichnungsschwachen oder originär schutzunfähigen Zeichen, das als Marke eingetragen worden ist, wegen Verwechslungsgefahr Widerspruch erhoben, dürfen bei der Prüfung der Zeichenähnlichkeit beschreibende Zeichenbestandteile nicht von vornherein aus der Betrachtung ausgeschlossen werden. 4. Einer mit dem Zweck der absoluten Schutzhindernisse unvereinbaren Begünstigung schwacher Marken kann durch ein auf diese Schutzhindernisse gestütztes Nichtigkeitsverfahren begegnet werden. Ist ein Zeichen wirksam als Marke eingetragen, verhindert im Verletzungsverfahren die Schutzschranke des § 23 Nr. 2 MarkenG aF (§ 23 Abs. 1 Nr. 2 MarkenG nF) einen unangemessenen Schutz von Zeichen, die wegen ihrer beschreibenden Anklänge originär schutzunfähig sind.
256 BGH Beschl. v. 1.6.2011 – I ZB 52/09 (BPatG) = GRUR 2012, 64 – Maalox/Melox-GRY.
257 EuGH Urt. v. 16.7.1998 – Rs. C-210–96 = NJW 1998, 3183.

VI. Die eingetragene Marke (§ 4 Nr. 1 MarkenG – Registermarke)

wartung eines durchschnittlich informierten, situationsadäquat aufmerksamen und verständigen Durchschnittsverbrauchers ab (sog. **europäischer Verbraucherbegriff**) – ohne dass ein Sachverständigengutachten einzuholen oder eine Verbraucherbefragung in Auftrag zu geben ist (Argument: Die entscheidenden Richter sind als Teil der Verbraucherschaft in der Lage eine entsprechende Beurteilung selbst vorzunehmen).

Bei der Beurteilung der Ähnlichkeit der Waren oder Dienstleistungen sind alle **erheblichen Faktoren** zu berücksichtigen, die das Verhältnis zwischen den Waren und Dienstleistungen kennzeichnen. Hierzu gehören insbesondere die Art der Waren und Dienstleistungen, ihr Verwendungszweck, ihre Nutzung sowie die Eigenart als miteinander konkurrierende oder einander ergänzende Waren oder Dienstleistungen bzw. die Kennzeichnungskraft einer älteren Marke. In die Beurteilung einzubeziehen ist, ob die Waren oder Dienstleistungen regelmäßig von denselben Unternehmen oder unter ihrer Kontrolle hergestellt oder erbracht werden oder ob sie beim Vertrieb Berührungspunkte aufweisen. Von einer **Unähnlichkeit** der Waren oder Dienstleistungen kann nur dann ausgegangen werden, wenn trotz (unterstellter) Identität der Marken die Annahme einer Verwechslungsgefahr wegen des Abstands der Waren und Dienstleistungen von vornherein ausgeschlossen ist.[258] Bei der Beurteilung der Zeichenähnlichkeit[259] ist der jeweilige Gesamteindruck der sich gegenüberstehenden Zeichen zu berücksichtigen. Das schließt es nicht aus, dass unter Umständen ein oder mehrere Bestandteil(e) einer komplexen Marke für den durch die Marke im Gedächtnis der angesprochenen Verkehrskreise hervorgerufenen Gesamteindruck prägend sein kann/können.[260] Weiterhin ist es nicht ausgeschlossen, dass ein Zeichen, das als Bestandteil in eine zusammengesetzte Marke oder eine komplexe Kennzeichnung aufgenommen wird, eine selbstständig kennzeichnende Stellung behält, ohne dass es das Erscheinungsbild der zusammengesetzten Marke oder komplexen Kennzeichnung dominiert oder prägt.

208

Frage 25: Was versteht man unter „Verwechslungsgefahr" und wann liegt eine solche vor?

---

258 BGH Urt. v. 16.11.2000 – I ZR 34/98 (OLG Hamburg) = GRUR 2001, 507 – ENVIAN/REVIAN.
259 BGH Urt. v. 23.9.2015 – I ZR 105/14 (OLG Köln) = GRUR 2015, 1214 – Goldbären: 1. Eine Zeichenähnlichkeit zwischen einer Wortmarke (hier: Goldbären) und einer dreidimensionalen Gestaltung (hier: in Goldfolie eingewickelte Schokoladenfigur) ist nicht von vornherein ausgeschlossen. Sie kann sich aber weder in klanglicher noch in bildlicher Hinsicht ergeben. Vielmehr kann eine Zeichenähnlichkeit nur aus einer Ähnlichkeit im Bedeutungsgehalt folgen. 2. Bei der Beurteilung der Frage der Zeichenähnlichkeit zwischen einer Wortmarke und einer dreidimensionalen Gestaltung darf nicht über die Ähnlichkeit im Sinngehalt ein Motivschutz begründet werden oder eine uferlose Ausweitung des Schutzbereichs der Wortmarke mit der Folge einer umfassenden Monopolisierung von Warengestaltungen vorgenommen werden. 3. Die begriffliche Ähnlichkeit zwischen einer Wortmarke und einer dreidimensionalen Gestaltung ist anzunehmen, wenn die Wortmarke aus Sicht der angesprochenen Verkehrskreise die naheliegende, ungezwungene und erschöpfende Bezeichnung der dreidimensionalen Gestaltung ist. Hierzu ist erforderlich, dass sich die Benennung der beanstandeten Gestaltung mit dem Markenwort für den Verkehr aufdrängt, ohne dass hierfür mehrere gedankliche Zwischenschritte notwendig sind und ohne dass es andere Bezeichnungen für die dreidimensionale Gestaltung gibt, die gleich naheliegend sind. 4. Bei der Prüfung der Zeichenähnlichkeit einer für Fruchtgummiprodukte eingetragenen Wortmarke (hier: Goldbären) ist in die Prüfung der Zeichenähnlichkeit bei einer Kollision mit einer dreidimensionalen Gestaltung (hier: in Goldfolie eingewickelte Schokoladenfigur) nicht die Produktform einzubeziehen, für die der Markeninhaber die Wortmarke nutzt (hier: konkrete Gestaltung der Gummibärchen). 5. Hat das Berufungsgericht über einen Anspruch aus einer Marke entschieden, auf die der Kläger sich im Rechtsstreit zur Begründung seines Anspruchs nicht gestützt hat, sondern die er nur neben anderen Marken zur Darstellung seines Markenbestands angeführt hat, stellt dies einen Verstoß gegen § 308 ZPO dar, der im Revisionsverfahren von Amts wegen zu beachten ist.
260 EuGH Urt. v. 6.10.2005 – C-120/04 = GRUR 2005, 1042, Rn. 28 f. – THOMSON LIFE.

cc) Schutz bekannter Marken (§ 9 Abs. 1 Nr. 3 MarkenG)

209 Die neu eingetragene (prioritätsältere) Marke ist mit einer angemeldeten oder eingetragenen Marke mit älterem Zeitrang (prioritätsjüngere Marke) identisch oder dieser ähnlich und sie ist für Waren oder Dienstleistungen eingetragen worden, die nicht denen ähnlich sind, für die die Marke mit älterem Zeitrang angemeldet oder eingetragen worden ist (**keine Ähnlichkeit**), falls es sich bei der Marke mit älterem Zeitrang um eine **im Inland bekannte Marke** handelt und die Benutzung der eingetragenen Marke die Unterscheidungskraft oder die Wertschätzung der „bekannten Marke" ohne rechtfertigenden Grund in unlauterer Weise ausnutzen oder beeinträchtigen würde (Nr. 3 – Fall einer **Verwässerung oder Rufausbeutung der bekannten Marke** – **Bekanntheitsschutz**).

210 Bekannte Marken genießen im Eintragungsverfahren (vorstehende Rn. 38 – aber **gesteigerte Anforderungen für eine notorische Bekanntheit** der Marke nach § 4 Nr. 3 iVm § 10 MarkenG), ebenso wie im Fall der Verletzung, einen erweiterten Schutz, der keine Verwechslungsgefahr voraussetzt. Der Tatbestand ist erfüllt, wenn der Fortbestand der kollidierenden jüngeren Marke ohne rechtfertigenden Grund zu einer **unlauteren Ausnutzung** oder **Beeinträchtigung der Unterscheidungskraft** oder der **Wertschätzung** der älteren Marke führen würde.[261] Bei der Bekanntheit kommt es auf eine **bedeutende Bekanntheit** an, die wiederum am Maßstab eines **europäischen Endverbrauchers** (durchschnittlich informiert und situationsadäquat aufmerksam [verständiger Durchschnittsverbraucher]) zu messen ist.[262] Es müssen im Verletzungsverfahren Gesichtspunkte dargelegt werden, aus denen auf die ernsthafte **Gefahr einer künftigen Beeinträchtigung** geschlossen werden kann.[263] Auf eine tatsächlich eingetretene Herabwürdigung muss nicht gewartet werden.[264]

211 Eine „bekannte Marke" (zB Automarken wie „AUDI", „BMW", „Mercedes" oder „VW") – die **erweiterten Markenschutz** genießt – zeichnet sich durch **quantitative und qualitative Elemente** aus. Quantitativ muss durch eine Zielgruppenbefragung ein Grad an Verkehrsbekanntheit (**Bekanntheitserfordernis**) nachgewiesen werden. Dabei muss die untere Bekanntheitsgrenze deutlich über dem für die Verkehrsgeltung (die etwa bei 60 bis 75 % anzunehmen ist) liegen. In qualitativer Hinsicht muss der Marke ein „guter Ruf" vorausgehen

212 Eine „bekannte Marke" setzt nach Ansicht des BGH[265] einen bestimmten Bekanntheitsgrad der älteren Marke beim Publikum voraus, ohne dass ein **genauer und bestimmter Prozentsatz** zu fordern ist. Denn nur, wenn die Marke einen hinreichenden Bekanntheitsgrad hat, kann das Publikum, wenn es mit der jüngeren Marke konfrontiert wird, bei nichtähnlichen Waren oder Dienstleistungen eine Verbindung zwischen den beiden Marken herstellen, so dass die ältere Marke beeinträchtigt werden kann.[266] Der erforderliche Bekanntheitsgrad ist als erreicht anzusehen, wenn die ältere Marke einem **bedeutenden Teil des Publikums** bekannt ist, das von den durch die Marke erfassten Waren oder Dienstleistungen betroffen ist, also je nach der vermarkteten Ware

---

261 BeckOK, MarkenR/Kur, MarkenG, § 9 Rn. 62.
262 EuGH Urt. v. 14.9.1999 – C-375/97 = GRUR Int 2000, 73, Rn. 26 – General Motors/Yplon.
263 EuGH Urt. v. 27.11.2008 – C-252/07 = GRUR 2009, 56, Rn. 38 – Intel/CPM.
264 EuGH Urt. v. 27.11.2008 – C-252/07 = GRUR 2009, 56 (58), Rn. 38; BeckOK, MarkenR/Kur, MarkenG, § 9 Rn. 71.1.
265 BGH Urt. v. 12.7.2001 – I ZR 100/99 (OLG Düsseldorf) = GRUR 2002, 340 – Faberge.
266 EuGH Urt. v. 14.9.1999 – C-375/97 = GRUR Int. 2000, 73 – Chevy.

VI. Die eingetragene Marke (§ 4 Nr. 1 MarkenG – Registermarke)

oder Dienstleistung die **breite Öffentlichkeit** oder ein **spezielleres Publikum** (zB ein bestimmtes berufliches Milieu).[267] Bei der Prüfung dieser Voraussetzung sind alle **relevanten Umstände des konkret in Rede stehenden Falles** zu berücksichtigen, also insbesondere der Marktanteil der Marke, die Intensität, die geographische Ausdehnung und die Dauer ihrer Benutzung sowie der Umfang der Investitionen, die das Unternehmen zu ihrer Förderung getätigt hat.

Der EuGH hat in seiner **Intel-Entscheidung**[268] im Kontext mit der damaligen RL 2008/95/EG zur Frage des Verhältnisses zwischen einer bekannten älteren Marke und einer jüngeren Marke wie folgt Stellung genommen: Das Verhältnis sei unter Berücksichtigung aller relevanten Umstände des Einzelfalls umfassend zu beurteilen. Die Tatsache, dass die jüngere Marke dem normal informierten und angemessen aufmerksamen und verständigen Durchschnittsverbraucher (nach Maßgabe des europäischen Verbraucherbegriffs) die **bekannte ältere Marke in Erinnerung ruft**, sei gleichbedeutend mit dem Bestehen einer **Verknüpfung zwischen den einander gegenüberstehenden Marken**[269] Der Grad der Ähnlichkeit zwischen der bekannten Marke und dem Zeichen bewirkt somit, dass die beteiligten Verkehrskreise das Zeichen und die Marke gedanklich miteinander verknüpfen. 213

Die Wahrscheinlichkeit, dass die jüngere Marke den maßgeblichen Verkehrskreisen die ältere bekannte Marke in Erinnerung ruft, ist umso größer, je ähnlicher diese Marken einander sind.[270] Je unmittelbarer und stärker die ältere Marke von der jüngeren Marke in Erinnerung gerufen wird, desto größer ist die Gefahr, dass die gegenwärtige oder künftige Benutzung der jüngeren Marke die Unterscheidungskraft oder die Wertschätzung der älteren Marke in unlauterer Weise ausnutzt oder beeinträchtigt.[271] Der EuGH verlangt also in einem ersten Schritt einen **Grad des „In Erinnerung-Rufens"**, der in einem zweiten Schritt darauf zu prüfen ist, ob das „In Erinnerung-Rufen" die Unterscheidungskraft oder die Wertschätzung der älteren Marke beeinträchtigt. 214

Die Intel-Entscheidung will **Kriterien aufstellen**, die dafür maßgeblich sind, ob eine **Verknüpfung** (iS eines In Erinnerung-Rufens) zwischen der bekannten älteren Marke und der jüngeren Marke besteht.[272] Der EuGH nähert sich dem Problem anhand einer **Negativaufzählung**. Die Tatsache, dass 215

- die ältere Marke für verschiedene bestimmte Arten von Waren oder Dienstleistungen sehr bekannt ist,
- diese Waren oder Dienstleistungen den Waren oder Dienstleistungen, für die die jüngere Marke eingetragen ist, unähnlich oder in hohem Maße unähnlich sind, und
- die ältere Marke in Bezug auf Waren oder Dienstleistungen gleich welcher Art einmalig ist,

---

267 EuGH Urt. v. 14.9.1999 – C-375/97 = GRUR Int. 2000, 73 (74), Rn. 24 – Chevy.
268 EuGH Urt. v. 27.11.2008 – C-252/07 = GRUR 2009, 56 – Intel Corporation/CPM United Kingdom.
269 ISd Entscheidungs „Adidas/Fitnessworld": EuGH Urt. v. 23.10.2003 – C-408/01 = GRUR Int 2004, 121, Ls. 2.
270 EuGH Urt. v. 27.11.2008 – C-252/07 = GRUR 2009, 56 (58), Rn. 44 – Intel Corporation/CPM United Kingdom.
271 EuGH Urt. v. 27.11.2008 – C-252/07 = GRUR 2009, 56 (58), Rn. 67 – Intel Corporation/CPM United Kingdom.
272 EuGH Urt. v. 27.11.2008 – C-252/07 = GRUR 2009, 56 (58), Rn. 40 – Intel Corporation/CPM United Kingdom.

216 impliziert nicht zwangsläufig das Bestehen einer **Verknüpfung** zwischen den einander gegenüberstehenden Marken.[273] Vielmehr sind die Umstände des Einzelfalles entscheidend.

216 Weiterhin will die Intel-Entscheidung die Frage beantworten, welche **Kriterien maßgeblich** sind, um zu beurteilen, ob die Benutzung der jüngeren Marke (die mit der älteren Marke gedanklich verknüpft ist) die Unterscheidungskraft oder Wertschätzung der älteren Marke beeinträchtigt oder beeinträchtigen würde.[274] Das Vorliegen einer Benutzung der jüngeren Marke, die die Unterscheidungskraft oder die Wertschätzung der älteren Marke in **unlauterer Weise ausnutzt** oder **beeinträchtigt** oder ausnutzen oder beeinträchtigen würde, ist unter Berücksichtigung aller relevanten **Umstände des Einzelfalls** umfassend zu beurteilen. Die Tatsache, dass

- die ältere Marke für verschiedene bestimmte Arten von Waren oder Dienstleistungen sehr bekannt ist,
- diese Waren oder Dienstleistungen den Waren oder Dienstleistungen, für die die jüngere Marke eingetragen ist, unähnlich oder in hohem Maße unähnlich sind,
- die ältere Marke in Bezug auf Waren oder Dienstleistungen gleich welcher Art einmalig ist und
- die jüngere Marke dem normal informierten und angemessen aufmerksamen und verständigen Durchschnittsverbraucher die ältere bekannte Marke **in Erinnerung ruft**,

genügt nicht, um nachzuweisen, dass die Benutzung der jüngeren Marke die Unterscheidungskraft oder die Wertschätzung der älteren Marke in unlauterer Weise ausnutzt oder beeinträchtigt oder ausnutzen oder beeinträchtigen würde.[275] Vielmehr muss der Inhaber der älteren Marke, trotz Feststellung einer Verknüpfung mit der jüngeren Marke (iS eines In Erinnerung-Rufens) die Beeinträchtigung der Unterscheidungskraft oder der Wertschätzung **nachweisen**.[276]

217 Damit bleibt – so der EuGH[277] – **Folgendes festzustellen:**

- Die Benutzung der jüngeren Marke kann die Unterscheidungskraft der bekannten älteren Marke selbst dann beeinträchtigen, wenn die ältere Marke nicht einmalig ist.
- Eine erste Benutzung der jüngeren Marke kann genügen, um die Unterscheidungskraft der älteren Marke zu beeinträchtigen.
- Der **Nachweis**, dass die Benutzung der jüngeren Marke die Unterscheidungskraft der älteren Marke beeinträchtigt oder beeinträchtigen könnte, setzt voraus, dass dargetan wird, dass sich das wirtschaftliche Verhalten des Durchschnittsverbrauchers der Waren oder Dienstleistungen, für die die ältere Marke eingetragen ist, infolge der Benutzung der jüngeren Marke geändert hat, oder dass die ernsthafte Gefahr einer künftigen Änderung dieses Verhaltens besteht.

---

273 EuGH Urt. v. 27.11.2008 – C-252/07 = GRUR 2009, 56 (58), Ls. 3 – Intel Corporation/CPM United Kingdom.
274 EuGH Urt. v. 27.11.2008 – C-252/07 = GRUR 2009, 56 (58), Rn. 60 – Intel Corporation/CPM United Kingdom.
275 EuGH Urt. v. 27.11.2008 – C-252/07 = GRUR 2009, 56 (58), Ls. 5 – Intel Corporation/CPM United Kingdom.
276 EuGH Urt. v. 27.11.2008 – C-252/07 = GRUR 2009, 56 (58), Rn. 71 – Intel Corporation/CPM United Kingdom.
277 EuGH Urt. v. 27.11.2008 – C-252/07 = GRUR 2009, 56 – Intel Corporation/CPM United Kingdom.

VI. Die eingetragene Marke (§ 4 Nr. 1 MarkenG – Registermarke)

Frage 26: Was versteht man unter einer „bekannten Marke" und benennen Sie bitte einige Beispiele.

dd) Zusammenfassung zu angemeldeten und eingetragenen Marken als relative Schutzhindernisse

Die Konstellationen des § 9 Abs. 1 Nr. 1 bis 3 MarkenG können in **fünf Erscheinungsformen** auftreten:

- Die Marken sind identisch – die Waren oder Dienstleistungen sind gleichermaßen identisch. (Nr. 1 – Doppelidentität).
- Die Marken sind identisch – die Waren oder Dienstleistungen sind ähnlich (Nr. 2 – Verwechslungsgefahr).
- Die Marken sind ähnlich – die Waren oder Dienstleistungen sind identisch (Nr. 2 – Verwechslungsgefahr).
- Die Marken sind ähnlich – die Waren oder Dienstleistungen sind gleichermaßen ähnlich (Nr. 2 – Verwechslungsgefahr).
- Die Marken sind ähnlich – die Waren oder Dienstleistungen sind weder identisch, noch ähnlich. (Nr. 3 – Beeinträchtigung bekannter Marken).

Hinsichtlich eines in Rede stehenden Zeichens ist weiterhin dessen **Schutzumfang** zu bestimmen. Dieser wird maßgeblich von der **Kennzeichnungskraft** – einem variablen Faktor – bestimmt. Die Kennzeichnungskraft wird einerseits von der besonderen Eigenart und Einprägsamkeit des Zeichens (bspw. einer speziellen Auffälligkeit, Originalität oder Werbewirksamkeit) und andererseits von der **Verkehrsgeltung iSd Bekanntheitsgrades** bestimmt.

Dabei kann von folgendem Grundsatz ausgegangen werden: **Je stärker eine Marke ist, desto stärker ist ihr Schutzbereich.**

Vor diesem Hintergrund lässt sich **folgende Differenzierung** treffen: Es kann zwischen normalen, starken und schwachen Marken unterschieden werden.

- **Normale Marken** sind der Regelfall. Sie zeichnen sich durch eine „durchschnittliche Kennzeichnungskraft" aus.
- **Starke Marken** besitzen hingegen wegen ihrer besonderen Eigenart und/oder ihrer Verkehrsbekanntheit eine überdurchschnittliche Kennzeichnungskraft.
- **Schwache Marken**, die sich bspw. auf beschreibende Angaben beschränken, haben hingegen nur eine geringe Kennzeichnungskraft.

Anmeldungen von Marken stellen nach **§ 9 Abs. 2 MarkenG** nur dann ein Eintragungshindernis iSv § 9 Abs. 1 MarkenG dar, wenn sie eingetragen werden.

ee) Weitere relative Schutzhindernisse

(1) Agentenmarke

Ein relatives Schutzhindernis besteht nach § 11 MarkenG auch, wenn die Marke ohne die Zustimmung des Inhabers der Marke für dessen Agenten oder Vertreter eingetragen worden ist (sog. **Agentenmarke** – Schutz gegen untreue Vertreter [oder Strohmänner]).²⁷⁸ **Rechtsfolge**: § 11 MarkenG ist im Widerspruchsverfahren nach § 42 Abs. 2 Nr. 3 MarkenG bzw. im Löschungsverfahren gemäß § 51 Abs. 1 MarkenG geltend zu machen.

(2) Kollisionsfall

224 Nach § 12 MarkenG – der den **Kollisionsfall** prioritätsältere, nicht eingetragene Marke iSv § 4 Nr. 2 MarkenG versus Eintragung einer prioritätsjüngeren eingetragenen Marke regelt – kann die Eintragung einer Marke gelöscht werden, wenn ein anderer vor dem für den Zeitrang der eingetragenen Marke maßgeblichen Tag Rechte an einer Marke iSd § 4 Nr. 2 MarkenG (oder an einer geschäftlichen Bezeichnung iSd § 5 MarkenG) erworben hat und diese ihn berechtigen, die Benutzung der eingetragenen Marke im gesamten Gebiet der Bundesrepublik Deutschland zu untersagen. **Rechtsfolge**: § 12 MarkenG ist im Widerspruchsverfahren nach § 42 Nr. 3 MarkenG bzw. im Löschungsverfahren (Nichtigkeitsklage) gemäß § 51 Abs. 1 MarkenG geltend zu machen.

(3) Auffangtatbestand

225 § 13 Abs. 1 MarkenG normiert – als **Auffangtatbestand** – im Übrigen, dass die Eintragung einer Marke gelöscht werden kann, wenn ein anderer vor dem für den Zeitrang der eingetragenen Marke maßgeblichen Tag ein sonstiges, nicht in den §§ 9 bis 12 MarkenG aufgeführtes Recht erworben hat und dieses ihn berechtigt, die Benutzung der eingetragenen Marke im gesamten Gebiet der Bundesrepublik Deutschland zu untersagen. Zu den sonstigen Rechten iSv § 13 Abs. 1 MarkenG gehören nach § 13 Abs. 2 MarkenG insbesondere Namensrechte, das Recht an der eigenen Abbildung, Urheberrechte, Sortenbezeichnungen, geographische Herkunftsangaben und sonstige gewerbliche Schutzrechte. **Rechtsfolge**: Die sonstigen Rechte nach § 13 MarkenG können als relative Nichtigkeitsgründe nur im Rahmen einer Löschungsklage nach § 51 Abs. 1 MarkenG (nicht hingegen im Widerspruchsverfahren gemäß § 43 Abs. 3 MarkenG) geltend gemacht werden.

Frage 27: Nennen Sie bitte relative Schutzhindernisse, die der Aufrechterhaltung einer Marke entgegenstehen können.

---

278 BGH Urt. v. 10.4.2008 – I ZR 164/05 (OLG Düsseldorf) = BGHZ 176, 116 = GRUR 2008, 611 – audison: 1. Für die Geltendmachung von Ansprüchen aus den §§ 11, 17 MarkenG genügt es, dass der Geschäftsherr im Zeitpunkt der Agentenanmeldung Inhaber einer (ausländischen) Anmeldung war, die spätestens im Zeitpunkt der Anspruchsgeltendmachung zur Eintragung geführt hat. 2. Die Eintragung der Marke durch einen Strohmann des Agenten steht der Eintragung der Marke durch den Agenten selbst gleich. 3. Wird eine Agentenmarke auf einen Dritten übertragen, kann der Geschäftsherr die Ansprüche aus den §§ 11, 17 MarkenG auch gegenüber dem Dritten geltend machen. 4. Agent oder Vertreter iSv §§ 11, 17 MarkenG kann nicht nur der Handelsvertreter sein. Entscheidend ist, dass es sich um einen Absatzmittler handelt, den gegenüber seinem Vertragspartner die Pflicht trifft, dessen Interessen wahrzunehmen. Daran fehlt es sowohl bei reinen Güteraustauschverträgen als auch im Verhältnis zwischen Mitgesellschaftern. 5. Ein Agentenverhältnis iSv §§ 11, 17 MarkenG ist anzunehmen, wenn zwischen dem Inhaber der ausländischen Marke und dem Absatzmittler eine Übereinkunft besteht, nach der der Absatzmittler über den bloßen Abschluss reiner Austauschverträge hinaus für den anderen als Vertriebspartner tätig sein soll.

VI. Die eingetragene Marke (§ 4 Nr. 1 MarkenG – Registermarke)

2. Markenanmeldeverfahren

Eine eingetragene Marke iSv § 4 Nr. 1 MarkenG gelangt nur dann zur Entstehung, wenn außer den vorab behandelten **materiellen Voraussetzungen** auch die **formellen (Eintragungs-) Voraussetzungen**, mithin die Vorgaben für das Eintragungsverfahren beim DPMA nach Maßgabe der §§ 32 bis 44 MarkenG, erfüllt sind. Ist dies der Fall, begründet die Markenanmeldung einen **Anspruch auf Eintragung**.

Dabei sind folgende **Verfahrensschritte** zu durchlaufen:

- Anmeldung (§§ 32 bis 35, 39, 40 MarkenG)
- Prüfung durch die Markenstelle des DPMA (§§ 36 bis 38 MarkenG)
- Bekanntmachung der Marke (§ 41 MarkenG)
- Möglichkeit eines Widerspruchsverfahrens (§§ 42 bis 44 MarkenG)

Frage 28: Das Markenanmeldeverfahren vollzieht sich in mehreren Verfahrensschritten. Welche sind das?

§ 32 MarkenG normiert die Erfordernisse der **Markenanmeldung**: Die Anmeldung zur Eintragung einer Marke in das Register ist nach § 32 Abs. 1 S. 1 MarkenG beim DPMA einzureichen. Die Anmeldung kann aber auch über ein **Patentinformationszentrum** (PIZ) eingereicht werden, wenn diese Stelle durch Bekanntmachung des BMJV im Bundesgesetzblatt dazu bestimmt ist, Markenanmeldungen entgegenzunehmen (so § 32 Abs. 1 S. 2 MarkenG).

Das Anmeldeverfahren ist verfahrenstechnisch näher in der auf der Grundlage von § 65 Abs. 1 Nr. 2 MarkenG als Rechtsverordnungsermächtigung erlassenen **Verordnung über die Ausführung des Markengesetzes** (Markenverordnung – MarkenV) vom 11.5.2004[279] ausgestaltet worden (§ 32 Abs. 3 MarkenG). Eine vom DPMA im Bundesanzeiger bekanntgemachte Fassung (**Bekanntmachung der Klasseneinteilung und der alphabetischen Liste der Waren und Dienstleistungen gemäß § 19 MarkenV**) nach Maßgabe von § 19 Abs. 1 MarkenV beinhaltet dabei eine **Klasseneinteilung** der Waren und Dienstleistungen (vgl. § 32 Abs. 2 Nr. 4 MarkenG).

§ 2 Abs. 1 MarkenV (Form der Anmeldung) **präzisiert** die Anmeldevoraussetzungen dahingehend, dass die Anmeldung zur Eintragung einer Marke **schriftlich oder elektronisch** (bei einer schriftlichen Anmeldung unter Verwendung des vom DPMA herausgegebenen Formblatts) unter Entrichtung der **Anmeldegebühr** (vgl. § 3 PatKostG) eingereicht werden muss. Für die elektronische Einreichung ist § 3 der **Verordnung über den elektronischen Rechtsverkehr beim Deutschen Patent- und Markenamt** (DPMA-VO) maßgebend. Für jede Marke ist nach § 2 Abs. 2 MarkenV eine gesonderte Anmeldung erforderlich.

Die Markenanmeldung muss nach § 32 Abs. 2 MarkenG Folgendes enthalten:

- Einen **Antrag auf Eintragung** (Nr. 1).
- Angaben, die es erlauben, die **Identität des Anmelders** festzustellen (Nr. 2 – und ggf. auch Angaben zum Vertreter des Anmelders nach Maßgabe von § 3 Abs. 1 Nr. 1 iVm § 5 MarkenV). Anmelder ist der Markeninhaber iSv § 7 MarkenG.
- Eine **Darstellung der Marke** (Nr. 3, nach Maßgabe der §§ 6 bis 13 MarkenV).

---

[279] BGBl. I, S. 872, zuletzt geändert durch Art. 4 der VO zur Änderung der PatentVO und anderer Verordnungen des gewerblichen Rechtsschutzes vom 12.12.2018 (BGBl. I, S. 2446).

- Und ein **Verzeichnis der Waren oder Dienstleistungen**, für die die Eintragung der Marke beantragt wird (Nr. 4, was in § 20 MarkenV konkretisiert wird).

Beachte: Nach § 33 Abs. 1 S. 1 MarkenG bestimmt sich die für einen **Kollisionsfall** (Anmeldungen Dritter) maßgebliche Priorität – vorbehaltlich einer Inanspruchnahme ausländischer Priorität (§ 34 MarkenG) bzw. einer Ausstellungspriorität (§ 35 MarkenG) – nach dem **Anmeldetag**. Anmeldetag ist der Tag, an dem der Anmelder die Unterlagen nach § 32 Abs. 2 MarkenG beim DPMA bzw. einem Patentinformationszentrum (PIZ) eingereicht hat. Der **Eingang der Anmeldeunterlagen bei einem Patentinformationszentrum**, das durch Bekanntmachung des BMJV im Bundesgesetzblatt zur Entgegennahme von Markenanmeldungen bestimmt ist, gilt als Eingang beim DPMA nach § 33 Abs. 1 S. 2 MarkenG.

Frage 29: Welche Angaben muss die Anmeldung einer Marke enthalten?

3. Das Prüfungs- und Entscheidungsverfahren

232 Die beim DPMA zur Durchführung der Verfahren in Markenangelegenheiten gebildeten **Markenstellen** sind nach § 56 Abs. 2 S. 1 iVm Abs. 1 MarkenG für die **Prüfung der angemeldeten Marken** und für die **Beschlussfassung** im Eintragungsverfahren zuständig.

233 Die Markenstellen prüfen folgende Aspekte:

- Liegen die **formellen Anmeldevoraussetzungen** nach § 36 Abs. 1 MarkenG vor?
- Stehen einer Markeneintragung in **materiell-rechtlicher Hinsicht** absolute Schutzhindernisse iSv § 37 Abs. 1 MarkenG entgegen? D.h.:
  - Genügt die angemeldete Marke den Vorgaben des § 3 MarkenG in Bezug auf die **Zeichenform**?
  - Bestehen **absolute Schutzhindernisse** iSd § 8 MarkenG?
  - Und, steht der angemeldeten Marke eine **amtsbekannte Notorietät** einer älteren Marke nach § 10 MarkenG entgegen?

234 In **formeller Hinsicht** muss die Anmeldung den Vorgaben des § 36 Abs. 1 MarkenG genügen. Erforderlich ist zum einen, dass

- die Markenanmeldung den Erfordernissen für die **Zuerkennung eines Anmeldetages** nach § 33 Abs. 1 MarkenG genügt (Nr. 1). Dh, dass die notwendigen Anmeldeunterlagen – dabei handelt es sich neben dem Antrag auf Eintragung um Angaben zur Person des Anmelders, eine Wiedergabe (dh eine Darstellung der Marke) sowie ein Verzeichnis der Waren und Dienstleistungen, für die die Eintragung beantragt wird (§ 32 Abs. 2 MarkenG) – entweder beim DPMA oder ggf. bei einem Patentinformationszentrum eingegangen sind. Zum anderen muss die Anmeldung den
- **sonstigen Anmeldeerfordernissen** entsprechen (Nr. 2). Der Anmelder muss zudem
- die **Anmeldegebühren** entrichtet haben (Nr. 3) und auch
- **Inhaber der Marke** iSv § 7 MarkenG sein können (Nr. 4). Es muss dabei lediglich die Möglichkeit (dh eine hinreichende Wahrscheinlichkeit) bestehen, dass der Anmelder überhaupt Inhaber der Marke sein kann. Ist Letzteres nicht der Fall, weist das DPMA die Anmeldung gemäß § 36 Abs. 5 MarkenG zurück.

VI. Die eingetragene Marke (§ 4 Nr. 1 MarkenG – Registermarke)

Werden nach § 36 Abs. 1 Nr. 1 MarkenG festgestellte **Mängel** – nämlich, dass die Markenanmeldung nicht den Erfordernissen für die Zuerkennung eines Anmeldetages nach § 33 Abs. 1 MarkenG entspricht – nicht innerhalb einer vom DPMA bestimmten Frist beseitigt, so gilt die Anmeldung nach der gesetzlichen Fiktion des § 36 Abs. 2 MarkenG als **zurückgenommen**. Kommt der Anmelder der Aufforderung des DPMA nach, so erkennt das Amt als Anmeldetag **den Tag zu, an dem die festgestellten Mängel beseitigt worden sind**.

235

Werden innerhalb einer vom DPMA bestimmten Frist **Klassengebühren** nicht oder in nicht ausreichender Höhe nachgezahlt, oder wird vom Anmelder keine Bestimmung darüber getroffen, welche Waren- oder Dienstleistungsklassen durch den **gezahlten Gebührenbetrag** gedeckt werden sollen, so werden nach § 36 Abs. 3 MarkenG zunächst die **Leitklasse** und sodann die übrigen Klassen in der **Reihenfolge der Klasseneinteilung** berücksichtigt. Im Übrigen gilt die Anmeldung als zurückgenommen.

236

Werden **sonstige Mängel** innerhalb einer vom DPMA bestimmten Frist nicht beseitigt, so weist das DPMA die Anmeldung nach § 36 Abs. 4 MarkenG zurück.

237

Frage 30: Was beinhaltet die Prüfung der Markenstelle?

Wenn eine Marke nach den §§ 3, 8 oder 10 MarkenG – weil ihr **absolute Schutzhindernisse** entgegenstehen – von der Eintragung ausgeschlossen ist, weist die Markenstelle die Anmeldung zurück (§ 37 Abs. 1 MarkenG). Das angemeldete Zeichen muss also schon seiner Form nach markenfähig (§ 3 MarkenG) und geeignet darstellbar sein (§ 8 Abs. 1 MarkenG). Ihm dürfen auch keine absoluten Schutzhindernisse iSv § 8 Abs. 2 MarkenG entgegenstehen. Zudem kann eine Marke nach § 10 Abs. 1 MarkenG nicht eingetragen werden, wenn sie ua mit einer im Inland iSv Art. 6bis PVÜ notorisch bekannten Marke mit älterem Zeitrang identisch oder dieser ähnlich ist (sog. amtsbekannte Notorietät älterer Marken). Dabei ist im Hinblick auf das Vorliegen dieser Hindernisse auf den **Zeitpunkt der Entscheidung** über die Eintragung abzustellen.

238

Ist die Marke nach den §§ 3, 8 oder 10 MarkenG von der Eintragung ausgeschlossen, so wird die Anmeldung gemäß § 37 Abs. 1 MarkenG zurückgewiesen. Ergibt die Prüfung, dass die Marke zwar am Anmeldetag (§ 33 Abs. 1 MarkenG) nicht den Voraussetzungen des § 8 Abs. 2 Nr. 1, Nr. 2 oder Nr. 3 MarkenG entsprach, dass das **Schutzhindernis aber nach dem Anmeldetag weggefallen ist**, so kann die Anmeldung nach § 37 Abs. 2 MarkenG nicht zurückgewiesen werden, wenn der Anmelder sich damit einverstanden erklärt, dass ungeachtet des ursprünglichen Anmeldetages und einer etwa nach § 34 oder § 35 MarkenG in Anspruch genommenen Priorität der **Tag, an dem das Schutzhindernis weggefallen ist, als Anmeldetag gilt** und für die Bestimmung des Zeitrangs iSd § 6 Abs. 2 MarkenG maßgeblich ist.

239

Eine Anmeldung wird nach § 8 Abs. 2 Nr. 4 oder Nr. 14 MarkenG nur zurückgewiesen, wenn die Eignung zur Täuschung oder die Bösgläubigkeit **ersichtlich** ist (so § 37 Abs. 3 MarkenG). Eine Anmeldung wird gemäß § 37 Abs. 4 MarkenG nach § 10 MarkenG nur zurückgewiesen, wenn die Notorietät der älteren Marke **amtsbekannt** ist und wenn die weiteren Voraussetzungen des § 9 Abs. 1 Nr. 1 oder Nr. 2 MarkenG gegeben sind. § 37 Abs. 1 bis 4 MarkenG sind gemäß § 37 Abs. 5 MarkenG entsprechend anzuwenden, wenn die Marke nur für einen Teil der Waren oder Dienstleistungen, für die sie angemeldet worden ist, von der Eintragung ausgeschlossen ist.

240

Beachte auch die **Möglichkeit einer beschleunigten Prüfung** (gegen Zahlung einer Beschleunigungsgebühr in Höhe von 200 Euro – vgl. Anlage A.III.1. Nr. 331 500 zu § 2

241

Abs. 1 PatentKostG (die für Patente (I.), Gebrauchsmuster (II.), Marken (III.) Designe (IV.) und Topographieschutzsachen (V.) gilt): Nach § 38 MarkenG wird auf Antrag des Anmelders die Prüfung nach den §§ 36 und 37 MarkenG beschleunigt durchgeführt.

242 Der Anmelder kann die Anmeldung nach § 39 Abs. 1 MarkenG auch **jederzeit wieder zurücknehmen** oder das in der Anmeldung enthaltene Verzeichnis der Waren und Dienstleistungen **einschränken**. Der Inhalt der Anmeldung kann im Übrigen gemäß § 39 Abs. 2 MarkenG auf Antrag des Anmelders zur **Berichtigung** von sprachlichen Fehlern, Schreibfehlern oder sonstigen offensichtlichen Unrichtigkeiten geändert werden.

243 Vgl. auch § 45 Abs. 1 MarkenG, wonach Eintragungen im Register auf Antrag oder von Amts wegen zur **Berichtigung** von sprachlichen Fehlern, Schreibfehlern oder sonstigen offensichtlichen Unrichtigkeiten geändert werden können. War die von der Berichtigung betroffene Eintragung veröffentlicht worden, so ist die **berichtigte Eintragung zu veröffentlichen**. § 45 Abs. 1 MarkenG ist entsprechend auf die Berichtigung von Veröffentlichungen anzuwenden (so § 45 Abs. 2 MarkenG).

244 Die Anmeldung kann nach § 40 MarkenG **geteilt werden** – im Übrigen kann gemäß § 46 MarkenG auch eine bereits schon eingetragene Marke noch nachträglich geteilt werden:

- **Der Anmelder** kann die Anmeldung nach § 40 Abs. 1 S. 1 MarkenG teilen, indem er erklärt, dass die Anmeldung der Marke für die in der Teilungserklärung aufgeführten Waren und Dienstleistungen als abgetrennte Anmeldung weiterbehandelt werden soll. Für jede Teilanmeldung bleibt der **Zeitrang der ursprünglichen Anmeldung** erhalten (§ 40 Abs. 1 S. 2 MarkenG). Wird die **Gebühr** nach dem PatenKostG für das Teilungsverfahren (300 EUR nach Anlage A.III.1. Nr. 331 000) nicht **innerhalb einer Frist von drei Monaten gezahlt**, so gilt die abgetrennte Anmeldung als zurückgenommen. Die Teilungserklärung kann nach der gesetzlichen Fiktion des § 40 Abs. 2 S. 1 MarkenG nach § 40 Abs. 2 S. 2 MarkenG **nicht widerrufen** werden. Die für die abgetrennte Anmeldung gemäß § 40 Abs. 2 S. 1 MarkenG aF vormals notwendige Einreichung der nach § 32 MarkenG erforderlichen Anmeldungsunterlagen ist zum 30.6.2016 entfallen. Hintergrund ist, dass das DPMA **eine vollständige Kopie der Stammakte** erstellt, die Teil der Akte der Teilanmeldung wird (§ 35 Abs. 4 MarkenV). Darin sind **alle notwendigen Angaben** zum Anmelder (§ 32 Abs. 2 Nr. 1 und Abs. 3 MarkenG iVm § 5 MarkenV) enthalten. Das Waren- und Dienstleistungsverzeichnis (§ 32 Abs. 2 Nr. 3 MarkenG) ist bereits mit der Teilungserklärung eingereicht worden (§ 35 Abs. 2 MarkenV) und gelangt so ebenfalls zur Akte (§ 35 Abs. 4 MarkenV).[280]

- **Der Inhaber** einer eingetragenen Marke kann nach § 46 Abs. 1 S. 1 MarkenG die Eintragung teilen (**Teilung der Eintragung**), indem er erklärt, dass die Eintragung der Marke für die in der Teilungserklärung aufgeführten Waren oder Dienstleistungen als abgetrennte Eintragung fortbestehen soll. Für jede Teileintragung bleibt der **Zeitrang der ursprünglichen Eintragung** erhalten (§ 46 Abs. 1 S. 2 MarkenG). Die Teilung kann gemäß § 46 Abs. 2 MarkenG erst nach Ablauf der Frist zur Erhebung des Widerspruchs erklärt werden. Die Erklärung ist nur zulässig, wenn ein im Zeitpunkt ihrer Abgabe anhängiger Widerspruch gegen die Eintragung der Marke oder eine in diesem Zeitpunkt anhängige Klage auf Löschung der Eintragung der Marke

---

280 BeckOK, MarkenR/M-Th. Schmid, MarkenG, § 40 Rn. 16.

VI. Die eingetragene Marke (§ 4 Nr. 1 MarkenG – Registermarke)

sich nach der Teilung nur gegen einen der Teile der ursprünglichen Eintragung richten würde. Für die abgetrennte Eintragung waren nach § 46 Abs. 3 S. 1 MarkenG aF die erforderlichen Unterlagen einzureichen – aufgrund der **vollständigen Kopie der Stammakte** ist diese Voraussetzung auch hier entbehrlich. Wird die **Gebühr nach dem PatentKostG** nicht innerhalb von drei Monaten nach dem Zugang der Teilungserklärung gezahlt, so gilt dies als Verzicht auf die abgetrennte Eintragung. Die Teilungserklärung kann **nicht widerrufen** werden.

Entspricht die Anmeldung den **formellen Anmeldevoraussetzungen** (§ 36 MarkenG) und hat die Markenstelle sie auch nicht wegen des Vorliegens **absoluter Schutzhindernisse** (§ 37 iVm §§ 3, 8 und 10 MarkenG) zurückgewiesen, so wird die angemeldete Marke gemäß § 41 MarkenG in das **Markenregister eingetragen** und die Eintragung im **Markenblatt** veröffentlicht. Damit entsteht der **Markenschutz**.

4. Widerspruchsverfahren

Der Inhaber einer Marke (oder eines geschäftlichen Zeichens) mit älterem Zeitrang kann nach § 42 Abs. 1 MarkenG innerhalb einer Frist von drei Monaten **nach dem Tag der Veröffentlichung der Eintragung der Marke im Markenblatt** gegen die Markeneintragung im Markenregister nach Zahlung einer Gebühr (Widerspruchsgebühr nach § 3 Abs. 1 PatKostG – 250 EUR nach Anlage A.III.1. Nr. 331 500) **Widerspruch** einlegen.

Der Widerspruch kann nach § 42 Abs. 2 MarkenG nur darauf gestützt werden, **dass die Marke gelöscht werden kann**, was in fünf Fällen möglich ist:

- wegen einer angemeldeten oder eingetragenen Marke mit älterem Zeitrang nach § 9 MarkenG (Nr. 1), dh.
  - Identität von Marke und Ware (§ 9 Nr. 1 MarkenG),
  - Verwechslungsgefahr (§ 9 Nr. 2 MarkenG) bzw.
  - Verwässerung oder Rufausbeutung (§ 9 Nr. 3 MarkenG);
- wegen einer notorisch bekannten Marke mit älterem Zeitrang nach § 10 iVm § 9 MarkenG (Nr. 2);
- wegen der Eintragung einer Marke für einen Agenten oder Vertreter des Markeninhabers nach § 11 MarkenG (Nr. 3);
- wegen einer nicht eingetragenen Marke mit älterem Zeitrang nach § 4 Nr. 2 MarkenG oder einer geschäftlichen Bezeichnung mit älterem Zeitrang nach § 5 iVm § 12 MarkenG (Nr. 4); oder
- wegen einer Ursprungsbezeichnung oder geographischen Angabe mit älterem Zeitrang in Verbindung mit § 13 MarkenG (Nr. 5).

Das Widerspruchsverfahren zielt darauf ab, dass Dritte bestimmte **prioritätsältere** Rechte gegen die Markeneintragung geltend machen können.

§ 42 MarkenG lässt damit einen Widerspruch auch aus nicht eingetragenen Marken (mithin einer Benutzungsmarke kraft Verkehrsgeltung [§ 4 Nr. 2 MarkenG] bzw. Notorietätsmarke [§ 4 Nr. 3 MarkenG]) zu (vgl. § 42 Abs. 2 Nr. 4 MarkenG).

Frage 31: Nennen Sie bitte die Gründe, auf die ein Widerspruch gegen eine eingetragene Marke nur gestützt werden kann.

250 Nach fristgerecht erhobenem Widerspruch kann der Inhaber der neu eingetragenen Marke, gegen dessen Eintragung der Widerspruch gerichtet ist, die **Einrede mangelnder Benutzung** nach § 43 MarkenG erheben.

251 Nach dem bis 13.1.2019 geltenden § 43 Abs. 1 MarkenG aF konnte in zwei Fällen – aber nur unter der Voraussetzung eines Widerspruchs aus einer **eingetragenen Marke mit älterem Zeitrang** – die **Einrede mangelnder Benutzung** (Nichtbenutzung) erhoben werden:

- War der Widerspruch vom Inhaber einer eingetragenen Marke mit älterem Zeitrang erhoben worden, so hatte er gemäß § 43 Abs. 1 S. 1 MarkenG, wenn der Gegner (dh der „Angegriffene") die Benutzung der Marke bestritt, **glaubhaft zu machen, dass sie innerhalb der letzten fünf Jahre vor der Veröffentlichung der Eintragung der (prioritätsjüngeren) Marke**, gegen die der Widerspruch sich richtete, gemäß § 26 MarkenG benutzt worden war, sofern sie (die prioritätsältere Marke) zu diesem Zeitpunkt seit mindestens fünf Jahren eingetragen war (**fünfjährige Benutzungsschonfrist**).
- Endete nach § 43 Abs. 1 S. 2 MarkenG aF der Zeitraum von fünf Jahren der Nichtbenutzung **nach der Veröffentlichung der Eintragung** (der prioritätsjüngeren Marke, die im Widerspruchsverfahren angegriffen wurde), so hatte der Widersprechende, wenn der Gegner die Benutzung bestritt, **glaubhaft zu machen**, dass die Marke innerhalb der letzten fünf Jahre vor der Entscheidung über den Widerspruch (über die prioritätsjüngere Marke, egal in welcher Rechtsinstanz) gemäß § 26 MarkenG benutzt worden war. Für diese „wandernde" Benutzungsschonfrist bestand nach Art. 44 der RL (EU) 2015/2436[281] kein Raum mehr.

252 § 43 Abs. 1 MarkenG aF ist nach § 158 Abs. 5 MarkenG für Widersprüche vor dem 14.1.2019 weiterhin anzuwenden, selbst wenn die Einrede der Benutzung erst später erfolgt.

253 Nach der ab 14.1.2019 geltenden Fassung des § 43 Abs. 1 S. 1 MarkenG nF ist die Erhebung der Nichtbenutzungseinrede nur noch gegenüber Marken zulässig, sofern zum Zeitpunkt des **Anmelde- und Prioritätstages der Marke, gegen die der Widerspruch sich richtet** (prioritätsjüngere Marke), seit mindestens fünf Jahren kein Widerspruch mehr gegen die prioritätsältere Marke möglich war (**fünfjährige Benutzungsschonfrist**). Der Widerspruchsführer hat also nach dem Wortlaut des Gesetzes **nachzuweisen** (höhere Anforderungen als vormals die Glaubhaftmachung), dass die Marke innerhalb der letzten fünf Jahre vor dem Anmelde- und Prioritätstag der Marke, gegen die sich der Widerspruch richtet, gemäß § 26 MarkenG benutzt worden ist, sofern zu diesem Zeitpunkt seit mindestens fünf Jahren kein Widerspruch mehr gegen sie (die prioritätsältere Marke) möglich war. Der maßgebliche Beginn der fünfjährigen Benutzungsschonfrist ist entweder der Tag **nach Ablauf der Widerspruchsfrist** oder der Zeitpunkt, an dem die das Widerspruchsverfahren **beendende Entscheidung** Rechtskraft erlangt hat oder der **Widerspruch zurückgenommen** wurde, im Hinblick auf die prioritätsälte-

---

281 Art. 44 MarkenRL hat folgenden Wortlaut: Ist im Widerspruchsverfahren gemäß Art. 43 MarkenRL die Fünfjahresfrist, innerhalb deren die ältere Marke gemäß Art. 16 MarkenRL ernsthaft benutzt worden sein muss, am Anmelde- oder Prioritätstag der jüngeren Marke abgelaufen, so hat der Inhaber der älteren Marke, der Widerspruch erhoben hat, auf Antrag des Anmelders den Nachweis zu erbringen, dass die ältere Marke in den fünf Jahren vor dem Anmelde- oder Prioritätstag der jüngeren Marke gemäß Art. 16 MarkenRL ernsthaft benutzt worden ist oder dass berechtigte Gründe für die Nichtbenutzung vorlagen. Kann er diesen Nachweis nicht erbringen, so wird der Widerspruch zurückgewiesen.

VI. Die eingetragene Marke (§ 4 Nr. 1 MarkenG – Registermarke)

re Marke.[282] Vor dem Ende des Zeitraums der fünfjährigen Benutzungsschonfrist steht dem Widerspruchsgegner damit die **Einrede der Nichtbenutzung** nicht zu.

Soweit die Geltendmachung von Ansprüchen aus einer eingetragenen Marke oder die Aufrechterhaltung der Eintragung davon abhängig ist, dass die **Marke benutzt worden ist**, muss sie nach § 26 Abs. 1 MarkenG von ihrem Inhaber für die Waren oder Dienstleistungen, für die sie eingetragen ist, im Inland **ernsthaft benutzt**[283] worden sein. Etwas anderes gilt nur für den Fall, dass berechtigte Gründe für die Nichtbenutzung vorliegen. Der Gegner „dreht jetzt also den Spieß" um und greift den Widerspruchsführer mit dem Einwand an, dieser habe die Marke nicht benutzt. Dabei gilt gemäß § 26 Abs. 2 MarkenG auch die **Benutzung der Marke mit Zustimmung des Inhabers** als Benutzung durch den Inhaber. Als Benutzung einer eingetragenen Marke gilt nach § 26 Abs. 3 MarkenG des Weiteren die **Benutzung der Marke in einer Form, die von der Eintragung abweicht**, soweit die Abweichungen den kennzeichnenden Charakter der Marke nicht verändern. Als Benutzung im Inland gilt weiter das Anbringen der Marke auf Waren oder deren Aufmachung oder Verpackung im Inland, wenn die Waren ausschließlich für die Ausfuhr bestimmt sind (so § 26 Abs. 4 MarkenG).

254

Ergibt die Prüfung des Widerspruchs, dass die Marke für alle oder für einen **Teil der Waren oder Dienstleistungen**, für die sie eingetragen ist, zu löschen ist, so wird die Eintragung nach § 43 Abs. 2 MarkenG ganz oder teilweise gelöscht (**Löschung der Eintragung**). Kann die Eintragung der Marke nicht gelöscht werden, so wird der Widerspruch zurückgewiesen. Im Falle der Löschung ist nach § 43 Abs. 4 MarkenG die Regelung des § 52 Abs. 2 MarkenG entsprechend anzuwenden mit der Folge, dass die **Wirkungen der Eintragung einer Marke** in dem Umfang, in dem die Eintragung wegen Nichtigkeit gelöscht wird, als von Anfang an nicht eingetreten gelten.

255

Ist die eingetragene Marke wegen einer oder mehrerer Marken mit älterem Zeitrang zu löschen, so kann das **Verfahren über weitere Widersprüche** nach § 43 Abs. 3 MarkenG bis zur rechtskräftigen Entscheidung über die Eintragung der Marke ausgesetzt werden.

256

Frage 32: Was versteht man unter der Einrede mangelnder Benutzung?

Der Inhaber der Marke – dessen Marke gelöscht worden ist – kann nach § 44 MarkenG allerdings eine **Eintragungsbewilligungsklage** erheben (dazu nachstehende Rn. 263). Damit kann er versuchen, seine Marke wieder durchzusetzen, indem er innerhalb von sechs Monaten bei der ordentlichen (Zivil-) Gerichtsbarkeit **Klage gegen den Widersprechenden** erhebt, dass ihm trotz der erfolgten Löschung der Eintragung nach § 43 MarkenG doch ein Eintragungsanspruch zusteht.

257

---

282 BeckOK, MarkenR/Draheim, MarkenG, § 43 Rn. 25.
283 Vgl. den Wortlaut von Art. 16 MarkenRL: Hat der Inhaber der Marke diese für die Waren oder Dienstleistungen, für die sie eingetragen ist, innerhalb von fünf Jahren nach Abschluss des Eintragungsverfahrens nicht ernsthaft in dem Mitgliedstaat benutzt oder wurde eine solche Benutzung während eines ununterbrochenen Zeitraums von fünf Jahren ausgesetzt, so unterliegt die Marke den in Art. 17, Art. 19 Abs. 1, Art. 44 Abs. 1 und 2 und Art. 46 Abs. 3 und 4 der MarkenRL vorgesehenen Beschränkungen und Sanktionen, es sei denn, dass berechtigte Gründe für die Nichtbenutzung vorliegen. Anmerkung: Nach Ende des Eintragungsverfahrens meint mit Ablauf der Widerspruchsfrist nach Eintragung der Marke.

5. Erinnerungs- und Beschwerdeverfahren

258 Gegen Beschlüsse der Markenstellen und der Markenabteilungen kann innerhalb eines Monats nach deren Zustellung beim DPMA **Erinnerung** eingelegt werden, der **aufschiebende Wirkung** zukommt (§ 64 Abs. 1 und 2 MarkenG). Anstelle der Erinnerung (vgl. § 64 Abs. 6 MarkenG) kann gegen die entsprechenden Beschlüsse nach § 66 Abs. 1 MarkenG innerhalb eines Monats nach Zustellung des Beschlusses beim DPMA aber auch – dh alternativ – schriftlich **Beschwerde** an das BPatG eingelegt werden, der gleichermaßen aufschiebende Wirkung zukommt.

259 Das BPatG ist **kein oberstes Bundesgericht** (vergleichbar dem BGH, dem BAG oder dem BVerwG). Vielmehr ist es **erstinstanzliches Gericht gegen Entscheidungen des DPMA**. Hierarchiemäßig steht es einem OLG gleich.

260 Das BPatG entscheidet über die Beschwerde nach § 70 MarkenG durch Beschluss. Gegen Beschlüsse der Beschwerdesenate des BPatG, durch die über eine Beschwerde nach § 66 MarkenG entschieden wird, findet gemäß § 83 Abs. 1 MarkenG die **Rechtsbeschwerde** an den BGH statt, der aufschiebende Wirkung zukommt. Voraussetzung ist, dass der Beschwerdesenat die Rechtsbeschwerde in seinem Beschluss zugelassen hat (**Zulassungserfordernis**), weil eine **Rechtsfrage von grundsätzlicher Bedeutung** zu entscheiden ist oder die **Fortbildung des Rechts** oder die **Sicherung einer einheitlichen Rechtsprechung** eine Entscheidung des BGH erfordert (§ 83 Abs. 2 Nr. 1 und 2 MarkenG).

261 Einer **Zulassung zur Einlegung der Rechtsbeschwerde** bedarf es nach § 83 Abs. 3 MarkenG nicht, wenn gerügt wird,

- dass das beschließende Gericht nicht vorschriftsmäßig besetzt war (Nr. 1),
- dass bei dem Beschluss ein Richter mitgewirkt hat, der von der Ausübung des Richteramtes kraft Gesetzes ausgeschlossen oder wegen Besorgnis der Befangenheit mit Erfolg abgelehnt war (Nr. 2),
- dass einem Beteiligten das rechtliche Gehör versagt war (Nr. 3),
- dass ein Beteiligter im Verfahren nicht nach Vorschrift des Gesetzes vertreten war, sofern er nicht der Führung des Verfahrens ausdrücklich oder stillschweigend zugestimmt hat (Nr. 4),
- dass der Beschluss aufgrund einer mündlichen Verhandlung ergangen ist, bei der die Vorschriften über die Öffentlichkeit des Verfahrens verletzt worden sind (Nr. 5), oder
- dass der Beschluss nicht mit Gründen versehen ist (Nr. 6).

262 Das MarkenG kennt das Instrument einer **Nichtzulassungsbeschwerde** nicht. Nach § 85 Abs. 1 MarkenG ist die Rechtsbeschwerde innerhalb eines Monats nach Zustellung des Beschlusses beim BGH schriftlich einzulegen.

6. Exkurs: Die Eintragungsbewilligungsklage

263 Der Inhaber der Marke kann nach § 44 Abs. 1 MarkenG im Wege der Klage gegen den Widersprechenden geltend machen, dass ihm trotz der Löschung der Eintragung nach § 43 MarkenG ein **Anspruch auf die Eintragung** zusteht.[284] Die Eintragungsbewilli-

---

[284] BGH Urt. v. 17.5.2001 – I ZR 187/98 (OLG Celle) = GRUR 2002, 59 – ISCO: 1. Auch nach Inkrafttreten des Markengesetzes setzt die Entscheidung über die auf zeichenrechtliche Gründe gestützte Eintragungsbe-

VI. Die eingetragene Marke (§ 4 Nr. 1 MarkenG – Registermarke)

gungsklage ist gemäß § 44 Abs. 2 MarkenG innerhalb von sechs Monaten nach Unanfechtbarkeit der Entscheidung, mit der die Eintragung gelöscht worden ist, zu erheben. Die Eintragung aufgrund einer Entscheidung zugunsten des Inhabers der Marke wird nach § 44 Abs. 3 MarkenG unter Wahrung des Zeitrangs der Eintragung vorgenommen.

Frage 33: Wann kann eine Entscheidung des BPatG durch eine Rechtsbeschwerde an den BGH angegangen werden?

Zusammenfassung: Eine eingetragene (registrierte) Marke, die meist mit einem „R" gekennzeichnet wird, erlangt Markenschutz durch die Eintragung eines **Zeichens als Marke** in das vom DPMA geführte **Markenregister**.

Inhaber einer eingetragenen Marke können natürliche und juristische Personen oder Personengesellschaften sein, sofern sie mit der Fähigkeit ausgestattet sind, Rechte zu erwerben und Verbindlichkeiten einzugehen.

Die Eintragung eines Zeichens in das beim DPMA geführte Markenregister setzt voraus, dass es sich um ein **grundsätzlich markenfähiges Zeichen** iSv § 3 MarkenG handelt. Weiterhin dürfen der Eintragung **keine absoluten Schutzhindernisse** (§ 8 MarkenG) entgegenstehen und das Zeichen darf kein Plagiat einer notorisch bekannten Marke iSv § 10 MarkenG sein. Der Eintragung des Zeichens dürfen auch **keine relativen Schutzhindernisse** nach § 9 MarkenG entgegenstehen.

Das DPMA prüft vor einer Eintragung die absoluten Schutzhindernisse (§ 8 MarkenG) von **Amts wegen** – mithin zum einen, ob das angemeldete Zeichen **geeignet darstellbar** ist (§ 8 Abs. 1 MarkenG) und zum anderen das Vorliegen der Voraussetzungen des § 8 Abs. 2 MarkenG.

Von der Eintragung als Marke sind nach § 8 Abs. 1 MarkenG (eigentlich) schutzfähige Zeichen iSd § 3 MarkenG ausgeschlossen, denen die geeignete Darstellbarkeit iS einer **möglichen Darstellbarkeit des Zeichens zur Unterscheidung von Waren oder Dienstleistungen** fehlt. Wie die geeignete Darstellbarkeit praktisch umzusetzen ist, wird in den §§ 7 ff. MarkenV für die einzelnen Markenformen näher geregelt.

§ 8 Abs. 2 MarkenG schließt die Eintragung von **Marken mit fehlender Unterscheidungskraft**, beschreibender Zeichen oder Angaben, üblicher Bezeichnungen, Marken, die eine Täuschungsgefahr begründen, Marken, die gegen die öffentliche Ordnung oder die guten Sitten verstoßen, Hoheitszeichen, Gewährzeichen und Zeichen internationaler Organisa-

---

willigungsklage (§ 44 MarkenG) voraus, dass das DPMA zuvor im Widerspruchsverfahren (§ 42 MarkenG) die Voraussetzungen des § 9 Abs. 1 Nr. 1 oder Nr. 2 MarkenG bejaht hat. Eine Eintragungsbewilligungsklage vor Abschluss des Widerspruchsverfahrens ist jedoch zulässig, wenn es auf das Vorliegen der genannten Schutzhindernisse nicht ankommt, weil dieses zwischen den Parteien außer Streit steht oder die Eintragungsbewilligungsklage bei Unterstellung der Voraussetzungen des § 9 Abs. 1 Nr. 1 oder Nr. 2 MarkenG aufgrund bestehender Löschungsreife der älteren Marke wegen Nichtbenutzung Erfolg haben kann. 2. Bei der Eintragungsbewilligungsklage (§ 44 MarkenG) steht dem Kläger ein Anspruch auf Eintragung gegen den Inhaber des Widerspruchszeichens zu, wenn der Kläger die Löschung des Widerspruchszeichens wegen Nichtbenutzung beantragen könnte oder wenn für sein Zeichen ein Recht auf Koexistenz neben der Widerspruchsmarke besteht. 3. Die Prüfung des Verfalls wegen mangelnder Benutzung darf nicht auf den Eintritt der Löschungsreife des älteren Zeichens vor der Veröffentlichung der angemeldeten Marke beschränkt werden. Es reicht aus, wenn der Zeitraum der fünfjährigen Nichtbenutzung nach den §§ 49 Abs. 1 S. 1, 26 MarkenG nach Klageerhebung und vor der letzten mündlichen Verhandlung endet. 4. Die Einschränkung eines im Warenverzeichnis eingetragenen Oberbegriffs kann auch unter der Geltung des Markengesetzes vorzunehmen sein, wenn die Marke nur für einen Teil der Waren benutzt wird, die unter den weiten Oberbegriff fallen (§ 49 Abs. 3 MarkenG). 5. Zu den Voraussetzungen und zum Umfang einer Einschränkung eines weiten Oberbegriffs im Warenverzeichnis.

tionen, Marken, die gegen sonstige gesetzliche Benutzungsverbote verstoßen bzw. von Marken, bei deren Anmeldung der Anmelder bösgläubig war, aus.

Eine Marke kann nicht eingetragen werden, wenn dem Zeichen jegliche Unterscheidungskraft fehlt. Eine **konkrete Unterscheidungskraft** liegt vor, wenn eine Marke konkret geeignet ist, vom Verkehr als Unterscheidungsmittel aufgefasst zu werden, das die in Rede stehenden Waren oder Dienstleistungen als von einem bestimmten Unternehmen stammend kennzeichnet und die Waren oder Dienstleistungen damit von denjenigen anderer Unternehmen unterscheidet. Ausreichend ist jede auch noch so geringe Unterscheidungskraft, wobei auf die **mutmaßliche Wahrnehmung** eines normal informierten, angemessen aufmerksamen und verständigen Durchschnittsverbrauchers der fraglichen Waren oder Dienstleistungen abzustellen ist.

Nicht eintragungsfähig sind auch Zeichen oder Angaben, die im Verkehr zur Bezeichnung der Art, der Beschaffenheit, der Menge, der Bestimmung, des Wertes, der geographischen Herkunft, der Zeit der Herstellung der Waren oder der Erbringung der Dienstleistungen oder zur Bezeichnung sonstiger Merkmale der Waren oder Dienstleistungen dienen können. Für solche Produktmerkmalsbezeichnungen besteht ein **Freihaltebedürfnis** zugunsten einzelner Dritter oder der Allgemeinheit.

Weiterhin scheidet auch die Eintragung solcher Marken aus, die ausschließlich aus Zeichen oder Angaben bestehen, die im allgemeinen Sprachgebrauch oder in den redlichen und ständigen Verkehrsgepflogenheiten zur Bezeichnung der Waren oder Dienstleistungen „üblich" geworden sind (**übliche Bezeichnungen iSv Gattungsbezeichnungen**).

Eine Marke verstößt gegen die **guten Sitten**, wenn das angemeldete Zeichen geeignet ist, das Empfinden der angesprochenen Verkehrskreise erheblich zu verletzen, indem es etwa in sittlicher, politischer oder religiöser Hinsicht anstößig oder herabwürdigend wirkt oder eine grobe Geschmacksverletzung darstellt.

Marken, die nach § 8 Abs. 2 MarkenG wegen **fehlender Unterscheidungskraft**, als bloß **beschreibende Zeichen und Angaben** bzw. als **übliche Bezeichnungen** eigentlich nicht eintragungsfähig sind, können doch eingetragen werden, wenn die Marke sich vor dem Zeitpunkt der Entscheidung über die Eintragung infolge ihrer Benutzung für die Waren oder Dienstleistungen, für die sie angemeldet worden ist, in den **beteiligten Verkehrskreisen durchgesetzt** hat.

Von der Eintragung ausgeschlossen ist eine Marke auch dann, wenn sie mit einer im Inland **notorisch bekannten Marke** mit älterem Zeitrang identisch oder dieser ähnlich ist.

Im Rahmen des **Eintragungsverfahrens** werden nur die absoluten Schutzhindernisse geprüft – relative Schutzhindernisse aber nur aufgrund eines **Widerspruchs** bzw. im Zuge einer **Löschungsklage wegen Nichtigkeit**. Die Löschung eines neu eingetragenen Zeichens kommt nach § 9 Abs. 1 MarkenG in drei Fällen in Betracht:

- Die neu eingetragene Marke ist mit einer angemeldeten oder eingetragenen Marke mit älterem Zeitrang identisch (**Identität**) und die Waren oder Dienstleistungen, für die sie eingetragen worden ist, sind mit den Waren oder Dienstleistungen identisch, für die die Marke mit älterem Zeitrang angemeldet oder eingetragen worden ist (Nr. 1 – **Fall einer Doppelidentität**).

- Die neu eingetragene Marke begründet wegen ihrer Identität oder Ähnlichkeit mit einer angemeldeten oder eingetragenen Marke mit älterem Zeitrang und der Identität oder der Ähnlichkeit der durch die beiden Marken erfassten Waren oder Dienstleis-

VI. Die eingetragene Marke (§ 4 Nr. 1 MarkenG – Registermarke)

tungen für das Publikum die Gefahr von Verwechslungen (einschließlich der Gefahr, dass die Marken gedanklich miteinander in Verbindung gebracht werden – Nr. 2 – Fall einer **Verwechslungsgefahr**).

- Die neu eingetragene Marke ist mit einer angemeldeten oder eingetragenen Marke mit älterem Zeitrang identisch oder dieser ähnlich und sie ist für Waren oder Dienstleistungen eingetragen worden, die nicht denen ähnlich sind, für die die Marke mit älterem Zeitrang angemeldet oder eingetragen worden ist (keine Ähnlichkeit), falls es sich bei der Marke mit älterem Zeitrang um eine im Inland **bekannte Marke** handelt und die Benutzung der eingetragenen Marke die Unterscheidungskraft oder die Wertschätzung der „bekannten Marke" ohne rechtfertigenden Grund in **unlauterer Weise ausnutzen oder beeinträchtigen** würde (Nr. 3 – Fall einer **Verwässerung oder Rufausbeutung der Marke**).

Bekannte Marken genießen einen erweiterten Markenschutz. Quantitativ setzt eine bekannte Marke den Nachweis von **Verkehrsbekanntheit** voraus, qualitativ muss ihr ein guter Ruf vorausgehen.

Die Eintragung einer Marke setzt voraus, dass sowohl die materiellen als auch die formellen Eintragungsvoraussetzungen erfüllt sind. Das **Eintragungsverfahren** setzt sich aus der Anmeldung, der Prüfung durch die Markenstelle des DPMA, der Bekanntmachung der Marke sowie ggf. einem **Widerspruchsverfahren** zusammen.

Die Markenanmeldung muss Angaben enthalten, die es erlauben, die Identität des Anmelders festzustellen, zudem die Marke wiedergeben und ein Verzeichnis der Waren oder Dienstleistungen enthalten, für die die Eintragung beantragt wird.

Die Markenstellen prüft zweierlei:

- Liegen die formellen Anmeldevoraussetzungen nach § 36 Abs. 1 MarkenG vor?
- Stehen einer Markeneintragung in materiell-rechtlicher Hinsicht absolute Schutzhindernisse iSv § 37 Abs. 1 MarkenG entgegen?

Wenn eine Marke nach den §§ 3, 8 oder 10 MarkenG – weil ihr absolute Schutzhindernisse entgegenstehen – von der Eintragung ausgeschlossen ist, weist die Markenstelle die Anmeldung zurück. Entspricht die Anmeldung hingegen den formellen Anmeldevoraussetzungen und hat die Markenstelle sie auch nicht wegen des Vorliegens absoluter Schutzhindernisse zurückgewiesen, so wird die angemeldete Marke in das Markenregister eingetragen und die Eintragung im Markenblatt veröffentlicht. Damit entsteht der Markenschutz. Der Widerspruch kann nur darauf gestützt werden, dass die Marke gelöscht werden kann, was möglich ist wegen einer angemeldeten oder eingetragenen Marke mit älterem Zeitrang nach § 9 MarkenG, wegen einer notorisch bekannten Marke mit älterem Zeitrang gemäß § 10 iVm § 9 MarkenG, wegen der Eintragung einer Marke für einen Agenten oder Vertreter des Markeninhabers nach § 11 MarkenG oder wegen einer nicht eingetragenen Marke mit älterem Zeitrang gemäß § 4 Nr. 2 MarkenG oder einer geschäftlichen Bezeichnung mit älterem Zeitrang nach § 5 iVm § 12 MarkenG.

Nach fristgerecht erhobenem Widerspruch kann der Inhaber der neu eingetragenen Marke, gegen dessen Eintragung der Widerspruch gerichtet ist, die **Einrede mangelnder Benutzung** erheben.

Gegen Beschlüsse der Markenstellen und der Markenabteilungen des DPMA kann Beschwerde an das BPatG eingelegt werden, das durch Beschluss entscheidet. Gegen Beschlüsse der Beschwerdesenate des BPatG findet die Rechtsbeschwerde an den BGH statt, wenn der Beschwerdesenat die Rechtsbeschwerde zugelassen hat oder die Fortbildung des Rechts oder die Sicherung einer einheitlichen Rechtsprechung eine Entscheidung des BGH erfordert.

VII. Die „benutzte Marke kraft Verkehrsgeltung" (§ 4 Nr. 2 MarkenG)

265 Markenschutz kann – außer durch die Eintragung eines Zeichens als Marke in das Markenregister (eingetragene Marke oder Registermarke) – gleichberechtigt auch durch die **Benutzung** eines (iSd § 3 Abs. 1 MarkenG an sich markenfähigen) Zeichens im geschäftlichen Verkehr entstehen. Voraussetzung dafür ist, dass das Zeichen innerhalb der beteiligten Verkehrskreise als Marke **Verkehrsgeltung** erworben hat (**Benutzungsmarke**).

266 Eine **Benutzungsmarke** gelangt beim Vorliegen von drei Voraussetzungen zur Entstehung:

- Markenfähigkeit des Zeichens,
- kein Entgegenstehen unüberwindbarer Schutzhindernisse und
- Verkehrsgeltung.

1. Markenfähigkeit

267 Dem nach § 3 Abs. 1 MarkenG an sich markenfähigen Zeichen muss – auch um als **Benutzungsmarke kraft Verkehrsgeltung** zur Entstehung zu gelangen – damit zunächst einmal abstrakte Unterscheidungskraft zukommen. Auch die Benutzungsmarke muss im Übrigen den Anforderungen des § 3 Abs. 2 MarkenG genügen.

2. Kein Entgegenstehen unüberwindbarer Schutzhindernisse

268 Im Hinblick auf die absoluten Eintragungshindernisse des § 8 MarkenG – die eigentlich nur für die eingetragene Marke gelten – ist zu berücksichtigen, dass nach § 8 Abs. 3 MarkenG bestimmte Hindernisse (nämlich jene nach § 8 Abs. 2 Nr. 1 bis 3 MarkenG) **durch Verkehrsdurchsetzung überwunden** werden können. Bei den Konstellationen des § 8 Abs. 2 Nr. 4 bis 10 MarkenG handelt es sich hingegen um **unüberwindbare Schutzhindernisse**. Nach der Intention des Gesetzgebers sollen diese Hindernisse für alle Marken gelten, unabhängig von der Form ihrer Entstehung. Deshalb gelangt § 8 Abs. 3 MarkenG (im Umkehrschluss) in analoger Anwendung auch auf die Marke kraft Verkehrsgeltung (Benutzungsmarke) zur Anwendung.[285] Die Benutzungsmarke muss allerdings **nicht geeignet darstellbar** sein (§ 8 Abs. 1 MarkenG), weil sich ihr Schutzzweck bereits aus der **konkreten Zeichenbenutzung** ergibt.[286]

3. Verkehrsgeltung

269 Mit der Benutzungsmarke schützt das MarkenG „ein(en) aufgrund intensiver Benutzung im Wettbewerb erreichte(n) und aufrechterhaltene(n), von Rechts wegen zum Ausschließlichkeitsrecht verdichtete(n) tatsächliche(n) wettbewerbliche(n) Besitzstand".[287] „Das materielle (faktische) Markenrecht (der Benutzungsmarke beruht

---

[285] Eisenmann/Jautz, Rn. 293.
[286] BeckOK, MarkenR/Weiler, MarkenG, § 4 Rn. 31.
[287] Hacker, Ströbele/Hacker, Markengesetz, § 4 Rn. 8.

VII. Die „benutzte Marke kraft Verkehrsgeltung" (§ 4 Nr. 2 MarkenG)

letztlich) auf dem **durch Benutzung erworbenen wettbewerbsrechtlichen Besitzstand** der Bekanntheit innerhalb der beteiligten Verkehrskreise"[288] (dh der **Verkehrsgeltung**). Verkehrsgeltung ist nicht identisch mit „Verkehrsdurchsetzung" iSv § 8 Abs. 3 MarkenG, durch die bestimmte Entstehungshindernisse (wie bspw. die besondere Unterscheidungskraft) überwunden werden können – wobei Verkehrsdurchsetzung weit strengere Voraussetzungen hat als eine bloße Verkehrsgeltung.

Ob eine Marke **Verkehrsgeltung** – was einen geringeren Bekanntheitsgrad bedeutet als Verkehrsdurchsetzung nach § 8 Abs. 3 MarkenG – erlangt hat, bestimmt sich nach der Auffassung der jeweils **beteiligten Verkehrskreise**, ohne dass dabei auf feste Prozentsätze abgestellt werden kann. Dies macht die Entstehung des Markenschutzes bei der Benutzungsmarke für den Inhaber schwer vorhersehbar, mithin riskant. Zur Festlegung des Durchsetzungsgrades ist eine **Gesamtabwägung aller Umstände** vorzunehmen. Voraussetzung ist, dass ein jedenfalls nicht unerheblicher Teil der angesprochenen Verkehrskreise in dem Zeichen einen Hinweis auf die Herkunft der damit gekennzeichneten Waren oder Dienstleistungen aus einem bestimmten Unternehmen sieht.[289] Verkehrsdurchsetzung setzt voraus, dass ein erheblicher Teil aller beteiligten Verkehrskreise das benutzte Zeichen als Herkunftshinweis versteht.[290]

270

Beachte: Bei bestehender Verkehrsdurchsetzung liegt stets Verkehrsgeltung vor. Umgekehrt gilt dies aber wegen der geringeren Anforderungen an die Verkehrsgeltung nicht.[291]

271

Im Hinblick auf die Anerkennung von Benutzungsmarken reicht eine **geographische Verkehrsgeltung** aus mit der Folge, dass eine Marke nach § 4 Nr. 2 MarkenG auch regional oder gar lokal begrenzt Verkehrsgeltung erlangen und damit auch nur in diesem Umfang Schutz genießen kann. Untersucht man die Frage, ob eine Marke Verkehrsgeltung erlangt hat, ist zu unterscheiden, ob es sich bei der Ware oder Dienstleistung, für die das Zeichen verwendet wird, um eine solche des **Massenkonsums** handelt. Ist dies der Fall, ist im Hinblick auf die Kennzeichnungskraft des Zeichens auf die **Auffassung aller Verbraucher** abzustellen – ansonsten auf die Auffassung der tatsächlich die Ware erwerbenden Käufer bzw. der die Dienstleistung in Anspruch Nehmenden oder daran Interessierten.

272

Grundsätzlich ist der **Grad der Verkehrsgeltung** von der Unterscheidungskraft des Zeichens abhängig. Bei geringer Unterscheidungskraft ist ein umso höherer Grad an Verkehrsgeltung notwendig. Ist das Zeichen hingegen sehr einprägsam oder eigenartig, genügt ein geringerer Grad der Verkehrsgeltung.[292] Dabei wird differenziert[293] zwischen Zeichen

273

- mit **originärer Unterscheidungskraft** (für die ein Bekanntheitsgrad für die Erlangung von Verkehrsgeltung bei etwa 19 % der Verkehrskreise erforderlich sein soll) und
- ohne **originäre** (dh ohne jegliche) **Unterscheidungskraft** (für die ein Durchsetzungsgrad von mehr als 50 % erforderlich sein soll).

---

288 Götting, § 59 Rn. 9.
289 BGH Urt. v. 26.6.2008 – I ZR 190/05 (OLG Frankfurt aM) = GRUR 2008, 917, Rn. 38 – EROS; OLG Köln Urt. v. 20.11.2009 – 6 U 62/09 = GRUR-RR 2010, 433 (434) – Oerlikon.
290 BGH Beschl. v. 21.2.2008 – I ZB 24/05 (BPatG) = GRUR 2008, 710, Rn. 35 – VISAGE; EuG Urt. v. 14.2.2018 – T-801/17 = BeckRS 2018, 32422; BeckOK, MarkenR/Schneider, MarkenG, § 8 Rn. 1027.
291 BeckOK, MarkenR/Weiler, MarkenG, § 4 Rn. 42.
292 Eisenmann/Jautz, Rn. 293.
293 Dazu Götting, § 59 Rn. 10.

274 Infolge der **Chiemsee-Entscheidung** des EuGH[294] ist ein Freihaltebedürfnis nicht mehr zu berücksichtigen: Art. 3 Abs. 3 der RL 2008/95/EG (heute Art. 4 Abs. 4 MarkenRL) lasse eine Differenzierung der Unterscheidungskraft nach dem festgestellten Interesse daran, eine geografische Bezeichnung für die Benutzung durch andere Unternehmen freizuhalten, nicht zu.

Frage 34: Unter welchen Voraussetzungen gelangt eine Marke kraft Verkehrsgeltung (Benutzungsmarke) zur Entstehung?

4. Rechtsfolge

275 Die **Gleichbehandlung** (Gleichstellung) der **benutzten Marke kraft Verkehrsgeltung** mit der registrierten Marke führt dazu, dass auf sie grundsätzlich alle markenrechtlichen Regelungen zur Anwendung gelangen – etwa jene über

- Inhalt und Schranken des markenrechtlichen Schutzes nach § 14 (ausschließliche Rechte), § 18 (Vernichtungs- und Rückrufansprüche), § 19 (Auskunftsanspruch), § 20 (Verjährung), § 21 (Verwirkung), § 23 (Benutzungsausnahmen), § 24 (Erschöpfung) und § 26 MarkenG (Einrede mangelnder Benutzung) sowie die Regelung über den
- Rechteübergang (§ 27 MarkenG) einschließlich der §§ 29 f. MarkenG.

276   **Zusammenfassung**: Eine Benutzungsmarke iSv § 4 Nr. 2 MarkenG gelangt zur Entstehung, wenn dem Zeichen **Markenfähigkeit** zukommt, unüberwindbare **Schutzhindernisse** ihm nicht entgegenstehen und dem Zeichen **Verkehrsgeltung** zukommt.

VIII. Die notorisch bekannte Marke (§ 4 Nr. 3 MarkenG)

277 Markenschutz genießt nach § 4 Nr. 3 MarkenG außer der eingetragenen Marke (Registermarke) und der Marke kraft Verkehrsgeltung (Benutzungsmarke) auch die **notorisch bekannte** – dh die allbekannte – **Marke** iSd Art. 6bis PVÜ (wie zB Weltmarken). **Notorietät** wird auch als **gesteigerte Bekanntheit**[295] bezeichnet, deren Auslegung in Ermangelung einer genaueren Definition in Art. 6bis Abs. 1 PVÜ den Verbandsstaaten überlassen bleibt.[296]

278 Nach Art. 6bis Abs. 1 PVÜ verpflichten sich die Verbandsstaaten der PVÜ von Amts wegen, wenn dies die Rechtsvorschriften des Landes zulassen oder auf Antrag des Beteiligten, die Eintragung einer Fabrik- oder Handelsmarke zurückzuweisen oder für ungültig zu erklären und den Gebrauch der Marke zu untersagen, wenn sie eine **verwechslungsfähige Abbildung, Nachahmung oder Übersetzung einer anderen Marke** darstellt, von der es nach Ansicht der zuständigen Behörde des Landes der Eintragung oder des Gebrauchs dort notorisch feststeht, dass sie bereits einer zu den Vergünstigungen der Übereinkunft zugelassenen Person gehört und für gleiche oder gleichartige Erzeugnisse benutzt wird. Für den Antrag auf Löschung einer solchen Marke ist nach Art. 6bis Abs. 2 PVÜ eine Frist von mindestens fünf Jahren vom Tag der Eintragung an zu gewähren. Den Verbandsstaaten steht es frei, eine Frist zu bestimmen, innerhalb welcher der Anspruch auf Untersagung des Gebrauchs geltend zu machen ist. Gegen-

---

294 EuGH Urt. v. 5.4.1999 – Rs. C-108 und 109/97 = GRUR 1999, 723, Rn. 48 – Chiemsee.
295 Schweizerisches Bundesgericht GRUR Int 2005, 542 (528) – Tripp Trapp III.
296 Schweizerisches Bundesgericht GRUR Int 1986, 215 (216) – Golden Lights: Verweis auf das nationale Recht; BeckOK, MarkenR/Weiler MarkenG, § 4 Rn. 147.

IX. Zusammenfassung: Markenschutz außerhalb einer Eintragung

über bösgläubig erwirkten Eintragungen oder bösgläubig vorgenommenen Benutzungshandlungen ist der Antrag auf Löschung dieser Marken oder auf Untersagung ihres Gebrauchs an keine Frist gebunden (so Art. 6bis Abs. 3 PVÜ).

Nach dem MarkenG erstreckt sich der Schutzbereich notorisch bekannter Marken außer auf Waren (wie nach der PVÜ) auch auf Dienstleistungen. Auch eine im Ausland erworbene Bekanntheit reicht aus. 279

Eine Marke ist dann notorisch bekannt, wenn sie **allgemeine Bekanntheit** genießt. Die bloße Verkehrsgeltung durch Benutzung (§ 4 Nr. 2 MarkenG) erreicht aber jedenfalls noch nicht den Grad allgemeiner Bekanntheit. 280

Die nach § 4 Nr. 3 MarkenG verlangte **notorische Bekanntheit** (gesteigerte Bekanntheit in einem Verbandsstaat des PVÜ) unterscheidet zwischen der nach § 10 MarkenG verlangten **notorischen Bekanntheit im Inland** (gesteigerte Bekanntheit in Deutschland ist erheblich) und der (normalen) **Bekanntheit im Inland** nach § 9 Abs. 1 Nr. 3 bzw. § 14 Abs. 2 Nr. 3 MarkenG.[297] 281

Eine **präzise Definition** dafür, wann von allgemeiner Bekanntheit (und damit auch zur Unterscheidung der in § 9 Abs. 1 Nr. 3 MarkenG geforderten lediglich „normalen" Bekanntheit) gesprochen werden kann, gibt es nicht.[298] **Unverbindliche Kriterien** werden in der 1999 verabschiedeten **Empfehlung der World Intellectual Property Organization – WIPO-Empfehlung**[299] (Gemeinsame Empfehlungen betreffend die Bestimmung über den Schutz notorisch bekannter Marken" [Joint Recommendation Concerning Provisions on the Protection of Well-Known Marks]) – festgelegt.[300] Nach Art. 2 Abs. 1 Buchst. b Nr. 2 bis 5 der WIPO-Empfehlung (**Art. 2 als Herzstück der WIPO**) sollen **qualitative Kriterien** wie Dauer, Umfang und Ausdehnung des globalen Markengebrauchs, der Markenpromotion, der Markeneintragungen und -anmeldungen und des Werts der Marke zur Bestimmung der Notorietät herangezogen werden. In Art. 4 der WIPO-Empfehlung ist dagegen auch ein **Schutz vor Verwechslungsgefahr** aufgeführt, weswegen neben einer fehlenden Definition für die Notorität der Bekanntheit ebenso eine **trennscharfe Unterscheidung** zur (normalen) Bekanntheit (ohne Notorietät) in § 9 Abs. 1 Nr. 3 und § 14 Abs. 2 Nr. 3 MarkenG aktuell nicht möglich ist. 282

IX. Zusammenfassung: Markenschutz außerhalb einer Eintragung

283

1. Schutz von Marken ohne Eintragung (Registrierung)	
Benutzung und Verkehrsgeltung	§ 4 Nr. 2 MarkenG → Entstehung von Markenschutz
2. Schutzhindernisse und Schutzanspruch	
a) Verkehrsdurchsetzung	§ 8 Abs. 3 MarkenG → eingeschränkte Schutzhindernisse

---

297 BeckOK, MarkenR/Weiler, MarkenG, § 4 Rn. 43.
298 BeckOK, MarkenR/Weiler, MarkenG, § 4 Rn. 148.
299 Abruf am 12.11.2020: https://www.wipo.int/edocs/pubdocs/en/marks/833/pub833.pdf. Zum Zustandekommen und Inhalt der Empfehlungen: Kur, GRUR 1999, 866.
300 BeckOK, MarkenR/Weiler, MarkenG, § 4 Rn. 149; BeckOK, MarkenR/Kur, MarkenG, Einleitung Markenrecht Rn. 265.1.

b) Bekanntheit	§ 9 Abs. 1 Nr. 3 MarkenG → relatives Schutzhindernis § 14 Abs. 2 Nr. 3 MarkenG → Schutzansprüche
c) Notorische Bekanntheit im Inland	§ 10 Abs. 1 MarkenG iVm Art. 6bis PVÜ → absolutes Schutzhindernis
d) Notorische Bekanntheit	§ 4 Nr. 3 MarkenG iVm Art. 6bis PVÜ → Entstehung von Markenschutz

X. Rechtswirkungen der Marke

284 Wie alle anderen gewerblichen Schutzrechte hat auch das Markenrecht sowohl einen **positiven** als auch einen **negativen Inhalt**. Zudem genießt der Markeninhaber gegen Beeinträchtigungen seines Rechts auch einen **strafrechtlichen Schutz** (dreifache Wirkungen einer Marke).

1. Positiver Inhalt des Markenrechts

285 Infolge der Entstehung des Markenschutzes nach § 4 MarkenG durch Eintragung (Nr. 1), Benutzung und Verkehrsgeltung (Nr. 2) bzw. notorische Bekanntheit (Nr. 3) erlangt der Markeninhaber gemäß § 14 Abs. 1 MarkenG ein **ausschließliches Recht**. Dies bedeutet, dass allein der Inhaber der Marke befugt ist, die Marke zu nutzen (**Benutzungsrecht**).

2. Negativer Inhalt des Markenrechts

286 Der negative Inhalt des Markenrechts gewährt dem berechtigten Markeninhaber gegen einen Verletzer **Unterlassungs- und Schadensersatzansprüche** nach Maßgabe des § 14 Abs. 2 bis 6 MarkenG. Dabei listen die §§ 14 und 15 MarkenG Verhaltensweisen auf, die eine Rechtsverletzung darstellen, wobei sowohl **unmittelbare als auch mittelbare Verletzungshandlungen** in Betracht kommen. Eine Rechtsverletzung ist dann **widerrechtlich**, wenn sie weder durch eine gesetzliche Ausnahmeregelung noch durch die Einwilligung des Rechteinhabers ihre Rechtfertigung erfährt.

Beachte: Wenn zugunsten Dritter kollidierende Zeichen eingetragen sind, besteht auch ein Anspruch auf **Löschung der (prioritätsjüngeren) Marke**, der im

> Widerspruchsverfahren vor dem DPMA (§ 42 MarkenG) bzw. durch
> Löschungsklage (§ 51 MarkenG)

durchgesetzt werden kann.

287 Dritten sind nach dem diverse Kollisionstatbestände regelnden § 14 Abs. 2 MarkenG ohne Zustimmung des Markeninhabers im **geschäftlichen Verkehr iwS** (iS einer „jede(n) wirtschaftlichen Tätigkeit ..., die dazu bestimmt ist, der Förderung eigener oder fremder Geschäftszwecke beliebiger Art zu dienen")[301] in Bezug auf Waren und

---

301 Götting, § 56 Rn. 4: „jede selbstständige berufliche Tätigkeit".

X. Rechtswirkungen der Marke

Dienstleistungen folgende Verletzungshandlungen untersagt (**Verbietungsrecht – Untersagungstatbestände**):

- Die Benutzung eines mit der Marke identischen Zeichens für Waren oder Dienstleistungen, die mit denjenigen identisch sind, für die die Marke Schutz genießt (identisches Zeichen für identische Waren oder Dienstleistungen [sog. Doppelidentität] – **Identitätsschutz, Nr. 1**).

- Die Benutzung eines Zeichens, wenn wegen der Identität oder Ähnlichkeit des Zeichens mit der Marke und der Identität oder Ähnlichkeit der durch die Marke und das Zeichen erfassten Waren oder Dienstleistungen für das Publikum die **Gefahr von Verwechslungen** besteht (Wechselwirkung zwischen Identität oder Ähnlichkeit von Ware oder Dienstleistung und Identität oder Ähnlichkeit des Zeichens sowie der originären oder erworbenen Kennzeichenkraft des alten Zeichens, die normal [durchschnittlich] schwach oder stark sein kann),[302] einschließlich der Gefahr, dass das Zeichen mit der (prioritätsälteren) Marke gedanklich in Verbindung gebracht wird (identisches oder ähnliches Zeichen für identische oder ähnliche Waren oder Dienstleistungen und Verwechslungsgefahr – **Verwechslungsschutz, Nr. 2** [iS einer Irreführungsgefahr für umsichtige, gut informierte, situationsabhängig aufmerksame und kritisch prüfende Durchschnittsverbraucher]). Dabei **kommen drei Konstellationen in Betracht:**
  - Markenidentität und Produktähnlichkeit,
  - Markenähnlichkeit und Produktidentität bzw.
  - Markenähnlichkeit und Produktähnlichkeit.

Die Konstellation Markenidentität und Produktidentität wird von § 14 Abs. 2 Nr. 1 MarkenG abgebildet.

Im Hinblick auf Zeichen, die sich aus **mehreren Bestandteilen zusammensetzen** (zB aus Wort-, Bild oder Formkomponenten) hat der BGH die sog. **Prägetheorie** entwickelt.[303] In einem solchen Fall kann auch einem einzelnen Bestandteil eine solche gesteigerte Kennzeichnungskraft zukommen, dass dieser Bestandteil das gesamte Zeichen „prägt" (**Prägung durch einen dominierenden Zeichenbestandteil**, sofern die allgemeine Lebenserfahrung die Annahme rechtfertigt, dass der Verkehr bei

---

[302] EuGH Urt. v. 23.3.2006 – C-206/04 P = GRUR 2006, 413, Rn. 2 – Neutralisierungstheorie. Vgl. etwa BGH Urt. v. 15.10.2020 – I ZR 210/18 (OLG Köln) = GRUR 2020, 1311 – Vorwerk: 1. Die Täuschung über die Identität eines Anbieters, die keine unzutreffende Vorstellung über die Herkunft eines mit der Marke beworbenen Produkts aus dem Betrieb des Markeninhabers verursacht, liegt außerhalb des Schutzbereichs der markenrechtlichen Herkunftshinweisfunktion. 2. Der Umstand, dass ein bestimmter Markenhersteller zum Kreis der auf einem Online-Marktplatz vertretenen Anbieter gehört, kann ein wesentliches Merkmal dieses Dienstleistungsangebots iSd § 5 Abs. 1 S. 2 Fall 2 Nr. 1 UWG darstellen.

[303] BGH Urt. v. 14.3.2002 – I ZR 279/99 (OLG Köln) = GRUR 2002, 636 – Sportwetten.

Wahrnehmung der Ware andere Bestandteile vernachlässigt und so in den Hintergrund treten lässt).[304] Der BGH[305] differenziert im Übrigen zwischen der
- unmittelbaren Verwechslungsgefahr ieS und der
- Verwechslungsgefahr iS eines gedanklichen Inverkehrbringens nach § 14 Abs. 2 Nr. 2 MarkenG.

■ Die Benutzung eines mit der Marke identischen Zeichens oder eines ähnlichen Zeichens für Waren oder Dienstleistungen, die nicht denen ähnlich sind, für die die Marke Schutz genießt (dh, es liegt keine Verwechslungsgefahr vor), wenn es sich bei der Marke (dem prioritätsälteren Zeichen) um eine **im Inland bekannte Marke** (wobei für die Bekanntheit sowohl quantitative [Bekanntheitsgrad, feststellbar durch eine Verkehrsbefragung] als auch qualitative Kriterien streiten können) und die **Benutzung des Zeichens die Unterscheidungskraft** oder die **Wertschätzung** der bekannten Marke ohne rechtfertigenden Grund in unlauterer Weise ausnutzt oder beeinträchtigt (**Bekanntheitsschutz, Nr. 3**).[306] Drei Formen einer Beeinträchtigung kommen dabei in Betracht:[307]

- **Verwässerung der Marke** (Beeinträchtigung der Unterscheidungskraft der prioritätsälteren Marke);
- **Herabsetzung oder Rufausbeutung der Marke** (Beeinträchtigung der Wertschätzung der prioritätsälteren durch die prioritätsjüngere Marke) bzw.
- **unerlaubtes Ausnutzen** der Unterscheidungskraft bzw. der Wertschätzung der Marke (Schmarotzen).

Beachte: Der EuGH[308] wendet § 14 Abs. 2 Nr. 3 MarkenG erweiternd auch auf Fälle ähnlicher Waren oder Dienstleistungen an, ohne dass Verwechslungsgefahr vorliegt.

Hinweis: Praktisch relevant ist die Verwendung von **Zeichen im Internet**[309] in Gestalt von Metatags[310] oder Keywords (Adwords).[311] Marken und geschäftliche Bezeichnun-

---

304 Götting, § 56 Rn. 23. Der EuGH hat die Prägetheorie bislang nicht gebilligt – in einem parallelen Fall (vgl. EuGH Urt. v. 6.10.2005 – C-120/04 = GRUR 2005, 1042 – THOMSON LIFE – Rn. 30 ff.) aber entschieden, dass die Feststellung von Verwechslungsgefahr nicht von der Voraussetzung abhängig gemacht werden könne, dass der von einem zusammengesetzten Zeichen hervorgerufene Gesamteindruck von dem Teil des Zeichens, das die ältere Marke bildet, dominiert wird. In seinem Leitsatz stellt der EuGH fest, dass Art. 5 Abs. 1b der MarkenRL 1988 dahin auszulegen ist, dass bei identischen Waren oder Dienstleistungen eine Verwechslungsgefahr für das Publikum bestehen kann, wenn das streitige Zeichen durch die Aneinanderreihung der Unternehmensbezeichnungen eines Dritten zum einen und einer normal kennzeichnungskräftigen eingetragenen Marke zum anderen gebildet wird und letztere in dem zusammengesetzten Zeichen, ohne allein seinen Gesamteindruck zu prägen, eine selbstständig kennzeichnende Stellung behält.
305 BGH Urt. v. 5.4.2001 – I ZR 168/98 (OLG Hamburg) = GRUR 2002, 171 – Marlboro-Dach.
306 BGH Urt. v. 14.3.2002 – I ZR 279/99 (OLG Köln) = GRUR 2002, 636 – Sportwetten.
307 EuGH Urt. v. 18.6.2009 – C-487/07 = GRUR 2009, 756, Rn. 38 ff. – L`Oréal/Bellure.
308 BGH Urt. v. 31.10.2002 – I ZR 207/00 (OLG Dresden) = GRUR 2003, 242, Rn. 30 – Dresdner Christstollen.
309 Vgl. etwa BGH, Urt. v. 4.12.2008 – I ZR 3/06 (OLG Frankfurt aM) = GRUR 2009, 871 – Ohrclips: 1. Ob ein Anbieter von Waren auf einer Internet-Plattform im geschäftlichen Verkehr oder im privaten Bereich handelt, ist aufgrund einer Gesamtschau der relevanten Umstände zu beurteilen. Dazu können wiederholte, gleichartige Angebote, ggf. auch von neuen Gegenständen, Angebote erst kurz zuvor erworbener Waren, eine ansonsten gewerbliche Tätigkeit des Anbieters, häufige sog. Feedbacks und Verkaufsaktivitäten für Dritte rechnen. 2. Die Wendung „a la Cartier" in einem Verkaufsangebot für Schmuckstücke von Drittunternehmen ist eine unlautere vergleichende Werbung. 3. Allgemeine zivilrechtliche Bestimmungen können zum Markenschutz nur ergänzend herangezogen werden, wenn der Schutz nach dem Markengesetz versagt. Davon ist im Regelfall nicht schon dann auszugehen, wenn eine bekannte oder berühmte Marke außerhalb des geschäftlichen Verkehrs auf einer Internet-Plattform Verwendung findet.

gen werden auf einer Internetseite sichtbar oder unsichtbar als Wegweiser für einen Bericht auf der Internetseite über Geschäftsbereiche verwendet, die im Zusammenhang mit dem verwendeten Zeichen stehen.[312]

Frage 35: Was beinhaltet der negative Inhalt des Markenrechts und welche Rechte resultieren daraus für den verletzten Markeninhaber?

Beachte: Die Untersagungstatbestände des § 14 Abs. 2 MarkenG **stimmen** hinsichtlich der Kollisionstatbestände mit den in § 9 Abs. 1 MarkenG statuierten relativen Schutzhindernissen (als Löschungstatbestände) **überein**.

Die Verletzungstatbestände des § 14 Abs. 2 Nr. 1 bis 3 MarkenG enthalten nach Ansicht des BGH[313] im Übrigen ein zusätzliches ungeschriebenes Tatbestandsmerkmal,

288

---

310   BGH Versäumnisurt. v. 18.5.2006 – I ZR 183/03 (OLG Düsseldorf) = GRUR 2007, 65 – Impuls.
311   EuGH Beschl. v. 26.3.2010 – C-91/09 = GRUR 2010, 641, Ls. – Eis.de / BBY.
312   EuGH Urt. v. 22.9.2011 – C-323/09 = GRUR 2011, 1124 – Interflora: 1. Art. 5 Abs. 1 Buchst. a der Ersten RL 89/104/EWG des Rates vom 21. 12. 1988 zur Angleichung der Rechtsvorschriften der Mitgliedstaaten über die Marken und Art. 9 Abs. 1 Buchst. a der VO (EG) Nr. 40/94 des Rates vom 20. 12. 1993 über die Gemeinschaftsmarke sind dahin auszulegen, dass der Inhaber einer Marke es einem Mitbewerber verbieten kann, anhand eines mit dieser Marke identischen Schlüsselworts, das der Mitbewerber ohne Zustimmung des Markeninhabers im Rahmen eines Internetreferenzierungsdienstes ausgewählt hat, für Waren oder Dienstleistungen zu werben, die mit denen, für die die Marke eingetragen ist, identisch sind, wenn diese Benutzung eine der Funktionen der Marke beeinträchtigen kann. Eine solche Benutzung – beeinträchtigt die herkunftshinweisende Funktion der Marke, wenn aus der anhand des genannten Schlüsselwortes gezeigten Werbung für einen normal informierten und angemessen aufmerksamen Internetnutzer nicht oder nur schwer zu erkennen ist, ob die beworbenen Waren oder Dienstleistungen von dem Inhaber der Marke bzw. einem mit ihm wirtschaftlich verbundenen Unternehmen oder vielmehr von einem Dritten stammen; – beeinträchtigt im Rahmen eines Referenzierungsdienstes mit den Merkmalen des im Ausgangsverfahren in Rede stehenden nicht die Werbefunktion der Marke; beeinträchtigt die Investitionsfunktion der Marke, wenn sie es dem Markeninhaber wesentlich erschwert, seine Marke zum Erwerb oder zur Wahrung eines Rufs einzusetzen, der geeignet ist, Verbraucher anzuziehen und zu binden. 2. Art. 5 Abs. 2 der RL 89/104/EWG und Art. 9 Abs. 1 Buchst. c der VO (EG) Nr. 40/94 sind dahin auszulegen, dass der Inhaber einer bekannten Marke es einem Mitbewerber verbieten kann, anhand eines dieser Marke entsprechenden Schlüsselwortes, das dieser Mitbewerber ohne Zustimmung des Markeninhabers im Rahmen eines Internetreferenzierungsdienstes ausgewählt hat, zu werben, wenn dieser Mitbewerber damit die Unterscheidungskraft oder die Wertschätzung der Marke ohne rechtfertigenden Grund in unlauterer Weise ausnutzt (Trittbrettfahren) oder wenn in der genannten Werbung eine Beeinträchtigung dieser Unterscheidungskraft (Verwässerung) oder Wertschätzung (Verunglimpfung) liegt. In einer Werbung anhand eines solchen Schlüsselwortes liegt zB dann eine Beeinträchtigung der Unterscheidungskraft der bekannten Marke (Verwässerung), wenn sie zu einer Abschwächung dieser Marke zu einem Gattungsbegriff beiträgt. Dagegen darf der Inhaber einer bekannten Marke es einem anderen nicht verbieten, dass Mitbewerber anhand von dieser Marke entsprechenden Schlüsselwörtern eine Werbung erscheinen lassen, mit der, ohne eine bloße Nachahmung von Waren oder Dienstleistungen des Inhabers dieser Marke anzubieten, ohne eine Verwässerung oder Verunglimpfung herbeizuführen und ohne im Übrigen die Funktionen der bekannten Marke zu beeinträchtigen, eine Alternative zu den Waren oder Dienstleistungen ihres Inhabers vorgeschlagen wird. Vgl. auch BGH Urt. v. 15.2.2018 – I ZR 138/16 (OLG München) = GRUR 2018, 924 – ORTLIEB: 1. Derjenige, der eine Internetseite technisch betreibt und für die dort vorgehaltene seiteninterne Suchmaschine verantwortlich ist, benutzt Marken als Schlüsselwörter im Rahmen seiner eigenen kommerziellen Kommunikation, wenn er die Auswahl der in einer Trefferliste angezeigten Suchergebnisse aufgrund einer automatisierten Auswertung des Kundenverhaltens veranlasst und die Anbieter der in den Ergebnislisten angezeigten Waren auf den Inhalt der Trefferliste keinen Einfluss nehmen können. 2. Kann ein normal informierter und angemessen aufmerksamer Internetnutzer bei einer Trefferliste, die von einer seiteninternen Suchmaschine nach Eingabe eines mit einer Marke identischen Zeichens als Suchwort erzeugt wird, nicht oder nur schwer erkennen, ob die dort beworbenen Waren oder Dienstleistungen vom Inhaber der Marke oder von einem mit ihm wirtschaftlich verbundenen Unternehmen oder vielmehr von einem Dritten stammen, ist die herkunftshinweisende Funktion der Marke beeinträchtigt.
313   BGH Urt. v. 16.12.2004 – I ZR 177/02 (OLG Düsseldorf) = GRUR 2005, 419 – Räucherkate.

nämlich das Erfordernis einer „**rechtserheblichen Benutzungshandlung**":[314] Eine rechtserhebliche Benutzungshandlung liegt dann vor, wenn die Benutzung des Zeichens nicht nur produkt- oder leistungsbeschreibend, sondern markenmäßig – dh zur Unterscheidung der durch das Zeichen gekennzeichneten Ware oder Dienstleistung eines Unternehmens von dem anderer Unternehmen (dh als Herkunftshinweis) – erfolgt (**Erfordernis einer markenmäßigen Benutzung**).

289 Der **Zweck des Markenschutzes** gebietet im Hinblick auf § 14 Abs. 2 MarkenG somit eine „**markenmäßige Benutzung**" des geschützten Zeichens,[315] mithin eine Benutzung als Marke, durch die ein Dritter (gegen die Interessen des Markeninhabers) – aus der Sicht eines durchschnittlich informierten, aufmerksamen und verständigen Verbrauchers (sofern sich die Benutzung an die Allgemeinheit richtet)[316] – die Herkunfts- als Hauptfunktion der Marke verletzt.[317]

290 § 14 Abs. 3 MarkenG untersagt einem Dritten beim Vorliegen der gerade genannten Voraussetzungen des § 14 Abs. 2 MarkenG „insbesondere", dh beispielhaft und damit nicht abschließend, folgende **unzulässigen Benutzungshandlungen**, nämlich

- (kollidierende) Zeichen auf Waren oder ihrer Aufmachung oder Verpackung **anzubringen** (Nr. 1),
- unter dem (kollidierenden) Zeichen **Waren anzubieten, in den Verkehr zu bringen** oder zu den genannten Zwecken **zu besitzen** (Nr. 2),
- unter dem (kollidierenden) Zeichen **Dienstleistungen anzubieten oder zu erbringen** (Nr. 3),
- unter dem (kollidierenden) Zeichen **Waren einzuführen oder auszuführen** (Nr. 4 – wohingegen eine Warendurchfuhr ohne Vermarktung statthaft ist),[318]
- das (kollidierende) Zeichen **als Handelsname oder geschäftliche Bezeichnung** oder als Teil eines Handelsnamens oder einer geschäftlichen Bezeichnung zu benutzen (Nr. 5),
- das (kollidierende) Zeichen **in Geschäftspapieren** oder **in der Werbung** (als sehr weit zu fassender Begriff, der jede unmittelbar oder mittelbar **absatzfördernde Zielrichtung**, einschließlich bloß imagepflegender oder aufmerksamkeitserzeugender Maßnahmen umfasst, solange die Zuordnung zu der Art nach bestimmbaren Waren oder Dienstleistungen noch möglich ist)[319] zu benutzen (Nr. 6) oder
- das (kollidierende) Zeichen in der **vergleichenden Werbung**[320] (anderer Anwendungsbereich als Werbung nach § 14 Abs. 3 Nr. 6 MarkenG) **in einer der Richtlinie**

---

314 Dazu Eisenmann/Jautz, Rn. 296.
315 Was auch für Fälle der Markenparodie im Hinblick auf bekannte Marken relevant sein kann: vgl. BGH Urt. v. 3.2.2005 – I ZR 159/02 (OLG Hamm) = GRUR 2005, 583 – Lila-Postkarte, wobei in diesem Kontext ggf. eine Interessenabwägung zwischen der Kunstfreiheit (Art. 5 Abs. 3 S. 1 GG) und dem Eigentumsrecht des Markeninhabers (Art. 14 Abs. 1 GG) vorzunehmen ist.
316 Götting, § 56 Rn. 8 – erfolgt die Ansprache spezieller Fachkreise, so ist auf deren Verständnis abzustellen.
317 So Götting, § 56 Rn. 6: „wenn die Benutzung des Zeichens durch einen Dritten den Eindruck entstehen lässt, dass eine Verbindung im geschäftlichen Verkehr zu den betroffenen Waren und dem Markeninhaber besteht" – iS einer zumindest „gedanklichen Verknüpfung" (Götting, aaO, Rn. 7).
318 BGH Urt. v. 21.3.2007 – I ZR 66/04 (OLG Koblenz) = GRUR 2007, 875, Rn. 13 – Durchführung von Originalware.
319 Ingerl/Rohnke, MarkenG, § 14, Rn. 256.
320 Art. 2 Buchst. c der RL 2006/114/EG: Im Sinne dieser Richtlinie bedeutet „vergleichende Werbung" jede Werbung, die unmittelbar oder mittelbar einen Mitbewerber oder die Erzeugnisse oder Dienstleistungen, die von einem Mitbewerber angeboten werden, erkennbar macht.

2006/114/EG des Europäischen Parlaments und des Rates vom 12.12.2006 über irreführende und vergleichende Werbung[321] **zuwiderlaufenden Weise zu benutzen**[322] (Nr. 7). Relevant ist bei dieser dynamischen Verweisung immer der zum Zeitpunkt der Verletzung gültige Text der Richtlinie.[323]

Frage 36: Benennen Sie bitte beispielhaft drei markenrechtliche Verletzungshandlungen.

Darüber hinaus ist es unbefugten Dritten nach § 14 Abs. 4 MarkenG aber auch schon im **Vorfeld einer eigentlichen Markenverletzung** – dh bevor es zu einer solchen tatsächlich kommt – verboten ohne die Zustimmung des Markeninhabers der Marke im geschäftlichen Verkehr folgende **vorbereitenden Handlungen** zu begehen:

- Ein mit der Marke identisches Zeichen oder ein ähnliches Zeichen auf **Aufmachungen** oder **Verpackungen** oder auf **Kennzeichnungsmitteln** wie Etiketten, Anhängern, Aufnähern oder dergleichen **anzubringen** (Nr. 1);
- Aufmachungen, Verpackungen oder Kennzeichnungsmittel, die mit einem mit der Marke identischen Zeichen oder einem ähnlichen Zeichen versehen sind, **anzubieten, in den Verkehr zu bringen** oder **zu den genannten Zwecken zu besitzen** (Nr. 2); oder
- Aufmachungen, Verpackungen oder Kennzeichnungsmittel, die mit einem mit der Marke identischen Zeichen oder einem ähnlichen Zeichen versehen sind, **einzuführen oder auszuführen** (Nr. 3).

Frage 37: Benennen Sie bitte drei verbotene Verhaltensweisen im Vorfeld einer eigentlichen Markenverletzung.

Die Verbotstatbestände des § 14 Abs. 4 MarkenG im **Vorbereitungsstadium** einer eigentlichen Markenverletzung setzen allerdings voraus, dass die **Gefahr besteht**, dass die Aufmachungen oder Verpackungen zur Aufmachung oder Verpackung oder die Kennzeichnungsmittel zur Kennzeichnung von Waren oder Dienstleistungen benutzt werden, hinsichtlich deren **Dritten die Benutzung des Zeichens untersagt wäre** nach Abs. 2 und 3 des § 14 MarkenG. Damit werden also schon Vorbereitungshandlungen verboten, wenn die Gefahr besteht, dass diese letztlich zu einem Verstoß gegen § 14 Abs. 2 bzw. 3 MarkenG führen könnten.

291

292

---

321 ABl. L 376 vom 27.12.2006, S. 21.
322 Art. 4 der RL 2006/114/EG hat folgenden Wortlaut: Vergleichende Werbung gilt, was den Vergleich anbelangt, als zulässig, sofern folgende Bedingungen erfüllt sind: a) Sie ist nicht irreführend iS der Art. 2 Buchst. b, Art. 3 und Art. 8 Abs. 1 der RL oder iS der Art. 6 und Art. 7 der RL 2005/29/EG des Europäischen Parlaments und des Rates vom 11.5.2005 über unlautere Geschäftspraktiken im binnenmarktinternen Geschäftsverkehr zwischen Unternehmen und Verbrauchern (Richtlinie über unlautere Geschäftspraktiken – UGP-RL); b) sie vergleicht Waren oder Dienstleistungen für den gleichen Bedarf oder dieselbe Zweckbestimmung; c) sie vergleicht objektiv eine oder mehrere wesentliche, relevante, nachprüfbare und typische Eigenschaften dieser Waren und Dienstleistungen, zu denen auch der Preis gehören kann; d) durch sie werden weder die Marken, die Handelsnamen oder andere Unterscheidungszeichen noch die Waren, die Dienstleistungen, die Tätigkeiten oder die Verhältnisse eines Mitbewerbers herabgesetzt oder verunglimpft; e) bei Waren mit Ursprungsbezeichnung bezieht sie sich in jedem Fall auf Waren mit der gleichen Bezeichnung; f) sie nutzt den Ruf einer Marke, eines Handelsnamens oder eines anderen Unterscheidungszeichens eines Mitbewerbers oder der Ursprungsbezeichnung von Konkurrenzerzeugnissen nicht in unlauterer Weise aus; g) sie stellt nicht eine Ware oder eine Dienstleistung als Imitation oder Nachahmung einer Ware oder Dienstleistung mit geschützter Marke oder geschütztem Handelsnamen dar; h) sie begründet keine Verwechslungsgefahr bei den Gewerbetreibenden, zwischen dem Werbenden und einem Mitbewerber oder zwischen den Warenzeichen, Warennamen, sonstigen Kennzeichen, Waren oder Dienstleistungen des Werbenden und denen eines Mitbewerbers.
323 BeckOK, MarkenR/Mielke, MarkenG, § 14 Rn. 249.

4. Kapitel: Markenrecht

293 Das Markenrecht räumt dem Verletzten einen

- **Unterlassungsanspruch** nach § 14 Abs. 5 S. 1 MarkenG (Rn. 295 ff.),
- **Schadensersatzanspruch** nach § 14 Abs. 6 MarkenG (Rn. 298 ff.) sowie
- diverse **Nebenansprüche** (Rn. 305 ff.)

ein, für die (sog. **Kennzeichenrechtsstreitigkeiten**) nach § 140 MarkenG die Landgerichte zuständig sind.

294 Für alle Klagen, durch die ein Anspruch aus einem der im MarkenG geregelten Rechtsverhältnisse geltend gemacht wird (**Kennzeichenstreitsachen**), sind nach § 140 Abs. 1 MarkenG die Landgerichte **ohne Rücksicht auf den Streitwert ausschließlich** zuständig. Die Landesregierungen werden aufgrund des zur Entscheidung in diesen Streitigkeiten notwendigen besonderen Sachverstandes nach § 140 Abs. 2 S. 1 MarkenG ermächtigt, durch **Rechtsverordnung** die Kennzeichenstreitsachen insgesamt oder teilweise für die **Bezirke mehrerer Landgerichte** einem von ihnen zuzuweisen, sofern dies der sachlichen Förderung oder schnelleren Erledigung der Verfahren dient. Die Landesregierungen können diese Ermächtigung gemäß § 140 Abs. 2 S. 2 MarkenG auf die **Landesjustizverwaltungen** übertragen. Die Länder können außerdem durch Vereinbarung den Gerichten eines Landes obliegende Aufgaben insgesamt oder teilweise dem **zuständigen Gericht eines anderen Landes übertragen** (so § 140 Abs. 2 S. 3 MarkenG). Ansprüche, welche die im MarkenG geregelten Rechtsverhältnisse betreffen und auf Vorschriften des UWG gegründet werden, brauchen nach § 141 MarkenG nicht im Gerichtsstand des § 14 UWG geltend gemacht zu werden. Macht in **bürgerlichen Rechtsstreitigkeiten**, in denen durch Klage ein Anspruch aus einem der im MarkenG geregelten Rechtsverhältnisse geltend gemacht wird, eine Partei glaubhaft, dass die Belastung mit den Prozesskosten nach dem vollen Streitwert ihre wirtschaftliche Lage erheblich gefährden würde, so kann das Gericht nach § 142 Abs. 1 MarkenG (**Streitwertbegünstigung**) auf ihren Antrag anordnen, dass die Verpflichtung dieser Partei zur Zahlung von Gerichtskosten sich nach einem **ihrer Wirtschaftslage angepassten Teil des Streitwerts** bemisst.

a) Unterlassungsanspruch

295 Wer ein Zeichen unbefugt – dh entgegen der vorab dargestellten Vorgaben des § 14 Abs. 2 bis 4 MarkenG – benutzt, kann vom Markeninhaber bei **Wiederholungsgefahr** (als materieller Anspruchsvoraussetzung) nach § 14 Abs. 5 S. 1 MarkenG auf Unterlassung in Anspruch genommen werden. Im Falle einer vorausgegangenen Verletzungshandlung wird man regelmäßig eine „Wiederholungsgefahr" annehmen können. Der Markeninhaber kann nach § 14 Abs. 5 S. 2 MarkenG aber auch schon dann Unterlassung verlangen, wenn eine **Zuwiderhandlung erstmalig** (und konkret) droht (iS einer **konkreten Erstbegehungsgefahr**[324] – sog. **vorbeugende Unterlassungsklage**). Für geschäftliche Zeichen findet sich der **analoge Unterlassungsanspruch** in § 15 Abs. 4 MarkenG. Rechtsschutz kann auch im Wege einer **einstweiligen (Unterlassungs-) Verfügung** (§§ 935 ff. ZPO) begehrt werden.

296 Wird die Verletzungshandlung in einem geschäftlichen Betrieb von einem Angestellten oder Beauftragten begangen, so kann der Unterlassungsanspruch nach § 14 Abs. 7 MarkenG auch **gegen den Inhaber des Betriebs** geltend gemacht werden.

---

[324] Götting, § 64 Rn. 3: unmittelbar drohend bevorstehende Rechtsverletzung.

X. Rechtswirkungen der Marke

ZUR VEREINFACHUNG BEACHTEN SIE BITTE DAS NACHFOLGENDE PRÜFUNGSSCHEMA:
Unterlassungsanspruch (§ 14 Abs. 5 respektive § 15 Abs. 4 MarkenG[325] für geschäftliche Zeichen)
Voraussetzungen:

1. **Zeichen mit Markenschutz nach § 4 Nr. 1 bis 3 MarkenG**
2. **Aktivlegitimation (Anspruchsteller)**
   – Verletzter = Markeninhaber nach § 7 MarkenG
3. **Passivlegitimation (Anspruchsgegner)**
   – Verletzer = nichtberechtigter Dritter
4. **Mit dem markengeschützten Zeichen kollidierendes, nicht geschütztes Zeichen**
   – identisch
   – ähnlich
   – ggf. Inzidentprüfung hinsichtlich eines Löschungsanspruchs (Erklärung des Verfalls nach § 49 MarkenG) des Verletzers gegenüber dem Verletzten
5. **Verletzungshandlung**
   – Verletzung nach § 14 Abs. 2 MarkenG
     – Doppelidentität (Nr. 1)
     – Verwechslungsgefahr (Nr. 2)
     – Bekanntheitsschutz (Nr. 3)
   – Konkretisierung des „Benutzens" des kollidierenden Zeichens nach § 14 Abs. 3 Nr. 1 bis Nr. 7 MarkenG (wenn eine der Voraussetzungen nach § 14 Abs. 2 MarkenG erfüllt ist) durch
     – Anbringen auf Waren oder ihrer Verpackung und Aufmachung
     – Anbieten, in den Verkehr bringen oder Besitzen zu Zwecken des § 14 Abs. 2 MarkenG von Waren
     – Anbieten oder Erbringen von Dienstleistungen
     – Einführen oder Ausführen von Waren
     – Benutzen als Handelsname oder geschäftliche Bezeichnung oder als Teil eines Handelsnamens oder einer geschäftlichen Bezeichnung
     – Benutzen in Geschäftspapieren oder Werbung
     – Benutzen in vergleichender Werbung in unlauterer Weise

---

[325] BGH Urt. v. 15.2.2018 – I ZR 201/16 (OLG Köln) = GRUR 2018, 935 – goFit: 1. Einem Firmenbestandteil kann nicht bereits deshalb der Schutz als Firmenschlagwort versagt werden, weil er kennzeichnungsschwach ist. Entscheidend ist, ob er im Vergleich zu den übrigen Firmenbestandteilen geeignet ist, sich als Teil des Unternehmenskennzeichens im Verkehr als schlagwortartiger Hinweis auf das Unternehmen durchzusetzen. 2. Der Betreiber einer plattforminternen Suchmaschine, die nach Eingabe eines mit einem Unternehmenskennzeichen ähnlichen oder identischen Suchworts automatisch Vorschläge zu einer Suchwortergänzung anzeigt, die auf einer Auswertung früherer Suchanfragen basieren, benutzt das Zeichen selbst (im Anschluss an BGH, Urt. v. 14.5.2013 – VI ZR 269/12 (OLG Köln) = BGHZ 197, 213, Rn. 17 = GRUR 2013, 751 – „Autocomplete"-Funktion). 3. Die Verwendung eines Unternehmenskennzeichens als Schlüsselwort für die Anzeige automatischer Suchwortergänzungen erfolgt nicht unbefugt, wenn dadurch den Internetnutzern lediglich eine Alternative zu den Waren oder Dienstleistungen dieses Unternehmens vorgeschlagen werden soll und die Funktion des Unternehmenskennzeichens nicht beeinträchtigt wird, als Hinweis auf das Unternehmen zu dienen. Vgl. auch BGH Urt. v. 18.1.2001 – I ZR 175/98 (OLG Köln) = GRUR 2001, 1164 – buendgens: Zu den Grundsätzen für die Auslegung einer schuldrechtlichen Gestattung der Verwendung einer Unternehmenskennzeichnung, insbesondere für den Fall des Endes der zu Grunde liegenden Zusammenarbeit der Vertragsparteien.

- Vorbereitungshandlung nach § 14 Abs. 4 MarkenG
- nach § 14 Abs. 4 Nr. 1 bis 3 MarkenG
- und Benutzungsgefahr nach § 14 Abs. 2 und 3 MarkenG

6. **Begehungsgefahr**

bei Verletzungshandlung [+]	bei Verletzungshandlung [-]
Wiederholungsgefahr	**Erstbegehungsgefahr**
§ 14 Abs. 5 S. 1 MarkenG	§ 14 Abs. 5 S. 2 MarkenG
§ 15 Abs. 4 S. 1 MarkenG	§ 15 Abs. 4 S. 2 MarkenG

b) Schadensersatzanspruch

298 Wenn die Verletzungshandlung – dh die Zuwiderhandlung gegen die vorab dargestellten Vorgaben des § 14 Abs. 2 bis 4 MarkenG – **schuldhaft** (mithin vorsätzlich oder auch fahrlässig)[326] erfolgt, ist der Verletzer dem Markeninhaber nach § 14 Abs. 6 MarkenG auch zum **Ersatz des dadurch entstandenen Schadens** verpflichtet.

299 Ein analoger Schadensersatzanspruch für den Fall einer Verletzung geschäftlicher Zeichen findet sich in § 15 Abs. 5 MarkenG.

300 **Vorsätzlich** handelt, wer die Verletzungshandlung mit Wissen und Wollen begeht und ob der Rechtswidrigkeit seines Handelns weiß. **Fahrlässig** handelt, wer die im Verkehr erforderliche Sorgfalt außer Acht lässt (vgl. § 276 Abs. 2 BGB). Beide Formen der Schuld werden **gleich behandelt** und führen zu einem Schadensersatzanspruch gegen den Markenverletzer.

301 Für die im Wortlaut des Gesetzes genannte **Schadensberechnung** gelten die §§ 249, 252 BGB. Bei der Bemessung **der Höhe des Schadensersatzes** kann nach § 14 Abs. 6 S. 2 MarkenG aber auch der **Gewinn berücksichtigt** werden, den der Verletzer durch die Verletzung des Rechts erzielt hat. Eine **andere Bemessungsgrundlage** der Höhe des Schadensersatzes kann nach § 14 Abs. 6 S. 3 MarkenG die **angemessene Vergütung** sein, die der Verletzer hätte entrichten müssen, wenn er die Erlaubnis zur Nutzung der Marke eingeholt hätte. Es gibt somit drei Möglichkeiten, den Schadensersatz zu berechnen[327] (**Möglichkeiten einer wahlweisen Schadensberechnung**):

- Bezifferung des **tatsächlich entstandenen Schadens des Verletzten** nach den §§ 249 ff. BGB (einschließlich eines entgangenen Gewinns gemäß § 252 BGB und einer Geldentschädigung, wenn die Herstellung des früheren Zustandes nicht möglich ist, § 251 Abs. 1 BGB).
- Oder **Berücksichtigung des Gewinns, den der Verletzer durch die Verletzung des Markenrechts erzielt hat** (§ 14 Abs. 6 S. 2 MarkenG – Herausgabe des Verletzergewinns). Dabei ist allerdings idR der Kausalitätsnachweis zwischen Rechtsverletzung und dem entgangenen Gewinn kaum führbar.
- Bzw. Berechnung des Schadens auf der **Grundlage des Betrags, den der Verletzer als angemessene Vergütung hätte entrichten müssen**, wenn er die Erlaubnis zur Nutzung der Marke eingeholt hätte (sog. **Lizenzanalogie** – § 14 Abs. 6 S. 3 MarkenG).

---

326 Wobei im Hinblick auf eine fahrlässige Verletzungshandlung dem Zeichenbenutzer eine weitgehende – sowohl tatsächliche als auch rechtliche – Informationspflicht auferlegt ist, ob er ein fremdes Zeichen verwendet: so Götting, § 64 Rn. 5.
327 Wobei uU auch sog. Marktverwirrungsschäden kompensiert werden können, so Götting, § 64 Rn. 16.

Dabei kommt es nicht zum Abschluss eines Lizenzvertrages im Nachgang, weshalb auch die Lizenzbereitschaft des Verletzten irrelevant ist.[328]

Der Verletzte kann bis zur rechtskräftigen Entscheidung bzw. Befriedigung durch den Anspruchsgegner von einer **Berechnungsmethode auf die andere umschalten** (was keine Klageänderung darstellt, vgl. § 264 Nr. 2 ZPO).

Frage 38: Beschreiben Sie bitte die drei Möglichkeiten einer Schadensberechnung im Falle einer Markenrechtsverletzung.

Wird die **Verletzungshandlung in einem geschäftlichen Betrieb** von einem **Angestellten oder Beauftragten** begangen, so kann – wenn der Angestellte oder Beauftragte vorsätzlich oder fahrlässig (§ 276 BGB) gehandelt hat – der Schadensersatzanspruch nach § 14 Abs. 7 MarkenG auch gegen den Inhaber des Betriebs geltend gemacht werden.

ZUR VEREINFACHUNG BEACHTEN SIE BITTE DAS NACHFOLGENDE PRÜFUNGSSCHEMA:

Schadensersatzanspruch (§ 14 Abs. 6 MarkenG [respektive § 15 Abs. 5 MarkenG für geschäftliche Zeichen])

Voraussetzungen:
1. bis 5. wie beim Unterlassungsanspruch (vorstehende Rn. 297)

6. **Verschulden**

- Vorsatz
- Fahrlässigkeit (§ 276 Abs. 2 BGB)

7. **Schadensberechnung (Berechnungsmethode)**

- tatsächlich entstandener Schaden des Verletzten (§§ 249 ff. BGB)
- Herausgabe des Verletzergewinns (§ 14 Abs. 6 S. 2 MarkenG)
- Lizenzanalogie (§ 14 Abs. 6 S. 3 MarkenG) ◄

c) Hilfsansprüche

Dem Markeninhaber stehen zur **erleichterten Durchsetzung** seines Unterlassungs- bzw. Schadensersatzanspruchs – analog der Rechtslage im Patentrecht – **diverse Hilfsansprüche** zu. Neben dem unselbstständigen und akzessorischen Anspruch auf Rechnungslegung nach § 242 BGB im Kontext mit einem Schadensersatzanspruch gewährt § 18 Abs. 1 S. 1 MarkenG dem Markeninhaber einen spezialgesetzlichen Anspruch auf **Vernichtung von Plagiaten** (dh der widerrechtlich gekennzeichneten Gegenstände, die sich im Besitz oder Eigentum des Verletzers befinden). Nach § 18 Abs. 1 S. 2 MarkenG ist dessen S. 1 (dh der Vernichtungsanspruch) entsprechend auf die **im Eigentum des Verletzers** stehenden Materialien und Geräte anzuwenden, die vorwiegend zur widerrechtlichen Kennzeichnung der Waren gedient haben. Vernichtung kommt dann nicht in Betracht, wenn in Beschränkung des Unterlassungsanspruchs nach § 242 BGB dem Verletzer eine **Aufbrauchsfrist** gewährt wird.[329] Die **Sicherung des Anspruchs auf Vernichtung** kann im Wege des **einstweiligen Rechtsschutzes** geltend gemacht werden (§§ 935 ff. ZPO). Es kann angeordnet werden, dass der Verletzer die Waren zum Zwe-

---

328 Götting, § 64 Rn. 6.
329 Götting, § 64 Rn. 14.

cke der Verwahrung oder Sequestration gemäß § 938 ZPO herausgibt[330] Die Sequestration schließt eine treuhänderische Verwaltung mit ein, die bei der kostengünstigeren Verwahrung nicht stattfindet.[331] Es genügt die **Glaubhaftmachung** des später positiv festzustellenden Vernichtungsanspruchs.

306   Der Inhaber einer Marke (oder einer geschäftlichen Bezeichnung) kann den Verletzer nach § 18 Abs. 2 MarkenG in den Fällen der §§ 14, 15 und 17 MarkenG auch auf **Rückruf von widerrechtlich gekennzeichneten Waren** oder auf deren **endgültiges Entfernen aus den Vertriebswegen** in Anspruch nehmen. Dagegen kann der **Rückrufanspruch nicht im Wege einer einstweiligen Verfügung** (§§ 935 ff. ZPO) durchgesetzt werden.[332] Der Rückruf im einstweiligen Rechtsschutz käme nämlich einer **Vorwegnahme der Hauptsache** gleich.[333] Etwas anderes gilt nur dann, wenn es sich in Analogie zu den §§ 19 Abs. 7, 19 Abs. 3 S. 1 MarkenG um eine offensichtliche Rechtsverletzung handelt.[334]

307   Die Ansprüche nach § 18 Abs. 1 und 2 MarkenG sind gemäß § 18 Abs. 3 MarkenG ausgeschlossen, wenn die Inanspruchnahme im Einzelfall unverhältnismäßig ist (**Beachtung des Verhältnismäßigkeitsgrundsatzes**), wobei im Rahmen der Prüfung der Verhältnismäßigkeit auch die berechtigten Interessen Dritter zu berücksichtigen sind (**Güterabwägung**). Dabei sind alle Umstände des jeweiligen Einzelfalls zu berücksichtigen. Eine schematische pauschale Überprüfung ist nicht möglich, denn die Ansprüche haben über die Folgenbeseitigung hinaus einen **Sanktionscharakter** und stellen einen **Eingriff ist das Eigentumsrecht** nach Art. 14 Abs. 1 GG dar.[335] **Abwägungskriterien**[336] (nicht abschließend, da eine Berücksichtigung des Einzelfalls erforderlich ist) sind dabei das **Vernichtungsinteresse des Inhabers** der Marke einerseits und das **Erhaltungsinteresse des Verletzers** andererseits, die Schuldlosigkeit oder der Grad des Verschuldens des Verletzers, die Schwere des Eingriffs in das Markenrecht (unmittelbare Übernahme oder Verletzung im Randbereich), der Umfang des bei der Vernichtung für den Verletzer entstehenden Schadens im Vergleich zu dem durch die Verletzung eingetretenen wirtschaftlichen Schaden des Rechteinhabers und Besonderheiten der Beschaffenheit der Ware.[337] Fraglich kann auch sein, ob die Verletzung mit einem **milderen Mittel**, wie bspw. der Entfernung der Kennzeichnung an der Ware, beseitigt werden kann.[338]

308   § 19 MarkenG gewährt einen **Auskunftsanspruch**: Der Inhaber einer Marke (oder einer geschäftlichen Bezeichnung) kann nach § 19 Abs. 1 MarkenG den Verletzer in den Fällen der §§ 14, 15 und 17 MarkenG auf unverzügliche (vgl. die Legaldefinition in § 121 Abs. 1 S. 1 BGB) **Auskunft über die Herkunft** und den **Vertriebsweg** von widerrechtlich gekennzeichneten Waren oder Dienstleistungen in Anspruch nehmen.

309   In Fällen „offensichtlicher Rechtsverletzung" oder in Fällen, in denen der Inhaber einer Marke (oder einer geschäftlichen Bezeichnung) gegen den Verletzer Klage erho-

---

330 OLG Nürnberg Urt. v. 27.11.2001 – 3 U 3017/01 = GRUR-RR 2002, 98 (99) – NIKE-Sportschuhe; OLG Stuttgart Urt. v. 24.3.2000 – 2 U 202/99 = NJW-RR 2001, 257; Ingerl/Rohnke, MarkenG, Rn. 38.
331 OLG Frankfurt aM Beschl. v. 30.12.2002 – 6 W 108/02 = GRUR-RR 2003, 96 – Uhrennachbildungen. Ausführlicher zum Unterschied Fezer, Rn. 67.
332 LG Hamburg Urt. v. 15.4.2016 – 327 O 120/16 = GRUR-RS 2016, 10653, Ls.
333 Jestaedt, GRUR 2009, 102 (103).
334 Weber, GRUR-Prax 2016, 545 (547).
335 BGH Urt. v. 11.10.2018 – I ZR 259/15 (OLG Düsseldorf) = GRUR-Prax 2019, 161, Ls. 1 – Curapor.
336 BGH Urt. v. 11.10.2018 – I ZR 259/15 (OLG Düsseldorf) = GRUR-Prax 2019, 161, Ls. 3 – Curapor.
337 BGH Urt. v. 11.10.2018 – I ZR 259/15 (OLG Düsseldorf) = GRUR-Prax 2019, 161, Ls. 2 – Curapor.
338 Weitere Abwägungskriterien finden sich in BeckOK, MarkenR/Miosga, MarkenG, § 18 Rn. 87.1 bis 87.10.

X. Rechtswirkungen der Marke

ben hat, besteht der Anspruch nach § 19 Abs. 2 MarkenG unbeschadet von § 19 Abs. 1 MarkenG auch **gegen eine Person, die in gewerblichem Ausmaß**

- rechtsverletzende Ware in ihrem Besitz hatte (Nr. 1),
- rechtsverletzende Dienstleistungen in Anspruch nahm (Nr. 2),
- für rechtsverletzende Tätigkeiten genutzte Dienstleistungen erbrachte (Nr. 3) oder
- nach den Angaben einer in Nr. 1, 2 oder 3 genannten Person an der Herstellung, Erzeugung oder am Vertrieb solcher Waren oder an der Erbringung solcher Dienstleistungen beteiligt war (Nr. 4)

(sog. **Drittauskunft**). Etwas anderes gilt dann, wenn die Person nach den §§ 383 bis 385 ZPO im Prozess gegen den Verletzer **zur Zeugnisverweigerung berechtigt** wäre. Im Fall der gerichtlichen Geltendmachung dieses Anspruchs kann das Gericht den gegen den Verletzer anhängigen Rechtsstreit auf Antrag bis zur Erledigung des wegen des Auskunftsanspruchs geführten Rechtsstreits aussetzen. Der zur Auskunft Verpflichtete kann von dem Verletzten den **Ersatz der für die Auskunftserteilung erforderlichen Aufwendungen** verlangen.

Der zur Auskunft Verpflichtete hat nach § 19 Abs. 3 MarkenG **Angaben zu machen** über

- **Namen und Anschrift** der Hersteller, Lieferanten und anderer Vorbesitzer der Waren oder Dienstleistungen sowie der gewerblichen Abnehmer und Verkaufsstellen, für die sie bestimmt waren (Nr. 1), und über
- die **Menge** der hergestellten, ausgelieferten, erhaltenen oder bestellten Waren sowie über die Preise, die für die betreffenden Waren oder Dienstleistungen bezahlt wurden (Nr. 2).

310

Die Auskunftsansprüche nach § 18 Abs. 1 und 2 MarkenG sind – ebenso wie der Vernichtungs- und Rückrufanspruch (vgl. § 18 Abs. 3 MarkenG) — nach § 18 Abs. 4 MarkenG ausgeschlossen, wenn die Inanspruchnahme im Einzelfall **unverhältnismäßig** ist.

311

In Fällen einer **offensichtlichen Rechtsverletzung** kann die Verpflichtung zur Erteilung der Auskunft gemäß § 18 Abs. 7 MarkenG auch im Wege einer **einstweiligen Verfügung** nach den §§ 935 bis 945 ZPO angeordnet werden.

312

Die Erkenntnisse dürfen nach § 18 Abs. 8 MarkenG in einem **Strafverfahren** oder in einem Verfahren nach dem OWiG **wegen einer vor der Erteilung der Auskunft begangenen Tat** gegen den Verpflichteten oder gegen einen in § 52 Abs. 1 StPO bezeichneten Angehörigen nur mit Zustimmung des Verpflichteten verwertet werden.

313

§ 19a MarkenG regelt einen **Anspruch auf Vorlage und Besichtigung** (der die tradierte Judikatur zum allgemeinen Besichtigungsanspruch nach § 809 BGB kodifiziert), § 19b MarkenG einen **Anspruch auf Vorlage von Urkunden, Bank- und Handelsunterlagen** zur Sicherung von Schadensersatzansprüchen (Voraussetzung ist eine im gewerblichen Ausmaß begangene Rechtsverletzung in den Fällen des § 14 Abs. 6, § 15 Abs. 5 oder § 17 Abs. 2 S. 2 MarkenG) und § 19c MarkenG einen **Anspruch auf Bekanntmachung des obsiegenden Urteils gegen den Verletzer**.

314

Nach § 19d MarkenG bleiben **Ansprüche aus anderen gesetzlichen Vorschriften** unberührt (deklaratorische Funktion). Diese können daher neben den markenrechtlichen Ansprüchen geltend gemacht werden. So kann bspw. auch ein **Schutz gegen Herkunfts-**

315

täuschungen auf wettbewerbsrechtlicher Grundlage nach dem Irreführungsverbot des § 3 Abs. 1 iVm § 5 UWG in Betracht kommen – etwa im Falle qualifizierter betrieblicher Herkunftsangaben (dh wenn mit den Erwartungen im Hinblick auf die Waren oder Dienstleistungen bestimmte Gütevorstellungen verbunden sind). § 5 Abs. 2 UWG erfasst täuschende **betriebliche Herkunftsangaben**: Danach ist eine geschäftliche Handlung auch dann irreführend, wenn sie im Zusammenhang mit der Vermarktung von Waren oder Dienstleistungen einschließlich vergleichender Werbung (vgl. § 6 Abs. 1 UWG) eine Verwechslungsgefahr mit einer anderen Ware oder Dienstleistung oder mit der Marke oder einem anderen Kennzeichen eines Mitbewerbers hervorruft.

316 Eine **Bereicherung** kann der Markeninhaber (verschuldensunabhängig) nach § 812 Abs. 1 S. 1 2. Alt. BGB (**Eingriffskondition**) herausverlangen, wobei sich der Wertersatz (iSv § 818 Abs. 2 BGB) wegen der Kennzeichennutzung nach der **marktüblichen Lizenzgebühr** bemisst. Weiterhin kann eine **Geschäftsführung ohne Auftrag** nach den §§ 677 ff. BGB hinsichtlich von Abmahnkosten in Frage kommen.[339]

317 Schema aller Hilfsansprüche:

Vernichtungsanspruch	
gegen widerrechtlich gekennzeichnete Waren im Besitz oder Eigentum des Verletzers	§ 18 Abs. 1 S. 1 MarkenG
Vernichtungsanspruch	
gegen im Eigentum des Verletzers stehende Materialien und Gerätschaften	§ 18 Abs. 1 S. 2 MarkenG
Rückrufanspruch	
gegen widerrechtlich gekennzeichnete Waren	§ 18 Abs. 2 Alt. 1 MarkenG
Entfernungsanspruch	
aus den Vertriebswegen	§ 18 Abs. 2 Alt. 2 MarkenG
Auskunftsanspruch	
über Herkunft und Vertriebswege der widerrechtlich gekennzeichneten Sache	§ 19 Abs. 1 bis 4 MarkenG
Schadensersatzanspruch	
hinsichtlich falscher Auskunft	§ 19 Abs. 5 MarkenG
Vorlageanspruch	
von Urkunden	§ 19a Abs. 1 S. 1 Alt. 1 MarkenG
Besichtigungsanspruch	
hinsichtlich einer in der Verfügungsgewalt des potenziellen Verletzers befindlichen Sache	§ 19a Abs. 1 S. 1 Alt. 2 MarkenG

---

339 BeckOK, MarkenR/Eckhartt, MarkenG, § 19d Rn. 2.

X. Rechtswirkungen der Marke

Vorlageanspruch von Bank-, Finanz- oder Handelsunterlagen oder geeigneter Zugang	§ 19a Abs. 1 S. 2 und § 19b MarkenG
Urteilsbekanntmachungsanspruch	§ 19c MarkenG

d) Der Erschöpfungsgrundsatz

Der Anspruch des Markeninhabers gegen den Verletzer auf Unterlassung kann wegen **Erschöpfung** ausgeschlossen sein. Nach § 24 Abs. 1 MarkenG kann der Markeninhaber es einem Dritten nicht untersagen, die Marke für Waren zu benutzen, die unter dieser Marke von ihm (dem Markeninhaber) oder mit seiner Zustimmung (durch einen Dritten, bspw. einen Lizenznehmer) im Inland, in einem der übrigen EU-Mitgliedstaaten oder in einem EWR-Vertragsstaat in den Verkehr gebracht worden sind (sog. **gemeinschaftsweiter Erschöpfungsgrundsatz** – womit Reimporte von Originalware nicht untersagt werden können, auch nicht aus Drittstaaten, wenn die Ware nur in der EU oder im EWR willentlich in den Verkehr gebracht worden ist). Dieser gemeinschaftsweite Erschöpfungsgrundsatz – der der EuGH-Rechtsprechung Rechnung trägt, dass auf der Grundlage der **Warenverkehrsfreiheit** nach den Art. 34 und 36 AEUV Beschränkungen des Warenverkehrs durch eine künstliche Abschottung[340] nationaler Märkte verboten sind[341] – hat zur Folge, dass die von einem Hersteller gefertigte **Markenware** auf allen Handelsstufen im Binnenmarkt unter der Marke **uneingeschränkt weiterveräußert und beworben werden darf**, sofern die Originalware unverändert (vgl. dazu § 24 Abs. 2 MarkenG) bleibt.[342] Dem Zeicheninhaber wird **kein Vertriebsmonopol** eingeräumt, „mit dem er den weiteren Weg der rechtmäßig gekennzeichneten Ware bis zum Endverbraucher beliebig steuern kann".[343] Er kann lediglich das **erstmalige Inverkehrbringen** der Ware steuern.[344]

318

---

340 BGH Urt. v. 15.10.2020 – I ZR 147/18 (OLG München) = GRUR 2020, 1306 – Querlieferungen: 1. Grundsätzlich hat derjenige, der wegen der Verletzung einer Unionsmarke in Anspruch genommen wird, darzulegen und zu beweisen, dass die von ihm vertriebene Ware vom Markeninhaber oder mit seiner Zustimmung im EWR in den Verkehr gebracht worden ist. Kann der in Anspruch Genommene darlegen und beweisen, dass die Gefahr einer Abschottung der nationalen Märkte droht, wenn er seine Bezugsquelle offenlegen müsste, trifft den Markeninhaber die Beweislast dafür, dass die Ware nicht mit seiner Zustimmung im EWR in den Verkehr gebracht worden ist. 2. Ein selektives Vertriebssystem, bei dem der Markeninhaber seinen Vertriebspartnern eine Belieferung von Außenseitern nicht gestattet, begründet nicht in jedem Fall die Gefahr einer Marktabschottung. Die Gefahr einer Abschottung der nationalen Märkte kann ausgeschlossen sein, wenn Querlieferungen zwischen Vertriebspartnern in unterschiedlichen Mitgliedstaaten gestattet sind. 3. Schränken die Vertragsbedingungen des Markeninhabers solche Querlieferungen ein und bestehen zudem Preisunterschiede zwischen den Mitgliedstaaten, kann eine tatsächliche Vermutung für die Gefahr einer Marktabschottung sprechen. In einem solchen Fall obliegt es dem Markeninhaber, diese Vermutung zu widerlegen sowie darzulegen und ggf. zu beweisen, dass die Preisunterschiede auf andere Ursachen zurückzuführen sind.
341 EuGH Urt. v. 17.10.1990 – Rs. C-10/89 = GRUR Int 1990, 960 – HAG II.
342 Aber EuGH Urt. v. 17.10.1990 – C-10/89 = NJW 1991, 626 – HAG II: Die Art. 30 und 36 EWG-Vertrag alt stehen nationalen Rechtsvorschriften nicht entgegen, die es einem Unternehmen, das Inhaber eines Warenzeichenrechts in einem Mitgliedstaat ist, gestatten, sich der Einfuhr gleichartiger Waren aus einem anderen Mitgliedstaat zu widersetzen, die in dem letztgenannten Staat rechtmäßig mit dem gleichen oder mit einem mit dem geschützten Zeichen verwechslungsfähigen Warenzeichen versehen worden sind, selbst wenn das Warenzeichen, unter dem die streitigen Waren eingeführt werden, ursprünglich einer Tochtergesellschaft des Unternehmens gehörte, das sich den Einfuhren widersetzt, und nach der Enteignung dieser Tochtergesellschaft von einem dritten Unternehmen erworben wurde.
343 Götting, § 56 Rn. 40.
344 EuGH Urt. v. 20.11.2001 – verbundene Rs. C-414/99 bis C-416/99 = GRUR 2002, 156, Rn. 33 – Davidoff.

319   Der **unionsweite Erschöpfungsgrundsatz** gelangt aber gemäß § 24 Abs. 2 MarkenG (in Umsetzung von Art. 15 Abs. 2 MarkenRL) dann nicht zur Anwendung (**Ausnahme vom bzw. Einschränkung des Erschöpfungsgrundsatzes**), wenn sich der Markeninhaber der Benutzung der Marke im Zusammenhang mit dem weiteren Vertrieb der Waren aus „**berechtigten Gründen**" widersetzt, insbesondere (dh beispielhaft) dann, wenn der **Zustand der Waren nach ihrem Inverkehrbringen verändert oder verschlechtert** ist. Dadurch soll die Herkunfts- und Qualitätsfunktion der Marke geschützt werden.[345] Eine Verschlechterung stellt zwingend auch eine Veränderung der Ware dar, andersherum gilt dies nicht.[346] Damit eine Veränderung iSv § 24 Abs. 2 MarkenG vorliegt, muss eine **Erheblichkeitsschwelle** überschritten werden. Eine Produktveränderung liegt dann vor, wenn die Ware in ihren **charakteristischen Sacheigenschaften**, dh in ihrer **Eigenart**, verändert wird, unabhängig davon, ob die Veränderung sichtbar ist oder nicht.[347] Die Eigenart einer Ware betrifft solche Eigenschaften, die bei einer Veränderung im **Widerspruch zur Herkunftsfunktion** der Ware stünden[348] und damit die Herkunft der Ware, entgegen der Schutzfunktion der Marke bspw. in ein negatives oder falsches Licht rücken.

320   § 24 Abs. 2 MarkenG ist dabei eine **Generalklausel** („insbesondere"). Eine Definition der „berechtigten Gründe" gibt es nicht. Es muss von Fall zu Fall anhand der **Verkehrsauffassung** festgestellt werden, ob eine Erschöpfung vorliegt.[349]

321   Aktuell stellt sich die Frage, inwieweit markenrechtliche Ansprüche bestehen, wenn eine Ware, an der die Markenrechte erschöpft sind, zu **Alltagsmasken** umgearbeitet und dann weiter vertrieben wird. Dies kann zB der Fall sein, wenn Meterware von Stoffen zu Mund-Nasen-Schutz (MNS) verarbeitet wird. Auch werden Alltagsmasken aus anderen Produkten hergestellt, zB aus T-Shirts, Tüchern oder Schals. Der FC Bayern hatte bspw. für das Champions-League-Spiel gegen den FC Chelsea im März 2020 für alle Zuschauer Schals produziert, die dann wegen des Lockdowns nicht verteilt werden konnten. Hieraus wurden anschließend Alltagsmasken produziert. Hier stellt sich die Frage, ob die Markenrechte des **Herstellers des Originalprodukts** auch weiterhin erschöpft sind, oder ob sich der Markeninhaber dem weiteren Vertrieb der umgearbeiteten Ware widersetzen kann. Abzustellen ist bei der Einzelfallprüfung auf die **bestimmungsgemäße Verarbeitung von Stoffen** einerseits und die **Umarbeitung von Textilien**.[350]

322   Ein Unterfall der Produkt- oder Zustandsveränderung ist die **Markenersetzung**. Dabei benutzt der Markeninhaber zunächst für den Vertrieb derselben Ware (gleiche Sacheigenschaften des Produkts) auf **verschiedenen Märkten** (Mitgliedstaaten der EU oder EWR-Vertragsstaaten) jeweils eine spezielle, **für den jeweiligen Markt vorgesehene**

---

345 Götting, § 56 Rn. 43: praktisch bedeutsam für das Umpacken von Medizinmitteln in andere Verpackungsgrößen.
346 BGH Urt. v. 9.6.2004 – I Z 13/02 (OLG Nürnberg) = GRUR 2005, 160 f. – SIM-Lock.
347 BGH Urt. v. 30.10.1981 – I ZR 7/80 (OLG Hamburg) = BGHZ 82, 152 = GRUR 1982, 115 – Öffnungshinweis; BGH Urt. v. 28.10.1987 – I ZR 5/86 (OLG München) = GRUR 1988, 213 f. – Griffband; BGH Urt. v. 26.4.1990 – I ZR 198/88 (OLG Hamm) = BGHZ 111,182 = GRUR 1990, 678 – Herstellerkennzeichen auf Unfallwagen; BGH Urt. v. 14.12.1995 – I ZR 210/93 (OLG Stuttgart) = BGHZ 131, 308 = GRUR 1996, 271 (274) – Gefärbte Jeans; BGH Urt. v. 17.6.2004 – I ZR 136/01 (OLG München) = GRUR 2005, 150 – SIM-Lock; BGH Urt. v. 6.10.2011 – I ZR 6/10 (OLG Frankfurt aM) = GRUR 2012, 392, Rn. 19, 21 – Echtheitszertifikat.
348 BGH Urt. v. 14.12.1995 – I ZR 210/93 (OLG Stuttgart) = BGHZ 131, 308 = GRUR 1996, 271 (274) – Gefärbte Jeans.
349 BeckOK MarkenR/Steudtner MarkenG § 24 Rn. 36.
350 Dissmann GRUR-Prax 2020, 537.

X. Rechtswirkungen der Marke

Marke und eine dazugehörige Verpackung.[351] Grundsätzlich ist es jedem Dritten sodann erlaubt, nach **erstmaligem Inverkehrbringen der Ware** mit dieser speziellen Verpackung und der speziellen Marke in einem Vertragsstaat diese Ware im Rahmen der in Verkehr gebrachten Aufmachung (spezielle Marke und Verpackung) in diesem Vertragsstaat – und **auch in anderen Vertragsstaaten** – aufgrund der Erschöpfung nach § 24 Abs. 1 MarkenG (Schutzfunktion: Warenverkehrsfreiheit) zu benutzen. Wenn nun diese (benutzbare) Ware mit einer speziellen Marke oder Verpackung in einem anderen Vertragsstaat vertrieben wird als dort, wo sie erstmalig in den Verkehr gebracht wurde, existiert bereits diese identische Ware mit einer anderen speziellen Marke oder Verpackung (also mit einer anderen Aufmachung) in diesem Vertragsstaat, womit der Vertrieb der identischen Ware unter der speziellen Marke oder Verpackung eines anderen Vertragsstaates zu einer **Verwechslungsgefahr** führen könnte mit der verwendeten Marke oder Verpackung im jeweiligen Vertragsstaat. Dies käme, entgegen § 24 Abs. 1 MarkenG, einer **rechtswidrigen Benutzung** nach § 14 Abs. 2 S. 1 Nr. 2 MarkenG gleich.

Damit Markeninhaber die Schutzfunktion des § 24 Abs. 1 MarkenG (Begrenzung des Markenrechts, keine Abschottung nationaler Märkte entgegen Art. 34 und 36 AEUV) mit einem solchen Verhalten nicht umgehen können, haben sich nachfolgende **Umverpackungskriterien** (Bristol-Myers Squibb Kriterien)[352] herausgebildet. Nach denen ist eine **Markenersetzung**,[353] die entweder eine

323

- Umverpackung identischer Ware durch einen Parallel-Importeur durch **Ersetzung** der im Ausfuhrmitgliedstaat benutzten Marke oder Verpackung durch die im Einfuhrmitgliedstaat verwendete Marke oder Verpackung desselben Markeninhabers[354] (hier ist der Anwendungsbereich des § 24 MarkenG nicht eröffnet, weil un-

---

351 BeckOK, MarkenR/Steudtner, MarkenG, § 24 Rn. 40.
352 EuGH Urt. v. 11.7.1996 – verbundene Rs. C-427/93, C-429/93 und C-436/93 = GRUR Int 1996, 1144 – Bristol-Myers Squibb; v.a. relevant im Rahmen der Umverpackung von Arzneimitteln.
353 EuGH Urt. v. 12.10.1999 – C-379/97 = GRUR Int 2000, 159 – Upjohn/Paranova. Vgl. hierzu insbesondere Rn. 15 bis 17: (15) Der spezifische Gegenstand des Rechts an der Marke besteht insbesondere darin, dass der Inhaber durch das ausschließliche Recht, die Marke beim erstmaligen Inverkehrbringen einer Ware zu benutzen, Schutz vor Konkurrenten erlangt, die unter Missbrauch der aufgrund der Marke erworbenen Stellung und Kreditwürdigkeit widerrechtlich mit der Marke versehene Ware veräußern. (16) Bei der Prüfung der Frage, ob dieses ausschließliche Recht die Befugnis umfasst, sich der Wiederanbringung der ursprünglichen Marke nach dem Umpacken der Ware zu widersetzen, ist nach der Rechtsprechung des Gerichtshofes die Hauptfunktion der Marke zu berücksichtigen, dem Verbraucher oder Endabnehmer die Ursprungsidentität der mit ihr versehenen Ware zu garantieren, indem ihm ermöglicht wird, diese Ware ohne Verwechslungsgefahr von Waren anderer Herkunft zu unterscheiden. Diese Herkunftsgarantie schließt ein, dass der Verbraucher oder Endabnehmer sicher sein darf, dass an einer ihm angebotenen mit der Marke versehenen Ware nicht auf einer früheren Vermarktungsstufe durch einen Dritten ohne Zustimmung des Markeninhabers ein Eingriff vorgenommen worden ist, der den Originalzustand der Ware beeinträchtigt hat. Aus diesen Gründen hat der Gerichtshof Art. 36 EG-Vertrag dahin ausgelegt, dass sich ein Markeninhaber auf die Marke berufen kann, um einen Importeur am Vertrieb einer Ware zu hindern, die von ihm oder mit seiner Zustimmung in einem anderen Mitgliedstaat in den Verkehr gebracht worden ist, wenn dieser Importeur die Ware in eine neue Verpackung umgepackt hat, auf der die Marke wieder angebracht worden ist. Allerdings kann die Geltendmachung des Rechts an der Marke durch den Markeninhaber eine verschleierte Beschränkung iSv Art. 36 EG-Vertrag darstellen, wenn erwiesen ist, dass die Benutzung der Marke durch den Inhaber unter Berücksichtigung des von ihm angewandten Vermarktungssystems zur künstlichen Abschottung der Märkte zwischen den Mitgliedstaaten beitragen würde und dass, falls die Ware umgepackt wird, die Wahrung bestimmter schutzwürdiger Interessen des Markeninhabers sichergestellt ist, was insbesondere bedeutet, dass das Umpacken den Originalzustand der Ware nicht beeinträchtigen darf und dass die Aufmachung des umgepackten Erzeugnisses nicht dem guten Ruf der Marke schaden darf.
354 EuGH Urt. v. 10.10.1978 – Rs. 3/78 = GRUR-Int 1979, 99 – Centrafarm/American Home.

terschiedliche Marken benutzt werden – die Zulässigkeit bestimmt sich nur nach Art. 34 und 36 AEUV)[355] oder

- eine Umverpackung durch Änderung der Verpackung (Größe, Form, Menge, usw) und Anbringen der **ursprünglichen Marke** auf einer neuen Verpackung[356] (die Zulässigkeit bestimmt sich hier nach § 24 MarkenG, weil dieselbe Marke verwendet wird)[357]

umschreibt, im Zusammenhang **mit dem Erschöpfungsgrundsatz zulässig**. Kumulativ müssen hierfür folgende Voraussetzungen[358] vorliegen:

- Die konkrete Gefahr einer **künstlichen Marktabschottung**, die dann gegeben ist, wenn im Zeitpunkt des Vertriebs bestehende Umstände den Importeur zu einem Umpacken des Arzneimittels zwingen, um diese im Einfuhrmitgliedstaat in Verkehr bringen zu können (**objektive Zwangslage**).[359]
- **Keine Beeinträchtigung des Originalzustandes der Ware** in der Verpackung. Die Beeinträchtigung ist dabei stets in Bezug auf die Ware, die in der Verpackung enthalten ist, zu prüfen.
- Das **die Umpackung vornehmende Unternehmen muss angegeben** sein, damit eine Verwechslungsgefahr mit den Waren des Markeninhabers vermieden wird. Auf der neuen Verpackung ist klar ersichtlich anzugeben, von wem die Ware umgepackt worden ist und wer der **Hersteller** ist.[360] Diese Angaben müssen laut EuGH[361] so aufgedruckt sein, dass sie ein normalsichtiger Verbraucher bei Anwendung eines **normalen Maßes an Aufmerksamkeit** verstehen kann.
- **Keine Schädigung des Rufes** der Marke oder des Markeninhabers. Der Markeninhaber wird immer schon dann geschädigt, wenn das Umpacken das mit einer Ware verbundene Image der **Zuverlässigkeit** und **Qualität** sowie das **Vertrauen**, das sie bei den betroffenen Verkehrskreisen wecken kann, beeinträchtigt.[362]
- Eine **Unterrichtung des Markeninhabers** muss vorab stattfinden, und zwar in der Gestalt, dass ihn der das Verpacken vornehmende Unternehmer über seine Absicht, die umgepackte Ware anzubieten und zu verkaufen, informiert und ihm auf Verlangen ein **Muster** der umgepackten Ware geliefert wird.[363] Die Lieferung eines Musters begründet ein **gesetzliches Schuldverhältnis** zwischen Markeninhaber und Pa-

---

355 EuGH Urt. v. 12.10.1999 – C-379/97 = GRUR Int 2000, 159, Rn. 28 – Upjohn/Paranova.
356 EuGH Urt. v. 11.7.1996 – verbundene Rs. C-427/93, C-429/93 und C-436/93 = GRUR Int 1996, 1144 – Bristol-Myers Squibb; EuGH Beschl. v. 20.9.1978 – Rs. 102/77 = GRUR 1979, 68 – Hoffmann, La Roche/Centrafarm.
357 EuGH Urt. v. 12.10.1999 – C-379/97 = GRUR Int 2000, 159, Rn. 28 – Upjohn/Paranova.
358 BeckOK, MarkenR/Steudtner, MarkenG, § 24 Rn. 46.
359 EuGH Urt. v. 12.10.1999 – C-379/97 = GRUR Int 2000, 159, Rn. 43 – Upjohn/Paranova.; BGH Urt. v. 11.7.2002 – I ZR 35/00 (OLG Frankfurt aM) = GRUR 2002, 1063 – Aspirin: Ist ein Umpacken von parallel importierten Arzneimitteln in neu hergestellte Verpackungen unter Wiederanbringung der ursprünglichen Marke erforderlich, um einer künstlichen Abschottung der Märkte entgegenzuwirken, kann dem Parallelimporteur darüber hinaus auch die erneute Anbringung der Originalaufmachung selbst dann nicht verboten werden, wenn diese ihrerseits Schutz als Benutzungsmarke iSv § 4 Nr. 2 MarkenG genießt. Dazu auch BeckOK, MarkenR/Steudtner, MarkenG, § 24 Rn. 48.
360 BeckOK, MarkenR/Steudtner, MarkenG, § 24 Rn. 52.
361 EuGH Urt. v. 11.7.1996 – verbundene Rs. C-427/93, C-429/93 und C-436/93 = GRUR Int 1996, 1144, Rn. 71 – Bristol-Myers Squibb.
362 EuGH Urt. v. 11.7.1996 – verbundene Rs. C-427/93, C-429/93 und C-436/93 = GRUR Int 1996, 1144, Rn. 76 – Bristol-Myers Squibb.
363 EuGH Urt. v. 11.7.1996 – verbundene Rs. C-427/93, C-429/93 und C-436/93 = GRUR Int 1996, 1144, Rn. 78 – Bristol-Myers Squibb.

rallel-Importeur, im Rahmen dessen der Markeninhaber eine rechtswidrige Benutzung zu bestanden hat, die, wenn sie unterbleibt, gemäß § 242 BGB nicht unverhältnismäßig später nachgeholt werden kann.[364]

§ 24 MarkenG (in Umsetzung von Art. 15 MarkenRL) hat denselben Zweck wie Art. 36 AEUV, nämlich die **Belange des Markenschutzes** mit denen des **freien Warenverkehrs** im Binnenmarkt in Einklang zu bringen. Da mit diesen beiden Bestimmungen dasselbe Ergebnis angestrebt wird, sind die Regelungen **gleich auszulegen**.[365] Auch wenn sich die gerade beschriebenen **Bristol-Myers-Squibb-Kriterien** im Rahmen der **Markenersetzung bei Arzneimitteln** entwickelten, können sie gleichermaßen auf die **Markenersetzung bei Waren aller Art** übertragen werden.

324

Frage 39: Was versteht man unter dem Erschöpfungsgrundsatz im Markenrecht und wann gelangt dieser Grundsatz ausnahmsweise nicht zur Anwendung?

e) Ausschluss der Geltendmachung von Ansprüchen bei mangelnder Benutzung (Einrede der Nichtbenutzung)

Der Inhaber einer eingetragenen Marke kann im Verletzungsprozess gemäß § 25 Abs. 1 MarkenG gegen einen Dritten, der seine Marke verletzt, die Ansprüche nach den §§ 14 und 18 bis 19c MarkenG – dh seinen Schadensersatz- bzw. Unterlassungsanspruch sowie ggf. Hilfsansprüche (zB auf Vernichtung oder Auskunft) – aufgrund des ihm **obliegenden Benutzungszwangs** dann **nicht** geltend machen, wenn die Marke innerhalb der letzten fünf Jahre vor der Geltendmachung des Anspruchs für die Waren oder Dienstleistungen, auf die er sich zur Begründung seines Anspruchs beruft, nicht gemäß § 26 MarkenG „**ernsthaft benutzt**" worden ist, sofern zu diesem Zeitpunkt seit mindestens fünf Jahren kein Widerspruch gegen die Marke mehr möglich war (**fünfjährige Benutzungsschonfrist** bei grundsätzlichem Benutzungszwang des Markeninhabers als einer ihn treffende Obliegenheit).[366]

325

Der maßgebliche Beginn der fünfjährigen Benutzungsschonfrist ist entweder der Tag **nach Ablauf der Widerspruchsfrist** oder der Zeitpunkt, an dem die das Widerspruchsverfahren **beendende Entscheidung** Rechtskraft erlangt hat oder der **Widerspruch zurückgenommen** wurde, im Hinblick auf die prioritätsältere Marke.[367] Dies bedingt, dass eine Nichtbenutzung des Zeichens in den ersten fünf Jahren seit dem Zeitpunkt, an dem kein Widerspruch gegen die Marke mehr möglich war, keine nachteiligen Folgen zeitigt (**in Anerkennung eines Interesses des Markeninhabers an Vorratszeichen**).

326

Der Dritte kann damit gegen seine Inanspruchnahme durch den Inhaber einer eingetragenen Marke die **Einrede der Nichtbenutzung** erheben. Voraussetzung ist der Ablauf

327

---

364 BGH Urt. v. 12.7.2007 – I ZR 147/04 (OLG Hamburg) = BGHZ 173, 217 = GRUR 2008, 156, Rn. 30 – Aspirin II; BGH Urt. v. 18.10.2007 – I ZR 24/05 (OLG Hamburg) = GRUR 2008, 614, Rn. 24 – ACERBON; BeckOK, MarkenR/Steudtner, MarkenG, § 24 Rn. 60.
365 EuGH Urt. v. 11.7.1996 – verbundene Rs. C-427/93, C-429/93 und C-436/93 = GRUR Int 1996, 1144, Rn. 40 – Bristol-Myers Squibb. Vgl. auch EuGH Urt. v. 12.10.1999 – C-379/97 = GRUR Int 2000, 159, Rn. 37 – Upjohn/Paranova: In Übereinstimmung mit dem Vorbringen der Beklagten, der niederländischen Regierung, der Regierung des Vereinigten Königreichs und der Kommission ist festzustellen, dass zwischen der Wiederanbringung einer Marke nach dem Umpacken und der Ersetzung der ursprünglichen Marke durch eine andere kein sachlicher Unterschied besteht, der es rechtfertigen würde, den Begriff der künstlichen Marktabschottung in den beiden Fällen unterschiedlich anzuwenden.
366 Arg.: „Niemand (soll) Rechte aus einer eingetragenen Marke durchsetzen (können), die löschungsreif ist, weil sie die für den Schutz konstitutive Voraussetzung der Nutzung nicht erfüllt", so Götting, § 56 Rn. 45.
367 BeckOK, MarkenR/Draheim, MarkenG, § 43 Rn. 25.

des genannten Zeitraums. Damit statuiert der Gesetzgeber die für einen Markenschutz notwendige Voraussetzung einer **effektiven Benutzung** (vgl. auch § 43 Abs. 1 MarkenG im Rahmen des Eintragungsverfahrens): Nur **ernsthaft benutzte Marken** sollen auch Markenschutz genießen. Die mangelnde Benutzung wird jedoch nicht von Amts wegen, sondern nur auf eine entsprechende **Einrede** des Beklagten hin berücksichtigt.

328 Werden Ansprüche iS der §§ 14 und 18 bis 19c MarkenG wegen Verletzung einer eingetragenen Marke im Wege der Klage geltend gemacht, so hat der beweislastpflichtige Kläger auf **Einrede des Beklagten** hin nach § 25 Abs. 2 S. 1 MarkenG nachzuweisen (**Strengbeweisverfahren**), dass die Marke innerhalb der letzten fünf Jahre vor Erhebung der Klage für die Waren oder Dienstleistungen, auf die er sich zur Begründung seines Anspruchs beruft, gemäß § 26 MarkenG benutzt worden ist, sofern seit diesem Zeitpunkt seit mindestens fünf Jahren kein Widerspruch mehr gegen die Marke möglich war (zum maßgeblichen Zeitpunkt, vorstehende Rn. 325). Endet der Zeitraum von fünf Jahren der Nichtbenutzung nach Erhebung der Klage, so hat der Kläger auf Einrede des Beklagten gemäß § 25 Abs. 2 S. 2 MarkenG nachzuweisen, dass die Marke innerhalb der letzten fünf Jahre vor dem **Schluss der mündlichen Verhandlung** gemäß § 26 MarkenG benutzt worden ist. Der jeweils maßgebliche Zeitraum kann sich im Verlaufe des Verfahrens damit verschieben („**wandernde Benutzungsschonfrist**").[368] Bei der Entscheidung werden nur die Waren oder Dienstleistungen berücksichtigt, für die die Benutzung nachgewiesen worden ist (so § 25 Abs. 2 S. 3 MarkenG).

329 **PRÜFUNGSSCHEMA: EINREDE DER NICHTBENUTZUNG**

I. Anspruch entstanden

– *Anspruch gemäß §§ 14 bis 19c MarkenG*

II. Anspruch erloschen

III. Anspruch durchsetzbar

– **Einrede der Nichtbenutzung**
  Ablauf der Benutzungsschonfrist

  Vor Klageerhebung: Nach Klageerhebung:
  § 25 Abs. 1 S. 1 Alt. 1 MarkenG   § 25 Abs. 1 S. 1 Alt. 2 MarkenG

  1. Erklärung der Einrede vor Gericht
  2. substantiierter Vortrag des Klägers
  3. substantiiertes Bestreiten des Beklagten
  4. Beweislast des Klägers ◀

Beachte: Die Einrede der Nichtbenutzung kann außerhalb des Verletzungsprozesses auch im **Widerspruchsverfahren** nach § 43 Abs. 1 MarkenG geltend gemacht werden.

330 Die Einrede der Nichtbenutzung kann auch vor den ordentlichen Gerichten im Rahmen einer **Löschungsklage** gemäß § 55 Abs. 3 MarkenG – **Klage auf Erklärung des Verfalls** (§ 49 MarkenG – gegen den Inhaber einer eingetragenen Marke) und **Klage auf Nichtigkeit wegen bestehender älterer Rechte** (§ 51 MarkenG – durch den Inhaber einer eingetragenen Marke) – geltend gemacht werden. Auch im letzteren Fall gilt nach

---

368 BeckOK, MarkenR/Bogatz, MarkenG, § 25 Rn. 24.

§ 55 Abs. 3 S. 1 MarkenG, wenn die Klage auf Löschung vom Inhaber einer eingetragenen Marke mit älterem Zeitrang erhoben worden ist, dass der Kläger auf Einrede des Beklagten nachzuweisen hat, dass die Marke innerhalb der letzten fünf Jahre vor Erhebung der Klage gemäß § 26 MarkenG benutzt worden ist, sofern zu diesem Zeitpunkt seit mindestens fünf Jahren kein Widerspruch gegen sie mehr möglich war. Ebenso besteht auch hier eine „wandernde Benutzungsschonfrist", wonach – wenn der Zeitraum von fünf Jahren der Nichtbenutzung nach Erhebung der Klage endet – der Kläger nach § 55 Abs. 3 S. 2 MarkenG auf Einrede des Beklagten nachzuweisen hat, dass die Marke innerhalb der letzten fünf Jahre vor dem Schluss der mündlichen Verhandlung gemäß § 26 MarkenG benutzt worden ist. War eine Marke mit älterem Zeitrang am **Tag der Veröffentlichung der Eintragung der Marke** mit jüngerem Zeitrang bereits seit mindestens fünf Jahren eingetragen, so hat der Kläger gemäß § 55 Abs. 3 S. 3 MarkenG auf Einrede des Beklagten ferner nachzuweisen, dass die Eintragung der Marke mit älterem Zeitrang an diesem Tag nicht nach § 49 Abs. 1 MarkenG hätte gelöscht werden können. Bei der Entscheidung werden nur die Waren oder Dienstleistungen berücksichtigt, für die die Benutzung nachgewiesen worden ist (so § 55 Abs. 3 S. 4 MarkenG).

Die Voraussetzungen für eine **rechtserhaltende Benutzung der Marke** regelt § 26 MarkenG: Soweit die Geltendmachung von Ansprüchen aus einer **eingetragenen Marke** oder die **Aufrechterhaltung der Eintragung** davon abhängig ist, dass die Marke benutzt worden ist, muss sie nach § 26 Abs. 1 MarkenG von ihrem Inhaber für die Waren oder Dienstleistungen, für die sie eingetragen ist, (nach Auffassung der maßgeblichen Verkehrskreise) im Inland (üblicherweise) **ernsthaft benutzt** worden sein (iS einer die **Herkunftsfunktion** [Unterscheidungskraft ohne Verwechslungsgefahr] garantierenden Verwendung, womit einer **Scheinbenutzung** begegnet werden soll).[369] Etwas anderes gilt dann, wenn **berechtigte Gründe für eine Nichtbenutzung** vorliegen (zB wenn ein Produktzulassungsverfahren bei Arzneimittel noch nicht abgeschlossen ist).[370] Die Benutzung der Marke mit Zustimmung des Inhabers (bspw. die **Benutzung durch einen Lizenznehmer**) gilt nach der gesetzlichen Fiktion des § 26 Abs. 2 MarkenG als Benutzung durch den Inhaber. Die Regelung stellt sicher, dass eine Verwendung des Zeichens durch einen Lizenznehmer als eine solche durch den Markeninhaber im Wege einer gesetzlichen Fiktion angesehen wird.

331

Als Benutzung einer eingetragenen Marke gilt nach der gesetzlichen Fiktion des § 26 Abs. 3 S. 1 MarkenG auch die Benutzung der Marke in einer Form, die **von der Eintragung abweicht**, soweit die Abweichungen den kennzeichnenden Charakter der Marke nicht verändern. Dies gilt nach § 26 Abs. 3 S. 2 MarkenG selbst dann, wenn die Marke in der Form, in der sie benutzt worden ist, ebenfalls eingetragen ist. Eine Verwendung der Marke in einer von der Eintragung abweichenden Form schadet also dann nicht,

332

---

369 BGH Beschl. v. 28.9.2006 – I ZB 100/05 (BPatG) = GRUR 2007, 321 – COHIBA: 1. Zwischen der Ware „Zigarren" und der Dienstleistung „Verpflegung" besteht keine Ähnlichkeit der Waren und Dienstleistungen iSv § 9 Abs. 1 Nr. 2 MarkenG. 2. Ein berechtigter Grund für die Nichtbenutzung einer Marke iSv § 26 Abs. 1 MarkenG kann sich aus einem für eine vorübergehenden Zeitraum geltenden Werbeverbot für die von der Marke erfassten Waren oder Dienstleistungen ergeben. 3. Ein nur vorübergehender Hinderungsgrund für eine Markenbenutzung ist kein Tatbestand, der den Lauf der Benutzungsschonfrist hemmt. Ob ein in den Fünf-Jahres-Zeitraum fallender vorübergehender Hinderungsgrund für eine Markenbenutzung ausreicht, um vom Vorliegen berechtigter Gründe für eine Nichtbenutzung iSv § 26 Abs. 1 MarkenG während des in § 43 Abs. 1 S. 2 bestimmten Zeitraums auszugehen, ist unter Berücksichtigung der jeweiligen Umstände des Einzelfalls zu beurteilen.
370 Götting, § 56 Rn. 47.

wenn der kennzeichnende Markencharakter keine Veränderung erfährt. Wie der EuGH auf das Vorabentscheidungsersuchen des BGH zur Vorschrift des Art. 10 Abs. 2a MarkenRL entschieden hat, kann sich der Markeninhaber zur Darlegung der rechtserhaltenden Benutzung auch dann auf die Benutzung eines abgewandelten Zeichens berufen, wenn dieses Zeichen ebenfalls als Marke eingetragen ist.[371] Die Vorschriften der MarkenRL stehen der Anwendung des § 26 Abs. 3 S. 2 MarkenG nicht entgegen. Eine rechtserhaltende Benutzung der Klagemarke „Proti" iSv § 26 Abs. 3 MarkenG ist daher nicht allein deshalb ausgeschlossen, weil die Benutzungsformen „PROTIPLUS" und „Proti Power" auch als Marke eingetragen sind.[372]

333 Als **Benutzung im Inland** gilt nach der gesetzlichen Fiktion des § 26 Abs. 4 MarkenG auch das Anbringen der Marke auf Waren oder deren Aufmachung oder Verpackung im Inland, wenn die Waren ausschließlich für die Ausfuhr bestimmt sind.

334 Soweit die Benutzung innerhalb von fünf Jahren ab dem Zeitpunkt, ab dem kein Widerspruch mehr gegen die Marke möglich ist, erforderlich ist, tritt nach § 26 Abs. 5 MarkenG in den Fällen, in denen gegen die Eintragung Widerspruch erhoben worden ist, an die Stelle des Ablaufs der Widerspruchsfrist der Zeitpunkt, ab dem die das Widerspruchsverfahren beendende Entscheidung Rechtskraft erlangt hat oder der Widerspruch zurückgenommen wurde.

335 Eine **rechtserhaltende Benutzung** iSv § 26 Abs. 1 MarkenG setzt voraus, dass die Marke entsprechend ihrer Hauptfunktion, die Ursprungsidentität der Waren oder Dienstleistungen zu garantieren, für die sie geschützt ist, verwendet wird, um für diese Produkte einen Absatzmarkt zu erschließen oder zu sichern.[373] Ob die Marke ernsthaft im Inland benutzt worden ist, ist anhand sämtlicher Tatsachen und Umstände zu beurteilen, durch die die wirtschaftliche Verwertung der Marke im Geschäftsverkehr belegt werden kann. Dazu zählen der Umfang und die Häufigkeit der Benutzung der Marke.

336 Die Frage, ob eine Benutzung **mengenmäßig hinreichend** ist, um Marktanteile für die durch die Marke geschützten Waren oder Dienstleistungen zu behalten oder hinzuzugewinnen, hängt somit von mehreren Faktoren und einer **Einzelfallbeurteilung** ab.[374] Dabei müssen die Benutzungshandlungen einen **Inlandsbezug** aufweisen.[375]

337 Hat in den letzten fünf Jahren seit dem maßgeblichen Zeitpunkt keine Markenbenutzung stattgefunden, kann gegen eine neue Markenanmeldung weder Widerspruch eingelegt (§ 43 Abs. 1 MarkenG) noch Löschungsklage (§ 55 Abs. 3 MarkenG) erhoben werden.

338 Die nicht benutzte Marke kann wegen **Verfalls** (§ 49 Abs. 1 MarkenG) gelöscht werden, was über einen

---

[371] EuGH Urt. v. 25.10.2012 – Rs. C-553/11 = GRUR 2012, 1257, Rn. 18 – Rintisch/Eder.
[372] BGH Urt. v. 10.1.2013 – I ZR 84/09 (OLG Köln) = GRUR 2013, 840, Rn. 29 – PROTI II.
[373] EuGH Urt. v. 11.3.2003 – Rs. C-40/01 = GRUR 2003, 425, Rn. 43 – Ansul/Ajax; EuGH Urt. v. 15.1.2009 – Rs. C-495/07 = GRUR 2009, 410, Rn. 18 – Silberquelle/Maselli; BGH Urt. v. 9.6.2011 – I ZR 41/10 (OLG Hamburg) = GRUR 2012, 180, Rn. 42 – Werbegeschenke; BGH Urt. v. 25.4.2012 – I ZR 156/10 (OLG München) = GRUR 2012, 1261, Rn. 12 – Orion.
[374] EuGH Urt. v. 13.9.2007 – Rs. C-234/06 = GRUR 2008, 343, Rn. 72 f. – Ponte Finanziaria/HABM; BGH Urt. v. 31.5.2012 – I ZR 135/10 (OLG Düsseldorf) = GRUR 2012, 832, Rn. 43 – ZAPPA.
[375] BGH Urt. v. 25.4.2012 – I ZR 156/10 (OLG München) = GRUR 2012, 1261, Rn. 13 – Orion. Zur Notwendigkeit der Benutzung einer Gemeinschaftsmarke in der EU: EuGH Urt. v. 19.12.2012 – Rs. C-149/11 = GRUR 2013, 182, Rn. 38 – Leno Merken/Hagelkruis (ONEL/OMEL).

X. Rechtswirkungen der Marke

- Antrag beim DPMA (§ 53 MarkenG) oder durch
- Klage vor den ordentlichen Gerichten (§ 55 Abs. 1 S. 1 Alt. 1 MarkenG)

erfolgen kann.

Frage 40: Gesetzt den Fall, dass der Markeninhaber A seine Marke „Goldfinger" nur vorsichtshalber vor sieben Jahren hat ins Markenregister eintragen lassen, um sie für eine spätere Verwendungsmöglichkeit zu „horten" – und B verwendet das Wortzeichen für sein Schmucksortiment. Wie ist in diesem Fall die Rechtslage?

f) Ausschluss der Geltendmachung von Ansprüchen beim Ersatzteilgeschäft

Der Inhaber einer Marke hat nach § 23 Nr. 3 MarkenG nicht das Recht, einem Dritten (dh einem Händler oder Hersteller von Ersatzteilen bzw. Reparaturwerkstätten) zu untersagen, im geschäftlichen Verkehr die Marke als **Hinweis auf die Bestimmung**[376] **einer Ware**, insbesondere als Zubehör oder Ersatzteil, oder einer Dienstleistung zu benutzen, soweit die Benutzung dafür notwendig ist. Voraussetzung ist, dass die Benutzung durch den Dritten nicht gegen die „guten Sitten" verstößt.

Fall 41: Gesetzt der Fall, dass I als Inhaber einer Reparaturwerkstätte ein Originalersatzteil der Firma X mit deren Markenbezeichnung in seiner Werbung verwendet („Wir erneuern Ihre Auspuffanlage mit `X-...`"). Wie ist die Rechtslage?

g) Verjährung und Verwirkung

Auf die Verjährung der in den §§ 14 bis 19c MarkenG genannten Ansprüche finden gemäß § 20 S. 1 MarkenG die **allgemeinen Verjährungsregelungen** des BGB (§§ 194 ff. BGB) entsprechende Anwendung. Die Verjährungsfrist beträgt somit **drei Jahre** (so § 195 BGB). Sie beginnt nach § 199 Abs. 1 BGB mit dem Schluss des Jahres, in dem der Anspruch entstanden und der Gläubiger – dh der verletzte Rechteinhaber – von den den Anspruch begründenden Umständen und der Person des Schuldners (dh des Verpflichteten) Kenntnis erlangt oder ohne grobe Fahrlässigkeit hätte erlangen müssen.

Hat der Verpflichtete durch die Verletzung auf Kosten des Berechtigten „etwas" erlangt, findet nach § 20 S. 2 MarkenG die Regelung des § 852 BGB entsprechende Anwendung mit der Folge, dass Ansprüche auf Herausgabe wegen **ungerechtfertigter Bereicherung** (§§ 812 ff. BGB) – die über die Verjährungsfrist für Schadensersatzansprüche nach den §§ 195, 199 Abs. 1 BGB fortbestehen – erst 10 Jahre ab ihrer Entstehung bzw. ohne Rücksicht auf die Entstehung in 30 Jahren ab dem Verletzungszeitpunkt an verjähren.

Fall 42: Gesetzt der Fall, dass B die für A im Hinblick auf exquisiten Schmuck eingetragene Marke „Goldfinger" gleichermaßen – schon seit 2015 – verwendet, und A dies nicht verbor-

---

[376] Vgl. etwa OLG Köln Urt. v. 13.9.2019 – 6 U 29/19 = GRUR-RR 2019, 466 – Küchenmaschinen-Rezepte: 1. Eine Markenverletzung liegt nicht vor, wenn das Zeichen nicht herkunftshinweisend als Marke, sondern nur zur Inhaltsbeschreibung verwendet wird. Dies ist dann der Fall, wenn das Zeichen in einem Buchtitel (hier: „Die besten F-Rezepte für den A") als inhaltsbeschreibendes Unterscheidungsmerkmal zu anderen Büchern und nicht als Produktkennzeichen wahrgenommen wird. 2. Einer unlauteren Nutzung der bekannten Marke steht ein rechtfertigender Grund nach § 23 Nr. 3 MarkenG entgegen. Denn die Markennutzung hält sich noch im Rahmen der notwendigen Leistungsbestimmung. Die Benennung ist als Hinweis auf die Bestimmung der Ware notwendig, die Grenzen der Erforderlichkeit durch die Covergestaltung noch nicht überschritten.

gen geblieben sein konnte: Kann A von B im Jahre 2021 noch Schadensersatz für das Jahr 2015 verlangen?

342 Der Inhaber einer Marke (oder auch einer geschäftlichen Bezeichnung) hat gemäß § 21 Abs. 1 MarkenG (als spezialgesetzliche Regelung des Rechtsinstituts der **Verwirkung**, den die Rechtsprechung allgemein aus § 242 BGB – dem Grundsatz des *venire contra factum proprium* [**Verbot eines selbstwidersprüchlichen Verhaltens**] – entwickelt hat) nicht das Recht, die Benutzung einer eingetragenen Marke mit jüngerem Zeitrang für die Waren oder Dienstleistungen, für die sie eingetragen ist, zu untersagen, soweit er die Benutzung der Marke während eines Zeitraums von fünf aufeinander folgenden Jahren in Kenntnis dieser Benutzung geduldet hat. Etwas Anderes gilt dann, wenn die Anmeldung der Marke mit jüngerem Zeitrang bösgläubig vorgenommen worden ist. In einem solchen Fall tritt damit eine **Verwirkung des Markenrechts** (die einer strikten Abgrenzung zur Verjährung [vorstehende Rn. 340 f.] bedarf) ein mit der Folge, dass Unterlassungsansprüche des Markeninhabers dauerhaft ausgeschlossen sind. Die Verwirkung ist von Amts wegen zu berücksichtigen.[377]

343 Der Inhaber einer Marke (oder auch einer geschäftlichen Bezeichnung) hat nach § 21 Abs. 2 MarkenG auch nicht das Recht, die Benutzung einer Marke iSd § 4 Nr. 2 oder 3 MarkenG (**nichteingetragene Marke**, dh einer Benutzungsmarke bzw. einer Notorietätsmarke), einer geschäftlichen Bezeichnung oder eines sonstigen Rechts iSd § 13 MarkenG mit jüngerem Zeitrang zu untersagen, soweit er die Benutzung dieses Rechts während eines Zeitraums von fünf aufeinander folgenden Jahren in Kenntnis dieser Benutzung geduldet hat. Etwas Anderes gilt dann, wenn der Inhaber dieses Rechts im Zeitpunkt des Rechtserwerbs bösgläubig war.

344 In den beiden Konstellationen kann der Inhaber des Rechts mit jüngerem Zeitrang die Benutzung des Rechts mit älterem Zeitrang gemäß § 21 Abs. 3 MarkenG nicht untersagen (**Ausschluss des Unterlassungsanspruchs** – das Rechtsinstitut der Verwirkung gelangt hier als bloßes Verteidigungsmittel zur Anwendung).

345 § 21 Abs. 1 bis 3 MarkenG lassen die **Anwendung allgemeiner Grundsätze** über die Verwirkung von Ansprüchen (dh des **allgemeinen Verwirkungseinwandes** nach § 242 BGB – *venire contra factum proprium*) unberührt (so § 21 Abs. 4 MarkenG).

Fall 43: Gesetzt der Fall, dass B die für A im Hinblick auf exquisiten Schmuck eingetragene Marke „Goldfinger" gleichermaßen – schon seit 2013 – verwendet: Kann A, der von der Nutzung durch B von Anfang an unterrichtet war, von B im Jahre 2021 noch Unterlassung verlangen?

h) Weitere Schutzschranken gegen das Verbietungsrecht des Zeicheninhabers

346 § 22 MarkenG schließt Ansprüche des Inhabers eines prioritätsälteren Zeichens wegen einer Rechtsverletzung bei **Bestandskraft der Eintragung** einer Marke mit jüngerem Zeitrang aus. Das prioritätsjüngere Zeichen kann damit vom Inhaber des älteren Zeichens nicht mehr zur Löschung gebracht werden.

347 Der Inhaber einer Marke (oder einer geschäftlichen Bezeichnung) hat nach § 22 Abs. 1 MarkenG nicht das Recht, die Benutzung einer eingetragenen Marke mit jüngerem Zeitrang für die Waren oder Dienstleistungen, für die sie eingetragen ist, zu untersa-

---

[377] BGH Urt. v. 10.11.1965 – Ib ZR 101/63 (OLG Hamburg) = GRUR 1966, 623 (625) – Kupferberg.

X. Rechtswirkungen der Marke

gen, wenn ein Antrag auf Löschung der Eintragung der Marke mit jüngerem Zeitrang zurückgewiesen worden ist oder zurückzuweisen wäre, weil

- die Marke (oder die geschäftliche Bezeichnung) mit älterem Zeitrang an dem für den Zeitrang der Eintragung der Marke mit jüngerem Zeitrang maßgeblichen Tag noch nicht isd § 9 Abs. 1 Nr. 3, des § 14 Abs. 2 Nr. 3 oder des § 15 Abs. 3 MarkenG **bekannt** war (§ 51 Abs. 3 MarkenG) – (dh das prioritätsältere Zeichen die notwendige Bekanntheit erst nach dem für den Zeitpunkt der jüngeren Eintragung maßgeblichen Zeitpunkt erlangt hat, womit der Einwand nach § 22 MarkenG hier der **Verteidigung gegen eine Inanspruchnahme aus einer Markenverletzung** dient) (Nr. 1);
- die Eintragung der Marke mit älterem Zeitrang am Tag der Veröffentlichung der Eintragung der Marke mit jüngerem Zeitrang wegen Verfalls (§ 49 MarkenG) oder wegen absoluter Schutzhindernisse (§ 50 MarkenG) **hätte gelöscht werden** können (§ 51 Abs. 4 MarkenG: Dann ist die Löschung der jüngeren Marke ausgeschlossen) (Nr. 2);
- an dem für den Zeitrang der Eintragung der jüngeren Marke maßgeblichen Tag noch **keine Verwechslungsgefahr** isd § 9 Abs. 1 Nr. 2, § 14 Abs. 2 S. 1 Nr. 2 bzw. § 15 Abs. 2 MarkenG bestand (Nr. 3).

In den genannten Fällen kann der Inhaber der eingetragenen Marke mit jüngerem Zeitrang nach § 22 Abs. 2 MarkenG die Benutzung der Marke (oder der geschäftlichen Bezeichnung) mit älterem Zeitrang nicht untersagen.

Der Inhaber einer Marke (oder einer geschäftlichen Bezeichnung) hat nach § 23 MarkenG auch nicht das Recht, einem Dritten zu untersagen, im geschäftlichen Verkehr

- dessen **Namen oder Anschrift** (dh jene des Dritten) zu benutzen (Nr. 1 – als Grundlage des Gleichnamigenrechts im Markenrecht [**Durchbrechung des Prioritätsgrundsatzes**], wonach – grundsätzlich – jeder sich unter seinem Namen im geschäftlichen Verkehr betätigen können soll), was dann relevant ist, wenn der eigene Name oder die eigene Anschrift mit einem eingetragenen Markenrecht kollidiert;[378]
- ein mit der Marke (oder einer geschäftlichen Bezeichnung) identisches Zeichen oder ein ähnliches Zeichen als **Angabe über Merkmale oder Eigenschaften von Waren oder Dienstleistungen**, wie insbesondere ihre Art, ihre Beschaffenheit, ihre Bestimmung, ihren Wert, ihre geographische Herkunft oder die Zeit ihrer Herstellung oder ihrer Erbringung, zu benutzen (Nr. 2 – womit allen Wirtschaftsakteuren die Möglichkeit erhalten bleiben soll, für ihre Produkte **beschreibende Angaben** nutzen zu dürfen);[379] oder

---

[378] BeckOK, MarkenR/Kretschmar, MarkenG, § 23 Rn. 11.
[379] BGH Urt. v. 2.4.2009 – I ZR 209/06 (OLG Zweibrücken) = GRUR 2009, 678 – POST/RegioPost: 1. Die Schutzschranke des § 23 Nr. 2 MarkenG ist im Sinne ihres Zwecks auszulegen, allen Wirtschaftsteilnehmern die Möglichkeit zu erhalten, für ihre Produkte beschreibende Angaben zu benutzen. 2. Die aufgrund der Verwendung eines beschreibenden Begriffs in einem Zeichen begründete Verwechslungsgefahr iSv § 14 Abs. 2 Nr. 2 MarkenG mit einer älteren, aus dem beschreibenden Begriff bestehenden verkehrsdurchgesetzten Marke begründet nicht zwangsläufig die Annahme eines Verstoßes gegen die guten Sitten iSv § 23 Nr. 2 MarkenG. In die Abwägung ist auch der Umstand einzubeziehen, dass die Markeninhaberin nur eine Verkehrsdurchsetzung der Marke vor einer vollständigen Liberalisierung des Postmarktes erreichen konnte. 3. Die Beschränkung des Schutzumfangs einer aus einer beschreibenden Angabe bestehenden Marke nach § 23 Nr. 2 MarkenG verletzt den Markeninhaber nicht in seinem verfassungsrechtlich ge-

- die Marke (oder die geschäftliche Bezeichnung) als Hinweis auf die Bestimmung einer Ware, insbesondere als **Zubehör** oder **Ersatzteil**, oder einer Dienstleistung zu benutzen, soweit die Benutzung dafür notwendig ist (Nr. 3).

350 In den genannten Fällen muss die Benutzung aber nach § 23 Abs. 2 MarkenG „**den anständigen Gepflogenheiten in Handel und Gewerbe**" entsprechen (dh, sie darf nicht unlauter sein oder gegen die „guten Sitten" verstoßen – bspw. sich als unlautere Ausnutzung der Wertschätzung einer bekannten Marke darstellen).

351 Neben § 23 MarkenG gibt es weitere Rechtfertigungen einer Benutzung, wie etwa **Wertungen der Meinungsäußerungsfreiheit** (Art. 5 Abs. 1 GG) sowie in Fällen der **Markenparodie** (als Ausdruck der Kunstfreiheit nach Art. 5 Abs. 3 GG und anderer Grundrechte).[380]

352 Auf Ansprüche des Markeninhabers aus **bekannten Kennzeichen** (§ 14 Abs. 2 Nr. 3 MarkenG bzw. § 15 Abs. 3 MarkenG) gegen einen Benutzer findet § 23 MarkenG keine Anwendung. Die **tatbestandsimmanenten Schrankenregelungen** („ohne rechtfertigenden Grund in unlauterer Weise ausnutzen") des § 14 Abs. 2 Nr. 3 MarkenG bzw. des § 15 Abs. 3 MarkenG machen eine Prüfung nach § 23 MarkenG hinfällig.[381] Die Bejahung von Ansprüchen aus bekannten Marken (bzw. bekannten geschäftlichen Bezeichnungen) erfordert eine **Unlauterkeitsprüfung**, die sich aus den Tatbestandsmerkmalen „ohne rechtfertigenden Grund in unlauterer Weise" ergibt. Nach der Rechtsprechung des BGH[382] gelten für diese Unlauterkeitsprüfung dieselben Maßstäbe wie für die Prüfung eines Verstoßes gegen die anständigen Gepflogenheiten in Gewerbe und Handel im Rahmen des § 23 MarkenG

353 § 23 MarkenG findet aufgrund seines Wortlauts („**benutzen**") nur Anwendung im **Markenverletzungsverfahren**, um einen unangemessenen Schutz von Zeichen zu verhindern.[383] Dagegen findet § 23 MarkenG keine Anwendung im **Eintragungsverfahren**,[384] **Widerspruchsverfahren**[385] oder im **Löschungsklageverfahren**.[386]

---

schützten Eigentumsrecht an der Marke. Vgl. auch LG München I Urt. v. 25.6.2020 – 17 HK O 3700/20 = GRUR-RS 2020, 13728: 1. Die Domain www.schufa-anwalt.de wird, wenn auf der Website Anwaltsdienstleistungen angeboten werden, kennzeichenmäßig verwendet, weil der angesprochene Verkehr darin einen Herkunftshinweis erkennt und nicht lediglich eine beschreibende Angabe oder einen Gattungsbegriff. 2. Es ist nicht von § 23 Nr. 2 MarkenG gedeckt, Anwaltsdienstleistungen unter www.schufa-anwalt.de zu erbringen.

380 Ohly/Kur, GRUR 2020, 457 (466); BeckOK, MarkenR/Kretschmar, MarkenG, § 23 Rn. 5.
381 BeckOK MarkenR/Kretschmar MarkenG § 23 Rn. 6.
382 BGH Urt. v. 30.4.2009 – I ZR 42/07 (OLG Frankfurt aM) = BGHZ 181, 77 = GRUR 2009, 1162, Rn. 37 – DAX; BGH Urt. v. 14.1.1999 – I ZR 149/96 (OLG München) = GRUR 1999, 992 – BIG PACK.
383 BGH Beschl. v. 6.2.2020 – I ZB 21/19 (BPatG) = GRUR 2020, 870 – INJEKT/INJEX.
384 EuGH Urt. v. 16.9.2004 – Rs. C-404/02 = GRUR 2004, 946, Rn. 33 – Nichols.
385 BGH Beschl. v. 28.5.1998 – I ZB 33/95 (BPatG) = BGHZ 139, 59 = GRUR 1998, 930 (931) – Fläminger.
386 BGH Urt. v. 27.3.2013 – I ZR 100/11 (OLG Düsseldorf) = GRUR 2013, 631, Rn. 41 – Amarula; BeckOK, MarkenR/Kretschmar, MarkenG, § 23 Rn. 7.

X. Rechtswirkungen der Marke

i) Zusammenfassung: Ausschlussgründe

ZUR VEREINFACHUNG BEACHTEN SIE BITTE NACHFOLGENDES PRÜFUNGSSCHEMA: 354

I. Anspruch entstanden

- *Prüfung der Anspruchsvoraussetzungen eines Unterlassungs- und/oder Schadensersatzanspruchs*
- **Zulässige Benutzung**[387] **durch einen Dritten (§ 23 MarkenG)** – fehlende Verletzungshandlung – *außer in den zuvor geprüften Fällen des § 14 Abs. 2 Nr. 3 MarkenG und des § 15 Abs. 3 MarkenG*
  - eigener Name oder Anschrift des Dritten (§ 23 Abs. 1 Nr. 1 MarkenG)
  - Benutzung als beschreibende Angaben (§ 23 Abs. 1 Nr. 2 MarkenG)
  - notwendige Bestimmungsangaben, insbesondere im Ersatzteilgeschäft (§ 23 Abs. 1 Nr. 3 MarkenG)
  - entspricht den anständigen Gepflogenheiten in Gewerbe und Handel (§ 23 Abs. 2 MarkenG) ◄

II. Anspruch erloschen

- **Verwirkung (§ 21 MarkenG)** – Prüfung von Amts wegen
  - Duldung nach § 21 Abs. 1 MarkenG im Hinblick auf eine eingetragene Marke nach § 4 Nr. 1 MarkenG
  - Duldung nach § 21 Abs. 2 MarkenG im Hinblick auf eine nicht eingetragene Marke nach § 4 Nr. 2 und Nr. 3 MarkenG (Benutzungsmarke bzw. Notorietätsmarke) oder eines sonstigen Rechts nach § 13 MarkenG
  - keine Bösgläubigkeit des Rechteerwerbers des prioritätsjüngeren Zeichens
- **Bestandskraft der Eintragung einer Marke mit jüngerem Zeitrang (§ 22 MarkenG)**
  - <u>fehlende Bekanntheit der prioritätsälteren Marke</u> (oder geschäftlichen Bezeichnung) zum Prioritätstag der prioritätsjüngeren Marke (§ 22 Abs. 1 Nr. 1 MarkenG)
  - <u>Zwischenrechte</u> (Verfall [§ 49 MarkenG] oder absolute Schutzhindernisse [§§ 3, 7 oder 8 MarkenG])
  - <u>Fehlen von Verwechslungsgefahr</u> zwischen prioritätsjüngerer und -älterer Marke am Prioritätstag der prioritätsjüngeren Marke ◄

III. Anspruch durchsetzbar

- **Einrede der Verjährung** (§ 20 MarkenG unter Verweis auf die §§ 195 ff. BGB)
  - regelmäßige Verjährungsfrist: 3 Jahre
  - allgemeine Verjährungsprüfung
  - ggf. Herausgabeansprüche nach § 852 BGB: Verjährung in 10 Jahren (Entstehung) oder 30 Jahren (deliktisch)
- **Einrede der Erschöpfung** (§ 24 MarkenG)
- **Einrede der Nichtbenutzung** (§ 25 iVm § 26 MarkenG) ◄

---

[387] Zu prüfen auf der Tatbestandsebene – „Anspruch entstanden" – vgl. BGH Urt. v. 28.6.2018 – I ZR 236/16 (OLG Köln) = GRUR 2019, 165, Rn. 22 – keine-vorwerk-vertretung.

3. Strafrechtlicher Schutz einer Marke

355 Eine **widerrechtliche Kennzeichenverletzung** ist nach § 143 MarkenG strafbar: Wer im geschäftlichen Verkehr **widerrechtlich** (mit Vorsatz)

- entgegen § 14 Abs. 2 Nr. 1 oder 2 MarkenG ein Zeichen benutzt,
- entgegen § 14 Abs. 2 Nr. 3 MarkenG ein Zeichen in der Absicht benutzt, die Unterscheidungskraft oder die Wertschätzung einer bekannten Marke auszunutzen oder zu beeinträchtigen,
- entgegen § 14 Abs. 4 Nr. 1 MarkenG ein Zeichen anbringt oder entgegen § 14 Abs. 4 Nr. 2 oder Nr. 3 MarkenG eine Aufmachung oder Verpackung oder ein Kennzeichnungsmittel anbietet, in den Verkehr bringt, besitzt, einführt oder ausführt, soweit Dritten die Benutzung des Zeichens untersagt wäre,
- entgegen § 15 Abs. 2 MarkenG eine Bezeichnung oder ein Zeichen benutzt oder
- entgegen § 15 Abs. 3 MarkenG eine Bezeichnung oder ein Zeichen in der Absicht benutzt, die Unterscheidungskraft oder die Wertschätzung einer bekannten geschäftlichen Bezeichnung auszunutzen oder zu beeinträchtigen,

wird **mit Freiheitsstrafe bis zu drei Jahren oder mit Geldstrafe bestraft** – im Falle eines gewerbsmäßigen Handelns oder als Mitglied einer Bande nach § 142 Abs. 2 MarkenG mit einer **Freiheitstrafe von drei Monaten bis zu fünf Jahren**. Die Strafverfolgung nach § 143 Abs. 1 MarkenG setzt einen entsprechenden **Strafantrag des Verletzten** voraus. Strafbar ist gemäß § 143 Abs. 3 MarkenG auch der **Versuch** einer widerrechtlichen Kennzeichenverletzung. Nach § 143 Abs. 6 MarkenG kann auf Antrag des Verletzten, und wenn ein berechtigtes Interesse vorliegt, durch das Gericht angeordnet werden, dass die **Verurteilung öffentlich bekannt gemacht** wird.

356 Das Strafverfahren und die Strafzumessung richten sich nach den **allgemeinen Grundsätzen des Strafrechts**.

357 § 145 MarkenG normiert zudem einen **Ordnungswidrigkeitentatbestand**, wonach Ordnungswidrigkeiten mit einem **Bußgeld von bis zu 2.500 Euro** belegt werden können: Ordnungswidrig handelt, wer

- im geschäftlichen Verkehr widerrechtlich in identischer oder nachgeahmter Form
  - ein Wappen, eine Flagge oder ein anderes staatliches **Hoheitszeichen** oder ein Wappen eines inländischen Ortes oder eines inländischen Gemeinde- oder weiteren Kommunalverbandes (iSv § 8 Abs. 2 Nr. 6 MarkenG),
  - ein **amtliches Prüf- oder Gewährzeichen** (iSv § 8 Abs. 2 Nr. 7 MarkenG) oder
  - ein Kennzeichen, ein Siegel oder eine Bezeichnung (iSv § 8 Abs. 2 Nr. 8 MarkenG)

  zur Kennzeichnung von Waren oder Dienstleistungen benutzt. Bzw. wer
- **vorsätzlich oder fahrlässig** entgegen § 134 Abs. 3 MarkenG (auch iVm § 145 Abs. 4 MarkenG) (Nr. 1)
  - das Betreten von Geschäftsräumen, Grundstücken, Verkaufseinrichtungen oder Transportmitteln oder deren Besichtigung nicht gestattet (Buchst. a),
  - die zu besichtigenden Agrarerzeugnisse oder Lebensmittel nicht so darlegt, dass die Besichtigung ordnungsgemäß vorgenommen werden kann (Buchst. b),
  - die erforderliche Hilfe bei der Besichtigung nicht leistet (Buchst. c),

X. Rechtswirkungen der Marke

- Proben nicht entnehmen lässt (Buchst. c),
- geschäftliche Unterlagen nicht oder nicht vollständig vorlegt oder nicht prüfen lässt (Buchst. d) oder
- eine Auskunft nicht, nicht richtig oder nicht vollständig erteilt (Buchst. e), oder
- einer nach § 139 Abs. 1 MarkenG erlassenen Rechtsvorschrift zuwiderhandelt, soweit sie für einen bestimmten Tatbestand auf diese Bußgeldvorschrift verweist (Nr. 2).

4. Exkurs: Zollbeschlagnahme

Praktisch bedeutsam ist insbesondere die Möglichkeit einer Zollbeschlagnahme (Beschlagnahme von Waren bei der Einfuhr und Ausfuhr) von Waren (an Flughäfen und Häfen) nach Maßgabe der §§ 146 ff. MarkenG im Hinblick auf Produkte, die außerhalb der EU bzw. des EWR in den Binnenmarkt eingeführt werden.

Waren, die widerrechtlich mit einer nach dem MarkenG geschützten Marke (oder einer geschäftlichen Bezeichnung) versehen sind, unterliegen nach § 146 Abs. 1 MarkenG grundsätzlich[388] auf Antrag und gegen Sicherheitsleistung des Rechteinhabers bei ihrer Einfuhr oder Ausfuhr der **Beschlagnahme durch die Zollbehörde**. Voraussetzung dafür ist, dass die Rechtsverletzung „offensichtlich" ist. Dies gilt nach § 146 Abs. 1 S. 2 MarkenG für den Verkehr mit anderen Mitgliedstaaten der EU sowie mit den anderen Vertragsstaaten des EWR aber nur, soweit (noch) Kontrollen durch die Zollbehörden stattfinden. Ordnet die Zollbehörde die Beschlagnahme an, unterrichtet sie gemäß § 146 Abs. 2 MarkenG unverzüglich (vgl. § 121 Abs. 1 S. 1 BGB) den Verfügungsberechtigten sowie den Antragsteller. Dem Antragsteller sind Herkunft, Menge und Lagerort der Waren sowie Name und Anschrift des Verfügungsberechtigten mitzuteilen. Das **Brief- und Postgeheimnis** (nach Art. 10 GG) wird insoweit eingeschränkt. Dem Antragsteller wird Gelegenheit gegeben, die Waren zu besichtigen, soweit hierdurch nicht in Geschäfts- oder Betriebsgeheimnisse eingegriffen wird.

Frage 44: Was verstehen wir unter der sog. Zollbeschlagnahme?

> **Zusammenfassung**: Wie alle gewerblichen Schutzrechte entfaltet auch das Markenrecht eine **dreifache Schutzwirkung**: Dem Markeninhaber steht ein **ausschließliches Recht** an der Marke zu (**positiver Inhalt**), dh er allein ist befugt, die Marke zu nutzen. Der **negative Inhalt** des Markenrechts gewährt dem berechtigten Markeninhaber gegen einen Verletzer **Unterlassungs- und Schadensersatzansprüche**. Eine Verletzungshandlung liegt gemäß § 14

---

388 Soweit nicht die VO (EG) Nr. 1383/2003 des Rates vom 22.7.2003 über das Vorgehen der Zollbehörden gegen Waren, die im Verdacht stehen, bestimmte Rechte geistigen Eigentums zu verletzen, und die Maßnahmen gegenüber Waren, die erkannterermaßen derartige Rechte verletzen (ABl. EU Nr. L 196 S. 7), in ihrer jeweils geltenden Fassung anzuwenden ist. Im Übrigen kann die zuständige Zollbehörde nach Art. 9 der VO (EG) Nr. 1383/2003 die Überlassung der Waren aussetzen oder diese zurückhalten. Dann muss sie davon unverzüglich den Rechteinhaber sowie den Anmelder oder den Besitzer bzw. den Eigentümer der Waren unterrichten. In diesem Fall kann der Rechteinhaber beantragen, die Waren in einem vereinfachten Verfahren iSd Art. 11 der VO vernichten zu lassen. Der Antrag muss bei der Zollbehörde innerhalb von zehn Arbeitstagen oder im Fall leicht verderblicher Waren innerhalb von drei Arbeitstagen nach Zugang der Unterrichtung schriftlich gestellt werden. Er muss die Mitteilung enthalten, dass die Waren, die Gegenstand des Verfahrens sind, ein nach dem MarkenG geschütztes Recht verletzen. Die schriftliche Zustimmung des Anmelders, des Besitzers oder des Eigentümers der Waren zu ihrer Vernichtung ist beizufügen. Die Zustimmung zur Vernichtung gilt als erteilt, wenn der Anmelder, der Besitzer oder der Eigentümer der Waren einer Vernichtung nicht innerhalb von zehn Arbeitstagen oder im Fall leicht verderblicher Waren nicht innerhalb von drei Arbeitstagen nach Zugang der Unterrichtung widerspricht. Die Vernichtung der Waren erfolgt auf Kosten und Verantwortung des Rechteinhabers.

Abs. 2 MarkenG dann vor, wenn ein Dritter ohne Zustimmung des Markeninhabers ein identisches Zeichen für identische Waren oder Dienstleistungen benutzt, ein ähnliches Zeichen für ähnliche Waren oder Dienstleistungen benutzt, wenn dadurch Verwechslungsgefahr besteht, bzw. wenn ein mit einer bekannten Marke identisches oder ähnliches Zeichen für ähnliche Waren oder Dienstleistungen gebraucht wird.

Diese Regelung stimmt hinsichtlich der **Kollisionstatbestände** mit den in § 9 Abs. 2 MarkenG geregelten **relativen Schutzhindernissen** überein.

Eine Verletzungshandlung setzt – als zusätzliches ungeschriebenes Tatbestandsmerkmal – eine **rechtserhebliche Benutzungshandlung** in dem Sinne voraus, dass die Benutzung des Zeichens nicht nur produkt- oder leistungsbeschreibend, sondern **markenmäßig** – dh zur Unterscheidung der durch das Zeichen gekennzeichneten Ware oder Dienstleistung eines Unternehmens von denen anderer Unternehmen – erfolgt.

Eine **Markenverletzung** liegt beispielhaft dann vor, wenn das (kollidierende) Zeichen auf Waren oder auf ihrer Aufmachung oder Verpackung angebracht wird, unter dem (kollidierenden) Zeichen Waren angeboten, in den Verkehr gebracht oder zu den genannten Zwecken besessen werden, unter dem (kollidierenden) Zeichen Dienstleistungen angeboten oder erbracht werden, unter dem (kollidierenden) Zeichen Waren eingeführt oder ausgeführt werden bzw. das (kollidierende) Zeichen in Geschäftspapieren oder in der Werbung benutzt wird.

Im **Vorfeld einer eigentlichen Markenverletzung** ist es bereits verboten, ohne die Zustimmung des Markeninhabers der Marke im geschäftlichen Verkehr ein mit der Marke identisches Zeichen oder ein ähnliches Zeichen auf Aufmachungen oder Verpackungen oder auf Kennzeichnungsmitteln (wie Etiketten, Anhängern, Aufnähern oder dergleichen) anzubringen. Aufmachungen, Verpackungen oder Kennzeichnungsmittel, die mit einem mit der Marke identischen Zeichen oder einem ähnlichen Zeichen versehen sind, anzubieten, in den Verkehr zu bringen oder zu den genannten Zwecken zu besitzen; oder Aufmachungen, Verpackungen oder Kennzeichnungsmittel, die mit einem mit der Marke identischen Zeichen oder einem ähnlichen Zeichen versehen sind, einzuführen oder auszuführen.

Wer ein **Zeichen unbefugt benutzt**, kann vom Markeninhaber auf Unterlassung in Anspruch genommen werden – ggf. auch schon dann, wenn eine Zuwiderhandlung erstmalig droht (**vorbeugende Unterlassungsklage**).

Erfolgt die Verletzungshandlung **schuldhaft**, kann der Markeninhaber vom Verletzer auch **Schadensersatz** verlangen – berechnet (**Schadensberechnung**) entweder auf der Grundlage des tatsächlich entstandenen Schadens oder unter Berücksichtigung des Gewinns, den der Verletzer durch die Verletzung des Markenrechts erzielt hat, bzw. auf der Grundlage des Betrages, den der Verletzer als angemessene Vergütung hätte entrichten müssen, wenn er die Erlaubnis zur Nutzung der Marke eingeholt hätte (sog. **Lizenzanalogie**).

Dem Markeninhaber stehen zur erleichterten Durchsetzung seines Unterlassungs- bzw. Schadensersatzanspruchs diverse **Hilfsansprüche** (bspw. Auskunfts- oder Vorlageansprüche) zu.

Der Anspruch des Markeninhabers gegen den Verletzer auf Unterlassung kann wegen **Erschöpfung** ausgeschlossen sein mit der Folge, dass die von einem Hersteller gefertigte Markenware auf allen Handelsstufen im Binnenmarkt unter der Marke uneingeschränkt weiterveräußert und beworben werden darf, sofern die **Originalware unverändert** bleibt.

XI. Der Übergang der Marke und die Lizenzierung

Der Inhaber einer eingetragenen Marke kann im Verletzungsprozess gegen einen Verletzer seinen Schadensersatz- bzw. Unterlassungsanspruch nicht geltend machen, wenn die Marke innerhalb der letzten fünf Jahre vor der Geltendmachung des Anspruchs nicht „ernsthaft benutzt" (**Benutzungsobliegenheit**) worden ist, sofern zu diesem Zeitpunkt seit mindestens fünf Jahren kein Widerspruch mehr gegen die Marke möglich war. Der Markeninhaber hat auch nicht das Recht, einem Händler oder Hersteller von Ersatzteilen bzw. Reparaturwerkstätten zu untersagen, im geschäftlichen Verkehr die Marke als **Hinweis auf die Bestimmung einer Ware** (vor allem als **Zubehör oder Ersatzteil**) zu benutzen, soweit die Benutzung dafür notwendig ist. Voraussetzung ist, dass die Benutzung durch den Dritten nicht gegen die „guten Sitten" verstößt.

Die Markenschutzansprüche unterliegen den **allgemeinen Verjährungsregelungen** des BGB (§§ 194 ff. BGB), die entsprechende Anwendung finden. Zudem kann das Markenrecht verwirkt werden mit der Folge, dass Unterlassungsansprüche des Markeninhabers dauerhaft ausgeschlossen sind.

Eine **widerrechtliche Kennzeichenverletzung** ist nach § 143 MarkenG strafbar. § 145 MarkenG normiert zudem einen **Ordnungswidrigkeitentatbestand**.

Waren, die widerrechtlich mit einer nach dem MarkenG geschützten Marke (oder geschäftlichen Bezeichnung) versehen sind und von außerhalb der EU bzw. des EWR in den Binnenmarkt eingeführt werden, unterliegen an Flughäfen und Häfen der **Zollbeschlagnahme**, wenn die Rechtsverletzung „offensichtlich" ist. Dies gilt für den Verkehr mit anderen Mitgliedstaaten der EU sowie mit anderen Vertragsstaaten des EWR aber nur, soweit (noch) Kontrollen durch die Zollbehörden stattfinden.

XI. Der Übergang der Marke und die Lizenzierung

Dem Markeninhaber steht als Aspekt des ihm eingeräumten **Ausschließlichkeitsrechts** nach § 14 Abs. 1 MarkenG das Recht zu, über die Marke zu verfügen. Das Markenrecht kann daher (nach Aufgabe des noch nach § 8 WZG geltenden Akzessorietätsgrundsatzes im Jahre 1992 [dh der Bindung des Warenzeichens an einen Geschäftsbetrieb, wodurch es nur mit diesem zusammen übertragen werden konnte],[389] heute hingegen: **Grundsatz der freien Übertragbarkeit** [vgl. früher Art. 17 GMVO – heute: Art. 20 UMV]) – unabhängig davon, ob das Markenrecht durch Eintragung, Benutzung oder notorische Bekanntheit entstanden ist (vgl. § 4 MarkenG) – als „selbstständiges verkehrsfähiges Recht an einem unkörperlichen Gut"[390] für

- alle **Waren oder Dienstleistungen** oder auch
- nur für **einen Teil von ihnen** (wobei gemäß § 27 Abs. 4 MarkenG die Regelung des § 46 MarkenG über die Teilung einer Marke entsprechende Anwendung findet),

für die die Marke Schutz genießt (für die also Markenschutz besteht) auf Dritte

361

---

[389] Vgl. aber die Vermutungswirkung des § 27 Abs. 2 MarkenG, wonach umgekehrt – wenn die Marke zu einem Geschäftsbetrieb oder zu einem Teil eines Geschäftsbetriebs gehört – das durch die Eintragung, die Benutzung oder die notorische Bekanntheit der Marke begründete Recht im Zweifel von der Übertragung oder dem Übergang des Geschäftsbetriebs oder des Teils des Geschäftsbetriebs, zu dem die Marke gehört, erfasst wird.
[390] Götting, § 57 Rn. 1.

- durch **Übertragung des Markenrechts** nach Maßgabe des § 413 iVm § 398 BGB übertragen werden (**Zession**) oder
- von **Todes wegen** (§ 1922 BGB) im Zuge einer **Universalsukzession** auf den oder die Erben übergehen.

362 Im Übrigen besteht die Möglichkeit, durch die **Vergabe einer Lizenz** Dritten auch bloß Nutzungsrechte am Markenrecht einzuräumen.

1. Vererbung des Markenrechts

363 „Übergehen" heißt, dass das Markenrecht beim Tode des Markeninhabers vererblich ist (§ 1922 BGB). Dh, das Markenrecht geht im Falle des Todes des Markeninhabers im Wege einer Universalsukzession auf den oder die Erben als neue Markeninhaber über.

2. Veräußerung des Markenrechts

364 Das Markenrecht kann auch unter Lebenden „übertragen" werden. Bspw. durch die **Veräußerung des Markenrechts**. Die Übertragung des Rechts erfolgt nach § 413 iVm § 398 BGB durch **Abtretung**. Die Abtretung ist ein **dingliches Verfügungsgeschäft**, durch das die Änderung der Vermögenszuordnung am Markenrecht vollzogen wird. Dabei muss sich der Markeninhaber (als Rechteinhaber, sog. Zedent) mit dem Erwerber des Markenrechts (sog. Zessionar) darüber einigen, dass das (Marken-) Recht auf Letzteren übergehen soll. Meist liegt diesem Verfügungsgeschäft – dh der Übertragung des Markenrechts – ein **Rechtskauf als schuldrechtliches Verpflichtungsgeschäft** zugrunde (vgl. §§ 453, 433 BGB). Durch den Rechtskauf hat sich der Markeninhaber verpflichtet, dem an dem Markenrecht interessierten Erwerber das Recht zu übertragen.

Fall 45: Beschreiben Sie bitte die Veräußerung eines Markenrechts.

3. Registereintragung und Vermutungs- (Publizitäts-) wirkung

365 Der Übergang des durch die Eintragung einer Marke begründeten Rechts – dh einer **registrierten Marke** – wird auf **Antrag eines Beteiligten** nach § 27 Abs. 3 MarkenG in das Markenregister eingetragen, wenn dem DPMA der Übergang nachgewiesen wird. Die Eintragung im Markenregister kann damit sowohl vom Veräußerer des Rechts an der eingetragenen Marke als auch von dessen Erwerber beantragt werden. Der Eintragung ins Markenregister kommt dabei aber nur **deklaratorische Bedeutung** zu. Die Eintragung wirkt damit zugunsten des Erwerbers der Marke nicht konstitutiv (dh nicht rechtsbegründend). Der Erwerber hat nämlich bereits schon vor der Eintragung das Markenrecht gemäß § 413 iVm § 398 BGB durch die Abtretung als Verfügungsgeschäft erworben. Die Eintragung spiegelt diese außerhalb des Registers bereits vollzogene Transaktion nur deklaratorisch wider.

366 Der Registereintragung kommt nach § 28 Abs. 1 MarkenG allerdings eine **Vermutungswirkung der Rechteinhaberschaft** (**Publizitätswirkung**) zu: Es wird danach vermutet, dass das durch die Eintragung einer Marke begründete Recht dem im Register als Markeninhaber Eingetragenen zusteht. Ist das durch die Markeneintragung begründete Recht auf einen anderen (rechtsgeschäftlich) übertragen worden (§ 413 iVm § 398 BGB) oder (von Todes wegen im Wege einer Universalsukzession) übergangen (§ 1922 BGB), so kann gemäß § 28 Abs. 2 MarkenG der **Rechtsnachfolger** in einem

XI. Der Übergang der Marke und die Lizenzierung

Verfahren vor dem DPMA, einem Beschwerdeverfahren vor dem BPatG oder einem Rechtsbeschwerdeverfahren vor dem BGH den **Anspruch auf Schutz dieser Marke** und das durch die Eintragung begründete Recht erst von dem Zeitpunkt an geltend machen, in dem dem DPMA der Antrag auf Eintragung des Rechteübergangs zugegangen ist. Weiterhin sind **Verfügungen und Beschlüsse des DPMA** an den als Inhaber im Markenregister Eingetragenen zuzustellen. Ist bereits ein Antrag auf Rechtsübergang zugegangen, sind Verfügungen und Beschlüsse auch dem Rechtsnachfolger zuzustellen.

4. Die Markenlizenz

Das Markenrecht kann nach § 30 Abs. 1 MarkenG – ohne dass es zu einer Übertragung der Marke (mithin des Rechts) selbst kommt – auch lizensiert werden. Dh, der Markeninhaber kann als Lizenzgeber einem Dritten als Lizenznehmer – ohne Übertragung des Markenrechts – die Ausübung der aus dem Markenrecht resultierenden Befugnisse überlassen (**Einräumung eines Nutzungsrechts**). 367

Die Markenkategorie spielt dabei keine Rolle. Dh, Lizenzen können sowohl für aufgrund einer Eintragung (§ 4 Nr. 1 MarkenG) als auch für durch Benutzung (§ 4 Nr. 2 MarkenG) bzw. für aufgrund notorischer Bekanntheit (§ 4 Nr. 3 MarkenG) zur Entstehung gelangte Markenrechte erteilt werden. 368

Eine Lizenzierung kann für alle oder auch nur für einen Teil der Waren oder Dienstleistungen, für die die Marke Schutz genießt, erfolgen. Sie kann zudem in geographischer oder zeitlicher Hinsicht in freier Vereinbarung erfolgen. 369

Zudem kann das Markenrecht Gegenstand von **ausschließlichen** oder **nicht ausschließlichen Lizenzen** für das Gebiet der Bundesrepublik Deutschland insgesamt oder einen Teil dieses Gebiets sein. 370

Im Fall einer **ausschließlichen Lizenz** als absolut wirkendem Recht wird dem Lizenznehmer ein **alleiniges Verwertungsrecht** in dem ihm zugestandenen Vertriebsgebiet iS eines dinglichen Nutzungsrechts zugestanden. Das dingliche Nutzungsrecht gestattet es dem Lizenznehmer, sowohl gegen Schutzrechtsverletzungen eines Dritten als auch solche des Lizenzgebers selbst (mithin des Markeninhabers) vorzugehen. Sie entfaltet also absolute Wirkung sowohl gegenüber Dritten als auch gegenüber dem Lizenzgeber selbst. 371

Frage 46: Was versteht man unter einer ausschlließlichen Lizenz?

Die **nicht ausschließliche (einfache) Lizenz** ist hingegen dadurch gekennzeichnet, dass sie dem Lizenznehmer das Recht gewährt, das lizensierte Zeichen (Markenrecht) – neben anderen (dh sowohl Dritten [weiteren Lizenznehmern] als auch dem Lizenzgeber selbst) – zu nutzen. Der Lizenznehmer erlangt damit lediglich ein **Mitbenutzungsrecht**. Die nicht ausschließliche Lizenz wirkt somit nicht dinglich, dh sie entfaltet keine Wirkung gegenüber jedermann. Sie ist ein Nutzungsrecht mit schuldrechtlichem Charakter. Damit kommt ihr nur eine obligatorische (dh schuldrechtliche, mithin **relative**) Wirkung zwischen Lizenznehmer und Lizenzgeber zu. 372

Frage 47: Was versteht man unter einer einfachen Lizenz?

Nach § 30 Abs. 2 MarkenG kann der Markeninhaber (neben vertraglichen Ansprüchen aus dem Lizenzvertrag) auch unmittelbar die Rechte aus der Marke nach den §§ 14 ff. MarkenG gegen einen Lizenznehmer geltend machen, der hinsichtlich 373

- der Dauer der Lizenz (Nr. 1),
- der von der Eintragung erfassten Form, in der die Marke benutzt werden darf (Nr. 2),
- der Art der Waren oder Dienstleistungen, für die die Lizenz erteilt wurde (Nr. 3),
- des Gebiets, in dem die Marke angebracht werden darf (Nr. 4), oder
- der Qualität der von ihm hergestellten Waren oder der von ihm erbrachten Dienstleistungen (Nr. 5)

gegen eine **Bestimmung des Lizenzvertrages verstößt**.

374 Der (einfache, dh nicht ausschließliche) Lizenznehmer kann selbst nach § 30 Abs. 3 MarkenG eine **Klage wegen Verletzung der Marke** (vorbehaltlich einer anderweitigen Regelung im Lizenzvertrag) nur mit Zustimmung des Markeninhabers erheben. Der ausschließliche Lizenznehmer kann hingegen selbst Klage wegen der Verletzung einer Marke erheben, wenn der Markeninhaber nach förmlicher Aufforderung innerhalb einer angemessenen Frist keine Klage erhebt. Jeder Lizenznehmer kann einer vom Inhaber der Marke erhobenen Verletzungsklage gemäß § 30 Abs. 4 MarkenG **beitreten**, um den Ersatz seines Schadens geltend zu machen. Ein Rechtsübergang nach § 27 MarkenG oder die Erteilung einer Lizenz nach § 30 Abs. 1 MarkenG berührt nach § 30 Abs. 5 MarkenG (**Sukzessionsschutz**) nicht die Lizenzen, die Dritten vorher erteilt worden sind. Dh, die Rechte des Lizenznehmers werden gegen spätere Verfügungen des Markeninhabers geschützt. Nach § 31 MarkenG gelten die §§ 25 bis 30 MarkenG entsprechend (schon) für Verfügungen im Hinblick auf die durch die Anmeldung von Marken (dh im Vorfeld der Begründung des Markenschutzes) begründeten Rechte.

5. Exkurs: Zwangsvollstreckung und Insolvenz

375 Das durch die Eintragung, die Benutzung oder die notorische Bekanntheit einer Marke begründete Recht – dh die Register-, Benutzungs- und Notorietätsmarke – kann nach § 29 Abs. 1 MarkenG infolge des **Grundsatzes der freien Übertragbarkeit des Markenrechts**

- verpfändet werden oder Gegenstand eines sonstigen dinglichen Rechts (Nr. 1) oder
- Gegenstand von Maßnahmen der (Einzel-) Zwangsvollstreckung sein (Nr. 2).

376 Betreffen die in § 29 Abs. 1 Nr. 1 MarkenG genannten Rechte oder die in § 29 Abs. 1 Nr. 2 MarkenG genannten Maßnahmen das durch die Eintragung einer Marke begründete Recht, so werden sie gemäß § 29 Abs. 2 MarkenG auf Antrag eines Beteiligten in das Register eingetragen, wenn sie dem DPMA nachgewiesen werden. Wird das durch die Eintragung einer Marke begründete Recht durch ein **Insolvenzverfahren** erfasst, so wird dies auf Antrag des Insolvenzverwalters oder auf Ersuchen des Insolvenzgerichts nach § 29 Abs. 3 MarkenG in das Register eingetragen. Im Falle der **Eigenverwaltung** (§ 270 InsO) tritt der Sachwalter an die Stelle des Insolvenzverwalters.

6. Schema: Zusammenfassung Verfügungsrechte über die Marke

377

positive Verfügungsrechte über die Marke	§ 27 Abs. 1 MarkenG
Vererbung (Universalsukzession)	§ 1922 BGB

XII. Beendigung des Markenrechts

Veräußerung:	§§ 453, 433 BGB
■ Verpflichtungsgeschäft: Rechtskauf ■ Verfügungsgeschäft: Abtretung (Zession)	§ 413 iVm § 398 BGB
Registereintragung (deklaratorisch)	§§ 27 Abs. 3, 28 MarkenG
Verpfändung und Zwangsvollstreckung	§ 29 MarkenG
Lizenzierung	§ 30 MarkenG

Zusammenfassung: Das Markenrecht kann unabhängig davon, wie es entstanden ist, für alle Waren oder Dienstleistungen und auch nur einen Teil von ihnen, für die Markenschutz besteht, auf andere nach Maßgabe von § 413 iVm § 398 BGB **übertragen** werden (Rechteübergang, Zession) oder **von Todes wegen** (§ 1922 BGB) im Wege einer Universalsukzession auf den oder die Erben übergehen.

Der **deklaratorischen Eintragung** des Markeninhabers in das Markenregister kommt eine **Vermutung der Rechteinhaberschaft** – dh deklaratorische Publizitätswirkung – zu.

Der Markeninhaber kann sein Markenrecht auch **lizensieren**, für alle oder auch nur für einen Teil der Waren und Dienstleistungen, für die die Marke Schutz genießt. Möglich ist dabei die Erteilung einer ausschließlichen oder einer nicht ausschließlichen (einfachen) Lizenz, und zwar für das gesamte Gebiet der Bundesrepublik Deutschland oder auch nur einen Teil davon.

378

XII. Beendigung des Markenrechts

Die Schutzdauer einer eingetragenen Marke iSv § 4 Nr. 1 MarkenG ist **zeitlich nicht begrenzt**, sofern sie **verlängert** wird.

379

Marken, die aufgrund ihrer Verkehrsgeltung entstanden sind (Benutzungsmarke, § 4 Nr. 2 MarkenG) und notorisch bekannte Marken (Notorietätsmarke, § 4 Nr. 3 MarkenG) verlieren hingegen ihren Markenschutz erst durch den **Verlust** ihrer **Verkehrsgeltung** bzw. den Verlust ihrer **notorischen Bekanntheit** (dh **ihrer Allbekanntheit**).

380

1. Notwendigkeit der Verlängerung einer Marke

Allerdings endet der Markenschutz einer eingetragenen Marke (§ 4 Nr. 1 MarkenG) zunächst einmal gemäß § 47 Abs. 1 MarkenG nach **Ablauf ihrer Schutzdauer**, dh nach **zehn Jahren** am letzten Tag des Monats, der durch seine Benennung dem Monat entspricht, in den der Anmeldetag (vgl. § 33 Abs. 1 MarkenG) fällt.

381

Beginn des Markenschutzes: mit dem Anmeldetag
Beendigung des Markenschutzes: zehn Jahre danach

Die Schutzdauer kann aber – immer wieder – um jeweils weitere zehn Jahre verlängert werden (so § 47 Abs. 2 MarkenG). Die **Verlängerung der Schutzdauer** wird dadurch bewirkt, dass nach § 47 Abs. 3 MarkenG eine **Verlängerungsgebühr** und, falls die Verlängerung für Waren und Dienstleistungen begehrt wird, die in mehr als drei Klassen der Klasseneinteilung von Waren und Dienstleistungen fallen, für jede weitere Klasse eine **Klassengebühr** gezahlt wird. Die Verlängerung der Schutzdauer wird nach § 47 Abs. 7 MarkenG am **Tag nach dem Ablauf der Schutzdauer** wirksam. Sie wird in das Markenregister eingetragen und veröffentlicht. Mit Wirkung zum 14.1.2019 wurden

382

weiterhin die § 47 Abs. 5 und 6 MarkenG neu eingeführt. Danach hat das DPMA den Markeninhaber mindestens sechs Monate im Voraus über den Ablauf der Schutzdauer zu unterrichten (**Unterrichtungsobliegenheit**). Unterbleibt die Unterrichtung, führt dies allerdings zu **keiner Haftung des DPMA**. Der Antrag auf Verlängerung sollte innerhalb eines Zeitraums von sechs Monaten vor Ablauf der Schutzdauer eingereicht werden. Er kann aber auch noch innerhalb einer **Nachfrist** von sechs Monaten nach Ablauf der Schutzdauer eingereicht werden.

Frage 48: Wie lange wird Markenschutz gewährt?

2. Löschung einer Marke von Amts wegen Nichtverlängerung

383 Wird die Schutzdauer nicht verlängert, bspw. auch wegen Nichtentrichtung der Verlängerungsgebühr, so wird die Eintragung der Marke mit Wirkung ab dem Ablauf der Schutzdauer gemäß § 47 Abs. 8 MarkenG **von Amts wegen gelöscht**.

384 Die Eintragung einer Marke kann nach § 50 Abs. 3 MarkenG von Amts wegen auch in einigen **weiteren Fällen gelöscht** werden. Nämlich dann, wenn die Marke entgegen § 8 Abs. 2 Nr. 4 bis Nr. 10 MarkenG eingetragen worden ist – dh wenn die Eintragung des Zeichens schon wegen Vorliegens einer dieser Gründe (absolute Schutzhindernisse) hätte versagt werden müssen – und

- das Nichtigkeitsverfahren (Löschungsverfahren) innerhalb eines Zeitraums von zwei Jahren seit dem Tag der Eintragung eingeleitet wird,
- das Schutzhindernis gemäß § 8 Abs. 2 Nr. 4 bis Nr. 13 MarkenG auch noch im Zeitpunkt der Erklärung über die Nichtigkeit besteht und
- die Eintragung ersichtlich entgegen den genannten Vorschriften vorgenommen worden ist.

3. Löschung einer Marke auf Antrag

385 Auf Antrag des Inhabers der Marke wird die Eintragung nach § 48 Abs. 1 MarkenG jederzeit für alle oder für einen Teil der Waren oder Dienstleistungen, für die sie eingetragen ist, im Register gelöscht (**Verzicht**). Ist im Register eine Person als Inhaber eines Rechts an der Marke eingetragen, so wird die Eintragung gemäß § 48 Abs. 2 MarkenG nur mit Zustimmung dieser Person gelöscht.

386 Die Löschung einer Marke auf einen entsprechenden Antrag hin kann neben dem Verzicht aus unterschiedlichen Gründen heraus erfolgen, bspw. wegen des **Vorliegens absoluter Schutzhindernisse** oder wegen **Verfalls**.

a) Vorliegen absoluter Schutzhindernisse

387 Eine Löschung der Marke wegen Nichtigkeit aufgrund des **Vorliegens absoluter Schutzhindernisse** nach § 50 Abs. 1 MarkenG kann auf Antrag hin erfolgen, und zwar dann, wenn die Marke entgegen

- § 3 MarkenG (als Marke schutzfähige Zeichen),
- § 7 MarkenG (Inhaberschaft) bzw.
- § 8 MarkenG (absolute Schutzhindernisse)

eingetragen worden ist.[391]

Der **Antrag auf Löschung wegen absoluter Schutzhindernisse** iSv § 50 MarkenG kann nach § 53 Abs. 2 MarkenG von **jedermann** (dh jeder natürlichen oder juristischen Person sowie jedem Interessenverband von Herstellern, Erzeugern, Dienstleistungsunternehmen, Händlern oder Verbrauchern) beim DPMA gestellt werden. 388

Ist eine Marke entgegen der §§ 3, 7 oder 8 Abs. 2 Nr. 1 bis Nr. 13 MarkenG eingetragen worden, so kann die Eintragung gemäß § 50 Abs. 2 MarkenG aber einschränkend nur dann gelöscht werden, wenn das Schutzhindernis auch noch im **Zeitpunkt der Entscheidung über den Antrag auf Löschung** besteht (wodurch ein ursprüngliches Fehlen von Schutzhindernissen nachträglich geheilt werden kann). Ist die Marke entgegen § 8 Abs. 2 Nr. 1 **(fehlende Unterscheidungskraft)**, Nr. 2 **(Freihaltebedürfnis)** oder Nr. 3 MarkenG **(üblich gewordene Bezeichnung)** eingetragen worden, so kann die Eintragung außerdem nur dann gelöscht werden, wenn in der Zwischenzeit keine Verkehrsdurchsetzung eingetreten ist (§ 50 Abs. 2 S. 2 MarkenG) und wenn der Antrag auf Löschung innerhalb von zehn Jahren seit dem Tag der Eintragung gestellt wird (§ 50 Abs. 2 S. 3 MarkenG). 389

Die Eintragung einer Marke kann nach § 50 Abs. 3 MarkenG von Amts wegen für nichtig erklärt werden, wenn sie entgegen der dem Schutz öffentlicher Interessen dienenden Vorgaben in § 8 Abs. 2 Nr. 4 bis Nr. 13 MarkenG eingetragen worden ist und 390

- das Nichtigkeitsverfahren innerhalb eines Zeitraums von **zwei Jahren** seit dem Tag der Eintragung eingeleitet wird (Nr. 1),
- das Schutzhindernis gemäß § 8 Abs. 2 Nr. 4 bis Nr. 13 MarkenG auch noch **im Zeitpunkt der Entscheidung über die Erklärung der Nichtigkeit** besteht (Nr. 2) und
- die Eintragung **ersichtlich** entgegen den genannten Vorschriften vorgenommen worden ist (Nr. 3).

Liegt ein Nichtigkeitsgrund nur für einen **Teil der Waren oder Dienstleistungen** vor, für die die Marke eingetragen ist, so wird die Eintragung nach § 50 Abs. 4 MarkenG nur für diese Waren oder Dienstleistungen gelöscht. 391

Widerspricht der Markeninhaber der Löschung seiner Marke im Hinblick auf das Vorliegen eines Nichtigkeitsgrundes (absolute Schutzhindernisse), so findet nach § 53 Abs. 5 S. 3 MarkenG ein **Löschungsverfahren vor der ordentlichen (Zivil-) Gerichtsbarkeit** statt. 392

---

391 BGH Beschl. v. 6.11.2013 – I ZB 59/12 (BPatG) = GRUR 2014, 565 – smartbook: 1. Für die Beurteilung der Schutzhindernisse nach § 8 Abs. 2 Nr. 1 bis Nr. 3 MarkenG einerseits und der Schutzhindernisse nach §§ 3 Abs. 1 und Abs. 2, 8 Abs. 1 und Abs. 2 Nr. 4 bis Nr. 10 MarkenG andererseits gelten keine unterschiedlich strengen Maßstäbe. Die jeweiligen Eintragungshindernisse sind vielmehr unter Berücksichtigung des Allgemeininteresses auszulegen, das jedem von ihnen zu Grunde liegt. 2. Im Löschungsverfahren muss auch bei einem lange zurückliegenden Eintragungsverfahren das Vorliegen eines Schutzhindernisses zum Zeitpunkt der Markenanmeldung zuverlässig festgestellt werden. In Zweifelsfällen darf eine Löschung der Marke nicht erfolgen. 3. Eine dem Eintragungsverfahren nachfolgende, die Waren oder Dienstleistungen beschreibende Verwendung des Markenworts ist kein Indiz für das Vorliegen des Schutzhindernisses nach § 8 Abs. 2 Nr. 2 MarkenG zum Zeitpunkt der Anmeldung der Marke, wenn die beschreibende Verwendung vom Löschungsantragsteller veranlasst worden ist. 4. Weist eine Wortfolge (hier: smartbook for smart people) einen unterscheidungskräftigen Bestandteil auf (hier: smartbook), wird dies im Regelfall dazu führen, dass auch der Wortfolge in ihrer Gesamtheit die Unterscheidungskraft iSv § 8 Abs. 2 Nr. 1 MarkenG nicht fehlt.

393 Die Wirkungen der Eintragung einer Marke gelten nach der gesetzlichen Fiktion des § 52 Abs. 2 MarkenG in dem Umfang, in dem die **Eintragung wegen Nichtigkeit gelöscht** wird, als **von Anfang an** – dh mit ex tunc-Wirkung – als nicht eingetreten.

b) Verfall

394 Eine Marke kann auf Antrag eines Dritten hin (beim DPMA gemäß § 53 Abs. 2 MarkenG oder auch durch Klage vor den ordentlichen Gerichten nach § 55 MarkenG) nach § 49 MarkenG wegen Verfalls, dh **Gründen, die erst nach ihrer Eintragung aufgetreten sind**, gelöscht werden. Dann gelten nach § 52 Abs. 1 MarkenG die Wirkungen der Markeneintragung in dem Umfang, in dem die Eintragung wegen Verfalls gelöscht wird, als von dem Zeitpunkt der Erhebung der Löschungsklage an – dh **mit Wirkung für die Zukunft** (ex nunc) – als nicht eingetreten.

395 Die Eintragung einer Marke wird **auf Antrag wegen Verfalls** nach § 49 Abs. 1 MarkenG gelöscht, wenn die Marke nach dem Tag, ab dem kein Widerspruch mehr möglich ist, innerhalb eines ununterbrochenen Zeitraums von fünf Jahren nicht gemäß § 26 MarkenG benutzt worden ist (**Nichtbenutzung der Marke innerhalb der Schonfrist von fünf Jahren**). Für die Fristberechnung gilt § 26 Abs. 5 MarkenG mit der Folge, dass Fristbeginn entweder der

- Zeitpunkt ist, in dem **die den Ablauf des Widerspruchsverfahrens beendende Entscheidung Rechtskraft erlangt** hat oder der Widerspruch zurückgenommen wurde (bei Einlegung eines Widerspruchs gegen die Eintragung) oder der
- Zeitpunkt des **Ablaufs der Widerspruchsfrist**.

396 Der Verfall einer Marke kann jedoch dann nicht mehr geltend gemacht werden, wenn nach Ende dieses Zeitraums und vor Stellung des Antrags auf Erklärung des Verfalls eine **Benutzung der Marke** gemäß § 26 MarkenG begonnen oder wieder aufgenommen worden ist. Wird die Benutzung jedoch im Anschluss an einen ununterbrochenen Zeitraum von fünf Jahren der Nichtbenutzung innerhalb von drei Monaten vor der Stellung des Antrags auf Erklärung des Verfalls begonnen oder wieder aufgenommen, so bleibt sie unberücksichtigt, sofern die Vorbereitungen für die erstmalige oder die erneute Benutzung erst stattgefunden haben, nachdem der Inhaber der Marke Kenntnis davon erhalten hat, dass ein Antrag auf Löschung gestellt werden könnte.

397 Die Eintragung einer Marke wird auf **Antrag wegen Verfalls** nach § 49 Abs. 2 MarkenG auch gelöscht,

- wenn die Marke infolge des **Verhaltens** oder der **Untätigkeit ihres Inhabers** im geschäftlichen Verkehr zur **gebräuchlichen Bezeichnung** der Waren oder Dienstleistungen, für die sie eingetragen ist (**dh zu einer Gattungsbezeichnung**), geworden ist (Nr. 1);
- wenn die Marke infolge ihrer Benutzung durch den Inhaber oder mit seiner Zustimmung (vgl. § 26 Abs. 2 MarkenG) für die Waren oder Dienstleistungen, für die sie eingetragen ist, geeignet ist, das Publikum insbesondere über die Art, die Beschaffenheit oder die geografische Herkunft dieser Waren oder Dienstleistungen zu täuschen (Nr. 2 – **Entwicklung der Marke zu einem täuschenden Kennzeichen**); oder
- wenn der Inhaber der Marke nicht mehr die in § 7 MarkenG genannten Voraussetzungen (**zur Inhaberschaft**) erfüllt (Nr. 3).

XII. Beendigung des Markenrechts

Liegt ein Verfallsgrund nur für einen **Teil der Waren oder Dienstleistungen** vor, für die die Marke eingetragen ist, so wird die Eintragung nur für diese Waren oder Dienstleistungen gelöscht (so § 49 Abs. 3 MarkenG).

4. Klage auf Erklärung der Nichtigkeit und Löschung einer Marke wegen des Bestehens älterer Rechte

Die Eintragung einer Marke wird nach § 51 Abs. 1 MarkenG auf Klage vor den ordentlichen Gerichten (Alt. 1) oder auf Antrag beim DPMA (Alt. 2) wegen Nichtigkeit gelöscht, wenn ihr (dh der prioritätsjüngeren Marke) eine prioritätsältere Markeneintragung oder ein sonstiges Recht iS der §§ 9 bis 13 MarkenG (mithin **relative Schutzhindernisse**) mit älterem Zeitrang entgegensteht (**Nichtigkeit wegen des Bestehens älterer Rechte**).

Das **Löschungsverfahren vor den ordentlichen Gerichten** gegen den als Inhaber der Marke Eingetragenen (bzw. seinen Rechtsnachfolger) ist in § 55 MarkenG näher geregelt.

Die Eintragung kann allerdings aufgrund der Eintragung einer Marke mit älterem Zeitrang nicht gelöscht werden, soweit der Inhaber der Marke mit älterem Zeitrang die Benutzung der Marke mit jüngerem Zeitrang für die Waren oder Dienstleistungen, für die sie eingetragen ist, während eines Zeitraums von **fünf aufeinanderfolgenden Jahren in Kenntnis dieser Benutzung geduldet** hat (so § 51 Abs. 2 S. 1 MarkenG – Verwirkung). Etwas anderes gilt dann, wenn die Anmeldung der Marke mit jüngerem Zeitrang **bösgläubig vorgenommen** worden ist. Das Gleiche gilt nach § 51 Abs. 2 S. 2 MarkenG für den Inhaber eines Rechts mit älterem Zeitrang an einer durch Benutzung erworbenen Marke iSd § 4 Nr. 2 MarkenG, an einer notorisch bekannten Marke iSd § 4 Nr. 3 MarkenG, an einer geschäftlichen Bezeichnung iSd § 5 MarkenG oder an einer Sortenbezeichnung iSd § 13 Abs. 2 Nr. 4 MarkenG. Die Eintragung einer Marke kann nach § 51 Abs. 2 S. 3 MarkenG auch dann nicht gelöscht werden, wenn der Inhaber eines der in den §§ 9 bis 13 MarkenG genannten Rechte mit älterem Zeitrang der Eintragung der Marke vor der Stellung des Antrags auf Löschung **zugestimmt** hat.

Die Eintragung kann aufgrund einer bekannten Marke (oder einer bekannten geschäftlichen Bezeichnung) mit älterem Zeitrang nach § 51 Abs. 3 MarkenG nicht gelöscht werden, wenn die Marke (oder die geschäftliche Bezeichnung) an dem für den Zeitrang der Eintragung der Marke mit jüngerem Zeitrang maßgeblichen Tag noch nicht iSd § 9 Abs. 1 Nr. 3 MarkenG, des § 14 Abs. 2 Nr. 3 MarkenG oder des § 15 Abs. 3 MarkenG bekannt war. Die Eintragung kann aufgrund der Eintragung einer Marke mit älterem Zeitrang gemäß § 51 Abs. 4 MarkenG nicht gelöscht werden, wenn die Eintragung der Marke mit älterem Zeitrang am Tag der Veröffentlichung der Eintragung der Marke mit jüngerem Zeitrang

- wegen Verfalls nach § 49 MarkenG (Nr. 1, vorstehende Rn. 394 ff.) oder
- wegen absoluter Schutzhindernisse nach § 50 MarkenG (Nr. 2, Rn. 387 ff.)

hätte gelöscht werden können.

5. Löschungsverfahren

a) Löschung durch das DPMA wegen Verfalls

403 Der Antrag auf Löschung wegen Verfalls (§ 49 MarkenG) kann gemäß § 53 Abs. 2 MarkenG beim DPMA gestellt werden. Das DPMA unterrichtet nach § 53 Abs. 4 MarkenG den Inhaber der eingetragenen Marke über den Antrag und fordert ihn auf, dem DPMA mitzuteilen, ob er der **Löschung widerspricht**. Widerspricht der Inhaber der eingetragenen Marke der Löschung nicht innerhalb von zwei Monaten nach Zustellung der Mitteilung, wird die Eintragung gemäß § 53 Abs. 5 S. 1 MarkenG gelöscht. Widerspricht der Inhaber der eingetragenen Marke der Löschung, stellt das DPMA nach § 53 Abs. 5 S. 3 MarkenG dem Antragsteller den Widerspruch zu. Nach § 53 Abs. 5 S. 4 MarkenG wird das Verfallsverfahren nur fortgesetzt, wenn innerhalb eines Monats nach Zustellung des Widerspruchs der Antragsteller die **Gebühr zur Weiterverfolgung des Verfallsverfahrens** zahlt. Andernfalls gilt das Verfallsverfahren als abgeschlossen.

b) Löschung durch das DPMA wegen absoluter Schutzhindernisse

404 Der Antrag auf Löschung wegen absoluter Schutzhindernisse (§ 50 MarkenG) ist ebenfalls nach § 53 Abs. 2 MarkenG beim DPMA zu stellen und kann von jeder Person oder jedem Interessenverband gestellt werden. Wird ein Antrag auf Löschung gestellt oder wird ein Löschungsverfahren von Amts wegen eingeleitet, so unterrichtet das DPMA gemäß § 53 Abs. 4 MarkenG den Inhaber der eingetragenen Marke hierüber und fordert ihn auf, sich innerhalb von zwei Monaten nach Zustellung zu dem Antrag oder dem von Amts wegen eingeleiteten Verfahren zu erklären. Widerspricht er der Löschung nicht innerhalb von zwei Monaten nach Zustellung der Mitteilung, so wird die Eintragung gelöscht (§ 53 Abs. 5 S. 2 MarkenG). Widerspricht er der Löschung, so wird das Löschungsverfahren durchgeführt.

c) Löschungsverfahren vor den ordentlichen Gerichten

405 Die Klage auf Löschung wegen Verfalls (§ 49 MarkenG) oder wegen des Bestehens älterer Rechte (§ 51 MarkenG) ist nach § 55 Abs. 1 MarkenG gegen den als Inhaber der Marke Eingetragenen oder seinen Rechtsnachfolger zu richten. Zu beachten ist, dass **alternativ** ein Amtsverfahren vor dem DPMA durchgeführt (Verfalls- und Nichtigkeitsverfahren) **oder** eine Klage eingereicht werden kann. Nach § 55 Abs. 1 S. 2 MarkenG ist die Klage allerdings unzulässig, wenn über denselben Streitgegenstand zwischen den Parteien

- bereits im Rahmen eines Amtsverfahrens (Verfalls- oder Nichtigkeitsverfahren) nach § 53 MarkenG vom DPMA entschieden wurde oder
- ein Antrag nach § 53 MarkenG beim DPMA gestellt worden ist.

Auf das Klageverfahren gelangt § 325 Abs. 1 ZPO zur Anwendung.

406 Zur Erhebung der Klage sind gemäß § 55 Abs. 2 MarkenG befugt:

- in den Fällen des Antrags auf Löschung wegen Verfalls jede Person (Nr. 1),
- in den Fällen des Antrags auf Löschung wegen des Bestehens von Rechten mit älterem Zeitrang die Inhaber der in den §§ 9 bis 13 MarkenG aufgeführten Rechte (Nr. 2),

XII. Beendigung des Markenrechts

- in den Fällen des Antrags auf Löschung wegen des Bestehens einer geographischen Herkunftsangabe mit älterem Zeitrang (§ 13 Abs. 2 Nr. 5 MarkenG) die nach § 8 Abs. 3 UWG zur Geltendmachung von Ansprüchen Berechtigten (Nr. 3).

Ist die Klage auf Löschung vom Inhaber einer eingetragenen Marke mit älterem Zeitrang erhoben worden, so hat er gemäß § 55 Abs. 3 S. 1 MarkenG auf **Einrede des Beklagten** hin nachzuweisen, dass die Marke innerhalb der letzten fünf Jahre vor Erhebung der Klage gemäß § 26 MarkenG benutzt worden ist – sofern zu diesem Zeitpunkt seit mindestens fünf Jahren kein Widerspruch gegen die Marke möglich war. Endet der Zeitraum von fünf Jahren der Nichtbenutzung nach Erhebung der Klage, hat der Kläger auf Einrede des Beklagten nachzuweisen, dass die Marke innerhalb der letzten fünf Jahre vor dem Schluss der mündlichen Verhandlung gemäß § 26 MarkenG benutzt worden ist (so § 55 Abs. 3 S. 2 MarkenG). War die Marke mit älterem Zeitrang am Tag der Veröffentlichung der Eintragung der Marke mit jüngerem Zeitrang bereits seit mindestens fünf Jahren eingetragen, so hat der Kläger auf Einrede des Beklagten gemäß § 55 Abs. 3 S. 3 MarkenG ferner nachzuweisen, dass die Eintragung der Marke mit älterem Zeitrang an diesem Tag nicht nach § 49 Abs. 1 MarkenG hätte gelöscht werden können. Bei der Entscheidung werden nur die Waren oder Dienstleistungen berücksichtigt, für die die Benutzung nachgewiesen worden ist (so § 55 Abs. 3 S. 4 MarkenG). Ist vor oder nach Erhebung der Klage das durch die Eintragung der Marke begründete Recht auf einen anderen übertragen worden oder übergegangen, so ist die Entscheidung in der Sache selbst nach § 55 Abs. 4 S. 1 MarkenG auch gegen den Rechtsnachfolger wirksam und vollstreckbar. Für die Befugnis des Rechtsnachfolgers, in den Rechtsstreit einzutreten, gelten die §§ 66 bis 74 und 76 ZPO entsprechend (so § 55 Abs. 4 S. 2 MarkenG). 407

d) Wirkungen einer Löschung wegen Verfalls oder Nichtigkeit

Die Wirkungen der Eintragung einer Marke gelten nach der gesetzlichen Fiktion des § 52 Abs. 1 S. 1 MarkenG in dem Umfang, in dem die Eintragung wegen Verfalls gelöscht wird, als von dem Zeitpunkt der Erhebung der Klage auf Löschung an nicht eingetreten. In der Entscheidung kann auf Antrag einer Partei gemäß § 52 Abs. 1 S. 2 MarkenG ein früherer Zeitpunkt, zu dem einer der Verfallsgründe eingetreten ist, festgesetzt werden. 408

Die Wirkungen der Eintragung einer Marke gelten nach der gesetzlichen Fiktion des § 52 Abs. 2 MarkenG in dem Umfang, in dem die Eintragung wegen Nichtigkeit gelöscht wird, als **von Anfang an** (dh ex tunc) nicht eingetreten. 409

Vorbehaltlich der Vorschriften über den Ersatz des Schadens, der durch fahrlässiges oder vorsätzliches Verhalten des Inhabers einer Marke verursacht worden ist, sowie der Vorschriften über die ungerechtfertigte Bereicherung (§§ 812 ff. BGB) **berührt die Löschung der Eintragung der Marke nach § 52 Abs. 3 MarkenG nicht** 410

- Entscheidungen in Verletzungsverfahren, die vor der Entscheidung über den Antrag auf Löschung rechtskräftig geworden und vollstreckt worden sind (Nr. 1), und
- vor der Entscheidung über den Antrag auf Löschung geschlossene Verträge insoweit, als sie vor dieser Entscheidung erfüllt worden sind. Es kann jedoch verlangt werden, dass in Erfüllung des Vertrages gezahlte Beträge aus Billigkeitsgründen insoweit zurückerstattet werden, wie die Umstände dies rechtfertigen (Nr. 2).

e) Prüfungsschema: Löschung einer Marke

LÖSCHUNG EINER MARKE

1. Im Amtsverfahren

a) **von Amts wegen**
- wegen Nichtentrichtung der Verlängerungsgebühr (§ 47 Abs. 8 MarkenG)
- wegen der Eintragung der Marke entgegenstehender absoluter Schutzhindernisse (§ 50 Abs. 3 MarkenG)
  - aus § 8 Abs. 2 Nr. 4 bis Nr. 14 MarkenG und
  - den zusätzlichen Voraussetzungen aus § 50 Abs. 3 Nr. 1 bis Nr. 3 MarkenG

b) **auf Antrag**
- des Markeninhabers wegen Verzichts (§ 48 Abs. 1 MarkenG)

c) **auf Antrag im Verfalls- oder Nichtigkeitsverfahren**
§ 53 Abs. 1 MarkenG: schriftlich beim DPMA unter Angabe der der Begründung dienenden Tatsachen und Beweismittel mit Sicherheitsleistung nach § 81 Abs. 6 PatG, sofern keine Klage nach § 55 MarkenG anhängig ist
- durch jedermann (Dritte iSd § 53 Abs. 2 MarkenG) auf Erklärung der Nichtigkeit wegen der Eintragung der Marke entgegenstehender absoluter Schutzhindernisse (§ 50 Abs. 1 MarkenG)
  - aus § 3, 7 oder 8 MarkenG und
  - den zusätzlichen Voraussetzungen aus § 50 Abs. 2 MarkenG
    - Schutzhindernis besteht noch im Zeitpunkt der Entscheidung über den Antrag auf Erklärung der Nichtigkeit
    - keine Verkehrsdurchsetzung in Hinblick auf § 8 Abs. 2 Nr. 1 bis Nr. 3 MarkenG
    - Stellen des Antrags auf Löschung innerhalb von zehn Jahren seit Eintragung bei Gründen aus § 8 Abs. 2 Nr. 1 bis Nr. 3 MarkenG
- durch jedermann (Dritte iSd § 53 Abs. 2 MarkenG) wegen Verfalls (49 Abs. 1 oder Abs. 2 MarkenG)
- durch den Markeninhaber (§ 53 Abs. 3 MarkenG) einer prioritätsälteren Marke beim DPMA: Erklärung der Nichtigkeit wegen des Bestehens älterer Rechte (§ 51 Abs. 1 S. 1 MarkenG)

Verfahren bei Verfall oder Nichtigkeit (wegen absoluter Schutzhindernisse oder älterer Rechte)
- Stellung des Antrags oder Einleitung von Amts wegen
- DPMA unterrichtet Markeninhaber (§ 53 Abs. 4 MarkenG)

XII. Beendigung des Markenrechts

- zweimonatige Widerspruchsfrist (§ 53 Abs. 4 MarkenG)

Widerspruch erfolgt (+)	Widerspruch erfolgt nicht (−)
bei Nichtigkeit: Mitteilung an den Antragssteller (§ 53 Abs. 5 S. 2 MarkenG) Bei Verfall: Zustellung des Widerspruchs an den Antragssteller (§ 53 Abs. 5 S. 3 MarkenG) Fortsetzung des Verfallsverfahrens nur bei Entrichtung der Gebühr innerhalb eines Monats nach Zustellung des Widerspruchsbescheids (§ 53 Abs. 5 S. 5 MarkenG)	Löschung der Eintragung der Marke (§ 53 Abs. 5 S. 1 MarkenG) ex nunc-Wirkung bei Nichtigkeit (§ 52 Abs. 2 MarkenG) mit Besonderheit in § 52 Abs. 3 MarkenG ex tunc-Wirkung bei Verfall (§ 52 Abs. 1 MarkenG)

- oder zweimonatige Einredefrist (§ 53 Abs. 4 MarkenG) bei Antrag auf Nichtigkeit wegen älterer Rechte

Einrede erfolgt (+)	Einrede erfolgt nicht (−)
Nachweis einer Benutzung (§ 26 MarkenG) durch den Inhaber durch eidesstattliche Versicherung	Löschung der Eintragung der Marke (§ 53 Abs. 5 S. 1 MarkenG) mit ex nunc-Wirkung bei Nichtigkeit (§ 52 Abs. 2 MarkenG) mit Besonderheit in § 52 Abs. 3 MarkenG

2. Im Klageverfahren

Verfalls- und Nichtigkeitsverfahren vor den ordentlichen Gerichten nach § 55 MarkenG ◀

Zusammenfassung: Die Schutzdauer einer eingetragenen Marke ist **zeitlich nicht begrenzt**, sofern sie nach Ablauf von zehn Jahren – gerechnet ab dem Zeitpunkt ihrer Eintragung – verlängert wird, wobei dann in **zehnjährigem Rhythmus** immer wieder eine Verlängerung des Markenrechts möglich ist. Marken, die aufgrund ihrer Verkehrsgeltung entstanden sind und notorisch bekannte Marken verlieren hingegen ihren Markenschutz durch den Verlust ihrer Verkehrsgeltung bzw. den Verlust ihrer notorischen Bekanntheit (Allbekanntheit).

412

Eine **Löschung der Marke von Amts wegen** kommt dann in Betracht, wenn deren Schutzdauer nicht verlängert wird, bspw. auch wegen Nichtentrichtung der Verlängerungsgebühr. Eine Marke kann von Amts wegen auch dann gelöscht werden, wenn die Eintragung des Zeichens schon wegen Vorliegens einer der Gründe aus § 8 Abs. 2 Nr. 4 bis Nr. 14 MarkenG hätte versagt werden müssen.

Die **Löschung einer Marke auf Antrag** kommt etwa im Falle des Vorliegens von Nichtigkeitsgründen wegen absoluter Schutzhindernisse (§ 50 Abs. 1 iVm §§ 3, 7 und 8 MarkenG) oder dem Bestehen älterer Rechte (§ 51 MarkenG) in Betracht sowie wegen Verfalls (§ 49 MarkenG), dh aus Gründen, die erst nach ihrer Eintragung aufgetreten sind, weil die Marke nach dem Tag, ab dem gegen sie kein Widerspruch mehr möglich war, innerhalb eines ununterbrochenen Zeitraums von fünf Jahren nicht gemäß § 26 MarkenG benutzt worden ist (**Nichtbenutzung der Marke**).

Weiterhin kann eine eingetragene Marke alternativ nach § 55 Abs. 1 MarkenG auf **Klage hin vor den ordentlichen Gerichten wegen Nichtigkeit** gelöscht werden, wenn ihr relative Schutzhindernisse mit älterem Zeitrang entgegenstehen, sowie **wegen Verfalls**. Voraussetzung ist immer, dass nicht bereits ein Antrag bezüglich desselben Streitgegenstandes beim DPMA gestellt oder über diesen schon entschieden worden ist.

XIII. Geschäftliche Bezeichnungen

413   Das MarkenG schützt als **Gesamtkodifikation aller Zeichenrechte**, dh außer Marken auch

- nach seinem § 5 Abs. 1 **geschäftliche Bezeichnungen**, nämlich
  - Unternehmenskennzeichen und
  - Werktitel, und darüber hinaus
- gemäß seinem § 5 Abs. 2 S. 2 **Geschäftsabzeichen** und sonstige zur Unterscheidung des Geschäftsbetriebs bestimmte Zeichen.

414   Ein Unternehmenskennzeichen bzw. ein Werktitel, dem **Namensfunktion** (und damit keine gattungs- oder beschreibende Funktion) zukommt, genießt automatisch Zeichenschutz iSv § 5 Abs. 1 MarkenG.

415   Ein Unternehmenskennzeichen bzw. ein Werktitel, dem **keine Namensfunktion** zukommt, erlangt Zeichenschutz nach § 5 Abs. 1 MarkenG hingegen erst zu dem Zeitpunkt, in dem es Verkehrsgeltung erlangt.

416   Geschäftsabzeichen oder sonstige Unterscheidungszeichen erlangen Zeichenschutz nach § 5 Abs. 2 S. 2 MarkenG mit Erlangung der Verkehrsgeltung.

1. Unternehmenskennzeichen

417   In § 5 Abs. 2 S. 1 MarkenG gibt der Gesetzgeber eine **Legaldefinition** des „Unternehmenskennzeichens": Darunter sind Zeichen zu verstehen, die im geschäftlichen Verkehr

- als **gesetzlicher Name** iSv § 12 BGB (oder auch als Pseudonym),
- als **Firma**, mithin als Name eines Kaufmanns iSv § 17 HGB, bzw.
- als **besondere Bezeichnung eines Geschäftsbetriebs oder eines Unternehmens** (sog. Etablissements-Bezeichnung – zB „Hotel zum Schwarzen Adler")

benutzt werden. Im Unterschied zu Marken weisen Unternehmenskennzeichen unmittelbar auf ein Unternehmen und nur mittelbar auf dessen Produkte oder Dienstleistungen hin – bei der Marke ist es umgekehrt. Kommt dem Unternehmenskennzeichen Unterscheidungskraft zu, ist es ab seiner erstmaligen Benutzung geschützt – fehlt Unterscheidungskraft, kommt es auf die Erlangung von Verkehrsgeltung an.

418   Als besondere Bezeichnung eines Geschäftsbetriebs (**Geschäftskennzeichen**) iSv § 5 Abs. 2 S. 2 MarkenG sind solche Zeichen zu verstehen, die nicht Name (§ 12 BGB) oder Firma (§ 17 HGB) sind, die aber gleichwohl der Individualisierung eines Geschäftsbetriebs dienen. Ihnen muss ebenfalls **Namensfunktion** zukommen. Dh, es darf sich bei dem verwendeten Zeichen nicht um eine Gattungs- oder beschreibende Bezeichnung handeln, für die ein **Freihaltebedürfnis** besteht – bspw. die bloße Angabe „Apotheke", „Drogerie" oder „Auto-" bzw. „Versandhaus" oder „Hotel", „Gaststätte" bzw. „Restaurant". Kommt dem Zeichen Namensfunktion zu, genießt es ab der Ingebrauchnahme Schutz nach dem MarkenG.

XIII. Geschäftliche Bezeichnungen

2. Werktitel

In § 5 Abs. 3 MarkenG gibt der Gesetzgeber eine Legaldefinition des Begriffs „Werktitel" (die als geschäftliche Bezeichnungen Schutz genießen): Werktitel als **Produktkennzeichnung sind die Namen oder besonderen Bezeichnungen von Druckschriften** (zB Zeitungstitel),[392] **Filmwerken** (zB Titel von Fernsehserien),[393] **Tonwerken, Bühnenwerken** oder **sonstigen vergleichbaren Werken** (bspw. auch neuartigen Werkarten, wie etwa Spiele oder Computerprogramme).[394] Der Werktitel iSd Kennzeichenrechts ist damit nicht identisch mit dem urheberrechtlichen Begriff des „Werks" iSv § 2 Abs. 1 UrhG, worunter nur persönliche geistige Schöpfungen zu verstehen sind. Deshalb können auch (urheberrechtlich) gemeinfreie Werke fortwährend (kennzeichenrechtlichen) **Titelschutz** genießen.

419

Ein Werktitel ist markenrechtlich dann geschützt, wenn ihm **Unterscheidungskraft** zukommt (woran keine allzu hohen Anforderungen gestellt werden – ausreichend ist ein Mindestmaß an Individualität, die den in Rede stehenden Werktitel von anderen unterscheidet). Unterscheidungskraft kann ein Werktitel schon in dem Augenblick erlangen, in dem er benutzt wird, spätestens aber dann, wenn er Verkehrsgeltung erlangt hat. UU kann ein Werktitel aber auch schon vor seiner Benutzung Titelschutz erlangen, nämlich dann, wenn er öffentlich, bspw. mittels einer **Titelschutzanzeige** (etwa eine Buchneuerscheinung im Börsenblatt des Deutschen Buchhandels) angekündigt wird. Fehlt die erforderliche Unterscheidungskraft, muss der Titel **Verkehrsgeltung** erlangen, um geschützt zu sein.

420

Frage 49: Ab wann ist ein Werktitel markenrechtlich geschützt?

3. Geschäftsabzeichen

Der besonderen Bezeichnung eines Geschäftsbetriebs stehen nach § 5 Abs. 2 S. 2 MarkenG solche Geschäftsabzeichen und sonstige zur Unterscheidung des Geschäftsbetriebs von anderen Geschäftsbetrieben bestimmte Zeichen gleich, die – in anderer Weise als durch eine namensmäßige Individualisierung und neben dem Namen (§ 12 BGB) bzw. der Firma (§ 17 HGB) eines Unternehmens – **innerhalb der beteiligten Verkehrskreise als Kennzeichen des Geschäftsbetriebs** gelten, was analog der Grundsätze über die Verkehrsgeltung zu beurteilen ist. Schützbare Geschäftsabzeichen sind demnach bspw. Bilder, Figuren, Symbole, Ornamente oder Farben.[395]

421

Unternehmenskennzeichen (Name oder Firma) und Marke können im Falle von Firmenmarken auch identisch sein, wodurch unterschiedliche Schutzmöglichkeiten gegenüber Verletzungshandlungen eröffnet sind – bspw. im Falle von „Coca-Cola", der „Volkswagen AG" als Firmenbezeichnung und der Marke „VW" oder der „Bayerischen Motorenwerke AG" als Firmenbezeichnung und der Marke „BMW". Eine Iden-

422

---

392 Vgl. etwa BGH Urt. v. 27.2.1992 – I ZR 103/90 – I ZR 103/90 (KG) = GRUR 1992, 548 – Berliner Morgenpost.
393 Bspw. BGH Urt. v. 19.11.1992 – I ZR 254/90 (OLG Hamburg) = BGHZ 120, 228 = GRUR 1993, 693 – Das Erbe der Guldenburgs.
394 Auch fiktive Figuren wie etwa „Winnetou": BGH Urt. v. 23.1.2003 – I ZR 171/00 (OLG Nürnberg) = GRUR 2003, 440 – Winnetous Rückkehr: Der kennzeichenrechtliche Werktitelschutz nach §§ 5, 15 MarkenG hat auch dann weiterhin Bestand, wenn das mit dem Titel bezeichnete ursprünglich urheberrechtlich geschützte Werk gemeinfrei geworden ist. Es kommt allein darauf an, ob der Titel weiterhin Unterscheidungskraft besitzt und benutzt wird. Vgl. auch BGH Urt. v. 31.10.2002 – I ZR 207/00 (OLG Dresden) = BGHZ 152, 268 = GRUR 2003, 242 – Dresdner Christstollen. Dazu Götting, § 61 Rn. 9.
395 Beispiele nach Eisenmann/Jautz, Rn. 315.

tität kann auch zwischen einem Werktitel und einer Marke – etwa im Beispielsfall „Spiegel" – bestehen.

Frage 50: Benennen Sie bitte einige Fälle von Firmenmarken, die mit Unternehmenskennzeichen (dh Firmenbezeichnungen) identisch sind.

4. Der Schutzumfang geschäftlicher Bezeichnungen

423 Geschäftliche Bezeichnungen entfalten folgende Rechtswirkungen: Ihnen kommt – wie einer Marke – ein positiver und ein negativer Inhalt zu. Zudem sind sie strafrechtlich geschützt.

424 Im Hinblick auf den **positiven Inhalt** steht dem Inhaber einer geschäftlichen Bezeichnung nach § 15 Abs. 1 MarkenG ab Erlangung des Schutzes ein ausschließliches Recht daran zu.

425 Die **negative Komponente** einer geschäftlichen Bezeichnung äußert sich darin, dass der Inhaber der geschäftlichen Bezeichnung von einem Verletzer Unterlassung der Verletzung bzw. Ersatz des durch eine schuldhafte Verletzung entstandenen Schadens nach Maßgabe von § 15 Abs. 2 bis 5 MarkenG verlangen kann. Dies setzt eine **Verwechslungsgefahr** voraus:

426 Nach § 15 Abs. 2 MarkenG ist es untersagt, die geschäftliche Bezeichnung oder ein ähnliches Zeichen im geschäftlichen Verkehr unbefugt in einer Weise zu benutzen, die geeignet ist, Verwechslungen mit der geschützten Bezeichnung hervorzurufen (Verwechslungsgefahr). Ob Verwechslungsgefahr besteht, ist im konkret in Rede stehenden Einzelfall auf der **Grundlage der Zeichenähnlichkeit**, der (originär gegebenen oder durch Benutzung erlangten) **Kennzeichnungskraft** (normal, schwach oder stark) der Bezeichnung oder der Branchenähnlichkeit der beteiligten Unternehmen zu bestimmen. Dies alles sind Faktoren, die in einem Verhältnis der Wechselwirkung zueinander stehen.[396] Handelt es sich bei der geschäftlichen Bezeichnung um eine im Inland **bekannte geschäftliche Bezeichnung**, so ist es Dritten ferner untersagt, die geschäftliche Bezeichnung oder ein ähnliches Zeichen im geschäftlichen Verkehr zu benutzen, wenn zwar keine Gefahr von Verwechslungen besteht, die Benutzung des Zeichens aber die Unterscheidungskraft oder die Wertschätzung der geschäftlichen Bezeichnung ohne rechtfertigenden Grund in unlauterer Weise ausnutzt oder beeinträchtigt (so § 15 Abs. 3 MarkenG, entsprechend § 14 Abs. 2 Nr. 3 MarkenG für den Schutz bekannter Marken). Wer eine geschäftliche Bezeichnung oder ein ähnliches Zeichen entgegen § 15 Abs. 2 oder 3 MarkenG benutzt, kann nach § 15 Abs. 4 S. 1 MarkenG von dem Inhaber der geschäftlichen Bezeichnung bei **Wiederholungsgefahr auf Unterlassung** in Anspruch genommen werden. Der Anspruch besteht auch schon dann, wenn eine Zuwiderhandlung (erst) droht (**Erstbegehungsgefahr** – § 15 Abs. 4 S. 2 MarkenG). Wer die Verletzungshandlung vorsätzlich oder fahrlässig begeht, ist dem Inhaber der geschäftlichen Bezeichnung nach § 15 Abs. 5 MarkenG zum Ersatz des daraus entstandenen Schadens verpflichtet (Schdensersatzanspruch). Nach § 15 Abs. 6 MarkenG ist § 14 Abs. 7 MarkenG entsprechend anwendbar mit der Folge, dass – wenn die Verletzungshandlung in einem geschäftlichen Betrieb von einem Angestellten oder Beauftragten begangen wird – der Unterlassungsanspruch und (soweit der Angestellte oder Beauftragte vorsätzlich oder fahrlässig gehandelt hat) der Schadensersatzanspruch auch gegen den Inhaber des Betriebs geltend gemacht werden kann.

---

396 Götting, § 61 Rn. 13.

XIII. Geschäftliche Bezeichnungen

Beachte: In Bezug auf den Schutz von Werktitel iSv § 5 Abs. 3 MarkenG erfolgt eine Unterscheidung zwischen einer **werkbezogenen** (dh Verwechslungen eines Werks von einem anderen) und einer **herkunftsbezogenen** (dh unternehmensbezogenen – zB bei periodischen Druckschriften und Titel von Fernsehsendungen) Verwechslungsgefahr:[397] Für den zuletzt genannten Fall – an den hohe Anforderungen im Hinblick auf den Bekanntheitsgrad zu stellen sind (10 bis 15 % der befragten Bevölkerung sollen noch nicht ausreichen) – muss „das Zeichen ausnahmsweise eine über die normale Werktitelfunktion hinausgehende, besondere Kennzeichnungskraft" besitzen,[398] die sich auch auf den Hersteller des Werks erstreckt.

Beachte zudem: Der Prioritätsgrundsatz nach § 6 MarkenG erfährt im Falle einer Kollision von Unternehmenskennzeichen bei **Gleichnamigkeit** eine Restriktion, da grundsätzlich jeder Namensträger seinen Namen im geschäftlichen Verkehr zur Kennzeichnung seines Unternehmens tragen darf. Die Namensträger werden gleichberechtigt behandelt – allerdings muss der prioritätsjüngere Namensträger zwecks Vermeidung einer Verwechslungsgefahr in die Geschäftsbezeichnung **unterscheidende Zusätze** (bspw. seinen Vornamen) aufnehmen.

Daneben hat der Inhaber der geschäftlichen Bezeichnung gegen den Verletzer auch einen **Auskunftsanspruch** nach § 19 MarkenG und ggf. einen Anspruch auf **Vernichtung** gemäß § 18 MarkenG.

Die geschäftliche Bezeichnung als Ausschließlichkeitsrecht unterliegt denselben Schutzschranken wie das Markenrecht, nämlich der Verjährung (§ 20 MarkenG), der Verwirkung (§ 21 MarkenG), dem Benutzungsrecht Dritter für Namen und beschreibende Angaben (§ 23 MarkenG) und der Erschöpfung (§ 24 MarkenG).

Strafrechtlicher Schutz wird geschäftlichen Bezeichnungen nach Maßgabe der §§ 143 und 145 MarkenG gewährt.

Im Hinblick auf eine Übertragung und Lizenzierung geschäftlicher Bezeichnungen gilt – im Unterschied zum Markenrecht – allerdings (ohne ausdrückliche gesetzliche Regelung im MarkenG) der **Akzessorietäts- (Bindungs-) grundsatz**:[399] Das Unternehmenskennzeichen kann nur zusammen mit dem korrespondierendem Geschäftsbetrieb übertragen werden (vgl. auch § 23 HGB [wonach eine Firma nicht ohne das Handelsgeschäft, für welches sie geführt wird, veräußert werden kann] für den Fall, dass es sich bei dem Unternehmenskennzeichen um eine Firma iSv § 17 HGB handelt).

Werktitel sind hingegen (als Kennzeichnungen eines Produkts) nach Maßgabe der §§ 27 ff. MarkenG frei übertragbar bzw. lizenzierbar.

Frage 51: Wie sind geschäftliche Bezeichnungen geschützt?

> **Zusammenfassung:** Das MarkenG schützt außer Marken auch **geschäftliche Bezeichnungen** (Unternehmenskennzeichen und Werktitel) sowie **Geschäftsabzeichen und sonstige zur Unterscheidung des Geschäftsbetriebs bestimmte Zeichen**. Ein Unternehmenskennzeichen bzw. ein Werktitel mit Namensfunktion genießt automatisch Zeichenschutz – wohingegen ein Unternehmenskennzeichen bzw. ein Werktitel ohne Namensfunktion erst zu dem Zeitpunkt, in dem sie Verkehrsgeltung erlangen, Zeichenschutz erlangt – ebenso wie Geschäftsabzeichen oder sonstige Unterscheidungszeichen.

---

[397] Götting, § 61 Rn. 16 ff.
[398] Götting, § 61 Rn. 17.
[399] AA Götting, § 61 Rn. 28: Anwendbarkeit der §§ 27 ff. MarkenG.

Unternehmenskennzeichen sind Zeichen, die im geschäftlichen Verkehr als Name, als Firma bzw. als besondere Bezeichnung eines Geschäftsbetriebs oder eines Unternehmens benutzt werden. Besondere Bezeichnung eines Geschäftsbetriebs oder eines Unternehmens (Geschäftskennzeichen) sind solche Zeichen, die nicht Name oder Firma sind, die aber gleichwohl der Individualisierung eines Geschäftsbetriebs oder Unternehmens dienen. Der „besonderen Bezeichnung eines Geschäftsbetriebs" stehen solche Geschäftsabzeichen und sonstige zur Unterscheidung des Geschäftsbetriebs von anderen Geschäftsbetrieben bestimmte Zeichen gleich, die innerhalb beteiligter Verkehrskreise als Kennzeichen des Geschäftsbetriebs gelten. **Werktitel** sind die Namen oder besonderen Bezeichnungen von Druckschriften, Filmwerken, Tonwerken, Bühnenwerken oder sonstigen vergleichbaren Werken. Ein Werktitel ist markenrechtlich dann geschützt, wenn ihm **Unterscheidungskraft** zukommt.

Der besonderen Bezeichnung eines Geschäftsbetriebs stehen solche Geschäftsabzeichen und sonstige zur Unterscheidung des Geschäftsbetriebs von anderen Geschäftsbetrieben bestimmte Zeichen gleich, die – in anderer Weise als durch eine namensmäßige Individualisierung und neben dem Namen bzw. der Firma eines Unternehmens – innerhalb der beteiligten Verkehrskreise als Kennzeichen des Geschäftsbetriebs gelten.

Einer geschäftlichen Bezeichnung kommt – wie einer Marke – ein positiver und ein negativer Inhalt zu. Zudem ist sie strafrechtlich geschützt: Dem Inhaber steht an der geschäftlichen Bezeichnung ab Erlangung des Schutzes ein ausschließliches Recht daran zu. Er kann von einem Verletzer Unterlassung der Verletzung bzw. Ersatz des durch eine schuldhafte Verletzung entstandenen Schadens verlangen, wenn Verwechslungsgefahr besteht.

XIV. Exkurs: Kollisionsprobleme beim Aufeinandertreffen von Kennzeichenrechten

433 Probleme können dann auftreten, wenn Marken mit Unternehmenskennzeichen, Geschäftsabzeichen, Werktiteln, Namensrechten bzw. Firmenbezeichnungen kollidieren. **Wie ist ein entsprechender Kollisionsfall aufzulösen?**

434 Der Gesetzgeber hat das Problem einer Kollision in § 6 MarkenG geregelt, indem er dem **Zeitrang der Entstehung des kollidierenden Rechts** einen Vorrang einräumt (**Prioritätsgrundsatz**): Das prioritätsältere Recht hat danach grundsätzlich Vorrang vor dem prioritätsjüngeren Recht. Dabei ist zwar zwischen **förmlichen Rechten** (bspw. der eingetragenen Marke nach § 4 Nr. 1 MarkenG) und **sachlichen Rechten** (zB der benutzten Marke kraft Verkehrsgeltung nach § 4 Nr. 2 MarkenG) zu unterscheiden. Das Gesetz behandelt jedoch alle Kennzeichenrechte gleich und stellt deshalb auf den Zeitrang ihrer jeweiligen Entstehung ab, um zu entscheiden, welchem Recht bei einem Aufeinandertreffen – dh dem Kollisionsfall – ein Vorrang einzuräumen ist. Daher ist zunächst zu prüfen, wann ein entsprechendes Recht überhaupt zur Entstehung gelangt ist.

435 Überblick:

- **Eingetragene Marken** (§ 4 Nr. 1 MarkenG) gelangen mit der **Anmeldung und Eintragung** (Einreichung der Anmeldung mit den Angaben nach § 32 Abs. 2 MarkenG beim DPMA) ins Markenregister zur Entstehung (§ 41 Abs. 1 MarkenG). Maßgeblich ist der Anmeldetag (§ 33 Abs. 1 MarkenG) bzw. – falls eine Priorität nach § 34 oder § 35 MarkenG in Anspruch genommen wird – der Prioritätstag (vgl. § 6 Abs. 2 MarkenG).

- Das **Namensrecht** (§ 12 BGB) gelangt mit der **Ingebrauchnahme im geschäftlichen Verkehr** zur Entstehung,

XIV. Exkurs: Kollisionsprobleme beim Aufeinandertreffen von Kennzeichenrechten

- die **Firma** (§ 17 HGB) mit der **Ingebrauchnahme im geschäftlichen Verkehr**,
- **Unternehmenskennzeichen** und **Werktitel** (§ 5 Abs. 1 MarkenG, sofern sie Unterscheidungskraft besitzen) mit der **Ingebrauchnahme im geschäftlichen Verkehr**,
- **benutzte Marken** (§ 4 Nr. 2 MarkenG) mit der **Erlangung von Verkehrsgeltung**,
- **Unternehmenskennzeichen** und **Werktitel** (§ 5 Abs. 1 MarkenG, sofern sie keine Unterscheidenskraft besitzen) mit der **Erlangung von Verkehrsgeltung** und
- **Geschäftsabzeichen** (§ 5 Abs. 2 S. 2 MarkenG) mit der **Erlangung von Verkehrsgeltung**.

Frage 52: Wann gelangen die nachfolgend genannten Zeichenrechte zur Entstehung? eingetragene Marken, das Namensrecht, die Firma, Unternehmenskennzeichen und Werktitel, benutzte Marken bzw. Geschäftsabzeichen?

Ist im Falle des Zusammentreffens von Rechten iS der §§ 4, 5 und 13 MarkenG nach dem MarkenG für die Bestimmung des Vorrangs der Rechte ihr **Zeitrang** maßgeblich, wird der Zeitrang wie folgt bestimmt:

- Für die Bestimmung des Zeitrangs von angemeldeten oder eingetragenen Marken (§ 4 Nr. 1 MarkenG) ist der **Anmeldetag** (§ 33 Abs. 1 MarkenG) oder, falls eine Priorität nach § 34 MarkenG (Ausländische Priorität) oder nach § 35 MarkenG (Ausstellungspriorität) in Anspruch genommen wird, der **Prioritätstag** maßgeblich (§ 6 Abs. 2 MarkenG).
- Für die Bestimmung des Zeitrangs von Marken, die Verkehrsgeltung erlangt haben (§ 4 Nr. 2 MarkenG) bzw. notorisch bekannt sind (§ 4 Nr. 3 MarkenG), und geschäftlichen Bezeichnungen (mithin Unternehmenskennzeichen und Werktitel nach § 5 MarkenG) sowie sonstigen Rechten iSv § 13 MarkenG (dh Namensrechten, dem Recht der eigenen Abbildung, Urheberrechten, Sortenbezeichnungen, geographischen Herkunftsangaben sowie sonstigen gewerblichen Schutzrechten) ist der **Zeitpunkt maßgeblich, zu dem das Recht erworben wurde** (§ 6 Abs. 3 MarkenG).

Frage 53: Welchem Zeichenrecht gebührt im Kollisionsfall ein Vorrang, wenn der Zeitrang maßgeblich ist?

Kommt Rechten danach ggf. derselbe Tag als Zeitrang zu, so sind die Rechte nach § 6 Abs. 4 MarkenG gleichrangig und begründen gegeneinander keine Ansprüche (**Koexistenz**).

> **Zusammenfassung:** Der Gesetzgeber hat das Problem einer **Kollision von Zeichenrechten** in § 6 MarkenG geregelt. Danach wird dem **Zeitrang der Entstehung des kollidierenden Rechts** ein Vorrang eingeräumt. Eingetragene Marken entstehen mit der Anmeldung und Eintragung zum Markenregister, das Namensrecht und die Firma mit der Ingebrauchnahme im geschäftlichen Verkehr, Unternehmenskennzeichen und Werktitel (sofern sie Unterscheidungskraft besitzen) mit der Ingebrauchnahme im geschäftlichen Verkehr, benutzte Marken mit der Erlangung von Verkehrsgeltung, Unternehmenskennzeichen und Werktitel (sofern sie keine Unterscheidungskraft besitzen) mit der Erlangung von Verkehrsgeltung und Geschäftsabzeichen mit Erlangung von Verkehrsgeltung.
>
> Treffen Rechte nach dem MarkenG aufeinander und ist für die Bestimmung des Vorrangs der Rechte ihr Zeitrang maßgeblich, wird dieser wie folgt bestimmt: Angemeldete oder eingetragene Marken: **Anmeldetag** (oder, falls eine Priorität in Anspruch genommen wird, **Prioritätstag**). Marken, die Verkehrsgeltung erlangt haben bzw. notorisch bekannt sind, und geschäftliche Bezeichnungen sowie sonstige Rechte (dh Namensrechte, das Recht der

eigenen Abbildung, Urheberrechte, Sortenbezeichnungen, geographische Herkunftsangaben sowie sonstige gewerbliche Schutzrechte): **Zeitpunkt, zu dem das Recht erworben wurde.**

Kommt Rechten derselbe Tag als Zeitrang zu, sind die Rechte gleichrangig und begründen gegeneinander keine Ansprüche.

XV. Kollektivmarke

439 Während die individuelle Marke (Individualmarke) dem jeweiligen Markeninhaber einen individuellen Schutz gewährt, kann eine Kollektivmarke als besondere Markenkategorie nur von rechtsfähigen Verbänden beantragt und zugunsten dieser Verbände ins Markenregister eingetragen werden. Die rechtsfähigen Verbände stellen dann meist ihren Mitgliedern das Kollektivzeichen zur Benutzung zur Verfügung.

440 Als Kollektivmarken können nach § 97 Abs. 1 MarkenG alle als (Individual-) Marke grundsätzlich schutzfähigen Zeichen iSv § 3 MarkenG (zB Wort-, Bild- oder Kombinationszeichen usw) ins Markenregister eingetragen werden. Voraussetzung ist, dass diese Zeichen geeignet sind, die Waren oder Dienstleistungen der Mitglieder des Inhabers der Kollektivmarke, dh des rechtsfähigen Verbandes, von denjenigen anderer Unternehmen nach ihrer

- betrieblichen oder geographischen Herkunft,
- ihrer Art,
- ihrer Qualität (Güte) oder
- ihren sonstigen Eigenschaften

zu unterscheiden.

441 Auf Kollektivmarken sind nach § 97 Abs. 2 MarkenG grundsätzlich die **Vorschriften des Markengesetzes über die Individualmarke** anzuwenden, soweit in seinem vierten Teil – den §§ 98 bis 106 MarkenG – nicht etwas anderes bestimmt ist. So sind etwa, abweichend von § 8 Abs. 2 Nr. 2 MarkenG, geographische Herkunftsangaben als Kollektivmarken eintragbar (zB „Aachener Printen" oder „Lübecker Marzipan"). Besonderheiten gelten auch für die Löschung von Kollektivmarken wegen Verfalls (§ 105 MarkenG) bzw. wegen Nichtigkeit aufgrund des Bestehens absoluter Schutzhindernisse (§ 106 MarkenG).

442 Soweit in der **Kollektivmarkensatzung** (Legaldefinition in § 102 MarkenG) nichts anderes bestimmt ist, kann eine zur Benutzung der Kollektivmarke berechtigte Person nach § 101 Abs. 1 MarkenG **Klage wegen Verletzung einer Kollektivmarke** nur mit Zustimmung des Inhabers der Kollektivmarke erheben. Der **Inhaber der Kollektivmarke** kann gemäß § 101 Abs. 2 MarkenG auch Ersatz des Schadens verlangen, der den zur Benutzung der Kollektivmarke berechtigten Personen aus der unbefugten Benutzung der Kollektivmarke oder eines ähnlichen Zeichens entstanden ist.

443 Inhaber von angemeldeten oder eingetragenen Kollektivmarken können nach § 98 MarkenG nur **rechtsfähige Verbände** sein (dh Verbände von Herstellern, Erzeugern, Dienstleistungsunternehmern oder Händlern, wie bspw. Landwirtschafts- oder Weinbaugenossenschaften oder Verbände der Nahrungsmittel-, Schuh- oder Kleidungsindustrie), einschließlich der rechtsfähigen Dachverbände und Spitzenverbände, deren Mitglieder selbst Verbände sind. Diesen Verbänden sind nach § 98 S. 2 MarkenG **juristische Personen des öffentlichen Rechts** gleichgestellt. Diese rechtsfähigen Verbände

XV. Kollektivmarke

können nach den §§ 97 ff. MarkenG Markenschutz im Hinblick auf eine Kollektivmarke beantragen, um dann das Zeichen ihren **Verbandsmitgliedern im geschäftlichen Verkehr zur Benutzung zur Verfügung zu stellen.** Der über § 97 MarkenG erlangbare Zeichenschutz umfasst bspw. auch Gütezeichen (zB das VDE-Zeichen, das Wollsiegel oder das „Deutsche Weinsiegel" als Gütesiegel).

Abweichend von § 8 Abs. 2 Nr. 2 MarkenG (**Freihaltebedürfnis bei Individualmarken**) können Kollektivmarken ausschließlich auch nur aus Zeichen oder Angaben bestehen, die im Verkehr zur Bezeichnung der geographischen Herkunft der Waren oder der Dienstleistungen dienen können (so § 99 MarkenG). Damit sind **geographische Herkunftsangaben** als Kollektivmarken schutzfähig. 444

Der Inhaber einer Kollektivmarke kann allerdings einem Dritten, der zur Benutzung einer geographischen Bezeichnung berechtigt ist, die Verwendung der geschützten Kollektivmarke – wenn sie geographische Herkunftsangabe ist – nach § 100 Abs. 1 MarkenG nicht untersagen. Diese **Schranke des Schutzes** gilt selbst dann, wenn der Dritte nicht Mitglied des Verbandes ist: Zusätzlich zu den Schutzschranken, die sich aus § 23 MarkenG (Benutzung von Name und beschreibender Angaben) ergeben, gewährt die Eintragung einer geographischen Herkunftsangabe als Kollektivmarke ihrem Inhaber nicht das Recht, einem Dritten zu untersagen, solche Angaben im geschäftlichen Verkehr zu benutzen, sofern die Benutzung den „guten Sitten" entspricht und nicht gegen § 127 MarkenG verstößt. 445

Im Hinblick auf die **Notwendigkeit einer „Benutzung" der Kollektivmarke** fingiert § 100 Abs. 2 MarkenG, dass eine Benutzung durch mindestens eine hierzu befugte Person oder durch den Inhaber der Kollektivmarke als Benutzung iSd § 26 MarkenG gilt. 446

Der **Anmeldung der Kollektivmarke** muss nach § 102 Abs. 1 MarkenG eine **Kollektivmarkensatzung** beigefügt sein. Die Kollektivmarkensatzung muss gemäß § 102 Abs. 2 MarkenG mindestens enthalten: 447

- Namen und Sitz des Verbandes (Nr. 1),
- Zweck und Vertretung des Verbandes (Nr. 2),
- Voraussetzungen für die Mitgliedschaft (Nr. 3),
- Angaben über den Kreis der zur Benutzung der Kollektivmarke befugten Personen (Nr. 4),
- die Bedingungen für die Benutzung der Kollektivmarke (Nr. 5) und
- Angaben über die Rechte und Pflichten der Beteiligten im Falle von Verletzungen der Kollektivmarke (Nr. 6).

Besteht die Kollektivmarke aus einer **geographischen Herkunftsangabe**, muss die Satzung nach § 102 Abs. 3 MarkenG vorsehen, dass jede Person, deren Waren oder Dienstleistungen aus dem entsprechenden geographischen Gebiet stammen und den in der Kollektivmarkensatzung enthaltenen **Bedingungen für die Benutzung der Kollektivmarke** entsprechen, Mitglied des Verbandes werden kann und in den Kreis der zur Benutzung der Kollektivmarke befugten Personen aufzunehmen ist. 448

Frage 54: Was versteht man unter einer Kollektivmarke und wer kann diese nutzen?

> **Zusammenfassung:** Rechtsfähige Verbände können Kollektivmarken ins Markenregister eintragen lassen. Voraussetzung ist, dass die Zeichen geeignet sind, die Waren oder Dienstleistungen der Mitglieder des Inhabers der Kollektivmarke, dh des rechtsfähigen 449

Verbandes, von denjenigen anderer Unternehmen nach ihrer betrieblichen oder geographischen Herkunft, ihrer Art, ihrer Qualität oder ihren sonstigen Eigenschaften zu unterscheiden.

Auf Kollektivmarken finden grundsätzlich die **Vorschriften des MarkenG über die Individualmarke** Anwendung.

Inhaber von Kollektivmarken können nur **rechtsfähige Verbände** sein (bspw. Landwirtschafts- oder Weinbaugenossenschaften oder Verbände der Nahrungsmittel-, Schuh- oder Kleidungsindustrie), die Markenschutz im Hinblick auf eine Kollektivmarke beantragen, um dann das Zeichen ihren **Verbandsmitgliedern im geschäftlichen Verkehr** zur Benutzung zur Verfügung zu stellen.

Der Inhaber einer Kollektivmarke kann einem Dritten die Verwendung der geschützten Kollektivmarke – wenn sie geographische Herkunftsangabe ist – nicht untersagen.

XVI. Gewährleistungsmarke

450 Die Gewährleistungsmarke als neues Rechtsinstrument zum Schutz von Gütezeichen[400] als rechtssichere und transparente Markenform ist im fünften Teil (Gewährleistungsmarke – §§ 106a bis h MarkenG[401] in Umsetzung von Art. 28 Abs. 1 MarkenRL geregelt worden.

451 Mit dem Konstrukt einer Gewährleistungsmarke soll den wachsenden Bedürfnissen des Warenverkehrs nach güte- und qualitätsanzeigenden Kennzeichnungen Rechnung getragen werden (Gütezeichen)[402] – wobei im Unterschied zu herkömmlichen Marken hier nicht die Herkunfts-, sondern die **Garantiefunktion**[403] im Vordergrund steht[404] („als Hinweis auf bestimmte, von unabhängiger Seite gewährleistete Eigenschaften des gekennzeichneten Produkts").[405]

452 **Unabhängige Markeninhaber** können ihr Gütesiegel an ausgewählte Unternehmen vergeben, die die zuvor in einer Satzung **festgelegten (Güte-) Kriterien** erfüllen.

453 Hauptmerkmale der Gewährleistungsmarke[406] sind:

- **Transparenz**[407] (Offenlegung der Nutzungsbedingungen) in Bezug auf
    - das „Ob" der Markenvergabe und
    - das „Wie" (für welche Produkt- und Qualitätseigenschaften die Marke einsteht) in einer Gewährleistungsmarkensatzung.
- **Neutralität**[408] (von unabhängiger Seite gewährleistete Produkteigenschaften, womit der Markeninhaber – im Unterschied zur Kollektivmarke[409] – keine Tätigkeit aus-

---

400 Dazu näher BeckOK-Markenrecht/Vohwinkel, MarkenG § 106a Rn. 1.
401 Vgl. auch die korrespondierende Konzeption in den Art. 83 ff. UMV. Dazu näher *Fezer*, Rechtsnatur und Rechtssystematik der unionsrechtlichen Konzeption einer Gewährleistungsmarke, GRUR 2017, 1188.
402 Ahrens, GRUR 2020, 809.
403 Näher dazu BeckOK-Markenrecht/Vohwinkel, MarkenG § 106a Rn. 2.
404 RegE, BR-Drs. 148/18, S. 98 = BT-Drs. 19/2898, S. 88.
405 RegE, BR-Drs. 148/18, S. 99 = BT-Drs. 19/2898, S. 88.
406 RegE, BR-Drs. 148/18, S. 99 = BT-Drs. 19/2898, S. 88.
407 Vgl. zum Transparenzgebot BeckOK-Markenrecht/*Vohwinkel*, MarkenG § 106a Rn. 4.
408 Zum Neutralitätsgebot BeckOK-Markenrecht/*Vohwinkel*, MarkenG § 106a Rn. 3.
409 Im Unterschied zum Kollektivmarkeninhaber hat der Gewährleistungsmarkeninhaber selbst kein wirtschaftliches Interesse am zertifizierten Produkt, sondern nur ein Interesse daran, dass der Lizenznehmer die Satzungsbedingungen einhält: RegE, BR-Drs. 148/18, S. 99 = BT-Drs. 19/2898, S. 88.

XVI. Gewährleistungsmarke

üben darf, die die Bereitstellung zertifizierter Produkte umfasst, woraus zwingend eine Trennung von Markeninhaber und Anwender resultiert).[410] Und

- Überprüfung der in der Gewährleistungssatzung niedergelegten Gewährleistungseigenschaften durch den Markeninhaber bei der Lizenzvergabe und im Nachgang der Markennutzung durch den Anwender.[411]

1. Begriff der „Gewährleistungsmarke"

Der Inhaber einer Gewährleistungsmarke gewährleistet nach § 106a Abs. 1 S. 1 MarkenG für die Waren und Dienstleistungen, für die sie angemeldet wird, das Vorliegen einer oder mehrerer der folgenden Eigenschaften: 454

- das Material (Nr. 1),
- die Art und Weise der Herstellung der Waren oder der Erbringung der Dienstleistungen (Nr. 2) bzw.
- die Qualität, die Genauigkeit oder andere Eigenschaften (mit Ausnahme der geographischen Herkunft)[412] (Nr. 3).

Die Marke muss gemäß § 106 Abs. 1 S. 2 MarkenG geeignet sein, Waren und Dienstleistungen, für die die Gewährleistung besteht, von solchen Waren und Dienstleistungen zu unterscheiden, für die keine derartige Gewährleistung besteht (**Unterscheidungskraft**).[413] 455

Auf Gewährleistungsmarken sind nach § 106a Abs. 2 MarkenG die Vorschriften des MarkenG anzuwenden, soweit im Teil fünf (Gewährleistungsmarke, §§ 106a ff.) MarkenG nicht etwas anderes bestimmt ist. 456

2. Inhaberschaft und ernsthafte Benutzung

Inhaber von angemeldeten oder eingetragenen Gewährleistungsmarken kann nach § 106b Abs. 1 MarkenG in Umsetzung von Art. 28 Abs. 2 S. 1 MarkenRL jede natürliche oder juristische Person, einschließlich Einrichtungen, Behörden und juristischen Personen des öffentlichen Rechts sein, sofern sie keine Tätigkeit ausübt, die die Lieferung von Waren oder Dienstleistungen, für die eine Gewährleistung besteht, umfasst (**Wahrung der Neutralität und Sicherstellung der unabhängigen Überwachung des Qualitätsstandards**).[414] 457

Die **ernsthafte Benutzung** einer Gewährleistungsmarke durch mindestens eine hierzu befugte Person (die wegen des Neutralitätsgrundsatzes nicht der Inhaber der Gewährleistungsmarke sein kann)[415] gilt nach der gesetzlichen Fiktion des § 106b Abs. 2 458

---

410 Keine Identität zwischen Markeninhaber und Markennutzer: RegR, BR-Drs. 148/18, S. 99 = BT-Drs. 19/2898, S. 88.
411 Zu den Prüf- und Überwachungspflichten näher BeckOK-Markenrecht/Vohwinkel, MarkenG § 106a Rn. 5.
412 Der Gesetzgeber hat von der Möglichkeit nach Art. 28 Abs. 4 MarkenRL, Gewährleistungsmarken zuzulassen, die die geographische Herkunft gewährleisten, bewusst Abstand genommen: RegE, BR-Drs. 148/18, S. 100 = BT-Drs. 19/2898, S. 89.
413 Zur Unterscheidungskraft und zur Unterscheidungseignung näher BeckOK-Markenrecht/Vohwinkel, MarkenG § 106a Rn. 8 ff.
414 RegE, BR-Drs. 148/18, S. 100 = BT-Drs. 19/2898, S. 89 – von der fakultativen Eintragungsvoraussetzung „Befähigung zur Gewährleistung" (Art. 28 Abs. 2 S. 2 MarkenRL) hat der Gesetzgeber Abstand genommen.
415 RegE, BR-Drs. 148/18, S. 101 = BT-Drs. 19/2898, S. 89.

MarkenG in Umsetzung von Art. 28 Abs. 5 MarkenRL als „Benutzung" iSd § 26 MarkenG.

3. Anmeldung der Gewährleistungsmarke

459 Bei der Anmeldung muss die Gewährleistungsmarke nach § 106a Abs. 1 S. 3 MarkenG als solche bezeichnet werden.

460 Der Anmeldung muss gemäß § 106d Abs. 1 MarkenG (vgl. auch Art. 84 UMV) eine **Gewährleistungsmarkensatzung** beigefügt sein, die nach § 106d Abs. 2 MarkenG folgenden Mindestinhalt aufzuweisen hat:

- Name des Inhabers der Gewährleistungsmarke (Nr. 1).
- Erklärung des Inhabers der Gewährleistungsmarke, selbst keine Tätigkeit auszuüben, die die Lieferung von Waren oder Dienstleistungen, für die eine Gewährleistung übernommen wird, umfasst (Nr. 2).
- Darstellung der Gewährleistungsmarke (Nr. 3).
- Angabe der Waren und Dienstleistungen, für die eine Gewährleistung bestehen soll (Nr. 4).
- Angaben darüber, welche Eigenschaften der Waren oder Dienstleistungen von der Gewährleistung umfasst werden (Nr. 5).
- Bedingungen für die Benutzung der Gewährleistungsmarke, insbesondere die Bedingungen für Sanktionen (Nr. 6).
- Angaben über die zur Benutzung der Gewährleistungsmarke befugten Personen (Nr. 7).
- Angaben über die Art und Weise, in der der Inhaber der Gewährleistungsmarke die von der Gewährleistung umfassten Eigenschaften zu prüfen und die Benutzung der Marke zu überwachen hat (Nr. 8).
- Angaben über die Rechte und Pflichten der Beteiligten im Falle von Verletzungen der Gewährleistungsmarke (Nr. 9).

461 Mit den genannten **Mindestanforderungen**[416] – die den Grundsätzen Neutralität, Transparenz, Kontrolle und Überwachung sowie Sanktion Rechnung tragen – werden die Bedingungen für die Nutzung einer Gewährleistungsmarke und der Standard für den Lizenznehmer und Dritte transparent gemacht.[417]

462 Die Gewährleistungsmarke wird nach § 106d Abs. 3 MarkenG **im Register eingetragen**. Jeder Person steht gemäß § 106d Abs. 4 MarkenG die Einsichtnahme in die Gewährleistungsmarkensatzung frei (Offenkundigkeit der Nutzungsbedingungen und Kontrollpflichten).[418]

463 Die Anmeldung einer Gewährleistungsmarke wird gemäß § 106e Abs. 1 MarkenG[419] außer nach § 37 MarkenG auch zurückgewiesen, wenn sie nicht den Voraussetzungen des

---

[416] Zu den gewährleistungsfähigen Eigenschaften (positiv benannt bzw. dem Ausschluss geographischer Herkunft) BeckOK-Markenrecht/Vohwinkel, MarkenG § 106a Rn. 6 f.
[417] RegE, BR-Drs. 148/18, S. 101 = BT-Drs. 19/2898, S. 90.
[418] RegE, BR-Drs. 148/18, S. 102 = BT-Drs. 19/2898, S. 91.
[419] Vgl. auch die Parallelnorm des § 103 Abs. 1 MarkenG zur Kollektivmarke.

XVI. Gewährleistungsmarke

- § 106a MarkenG (Wesen der Gewährleistungsmarke),
- § 106b Abs. 1 MarkenG (Inhaberschaft) oder
- § 106d MarkenG (Gewährleistungsmarkensatzung) entspricht, oder wenn
- die Gewährleistungsmarkensatzung gegen die „öffentliche Ordnung" oder die „guten Sitten" verstößt.

Die Anmeldung einer Gewährleistungsmarke wird nach § 106e Abs. 2 MarkenG[420] in Umsetzung von Art. 28 Abs. 2 MarkenRL zur Sicherstellung der Qualitäts- und Gewährleistungsfunktion sowie des Neutralitätsgebots[421] außerdem zurückgewiesen, wenn die Gefahr besteht, dass das Publikum über den Charakter oder die Bedeutung der Marke irregeführt wird – insbesondere wenn diese Marke den Eindruck erwecken kann, als wäre sie etwas anderes als eine Gewährleistungsmarke.

Die Anmeldung wird gemäß § 106e Abs. 3 MarkenG[422] nicht zurückgewiesen, wenn der Anmelder die Gewährleistungsmarkensatzung so ändert, dass die Zurückweisungsgründe nach § 106e Abs. 1 und 2 MarkenG nicht mehr bestehen.

4. Änderung der Gewährleistungsmarkensatzung

Der Inhaber der Gewährleistungsmarke hat dem DPMA nach § 106f Abs. 1 MarkenG jede Änderung der Gewährleistungsmarkensatzung mitzuteilen.

Im Falle einer Änderung der Gewährleistungsmarkensatzung sind gemäß § 106f Abs. 2 MarkenG die §§ 106d und e MarkenG entsprechend anzuwenden. Für die Zwecke des Markengesetzes wird die Änderung der Gewährleistungsmarkensatzung erst ab dem Zeitpunkt wirksam, zu dem die Änderung ins Register eingetragen worden ist (§ 106f Abs. 3 MarkenG, vgl. auch Art. 88 Abs. 4 UMV).

Schriftliche Bemerkungen Dritter nach § 37 Abs. 6 S. 2 MarkenG können gemäß § 106f Abs. 4 MarkenG (vgl. auch Art. 88 Abs. 3 UMV) auch in Bezug auf geänderte Satzungen eingereicht werden.

5. Klagebefugnis und Schadensersatz

Sofern in der Gewährleistungsmarkensatzung nichts anderes bestimmt ist, kann eine zur Benutzung der Gewährleistungsmarke berechtigte Person nach § 106c Abs. 1 MarkenG[423] Klage wegen Verletzung der Gewährleistungsmarke nur erheben, wenn der Inhaber der Gewährleistungsmarke dem zustimmt (vgl. Art. 90 Abs. 1 UMV).

Der Inhaber der Gewährleistungsmarke kann gemäß § 106c Abs. 2 MarkenG[424] auch Ersatz des Schadens verlangen, der den zur Benutzung der Gewährleistungsmarke berechtigten Personen aus der unbefugten Benutzung der Gewährleistungsmarke oder eines ähnlichen Zeichens entstanden ist (vgl. Art. 90 Abs. 2 UMV).

---

420 Vgl. auch die Parallelnorm des § 103 Abs. 2 MarkenG zur Kollektivmarke.
421 RegE, BR-Drs. 148/18, S. 102 = BT-Drs. 19/2898, S. 91.
422 Vgl. auch die Parallelnorm des § 103 Abs. 2 MarkenG zur Kollektivmarke.
423 Entsprechend § 101 Abs. 1 MarkenG bei der Kollektivmarke.
424 Entsprechend § 101 Abs. 2 MarkenG bei der Kollektivmarke.

6. Verfall

471 Die Eintragung einer Gewährleistungsmarke wird außer aus den in § 49 MarkenG genannten Verfallsgründen auf Antrag nach § 106g Abs. 1 MarkenG auch in den folgenden Fällen für verfallen erklärt und gelöscht:

- Wenn der Inhaber der Gewährleistungsmarke die Erfordernisse des § 106b MarkenG (ernsthafte Benutzung) nicht mehr erfüllt (Nr. 1 – zB weil der Rechtsträger aufgelöst worden ist),[425]
- wenn der Inhaber der Gewährleistungsmarke keine geeigneten Maßnahmen trifft, um zu verhindern, dass die Gewährleistungsmarke missbräuchlich in einer der Gewährleistungsmarkensatzung widersprechenden Weise benutzt wird (Nr. 2 – Obliegenheit zum Tätigwerden, um die tatsächliche Einhaltung seiner Markensatzung zu überwachen),[426]
- wenn die Gewährleistungsmarke von berechtigten Personen so benutzt worden ist, dass die Gefahr besteht, dass das Publikum nach § 106e Abs. 2 MarkenG irregeführt wird (Nr. 3), oder
- wenn eine Änderung der Gewährleistungsmarkensatzung entgegen § 106f Abs. 2 MarkenG gemäß § 106d Abs. 3 MarkenG in das Register eingetragen worden ist, es sei denn, dass der Inhaber der Gewährleistungsmarke die Gewährleistungsmarkensatzung erneut so ändert, dass der Verfallsgrund nicht mehr besteht (Nr. 4).

472 Als eine **„missbräuchliche Benutzung"** iSd § 106g Abs. 1 Nr. 2 MarkenG ist es nach der Konkretisierung[427] des § 106g Abs. 2 MarkenG[428] insbesondere anzusehen, wenn die Benutzung der Gewährleistungsmarke durch andere als die zur Benutzung befugten Personen geeignet ist, das Publikum zu täuschen.

473 Der **Antrag auf Erklärung des Verfalls** nach § 106g Abs. 1 MarkenG ist beim DPMA zu stellen (ausschließliche Zuständigkeit des DPMA für die Löschung einer Gewährleistungsmarke)[429] – das Verfahren richtet sich nach § 53 MarkenG (so § 106g Abs. 3 MarkenG).

7. Nichtigkeit wegen absoluter Schutzhindernisse

474 Die Eintragung einer Gewährleistungsmarke wird außer aus den in § 50 MarkenG genannten Nichtigkeitsgründen auf Antrag nach § 106h Abs. 1 S. 1 MarkenG auch für nichtig erklärt und gelöscht, wenn sie entgegen § 106e MarkenG nicht zurückgewiesen und eingetragen worden ist.

475 „Damit werden die zusätzlichen Eintragungshindernisse auch als zusätzliche Nichtigkeitsgründe berücksichtigt".[430]

---

425 RegE, BR-Drs. 148/18, S. 103 = BT-Drs. 19/2898, S. 92.
426 RegE, BR-Drs. 148/18, S. 103 = BT-Drs. 19/2898, S. 92 – wobei damit jedoch keine allgemeine Marktbeobachtungspflicht begründet werden soll (wie ein Quasi-Hersteller nach § 4 Abs. 1 S. 2 ProdHaftG) – bloße Verantwortlichkeit des Gewährleistungsmarkeninhabers für die Durchführung der satzungsmäßigen Überwachungsmaßnahmen.
427 RegE, BR-Drs. 148/18, S. 103 = BT-Drs. 19/2898, S. 92.
428 Entsprechend § 105 Abs. 2 MarkenG bei der Kollektivmarke.
429 RegE, BR-Drs. 148/18, S. 104 = BT-Drs. 19/2898, S. 92.
430 RegE, BR-Drs. 148/18, S. 104 = BT-Drs. 19/2898, S. 92.

Betrifft der Nichtigkeitsgrund die Gewährleistungsmarkensatzung, so wird die Eintragung gemäß § 106 Abs. 1 S. 2 MarkenG[431] nicht für nichtig erklärt und gelöscht, wenn der Inhaber der Gewährleistungsmarke die Gewährleistungsmarkensatzung so ändert, dass der Nichtigkeitsgrund nicht mehr besteht.

Der Antrag auf Erklärung der Nichtigkeit nach § 106h Abs. 1 MarkenG ist beim DPMA zu stellen – das Verfahren richtet sich nach § 53 MarkenG (so der klarstellende Verweis in § 106h Abs. 2 MarkenG).

XVII. Der Schutz geographischer Herkunftsangaben

Der Schutz geographischer Herkunftsangaben ist seit der Markenrechtsreform 1994 im sechsten Teil (den §§ 126 ff.) MarkenG geregelt.

1. Der Begriff „geographische Herkunftsangabe"

In § 126 Abs. 1 MarkenG trifft der Gesetzgeber eine **Legaldefinition des Begriffs der geographischen Herkunftsangabe**: Geographische Herkunftsangaben iSd MarkenG sind die Namen von Orten, Gegenden, Gebieten oder Ländern sowie sonstige Angaben oder Zeichen, die im geschäftlichen Verkehr zur Kennzeichnung der geographischen Herkunft von Waren oder Dienstleistungen benutzt werden – denen also (wie Marken) **Herkunftsfunktion** zukommt.

Im Unterschied zu einer Marke ist die geographische Herkunftsangabe aber **kein individuelles Schutzrecht**. Vielmehr genießen aufgrund der geographischen Herkunftsangabe alle Unternehmen einer bestimmten geographischen Belegenheit gemeinsam im Hinblick auf bestimmte Waren oder Dienstleistungen Kennzeichenschutz.

Beispiele unmittelbar geographischer Herkunftsangaben sind etwa „Lübecker Marzipan", „Made in Germany", „Meißener Porzellan", „Nürnberger Lebkuchen" oder „Scotch Whisky".

Frage 55: Was versteht man unter einer geographischen Herkunftsangabe und nennen Sie einige Beispiele.

Dabei reicht für die Annahme einer geographischen Herkunftsbezeichnung ein bloß mittelbarer Bezug auf die geographische Herkunft aus (**mittelbare geographische Herkunftsangabe**), wie bspw. die Verwendung von Bocksbeutelflaschen für bestimmte Weinanbauregionen (zB für Frankenwein und für Wein vom Kaiserstuhl).

Frage 56: Können Sie ein Beispiel für eine geographische Herkunftsbezeichnung nennen, die nur einen mittelbaren Bezug auf die geographische Herkunft gibt?

2. Geographische Herkunftsangabe und Marke mit Hinweis auf eine betriebliche Herkunft

Dabei sind geographische Herkunftsangaben von Marken zu unterscheiden, bei denen die betriebliche Herkunft im Mittelpunkt steht. Geographische Herkunftsangaben unterscheiden sich von Marken dadurch, dass Letztere nicht über die geographische, sondern über die **betriebliche Herkunft** von Waren und Dienstleistungen Auskunft geben.

Weiterhin verschaffen die §§ 126 ff. MarkenG allen Unternehmen eines bestimmten geographischen Gebiets hinsichtlich ihrer Waren und Dienstleistungen eine **geschützte**

---
431 Entsprechend § 106 MarkenG bei der Kollektivmarke.

Rechtsposition, wohingegen eine Marke nur ihrem jeweiligen Inhaber hinsichtlich bestimmter Waren und Dienstleistungen ein Ausschließlichkeitsrecht einräumt.

3. Abgrenzung der geographischen Herkunftsangabe von bloßen Gattungsbezeichnungen

485 Von geographischen Herkunftsangaben sind bloße **Gattungsbezeichnungen** streng zu unterscheiden. Dem Schutz als geographische Herkunftsangabe sind nach § 126 Abs. 2 MarkenG solche Namen, Angaben oder Zeichen im vorbezeichneten Sinne nicht zugänglich, bei denen es sich um Gattungsbezeichnungen handelt. Gattungsbezeichnungen enthalten zwar eine Angabe über die geographische Herkunft bzw. sind von einer geographischen Herkunft ableitbar. Diese haben jedoch ihre **ursprüngliche Bedeutung** (mithin die Erwartung einer bestimmten Herkunft) **verloren** und dienen heute als Name von Waren oder Dienstleistungen oder als Bezeichnung oder Angabe der Art, der Beschaffenheit, der Sorte oder sonstiger Eigenschaften oder Merkmale von Waren oder Dienstleistungen – bspw. „Berliner", „Hamburger", „Italienischer Salat", „Leipziger Allerlei", „Lyoner", „Pilsner" oder „Bayerisches Bier"[432] Für die Beurteilung, ob die Voraussetzung des Verlustes der ursprünglichen Bedeutung erfüllt ist, ist neben dem Verständnis der Wettbewerber des Nutzers der Angabe auch auf das Bewusstsein der **gesamten angesprochenen Verkehrskreise einschließlich der Verbraucher**, an die sich die Angabe richtet, abzustellen.[433] Es stellt ein wichtiges Indiz für eine Gattungsbezeichnung dar, wenn die **Bezeichnung in größerem Umfang für gleichartige Erzeugnisse** benutzt wird, die nicht aus dem bezeichneten Gebiet stammen, insbesondere wenn derartige Erzeugnisse ohne Beanstandung in das ursprüngliche Herkunftsgebiet exportiert werden.[434] Gegen eine Gattungsbezeichnung spricht hingegen, wenn auf der Aufmachung des Erzeugnisses nach wie vor auf das ursprüngliche Herkunftsgebiet Bezug genommen wird.[435] Eine Beurteilung ist immer anhand des **Einzelfalles** zu treffen. Eine Feststellung darüber, dass die Bezeichnung ihre ursprüngliche (herkunftsbezogene) Bedeutung verloren hat, indiziert, dass sie fortan nur noch den nach § 126 Abs. 2 S. 2 Alt. 2 MarkenG benannten Zweck erfüllt.

---

432 EuGH Urt. v. 2.7.2009 – Rs. C-343/07 = GRUR 2009, 961 (967) – Bayerisches Bier: 1. Die Prüfung der ersten Frage des vorlegenden Gerichts hat nichts ergeben, was die Gültigkeit der VO (EG) Nr. 1347/2001 des Rates vom 28. 6. 2001 zur Ergänzung des Anhangs der VO (EG) Nr. 1107/96 der Kommission zur Eintragung geographischer Angaben und Ursprungsbezeichnungen gemäß dem Verfahren nach Art. 17 der VO (EWG) Nr. 2081/92 des Rates berühren könnte. 2. Die VO (EG) Nr. 1347/2001 ist dahin auszulegen, dass sie die Gültigkeit von vorher bestehenden Marken Dritter, die das Wort „Bavaria" enthalten und die vor dem Zeitpunkt des Antrags auf Eintragung der geschützten geographischen Angabe „Bayerisches Bier" in gutem Glauben eingetragen worden sind, sowie die Möglichkeit einer Benutzung dieser Marken, die einen der Tatbestände des Art. 13 der VO (EWG) 2081/92 des Rates vom 14.7.1992 zum Schutz von geographischen Angaben und Ursprungsbezeichnungen für Agrarerzeugnisse und Lebensmittel nicht beeinträchtigt, sofern diese Marken nicht einem der in Art. 3 Abs. 1 Buchst.c und g und Art. 12 Abs. 2 Buchst. b der Ersten RL 89/104/EWG des Rates vom 21. 12. 1988 zur Angleichung der Rechtsvorschriften der Mitgliedstaaten über die Marken genannten Gründe für die Ungültigkeit oder den Verfall unterliegen.
433 BeckOK, MarkenR/Schulteis, MarkenG, § 126 Rn. 30; Hacker in Ströbele/Hacker/Thiering § 126 MarkenG, Rn. 72; v. Schultz/Gruber, § 126 MarkenG Rn. 13.
434 BPatG Beschl. v. 14.4.2016 – 30 W (pat) 35/13 = GRUR 2017, 528 (531) – Hiffenmark II; BPatG Beschl. v. 14.4.2016 – 30 W (pat) 35/13 = GRUR-Prax 2016, 481 – Hiffenmark I, mAnm Elkemann; EuGH Urt. v. 25.10.2005 – Rs. C-465/02 = GRUR Int 2006, 728 (734 f.) – Feta II; EuGH Urt. v. 12.9.2007 – T-291/03 = GRUR 2007, 974 (976) – GRANA BIRAGHI/grana padano.
435 EuGH, Urt. v. 25.10.2005 – Rs. C-465/02 = GRUR Int 2006, 728 (734 f.) – Feta II; EuG Urt. v. 12.9.2007 – T-291/03 = GRUR 2007, 974 (976) – GRANA BIRAGHI/grana padano; BPatG GRUR 2017, 528 (531) – Hiffenmark II und Hiffenmark I 481 mAnm Elkemann.

XVII. Der Schutz geographischer Herkunftsangaben

Der BGH[435] hat die Bezeichnung „**Dresdner Stollen**" ursprünglich als Gattungsbezeichnung qualifiziert. Mittlerweile ist die DDR-Kollektivmarke „Dresdner Stollen" allerdings auf das gesamte Bundesgebiet erstreckt worden,[436] womit die Bezeichnung wieder als geographische Herkunftsangabe geschützt ist. 486

Gattungsbezeichnungen genießen keinen Markenschutz. Vielmehr kann die fälschliche Verwendung der Bezeichnung allein über das **UWG** sanktioniert werden – bspw. weil die unter der Gattungsbezeichnung vertriebene Ware in irreführender Weise nicht die notwendigen Ingredienzen enthält, die die Gattungsbezeichnung ausmacht und damit einen Verstoß gegen das **Verbot irreführender Werbung** nach § 3 Abs. 1 iVm § 5 UWG darstellt (zB „Schwarzwälder-Kirsch-Torte" ohne Kirschwasser oder „Wiener Schnitzel", zubereitet nicht aus Kalb-, sondern aus Schweinefleisch). 487

Frage 57: Was versteht man unter einer Gattungsbezeichnung und wodurch unterscheidet sich eine solche von einer geographischen Herkunftsbezeichnung? Nennen Sie bitte auch drei Gattungsbezeichnungen.

4. Der Inhalt des Schutzes geographischer Herkunftsangaben

Der Inhalt des Schutzes geographischer Herkunftsangaben wird in § 127 MarkenG – als **spezifisch wettbewerbsrechtliche Grundlage im Markenrecht** mit dem Ziel eines Schutzes der Allgemeinheit vor Irreführung[437] – bestimmt. 488

a) Der Schutz geographischer Herkunftsangaben bei Irreführungsgefahr

Inländische wie ausländische geographische Herkunftsangaben dürfen im geschäftlichen Verkehr nicht für Waren oder Dienstleistungen benutzt werden, die nicht aus dem Ort, der Gegend, dem Gebiet oder dem Land stammen, das durch die geographische Herkunftsangabe bezeichnet wird, wenn bei der Benutzung solcher Namen, Angaben oder Zeichen für Waren oder Dienstleistungen anderer Herkunft eine Gefahr der Irreführung über die geographische Herkunft besteht (so § 127 Abs. 1 MarkenG – **Schutz sog. einfacher geographischer Herkunftsangaben**). 489

b) Der Schutz geographischer Herkunftsangaben von Waren oder Dienstleistungen mit besonderen Eigenschaften bzw. besonderer Qualität

Haben die durch eine geographische Herkunftsangabe gekennzeichneten Waren oder Dienstleistungen „besondere Eigenschaften" oder eine „besondere Qualität", so darf die geographische Herkunftsangabe im geschäftlichen Verkehr für die entsprechenden Waren oder Dienstleistungen dieser Herkunft nach § 127 Abs. 2 MarkenG (**Schutz sog. qualifizierender geographischer Herkunftsangaben**) auch nur benutzt werden, wenn die Waren oder Dienstleistungen – tatsächlich – diese Eigenschaften oder diese Qualität aufweisen. 490

---

435 BGH Urt. v. 1.12.1988 – I ZR 160/86 (LG Hamburg) = BGHZ 106, 101 = GRUR 1989, 443 (446) – Dresdner Stollen I; BGH Urt. v. 1.2.1990 – I ZR 108/88 (OLG München) = GRUR 1990, 461 – Dresdner Stollen II.
436 Götting, § 62 Rn. 2.
437 Götting, § 62 Rn. 4: „Fremdkörper" im Markenrecht, da weder ein subjektives Kennzeichenrecht noch eine eigentumsähnliche Rechtsposition gewährend.

c) Der Schutz geographischer Herkunftsangaben mit einem besonderen Ruf

491 Genießt eine geographische Herkunftsangabe schließlich einen **besonderen Ruf** (sog. **bekannte geographische Herkunftsangabe**), so darf sie im geschäftlichen Verkehr für Waren oder Dienstleistungen anderer Herkunft gemäß § 127 Abs. 3 MarkenG auch dann nicht benutzt werden, wenn eine „Gefahr der Irreführung über die geographische Herkunft" nicht besteht, sofern die Benutzung für Waren oder Dienstleistungen anderer Herkunft geeignet ist, den Ruf der geographischen Herkunftsangabe oder ihre Unterscheidungskraft ohne rechtfertigenden Grund in unlauterer Weise auszunutzen oder zu beeinträchtigen (**Schutz vor Rufausbeutung bzw. Verwässerung**).[438]

Frage 58: Gegen was sind geographische Herkunftsangaben geschützt?

d) Ausweitung des Schutzinhalts auf ähnliche Angaben und Zusätze

492 Der dergestalt umrissene Schutzinhalt nach § 127 Abs. 1 bis 3 MarkenG erfasst nach § 127 Abs. 4 MarkenG auch die Benutzung von Namen, Angaben oder Zeichen, die der geschützten geographischen Herkunftsangabe „**ähnlich**" sind oder wenn die geographische Herkunftsangabe mit „**Zusätzen**" benutzt wird. Voraussetzung dafür ist, dass

- in den Fällen von § 127 Abs. 1 MarkenG (vorstehende Rn. 489) **trotz der Abweichung oder der Zusätze eine Gefahr der Irreführung über die geographische Herkunft** besteht oder

- in den Fällen des § 127 Abs. 3 MarkenG (Rn. 491) trotz der Abweichung oder der Zusätze die Eignung zur unlauteren Ausnutzung oder Beeinträchtigung des Rufs oder der Unterscheidungskraft der geographischen Herkunftsangabe besteht.

5. Ansprüche bei einer Verletzung geographischer Herkunftsangaben

493 Im Falle einer Verletzung bestimmt sich der Schutz geographischer Herkunftsangaben nach Maßgabe von § 128 MarkenG mit der Möglichkeit der Geltendmachung von **Unterlassungs-** und/oder (im Falle eines Verschuldens – dh bei Vorsatz oder Fahrlässigkeit) **Schadensersatzansprüchen**.

494 Nach § 128 Abs. 3 iVm § 19d MarkenG bleiben im Übrigen Ansprüche aus anderen gesetzlichen Vorschriften – außerhalb des MarkenG – unberührt.

Frage 59: Welche Ansprüche können gegen den Verletzer einer geographischen Herkunftsangabe geltend gemacht werden?

---

438 Vgl. etwa BGH Urt. v. 22.9.2011 – I ZR 69/04 (OLG München) = GRUR 2012, 394 – Bayerisches Bier II: 1. Die Vorschriften des Markengesetzes und des Gesetzes gegen den unlauteren Wettbewerb (UWG) sind verstärkend heranzuziehen, soweit zur Umsetzung der Vorgaben der VO (EWG) Nr. 2081/92 und (EG) 510/2006 Bestimmungen im nationalen Recht erforderlich sind. 2. Die Priorität einer im vereinfachten Verfahren nach Art. 17 der VO (EWG) Nr. 2081/92 eingetragenen Bezeichnung iSv Art. 14 Abs. 1 dieser VO richtet sich nach dem Zeitpunkt der Veröffentlichung der Eintragung. 3. Eine geographische Herkunftsangabe verfügt über einen besonderen Ruf iSv § 127 Abs. 3 MarkenG, wenn sie ein besonderes Ansehen genießt, ohne dass dies durch objektive Eigenschaften der mit einer geographischen Herkunftsangabe gekennzeichneten Produkte begründet sein muss.

XVII. Der Schutz geographischer Herkunftsangaben

a) Unterlassungsanspruch

Wer im geschäftlichen Verkehr Namen, Angaben oder Zeichen entgegen § 127 MarkenG benutzt, kann gemäß § 128 Abs. 1 S. 1 MarkenG in Bezug auf nationale Rechte von den nach § 8 Abs. 3 UWG zur Geltendmachung von Ansprüchen Berechtigten bei **Wiederholungsgefahr auf Unterlassung** in Anspruch genommen werden.

Beachte: Wer im geschäftlichen Verkehr Handlungen vornimmt, die gegen Art. 8 oder Art. 13 der VO (EG) Nr. 510/2006 zum Schutz von geographischen Angaben und Ursprungsbezeichnungen für Agrarerzeugnisse und Lebensmittel verstoßen, kann gemäß § 135 Abs. 1 MarkenG von den nach § 8 Abs. 3 UWG zur Geltendmachung von Ansprüchen Berechtigten bei Wiederholungsgefahr auf Unterlassung in Anspruch genommen werden. Der Anspruch besteht auch dann, wenn eine Zuwiderhandlung erstmalig droht. Die §§ 18, 19, 19a und 19c MarkenG gelten entsprechend. Gleichermaßen gilt § 128 Abs. 2 und 3 MarkenG entsprechend.

Zur Geltendmachung des Unterlassungsanspruchs berechtigt (Kreis der Anspruchsberechtigten) sind demnach gemäß § 8 Abs. 3 UWG nF (seit dem 1.12.2020)

- **jeder Mitbewerber**, der Waren oder Dienstleistungen in nicht unerheblichem Maße und nicht nur gelegentlich vertreibt oder nachfragt (Nr. 1);
- diejenigen **rechtsfähigen Verbände zur Förderung gewerblicher oder selbstständiger beruflicher Interessen,** die in der Liste der qualifizierten Wirtschaftsverbände nach § 8b UWG eingetragen sind, soweit ihnen eine erhebliche Zahl von Unternehmern angehört, die Waren oder Dienstleistungen gleicher oder verwandter Art auf demselben Markt vertreiben, und die Zuwiderhandlung die Interessen ihrer Mitglieder berührt (Nr. 2);
- den **qualifizierten Einrichtungen**, die in der Liste der qualifizierten Einrichtungen nach § 4 des Unterlassungsklagengesetzes (UKlaG) eingetragen sind, oder den qualifizierten Einrichtungen aus anderen EU-Mitgliedstaaten, die in dem Verzeichnis der Europäischen Kommission nach Art. 4 Abs. 3 der RL 2009/22/EG über Unterlassungsklagen zum Schutz der Verbraucherinteressen[439] eingetragen sind (Nr. 3);
- den **Industrie- und Handelskammern** und nach der HandwO errichteten Organisationen und anderen **berufsständischen Körperschaften** des öffentlichen Rechts im Rahmen der Erfüllung ihrer Aufgaben sowie den **Gewerkschaften** im Rahmen der Erfüllung ihrer Aufgaben bei der Vertretung selbstständiger beruflicher Interessen (Nr. 4).

Frage 60: Nennen Sie bitte die im Falle der Verletzung einer geographischen Herkunftsangabe zur Geltendmachung eines Unterlassungsanspruchs Berechtigten.

Der Unterlassungsanspruch besteht nach § 128 Abs. 1 S. 2 MarkenG auch dann, wenn eine Zuwiderhandlung schon erstmalig droht (**vorbeugender Unterlassungsanspruch**).

§ 128 Abs. 1 S. 3 MarkenG erklärt auch im Hinblick auf den Schutz geographischer Herkunftsangaben einige **allgemeine markenrechtliche Anspruchsgrundlagen**, die im Fall von Markenverstößen bestehen, für entsprechend anwendbar. Damit kann der Verletzte folgende **Hilfsansprüche** gegen den Verletzer geltend machen:

---

[439] ABl. L 110 vom 1.5.2009, S. 30, zuletzt geändert durch VO (EU) 2018/302 (ABl. L 60I vom 2.3.2018, S. 1).

- Anspruch auf Vernichtung und Rückruf (§ 18 MarkenG)
- Auskunftsanspruch (§ 19 MarkenG)
- Vorlage- und Besichtigungsanspruch (§ 19a MarkenG)
- Urteilsbekanntmachungsanspruch (§ 19c MarkenG).

499 Wird die Verletzungshandlung in einem **geschäftlichen Betrieb von einem Angestellten oder Beauftragten** begangen, so kann der Unterlassungsanspruch nach § 128 Abs. 3 iVm § 14 Abs. 7 MarkenG auch gegen den Inhaber des Betriebs geltend gemacht werden.

b) Schadensersatzanspruch

500 Wer dem § 127 MarkenG schuldhaft – dh vorsätzlich oder fahrlässig – zuwiderhandelt, ist dem berechtigten Nutzer der geographischen Herkunftsangabe nach § 128 Abs. 2 MarkenG auch zum **Ersatz des durch die Zuwiderhandlung entstandenen Schadens** verpflichtet.

501 Im Hinblick auf die Schadenshöhe kann bei der **Bemessung des Schadensersatzes** der Gewinn, den der Verletzer durch die Verletzung des Rechts erzielt hat, berücksichtigt werden. Der Verletzte hat also – wie im Falle der Verletzung eines Markenrechts – die Möglichkeit seinen Schaden folgendermaßen zu berechnen (Methode der dreifachen Schadensberechnung): Geltendmachung

- des tatsächlich entstandenen Schadens nach den §§ 249 ff. BGB (einschließlich eines entgangenen Gewinns gemäß § 252 BGB),
- des beim Verletzter angefallenen Gewinns und schließlich
- Anwendung der Lizenzanalogie.

502 Im Hinblick auf die **Sicherung des Schadensersatzanspruchs** findet § 19b MarkenG entsprechende Anwendung

503 Wird die Verletzungshandlung in einem **geschäftlichen Betrieb von einem Angestellten oder Beauftragten** begangen, so kann – soweit der Angestellte oder Beauftragte vorsätzlich oder fahrlässig gehandelt hat – der Schadensersatzanspruch nach § 128 Abs. 3 iVm § 14 Abs. 7 MarkenG auch gegen den **Inhaber des Betriebs** geltend gemacht werden.

6. Verjährung

504 Ansprüche nach § 128 MarkenG verjähren gemäß § 129 MarkenG nach Maßgabe von § 20 MarkenG.

7. Strafbarkeit

a) Strafbare Benutzung geographischer Herkunftsangaben

505 Wer im geschäftlichen Verkehr widerrechtlich eine geographische Herkunftsangabe, einen Namen, eine Angabe oder ein Zeichen

- entgegen § 127 Abs. 1 oder 2 MarkenG, jeweils auch iVm § 127 Abs. 4 MarkenG, oder einer Rechtsverordnung nach § 137 Abs. 1 MarkenG, benutzt (Nr. 1) oder

XVII. Der Schutz geographischer Herkunftsangaben

- entgegen § 127 Abs. 3 MarkenG, auch iVm § 127 Abs. 4 MarkenG, oder einer Rechtsverordnung nach § 137 Abs. 1 MarkenG, in der Absicht benutzt, den Ruf oder die Unterscheidungskraft einer geographischen Herkunftsangabe auszunutzen oder zu beeinträchtigen (Nr. 2),

wird nach § 144 Abs. 1 MarkenG mit **Freiheitsstrafe bis zu zwei Jahren oder mit Geldstrafe** bestraft.

Ebenso wird gemäß § 144 Abs. 2 MarkenG bestraft, wer entgegen Art. 13 Abs. 1 Buchst. a oder b der VO (EG) Nr. 510/2006 des Rates vom 20.3.2006 zum Schutz von geographischen Angaben und Ursprungsbezeichnungen für Agrarerzeugnisse und Lebensmittel[440] im geschäftlichen Verkehr

- eine eingetragene Bezeichnung für ein dort genanntes Erzeugnis verwendet (Nr. 1) oder
- sich eine eingetragene Bezeichnung aneignet oder sie nachahmt (Nr. 2).

Der Versuch ist nach § 144 Abs. 3 MarkenG strafbar. Bei einer Verurteilung bestimmt das Gericht, dass die **widerrechtliche Kennzeichnung der im Besitz des Verurteilten befindlichen Gegenstände beseitigt** wird oder, wenn dies nicht möglich ist, die **Gegenstände vernichtet** werden (so § 144 Abs. 4 MarkenG). Wird auf Strafe erkannt, so ist, wenn das **öffentliche Interesse** dies erfordert, nach § 144 Abs. 5 MarkenG anzuordnen, dass die **Verurteilung öffentlich bekanntgemacht** wird. Die Art der Bekanntmachung ist im Urteil zu bestimmen.

b) Bußgeldvorschriften

Ordnungswidrig handelt nach § 145 Abs. 1 MarkenG, wer **im geschäftlichen Verkehr widerrechtlich in identischer oder nachgeahmter Form**

- ein Wappen, eine Flagge oder ein anderes staatliches Hoheitszeichen oder ein Wappen eines inländischen Ortes oder eines inländischen Gemeinde- oder weiteren Kommunalverbandes iS der § 8 Abs. 2 Nr. 6 MarkenG (Nr. 1),
- ein amtliches Prüf- oder Gewährzeichen iSd § 8 Abs. 2 Nr. 7 MarkenG (Nr. 2) oder
- ein Kennzeichen, ein Siegel oder eine Bezeichnung iSd § 8 Abs. 2 Nr. 8 MarkenG (Nr. 3)

zur **Kennzeichnung von Waren oder Dienstleistungen** benutzt.

Ordnungswidrig handelt gemäß § 145 Abs. 2 MarkenG auch, wer **vorsätzlich oder fahrlässig**

- entgegen § 134 Abs. 3 MarkenG, auch iVm mit § 134 Abs. 4 MarkenG (Nr. 1),
  - das Betreten von Geschäftsräumen, Grundstücken, Verkaufseinrichtungen oder Transportmitteln oder deren Besichtigung nicht gestattet (Buchst. a),
  - die zu besichtigenden Agrarerzeugnisse oder Lebensmittel nicht so darlegt, dass die Besichtigung ordnungsgemäß vorgenommen werden kann (Buchst. b),
  - die erforderliche Hilfe bei der Besichtigung nicht leistet (Buchst. c),
  - Proben nicht entnehmen lässt (Buchst. d),

---

440 ABl. EU Nr. L 93 S. 12.

- geschäftliche Unterlagen nicht oder nicht vollständig vorlegt oder nicht prüfen lässt (Buchst. e) oder
- eine Auskunft nicht, nicht richtig oder nicht vollständig erteilt (Buchst. f.) oder
- einer nach § 139 Abs. 1 MarkenG erlassenen Rechtsverordnung zuwiderhandelt, soweit sie für einen bestimmten Tatbestand auf diese Bußgeldvorschrift verweist (Nr. 2).

510 Die Ordnungswidrigkeit kann gemäß § 145 Abs. 3 MarkenG in den Fällen des § 145 Abs. 1 MarkenG mit einer Geldbuße bis zu 2.500 Euro und in den Fällen des § 145 Abs. 2 MarkenG mit einer Geldbuße bis zu 10.000 Euro geahndet werden. In den Fällen des § 145 Abs. 1 MarkenG ist § 144 Abs. 4 MarkenG entsprechend anzuwenden (so § 145 Abs. 4 MarkenG). Verwaltungsbehörde iSd § 36 Abs. 1 Nr. 1 OWiG ist gemäß § 145 Abs. 5 MarkenG in den Fällen des § 145 Abs. 1 MarkenG das Bundesamt für Justiz.

8. Exkurs: Der Schutz von geographischen Angaben und Ursprungsbezeichnungen gemäß der VO (EU) Nr. 1151/2012

511 Die VO (EU) Nr. 1151/2012 des Europäischen Parlaments und des Rates vom 21.11.2012 über **Qualitätsregelungen für Agrarerzeugnisse und Lebensmittel** entwickelt den unmittelbar in jedem EU-Mitgliedstaat anwendbaren Rechtsrahmen zum Schutz bestimmter geographischer Herkunftsbezeichnungen (der VO (EG) Nr. 510/2006 vom 20.3.2006 zum Schutz von geographischen Angaben und Ursprungsbezeichnungen für Agrarerzeugnisse und Lebensmittel)[441] weiter. Nach Art. 11 der VO können entsprechende geographische Angaben und Ursprungsbezeichnungen in ein **von der Kommission geführtes Register** eingetragen und veröffentlicht werden. In der Folge genießen sie automatisch und **gemeinschaftsweit Schutz**.

512 Die Umsetzungsregelungen zur VO finden sich im deutschen Recht in den §§ 130 ff. MarkenG: Anträge auf Eintragung einer geographischen Angabe oder einer Ursprungsbezeichnung in das Register der geschützten Ursprungsbezeichnungen und der geschützten geographischen Angaben, das von der Kommission der EU nach Art. 11 der VO geführt wird, sind in der Bundesrepublik Deutschland nach § 130 MarkenG beim DPMA einzureichen (§ 130 Abs. 1 MarkenG). Für das Verfahren sind die im DPMA errichteten Markenabteilungen zuständig (§ 130 Abs. 2 MarkenG). Bei der Prüfung des Antrags holt das DPMA die Stellungnahmen des Bundesministeriums für Ernährung und Landwirtschaft, der zuständigen Fachministerien der betroffenen Länder, der interessierten öffentlichen Körperschaften sowie der interessierten Verbände und Organisationen der Wirtschaft ein (§ 130 Abs. 3 MarkenG). Das DPMA veröffentlicht den Antrag auf Eintragung. Gegen den Antrag kann innerhalb von zwei Monaten seit Veröffentlichung von jeder Person mit einem berechtigten Interesse, die im Gebiet der Bundesrepublik Deutschland niedergelassen oder ansässig ist, beim DPMA Einspruch eingelegt werden (§ 130 Abs. 4 MarkenG). Entspricht der Antrag den Anforderungen der VO und den zu ihrer Durchführung erlassenen Vorschriften, stellt das DPMA dies durch Beschluss fest. Andernfalls wird der Antrag durch Beschluss zurückgewiesen. Das DPMA veröffentlicht den stattgebenden Beschluss. Steht rechtskräftig fest, dass der Antrag den Voraussetzungen der VO und den zu ihrer Durchführung erlassenen Vorschriften entspricht, so unterrichtet das DPMA den Antragsteller hierüber

---

441 ABl. EU Nr. L 93 S. 12.

XVII. Der Schutz geographischer Herkunftsangaben

und übermittelt den Antrag mit den erforderlichen Unterlagen dem BMJV. Ferner veröffentlicht das DPMA die Fassung der Spezifikation, auf die sich die positive Entscheidung bezieht. Das BMJV übermittelt den Antrag mit den erforderlichen Unterlagen an die Europäische Kommission.

Zusammenfassung: Geographische Herkunftsangaben sind die Namen von Orten, Gegenden, Gebieten oder Ländern sowie sonstige Angaben oder Zeichen, die im geschäftlichen Verkehr zur **Kennzeichnung der geographischen Herkunft von Waren oder Dienstleistungen** benutzt werden. Ein bloß mittelbarer Bezug auf die geographische Herkunft reicht für die Annahme einer geographischen Herkunftsangabe aus. 513

Von geographischen Herkunftsangaben sind bloße **Gattungsbezeichnungen**, die zwar eine Angabe über die geographische Herkunft enthalten bzw. von einer geographischen Herkunft ableitbar sind, heute jedoch ihre **ursprüngliche Bedeutung verloren** haben und nur noch als Name von Waren oder Dienstleistungen oder als Bezeichnung oder Angabe der Art, der Beschaffenheit, der Sorte oder sonstiger Eigenschaften oder Merkmale von Waren oder Dienstleistungen dienen, zu unterscheiden.

Nach § 127 MarkenG genießen geographische Herkunftsangaben Schutz bei **Irreführungsgefahr** im Hinblick auf Waren oder Dienstleistungen mit **besonderen Eigenschaften** bzw. **besonderer Qualität** sowie – auch wenn keine Irreführungsgefahr besteht – für Waren oder Dienstleistungen mit einem **besonderen Ruf**.

Schutz genießen auch Namen, Angaben oder Zeichen, die der geschützten geographischen Herkunftsangabe „ähnlich" sind und die Benutzung von geographischen Herkunftsangaben mit „Zusätzen".

Im Falle einer **Verletzung einer geographischen Herkunftsangabe** können Unterlassungs- und Schadensersatzansprüche geltend gemacht werden: Wer im geschäftlichen Verkehr Namen, Angaben oder Zeichen entgegen § 127 MarkenG benutzt, kann bei **Wiederholungsgefahr auf Unterlassung** in Anspruch genommen werden. Zur Geltendmachung des Unterlassungsanspruchs berechtigt sind die gemäß § 8 Abs. 3 UWG Anspruchsberechtigten. Der Unterlassungsanspruch besteht auch schon dann, wenn eine **Zuwiderhandlung** erst droht. Wer dem § 127 MarkenG schuldhaft – dh vorsätzlich oder fahrlässig – zuwiderhandelt, ist dem berechtigten Nutzer der geographischen Herkunftsangabe auch zum Ersatz des durch die **Zuwiderhandlung** entstandenen Schadens verpflichtet.

9. Zusammenfassendes Schema: Schutz von geographischen Herkunftsangaben

514

Mit Eintragung:	
■ Beseitigung des Eintragungshindernisses aus § 8 Abs. 2 Nr. 2 MarkenG	§ 99 MarkenG
ohne Eintragung:	
■ Schutz von Herkunftsfunktion ■ kein Schutz bei bloßer Gattungsbezeichnung	§§ 126 ff. MarkenG § 126 Abs. 1 MarkenG § 126 Abs. 2 MarkenG
Schutz von bloßer Gattungsbezeichnung – üblich gewordenen Bezeichnungen – über **Irreführungsschutz** nach Unlauterkeitsrecht	§ 3 Abs. 1 iVm § 5 UWG

515 Eine „echte" geographische Herkunftsangabe (mit Herkunftsfunktion, dh nicht eine bloße Gattungsbezeichnung) kann somit sowohl als **eingetragene Kollektivmarke** als auch **nicht eingetragen nach den §§ 126 ff.** MarkenG Schutz genießen. Für den Verwender bietet eine Eintragung den Vorteil, dass ein möglicher Verletzer der geographischen Kollektivmarke nicht entgegenhalten kann, sie sei nicht geschützt, weil sie zu einem nicht eintragungsfähigen Gattungsbegriff geworden sei. Das Verletzungsgericht ist bei Kollektivmarken wegen der Verweisvorschrift des § 97 Abs. 2 MarkenG an die **Vermutung der Rechtsgültigkeit** der Marke gebunden.[442] Da der Einwand „Gattungsbegriff" bei einer geographischen Kollektivmarke die Eintragung hindern würde, ist er wegen der **Gültigkeitsvermutung im Verletzungsverfahren** unzulässig. Der mutmaßliche Verletzer müsste ein **Löschungsverfahren einleiten** nach § 50 Abs. 1 iVm § 8 Abs. 2 Nr. 2 oder Nr. 3 MarkenG und im Hinblick auf dessen Vorgreiflichkeit nach § 148 ZPO die **Aussetzung des Verletzungsprozesses** verlangen.[443] Diese **Bindungswirkung der Kollektivmarkeneintragung** macht die Durchsetzung von Ansprüchen aus einer geographischen Herkunftsbezeichnung einfacher als die Durchsetzung einer **nicht eingetragenen geographischen Herkunftsangabe**, der im Verletzungsprozess der Einwand „Gattungsbegriff" nach § 126 Abs. 2 MarkenG in vollem Umfang entgegengehalten werden kann. Die geographische Kollektivmarke erleichtert so gegenüber den sonst bestehenden Schutzinstrumenten der §§ 126 ff. MarkenG das Vorgehen gegen die in geographischer Hinsicht **irreführende Verwendung** des eingetragenen geographischen Namens.[444]

XVIII. Exkurs: Der Schutz von Domains

516 Die Benutzung einer Internetdomain kann für den Domaininhaber **eigenständige Namens- und Kennzeichenrechte** (Kennzeichen- und Namensfunktion einer Domain)[445] begründen.[446] Mit welchem Kennzeichenrecht eine Domain Markenschutz genießen kann und qualifiziert wird, ist anhand des jeweiligen **Einzelfalles** zu beurteilen.[447] Insbesondere kommt ein Kennzeichenschutz nach den üblichen Schutzgegenständen als

---

442 Ingerl/Rohnke, MarkenG, § 14 Rn. 17.
443 Ingerl/Rohnke, MarkenG, § 14 Rn. 17 für Individualmarken.
444 BeckOK, MarkenR/Schoene, MarkenG, § 100 Rn. 8 f.
445 BGH Urt. v. 24.2.2005 – I ZR 161/02 (OLG Stuttgart) = GRUR 2005, 871 – Seicom; BGH Urt. v. 9.9.2004 – I ZR 65/02 (OLG Oldenburg) = NJW 2005, 1196 – mho.de; BGH Urt. v. 22.7.2004 – I ZR 135/01 (OLG Stuttgart) = GRUR 2005, 262 – soco.de: 1. Durch die Benutzung eines Domainnamens kann ein entsprechendes Unternehmenskennzeichen entstehen, wenn durch die Art der Benutzung deutlich wird, dass der Domainname nicht lediglich als Adressbezeichnung verwendet wird, und der Verkehr daher in der als Domainname gewählten Bezeichnung einen Herkunftshinweis erkennt. 2. Unternehmen mit einem lokalen oder regionalen Wirkungskreis weisen mit ihrer Präsenz im Internet nicht notwendig darauf hin, dass sie ihre Waren oder Leistungen nunmehr jedem bundesweit anbieten wollen.
446 MüKo-BGB/Heine, § 12 Rn. 241.
447 BGH Urt. v. 19.7.2007 – I ZR 137/04 (OLG Köln) = GRUR 2007, 888 – Euro Telekom: 1. Das Halten eines Domain-Namens durch eine juristische Person des Handelsrechts stellt nicht schon deshalb eine Zeichenbenutzung dar, weil die juristische Person stets im geschäftlichen Verkehr handelt. 2. Der Erfahrungssatz, dass der Verkehr einem Zeichen, das durch seine isolierte Verwendung im Geschäftsverkehr zunehmend eine herkunftshinweisende Funktion erhalten hat, auch dann einen stärkeren Herkunftshinweis entnimmt, wenn er dem Zeichen als Bestandteil eines anderen Zeichens begegnet, ist grundsätzlich auch dann anwendbar, wenn es sich bei dem Zeichen um eine von Haus aus beschreibende Bezeichnung handelt (Ergänzung zu BGH, Urt. v. 13.3.2003 – I ZR 122/00 (OLG Düsseldorf) = GRUR 2003, 880 [881] = NJW 2003, 3562 – City Plus). Dazu auch Wiebe, CR 1998, 157; auch Wiebe, Münchener Anwaltshandbuch, IT-Recht, Teil 3, Rn. 312.

XVIII. Exkurs: Der Schutz von Domains

- **eingetragene Marke** nach § 4 Nr. 1 MarkenG,
- Marke kraft **Verkehrsgeltung**, § 4 Nr. 2 MarkenG, oder
- Marke infolge **notorischer Bekanntheit**, § 4 Nr. 3 MarkenG, als
- **Unternehmenskennzeichen** nach § 5 Abs. 2 MarkenG,
- **Name** gemäß § 5 Abs. 2 MarkenG iVm § 12 BGB, oder als
- **Werktitel** nach § 5 Abs. 3 MarkenG

in Betracht.

Es gelten die bereits bekannten Voraussetzungen der einzelnen Schutzinstrumente. Abzustellen ist dabei insbesondere auf eine vorhandene **Unterscheidungsfunktion** (Unterscheidungskraft) der SLD (Second-Level Domain: Inhalt zwischen www.(.).de – im Gegensatz dazu ohne Unterscheidungskraft ist die TLD (Top-Level Domain: www(.)de, com, uk, usw).[448] IÜ kommt es darauf an, ob ein dem Markenschutz entgegenstehendes **Freihaltebedürfnis** besteht.[449] Mindestvoraussetzung für einen Namens- oder Kennzeichenschutz der Domain ist zudem eine Benutzung als aktive Website.[450]

517

Domaininhaber wählen ihre Domainnamen in der Regel so, dass diese mit der Bezeichnung, unter der sie außerhalb des Internets auftreten, übereinstimmen. Das Zeichen ist dann bereits aufgrund der **Benutzung im Allgemeinen (im geschäftlichen oder nichtgeschäftlichen) Verkehr** geschützt. Von Interesse ist daher vor allem der Fall, dass mit dem Domainnamen ein **neues Zeichen in Gebrauch genommen** wird, welches sich nicht schon aus dem Namen des Domaininhabers oder aus einem zu seinen Gunsten geschützten Kennzeichen ableitet.[451] Hier ist zu fragen, ob der Domain ein **eigenständiger Kennzeichenschutz** gewährt werden kann. Im anderen Fall stellt die Verwendung eines geschützten Zeichens als Domain eine Nutzung des geschützten Zeichens iSd § 14 Abs. 2 MarkenG dar und steht bereits deshalb nur dem Markeninhaber offen.

518

Frage 61: Abschlusssachverhalt[452]

Der Spielwarenunternehmen L stellt ein erfolgreiches und international sehr bekanntes Klemmbauspielsystem her und vertreibt dieses. Dabei werden quaderförmige Elemente in verschiedenen Größen mit Noppen ineinander verbaut, die so unterschiedliche Gegenstände darstellen können. Die Bauteile aus Plastik werden von L in Sets mit einer unterschiedlichen Anzahl an Teilen vertrieben. L hat sich im Jahre 1996 für einen in diesen Sets befindlichen roten quaderförmigen Baustein, der über 4 x 2 Noppen verfügt, ein Markenrecht (Nr. 123789) eintragen lassen. Spielwarenhersteller A vertreibt ein identisches Klemmbauspielsystem mit quaderförmigen Bauteilen aus Plastik. Die im Handel erhältlichen Sets des A – die ua auch einen roten quaderförmigen Baustein mit 4 x 2 Noppen enthalten – sind jedoch erheblich günstiger als die der L und generieren deshalb einen mittlerweile großen Umsatz. L will A den weiteren Vertrieb der günstigeren Sets untersagen und fordert A in einem Schreiben mit Hinweis auf das eingetragene Markenrecht am roten Bauteil auf, den Vertrieb sofort einzustellen. A sieht hingegen das rote Bauteil als nicht schutzwürdig an, nimmt das Schreiben der L zum Anlass und stellt beim DPMA einen Löschungsantrag gegen L.

---

448 MüKo-BGB/Heine, § 12 Rn. 230.
449 Wiebe, Münchener Anwaltshandbuch, IT-Recht, Teil 3, Rn. 313.
450 MüKo-BGB/Heine, § 12 Rn. 242.
451 MüKo-BGB/Heine, § 12 Rn. 241.
452 Angelehnt an BGH Beschl. v. 16.7.2009 – I ZB 53/07 (BPatG) = BGHZ 182, 325 = GRUR 2010, 231 – Legostein.

A ist der Ansicht, L habe zu Unrecht ein Markenrecht an dem Baustein erhalten, da ein solcher Baustein lediglich eine technische Funktion erfülle, nämlich in Zusammenhang mit den Noppen der Oberseite eine Steckverbindung mit den Zapfen der Unterseite eines anderen Bauteils herzustellen, die es ermöglicht, verschiedene Bausteine miteinander zu verbinden und kreative Gestaltungen zu erreichen. L weist dagegen darauf hin, dass sein geschützter Baustein zwar dafür da sei, mit anderen Bausteinen verbunden zu werden. L verwende dafür aber eine spezielle Noppentechnik, die sog. Christiansen-Technik, wodurch die Klemmwirkung dadurch erzielt wird, dass die Noppen auf der Oberseite der Spielbausteine zwischen die Innenwand des Bausteins und den in der Bausteininnenseite vorhandenen Zapfen geklemmt werden. Diese an der Unterseite der Bausteine angeordneten Sekundärzapfen seien Gegenstand des Christiansen-Patents, durch das die ursprüngliche Gestaltung des Spielbausteins nach dem Patent von Harry Fisher Page weiterentwickelt worden sei. A könne somit bei seinen Bausteinen eine andere herkömmliche Klemmtechnik verwenden. Außerdem sei der Baustein der L über Jahrzehnte im Handel bekannt und habe schon allein deshalb mittlerweile Verkehrsgeltung erlangt.

Zwei Wochen nachdem das DPMA L unterrichtet hatte, dass ein Antrag auf Löschung seiner Marke Nr. 123789 eingereicht wurde, erklärt L schriftlich den Widerspruch gegen die Löschung.

Hat der Antrag des A Aussicht auf Erfolg?

ANTWORTEN AUF DIE KONTROLLFRAGEN:

Frage 1: Was versteht man unter einer Marke?

Antwort 1: Unter einer Marke ist ein Kennzeichen zu verstehen, das die Waren bzw. Dienstleistungen eines Unternehmens von denen eines anderen Unternehmens unterscheidet und damit individualisiert.

Frage 2: Nach welchen Regelwerken des deutschen, europäischen und internationalen Rechts kann Kennzeichenschutz erlangt werden?

Antwort 2: Nationaler Kennzeichenschutz kann in Deutschland für Marken und sonstige gewerbliche Kennzeichen nach Maßgabe des MarkenG erlangt werden. Der Personenname wird nach § 12 BGB, die Firma als Unternehmensname gemäß den §§ 17 ff. HGB geschützt. Mit der Unionsmarkenverordnung (UMV) kann für alle EU-Mitgliedstaaten in einfacher Weise (eine Anmeldung, eine Prüfung und eine Eintragung) Markenschutz für die Unionsmarke erlangt werden.

Durch das Madrider Markenübereinkommen (MMA) kann durch eine Hinterlegung und eine Registrierung in allen MMA-Vertragsstaaten Markenschutz für internationale (sog. IR-) Marken begehrt werden

Frage 3: Welche Kennzeichenrechte werden durch das MarkenG geschützt?

Antwort 3: Das MarkenG schützt Marken, geschäftliche Bezeichnungen und geographische Herkunftsangaben.

Frage 4: Nennen Sie bitte die drei Entstehungsformen einer Individualmarke.

Antwort 4: Eine Einzelmarke kann nach § 4 Nr. 1 MarkenG dadurch zur Entstehung gelangen, dass sie angemeldet und nach Prüfung der formellen wie materiellen Eintragungsvoraussetzungen ins Markenregister eingetragen wird. Dann spricht man von einer registrierten Marke oder einer Registermarke. Markenschutz kann aber auch dadurch entstehen, dass ein Zeichen nach § 4 Nr. 2 MarkenG nur benutzt wird, dabei aber Verkehrsgeltung erlangt (sog. Benutzungsmarke). Auch notorisch bekannte – iS allbekannter – Marken (Notorietätsmarken) genießen nach § 4 Nr. 3 MarkenG Markenschutz.

XVIII. Exkurs: Der Schutz von Domains

Frage 5: Was verstehen Sie unter einer geschäftlichen Bezeichnung?
Antwort 5: Unter einer geschäftlichen Bezeichnung sind Unternehmenskennzeichen zu verstehen, die der Individualisierung eines Unternehmens dienen, nämlich zum einen besondere Bezeichnungen eines Geschäftsbetriebs sowie Geschäftsabzeichen und sonstige zur Unterscheidung des Geschäftsbetriebs von anderen Geschäftsbetrieben bestimmte Zeichen. Als geschäftliche Bezeichnungen gelten auch Werktitel.

Frage 6: Welche Möglichkeiten eines Kennzeichenschutzes kennen Sie außerhalb des Markenrechts?
Antwort 6: Außerhalb des Markenrechts wird Kennzeichenschutz auch für den Personennamen (§ 12 BGB), dh den bürgerlichen Namen einer natürlichen Person, und für die Firma, dh den Namen eines Kaufmanns, unter dem er seine Geschäfte betreibt und seine Unterschrift abgibt (§§ 17 ff. HGB), gewährt.

Frage 7: Welche Funktionen werden einer Marke beigemessen? Beschreiben Sie diese.
Antwort 7: Die Marke schützt die Werbeleistung eines Warenanbieters bzw. Dienstleistungserbringers, mithin eine gestalterische gewerbliche Leistung. Ihr kommt Individualisierungs- und damit Unterscheidungsfunktion zu: Die durch Zeichen, denen Unterscheidungskraft zukommt, gekennzeichneten Waren oder Dienstleistungen eines Unternehmers, sollen sich von denen eines anderen Unternehmers abheben (Individualisierungs- und Unterscheidungsfunktion). Darüber hinaus kommt der Marke aber auch Herkunftsfunktion zu iS einer Garantie der Ursprungsidentität der Waren oder Dienstleistungen, für die sie eingetragen wurde (Identifizierungsfunktion). Weiterhin kann einer Marke Garantiefunktion zukommen, dh der Waren- bzw. Dienstleistungsmarke wird eine zumindest gleichbleibende oder sich verbessernde Beschaffenheit hinsichtlich ihrer Außendarstellung und ihrem guten Ruf zugesprochen. Die Werbefunktion besagt, dass der Marke im Hinblick auf die Verkaufs- oder Vertriebsförderung ein PR-Potential wegen der mit ihr verbundenen Imagebildung zukommt – und zudem ein Kommunikationseffekt (Kommunikationsfunktion).

Frage 8: Welche Bedeutung kommt der Markenfunktion bei einer Markenrechtsverletzung zu?
Antwort 8: Der Markenfunktion kommt insbesondere im Falle einer Verletzung des Markenrechts nach § 14 Abs. 2 MarkenG eine große Bedeutung zu. Eine Verletzungshandlung liegt nämlich dann vor, wenn die Benutzung des Zeichens durch den Dritten die Funktionen der Marke und insbesondere ihre wesentliche Funktion, den Verbrauchern die Herkunft der Waren oder Dienstleistungen zu garantieren (Herkunftsfunktion), beeinträchtigt oder beeinträchtigen kann.

Frage 9: Charakterisieren Sie die Rechtsnatur einer Marke.
Antwort 9: Die Marke, der ein erheblicher Vermögenswert zukommen kann, schützt als gewerbliches Schutzrecht ein Kennzeichen zur Unterscheidung von Waren oder Dienstleistungen. Es stellt ein absolutes Recht dar, das dem Markeninhaber gegenüber jedermann Schutz gewährt. Als Ausschließlichkeitsrecht kann der Markeninhaber unberechtigten Dritten die Verwendung seines geschützten Kennzeichenrechts im geschäftlichen Verkehr untersagen. Das Markenrecht ist auch ein verselbständigtes Recht, und zwar sowohl gegenüber dem Unternehmen als auch gegenüber den gekennzeichneten Waren und Dienstleistungen mit der Konsequenz, dass der Warenhersteller bspw. der Verwendung seiner Warenmarke für die gesamte Vertriebskette (über Groß- und Zwischenhändler bis zum Endabnehmer) zustimmen oder aber auch seine bekannte Marke zur Kennzeichnung weiterer, noch nicht gekennzeichneter neuer Waren oder Dienstleistungen verwenden kann.

4. Kapitel: Markenrecht

Frage 10: Was versteht man unter einer Kollektivmarke?

Antwort 10: Inhaber des Markenrechts an einer Kollektivmarke ist ein rechtsfähiger Verband. Die Kollektivmarke ist ein auch als Einzelmarke schutz- weil eintragungsfähiges Zeichen, das aber nicht einem einzelnen individuellen Zeicheninhaber zusteht, sondern das die Waren oder Dienstleistungen der Mitglieder des Inhabers der Kollektivmarke – dh des rechtsfähigen Verbandes – von denjenigen anderer Unternehmen nach ihrer betrieblichen oder geographischen Herkunft, ihrer Art, ihrer Qualität oder ihren sonstigen Eigenschaften unterscheidet.

Frage 11: Nennen Sie bitte Beispiele für einen Werktitel.

Antwort 11: Bspw. der Titel von Zeitungen („Frankfurter Allgemeine", „Süddeutsche Zeitung", „Die Welt"), Zeitschriften („Der Spiegel", „Focus", „Stern") oder Büchern bzw. die Titel periodisch ausgestrahlter Radio- („Die Hitparade") oder Fernsehsendungen („Die Schwarzwaldklinik", „Dallas", „Games of Thrones", „Star Wars" usw).

Fall 12: Welche grundsätzlich schützbaren Zeichenformen für Register-, Benutzungs- und Notorietätsmarken kennen Sie?

Antwort 12: Grundsätzlich schützbar sind nach § 3 Abs. 1 MarkenG „beispielhaft" (Wortlaut „insbesondere") und damit nicht abschließend Wörter einschließlich Personennamen, Abbildungen, Buchstaben, Zahlen, Klänge (Hörzeichen), dreidimensionale Gestaltungen einschließlich der Form einer Ware oder ihrer Verpackung sowie sonstige Aufmachungen einschließlich Farben und Farbzusammenstellungen, sofern diese geeignet sind, Waren oder Dienstleistungen eines Unternehmens von denjenigen anderer Unternehmen zu unterscheiden.

Frage 13: Benennen Sie bitte einige Beispiele für eine Wortmarke.

Antwort 13: Als Wortmarke kommen bspw. Buchstaben (Buchstabenmarke – zB VW, DB, BASF oder BMW) oder Zahlen (Zahlenmarke – zB „4711", oder „Quattro"), Worte (Wortmarke – zB „Adidas", „Allianz", „Persil", „Puma" oder „Siemens"), zusammengesetzte Worte (bspw. „Mercedes-Benz"), mehrere Worte (Mehrwortmarke – zB „Burger King") oder Werbesprüche (Sloganmarke – zB „Hoffentlich Allianz versichert") in Betracht.

Frage 14: Welche Probleme stellen sich im Zusammenhang mit Farbmarken?

Antwort 14: Probleme bereiten in Bezug auf eine Registermarke die Möglichkeit einer geeigneten Darstellbarkeit bei der Prüfung der Schutzfähigkeit einer Farbmarke nach § 8 Abs. 1 MarkenG, das mögliche Fehlen der notwendigen Unterscheidungskraft nach § 8 Abs. 2 Nr. 1 MarkenG bzw. ein ggf. anzunehmendes Freihaltebedürfnis für eine Farbe.

Frage 15: Was versteht man unter der abstrakten Unterscheidungskraft eines Zeichens im Unterschied zur konkreten Unterscheidungskraft?

Antwort 15: Ein grundsätzlich markenfähiges Zeichen ist dann abstrakt unterscheidungskräftig (vgl. § 3 Abs. 1 MarkenG), wenn es – generell betrachtet – geeignet ist, Waren oder Dienstleistungen eines Unternehmens von denjenigen anderer Unternehmen zu unterscheiden (generelle Eignung zur Unterscheidung). Ob einem Zeichen hingegen konkrete Unterscheidungskraft im konkret in Rede stehenden Einzelfall zukommt, wird im Hinblick auf eine Registermarke erst im Rahmen des Anmeldeverfahrens (vgl. § 8 Abs. 2 Nr. 1 MarkenG) im Zusammenhang mit der Prüfung der absoluten Schutzhindernisse untersucht.

XVIII. Exkurs: Der Schutz von Domains

Frage 16: Wer kann Inhaber einer eingetragenen Marke sein? Benennen Sie bitte dazu auch einige Beispiele.

Antwort 16: Inhaber einer Marke können nach § 7 MarkenG natürliche Personen (bspw. Einzelkaufleute, aber auch Kleingewerbetreibende oder Freiberufler) sein, weiterhin juristische Personen (dh eine Aktiengesellschaft, eine Gesellschaft mit beschränkter Haftung bzw. eine eingetragene Genossenschaft) oder Personengesellschaften, sofern sie mit der Fähigkeit ausgestattet sind, Rechte zu erwerben und Verbindlichkeiten einzugehen (mithin die Personenhandelsgesellschaften Offene Handelsgesellschaft und Kommanditgesellschaft, aber auch die Gesellschaft bürgerlichen Rechts).

Frage 17: Nennen Sie bitte die materiellen Voraussetzungen, die das DPMA prüfen muss, bevor eine Marke ins Markenregister eingetragen werden kann.

Antwort 17: Vor einer Eintragung muss geprüft werden, ob es sich um ein grundsätzlich markenfähiges Zeichen (iSv § 3 MarkenG) handelt, ob also die allgemeinen materiell-rechtlichen Markenvoraussetzungen vorliegen – dh ob es sich um ein schutzfähiges Zeichen handelt, oder ob der Markenschutz bereits aufgrund der Form des Zeichens ausnahmsweise ausgeschlossen ist. Der Eintragung des Zeichens ins Markenregister dürfen des Weiteren auch keine absoluten Schutzhindernisse nach § 8 MarkenG entgegenstehen. Zudem darf das Zeichen kein Plagiat einer notorisch bekannten Marke iSv § 10 MarkenG sein.

Fall 18: Welche absoluten Schutzhindernisse stehen einer Markeneintragung entgegen?

Antwort 18: Absolute Schutzhindernisse, die vom DPMA von Amts wegen zu prüfen sind, sind die geeignete Darstellbarkeit des angemeldeten Zeichens (vgl. § 8 Abs. 1 MarkenG) sowie die in § 8 Abs. 2 MarkenG enumerativ aufgelisteten Marken, die von einer Eintragung ausdrücklich ausgenommen sind.

Frage 19: Was verstehen wir unter dem Erfordernis einer geeigneten Darstellbarkeit des Zeichens und benennen Sie bitte einige damit zusammenhängende Probleme.

Antwort 19: Nach § 8 Abs. 1 MarkenG muss das nach § 3 MarkenG eigentlich schutzfähige Zeichen auch in einer für den Zeichenschutz geeigneten Form darstellbar sein. Die Marke muss so genau dargestellt werden können, dass hieraus ihr Schutzumfang bestimmt werden kann. Keine Probleme ergeben sich hinsichtlich der geeigneten Darstellbarkeit für mit dem Auge wahrnehmbare Zeichen (zB Wort-, Bild- oder Kombinationsmarken). Die Sieckmann-Kriterien legen fest, dass ein Zeichen, das visuell nicht wahrnehmbar ist, dann „Marke" sein kann, wenn es mithilfe von Figuren, Linien oder Schriftzeichen graphisch dargestellt werden kann und die Darstellung klar, eindeutig, in sich abgeschlossen, leicht zugänglich, verständlich, dauerhaft und objektiv ist. Probleme bereiten dabei konturlose Farbkombinationsmarken (die im Hinblick auf ihre geeignete Darstellbarkeit Angaben zur systematischen Anordnung der Farben enthalten müssen), Hörmarken (die mittels Noten, eines Onomatopoetikums oder mittels eines digitalen Datenträgers darzustellen sind) oder Riechmarken (die nicht geeignet darstellbar sind, da weder eine chemische Formel noch eine Beschreibung in Worten, die Hinterlegung einer Probe des Geruchs oder die Kombination dieser Elemente für eine geeignete Darstellbarkeit ausreicht). Für Geschmacks- bzw. Tastmarken gilt dasselbe wie für Riechmarken.

Frage 20: Welche Marken sind ausdrücklich von einer Eintragung im Markenregister ausgeschlossen?

Antwort 20: Von einer Eintragung ausdrücklich ausgeschlossen sind nach § 8 Abs. 2 MarkenG Marken mit fehlender Unterscheidungskraft, beschreibende Zeichen oder Angaben, übliche Bezeichnungen, Marken, die eine Täuschungsgefahr begründen, Marken, die gegen die öffentliche Ordnung oder die guten Sitten verstoßen, Hoheitszeichen, Gewährzeichen und Zeichen internationaler Organisationen, Marken, die gegen sonstige gesetzliche Benutzungsverbote verstoßen bzw. Marken, bei deren Anmeldung der Anmelder bösgläubig war.

Frage 21: Wann fehlt einer Marke „jegliche Unterscheidungskraft" und benennen Sie einige Beispiele dafür.

Antwort 21: Einer Marke fehlt jegliche Unterscheidungskraft iSv § 8 Abs. 2 Nr. 1 MarkenG – die von der abstrakten Unterscheidungskraft eines Zeichens nach § 3 Abs. 1 MarkenG streng zu unterscheiden ist – und dazu führt, dass das Zeichen grundsätzlich (aber vorbehaltlich § 8 Abs. 3 MarkenG) nicht als Marke eintragungsfähig ist, wenn es im konkreten Fall nicht geeignet ist, vom Verkehr als Unterscheidungsmittel aufgefasst zu werden, die in Rede stehenden Waren oder Dienstleistungen als von einem bestimmten Unternehmen stammend zu kennzeichnen und die Waren oder Dienstleistungen damit von denjenigen anderer Unternehmen zu unterscheiden, um somit der Hauptfunktion der Marke (Gewährleistung der Ursprungsidentität der gekennzeichneten Waren oder Dienstleistungen) zu genügen. Es reicht dabei unter Zugrundelegung eines großzügigen Maßstabs eine jede auch noch so geringe Unterscheidungskraft aus. Zugrunde zu legen ist die mutmaßliche Wahrnehmung eines normal informierten, angemessen aufmerksamen und verständigen Durchschnittsverbrauchers der fraglichen Waren oder Dienstleistungen. Die Rechtsprechung hat eine konkrete Unterscheidungskraft bspw. verneint für die Zeichen „FUSSBALL WM 2006", „Aus Akten werden Fakten" bzw. „FLATRATE" oder „hey", „Today", die abstrakte Farbmarke „gelb" oder die Wortfolge „Gute Zeiten – Schlechte Zeiten".

Frage 22: Warum fehlt beschreibenden Zeichen oder Angaben die Eintragungsfähigkeit und benennen Sie bitte einige Beispiele.

Antwort 22: Für Produktmerkmalsbezeichnungen iSv § 8 Abs. 2 Nr. 2 MarkenG besteht ein Freihaltebedürfnis zugunsten einzelner Dritter oder der Allgemeinheit. Eine Monopolisierung solcher Zeichen – wie bspw. „FOR YOU" (ein Zeichen, dem jeder Warenbezug fehlt), „Lotto" oder „Cotton Line" – zugunsten Einzelner soll so verhindert werden. Kein Freihaltebedürfnis besteht hingegen für das Zeichen „Bonus", das damit eintragungsfähig ist.

Frage 23: Wann verstößt eine Marke gegen die guten Sitten und geben Sie bitte ein Beispiel dafür.

Antwort 23: Eine Marke verstößt dann gegen die „guten Sitten" und ist damit nicht eintragbar, wenn das angemeldete Zeichen geeignet ist, das Empfinden der angesprochenen Verkehrskreise erheblich zu verletzen, indem es etwa in sittlicher, politischer oder religiöser Hinsicht anstößig oder herabwürdigend wirkt oder eine grobe Geschmacksverletzung darstellt (zB das Zeichen „READY TO FUCK"), wobei auf die Sicht eines durchschnittlichen Angehörigen der angesprochenen Verkehrskreise abzustellen ist. Maßgeblich ist weder eine übertrieben nachlässige noch eine besonders feinfühlige und empfindsame, sondern eine normal tolerante und durchschnittlich sensible Sichtweise.

Frage 24: Welche Voraussetzungen müssen erfüllt sein, damit eine eigentlich nach § 8 Abs. 2 Nr. 1 bis 3 MarkenG nicht eintragungsfähige Marke kraft Verkehrsdurchsetzung gemäß § 8 Abs. 3 MarkenG doch eintragungsfähig ist?

Antwort 24: Eine Marke hat dann Verkehrsdurchsetzung – bezogen auf das gesamte Gebiet der Bundesrepublik Deutschland – erlangt (wodurch die fehlende Eintragungsfähigkeit wegen fehlender Unterscheidungskraft bzw. des bloß deskriptiven Charakters eines Zeichens kompensiert werden kann), wenn aufgrund einer Gesamtschau aller Gesichtspunkte die

XVIII. Exkurs: Der Schutz von Domains

Marke die Eignung erlangt hat, die fraglichen Dienstleistungen als von einem bestimmten Unternehmen stammend zu kennzeichnen und diese Dienstleistung damit von den Leistungen anderer Unternehmen zu unterscheiden. Dabei kann für die Feststellung des im Einzelfall erforderlichen Durchsetzungsgrads nicht von festen Prozentsätzen ausgegangen werden, auch wenn die untere Grenze für die Annahme einer Verkehrsdurchsetzung nicht unterhalb von 50 % angesetzt werden kann.

Frage 25: Was versteht man unter „Verwechslungsgefahr" und wann liegt eine solche vor?

Antwort 25: Wann eine Verwechslungsgefahr vorliegt, ist unter Berücksichtigung aller Umstände des Einzelfalls zu bestimmen, wobei eine Wechselwirkung zwischen den in Betracht zu ziehenden Faktoren, insbesondere der Ähnlichkeit der Zeichen und der Ähnlichkeit der mit ihnen gekennzeichneten Waren oder Dienstleistungen besteht. Bei der umfassenden Beurteilung der Verwechslungsgefahr ist auf den durch das Zeichen hervorgerufenen Gesamteindruck der durch die Marke angesprochenen Verkehrskreise in Gestalt durchschnittlich informierter, situationsadäquat aufmerksamer und verständiger Durchschnittsverbraucher abzustellen, wobei insbesondere ihre unterscheidungskräftigen und dominierenden Elemente zu berücksichtigen sind. Unähnlichkeit der Waren oder Dienstleistungen liegt vor, wenn trotz (unterstellter) Identität der Marken die Annahme einer Verwechslungsgefahr wegen des Abstands der Waren und Dienstleistungen von vornherein ausgeschlossen ist. Bei der Beurteilung der Zeichenähnlichkeit ist der jeweilige Gesamteindruck der sich gegenüberstehenden Zeichen zu berücksichtigen.

Frage 26: Was versteht man unter einer „bekannten Marke" und benennen Sie bitte einige Beispiele.

Antwort 26: Eine „bekannte Marke" genießt erweiterten Markenschutz. Die Begrifflichkeit zeichnet sich durch quantitative und qualitative Elemente aus. Quantitativ muss durch eine Zielgruppenbefragung ein Grad an Verkehrsbekanntheit (Bekanntheitserfordernis) nachgewiesen werden. Dabei muss die untere Bekanntheitsgrenze deutlich über dem für die Verkehrsgeltung maßgeblichen Prozentsätzen liegen. In qualitativer Hinsicht muss der Marke ein „guter Ruf" vorausgehen. Bekannte Marken sind zB die Automarken „AUDI", „BMW", „Mercedes" oder „VW".

Frage 27: Nennen Sie bitte relative Schutzhindernisse.

Antwort 27: Es gibt drei relative Schutzhindernisse, die im Rahmen des Eintragungsverfahrens – im Unterschied zu den absoluten Schutzhindernissen – nicht von Amts wegen, sondern nur aufgrund eines Widerspruchs oder im Zuge einer Löschungsklage geprüft werden:
Fall der **Doppelidentität der Marke**: Die neu eingetragene Marke ist mit einer angemeldeten oder eingetragenen Marke mit älterem Zeitrang identisch (Identität) und die Waren oder Dienstleistungen, für die sie eingetragen worden ist, sind mit den Waren oder Dienstleistungen identisch, für die die Marke mit älterem Zeitrang angemeldet oder eingetragen worden ist (§ 9 Abs. 1 Nr. 1 MarkenG). Es besteht sowohl eine Identität der neuen Marke mit einer Marke mit älterem Zeitrang als auch eine Identität der Waren oder Dienstleistungen der neuen Marke mit den Waren und Dienstleistungen der älteren Marke.
Fall einer **Verwechslungsgefahr wegen ähnlicher Marken oder Dienstleistungen**: Die neu eingetragene Marke begründet wegen ihrer Identität oder Ähnlichkeit mit einer angemeldeten oder eingetragenen Marke mit älterem Zeitrang und der Identität oder der Ähnlichkeit der durch die beiden Marken erfassten Waren oder Dienstleistungen für das Publikum die Gefahr von Verwechslungen – einschließlich der Gefahr, dass die Marken gedanklich miteinander in Verbindung gebracht werden (§ 9 Abs. 1 Nr. 2 MarkenG).

Fall einer **Verwässerung oder Rufausbeutung einer bekannten Marke:** Die neu eingetragene Marke ist mit einer angemeldeten oder eingetragenen Marke mit älterem Zeitrang identisch oder dieser ähnlich und sie ist für Waren oder Dienstleistungen eingetragen, die nicht denen ähnlich sind, für die die Marke mit älterem Zeitrang angemeldet oder eingetragen worden ist (keine Ähnlichkeit), falls es sich bei der Marke mit älterem Zeitrang um eine im Inland bekannte Marke handelt und die Benutzung der eingetragenen Marke die Unterscheidungskraft oder die Wertschätzung der „bekannten Marke" ohne rechtfertigenden Grund in unlauterer Weise ausnutzen oder beeinträchtigen würde (§ 9 Abs. 1 Nr. 3 MarkenG).

Frage 28: Das Markenanmeldeverfahren vollzieht sich in mehreren Verfahrensschritten. Welche sind das?

Antwort 28: Das Markenanmeldeverfahren kann in die eigentliche Anmeldung, die Prüfung durch die Markenstelle des DPMA, die Bekanntmachung der Marke sowie ggf. ein Widerspruchsverfahren unterteilt werden.

Frage 29: Welche Angaben muss die Anmeldung einer Marke enthalten?

Antwort 29: Der Anmelder muss bei der Anmeldung seiner Marke nach § 36 Abs. 1 MarkenG, der die formellen Anmeldevoraussetzungen regelt, Angaben machen, die es erlauben, die Identität des Anmelders festzustellen, seine Marke wiedergeben und ein Verzeichnis der Waren oder Dienstleistungen vorlegen, für die die Eintragung beantragt wird.

Frage 30: Was beinhaltet die Prüfung der Markenstelle?

Antwort 30: Die Markenstellen prüfen zum einen, ob die formellen Anmeldevoraussetzungen nach § 36 Abs. 1 MarkenG (vgl. Antwort 29) vorliegen und zum anderen, ob der Markeneintragung – materiell-rechtlich – absolute Schutzhindernisse iSv § 37 Abs. 1 MarkenG entgegenstehen, dh ob die angemeldete Marke den Vorgaben des § 3 MarkenG in Bezug auf die Zeichenform entspricht, ob absolute Schutzhindernisse iSd § 8 MarkenG bestehen bzw. ob der angemeldeten Marke eine amtsbekannte Notorietät einer älteren Marke nach § 10 MarkenG entgegensteht?

Frage 31: Nennen Sie bitte die Gründe, auf die ein Widerspruch gegen eine eingetragene Marke nur gestützt werden kann.

Antwort 31: Ein Widerspruch kann nur darauf gestützt werden, dass die Marke gelöscht werden kann. Dies ist in vier Fällen möglich, nämlich wegen einer angemeldeten oder eingetragenen Marke mit älterem Zeitrang nach § 9 MarkenG, wegen einer notorisch bekannten Marke mit älterem Zeitrang nach § 10 iVm § 9 MarkenG, wegen der Eintragung einer Marke für einen Agenten oder Vertreter des Markeninhabers nach § 11 MarkenG oder wegen einer nicht eingetragenen Marke mit älterem Zeitrang nach § 4 Nr. 2 MarkenG (oder einer geschäftlichen Bezeichnung mit älterem Zeitrang nach § 5 iVm § 12 MarkenG).

Frage 32: Was versteht man unter der Einrede mangelnder Benutzung?

Antwort 32: Der Inhaber einer neu eingetragenen Marke, gegen dessen Eintragung Widerspruch erhoben wurde, kann nach fristgerecht erhobenem Widerspruch die Einrede mangelnder Benutzung erheben. Wenn der Widerspruch vom Inhaber einer eingetragenen Marke mit älterem Zeitrang erhoben worden ist, kann der Gegner bestreiten, dass der Markeninhaber die Marke markenmäßig benutzt hat und damit den Spieß umdrehen: Er greift jetzt den Widerspruchsführer mit dem Einwand an, dieser habe seine Marke nicht benutzt.

XVIII. Exkurs: Der Schutz von Domains

Frage 33: Wann kann eine Entscheidung des BPatG durch eine Rechtsbeschwerde an den BGH angegangen werden?

Antwort 33: Eine Rechtsbeschwerde an den BGH ist dann möglich, wenn das BPatG die Rechtsbeschwerde in seinem Beschluss zugelassen hat, weil eine Rechtsfrage von grundsätzlicher Bedeutung zu entscheiden ist, oder die Fortbildung des Rechts oder die Sicherung einer einheitlichen Rechtsprechung eine Entscheidung des BGH erfordert.

Frage 34: Unter welchen Voraussetzungen gelangt eine Marke kraft Verkehrsgeltung (Benutzungsmarke) zur Entstehung?

Antwort 34: Eine Benutzungsmarke gelangt dann zur Entstehung, wenn dem in Rede stehenden und an sich markenfähigen Zeichen Markenfähigkeit iS abstrakter Unterscheidungskraft zukommt (vgl. § 3 Abs. 1 MarkenG), keine unüberwindbaren Schutzhindernisse iSv § 8 Abs. 2 Nr. 4 bis 14 MarkenG entgegenstehen und das Zeichen Verkehrsgeltung erlangt hat, was sich nach der Auffassung der jeweils beteiligten Verkehrskreise ergibt, ohne dass dabei auf feste Prozentsätze abgestellt werden kann. Eine geographische Verkehrsgeltung reicht aus.

Frage 35: Was beinhaltet der negative Inhalt des Markenrechts und welche Rechte resultieren daraus für den verletzten Markeninhaber?

Antwort 35: Der negative Inhalt des Markenrechts verbietet es Dritten, ohne Zustimmung des Markeninhabers ein identisches Zeichen für identische Waren oder Dienstleistungen zu benutzen, ein ähnliches Zeichen für ähnliche Waren oder Dienstleistungen zu benutzen, wenn dadurch Verwechslungsgefahr besteht, bzw. ein mit einer bekannten Marke identisches oder ähnliches Zeichen für ähnliche Waren oder Dienstleistungen zu gebrauchen. Im Verletzungsfalle stehen dem berechtigten Markeninhaber gegen den Verletzer Unterlassungs- und ggf. Schadensersatzansprüche zu.

Frage 36: Benennen Sie bitte beispielhaft drei markenrechtliche Verletzungshandlungen.

Antwort 36: Eine markenrechtliche Verletzungshandlung liegt bspw. dann vor, wenn der Markenverletzer ein mit dem Zeichen des Markeninhabers kollidierendes Zeichen auf Waren oder ihrer Aufmachung oder Verpackung anbringt. Weiterhin dann, wenn er unter dem mit dem Zeichen des Markeninhabers kollidierenden Zeichen Waren anbietet, in den Verkehr bringt oder zu den genannten Zwecken besitzt, bzw. wenn er unter dem (kollidierenden) Zeichen Dienstleistungen anbietet oder erbringt, unter dem (kollidierenden) Zeichen Waren einführt oder ausführt bzw. das (kollidierende) Zeichen in Geschäftspapieren oder in der Werbung benutzt.

Frage 37: Benennen Sie bitte drei verbotene Verhaltensweisen im Vorfeld einer eigentlichen Markenverletzung.

Antwort 37: Im Vorfeld einer eigentlichen Markenverletzung ist es einem Dritten verboten, ohne die Zustimmung des Markeninhabers im geschäftlichen Verkehr ein mit der Marke identisches Zeichen oder ein ähnliches Zeichen auf Aufmachungen oder Verpackungen oder auf Kennzeichnungsmitteln wie Etiketten, Anhängern, Aufnähern oder dergleichen anzufügen. Er darf auch keine Aufmachungen, Verpackungen oder Kennzeichnungsmittel, die mit einem mit der Marke identischen Zeichen oder einem ähnlichen Zeichen versehen sind, anbieten, in den Verkehr bringen oder zu den genannten Zwecken besitzen. Weiterhin ist es dem Dritten verboten, Aufmachungen, Verpackungen oder Kennzeichnungsmittel, die mit einem mit der Marke identischen Zeichen oder einem ähnlichen Zeichen versehen sind, einzuführen oder auszuführen.

4. KAPITEL: MARKENRECHT

Frage 38: Beschreiben Sie bitte die drei Möglichkeiten einer Schadensberechnung im Falle einer Markenrechtsverletzung.

Antwort 38: Im Falle einer Markenrechtsverletzung kann der Schaden entweder auf der Grundlage des tatsächlich entstandenen Schadens berechnet werden. Der Schaden kann aber auch unter Berücksichtigung des Gewinns, den der Verletzer durch die Verletzung des Markenrechts erzielt, berechnet werden – oder auf der Grundlage des Betrages, den der Verletzer als angemessene Vergütung hätte entrichten müssen, wenn er die Erlaubnis zur Nutzung der Marke eingeholt hätte (sog. Lizenzanalogie).

Frage 39: Was versteht man unter dem Erschöpfungsgrundsatz im Markenrecht und wann gelangt dieser Grundsatz ausnahmsweise nicht zur Anwendung?

Antwort 39: Der Erschöpfungsgrundsatz besagt, dass der Markeninhaber es einem Dritten nicht untersagen kann, die Marke für Waren zu benutzen, die unter dieser Marke von ihm oder mit seiner Zustimmung im Inland, in einem der übrigen EU-Mitgliedstaaten oder in einem EWR-Vertragsstaat in den Verkehr gebracht worden sind. Ein Unterlassungsanspruch des Markeninhabers ist damit ausgeschlossen. Der unionsweite Erschöpfungsgrundsatz hat zur Folge, dass die von einem Hersteller gefertigte Markenware auf allen Handelsstufen im Binnenmarkt unter der Marke uneingeschränkt weiterveräußert und beworben werden darf, sofern die Originalware unverändert bleibt.

Ausnahmsweise gelangt der Erschöpfungsgrundsatz jedoch nicht zur Anwendung: Der Markeninhaber kann sich der Benutzung seiner Marke im Zusammenhang mit dem weiteren Vertrieb der Waren aus „berechtigten Gründen" widersetzen. Ein berechtigter Grund liegt bspw. dann vor, wenn der Zustand der Ware nach ihrem Inverkehrbringen verändert oder verschlechtert ist.

Frage 40: Gesetzt den Fall, dass der Markeninhaber A seine Marke „Goldfinger" für die Klasse 14 Ringe (Schmuck) nur vorsichtshalber vor sieben Jahren hat ins Markenregister eintragen lassen, um sie für eine spätere Verwendungsmöglichkeit zu „horten" – und B verwendet das Wortzeichen für sein Schmucksortiment. Wie ist die Rechtslage?

Antwort 40: Der Markeninhaber A, zu dessen Gunsten die Marke „Goldfinger" im Markenregister eingetragen ist, kann gegen den Verletzer B, der seine Marke verletzt, keinen Schadensersatz- oder Unterlassungsanspruch geltend machen: Die Marke „Goldfinger" ist nämlich innerhalb der letzten fünf Jahre vor der Geltendmachung des Anspruchs nicht „ernsthaft benutzt" worden und nur ernsthaft benutzte Marken sollen auch Markenschutz genießen.

Fall 41: Gesetzt der Fall, dass der I als Inhaber einer Reparaturwerkstätte ein Originalersatzteil der Firma X mit deren Markenbezeichnung in seiner Werbung verwendet („Wir erneuern Ihre Auspuffanlage mit `X-...`"). Wie ist die Rechtslage?

Antwort 41: Die Firma X als Markeninhaberin hat nicht das Recht, einem Dritten – nämlich dem I als Inhaber einer Reparaturwerkstätte – zu untersagen, im geschäftlichen Verkehr die Marke als Hinweis auf die Bestimmung einer Ware, insbesondere als Ersatzteil, zu benutzen. Die Benutzung der Marke ist nämlich auch notwendig, um den Kunden des I zu signalisieren, dass sie Originalersatzteile im Reparaturfall eingebaut erhalten. Die Benutzung der Marke durch den I in seiner Werbung verstößt auch nicht gegen die „guten Sitten".

Fall 42: Gesetzt den Fall, dass B die für A im Hinblick auf exquisiten Schmuck eingetragene Marke „Goldfinger" (Warenklasse 14) gleichermaßen – schon seit 2015 – verwendet und A dies nicht

verborgen geblieben sein konnte: Kann A von B 2020 noch Schadensersatz für das Jahr 2015 verlangen?

Antwort 42: Schadensersatz könnte A von B dann nicht verlangen, wenn der Schadensersatzanspruch für 2015 schon verjährt wäre. Die Verjährung richtet sich nach den allgemeinen Verjährungsregelungen des BGB (§§ 194 ff. BGB), die entsprechende Anwendung finden. Die Verjährungsfrist beträgt somit drei Jahre (so § 195 BGB). Sie beginnt nach § 199 Abs. 1 BGB mit dem Schluss des Jahres, in dem der Anspruch entstanden (dh Ende 2015) und der Gläubiger – dh der verletzte Rechteinhaber A – von den den Anspruch begründenden Umständen und der Person des Schuldners (dh B) Kenntnis erlangt oder ohne grobe Fahrlässigkeit (wie hier: der Umstand der Markenverletzung konnte ihm nicht verborgen geblieben sein) hätte erlangen müssen. Der Anspruch ist somit für Benutzungen im Jahr 2015 mit Schluss des Jahres 2018 verjährt.

Fall 43: Gesetzt den Fall, dass B die für A im Hinblick auf exquisiten Schmuck eingetragene Marke „Goldfinger" (Warenklasse 14) gleichermaßen – schon seit 2013 – verwendet: Kann A, der von der Nutzung durch B von Anfang an unterrichtet war, von B im Jahre 2020 noch Unterlassung verlangen?

Antwort 43: A, der von der Nutzung durch B von Anfang an unterrichtet war, kann von B im Jahre 2020 keine Unterlassung mehr verlangen, da der Inhaber einer Marke nicht das Recht hat, die Benutzung seiner eingetragenen Marke mit jüngerem Zeitrang für die Waren (exquisiten Schmuck), für die sie eingetragen ist, zu untersagen, soweit er die Benutzung der Marke während eines Zeitraums von fünf aufeinander folgenden Jahren in Kenntnis dieser Benutzung geduldet hat. Etwas Anderes gilt nur dann, wenn die Anmeldung der Marke mit jüngerem Zeitrang bösgläubig vorgenommen worden ist, wofür hier keine Anhaltspunkte vorliegen.

Frage 44: Was verstehen wir unter der sog. Zollbeschlagnahme?

Antwort 44: Die Zollbeschlagnahme von Waren (an Flughäfen und Häfen) erfasst nach Maßgabe der §§ 146 ff. MarkenG Waren, die widerrechtlich mit einer nach dem MarkenG geschützten Marke oder geschäftlichen Bezeichnung versehen sind, und von außerhalb der EU bzw. des EWR in den Binnenmarkt eingeführt werden. Auf Antrag und gegen Sicherheitsleistung des Rechteinhabers können solche Waren bei ihrer Einfuhr oder Ausfuhr durch die Zollbehörde beschlagnahmt werden, wenn die Rechtsverletzung „offensichtlich" ist. Dies gilt für den Verkehr mit anderen Mitgliedstaaten der EU sowie mit anderen Vertragsstaaten des EWR aber nur, soweit (noch) Kontrollen durch die Zollbehörden stattfinden.

Fall 45: Beschreiben Sie bitte die Veräußerung eines Markenrechts.

Antwort 45: Das Markenrecht kann unter Lebenden durch den Markeninhaber nach Maßgabe der §§ 413, 398 BGB durch Abtretung auf einen Erwerber übertragen werden. Dazu ist es erforderlich, dass sich der Markeninhaber (als Rechteinhaber) mit dem Erwerber darüber einigt, dass das Markenrecht auf Letzteren übergehen soll. Meist liegt diesem Verfügungsgeschäft – dh der Übertragung des Markenrechts – ein Rechtskauf als schuldrechtliches Verpflichtungsgeschäft zugrunde (vgl. §§ 453, 433 BGB). Durch den Rechtskauf hat sich der Markeninhaber verpflichtet, dem an dem Markenrecht interessierten Erwerber das Recht zu übertragen.

Frage 46: Was versteht man unter einer ausschließlichen Lizenz?

Antwort 46: Eine ausschließliche Lizenz verschafft dem Lizenznehmer ein alleiniges Verwertungsrecht in dem ihm zugestandenen Vertriebsgebiet iS eines dinglichen Nutzungsrechts.

Damit hat der Lizenznehmer das Recht, sowohl gegen Schutzrechtsverletzungen eines Dritten als auch solche des Lizenzgebers selbst, mithin des Markeninhabers, vorzugehen.

Frage 47: Was versteht man unter einer einfachen Lizenz?

Antwort 47: Die nicht ausschließliche (einfache) Lizenz gewährt dem Lizenznehmer hingegen nur das Recht, das Markenrecht neben anderen, mithin sowohl neben einem oder mehreren Dritten als auch dem Lizenzgeber, zu nutzen. Im Unterschied zur ausschließlichen Lizenz kommt der einfachen Lizenz jedoch keine dingliche Wirkung zu. Damit entfaltet sie keine Wirkung gegenüber jedermann. Sie wirkt nur obligatorisch, dh schuldrechtlich. Ihr kommt also nur eine schuldrechtliche Wirkung zwischen Lizenznehmer und Lizenzgeber zu.

Frage 48: Wie lange wird Markenschutz gewährt?

Antwort 48: Es ist zwischen der Schutzdauer eingetragener, benutzter und notorisch bekannter Marken zu unterscheiden: Die Schutzdauer einer eingetragenen Marke ist zeitlich nicht begrenzt. Allerdings muss der Markenschutz erstmals zehn Jahre nach der Eintragung der Marke verlängert werden. Dann kann die Schutzdauer der eingetragenen Marke immer wieder um jeweils weitere zehn Jahre verlängert werden. Benutzungsmarken, die aufgrund ihrer Verkehrsgeltung entstanden sind, und notorisch bekannte Marken verlieren hingegen ihren Markenschutz durch den Verlust ihrer Verkehrsgeltung bzw. den Verlust ihrer notorischen Bekanntheit.

Frage 49: Ab wann ist ein Werktitel markenrechtlich geschützt?

Antwort 49: Ein Werktitel erlangt markenrechtlichen Schutz, wenn ihm Unterscheidungskraft zukommt. Unterscheidungskraft kann ein Werktitel schon in dem Augenblick erlangen, in dem er benutzt wird, spätestens aber dann, wenn er Verkehrsgeltung erlangt hat. UU kann ein Werktitel aber auch schon vor einer Benutzung Titelschutz erlangen, nämlich dann, wenn er öffentlich, bspw. mittels einer Titelschutzanzeige (bspw. einer Buchneuerscheinung im Börsenblatt des Deutschen Buchhandels), angekündigt wird.

Frage 50: Benennen Sie bitte einige Fälle von Firmenmarken, die mit Unternehmenskennzeichen (dh Firmenbezeichnungen) identisch sind.

Antwort 50: Identität besteht bspw. im Falle von „Coca-Cola", der „Volkswagen AG" und der Marke „VW" oder der „Bayerischen Motorenwerke AG" und der Marke „BMW".

Frage 51: Wie sind geschäftliche Bezeichnungen geschützt?

Antwort 51: Geschäftlichen Bezeichnungen kommt ein positiver und ein negativer Inhalt zu. Außerdem sind sie strafrechtlich geschützt. Der positive Inhalt besagt, dass dem Inhaber ab dem Erwerb des Schutzes ein ausschließliches Recht an der geschäftlichen Bezeichnung zusteht. Der negative Inhalt hat zur Folge, dass der Inhaber der geschäftlichen Bezeichnung von einem Verletzer Unterlassung der Verletzung bzw. Ersatz des durch eine schuldhafte Verletzung entstandenen Schadens verlangen kann, sofern Verwechslungsgefahr besteht. Als Hilfsansprüche können auch ein Auskunftsanspruch gegen den Verletzer bzw. ein Anspruch auf Vernichtung bestehen. IÜ wird der Inhaber der geschäftlichen Bezeichnung auch strafrechtlich geschützt.

Frage 52: Wann gelangen die nachfolgend genannten Zeichenrechte zur Entstehung: eingetragene Marken, das Namensrecht, die Firma, benutzte Marken, Unternehmenskennzeichen und Werktitel bzw. Geschäftsabzeichen?

Antwort 52: Eingetragene Marken gelangen mit der Eintragung ins Markenregister zur Entstehung. Das Namensrecht, die Firma, Unternehmenskennzeichen und Werktitel (sofern diese Unterscheidungskraft besitzen) mit der Ingebrauchnahme im geschäftlichen Verkehr,

XVIII. Exkurs: Der Schutz von Domains

benutzte Marken mit der Erlangung von Verkehrsgeltung, Unternehmenskennzeichen und Werktitel (sofern diese keine Unterscheidungskraft besitzen) mit der Erlangung von Verkehrsgeltung und Geschäftsabzeichen mit der Erlangung von Verkehrsgeltung.

Frage 53: Welchem Zeichenrecht gebührt im Kollisionsfall ein Vorrang, wenn der Zeitrang maßgeblich ist?

Antwort 53: Ist im Falle einer Kollision von Zeichenrechten nach dem MarkenG für die Bestimmung des Vorrangs der Rechte ihr Zeitrang maßgeblich, bestimmt sich der Zeitrang von angemeldeten oder eingetragenen Marken nach dem Anmeldetag oder, falls eine Priorität in Anspruch genommen wird, nach dem Prioritätstag. Von Marken, die Verkehrsgeltung erlangt haben bzw. notorisch bekannt sind, und geschäftlichen Bezeichnungen (mithin Unternehmenskennzeichen und Werktitel) sowie sonstigen Rechten (dh Namensrechten, dem Recht der eigenen Abbildung, Urheberrechten, Sortenbezeichnungen, geographischen Herkunftsangaben sowie sonstigen gewerblichen Schutzrechten) nach dem Zeitpunkt, zu dem das Recht erworben wurde.

Frage 54: Was versteht man unter einer Kollektivmarke, und wer kann diese nutzen?

Antwort 54: Rechtsfähige Verbände (Verbände von Herstellern, Erzeugern, Dienstleistungsunternehmern oder Händlern, einschließlich der Dachverbände und Spitzenverbände, deren Mitglieder selbst Verbände sind) können alle als Individualmarke schutzfähigen Zeichen (iSv § 3 MarkenG) ins Markenregister eintragen lassen, sofern diese Zeichen geeignet sind, die Waren oder Dienstleistungen der Mitglieder des Inhabers der Kollektivmarke (dh des rechtsfähigen Verbandes) von denjenigen anderer Unternehmen nach ihrer betrieblichen oder geographischen Herkunft, ihrer Art, ihrer Qualität oder ihren sonstigen Eigenschaften zu unterscheiden. Berechtigt aus dem Kollektivzeichen sind dann die Mitglieder dieser rechtsfähigen Verbände, denen der jeweilige Verband das Kollektivzeichen zur Benutzung zur Verfügung stellt.

Frage 55: Was versteht man unter einer geographischen Herkunftsangabe und nennen Sie einige Beispiele.

Antwort 55: Geographische Herkunftsangaben sind die Namen von Orten, Gegenden, Gebieten oder Ländern sowie sonstige Angaben oder Zeichen (dh Angaben über die geographische Herkunft), die im geschäftlichen Verkehr zur Kennzeichnung der geographischen Herkunft von Waren oder Dienstleistungen benutzt werden. Beispiele sind etwa „Lübecker Marzipan", „Made in Germany", „Meißener Porzellan", „Nürnberger Lebkuchen" oder „Scotch Whisky".

Frage 56: Können Sie ein Beispiel für eine geographische Herkunftsbezeichnung nennen, die nur einen mittelbaren Bezug auf die geographische Herkunft gibt?

Antwort 56: Für eine geographische Herkunftsbezeichnung reicht ein bloß mittelbarer Bezug auf die geographische Herkunft aus – zB die Verwendung von Bocksbeutelflaschen für bestimmte Weinregionen (zB für Frankenwein und für Wein vom Kaiserstuhl).

Frage 57: Was versteht man unter einer Gattungsbezeichnung und wodurch unterscheidet sich eine solche von einer geographischen Herkunftsbezeichnung? Nennen Sie bitte auch drei Gattungsbezeichnungen.

Antwort 57: Gattungsbezeichnungen enthalten zwar eine Angabe über die geographische Herkunft bzw. sind von einer geographischen Herkunft ableitbar. Sie haben im Laufe der Zeit jedoch ihre ursprüngliche Bedeutung verloren. Gattungsbezeichnungen dienen heute nur noch als Name von Waren oder Dienstleistungen oder als Bezeichnung oder Angabe der

Art, der Beschaffenheit, der Sorte oder sonstiger Eigenschaften oder Merkmale von Waren oder Dienstleistungen.

Gattungsbezeichnungen werden nicht durch das MarkenG geschützt. Wenn die unter einer Gattungsbezeichnung vertriebene Ware aber in irreführender Weise nicht die notwendigen Ingredienzen enthält, dh die Beschaffenheit aufweist, die die Gattungsbezeichnung ausmacht, kann darin ein Verstoß gegen das Verbot irreführender Werbung nach § 3 Abs. 1 iVm § 5 UWG liegen (zB „Schwarzwälder-Kirsch-Torte" ohne Kirschwasser oder „Wiener Schnitzel", zubereitet nicht aus Kalb-, sondern aus Schweinefleisch).

Beispiele für eine Gattungsbezeichnung sind „Berliner", „Hamburger", „Italienischer Salat", „Leipziger Allerlei", „Lyoner" oder „Pilsner".

Frage 58: Gegen was sind geographische Herkunftsangaben geschützt?

Antwort 58: Geographische Herkunftsangaben werden nach § 127 MarkenG geschützt, wenn ihre Verwendung für Waren oder Dienstleistungen die Gefahr einer Irreführung mit sich bringt, weil letztere nicht aus dem Ort, der Gegend, dem Gebiet oder dem Land stammen, das durch die geographische Herkunftsangabe bezeichnet wird. Haben die durch eine geographische Herkunftsangabe gekennzeichneten Waren oder Dienstleistungen „besondere Eigenschaften" oder eine „besondere Qualität", so darf die geographische Herkunftsangabe nur für Waren oder Dienstleistungen verwendet werden, die diese Eigenschaften oder diese Qualität tatsächlich aufweisen. Genießt eine geographische Herkunftsangabe einen besonderen Ruf, so darf sie für Waren oder Dienstleistungen anderer Herkunft auch dann nicht benutzt werden, wenn eine „Gefahr der Irreführung über die geographische Herkunft" nicht besteht, sofern die Benutzung für Waren oder Dienstleistungen anderer Herkunft geeignet ist, den Ruf der geographischen Herkunftsangabe oder ihre Unterscheidungskraft ohne rechtfertigenden Grund in unlauterer Weise auszunutzen oder zu beeinträchtigen.

Frage 59: Welche Ansprüche können gegen den Verletzer einer geographischen Herkunftsangabe geltend gemacht werden?

Antwort 59: Gegen den Verletzer einer geographischen Herkunftsangabe können sowohl Unterlassungs- als auch Schadensersatzansprüche geltend gemacht werden: Wer im geschäftlichen Verkehr Namen, Angaben oder Zeichen entgegen § 127 MarkenG benutzt, kann bei Wiederholungsgefahr nach § 128 Abs. 1 MarkenG auf Unterlassung in Anspruch genommen werden. Wer dem § 127 MarkenG schuldhaft – dh vorsätzlich oder fahrlässig – zuwiderhandelt, ist dem berechtigten Nutzer der geographischen Herkunftsangabe gemäß § 128 Abs. 2 MarkenG auch zum Ersatz des durch die Zuwiderhandlung entstandenen Schadens verpflichtet.

Frage 60: Nennen Sie bitte die zur Geltendmachung eines Unterlassungsanspruchs Berechtigten.

Antwort 60: Den Unterlassungsanspruch können die nach § 8 Abs. 3 UWG nF (seit dem 1.12.2020) Anspruchsberechtigten geltend machen – mithin jeder Mitbewerber, bestimmte rechtsfähige Verbände zur Förderung gewerblicher oder selbstständiger beruflicher Interessen, bestimmte qualifizierte Einrichtungen, Industrie- und Handelskammern sowie andere Organisationen und Körperschaften.

XVIII. Exkurs: Der Schutz von Domains

Frage 61: Abschlusssachverhalt
Hat der Antrag des A Aussicht auf Erfolg?
Lösung:
Löschungsantrag nach § 50 MarkenG

I. Formelle Voraussetzung
   1. **Antragsberechtigung**
      Der Antrag auf Löschung wegen absoluter Schutzhindernisse iSv § 50 MarkenG kann nach § 53 Abs. 2 S. 1 MarkenG von jedermann (dh jeder natürlichen oder juristischen Person sowie jedem Interessenverband von Herstellern, Erzeugern, Dienstleistungsunternehmen, Händlern oder Verbrauchern) gestellt werden. A ist hier ein Spielzeughersteller, der in direkter Konkurrenz zu L steht. A somit ist antragsberechtigt.
   2. **Antragsgegner**
      A muss den Antrag gegen L als Inhaber der eingetragenen Marke richten und nach § 53 Abs. 1 S. 1 MarkenG beim DPMA zu stellen. Beides liegt hier vor.
   3. **Zwischenergebnis**
      Die formellen Voraussetzungen eines Löschungsantrags nach § 50 MarkenG sind gegeben.
II. Widerspruch nach § 53 Abs. 4 MarkenG
    Nach Unterrichtung durch das DPMA hat L innerhalb von zwei Wochen der Löschung widersprochen. Damit hat er innerhalb der zweimonatigen Frist gemäß § 53 Abs. 5 S. 2 MarkenG der Löschung widersprochen.
III. Materielle Voraussetzungen
     Der Eintragung könnten nach § 50 Abs. 1 MarkenG absolute Schutzhindernisse – mithin §§ 3, 7 oder 8 MarkenG – entgegenstehen, die im Zeitpunkt der Antragsstellung gemäß § 50 Abs. 2 MarkenG noch bestehen müssen.
   1. **Schutzhindernis nach § 3 Abs. 2 Nr. 2 MarkenG**
      Der Eintragung könnte das Schutzhindernis nach § 3 Abs. 2 Nr. 2 MarkenG entgegenstehen.[453]
      Nach dieser Vorschrift ist ein Zeichen, das ausschließlich aus einer Form besteht, dem Markenschutz nicht zugänglich, wenn die Form zur Erreichung einer technischen Wirkung erforderlich ist. Die Bestimmung schließt es im öffentlichen Interesse aus, dass der Inhaber des Markenrechts technische Lösungen für sich monopolisieren und dadurch Mitbewerber daran hindern kann, ihre Ware mit diesen technischen Lösungen zu versehen. Voraussetzung ist, dass die wesentlichen funktionellen Merkmale der Form nur der technischen Wirkung zuzuschreiben sind, selbst wenn die fragliche technische Wirkung auch durch andere Formen erzielt werden kann. Die Ausführungsform des roten Bausteins ist ausschließlich technisch bedingt. Grundsätzlich dürfen technische Lösungen, die über Patent- oder Gebrauchsmusterschutz verfügten oder verfügt hätten, nicht mithilfe des Markenschutzes unterlaufen werden. Nur Merkmale, die nicht im Wesentlichen technisch bedingt sind, sind dem Markenschutz zugänglich. Die technische Funktion der Noppen auf der Oberseite sowie die Hohlräume auf der Unterseite der Spielbausteine stehen in einem Verbindungseffekt, der der Stabilität dient und eine leichte Verbindung und

---

[453] Angelehnt an BGH Beschl. v. 16.7.2009 – I ZB 53/07 (BPatG) = BGHZ 182, 325 = GRUR 2010, 231, Rn. 25 – Legostein.

Trennung der Elemente erlaubt. Die Form und der Durchmesser der Noppen, ihre Anzahl, ihre Höhe und ihre symmetrische Anordnung sind wesentlich für die erzielte Wirkung und deshalb für diese technische Wirkung auch erforderlich iSd § 3 Abs. 2 Nr. 2 MarkenG. Die technische Wirkung der Noppen steht im Vordergrund. Dass es sich bei der Ausführungsform der L (Christiansen-Technik) um eine Ausführungsform von mehreren handelt, spielt für die Beurteilung der Markenfähigkeit keine Rolle. Jede Ausführungsform bleibt vorrangig technisch bedingt und ist damit nach § 3 Abs. 2 Nr. 2 MarkenG von einer Eintragung ausgeschlossen.

2. **Schutzhindernis der Grundform nach § 3 Abs. 2 Nr. 1 MarkenG**

Weiterhin könnte sich die Markenfähigkeit der Registermarke Nr. 123789 auch nur allein aus den Noppen (Kupplungselementen) des Spielbausteins ergeben. Nach § 3 Abs. 2 Nr. 1 MarkenG kann die quaderförmige Aufmachung an sich nicht markenrechtlich geschützt werden, da es sich um die Grundform der Warengattung handelt.

3. **Verkehrsdurchsetzung**

Eine mögliche Verkehrsgeltung kann ein absolutes Schutzhindernis nach § 3 MarkenG nicht heilen. Die Verkehrsdurchsetzung spielt lediglich bei absoluten Schutzhindernissen nach § 8 Abs. 2 Nr. 1 bis 3 MarkenG aufgrund von § 50 Abs. 2 S. 2 MarkenG eine Rolle.

4. **Zeitpunkt der Antragsstellung**

Auch im Zeitpunkt der Antragsstellung steht die technische Wirkung des roten Bausteins nach § 50 Abs. 2 S. 1 MarkenG noch weiter im Vordergrund

5. **Zwischenergebnis**

Die materiellen Voraussetzungen liegen vor.

IV. Ergebnis

Der Antrag des A hat Aussicht auf Erfolg.

5. Kapitel: Der Schutz von Leistungen im Bereich des Designs

Während technische Erfindungen einen umfassenden Schutz gegen die unberechtigte Nutzung durch Dritte, der im PatG bzw. dem GebrG gesetzlich geregelt ist, genießen, sind **ästhetische Gestaltungen** – man spricht hier auch vom Design eines Produktes (bspw. von Schmuck oder Stoffen) – von diesem Schutz ausgenommen. Gleichwohl besteht auch für diese „nichttechnischen" Erfindungen im geistig-kreativen Bereich ein vergleichbares Schutzbedürfnis, da die äußere Erscheinung eines Produktes, wie zB seine Form- oder Farbgebung, das Produkt von anderen auf dem Markt unterscheidet und dadurch einen Vermögenswert darstellt, der durch unberechtigte Nachahmung verletzt werden kann. Unabhängig davon können aber auch technische Produkte (Maschinen oder Automobile) aufgrund ihrer äußeren Gestaltung **Designschutz** genießen.

Sowohl auf nationaler als auch auf europäischer Ebene besteht ein starkes Interesse, diesen Vermögenswert zu schützen.

I. Gesetzliche Grundlage des Designschutzes

Das nationale Designrecht, das früher als Geschmacksmusterrecht bezeichnet wurde, war bis zum 31.12.2013 im Gesetz über den rechtlichen Schutz von Mustern und Modellen (Geschmacksmustergesetz – **GeschMG**), geregelt. Dieses Gesetz basierte bereits auf einer europäischen Rechtsharmonisierung der nationalen Geschmacksmusterrechte, indem das Geschmacksmusterreformgesetz vom 1.6.2004 die Richtlinie 98/71/EG des Europäischen Parlaments und des Rates vom 13.10.1998 über den rechtlichen Schutz von Mustern und Modellen (Geschmacksmusterrichtlinie – GeschMRL)[1] umsetzte. Die **europäische Rechtsharmonisierung** im Wege des Richtlinienrechts erfasst die Definition des „Musters" (Art. 1 GeschMRL), die Anforderungen an die Neuheit und Eigenart des Musters einschließlich entsprechender Definitionen (Art. 3 bis 5 GeschMRL), die Frage, wann ein Muster offenbart ist (Art. 6 GeschMRL), sowie den Umfang des Schutzes (Art. 9 GeschMRL) und dessen Dauer (Art. 10 GeschMRL). Die Art. 7 und 8 GeschMRL statuieren iÜ Ausschlüsse vom Geschmacksmusterschutz und Art. 11 GeschMRL Gründe, die zur Unwirksamkeit des Schutzes führen können. In Art. 12 GeschMRL werden die Rechte aus dem Geschmacksmuster und in Art. 13 GeschMRL deren Beschränkungen geregelt. Nach Erwägungsgrund Nr. 6 der GeschMRL soll es den Mitgliedstaaten weiterhin freistehen, Verfahrensvorschriften für die Eintragung, die Verlängerung der Schutzfrist und die Nichtigerklärung von Rechten an Mustern sowie Bestimmungen über die Rechtswirkung der Nichtigkeit zu erlassen.

1. Gemeinschaftsgeschmacksmusterverordnung

Über die Rechtsharmonisierung der GeschmRL hinaus hat der europäische Gesetzgeber – sog. **zweispuriger Ansatz**[2] – mit der **Gemeinschaftsgeschmacksmusterverordnung** ein gemeinschaftsweit geltendes einheitliches Geschmacksmusterrecht geschaffen (EG-Verordnung Nr. 6/2002 des Rates vom 12.12.2001 über das Gemeinschaftsgeschmacksmuster [GGVO] seit dem 1.4.2003).[3] Hier gilt die Besonderheit, dass das Gemeinschaftsgeschmacksmuster nach Art. 1 Abs. 2 Buchst. b GGVO sowohl als förmli-

---

[1] ABl. EG Nr. L 289 S. 28.
[2] Götting, § 38 Rn. 2.
[3] ABl. L 3 S. 1, ber. ABl 2002 L 179 S. 31, zuletzt geändert durch Anh. III 2. III. ÄndEU-BeitrAkt2013 vom 9.12.2011 (ABl. 2012 L 112 S. 21).

ches Recht durch Eintragung beim **EUIPO** (Amt der Europäischen Union für geistiges Eigentum – vormals: Harmonisierungsamt für den Binnenmarkt [HABM], fortan: „Amt")[4] in Alicante/Spanien als auch gemäß Art. 1 Abs. 2 Buchst. a GGVO als nicht eingetragenes Gemeinschaftsgeschmacksmuster durch bloße Offenbarung zur Entstehung gelangen kann.

Beachte: Im Gegensatz dazu gelangt das nationale Design in Deutschland als förmliches Recht nur infolge einer entsprechenden Anmeldung mit seiner Eintragung im **Register für eingetragene Designs** (fortan: Register) des DPMA zur Entstehung.

2. Nationale Regelung

5   Mit Wirkung zum 1.1.2014 wurde das GeschmMG infolge des Gesetzes zur **Modernisierung des Geschmacksmustergesetzes** sowie zur Änderung der Regelungen über die Bekanntmachungen zum Ausstellungsschutz vom 10.10.2013 in **Designgesetz** (DesignG) umbenannt.

6   Der Gesetzgeber hat sich aus verschiedenen Gründen[5] für eine **Novellierung des Musterrechts** entschieden: Zum einen enthielt das alte GeschmMG keine Regelung über ein Antragsverfahren, in dem das DPMA als Entscheidungsträger die Nichtigkeit einer Designeintragung erklären konnte (**Notwendigkeit eines Nichtigkeitsverfahrens**). Dies hatte zur Folge, dass ein Begehren auf Feststellung oder Erklärung der Nichtigkeit einer Geschmacksmustereintragung mittels Klage vor den zuständigen Gerichten verfolgt werden musste, was erhebliche Kosten verursachte. Um für den Rechtsuchenden eine kostengünstigere Möglichkeit der Feststellung oder Erklärung der Nichtigkeit einer bestehenden Eintragung zu schaffen, wurde infolge der Novelle ein **Nichtigkeitsverfahren im DesignG** eingeführt.

7   Zudem hatte sich gezeigt, dass sich das Wort „Geschmacksmuster" trotz langjähriger Verwendung als **für die Allgemeinheit nicht verständlich** erwiesen hatte. Selbst in Fachkreisen war der Begriff „**Designrecht**" schon häufiger verwendet worden als „Geschmacksmusterrecht". Im neuen DesignG wurde daher der Begriff „Geschmacksmuster" durch den Begriff „**eingetragenes Design**" ersetzt. Daraus resultierte auch die Umbenennung des Gesetzes in „DesignG". Des Weiteren werden die gesetzlich vorgesehenen Bekanntmachungen zum Ausstellungsschutz jetzt auch für Designleistungen im Bundesanzeiger statt im Bundesgesetzblatt veröffentlicht.

8   Die auf das GeschmMG anwendbare GeschmacksmusterVO wurde durch die Verordnung zur Ausführung des DesignG (**Designverordnung**[6] – DesignVO vom 2.1.2014) ersetzt. Diese Durchführungsverordnung umfasst die Regelungstatbestände der Verordnungsermächtigung nach den §§ 25, 26 DesignG.

9   Der **Schutz typographischer Schriftzeichen**[7] erfolgt zudem durch das Gesetz zum Wiener Abkommen vom 12.6.1973 über den Schutz typographischer Schriftzeichen und

---

4   Amt der Europäischen Union für geistiges Eigentum (EUIPO [im Folgenden „Amt" – Art. 2 Abs. 1 UMV] – das in der außer Kraft getretenen Gemeinschaftsmarkenverordnung (GMVO) benannte Harmonisierungsamt für den Binnenmarkt [Marken, Muster und Modelle – kurz: HABM] ging in das EUIPO über, weshalb alle Verweise des Unionsrechts auf das HABM, als Verweise auf das „Amt", also das EUIPO, gelten, so Art. 2 Abs. 2 UMV.
5   RegE, BT-Drs. 17/14219 vom 26.6.2013, S. 1.
6   Verkündet als Art. 1 der VO vom 2.1.2014 (BGBl. I S. 18). Inkrafttreten gem. Art. 6 Abs. 1 S. 1 dieser VO am 10.1.2014.
7   Näher hierzu Kelbel, GRUR 1982, 79.

II. Schutzgegenstand des DesignG

ihre internationale Hinterlegung (**Schriftzeichengesetz**, kurz: SchriftZG). Nach Art. 2 SchriftZG gilt eine internationale Hinterlegung und Eintragung aufgrund des Wiener Abkommens vom 12.6.1973 über den Schutz typographischer Schriftzeichen und ihre internationale Hinterlegung als Anmeldung nach den Vorschriften des nationalen DesignG. **Typographische Schriftzeichen** sind nach der Definition in Art. 2 Buchst. i des Abkommens die Sätze der Muster von

- **Buchstaben und Alphabeten** im engeren Sinne mit ihrem Zubehör wie Akzenten und Satzzeichen,
- **Ziffern und anderen figürlichen Zeichen** wie konventionelle Zeichen, Symbole und wissenschaftliche Zeichen,
- **Ornamenten** wie Einfassungen, Fleurons und Vignetten,

die dazu bestimmt sind, als Mittel zu dienen, um Texte durch graphische Techniken aller Art zu setzen. Der Ausdruck „typographische Schriftzeichen" umfasst jedoch keine Schriftzeichen, deren Form durch rein technische Erfordernisse bedingt ist.

3. Zusammenfassung der Regelungen im Designrecht

10

	Aktuell – Neuregelung	Altregelung
Völkerrechtliche Verträge	Genfer Fassung des Haager Abkommens über die internationale Eintragung von Designs	
	Wiener Abkommen	
EU-Verordnung	Gemeinschaftsgeschmacksmusterverordnung (VO (EG) 6/2002) – GGVO	
Durchführungs-VO	nach Art. 107 GGVO: VO (EG) Nr. 2245/2002 der Kommission vom 21.10.2002 zur Durchführung der Verordnung (EG) Nr. 6/2002 des Rates über das Gemeinschaftsgeschmacksmuster	
EU-Richtlinie	GeschmacksmusterRL [Richtlinie 98/71/EG] (GeschMRL)	
nationales Durchführungsgesetz	Gesetz zum Wiener Abkommen vom 12.6.1973 über den Schutz typographischer Schriftzeichen und ihre internationale Hinterlegung (Schriftzeichengesetz)	
nationales Gesetz	Designgesetz (DesignG)	Geschmacksmustergesetz aF (GeschmMG)
Durchführungs-VO nach §§ 25, 26 DesignG	Designverordnung vom 10.1.2014	Geschmacksmusterverordnung aF vom 11.5.2004 (BGBl. I S. 884)

II. Schutzgegenstand des DesignG

Das DesignG schützt die **gestalterische gewerbliche Leistung** iS eines mit dem Auge wahrnehmbaren Designs (dh visuell – ggf. auch haptisch, **nicht jedoch über den Geschmackssinn wahrnehmbar**), weshalb, die alte Begrifflichkeit „Geschmacksmuster"

11

irreführend war.[8] Dadurch können industrielle Form- und Farbgestaltungen unter Schutz gestellt werden. Dies gewinnt in einer postindustriellen Gesellschaft vor allem deshalb an Bedeutung, weil dem Design als Marketingfaktor eine „**qualitätsbestimmende Produkteigenschaft**" beigemessen wird.[9] Wenn Produkte zunehmend funktional austauschbar sind und ihr Lebenszyklus immer kürzer wird, ist die **äußere Aufmachung oft das entscheidende Unterscheidungskriterium** im Wettbewerb um die Außenwahrnehmung. Der Verbraucher konzentriert sich auf Farbe und Form, womit das Produktdesign zur Kaufentscheidung führt.

Frage 1: Wodurch unterscheidet sich der Entstehungsschutz des Designs im deutschen und europäischen Recht?
Frage 2: Worauf zielt der Designschutz ab?

III. Schutzvoraussetzungen des Designschutzes

12   Auch beim geschützten Design gibt es sowohl materielle als auch formelle Schutzvoraussetzungen, die in Deutschland im DesignG geregelt sind. Die **materiellen Schutzvoraussetzungen** legen fest, welche „Erzeugnisse" grundsätzlich Designschutz genießen können, während die **formellen Schutzvoraussetzungen** das Verfahren regeln, damit der Schutz des eingetragenen Designs iSd DesignG überhaupt entstehen kann.

1. Materielle Schutzvoraussetzungen

13   Als **eingetragenes Design** wird nach § 2 Abs. 1 DesignG geschützt ein

- Design iSv § 1 Nr. 1 bis 3 DesignG,
  – Erscheinungsform
  – im Zusammenhang mit einem Erzeugnis oder Teilerzeugnis,
- das neu ist (§ 2 Abs. 2 DesignG)
  – zum Zeitpunkt des Anmeldetags nach § 13 Abs. 1 DesignG oder
  – einem anderen Prioritätstag gemäß § 13 Abs. 2 DesignG, und
- eine Eigenart hat (§ 2 Abs. 3 DesignG).

14   Zudem dürfen dem Design keine **Schutzausschließungsgründe** nach § 3 DesignG entgegenstehen.

15   Im Hinblick auf die verwendeten Begrifflichkeiten „Design" und „eingetragenes Design" gilt Folgendes: Das im Register registrierte Design bezeichnet man als „**eingetragenes Design**".

a) Das Design

16   In § 1 Nr. 1 DesignG definiert der Gesetzgeber den **Begriff des Designs** als zwei- oder dreidimensionale Erscheinungsform eines ganzen Erzeugnisses iSv § 1 Nr. 2 DesignG. Diese Erscheinungsform ergibt sich „insbesondere" (dh nur beispielhaft, aber nicht abschließend) aus den Merkmalen der Linien, Konturen, Farben, der Gestalt, Oberflächenstruktur oder der Werkstoffe des Erzeugnisses selbst oder seiner Verzierung. Man kann auch sagen: Designs sind **Form- und Farbgestaltungen aller Art**.

---

8   Eisenmann/Jautz, Rn. 208.
9   So Eisenmann/Jautz, Rn. 202.

III. Schutzvoraussetzungen des Designschutzes

Der **Designschutz** knüpft an die immaterielle plastische oder flächige Form (**Gesamteindruck der Muster** – alte Bezeichnung für ein Design) an. Diese muss geeignet sein, als Vorbild für die Fertigung körperlicher Erzeugnisse zu dienen.[10] Lässt die **graphische Darstellung eines Musters** nicht erkennen, ob es ein- oder zweiteilig ausgestaltet ist, kann dies zur Folge haben, dass einerseits weitergehende Entgegenhaltungen aus dem **vorbekannten Formenschatz** (also zuvor geschützte Designs/Muster in Zusammenhang von Erscheinungsform mit dargestelltem Erzeugnis oder Teilerzeugnis als Vergleichsmaßstab, die in Konflikt mit einem streitgegenständlichem Klagemuster stehen könnten)[11] möglich sind, dass andererseits aber auch ein größerer Schutzumfang des Musters besteht. Ist die **graphische Darstellung eines Musters** in Schwarz-Weiß gehalten,[12] ist bei der Verletzungsprüfung die angegriffene Form grundsätzlich von der farblichen Gestaltung zu abstrahieren, wenn nicht bei der angegriffenen Ausführungsform Kontrastfarben verwendet werden, die zu einem von einer einheitlichen Farbgebung abweichenden Gesamteindruck führen. Besteht Designschutz nur für die Erscheinungsform eines Teils eines Erzeugnisses, ist bei der Prüfung des Gesamteindrucks der Verletzungsform der entsprechende Teil zugrunde zu legen.[13]

„Erzeugnis" ist nach der Legaldefinition des § 1 Nr. 2 DesignG jeder industrielle oder handwerkliche Gegenstand einschließlich seiner Verpackung, Ausstattung, graphischen Symbole und typographischen Schriftzeichen (vgl. zu diesem Begriff näher § 61 DesignG) sowie von Einzelteilen, die zu einem komplexen Erzeugnis zusammengebaut werden sollen (womit eine **selbstständige Verkehrsfähigkeit nicht erforderlich** ist, zB Haushalts- und Elektrowaren, Kleidung und Schmuck bzw. Lebensmittel). Ein Computerprogramm wird jedoch ausdrücklich nicht als „Erzeugnis" qualifiziert.

Als „**Teil eines Erzeugnisses**" ist bspw. der Scherkopf eines Elektrorasierers schutzfähig.[14] Im Hinblick auf die vom BGH[15] bejahte Möglichkeit hinsichtlich eines Kotflügels Designschutz zu erlangen, hat das Gericht aber festgestellt, dass Gegenstand des Designschutzes lediglich selbstständige, verkehrsfähige Erzeugnisse sein können, die dazu bestimmt und geeignet sind, auf den Farben- und Formensinn des Betrachters zu wirken.

---

10 BGH Urt. v. 24.3.2011 – I ZR 211/08 (OLG München) = GRUR 2011, 1112 (1116), Rn. 49 – Schreibgeräte.
11 BGH Urt. v. 11.1.2018 – I ZR 187/16 (OLG Düsseldorf) = GRUR 2018, 832 – Ballerinaschuh: 1. Modelle, die über eine Internetseite dem allgemeinen Publikum zum Kauf angeboten werden, gehören zum vorbekannten Formenschatz, von dem der interessierte Benutzer Kenntnis nehmen kann, und sind bei der Prüfung des Schutzumfangs eines Gemeinschaftsgeschmacksmusters zu berücksichtigen. 2. Umstände, die den Schutzumfang eines Geschmacksmusters zu schmälern geeignet sind, gehören grundsätzlich nicht zu den Tatsachen, die der klagende Schutzrechtsinhaber von sich aus offenbaren muss. Es obliegt vielmehr dem aus dem Geschmacksmuster in Anspruch genommenen Beklagten, hierzu vorzutragen. 3. Stellt derjenige, der unberechtigt wegen einer Schutzrechtsverletzung abgemahnt worden ist, infolge der Verwarnung den Vertrieb des beanstandeten Produkts ein, ist wegen des in der unberechtigten Schutzrechtsverwarnung liegenden Eingriffs in den eingerichteten und ausgeübten Gewerbebetrieb auch der Schaden ersatzfähig, der dem Verwarnten infolge der Vertriebseinstellung nach Erhebung einer Klage wegen der Schutzrechtsverletzung entsteht.
12 BGH Urt. v. 12.3.2015 – I ZR 153/14 (OLG Hamburg) = BGHZ 205, 1 = GRUR 2015, 1009 – BMW-Emblem: 1. Eine schwarz-weiße Marke ist nicht mit demselben Zeichen in Farbe identisch, sofern die Farbunterschiede nicht unbedeutend sind. 2. Eine markenmäßige Benutzung liegt vor, wenn eine Plakette, die zur Anbringung auf Ersatzteilen dient, mit der bekannten Marke eines Automobilherstellers versehen wird. 3. Wird die Klagemarke von einem Dritten für seine Produkte wie eine eigene Marke benutzt, ist die Schutzschranke des § 23 Nr. 3 MarkenG nicht eröffnet.
13 BGH Urt. v. 24.3.2011 – I ZR 211/08 (OLG München) = GRUR 2011, 1112 (1116), Rn. 49 – Schreibgeräte: unzulässige Nachahmung eines international registrierten Geschmacksmusters.
14 BGH Urt. v. 21.1.1977 – I ZR 49/75 (OLG Karlsruhe) = GRUR 1977, 602 – Trockenrasierer.
15 BGH Urt. v. 16.10.1986 – I ZR 6/85 (OLG Köln) = GRUR 1987, 518 – Kotflügel.

20 Unter „**typographischen Schriftzeichen**" versteht man nach § 61 DesignG neue Schriftarten, die jedoch nicht als Einzelzeichen, sondern nur als neues Gesamtschriftbild schützbar sind (vorstehende Rn. 9).

21 Damit erfasst der Designschutz (ebenso wie der Patent- und Gebrauchsmusterschutz) nur **konkrete Verkörperungen** während abstrakte Ideen, wie bspw. Stilformen oder Moden, nicht schutzfähig sind.[16]

22 Ein **komplexes Erzeugnis** ist nach der Legaldefinition des § 1 Nr. 3 DesignG ein Erzeugnis aus mehreren Bauelementen, die sich ersetzen lassen, so dass das Erzeugnis auseinander- und wieder zusammengebaut werden kann. Dafür normiert § 4 DesignG (Bauelemente komplexer Erzeugnisse) Einschränkungen.

b) Der Neuheitsbegriff

23 Ein Design gilt nach der gesetzlichen Fiktion des § 2 Abs. 2 S. 1 DesignG als neu, wenn vor dem Anmeldetag kein identisches Design offenbart worden ist.

24 Ein **identisches Design** ist bei absoluter Identität (dh einer Kongruenz iS einer „eins-zu-eins-Identität") anzunehmen. Allerdings beugt § 2 Abs. 2 S. 2 DesignG Versuchen vor, Kongruenz dadurch zu vermeiden, dass ein Design in leicht veränderter Form – dh in enger Anlehnung – an die Merkmale eines bereits existenten und geschützten Designs geschützt werden soll: Designs gelten nach dieser zweiten gesetzlichen Fiktion auch dann noch als identisch, wenn sich ihre Merkmale nur in „unwesentlichen" Einzelheiten, wie zB durch unwesentliche Form- oder Farbänderungen, unterscheiden (sog. **photographischer Neuheitsbegriff**).[17] Denn auch in einer solchen Konstellation ist das Design nicht mehr „neu".

25 Im Hinblick auf die **Neuheit** stellt § 2 Abs. 2 S. 1 DesignG (ebenso wie § 2 Abs. 3 S. 1 DesignG im Hinblick auf das Erfordernis der Eigenart) auf den **Anmeldetag** (dh den Zeitpunkt der Offenbarung) ab, mithin den Tag, an dem die Unterlagen mit den Angaben nach § 11 Abs. 2 DesignG beim DPMA oder bei einem Patentinformationszentrum (PIZ) eingegangen sind (vgl. § 13 Abs. 1 DesignG). Bis zu diesem Zeitpunkt darf kein identisches Design (iSd Neuheitsbegriffs) bzw. kein Design, dessen Gesamteindruck sich vom vorbekannten Formenschatz nicht unterscheidet (iSd Begriffs der Eigenart) offenbart worden sein.[18]

26 Wird wirksam eine Priorität in Anspruch genommen – dh eine frühere ausländische Anmeldung desselben Designs nach § 14 DesignG (sog. **ausländische Priorität**) oder eine Zurschaustellung des Designs durch den Anmelder auf einer in- oder ausländischen Ausstellung (Messe) gemäß § 15 DesignG (sog. **Ausstellungspriorität**) –, so tritt nach § 13 Abs. 2 DesignG dieser **Prioritätstag** an die Stelle des Anmeldetages.

27 Ein „identisches Design" ist nach dem Beispielskatalog des § 5 S. 1 DesignG dann **offenbart** worden, wenn es bekannt gemacht, ausgestellt, im Verkehr verwendet oder auf sonstige Weise der Öffentlichkeit zugänglich gemacht wurde. Etwas anderes gilt nur dann, wenn dies den in der **Gemeinschaft tätigen Fachkreisen** des betreffenden Sektors im normalen Geschäftsverlauf vor dem Anmeldetag des Designs nicht bekannt sein konnte (zB weil die Offenbarung zeitlich zu lange zurückliegt bzw. an einem schwer

---

16 Vgl. Eisenmann/Jautz Rn. 205.
17 Götting, § 40 Rn. 3.
18 Götting, § 40 Rn. 7.

III. Schutzvoraussetzungen des Designschutzes

zugänglichen Ort erfolgt ist). Ein Design gilt nach der gesetzlichen Fiktion des § 5 S. 2 DesignG hingegen dann nicht als offenbart, wenn es einem Dritten lediglich unter der ausdrücklichen oder stillschweigenden **Bedingung der Vertraulichkeit** bekannt gemacht wurde, die Offenbarung mithin rechtswidrig erfolgt ist. Diese als Beurteilungs- und Vergleichsmaßstab heranzuziehenden bereits offenbarten Muster bezeichnet die Rechtsprechung als „**vorbekannten Formenschatz**".

Auf dem Warengebiet der Computergehäuse ist bspw. der taiwanesische Markt bei der Beurteilung des vorbekannten Formenschatzes von den inländischen Fachkreisen in Betracht zu ziehen:[19] Allein aus der Veröffentlichung einer Gestaltung in einer Werbeanzeige in einer ausländischen Fachzeitschrift kann aber noch nicht geschlossen werden, dass diese Gestaltung schon vor dem Zeitpunkt des Erscheinens der Werbeanzeige den inländischen Verkehrskreisen bekannt war oder bekannt sein konnte und deshalb zum vorbekannten Formenschatz gehörte. Ob ein Design „neu" ist, beurteilt sich im Rahmen seiner Gegenüberstellung (Einzelvergleich) mit dem gesamten bekannten Formenschatz am Anmelde- (bzw. Prioritäts-) tag.[20]

28

c) Die Eigenart

Ein Design hat nach § 2 Abs. 3 S. 1 DesignG **Eigenart**, wenn sich der Gesamteindruck, den es – im Rahmen eines Einzelvergleichs – bei einem informierten Benutzer (iS eines **Durchschnittsbetrachters**)[21] hervorruft, von dem Gesamteindruck unterscheidet, den ein anderes Design, dh jedes andere Design, bei diesem Benutzer hervorruft, das der Öffentlichkeit vor dem Anmeldetag (vorstehende Rn. 23 ff.) zugänglich gemacht worden ist. Bei der Beurteilung der Eigenart wird gemäß § 2 Abs. 3 S. 2 DesignG der **Grad der Gestaltungsfreiheit des Designers** bei der Entwicklung des Designs berücksichtigt. Damit ist die Gestaltungshöhe keine absolute Größe.[22] Die Gestaltungsfreiheit ist wiederum abhängig von der **Designdichte in der betreffenden Erzeugnisklasse**, dh von der Anzahl der Designs innerhalb dieser Erzeugnisklasse. Es gilt also eine Wechselwirkung: Je höher die Musterdichte, desto weniger muss das Design von anderen Designs unterscheidbar sein.

29

Im Unterschied zum Patent (das Erfindungshöhe voraussetzt) und zum Gebrauchsmuster (das einen erfinderischen Schritt zur Voraussetzung hat) stellt das Designrecht **keinerlei qualitative Voraussetzungen** für seine Schutzfähigkeit auf. Ausreichend – aber auch erforderlich – ist somit allein Eigenart iS einer **bloßen Unterscheidungskraft** gegenüber ähnlichen Designs aus dem vorbekannten Formenschatz. Dies war früher anders.

30

Beachte: So hat der BGH noch vor etwa 40 Jahren[23] im Hinblick auf das damals geltende Tatbestandsmerkmal der „Eigentümlichkeit" im GeschmMG[24] festgestellt, dass „ein Muster oder Modell eigentümlich ... (ist), wenn es in den für die ästhetische Wirkung maßgebenden

---

19 BGH Urt. v. 29.1.2004 – I ZR 163/01 (OLG Düsseldorf) = GRUR 2004, 427 – Computergehäuse.
20 BGH Beschl. v. 16.8.2012 – I ZR 74/10 (OLG Düsseldorf) = GRUR 2012, 1253 – Gartenpavillon; Ruhl, GRUR 2010, 718 – Verlängerte Limousine.
21 So Eisenmann/Jautz, Rn. 210.
22 Götting, § 40 Rn. 5: Konzeption einer „Relativität der Gestaltungshöhe".
23 BGH Urt. v. 20.5.1974 – I ZR 136/72 (OLG Düsseldorf) = NJW 1974, 1380 – Dreifachkombinationsschalter.
24 BGH Urt. v. 13.7.2000 – I ZR 219/98 (OLG München) = GRUR 2000, 1023 – 3-Speichen-Felgenrad; BGH Urt. v. 14.7.1961 – I ZR 44/59 (OLG Frankfurt aM) – BGHZ 35, 341 = GRUR 1962, 144 – Buntstreifensatin I: 1. Es ist kein Rechtsfehler, wenn die Schutzfähigkeit eines Geschmacksmusters wegen mangelnder Eigentümlich-

Merkmalen als das Ergebnis einer eigenpersönlichen, form- oder farbenschöpferischen Tätigkeit erscheint, die über das Durchschnittskönnen eines mit der Kenntnis des betroffenen Fachgebiets ausgerüsteten Mustergestalters hinausgeht" – wobei im konkreten Fall bei der ästhetischen Gestaltung von elektrischen Schaltern angenommen wurde, dass die hinreichende Gestaltungshöhe nicht zu niedrig angesetzt werden dürfe, um in den Genuss des Geschmacksmusterschutzes zu kommen. Allerdings könne ein Muster – im konkreten Fall Fassaden- und Dacheindeckungsplatten – auch dann „eigentümlich" sein (mithin „Eigenart" aufweisen), wenn es zwar eine gängige geometrische Form verwendet, diese Form aber für den mit Durchschnittskönnen und der Kenntnis des betreffenden Fachgebiets ausgestatteten Mustergestalter im Hinblick auf vermeintliche funktionsbedingte Nachteile von vornherein ausscheidet.[25] Von der Beurteilung der „Eigentümlichkeit" sollten – so der BGH[26] – solche Merkmale nicht grundsätzlich ausgeschlossen sein, die nach dem bestimmungsgemäßen Einbau eines dem Muster entsprechenden Bauelements in ein komplexes Erzeugnis nicht sichtbar sind.

Beachte weiterhin: Bei der Beurteilung, ob ein Design neuartig (§ 2 Abs. 3 DesignG) ist und die erforderliche Eigenart (§ 2 Abs. 3 DesignG) aufweist, bleiben bestimmte Vorveröffentlichungshandlungen ausnahmsweise aber unberücksichtigt. Es gilt insofern nach § 6 S. 1 DesignG eine sog. **Neuheitsschonfrist:** Danach bleibt es unberücksichtigt, wenn ein Design während der letzten **zwölf Monate** vor dem Anmeldetag durch den Entwerfer oder seinen Rechtsnachfolger bzw. durch einen Dritten als Folge von Informationen oder Handlungen des Entwerfers oder seines Rechtsnachfolgers der Öffentlichkeit zugänglich gemacht wurde. Dasselbe gilt gemäß § 6 S. 2 DesignG, wenn das Design als Folge einer missbräuchlichen Handlung gegen den Entwerfer oder seinen Rechtsnachfolger offenbart wurde.

d) Schutzausschließungsvoraussetzungen

31 In den §§ 3 und 4 DesignG sind **Schutzausschließungsgründe** normiert. Vom Designschutz sind bestimmte, in § 3 Abs. 1 DesignG genannte Erscheinungsmerkmale von Erzeugnissen und Designs ausgeschlossen. Es handelt sich dabei um

- Erscheinungsmerkmale von Erzeugnissen, die **ausschließlich durch deren technische Funktion bedingt** sind (Nr. 1). Wenn die Gestaltung des Erzeugnisses allein durch die technische Funktion bedingt ist, besteht nämlich überhaupt kein gestalterischer Spielraum mehr.

---

keit verneint wird, ohne dass zuvor den Beweisangeboten nachgegangen wird, durch die die Neuheitsvermutung des § 13 GeschmMG ausgeräumt werden soll. 2.a) Maßgebend für die Schutzfähigkeit eines Geschmacksmusters ist allein die ästhetische Wirkung, die aus dem niedergelegten Muster erkennbar ist, gleichgültig, ob ein Originalstück oder eine Abbildung niedergelegt ist. Angaben in einer der Musteranmeldung beigefügten Beschreibung können den Schutz nicht begründen. b) Wird der Anmeldung eine Erklärung beigefügt, wonach das Muster in einer bestimmten Stoffart (hier: Seidensatingewebe) niedergelegt werde, ist aber in Wahrheit ein Papiermuster niedergelegt, das die Art der Ausführung des Musters in der angegebenen Stoffart nicht festlegt, so entfällt ein Musterschutz nicht wegen mangelnder Konkretisierung, wenn die Bildform, die das Papiermuster vermittelt, für andere Stoffarten gewerblich verwendet werden kann. Die Erklärung in der Anmeldung kann bei solcher Sachlage nicht als eine Beschränkung des Gegenstandes des Geschmacksmusters auf eine Ausführung in der angegebenen Stoffart aufgefasst werden. 3. Bei Textilerzeugnissen, bei denen die in Betracht kommenden Verkehrskreise entscheidendes Gewicht auf das äußere Erscheinungsbild der Ware legen, kann ein eingewebtes farbiges Muster keinen Ausstattungsschutz genießen, weil es nach der Verkehrsauffassung kein Warenkennzeichnungsmittel, sondern ein wesensbestimmendes Merkmal der Ware selbst darstellt.

25 BGH Urt. v. 18.10.2007 – I ZR 100/05 (OLG Köln) = GRUR 2008, 153 – Dacheindeckungsplatten.
26 BGH Urt. v. 10.1.2008 – I ZR 67/05 (OLG München) = GRUR 2008, 790 – Baugruppe.

III. Schutzvoraussetzungen des Designschutzes

- Erscheinungsmerkmale von Erzeugnissen, die zwangsläufig in ihrer genauen Form und ihren genauen Abmessungen nachgebildet werden müssen, damit das Erzeugnis, in das Design aufgenommen oder bei dem es verwendet wird, mit einem anderen Erzeugnis mechanisch zusammengebaut oder verbunden oder in diesem, an diesem oder um dieses herum angebracht werden kann (grundsätzliches **Verbot eines Designschutzes mit korrespondierender Monopolisierung von Verbindungselementen**), so dass beide Erzeugnisse ihre Funktion erfüllen (Nr. 2 – sog. „**must-fit-Klausel**" iS der Sicherstellung einer weitgehenden Interoperabilität von Erzeugnissen).[27] Derartige „Verbindungselemente" sind nach § 3 Abs. 2 DesignG vom Designschutz allerdings dann ausnahmsweise nicht ausgeschlossen, wenn sie dem Zweck dienen, den Zusammenbau oder die Verbindung einer Vielzahl von untereinander austauschbaren Teilen innerhalb eines (montierbaren) **Bauteilesystems** zu ermöglichen (sog. Lego-Klausel). § 3 Abs. 1 Nr. 2 DesignG erfasst auch nicht sog. **must-match-Teile**, „die zur Herstellung eines Erscheinungsbildes eines komplexen Erzeugnisses in einer bestimmten Form gefertigt werden müssen, bei denen aber die Gesamtgestaltung nicht vorgegeben ist".[28]
- Designs, die gegen die **öffentliche Ordnung** oder gegen die **guten Sitten** verstoßen (Nr. 3).
- Designs, die eine missbräuchliche Benutzung eines der in Art. 6ter PVÜ zum Schutz des gewerblichen Eigentums aufgeführten Zeichen oder von sonstigen Abzeichen, Emblemen und Wappen von öffentlichem Interesse darstellen (Nr. 4), sollen im öffentlichen Interesse vor einer Monopolisierung dem Designschutz entzogen sein.[29]

Hinweis: Ein Design, das bei einem Erzeugnis, das **Bauelement eines komplexen Erzeugnisses** ist, benutzt oder in dieses Erzeugnis eingefügt wird, gilt nach der gesetzlichen Fiktion des § 4 DesignG nur dann als neu und hat nur dann Eigenart, wenn das Bauelement, das in ein komplexes Erzeugnis eingefügt ist, bei dessen bestimmungsgemäßer Verwendung sichtbar bleibt und diese sichtbaren Merkmale des Bauelements selbst die Voraussetzungen der Neuart und Eigenart erfüllen.

e) Rechtsprechung

So hat der BGH[30] bspw. entschieden, dass es kein allgemeines Verbot gebe, **abgewandelte Verkehrsschilder** abzubilden oder zu vertreiben (zumal – anders als im Markenrecht – vor der Eintragung des Designs auch keine Prüfung eines allgemeines Freihaltebedürfnisses erfolgt). 32

Weiterhin kann zB auch die **dekorative Abbildung gesetzlicher Zahlungsmittel** – im konkreten Fall einer Euro-Münze in einer Fantasiefigur und einem Schlüsselanhänger – 33

---

27 Götting, § 41 Rn. 14.
28 So Götting, § 41 Rn. 16 – so sind zB die sichtbaren Einzelteile der Karosserie eines Kfz vom Designschutz ausgeschlossen. Kritisch Götting (§ 41 Rn. 17), da die eigentliche Problematik (nämlich die Ersatzteilfrage) durch eine Ausdehnung eines Monopolrechts für Sekundärmärkte durch die Automobilhersteller „verschleiert" werde. Allerdings wird der grundsätzlich eröffnete Teilschutz aufgrund der gesetzlichen Fiktion des § 4 DesignG (Bauelemente komplexer Erzeugnisse) wieder eingeschränkt. Im Umkehrschluss sind bei bestimmungsgemäßer Verwendung nicht sichtbare Bauelemente nicht designfähig, da sie weder neu sind noch Eigenart aufweisen.
29 So Eisenmann/Jautz, Rn. 211.
30 BGH Beschl. v. 22.4.2004 – I ZB 15/03 (BPatG) = GRUR 2004, 770 – Abgewandelte Verkehrszeichen.

als Design geschützt werden,[31] da kein allgemeines Verbot bestehe, Zahlungsmittel auf Produkten abzubilden und diese Produkte zu vertreiben. Auch wenn auf einem Schlüsselanhänger als Gebrauchsgegenstand die Vorder- und Rückseite von Euro-Banknoten abgebildet wird, verstoße dies nicht gegen die „öffentliche Ordnung"[32] – ebenso wenig wie ein Muster oder ein Modell, das die dekorative Abbildung gesetzlicher Zahlungsmittel zum Gegenstand hat (im konkreten Fall DM-Banknoten und deutsche Münzen auf Tassen).[33]

34   Auch ein Muster oder Modell, in das ein **Postwertzeichen im Original** einbezogen ist (im konkreten Fall ein Ersttagssammelblatt), ist nicht wegen Verstoßes gegen die „öffentliche Ordnung" von der Eintragung ins Register ausgeschossen.[34]

35   **Beachte:** Ist der Gegenstand der Anmeldung kein Design iSd § 1 Nr. 1 DesignG oder ist ein Design nach § 3 Abs. 1 Nr. 3 oder Nr. 4 DesignG vom Designschutz ausgeschlossen, so weist das DPMA die Anmeldung nach § 18 DesignG zurück.

36   **Zusammenfassung:** Das DesignG schützt die Gestaltung der äußeren Form von zwei- oder dreidimensionalen Erscheinungsformen eines Erzeugnisses. Dieses Design genießt gemäß § 2 DesignG Designschutz, wenn es neu ist, Eigenart aufweist und ihm keine Schutzausschließungsgründe entgegenstehen.

Frage 3: Unter welchen Voraussetzungen erlangt ein Design als förmliches Recht Schutz?
Frage 4: Was versteht man unter einem „Design"?
Frage 5: Wann genügt ein Design dem Neuheitsgebot?
Frage 6: Wann kann einem Design Eigenart beigemessen werden?
Frage 7: Was versteht man unter der sog. Neuheitsschonfrist?
Frage 8: Welche Schutzausschließungsvoraussetzungen kennen Sie im Designrecht?

2. Formelle Entstehungsvoraussetzungen

37   Designschutz entsteht, wenn kumulativ sowohl die materiellen Schutzvoraussetzungen eines eingetragenen Designs nach § 2 Abs. 1 DesignG – nämlich Design, Neuheit und Eigenart – vorliegen als auch das Design als förmliches Recht in das Register für eingetragene Designs (fortan: Register) des DPMA nach Maßgabe der §§ 11 ff. DesignG eingetragen worden ist, das von der Dienststelle Jena geführt wird.

IV. Anmeldung des Designs

38   Die Anmeldung zur Eintragung eines Designs in das Register ist nach § 11 Abs. 1 S. 1 DesignG beim DPMA unter **Entrichtung einer Anmeldegebühr** (vgl. § 3 Abs. 1 PatKostG) einzureichen. Die Anmeldung kann aber auch über ein Patentinformationszentrum (PIZ) eingereicht werden, wenn diese Stelle durch Bekanntmachung des BMJV im Bundesgesetzblatt dazu bestimmt worden ist, Designanmeldungen entgegenzunehmen (so § 11 Abs. 1 S. 2 DesignG).

---

31 BGH Beschl. v. 20.3.2003 – I ZB 29/01 (BPatG) = GRUR 2003, 705 – Euro-Billy-Münzen.
32 BGH Beschl. v. 20.3.2003 – I ZB 1/02 (BPatG) = GRUR 2003, 708 – Schlüsselanhänger.
33 BGH Beschl. v. 20.3.2003 – I ZB 27/01 (BPatG) = GRUR 2003, 707 – DM-Tassen.
34 BGH Beschl. v. 22.4.2004 – I ZB 16/03 (BPatG) = GRUR 2004, 771 – Ersttagssammelblätter.

IV. Anmeldung des Designs

1. Grundlagen

Die Anmeldung muss nach § 11 Abs. 2 S. 1 DesignG bestimmten Formalien (dh **zwingenden Anmeldeerfordernissen**) genügen. Sie muss Folgendes enthalten: 39

- Einen schriftlichen Antrag auf Eintragung auf dem dafür vorgesehenen amtlichen Vordruck des DPMA (Nr. 1). Die gänzlich elektronische Einreichung einer Designanmeldung ist seit dem 1.3.2010 durch Nutzung der Software „DPMAdirekt", seit 12.11.2013 auch über den Webservice „DPMAdirektWeb" auf der Homepage des DPMA zulässig.[35] Antragsteller kann entweder der Entwerfer selbst (bzw. sein Rechtsnachfolger) sein oder, im Falle eines im Rahmen eines Arbeitsverhältnisses entworfenen Designs, der Arbeitgeber (vgl. § 7 DesignG).
- Angaben, die es erlauben, die Identität des Anmelders festzustellen (Nr. 2). Und
- eine zur Bekanntmachung geeignete Wiedergabe des Designs (Nr. 3), bspw. in Gestalt eines Photos oder einer Zeichnung (nicht hingegen mehr – wie nach altem Recht – die Hinterlegung eines Originals).

Die **Wiedergabe** besteht aus mindestens einer farbigen oder schwarz-weißen, photographischen oder sonstigen graphischen Darstellung (zB Strichzeichnung) des Designs. Es können bis zu zehn Darstellungen eingereicht werden, um die schutzbegründenden Merkmale zu verdeutlichen (vgl. § 6 Abs. 1 S. 1 DesignG, zB eine Darstellung aus unterschiedlichen Perspektiven). Die Wiedergabe legt Gegenstand und Umfang des Schutzrechts fest und ist daher von zentraler Bedeutung. Der **Schutzgegenstand** ist auf die in der Wiedergabe **sichtbaren Erscheinungsmerkmale** beschränkt, dh, nur das, was in der Wiedergabe sichtbar ist, ist auch geschützt. Beim Fehlen einer der Angaben iSv § 11 Abs. 2 DesignG kommt es zu einer Verschiebung des Anmeldetags mit ggf. sich ändernder Priorität (§ 13 Abs. 1 DesignG). 40

Die Anmeldung muss darüber hinaus nach § 11 Abs. 3 DesignG eine Angabe der Erzeugnisse enthalten, in die das Design aufgenommen oder bei denen es verwendet werden soll. Diese Angabe hat allerdings keinen Einfluss auf den Schutzumfang des eingetragenen Designs (vgl. § 11 Abs. 6 DesignG). 41

Im Übrigen muss die Anmeldung nach § 11 Abs. 4 DesignG den weiteren Anmeldungserfordernissen entsprechen, die in der Rechtsverordnung des BMJV nach § 26 DesignG (DesignVO, vorstehende Rn. 8) bestimmt worden sind. 42

Die Anmeldung kann gemäß § 11 Abs. 5 DesignG zusätzlich folgende **fakultativen Angaben** enthalten: 43

- eine Beschreibung zur Erläuterung der Wiedergabe (Nr. 1),
- einen Antrag auf Aufschiebung der Bildbekanntmachung nach § 21 Abs. 1 S. 1 DesignG (Nr. 2),
- ein Verzeichnis mit der Warenklasse oder den Warenklassen, in die das Design einzuordnen ist (Nr. 3),
- die Angabe des Entwerfers oder der Entwerfer (Nr. 4) bzw.
- die Angabe eines Vertreters (Nr. 5).

Die Angaben nach § 11 Abs. 3 und Abs. 5 Nr. 3 DesignG haben nach § 11 Abs. 6 DesignG allerdings keinen Einfluss auf den Schutzumfang des eingetragenen Designs. 44

---

35 Eichmann/Jestaedt/Fink/Meiser/Kühne/Meiser, DesignG, § 11 Rn. 18.

45 Der Anmelder kann seine Anmeldung nach § 11 Abs. 7 DesignG jederzeit auch wieder zurücknehmen.

46 Im Interesse einer Verfahrensvereinfachung und der Kostenersparnis eröffnet § 12 DesignG die **Möglichkeit einer Sammelanmeldung:** Mehrere Designs können nach § 12 Abs. 1 DesignG in einer Anmeldung zusammengefasst werden, wobei diese Sammelanmeldung jedoch nicht mehr als insgesamt 100 Designs umfassen darf, die **derselben Warenklasse** angehören müssen. Der Anmelder kann eine Sammelanmeldung gemäß § 12 Abs. 2 DesignG durch Erklärung gegenüber dem DPMA im Nachgang aber auch wieder teilen. Die Teilung lässt den Anmeldetag aber unberührt. Ist allerdings die Summe der Gebühren, die nach dem PatKostG für jede Teilanmeldung zu entrichten wären, höher als die gezahlten Anmeldegebühren der Sammelanmeldung, so ist der Differenzbetrag nach zu entrichten.

47 Bei Einreichung einer Einzelanmeldung, bei der mehrere Darstellungen verschiedene Ausführungsformen eines Erzeugnisses mit unterschiedlichen Merkmalen der Erscheinungsform zeigen, ist es nach Ansicht des BGH[36] unzulässig, einen einheitlichen Schutzgegenstand auf der Grundlage der „Schnittmenge" der allen Darstellungen gemeinsamen Merkmale zu ermitteln. Richtigerweise handelt es sich dann um eine Anmeldung mehrerer unterschiedlicher Designs. Im Eintragungsverfahren lässt das DPMA insoweit zur Bereinigung der (mängelbehafteten) Einzelanmeldung eine Uminterpretation in eine **Sammelanmeldung** zu. Bei einem Festhalten des Anmelders an der Einzelanmeldung fehlt dann aber die Designfähigkeit. Die **Schnittmengenlehre,** bei der aus mehreren Darstellungen ein Schutzgegenstand ermittelt wurde, ist vom BGH wieder aufgegeben worden.[37]

48 Die **Anmeldegebühren** richten sich nach dem Patentkostengesetz (Anlage zu § 2 Abs. 1 PatKostG) und betragen 60 Euro für die normale Schutzdauer von fünf Jahren bei elektronischer Anmeldung (IV Designsachen Nr. 341000) bzw. 70 Euro bei einer Anmeldung in Papierform (Nr. 341100), bei einer Sammelanmeldung sechs Euro je Design (mindestens 60 Euro) bei elektronischer Anmeldung (Nr. 341200) bzw. sieben Euro (mindestens 70 Euro) bei einer Anmeldung in Papierform (Nr. 341300).

49 Der **Anmeldetag** eines eingetragenen Designs ist nach § 13 Abs. 1 DesignG grundsätzlich der Tag, an dem die Unterlagen mit den Angaben nach § 11 Abs. 2 DesignG beim DPMA oder – wenn diese Stelle durch Bekanntmachung des BMJV im Bundesgesetzblatt. dazu bestimmt ist – bei einem Patentinformationszentrum (PIZ) eingegangen ist. Wird wirksam eine Priorität nach § 14 DesignG (Ausländische Priorität) oder § 15 DesignG (Ausstellerpriorität) in Anspruch genommen, so tritt gemäß § 13 Abs. 2 DesignG bei der Anwendung der §§ 2 bis 6, 12 Abs. 2 S. 2, 21 Abs. 1 S. 1, 34 S. 1 Nr. 3 und 43 DesignG der Prioritätstag an die Stelle des Anmeldetages.

---

36 BGH Beschl. v. 20.12.2018 – I ZB 25/18 = BGHZ 220, 344 = GRUR 2019, 832 – Sporthelm; BGH Beschl. v. 20.12.2018 – I ZB 26/18 = GRUR 2019, 835 – Sportbrille, jeweils unter Aufgabe von BGH Urt. v. 15.2.2001 – I ZR 333/98 (OLG Hamm) = GRUR 2001, 503 – Sitz-Liegemöbel: Der Grundsatz findet keine Anwendung mehr, wonach wenn bei der Einzelanmeldung eines Modells als Geschmacksmuster mehrere Photographien hinterlegt worden sind, die das Modell in verschiedenen Ausführungsformen zeigen, die hinterlegten Fotografien rechtlich als eine einzige Darstellung iSd § 7 Abs. 3 Nr. 2 GeschmMG anzusehen sind. Abweichungen der Photographien voneinander führen demgemäß nicht zu einer Vermehrung der Schutzgegenstände, sondern müssen bei der Bestimmung des Schutzgegenstands des Musters außer Betracht bleiben.
37 Eichmann/Jestaedt/Fink/Meiser/Kühne/Meiser, DesignG, § 11 Rn. 29.

IV. Anmeldung des Designs

Beachte: Das Designrecht kennt keine dem Patentrecht (vgl. § 40 PatG) vergleichbare innere Priorität.

2. Ausländische Priorität

Wer nach einem Staatsvertrag (zB Angehörige von Staaten der PVÜ nach deren Art. 2 bis 4 [Unionspriorität] bzw. nach Art. 2 Abs. 1 S. 1 und Art. 3 Abs. 1 S. 1 des TRIPS-Abkommens, das die Anwendung des PVÜ auf Angehörige des TRIPS-Abkommens erweitert) die Priorität einer früheren ausländischen Anmeldung desselben Designs in Anspruch nimmt (dh sich auf den Altersrang einer Anmeldung desselben Designs im Ausland beruft), hat gemäß § 14 Abs. 1 DesignG vor Ablauf des 16. Monats nach dem Prioritätstag Zeit, Land und Aktenzeichen der früheren Anmeldung anzugeben und eine Abschrift der früheren Anmeldung einzureichen. Innerhalb der Frist können die Angaben auch noch geändert werden. Art. 4 C Abs. 1 PVÜ verkürzt die Nachmeldefrist eines Designs beim DPMA auf eine Prioritätsfrist von sechs Monaten nach dem Tag der Erstanmeldung.

50

Ist die **frühere Anmeldung** in einem Staat eingereicht worden, mit dem kein Staatsvertrag über die Anerkennung der Priorität besteht, so kann der Anmelder nach § 14 Abs. 2 DesignG ein dem Prioritätsrecht nach der PVÜ entsprechendes Prioritätsrecht in Anspruch nehmen, soweit nach einer Bekanntmachung des BMJV im Bundesgesetzblatt der andere Staat aufgrund einer ersten Anmeldung beim DPMA ein Prioritätsrecht gewährt, das nach Voraussetzungen und Inhalt dem Prioritätsrecht nach der PVÜ vergleichbar ist – wobei § 14 Abs. 1 DesignG anzuwenden ist. Werden die Angaben nach § 14 Abs. 1 DesignG rechtzeitig gemacht und wird die Abschrift rechtzeitig eingereicht, so trägt das DPMA nach § 14 Abs. 3 S. 1 DesignG die Priorität in das Register ein. Hat der Anmelder eine Priorität erst nach der Bekanntmachung der Eintragung eines Designs in Anspruch genommen oder Angaben geändert, wird die Bekanntmachung insofern nachgeholt (so § 14 Abs. 3 S. 2 DesignG). Werden die Angaben nach § 14 Abs. 1 DesignG nicht rechtzeitig gemacht oder wird die Abschrift nicht rechtzeitig eingereicht, so gilt nach der gesetzlichen Fiktion des § 14 Abs. 3 S. 3 DesignG die Erklärung über die Inanspruchnahme der Priorität als nicht abgegeben. Das DPMA stellt dies nach § 14 Abs. 3 S. 4 DesignG fest.

51

3. Ausstellungspriorität

Hat der Anmelder ein Design

52

- auf einer amtlichen oder amtlich anerkannten internationalen Ausstellung iS des am 22.11.1928 in Paris unterzeichneten Abkommens über internationale Ausstellungen (Nr. 1) oder
- auf einer sonstigen inländischen oder ausländischen Ausstellung (Nr. 2)

zur Schau gestellt, kann er nach § 15 Abs. 1 DesignG, wenn er die Anmeldung innerhalb einer Frist von sechs Monaten seit der erstmaligen Zurschaustellung einreicht, von diesem Tag an ein Prioritätsrecht in Anspruch nehmen. Die in § 15 Abs. 1 Nr. 1 DesignG bezeichneten Ausstellungen werden vom BMJV im Bundesanzeiger bekannt gemacht (so § 15 Abs. 2 DesignG). Die Ausstellungen iSd § 15 Abs. 1 Nr. 2 DesignG werden im Einzelfall vom BMJV gemäß § 15 Abs. 3 DesignG bestimmt und im Bundesanzeiger bekannt gemacht. Wer eine Priorität nach § 15 Abs. 1 DesignG in Anspruch nimmt, hat vor Ablauf des 16. Monats nach dem Tag der erstmaligen Zurschaustellung des Musters diesen Tag und die Ausstellung anzugeben sowie einen Nachweis für die Zurschaustellung einzureichen (so § 15 Abs. 4 S. 1 DesignG) – wobei § 14 Abs. 3 DesignG nach der gesetzlichen Fiktion des § 15 Abs. 4 S. 2 DesignG entsprechend gilt. Die Ausstellungspriorität nach § 15 Abs. 1 DesignG verlängert gemäß § 15 Abs. 5 DesignG die Prioritätsfristen nach § 14 Abs. 1 DesignG nicht.

53 § 15 Abs. 4 DesignG schließt eine Kumulation der Prioritätsrechte nach § 14 und § 15 DesignG (sog. **Kettenpriorität**) aus – wohingegen die Ausstellungspriorität nach § 15 DesignG und die Neuheitsschonfrist gemäß § 6 DesignG voneinander unabhängig sind.[38]

V. Registrierung des Designs

54 Auf der Grundlage der Anmeldung prüft die zuständige Designstelle des DPMA nach § 16 Abs. 1 DesignG allein das Vorliegen bestimmter **formaler Eintragungsvoraussetzungen**, nämlich ob

- die Anmeldegebühren nach § 5 Abs. 1 S. 1 PatKostG gezahlt wurden (Nr. 1),
- die Voraussetzungen für die Zuerkennung des Anmeldetages nach § 11 Abs. 2 DesignG vorliegen (Nr. 2) und ob
- die Anmeldung den sonstigen Anmeldungserfordernissen entspricht (Nr. 3).

55 Dagegen erfolgt keine Überprüfung der materiellen Entstehungsvoraussetzungen (**Fehlen einer Sachprüfung**) und damit, wie auch beim Gebrauchsmusterrecht, **keine Prüfung der materiellen Schutzvoraussetzungen** des § 2 Abs. 1 DesignG. Das DPMA prüft nicht, ob das angemeldete Design „neu" ist und „Eigenart" aufweist, ob der Anmeldende überhaupt zur Anmeldung berechtigt ist und ob die Anmeldeangaben zutreffend sind (vgl. § 19 Abs. 2 DesignG – „ohne … zu prüfen"). Diese Fragen können erst im Rahmen eines Nichtigkeitsverfahrens überprüft werden.

56 Das DPMA überprüft die Anmeldung jedoch nach § 18 DesignG im Hinblick darauf, ob **Eintragungshindernisse** vorliegen: Ist der Gegenstand der Anmeldung kein „Design" iSd § 1 Nr. 1 DesignG oder ist ein Design wegen Verstoßes gegen die öffentliche Ordnung oder gegen die guten Sitten (§ 3 Abs. 1 Nr. 3 DesignG) bzw. wegen missbräuchlicher Benutzung von Abzeichen, Emblemen oder Wappen von öffentlichem Interesse vom Designschutz ausgeschlossen (§ 3 Abs. 1 Nr. 4 DesignG), so weist das DPMA die Anmeldung zurück.

57 Das DPMA fordert – sofern es bei seiner Prüfung formelle Mängel iS von § 16 Abs. 1 Nr. 3 und Nr. 4 DesignG feststellt – den Anmelder gemäß § 16 Abs. 5 S. 1 DesignG auf, innerhalb einer bestimmten Frist die festgestellten Mängel zu beseitigen. Kommt der Anmelder dieser Aufforderung des DPMA nach, so erkennt das DPMA bei Mängeln nach § 16 Abs. 1 Nr. 3 DesignG als **Anmeldetag nach § 13 Abs. 1 DesignG den Tag an, an dem die festgestellten Mängel beseitigt werden** (so § 16 Abs. 5 S. 2 DesignG). Werden die vom DPMA monierten formellen Mängel vom Anmelder hingegen nicht fristgerecht beseitigt, so weist das DPMA die Anmeldung nach § 16 Abs. 5 S. 3 DesignG durch Beschluss zurück.

58 Liegen die **formellen Eintragungsvoraussetzungen** vor und bestehen auch keine Eintragungshindernisse iSv § 18 DesignG, so trägt das DPMA die eintragungspflichtigen An-

---

38 Götting, § 42 Rn. 5.

V. Registrierung des Designs

gaben des Anmelders in das vom DPMA geführte Register für eingetragenes Designs ein und bestimmt dabei, welche Warenklassen einzutragen sind (vgl. § 19 DesignG). Der Designschutz entsteht gemäß § 27 Abs. 1 DesignG mit der **Eintragung in das Register** nach § 19 DesignG. Die **Entkopplung des** Schutzbeginns vom Akt der Anmeldung und die Entstehung des Designschutzes gemäß §§ 37 ff. DesignG nach Anmeldung und formeller Prüfung ist eine der zentralen Neuerungen des DesignG. Dieser entstandene Schutz wirkt nicht zurück auf den Zeitpunkt der Anmeldung.[39] Die Eintragung in das Register wird nach § 20 S. 1 DesignG mit einer Wiedergabe des eingetragenen Designs im Designblatt durch das DPMA bekannt gemacht. Der **Bekanntmachung** kommt aber nur deklaratorische Bedeutung zu. Die Bekanntmachung erfolgt nach § 20 S. 2 DesignG (**Gewährsausschluss**) – womit ein gesetzlicher Haftungsausschluss für den Fall erfolgt, dass die Bekanntmachung die Wiedergabe eines eingetragenen Designs nicht vollständig oder nicht in allen Erscheinungsformen erkennbar abbildet.[40] Durch die Bekanntmachung soll es Dritten ermöglicht werden, sich möglichst umfassend über den bestehenden Designschutz zu informieren.

59

Die **Einsicht in das Register** steht nach § 22 DesignG jedermann frei. Das Recht, die Wiedergabe eines eingetragenen Designs und die vom DPMA über das eingetragene Design geführten Akten einzusehen, besteht gemäß § 22 S. 2 DesignG, wenn

60

- die Wiedergabe bekannt gemacht worden ist (Nr. 1),
- der Anmelder oder Rechteinhaber seine Zustimmung erteilt hat (Nr. 2) oder
- ein berechtigtes Interesse glaubhaft gemacht wird (Nr. 3).

Die Entscheidung darüber, ob die **Eintragungsvoraussetzungen zur Eintragung** eines Designs erfüllt sind, trifft die zuständige Organisationseinheit des DPMA, die Designstelle, durch Beschluss (vgl. § 23 DesignG). Die Designstelle muss mit einem rechtskundigen Mitglied iSd § 26 Abs. 2 S. 2 PatG besetzt sein. Gegen die Beschlüsse des DPMA im Verfahren nach dem DesignG findet die Beschwerde an das BPatG statt (so § 23 Abs. 3 DesignG). Gegen dessen Beschlüsse findet die Rechtsbeschwerde an den BGH statt, für die die einschlägigen Vorschriften des PatG entsprechende Anwendung finden (vgl. § 23 Abs. 5 DesignG).

61

§ 21 DesignG gestattet aus Gründen der Kostenersparnis die Aufschiebung der Bekanntmachung (Bildbekanntmachung) zugunsten bestimmter Wirtschaftsbranchen (zB der Textilindustrie mit kurzlebigen [saisonalen] Modetrends). **Für wirtschaftlich kurzlebige Gestaltungen**, bspw. nur für eine Saison marktgängige Textilgestaltungen, erspart sie dem Anmelder die fünfjährige Erstschutzdauer und auch die Notwendigkeit einer Bekanntmachung der Wiedergabe,[41] indem eine kürzere Schutzdauer von 30 Monaten (2,5 Jahre, sog. **Kurzschutz**) bei deutlich verringerten Anmeldegebühren gewählt werden kann (Nr. 341400: 30 Euro, jedes weitere Design 3 Euro). Damit ist dem Anmelder die Möglichkeit eingeräumt, zunächst **größere Kollektionen von Designs** anzumelden, in der Aufschiebungsfrist die wirtschaftlich nicht erfolgreichen Erzeugnisse auszusondern und nur die wichtigsten Stücke für die Bekanntmachung der Wiedergabe vorzusehen.[42] Die Aufschiebung eignet sich auch dafür, Zwischenergebnisse einer längerdauernden Designentwicklung vorübergehend durch wiederholte Anmeldung und

62

---

39 Eichmann/Jestaedt/Fink/Meiser/Kühne/Meiser, DesignG, § 27 Rn. 2.
40 Götting, § 42 Rn. 9.
41 Kelbel, GRUR 1985, 673.
42 Begründung zu § 21 GeschmMG 2004. Vgl. auch Kelbel, GRUR 1987, 146; Loschelder, Mitt. 1987, 84.

Eintragung verbilligt jedenfalls mit einem Nachbildungsschutz abzusichern, ohne dass die Öffentlichkeit durch die Bekanntmachung bildlich näher unterrichtet wird, und erst die Endfassung des Designs uneingeschränkt veröffentlichen zu lassen.[43]

VI. Recht auf das eingetragene Design

63 Das Recht auf das eingetragene Design steht nach § 7 Abs. 1 S. 1 DesignG dem **Entwerfer** oder seinem Rechtsnachfolger zu. Haben mehrere Personen gemeinsam ein Design entworfen, so steht ihnen gemäß § 7 Abs. 1 S. 2 DesignG das Recht auf das eingetragene Design gemeinschaftlich zu.

64 Wird ein Design von einem Arbeitnehmer in Ausübung seiner Aufgaben oder nach den Weisungen seines Arbeitgebers entworfen, so steht das Recht an dem eingetragenen Design nach § 7 Abs. 2 DesignG dem Arbeitgeber zu, sofern vertraglich nichts anderes vereinbart wurde.

65 § 8 DesignG normiert in Gestalt einer gesetzlichen Fiktion eine **formelle Berechtigung:** Danach gelten der Anmelder und Rechteinhaber in Verfahren, die ein eingetragenes Design betreffen, als berechtigt und verpflichtet.

66 Nur die in § 7 DesignG genannten Personen sind berechtigt, ein Design in das **Designregister eintragen** zu lassen. Da die Designstelle des DPMA diese Berechtigung jedoch nicht überprüft, kann theoretisch auch eine unberechtigte Person (§ 8 DesignG) ein Design wirksam für sich registrieren und damit schützen lassen. Der „wahre" Entwerfer kann dann allerdings von dem zu Unrecht eingetragenen Rechteinhaber die **Übertragung des Designrechts** verlangen oder fordern, dass dieser der Löschung des Rechts zustimmt (**Ansprüche gegenüber Nichtberechtigtem**, § 9 Abs. 1 S. 1 DesignG). Im Falle der Einwilligung in die Löschung gelten die Schutzwirkungen des eingetragenen Designs in diesem Umfang mit ex tunc-Wirkung (von Anfang an) als nicht eingetreten (so § 9 Abs. 1 S. 2 DesignG) – womit ein gutgläubiger Rechteinhaber nach Ablauf der Ausschlussfrist von drei Jahren ab Bekanntmachung des eingetragenen Designs sich keinen Rechtsstreitigkeiten mehr ausgesetzt sieht (§ 9 Abs. 2 DesignG). Etwas anderes gilt dann, wenn der Rechteinhaber bei der Anmeldung oder der Übertragung des eingetragenen Designs bösgläubig war.

67 > **Zusammenfassung:** Das Recht am Design steht dem Entwerfer zu. Die Designstelle des DPMA prüft auf Antrag, ob ein Design in das Designregister eingetragen werden kann. Die Eintragung erfolgt, wenn die formellen (Eintragungs-)Voraussetzungen erfüllt sind, das beantragte Design designfähig ist und kein von Amts wegen zu berücksichtigender Ausschließungsgrund vorliegt. Mit der Eintragung entsteht der Designschutz gemäß § 27 DesignG.

Frage 9: Welche Entstehungsvoraussetzungen müssen erfüllt sein, damit Designschutz entsteht?

Frage 10: Wie weit reicht der Prüfungsumfang des DPMA bei der Registrierung eines Designs?

Frage 11: Welche Eintragungsformalien müssen eingehalten werden, damit ein Designschutz entsteht?

---

43 Eichmann/Jestaedt/Fink/Meiser/Kühne/Meiser, DesignG, § 21 Rn. 2.

VII. Nichtigkeitsverfahren

Die Eintragung eines Designs hat zunächst nur deklaratorische Wirkung, da die Designstelle des DPMA bei der Eintragung die Schutzvoraussetzungen „Neuheit" und „Eigenart" nicht prüft. Daher ist es in vielen Fällen erst möglich, im Nachgang ein eingetragenes Design löschen zu lassen. Neben den absoluten Nichtigkeitsgründen wie zB der fehlenden Neuheit oder Eigenart (Originalität) kommen auch relative Nichtigkeitsgründe, wie die Kollision mit einem älteren Designrecht, in Betracht. 68

Für diese Fälle sieht § 34a DesignG ein **formelles Nichtigkeitsverfahren** vor dem DPMA vor, in dessen Verlauf geklärt wird, ob die Eintragung materiell rechtmäßig erfolgt ist und somit Bestand hat, oder ob sie nichtig ist und infolgedessen aus dem Register entfernt werden muss. Es handelt sich dabei um ein Verfahren, das durch einen entsprechenden schriftlichen Antrag in Gang gesetzt wird (vgl. § 34a Abs. 1 DesignG). 69

Die Antragsbefugnis ist in § 34 DesignG geregelt. Danach ist zur Stellung des Antrags 70

- auf Feststellung der Nichtigkeit nach § 33 Abs. 1 DesignG (= **Vorliegen eines absoluten Schutzhindernisses**) jedermann (S. 1) bzw.
- auf Erklärung der Nichtigkeit nach § 33 Abs. 2 DesignG (= **Vorliegen eines relativen Schutzhindernisses**) hingegen nur der Inhaber des betroffenen Rechtes (S. 2)

befugt.

Den Nichtigkeitsgrund nach § 33 Abs. 1 Nr. 3 iVm § 3 Abs. 1 Nr. 4 DesignG kann nur derjenige geltend machen, der von der Benutzung betroffen ist (§ 34 S. 3 1. Hs. DesignG). Davon unberührt bleibt nach § 34 S. 3 2. Hs. DesignG die Geltendmachung von Amts wegen durch die zuständige Behörde. Der Inhaber des eingetragenen Designs kann gemäß § 36 Abs. 1 Nr. 4 DesignG aber auch selbst in die Löschung des eingetragenen Designs einwilligen. 71

Ein **absolutes Schutzhindernis** bei einem eingetragenen Design besteht nach § 33 Abs. 1 DesignG dann, wenn 72

- die Erscheinungsform des Erzeugnisses kein Design iSd § 1 Nr. 1 DesignG ist (Nr. 1),
- das Design nicht neu ist oder keine Eigenart hat (§ 2 Abs. 2 bzw. Abs. 3 DesignG – Nr. 2) bzw.
- das Design vom Designschutz nach § 3 DesignG ausgeschlossen ist (Nr. 3).

In diesen Fällen stellt das DPMA – die Designabteilung (die nach § 23 Abs. 2 DesignG mit drei rechtskundigen Mitgliedern besetzt ist) – die Nichtigkeit des eingetragenen Designs durch einen **förmlichen Beschluss** fest (§ 33 Abs. 3 Alt. 1 DesignG). Oder die Nichtigkeit wird durch Urteil auf Widerklage im Verletzungsverfahren nach § 33 Abs. 3 Alt. 2 DesignG festgestellt. 73

Besteht hingegen ein **relatives Schutzhindernis**, so erklärt das DPMA das eingetragene Design nach § 33 Abs. 3 Alt. 1 DesignG durch einen Beschluss für nichtig. Dies ist der Fall, wenn das eingetragene Design gemäß § 33 Abs. 2 DesignG 74

345

- eine unerlaubte Benutzung eines durch das Urheberrecht geschützten Werkes darstellt (Nr. 1),
- in den Schutzumfang eines eingetragenen Designs mit älterem Zeitrang fällt, auch wenn dieses eingetragene Design erst nach dem Anmeldetag des für nichtig zu erklärenden eingetragenen Designs offenbart wurde (Nr. 2), bzw.
- in ihm ein Zeichen mit Unterscheidungskraft älteren Zeitrangs verwendet wird und der Inhaber des Zeichens berechtigt ist, die Verwendung zu untersagen (Nr. 3).

75 Der Antrag nach § 33 DesignG ist gemäß § 34a Abs. 1 S. 1 DesignG schriftlich beim DPMA einzureichen und zu begründen. Das DPMA stellt dem Inhaber des eingetragenen Designs nach § 34a Abs. 2 S. 1 DesignG den Antrag zu und fordert ihn auf, sich innerhalb eines Monats nach Zustellung zu dem Antrag zu erklären. Widerspricht der Inhaber dem Antrag nicht oder nicht innerhalb der Frist, wird die Nichtigkeit festgestellt oder erklärt (§ 34a Abs. 2 S. 2 DesignG). Wird dem Antrag rechtzeitig widersprochen, entscheidet das DPMA (unter Umständen nach Anhörung der Beteiligten oder Vernehmung von Zeugen und Sachverständigen) gemäß § 34a Abs. 3 und 4 DesignG durch Beschluss. Hiergegen findet nach § 23 Abs. 4 S. 1 DesignG die Beschwerde an das BPatG statt.

76 Für dieses verkürzte Verfahren hat das DPMA eine **eigene Designabteilung in Jena** geschaffen. Sie ist durch drei rechtskundige Mitarbeiter besetzt, wobei ein technischer Experte hinzugezogen werden kann (vgl. § 23 Abs. 2 DesignG). Dies kommt der Sachkompetenz und Vereinheitlichung der Entscheidungspraxis zugute.

77 Die Kosten für ein Nichtigkeitsverfahren beim DPMA betragen 300 Euro je eingetragenes Design (Nr. 346100).

78 Die Schutzwirkung der Eintragung eines Designs (§ 27 Abs. 1 DesignG) entfällt nach der gesetzlichen Fiktion des § 33 Abs. 4 DesignG mit **Eintritt der Unanfechtbarkeit des Beschlusses** des DPMA oder der Rechtskraft des Urteils von Anfang an (dh **mit ex-tunc-Wirkung**). Dies bedeutet, dass die Eintragung so behandelt wird, als wäre sie nie erfolgt.

79 Die Feststellung oder Erklärung der Nichtigkeit kann gemäß § 33 Abs. 5 DesignG auch noch nach der Beendigung der Schutzdauer des eingetragenen Designs oder nach einem Verzicht auf das eingetragene Design erfolgen.

80 Gegen Beschlüsse des DPMA im Rahmen eines Nichtigkeitsverfahrens findet die Beschwerde an das BPatG statt (so § 23 Abs. 4 DesignG). Über die Beschwerde entscheidet ein Beschwerdesenat des BPatG in der Besetzung mit drei rechtskundigen Mitgliedern.

81 Gegen die Beschlüsse des Beschwerdesenats des BPatG über eine Beschwerde nach § 23 Abs. 4 DesignG findet nach § 23 Abs. 5 S. 1 DesignG die Rechtsbeschwerde an den BGH statt, wenn der Beschwerdesenat die Rechtsbeschwerde zugelassen hat.

82 **Zusammenfassung:** Die Designabteilung des DPMA prüft auf Antrag in einem formellen Verfahren, ob das eingetragene Design zu Recht ins Designregister eingetragen wurde oder ob absolute bzw. relative Schutzhindernisse bestehen, die zur Nichtigkeit des eingetragenen Designs führen. Nichtige Designrechte werden aus dem Designregister gelöscht.

Frage 12: Auf welchem Wege kann die Nichtigkeit eines eingetragenen Designs festgestellt oder erklärt werden?

VIII. Rechtswirkungen des eingetragenen Designs

Frage 13: Unter welchen Voraussetzungen kann festgestellt werden, dass ein eingetragenes Design nichtig ist?

Frage 14: Unter welchen Voraussetzungen kann erklärt werden, dass ein eingetragenes Design nichtig ist?

VIII. Rechtswirkungen des eingetragenen Designs

Das eingetragene Design entfaltet – wie alle anderen gewerblichen Schutzrechte auch – dreifache **Schutzwirkungen**: Zugunsten des Inhabers des eingetragenen Designs weist es einen **positiven Inhalt** auf, wodurch diesem Nutzungs- und Ausschlussrechte eingeräumt werden. Es zeitigt auch einen **negativen Inhalt**: Dem Inhaber werden damit Unterlassungs-, Schadensersatz- und sonstige Hilfsansprüche im Falle einer unberechtigten Nutzung durch Dritte eingeräumt. Zudem ist eine **unberechtigte Verwendung** des eingetragenen Designs auch **strafbewehrt**.

§ 37 DesignG bestimmt den **Schutzgegenstand** des eingetragenen Designs: Der Schutz wird nach § 37 Abs. 1 DesignG für diejenigen Merkmale der Erscheinungsform eines eingetragenen (einheitlichen) Designs begründet (nicht hingegen für dessen Teile oder Elemente, die nicht selbst schützbar sind), die in der Anmeldung **sichtbar wiedergegeben** sind. Entscheidend ist also auf die **Erscheinungsform in der Anmeldung** abzustellen (wobei etwa eine Darstellung in schwarz-weiß grundsätzlich „jede Ausführungsform des Designs unabhängig von der Farbwahl" schützt)[44] – und nicht auf die Erscheinungsform in der Bekanntmachung.

Enthält für die Zwecke der Aufschiebung der Bekanntmachung iSv § 21 Abs. 1 S. 1 DesignG eine Anmeldung nach § 11 Abs. 2 S. 2 DesignG einen **flächenmäßigen Designabschnitt**, so bestimmt sich bei ordnungsgemäßer Erstreckung mit Ablauf der Aufschiebung nach § 21 Abs. 2 DesignG der Schutzgegenstand nach der eingereichten Wiedergabe des eingetragenen Designs (so § 37 Abs. 2 DesignG). Insoweit ist jedoch zu berücksichtigen, dass sich für die Dauer der Aufschiebung der Bekanntmachung der Designschutz nach § 38 Abs. 3 DesignG auf einen **Nachahmungsschutz** beschränkt. Flächenmäßig bedeutet ein zweidimensionales, ebenes Design, wobei Riffelungen oder leichte Erhebungen unschädlich sind.[45]

1. Der positive Inhalt des eingetragenen Designs

Den Schutzumfang des eingetragenen Designs bestimmt § 38 Abs. 1 DesignG: Danach gewährt das eingetragene Design seinem **Rechteinhaber** – als solcher gilt nach der gesetzlichen Fiktion des § 1 Nr. 5 DesignG der in das Register eingetragene Inhaber des eingetragenen Designs iSd § 7 Abs. 1 oder 2 DesignG – gemäß § 38 Abs. 1 S. 1 DesignG das **ausschließliche Recht**, es zu benutzen und Dritten zu verbieten, es ohne seine Zustimmung zu benutzen. Eine Benutzung nach § 38 Abs. 1 S. 2 DesignG schließt insbesondere die Herstellung, das Anbieten, das Inverkehrbringen, die Einfuhr, die Ausfuhr, den Gebrauch eines Erzeugnisses, in das das eingetragene Design aufgenommen oder bei dem es verwendet wird, und den Besitz eines solchen Erzeugnisses zu den genannten Zwecken ein.

---

44 Götting, § 43 Rn. 1.
45 Eichmann/Jestaedt/Fink/Meiser/Kühne/Meiser, DesignG, § 11 Rn. 56.

a) Problem: Der unberechtigt im Register eingetragene Rechteinhaber

87 Da das DPMA im Rahmen des Eintragungsverfahrens nach § 19 Abs. 2 DesignG die Berechtigung zur Anmeldung nicht prüft, kann es durchaus vorkommen, dass ein **unberechtigter Dritter** in das Register eingetragen wird. Dieser unberechtigte Dritte gilt dann nach Maßgabe der gesetzlichen Fiktion des § 1 Nr. 5 DesignG als Inhaber des eingetragenen Designs. Der **wahre Berechtigte** nach § 7 DesignG (dh der Entwerfer oder sein Rechtsnachfolger) kann in einem solchen Falle nur nach Maßgabe von § 9 DesignG Ansprüche gegen den Nichtberechtigten geltend machen.[46]

88 Ist ein eingetragenes Design auf den Namen eines nicht nach § 7 DesignG Berechtigten eingetragen, kann der Berechtigte – unbeschadet anderer Ansprüche – nach § 9 Abs. 1 DesignG vom Nichtberechtigten die Übertragung des eingetragenen Designs oder die Einwilligung in dessen Löschung verlangen. Willigt der „nichtberechtigte" Dritte in die Löschung ein, so gelten die Schutzwirkungen des eingetragenen Designs in diesem Umfang als von Anfang an (*ex-tunc*) nicht eingetreten (§ 9 Abs. 1 S. 2 DesignG). Ist der Design- (Muster-) inhaber rechtskräftig zur Einwilligung in die Löschung verurteilt worden, weil das eingetragene Design (Muster) am Tag der Anmeldung nicht schutzwürdig war, so entfällt – so der BGH[47] – mit der Löschung im Register der Designschutz auch für die Vergangenheit mit Wirkung für und gegen alle. Wer von mehreren Berechtigten nicht als Rechtinhaber eingetragen ist, kann die Einräumung seiner Mitinhaberschaft verlangen.

89 Diese Ansprüche des Berechtigten auf Übertragung des eingetragenen Designs oder auf Einwilligung in die Löschung des Nichtberechtigten können allerdings nach § 9 Abs. 2 S. 1 DesignG nur innerhalb einer Ausschlussfrist von drei Jahren ab Bekanntmachung des eingetragenen Designs durch Klage geltend gemacht werden. Nach Ablauf dieser Ausschlussfrist ist der **Berechtigte präkludiert** und kann damit seine Rechte nicht mehr wahrnehmen. Die Ausschlussfrist gelangt gemäß § 9 Abs. 2 S. 2 DesignG nur dann nicht zur Anwendung, wenn der Rechteinhaber – dh der Nichtberechtigte, der aber nach der gesetzlichen Fiktion des § 1 Nr. 5 DesignG als Rechteinhaber gilt – bei der Anmeldung oder bei einer Übertragung des eingetragenen Designs seine **fehlende Berechtigung kannte und damit bösgläubig** war.

90 Kommt es im Klagewege dergestalt zu einem vollständigen Wechsel der Rechteinhaberschaft nach § 9 Abs. 1 S. 1 DesignG, erlöschen gemäß § 9 Abs. 3 S. 1 DesignG mit der **Eintragung des Berechtigten** in das Register alle vom Nichtberechtigten erteilten Lizenzen und sonstige Rechte. Wenn der frühere Rechteinhaber oder ein **Lizenznehmer** das eingetragene Design verwertet oder dazu tatsächliche und ernsthafte Anstalten getroffen hat, kann er nach § 9 Abs. 3 S. 2 DesignG diese Verwertung fortsetzen, wenn er bei dem neuen Rechteinhaber innerhalb einer Frist von einem Monat nach dessen Eintragung als neuem (wahren) Berechtigten eine einfache Lizenz beantragt. Die **Lizenz** ist für einen angemessenen Zeitraum zu angemessenen Bedingungen zu gewähren (so § 9 Abs. 3 S. 3 DesignG). § 9 Abs. 3 S. 2 und S. 3 DesignG finden keine Anwendung, wenn der Rechteinhaber oder der Lizenznehmer zu dem Zeitpunkt, als er mit der Verwertung begonnen oder Anstalten dazu getroffen hat, bösgläubig war (so § 9 Abs. 3 S. 4 DesignG).

---

46 Eisenmann/Jautz, Rn. 215a.
47 BGH Urt. v. 15.7.2004 – I ZR 142/01 (OLG Hamburg) = GRUR 2004, 941 – Metallbett.

VIII. Rechtswirkungen des eingetragenen Designs

Die Einleitung eines gerichtlichen Verfahrens gemäß § 9 Abs. 2 DesignG, eine rechtskräftige Entscheidung in diesem Verfahren sowie jede andere Beendigung dieses Verfahrens und jede Änderung der Rechteinhaberschaft als Folge dieses Verfahrens werden nach § 9 Abs. 4 DesignG in das Register für eingetragene Designs (Register) eingetragen.

91

b) Schutzumfang des eingetragenen Designs

Der Schutzumfang des eingetragenen Designs wird in § 38 Abs. 2 DesignG bestimmt. Er knüpft unübersehbar am Kriterium der „Eigenart" nach § 2 Abs. 3 DesignG an, das wiederum durch die **Bilddarstellung aus der Designanmeldung** konkretisiert wird. Danach erstreckt sich der Schutz aus einem eingetragenen Design nach § 38 Abs. 2 S. 1 DesignG auf jedes Design, das unter Zugrundelegung des Beurteilungsmaßstabes eines informierten Benutzers bei diesem **keinen anderen Gesamteindruck**[48] erweckt. „Informierter Benutzer" ist ein mit einem gewissen Maß an Kenntnissen und Designbewusstsein ausgestatteter **Durchschnittsbetrachter** – wobei davon weder ein vorgebildeter Betrachter noch gar ein Designexperte erfasst werden.[49] Dieser **Beurteilungsmaßstab** ist identisch mit dem, der bei der Beurteilung der erforderlichen Eigenart anzuwenden ist – wobei es jedoch keine Rolle spielt, woraus die Eigenart im Einzelnen resultiert. „Je größer der Abstand des Klagedesigns (Klagemuster) vom **vorbekannten Formenschutz** ist, desto größer ist auch sein Schutzumfang".[50] Bei der Beurteilung des Schutzumfangs wird gemäß § 38 Abs. 2 S. 2 DesignG der **Grad der Gestaltungsfreiheit** des Entwerfers bei der Entwicklung seines Designs berücksichtigt (Zusammenhang zwischen Schutzumfang und Grad der Gestaltungsfreiheit).[51] Nach § 38 Abs. 3 DesignG kommt dem eingetragenen Design eine **Sperrwirkung** dergestalt zu, dass es auf eine Kenntnis des Verletzers im Hinblick auf das eingetragene und geschützte Design nicht ankommt (vgl. zur Ausnahme nach § 38 Abs. 3 DesignG [Nachahmungsschutz] in Bezug auf die Dauer der Aufschiebung der Bekanntmachung nach § 21 Abs. 1 S. 1 DesignG, vorstehende Rn. 85).

92

c) Beschränkungen des Schutzumfangs des eingetragenen Designs

Beschränkungen des Schutzumfangs des eingetragenen Designs (dh im Unterschied zu § 3 DesignG bei grundsätzlich anzuerkennendem Designschutz, der nur ausnahmsweise keine Wirkung entfalten soll) folgen aus

93

---

48 BGH Urt. v. 28.1.2016 – I ZR 40/14 (OLG Düsseldorf) = GRUR 2016, 803 – Armbanduhr: Für die Beurteilung des Gesamteindrucks iSv § 38 Abs. 1 S. 1 DesignG kommt es maßgeblich darauf an, wie der informierte Benutzer ein Erzeugnis, in das das Design aufgenommen oder bei dem es verwendet wird, bei dessen bestimmungsgemäßer Verwendung wahrnimmt. Darüber hinaus kann zu berücksichtigen sein, welchen Eindruck ein solches Erzeugnis bei seiner Präsentation in der Werbung und im Verkauf beim informierten Benutzer erweckt.
49 Götting, § 43 Rn. 6.
50 Götting, § 43 Rn. 5.
51 Götting, § 43 Rn. 6: Wechselwirkung in dem Sinne, dass bei hoher Designdichte und geringem Gestaltungsspielraum des Entwurfs geringe Anforderungen an den Gesamteindruck zu stellen sind (geringer Schutzumfang) – bei geringer Designdichte hingegen höhere Anforderungen.

- § 40 DesignG zum Schutz verschiedener Interessen der Allgemeinheit (nachstehende Rn. 94) sowie aus
- § 41 DesignG infolge des sog. Vorbenutzungsrechtes[52] (Rn. 95 f.).

94 Rechte aus einem eingetragenen Design können nach § 40 DesignG ua nicht geltend gemacht werden (da insoweit die Zielsetzung des gewerblichen Schutzrechts, **Absicherung der wirtschaftlichen Betätigung**, nicht relevant ist) gegenüber

- Handlungen, die im privaten Bereich zu nichtgewerblichen Zwecken vorgenommen werden (Nr. 1);
- Handlungen zu Versuchszwecken (Nr. 2);
- Wiedergaben zum Zwecke der Zitierung (iSv Art. 13 Abs. 1c GeschmRL – wobei *Götting*[53] zutreffend anregt, von „Veranschaulichung" zu sprechen) oder der Lehre, vorausgesetzt, solche Wiedergaben sind mit den Gepflogenheiten des redlichen Geschäftsverkehrs vereinbar, beeinträchtigen die normale Verwertung des eingetragenen Designs nicht über Gebühr und geben die Quelle an (Nr. 3). Eine Wiedergabe zum Zwecke der Zitierung setzt eine innere Verbindung zwischen dem wiedergegebenen Design und eigenen Gedanken des Zitierenden voraus und erfordert daher, dass die Wiedergabe des Designs als Belegstelle oder Erörterungsgrundlage für eigene Ausführungen des Zitierenden dient.[54]
- Einrichtungen in Schiffen und Luftfahrzeugen, die im Ausland zugelassen sind und nur vorübergehend in das Inland gelangen (Nr. 4); bzw.
- der Einfuhr von Ersatzteilen und von Zubehör für die Reparatur sowie für die Durchführung von Reparaturen an Schiffen und Luftfahrzeugen iSv Nr. 4 (Nr. 5).

95 Eine weitere **Beschränkung des Designrechts** ergibt sich im Rahmen des Interessenausgleichs zwischen den Schutzinteressen des Rechteinhabers und dem Vertrauensinteresse Dritter aus dem in § 41 Abs. 1 DesignG geregelten **Vorbenutzungsrecht**. Danach können Rechte nach § 38 DesignG gegenüber einem Dritten, der vor dem Anmeldetag im Inland (iSv § 13 DesignG) ein **identisches Design**, das unabhängig von einem eingetragenen Design entwickelt wurde, gutgläubig in Benutzung genommen oder wirkliche und ernsthafte Anstalten dazu getroffen hat, nicht geltend gemacht werden (§ 41 Abs. 1 S. 1 DesignG). Der Dritte – dh der **Vorbenutzer** – ist in diesen Fällen gemäß § 41 Abs. 1 S. 2 DesignG zu einer parallelen Entwicklung identischer Designs im Inland berechtigt, das Design zu verwerten. Er ist allerdings nicht Inhaber des Designrechts und kann deshalb nach § 41 Abs. 1 S. 3 DesignG auch keine wirksamen Lizenzen an weitere potenzielle Benutzer (iSv § 31 DesignG) vergeben.

---

[52] BGH Urt. v. 29.6.2017 – I ZR 9/16 (OLG Düsseldorf) = GRUR 2018, 72 – Bettgestell: 1. Als wirkliche und ernsthafte Anstalten, die ebenso wie die Benutzung eines Designs ein Vorbenutzungsrecht iSv § 41 Abs. 1 DesignG begründen können, sind Vorbereitungshandlungen aller Art anzusehen, die auf die Benutzung des Designs gerichtet sind und den ernstlichen Willen sicher erkennen lassen, die Benutzung alsbald aufzunehmen. 2. Nur im Inland getroffene wirkliche und ernsthafte Anstalten zur Benutzung eines Designs können ein Vorbenutzungsrecht iSv § 41 Abs. 1 DesignG begründen.
[53] BGH Urt. v. 7.4.2011 – I ZR 56/09 (KG) = GRUR 2011, 1117 – ICE: Eine Wiedergabe zum Zwecke der Zitierung iSd § 40 Nr. 3 GeschmMG setzt eine innere Verbindung zwischen dem wiedergegebenen Muster und eigenen Gedanken des Zitierenden voraus und erfordert daher, dass die Wiedergabe des Musters als Belegstelle oder Erörterungsgrundlage für eigene Ausführungen des Zitierenden dient. Vgl. dazu auch Götting, § 43 Rn. 12.
[54] BGH Urt. v. 7.4.2011 – I ZR 56/09 (KG) = GRUR 2011, 1117 – ICE.

VIII. Rechtswirkungen des eingetragenen Designs

Das **Vorbenutzungsrecht** des Dritten ist nach § 41 Abs. 2 DesignG grundsätzlich auch nicht übertragbar, es sei denn, der Dritte betreibt ein Unternehmen und die Übertragung erfolgt zusammen mit dem Unternehmensteil, in dessen Rahmen die Benutzung erfolgte oder die Anstalten getroffen wurden. In diesen Ausnahmefällen wird dem **Erhalt des wirtschaftlichen Werts des Unternehmens** ein Vorrang eingeräumt.

Zusammenfassung: Das Designrecht sichert demjenigen, der das Design entworfen hat – dem Rechteinhaber – das ausschließliche Nutzungsrecht an dem Design. §§ 40 und 41 DesignG schränken dieses Recht zugunsten bestimmter Interessen der Allgemeinheit sowie zugunsten eines gutgläubigen Vorbenutzers ein.

Frage 15: Welche Rechtswirkungen kommen einem eingetragenen Design zu?
Frage 16: Welche Rechtsfolgen resultieren aus dem positiven Inhalt des eingetragenen Designs?
Frage 17: Welche Ansprüche kann der Berechtigte gegen einen unberechtigt im Register eingetragenen Rechteinhaber geltend machen?

2. Der negative Inhalt des eingetragenen Designs

Der negative Inhalt des Designrechts gewährt dem Inhaber des Designrechts **Beseitigungs-** bzw. **Unterlassungs-** sowie ggf. **Schadensersatz-** und diverse **Neben- (Hilfs-) ansprüche** gegen denjenigen, der das Design unberechtigt nutzt (dh gegen den Verletzer). Die Geltendmachung dieser Ansprüche setzt zweierlei voraus:

- Der Verletzer benutzt ein eingetragenes Design.
- Die Benutzung erfolgt unter Verstoß gegen die Vorgabe des § 38 Abs. 1 S. 1 DesignG, wonach allein der Rechteinhaber das ausschließliche Recht hat, sein eingetragenes Design zu benutzen und es Dritten verbieten kann, es ohne seine Zustimmung zu benutzen. Der Rechteinhaber ist also nach § 38 Abs. 1 S. 2 DesignG bspw. (Wortlaut: „insbesondere") allein befugt,
  – das Design herzustellen und anzubieten,
  – es in den Verkehr zu bringen, einzuführen oder auszuführen,
  – ein Erzeugnis, in das das eingetragene Design aufgenommen oder bei dem es verwendet wird, zu gebrauchen, bzw. ein solches Erzeugnis zu den genannten Zwecken zu besitzen.

Ob im konkreten Fall eine **Verletzungshandlung** vorliegt, ist unter Zugrundelegung des Schutzgegenstandes des eingetragenen Designs, wie dieser nach § 37 Abs. 1 DesignG bestimmt wird, zu beurteilen: Der Schutz wird für **diejenigen Merkmale der Erscheinungsform eines eingetragenen Designs** begründet, die in der Anmeldung sichtbar wiedergegeben sind. Maßgeblich ist also der **Gesamteindruck**, den ein Vergleich zweier Designs bietet, wobei im Hinblick auf das eingetragene Design, dessen Verletzung in Rede steht, auf die bildliche (sichtbare) Wiedergabe dieses Designs bei der Anmeldung abzustellen ist. „Je größer die dem Design zukommende Eigenart [...], desto größer ist der Schutzumfang" – aber auch: „Je größer die Musterdichte in einem Erzeugnissektor ist, desto geringer ist der Schutzumfang".[55]

---

[55] Eisenmann/Jautz, Rn. 218.

a) Der Beseitigungs- und Unterlassungsanspruch

100 Wer entgegen dem den Schutzbereich ausweisenden § 38 Abs. 1 S. 1 DesignG ein eingetragenes Design benutzt (Verletzer), kann nach § 42 Abs. 1 S. 1 DesignG von dem Rechteinhaber oder einem anderen Berechtigten (Verletzten) auf **Beseitigung der Beeinträchtigung** und bei **Wiederholungsgefahr** auf **Unterlassung** in Anspruch genommen werden.

101 Der Anspruch auf Unterlassung besteht gemäß § 42 Abs. 1 S. 2 DesignG auch dann, wenn eine Zuwiderhandlung erstmalig droht, dh im Falle einer sog. **Erstbegehungsgefahr**. In der Praxis kommt dem Unterlassungsanspruch eine weitaus größere Bedeutung zu als dem Beseitigungsanspruch.

b) Der Schadensersatzanspruch

102 Hat ein **schuldhafter Eingriff in den Schutzbereich** des eingetragenen Designs tatsächlich stattgefunden, hat der Verletzte gegen den Verletzer nach § 42 Abs. 2 S. 1 DesignG auch einen **Schadensersatzanspruch**: Handelt der Verletzer vorsätzlich oder fahrlässig, ist er gemäß § 42 Abs. 2 S. 1 DesignG zum **Ersatz des daraus entstandenen Schadens** verpflichtet. Der Verletzer handelt dann vorsätzlich, wenn er in Kenntnis der Rechtswidrigkeit seines Verhaltens weiß, was er tut und dies auch will. Fahrlässigkeit ist dann anzunehmen, wenn der Verletzer die im Verkehr erforderliche Sorgfalt außer Acht lässt (vgl. § 276 Abs. 2 BGB).

103 Bei der **Bemessung des Schadensersatzes** kann nach § 42 Abs. 2 S. 2 DesignG auch der Gewinn, den der Verletzer durch die Verletzung des Rechts erzielt hat, berücksichtigt werden. Der Schadensersatzanspruch kann gemäß § 42 Abs. 2 S. 3 DesignG des Weiteren auf der Grundlage des Betrages berechnet werden, den der Verletzer als **angemessene Vergütung** hätte entrichten müssen, wenn er die Erlaubnis zur Nutzung des eingetragenen Designs (dh eine Lizenz) eingeholt hätte.

104 Es gibt also – entsprechend der Vorgaben im Patent-, Gebrauchsmuster- und Markenrecht – auch im Designrecht nach § 42 Abs. 2 S. 2 und S. 3 DesignG iVm §§ 249, 252 BGB drei Möglichkeiten, den Schadensersatz zu berechnen (**drei Berechnungsarten**):

- Die **Bezifferung des tatsächlich entstandenen Schadens** (§§ 249 ff. BGB) einschließlich des entgangenen Gewinns (§ 252 BGB).
- Die **Zugrundelegung des Gewinns**, den der Verletzer durch die Verletzung des eingetragenen Designs erzielt hat (**Herausgabe des Verletzergewinns**) nach § 42 Abs. 2 S. 2 DesignG.
  Ist Schadensersatz durch Herausgabe des Verletzergewinns zu leisten, so dürfen Gemeinkosten nur abgezogen werden, wenn und soweit sie ausnahmsweise den schutzrechtsverletzenden Gegenständen unmittelbar zugerechnet werden können.[56] Bei der Bestimmung der Höhe des Verletzergewinns kann der Verletzer nicht geltend machen, dass dieser teilweise auf besonderen eigenen Vertriebsleistungen beruht. Dies verhindert, dass der auf Gewinnherausgabe in Anspruch genommene Verletzer sich durch einen Ansatz von Gemeinkosten „arm rechnet".[57]

---

[56] BGH Urt. v. 2.11.2000 – I ZR 246/98 (OLG Düsseldorf) = BGHZ 145, 366 = GRUR 2001, 329 – Gemeinkostenanteil.
[57] Götting, § 46 Rn. 6.

VIII. Rechtswirkungen des eingetragenen Designs

- Und schließlich eine Berechnung des Schadens auf der Grundlage des Betrages, den der Verletzer als **angemessene Vergütung** hätte entrichten müssen, wenn er die Erlaubnis zur Nutzung des eingetragenen Designs eingeholt hätte (sog. **Lizenzanalogie**), nach § 42 Abs. 2 S. 3 DesignG.

So kann bspw. der Inhaber eines Designrechts bereits für das Anbieten eines rechtsverletzenden Gegenstandes – im konkreten Fall eine Damenarmbanduhr im Versandhauskatalog – einen nach Maßgabe der Grundsätze der Lizenzanalogie zu bemessenden Schadensersatzanspruch geltend machen,[58] was insbesondere in Fällen Relevanz erlangt, in denen wegen zu geringen Umsatzes eine Berechnung aufgrund einer prozentualen Stück- oder Umsatzlizenz leerlaufen würde.[59]

c) Hilfsansprüche

Im Hinblick auf eine erfolgreiche Geltendmachung der Hauptansprüche des Verletzten – nämlich eines Unterlassungs- und/oder Schadensersatzanspruchs – stehen diesem auch eine Reihe von Hilfsansprüchen (zur Verwirklichung des Hauptanspruchs) zur Seite. Die wichtigsten sind in § 43 DesignG geregelt:

- Der Verletzte kann den Verletzer nach § 43 Abs. 1 S. 1 DesignG auf Vernichtung der im Besitz oder Eigentum des Verletzers befindlichen rechtswidrig hergestellten, verbreiteten oder zur rechtswidrigen Verbreitung bestimmten Erzeugnisse in Anspruch nehmen (**Vernichtungsanspruch**) – was entsprechend für auf im Eigentum des Verletzers stehende Vorrichtungen gilt, die vorwiegend zur Herstellung dieser Erzeugnisse gedient haben (so § 43 Abs. 1 S. 2 DesignG).
- Der Verletzte kann den Verletzer nach § 43 Abs. 2 DesignG auf Rückruf von rechtswidrig hergestellten, verbreiteten oder zur rechtswidrigen Verbreitung bestimmten Erzeugnissen oder auf deren endgültiges Entfernen aus den Vertriebswegen in Anspruch nehmen (**Rückruf- und Entfernungsanspruch**).
- Anstelle des Anspruchs auf Vernichtung nach § 43 Abs. 1 DesignG kann der Verletzte nach § 43 Abs. 3 DesignG aber auch verlangen, dass ihm die Erzeugnisse, die im Eigentum des Verletzers stehen, gegen eine angemessene Vergütung, welche die Herstellungskosten nicht übersteigen darf, überlassen werden (**Überlassungsanspruch**).

Der Anspruch auf Vernichtung (§ 43 Abs. 1 DesignG), Rückruf und Entfernung (§ 43 Abs. 2 DesignG) bzw. Überlassung (§ 43 Abs. 3 DesignG) ist nach § 43 Abs. 4 DesignG dann ausgeschlossen, wenn die Maßnahme im Einzelfall unverhältnismäßig ist (**Wahrung des Verhältnismäßigkeitsgrundsatzes**). Bei der Prüfung der Verhältnismäßigkeit sind auch die berechtigten Interessen Dritter zu berücksichtigen. Im Übrigen ist die **Einschränkung der Rechte** nach § 43 Abs. 1 bis 3 DesignG im Rahmen des § 43 Abs. 5 DesignG zu beachten: Wesentliche Bestandteile von Gebäuden nach § 93 BGB sowie ausscheidbare Teile von Erzeugnissen und Vorrichtungen, deren Herstellung und Verbreitung nicht rechtswidrig ist, unterliegen nicht den in § 43 Abs. 1 bis 3 DesignG vorgesehenen Maßnahmen.

---

[58] BGH, Teilversäumnis- und Endurt. v. 23.6.2005 – I ZR 263/02 (OLG Frankfurt aM) = GRUR 2006, 143 – Catwalk.
[59] Götting, § 46 Rn. 7.

108 Nach § 44 DesignG kann der Verletzte die Ansprüche nach § 42 und § 43 DesignG (mit Ausnahme des Schadensersatzanspruchs) als Erfolgshaftungstatbestände (ohne Exculpationsmöglichkeit analog § 831 BGB) auch gegen den **Inhaber eines Unternehmens** geltend machen, in dem von einem Arbeitnehmer oder Beauftragten ein eingetragenes Design verletzt worden ist.

109 Handelt der Verletzer weder vorsätzlich noch fahrlässig, so kann er nach § 45 S. 1 DesignG zur Abwendung der Ansprüche nach den §§ 42 und 43 DesignG den Verletzten in Geld entschädigen, wenn ihm durch die Erfüllung der Ansprüche ein unverhältnismäßig großer Schaden entstehen würde und dem Verletzten die Abfindung in Geld zuzumuten ist (**Abwendungsrecht eines schuldlos handelnden Rechtsverletzers durch Leistung einer Geldentschädigung**). Als Entschädigung ist nach § 45 S. 2 DesignG der Betrag zu zahlen, der im Falle einer vertraglichen Einräumung des Rechts als Vergütung angemessen gewesen wäre. Mit der Zahlung der Entschädigung gilt nach der gesetzlichen Fiktion des § 45 S. 3 DesignG die **Einwilligung des Verletzten zur Verwertung im üblichen Umfang** als erteilt.

110 Darüber hinaus besteht mit dem Ziel der Gewährleistung einer effektiven Bekämpfung von Designverletzungen ein umfassender **Auskunftsanspruch** gemäß § 46 DesignG. Der Verletzer muss zB die Herkunft, den Vertriebsweg, den Lieferanten, den Vorbesitzer und die Mengen des von ihm benutzten Designs offenlegen. Im Übrigen ist die Einschränkung der Rechte nach § 43 Abs. 1 bis 3 DesignG in § 43 Abs. 5 DesignG zu beachten. Dem Designschutz unterliegen zwar nur bewegliche Sachen. § 43 Abs. 5 DesignG erlangt allerdings dann Relevanz, wenn bewegliche Sachen, die Designschutz genießen, in eine Baulichkeit eingefügt und damit deren wesentlicher Bestandteil geworden sind (vgl. § 94 BGB).

111 In Fällen einer **offensichtlichen Rechtsverletzung** oder in Fällen, in denen der Verletzte gegen den Verletzer Klage erhoben hat, besteht der Anspruch gemäß § 46 Abs. 2 S. 1 DesignG unbeschadet von § 46 Abs. 1 DesignG auch gegen eine Person, die in gewerblichem Ausmaß

- rechtsverletzende Erzeugnisse in ihrem Besitz hatte (Nr. 1),
- rechtsverletzende Dienstleistungen in Anspruch nahm (Nr. 2),
- für rechtsverletzende Tätigkeiten genutzte Dienstleistungen erbrachte (Nr. 3) oder
- nach den Angaben einer in Nr. 1, 2 oder Nr. 3 genannten Person an der Herstellung, Erzeugung oder am Vertrieb solcher Erzeugnisse beteiligt war (Nr. 4),

es sei denn, die Person wäre nach den §§ 383 bis 385 ZPO im Prozess gegen den Verletzer zur Zeugnisverweigerung berechtigt (**Drittauskunft**). Im Fall der gerichtlichen Geltendmachung des Anspruchs nach § 46 Abs. 2 S. 1 DesignG kann das Gericht den gegen den Verletzer anhängigen Rechtsstreit auf Antrag bis zur Erledigung des wegen des Auskunftsanspruchs geführten Rechtsstreits aussetzen (so § 46 Abs. 2 S. 2 DesignG).

112 Der zur Auskunft Verpflichtete kann von dem Verletzten nach § 46 Abs. 2 S. 3 DesignG den **Ersatz der für die Auskunftserteilung erforderlichen Aufwendungen** verlangen.

113 Der zur Auskunft Verpflichtete hat gemäß § 46 Abs. 3 DesignG Angaben zu machen über

VIII. Rechtswirkungen des eingetragenen Designs

- Namen und Anschrift der Hersteller, Lieferanten und anderer Vorbesitzer der Erzeugnisse oder Dienstleistungen sowie der gewerblichen Abnehmer und Verkaufsstellen, für die sie bestimmt waren (Nr. 1), und
- die Menge der hergestellten, ausgelieferten, erhaltenen oder bestellten Erzeugnisse sowie über die Preise, die für die betreffenden Erzeugnisse oder Dienstleistungen bezahlt wurden (Nr. 2).

Die Ansprüche nach § 46 Abs. 1 und 2 DesignG sind ausgeschlossen, wenn die Inanspruchnahme im Einzelfall unverhältnismäßig ist (so § 45 Abs. 4 DesignG – **Beachtung des Grundsatzes der Verhältnismäßigkeit**). 114

Erteilt der zur Auskunft Verpflichtete die Auskunft vorsätzlich oder grob fahrlässig falsch oder unvollständig, so ist er dem Verletzten zum Ersatz des daraus entstehenden Schadens verpflichtet (§ 46 Abs. 5 DesignG – **Schadensersatzanspruch**). Andererseits: Wer eine wahre Auskunft erteilt hat, ohne dazu nach § 46 Abs. 1 oder 2 DesignG verpflichtet gewesen zu sein, haftet Dritten gegenüber nach § 46 Abs. 6 DesignG nur, wenn er wusste, dass er zur Auskunftserteilung nicht verpflichtet war. 115

In Fällen einer offensichtlichen Rechtsverletzung kann die Verpflichtung zur Erteilung der Auskunft gemäß § 46 Abs. 7 DesignG auch im Wege einer einstweiligen Verfügung nach den §§ 935 bis 945 ZPO angeordnet werden. 116

Die Erkenntnisse dürfen in einem Strafverfahren oder in einem Verfahren nach dem OWiG wegen einer vor der Erteilung der Auskunft begangenen Tat gegen den Verpflichteten oder gegen einen in § 52 Abs. 1 StPO bezeichneten Angehörigen nach § 46 Abs. 8 DesignG nur mit Zustimmung des Verpflichteten verwertet werden. Kann die **Auskunft nur unter Verwendung von Verkehrsdaten** (§ 3 Nr. 30 TKG) erteilt werden, ist für ihre Erteilung gemäß § 46 Abs. 7 DesignG eine vorherige richterliche Anordnung über die Zulässigkeit der Verwendung der Verkehrsdaten erforderlich, die von dem Verletzten zu beantragen ist. Für den Erlass dieser Anordnung ist das LG, in dessen Bezirk der zur Auskunft Verpflichtete seinen Wohnsitz, seinen Sitz oder eine Niederlassung hat, ohne Rücksicht auf den Streitwert ausschließlich zuständig. Die Entscheidung trifft die Zivilkammer. Für das Verfahren gelten die Vorschriften des FamFG entsprechend. Die Kosten der richterlichen Anordnung trägt der Verletzte. Gegen die Entscheidung des LG ist die Beschwerde statthaft. Die Beschwerde ist binnen einer Frist von zwei Wochen einzulegen. Die Vorschriften zum Schutz personenbezogener Daten bleiben im Übrigen unberührt. Durch § 46 Abs. 2 iVm Abs. 9 DesignG wird das Grundrecht des Fernmeldegeheimnisses (Art. 10 GG) eingeschränkt (so § 46 Abs. 10 DesignG). 117

§ 46a DesignG statuiert einen Anspruch auf **Vorlage und Besichtigung** und setzt in Transformation von Art. 6 und 7 der EnforcementRL auch die bis dato ergangene Judikatur zum Besichtigungsanspruch nach § 809 BGB um: Bei hinreichender Wahrscheinlichkeit einer Rechtsverletzung kann der Rechteinhaber oder ein anderer Berechtigter nach § 46a Abs. 1 S. 1 DesignG den vermeintlichen Verletzer auf **Vorlage einer Urkunde oder Besichtigung einer Sache** in Anspruch nehmen, die sich in dessen Verfügungsgewalt befindet, wenn dies zur Begründung seiner Ansprüche erforderlich ist. Besteht die hinreichende Wahrscheinlichkeit einer in **gewerblichem Ausmaß begangenen Rechtsverletzung**, so erstreckt sich der Anspruch gemäß § 46a Abs. 1 S. 2 DesignG auch auf die Vorlage von Bank-, Finanz- oder Handelsunterlagen. Soweit der vermeintliche Verletzer geltend macht, dass es sich um vertrauliche Informationen handelt, trifft das Gericht die erforderlichen Maßnahmen, um den im Einzelfall gebotenen Schutz zu 118 gewährleisten (so § 46a Abs. 1 S. 3 DesignG). Der Anspruch nach § 46a Abs. 1 DesignG ist gemäß § 46a Abs. 2 DesignG ausgeschlossen, wenn die Inanspruchnahme im Einzelfall unverhältnismäßig ist. Die Verpflichtung zur Vorlage einer Urkunde oder zur Duldung der Besichtigung einer Sache kann nach § 46a Abs. 3 DesignG auch im Wege einer einstweiligen Verfügung nach den §§ 935 bis 945 ZPO angeordnet werden. Das Gericht trifft die erforderlichen Maßnahmen, um den Schutz vertraulicher Informationen zu gewährleisten. Dies gilt insbesondere in den Fällen, in denen die einstweilige Verfügung ohne vorherige Anhörung des Gegners erlassen wird. § 811 BGB sowie § 46 Abs. 8 DesignG gelten nach § 46a Abs. 4 DesignG entsprechend. Wenn keine Verletzung vorlag oder drohte, kann der vermeintliche Verletzer von demjenigen, der die Vorlage oder Besichtigung nach § 46a Abs. 1 DesignG begehrt hat, nach § 46a Abs. 5 DesignG den Ersatz des ihm durch das Begehren entstandenen Schadens verlangen.

119 **§ 46b DesignG dient in Umsetzung von Art. 9 Abs. 2 S. 2 der EnforcementRL der Sicherung von Schadensersatzansprüchen:** Der Verletzte kann den Verletzer bei einer in gewerblichem Ausmaß begangenen Rechtsverletzung in den Fällen des § 42 Abs. 2 DesignG nach § 46b Abs. 1 S. 1 DesignG auch auf Vorlage von Bank-, Finanz- oder Handelsunterlagen oder einen geeigneten Zugang zu den entsprechenden Unterlagen in Anspruch nehmen, die sich in der Verfügungsgewalt des Verletzers befinden und die für die Durchsetzung des Schadensersatzanspruchs erforderlich sind, wenn ohne die Vorlage die Erfüllung des Schadensersatzanspruchs fraglich ist. Soweit der Verletzer geltend macht, dass es sich um vertrauliche Informationen handelt, trifft das Gericht gemäß § 46b Abs. 1 S. 2 DesignG die erforderlichen Maßnahmen, um den im Einzelfall gebotenen Schutz zu gewährleisten. Der Anspruch nach § 46b Abs. 1 DesignG ist nach § 46b Abs. 2 DesignG ausgeschlossen, wenn die Inanspruchnahme im Einzelfall unverhältnismäßig ist. Die Verpflichtung zur Vorlage der in § 46b Abs. 1 DesignG bezeichneten Urkunden kann gemäß § 46b Abs. 3 DesignG im Wege einer einstweiligen Verfügung nach den §§ 935 bis 945 ZPO angeordnet werden, wenn der Schadensersatzanspruch offensichtlich besteht. Das Gericht trifft die erforderlichen Maßnahmen, um den Schutz vertraulicher Informationen zu gewährleisten. Dies gilt insbesondere in den Fällen, in denen die einstweilige Verfügung ohne vorherige Anhörung des Gegners erlassen wird. § 811 BGB sowie § 46 Abs. 8 DesignG gelten entsprechend (so § 46b Abs. 4 DesignG).

120 § 47 DesignG gibt in Umsetzung von Art. 15 der EnforcementRL einen Anspruch auf **Urteilsbekanntmachung:** Ist eine Klage aufgrund des DesignG erhoben worden, kann der obsiegenden Partei nach § 47 S. 1 DesignG im Urteil die Befugnis zugesprochen werden, das Urteil auf Kosten der unterliegenden Partei öffentlich bekannt zu machen, wenn sie ein berechtigtes Interesse darlegt. Art und Umfang der Bekanntmachung werden im Urteil bestimmt (so § 47 S. 2 DesignG). Die Befugnis erlischt gemäß § 47 S. 3 DesignG, wenn von ihr nicht innerhalb von drei Monaten nach Eintritt der Rechtskraft des Urteils Gebrauch gemacht worden ist. Der Ausspruch nach § 47 S. 1 DesignG ist nicht vorläufig vollstreckbar (so § 47 S. 4 DesignG).

VIII. Rechtswirkungen des eingetragenen Designs

d) Schema aller Hilfsansprüche

121

Vernichtungsanspruch gegen rechtswidrig hergestellte, verbreitete oder zur rechtswidrigen Verbreitung bestimmte Erzeugnisse	§ 43 Abs. 1 S. 1 DesignG
Vernichtungsanspruch gegen im Eigentum des Verletzers stehende Vorrichtungen zum Herstellen der Erzeugnisse	§ 43 Abs. 1 S. 2 DesignG
Rückrufanspruch oder Entfernungsanspruch gegen rechtswidrig hergestellte, verbreitete oder zur rechtswidrigen Verbreitung bestimmte Erzeugnisse	§ 43 Abs. 2 DesignG
Überlassungsanspruch auf Erzeugnisse gegen angemessene Vergütung	§ 43 Abs. 3 DesignG
Haftungsanspruch gegen den Inhaber des Unternehmens bei Rechtsverletzungen durch Arbeitnehmer	§ 44 DesignG
Entschädigungsanspruch des gutgläubigen Verletzers	§ 45 DesignG
Auskunftsanspruch über Herkunft und Vertriebswege der rechtverletzenden Erzeugnisse und weitergehende Auskünfte	§ 46 DesignG
Schadensersatzanspruch hinsichtlich falscher Auskunft	§ 46 Abs. 5 DesignG
Vorlageanspruch von Urkunden	§ 46a Abs. 1 S. 1 Alt. 1 DesignG
Besichtigungsanspruch hinsichtlich einer Sache	§ 46a Abs. 1 S. 1 Alt. 2 DesignG
Vorlageanspruch von Bank-, Finanz- oder Handelsunterlagen oder geeigneter Zugang	§ 46a Abs. 1 S. 2 und § 46b MarkenG
Urteilsbekanntmachungsanspruch	§ 47 DesignG

e) Ausschluss der Ansprüche

122 Die Haupt- und Nebenansprüche des Designrechts können wegen Erschöpfung (nachstehende Rn. 123 f.) oder Verjährung (Rn. 125) aber auch ausgeschlossen sein.

aa) Erschöpfung

123 § 48 DesignG normiert den **Erschöpfungsgrundsatz**. Der Erschöpfungsgrundsatz besagt, dass das Designrecht auf ein spezielles Produkt dann verbraucht (dh „erschöpft") ist, wenn dieses vom Inhaber des Designrechts – bzw. einem von diesem autorisierten Dritten (wie bspw. einem Lizenznehmer) – in Deutschland (dh im Inland) bzw. in der EU (wobei der Grundsatz der unionsweiten Erschöpfung vom EuGH aus dem Grundsatz der Warenverkehrsfreiheit nach Art. 34 AEUV hergeleitet wird) oder in einem anderen Vertragsstaat des EWR **in den Verkehr gebracht** worden ist. In der Folge kann ein Erwerber das Produkt ungehindert nutzen und gebrauchen. Der Designinhaber kann dann keine das Eigentumsrecht des Erwerbers überlagernden Ansprüche aus dem Designrecht heraus mehr gegen den Erwerber geltend machen.

124 Die Rechte aus einem eingetragenen Design erstrecken sich nach § 48 DesignG nicht auf Handlungen, die ein Erzeugnis betreffen, in das ein unter den Schutzumfang des Rechts an einem eingetragenen Design fallendes Design eingefügt oder bei dem es verwendet wird, wenn das Erzeugnis vom Rechteinhaber oder mit seiner Zustimmung in einem EU-Mitgliedstaat oder in einem anderen EWR-Vertragsstaat in den Verkehr gebracht worden ist.

bb) Verjährung

125 Ein weiterer, wichtiger Grund, nach dem der Designinhaber seine Rechte nicht mehr geltend machen kann, ist die Verjährung seiner Ansprüche. Auf die Verjährung der in den §§ 42 bis 47 DesignG genannten Ansprüche finden gemäß § 49 S. 1 DesignG die allgemeinen Verjährungsvorschriften des BGB – mithin die §§ 194 ff. BGB – entsprechende Anwendung. Die Verjährungsfrist beträgt somit drei Jahre (so § 195 BGB). Sie beginnt nach § 199 Abs. 1 BGB mit dem Schluss des Jahres, in dem der Anspruch entstanden und der Gläubiger – dh der verletzte Rechteinhaber – von den den Anspruch begründenden Umständen und der Person des Schuldners (dh des Rechteverletzers) Kenntnis erlangt oder ohne grobe Fahrlässigkeit erlangen müsste.

f) Ansprüche aus anderen gesetzlichen Vorschriften

126 Ansprüche aus anderen gesetzlichen Vorschriften bleiben nach § 50 DesignG unberührt, womit der Regelungsgehalt des DesignG nicht abschließend ist. So ist bspw. eine Anspruchsmehrheit mit Ansprüchen aus ungerechtfertigter Bereicherung (§§ 812 ff. BGB – etwa § 812 Abs. 1 S. 1 Alt. 2 BGB [Eingriffskondiktion]) bzw. des UWG möglich.

127 Hat der Verpflichtete durch die Verletzung auf Kosten des Berechtigten „etwas" erlangt, findet nach § 49 S. 2 DesignG die Regelung des § 852 BGB (**Herausgabeanspruch nach Eintritt der Verjährung**) entsprechende Anwendung:

128   **Zusammenfassung:** Der negative Inhalt des Designrechts gewährt dem Verletzten gemäß § 47 DesignG Beseitigungs- bzw. Unterlassungs- sowie ggf. Schadensersatzansprüche gegen den Verletzer. Zur Durchsetzung dieser Ansprüche stehen dem Verletzten zudem ein

VIII. Rechtswirkungen des eingetragenen Designs

Auskunftsanspruch und andere Hilfsansprüche zu. Der Designinhaber kann diese Ansprüche nicht geltend machen, wenn das Design bereits in Verkehr gebracht wurde (dh „erschöpft" ist) oder wenn die gesetzliche Verjährungsfrist von drei Jahren verstrichen ist. Die Ansprüche korrespondieren mit dem Regelsystem anderer gewerblicher Schutzrechte.

g) Strafrechtlicher Schutz

Wer entgegen § 38 Abs. 1 S. 1 DesignG ein eingetragenes Design benutzt, obwohl der Rechteinhaber dem nicht zugestimmt hat, macht sich nach § 51 Abs. 1 DesignG auch strafbar und wird mit einer Freiheitsstrafe von bis zu drei Jahren oder mit Geldstrafe bestraft. Die Tat wird gemäß § 51 Abs. 3 DesignG allerdings nur auf Antrag verfolgt (sog. **Antragsdelikt**), es sei denn, dass die Strafverfolgungsbehörde wegen des besonderen öffentlichen Interesses an der Strafverfolgung ein Einschreiten von Amts wegen für geboten hält. Bei gewerbsmäßigem Handeln ist der Strafrahmen noch höher und liegt bei einer Freiheitsstrafe bis zu fünf Jahren oder Geldstrafe (vgl. § 51 Abs. 2 DesignG). Auch der Versuch ist nach § 51 Abs. 3 DesignG strafbewehrt. Strafbar ist allerdings nur eine **vorsätzliche Tatbegehung**, dh der Verletzer muss die Tatumstände kennen und die Tatbestandsverwirklichung – dh die Verletzung eines fremden Designrechts – wollen.

129

Wird auf Strafe erkannt, so ist, wenn der Rechteinhaber es beantragt und ein berechtigtes Interesse daran dartut, nach § 51 Abs. 6 DesignG anzuordnen, dass die Verurteilung **auf sein Verlangen hin öffentlich bekannt gemacht** wird. Die Art der Bekanntmachung ist im Urteil zu bestimmen.

130

h) Exkurs: Zollbeschlagnahme

Liegt eine Rechtsverletzung nach § 38 Abs. 1 S. 1 DesignG „offensichtlich" vor, so unterliegt das jeweilige Erzeugnis nach § 55 Abs. 1 DesignG auf Antrag und gegen Sicherheitsleistung des Rechteinhabers bei seiner Einfuhr oder Ausfuhr der **Beschlagnahme durch die Zollbehörde**, dh der sog. **Zollbeschlagnahme**, soweit nicht die VO (EU) Nr. 608/613 des Europäischen Parlaments und des Rates vom 12.6.2013[60] zur Durchsetzung der Rechte geistigen Eigentums durch die Zollbehörden und zur Aufhebung der VO (EG) Nr. 1385/2003 des Rates[61] in ihrer jeweils geltenden Fassung anzuwenden ist. Das gilt für den Verkehr mit anderen EU-Mitgliedstaaten sowie mit den anderen EWR-Vertragsstaaten nur, soweit Kontrollen durch die Zollbehörden noch stattfinden.

131

Ordnet die Zollbehörde die Beschlagnahme an, so unterrichtet sie gemäß § 55 Abs. 2 DesignG unverzüglich (vgl. § 121 Abs. 1 S. 1 BGB) den Rechteinhaber. Diesem sind Herkunft, Menge und Lagerort der Erzeugnisse sowie Name und Anschrift des Verfügungsberechtigten mitzuteilen. Das **Brief- und Postgeheimnis** (Art. 10 GG) wird insoweit eingeschränkt. Dem Rechteinhaber ist Gelegenheit zu geben, die Erzeugnisse zu besichtigen, soweit hierdurch nicht in Geschäfts- oder Betriebsgeheimnisse eingegriffen wird.

132

Frage 18: Was ist unter dem negativen Inhalt des eigetragenen Designs zu verstehen?
Frage 19: Welche unterschiedlichen Möglichkeiten einer Schadensberechnung kennen Sie?
Frage 20: Was versteht man unter dem Erschöpfungsgrundsatz im Designrecht?

---

60 ABl. EU Nr. L 18/15 vom 29.6.2013.
61 ABl. EU Nr. L 196 S. 7.

IX. Der Übergang des eingetragenen Designs

133 Ein Designrecht stellt einen **Vermögensgegenstand des Rechteinhabers** dar, den dieser auch auf andere Personen übertragen kann. Das Recht an einem eingetragenen Design kann nach § 29 Abs. 1 DesignG

- nach Maßgabe der §§ 413, 398 BGB durch ein **Rechtsgeschäft** auf einen anderen übertragen werden oder
- von Todes wegen (§ 1922 BGB) im Zuge einer **Universalsukzession** im Erbfall kraft Gesetzes auf den oder die Erben übergehen.

134 § 30 DesignG statuiert die **unbeschränkte Verkehrsfähigkeit** des eingetragenen Designs im Hinblick auf dingliche Rechte, die **Zwangsvollstreckung** und das **Insolvenzverfahren**: Das Recht an einem eingetragenen Design kann nach § 30 Abs. 1 DesignG

- Gegenstand eines **dinglichen Rechts** sein, insbesondere verpfändet werden (Nr. 1), oder
- Gegenstand von **Maßnahmen der Zwangsvollstreckung** sein (Nr. 2).

135 Die in § 30 Abs. 1 Nr. 1 DesignG genannten Rechte oder die in § 30 Abs. 1 Nr. 2 DesignG genannten Maßnahmen werden auf Antrag eines Gläubigers oder eines anderen Berechtigten gemäß § 30 Abs. 2 DesignG in das Register eingetragen, wenn sie dem DPMA nachgewiesen werden. Wird das Recht an einem eingetragenen Design durch ein Insolvenzverfahren erfasst, so wird das auf Antrag des Insolvenzverwalters oder auf Ersuchen des Insolvenzgerichts nach § 30 Abs. 3 S. 1 DesignG in das Register eingetragen. Für den Fall der Mitinhaberschaft an einem eingetragenen Design findet § 30 Abs. 3 S. 1 DesignG auf den Anteil des Mitinhabers entsprechende Anwendung (so § 30 Abs. 3 S. 2 DesignG). Im Fall der Eigenverwaltung (§ 270 InsO) tritt nach § 30 Abs. 3 S. 4 DesignG der Sachwalter an die Stelle des Insolvenzverwalters.

1. Vererbung des eingetragenen Designs

136 „Übergehen" iSv § 29 Abs. 1 DesignG heißt, dass das eingetragene Design beim Tode des Rechteinhabers vererblich ist (§ 1922 BGB). Dh, das eingetragene Design geht im Falle des Todes des Rechteinhabers im Zuge einer **Gesamtrechtsnachfolge** auf den oder die Erben als neue Rechteinhaber über.

2. Veräußerung des eingetragenen Designs

137 Das eingetragene Design kann nach § 29 Abs. 1 DesignG aber auch unter Lebenden „übertragen" werden. Bspw. durch die Veräußerung des eingetragenen Designs. Die Übertragung des Rechts erfolgt nach den §§ 413, 398 BGB durch Abtretung. Die Abtretung ist ein **dingliches Verfügungsgeschäft**, durch das die **Änderung der Vermögenszuordnung am eingetragenen Design** vollzogen wird. Dabei müssen sich der Rechteinhaber (sog. Zedent) und der Erwerber des eingetragenen Designs (sog. Zessionar) darüber einigen, dass das Recht auf Letzteren übergehen soll. Meist liegt diesem Verfügungsgeschäft – dh der Übertragung des eingetragenen Designs – ein Rechtskauf als schuldrechtliches Verpflichtungsgeschäft zugrunde (vgl. §§ 453, 433 BGB). Durch den Rechtskauf hat sich der Rechteinhaber verpflichtet, dem an dem eingetragenen Design interessierten Erwerber das Recht zu übertragen.

IX. Der Übergang des eingetragenen Designs

Gehört das **eingetragene Design zu einem Unternehmen** oder zu einem Teil eines Unternehmens, so wird es nach der Auslegungsregel des § 29 Abs. 2 DesignG (in Anlehnung an § 27 Abs. 2 MarkenG, vorstehendes 4. Kapitel, Rn. 274) im Zweifel von der Übertragung oder dem Übergang des Unternehmens oder des Teils des Unternehmens, zu dem das eingetragene Design gehört, mit erfasst. 138

Der **Übergang des Rechts am eingetragenen Design** wird gemäß § 29 Abs. 3 DesignG auf Antrag des Rechteinhabers oder des Rechtsnachfolgers in das Register eingetragen, wenn der Übergang dem DPMA nachgewiesen wird. Die Eintragung im Register kann in diesem Falle sowohl vom Veräußerer als auch vom Erwerber beantragt werden. 139

Der Eintragung kommt dabei aber nur eine **deklaratorische Bedeutung** zu. Die Eintragung wirkt nicht rechtsbegründend (konstitutiv) zugunsten des Erwerbers des eingetragenen Designs. Dieser hat vielmehr bereits schon vor der Eintragung das Recht gemäß §§ 413, 398 BGB durch die Abtretung als Verfügungsgeschäft erworben. Die Eintragung spiegelt diese außerhalb des Registers bereits vollzogene Transaktion – dh den Rechtserwerb durch den Zessionar – nur wider. 140

3. Lizenzierung

Wenn der Rechteinhaber sein Designrecht wirtschaftlich nutzen möchte, steht ihm neben der Zession des Gesamtrechts auch die Möglichkeit einer **Teilrechteeinräumung**, dh einer Lizenzierung offen (§ 31 DesignG, vergleichbar § 30 MarkenG bzw. § 15 Abs. 2 und 3 PatG oder § 22 Abs. 2 GebrMG). Das bedeutet, dass der Rechteinhaber als Lizenzgeber einem Dritten als Lizenznehmer – ohne Übertragung des Rechts am eingetragenen Design selbst – die Ausübung der aus dem eingetragenen Design resultierenden Befugnisse gegen eine Gebühr überlassen kann. 141

Der Rechteinhaber kann den **Umfang der Lizenz** frei vereinbaren: Gemäß § 31 Abs. 1 S. 1 DesignG kann er Lizenzen für die gesamte Bundesrepublik Deutschland erteilen oder er kann sie auf einen Teil des Gebiets der Bundesrepublik Deutschland beschränken. Eine Lizenz kann im Übrigen nach § 31 Abs. 1 S. 2 DesignG ausschließlich oder nicht ausschließlich sein. 142

Im Fall einer **ausschließlichen Lizenz** wird dem Lizenznehmer ein alleiniges Verwertungsrecht in dem ihm zugestandenen Vertriebsgebiet – dh dem gesamten Gebiet der Bundesrepublik Deutschland oder einem Teil – iS eines dinglichen Nutzungsrechts mit dinglicher (absoluter) Wirkung[62] zugestanden. Das dingliche Nutzungsrecht gibt dem Lizenznehmer das Recht, sowohl gegen Schutzrechtsverletzungen eines Dritten als auch solche des Lizenzgebers selbst, mithin des Rechteinhabers (dem eine **Enthaltungspflicht** auferlegt wird), vorzugehen. 143

Die **einfache Lizenz** ist hingegen dadurch gekennzeichnet, dass sie dem Lizenznehmer das Recht gewährt, das lizenzierte eingetragene Design – neben anderen (dh sowohl Dritten, mithin weiteren Lizenznehmern, als auch dem Lizenzgeber selbst) – zu nutzen. Sie wirkt nicht dinglich, dh sie entfaltet keine Wirkung gegenüber jedermann. Vielmehr kommt ihr nur eine **obligatorische** (dh eine **schuldrechtliche** – relative) Wirkung zwischen Lizenznehmer und Lizenzgeber zu. Die obligatorische Wirkung bestimmt sich im Einzelnen nach dem Inhalt des Lizenzvertrags zwischen Lizenzgeber und Lizenznehmer. 144

---

62 Kritisch zur Beimessung einer „dinglichen Wirkung", die zwar in der Gesetzesbegründung (RegE BlPMZ 2004, 222, 238), nicht jedoch im Gesetzestext selbst Erwähnung findet: Götting, § 44 Rn. 8.

145 Der Rechteinhaber kann nach § 31 Abs. 2 DesignG die Rechte aus dem eingetragenen Design gegen einen Lizenznehmer geltend machen (ohne auf vertragliche Ansprüche aus dem Lizenzvertrag beschränkt zu sein), der hinsichtlich bestimmter Beschränkungen der Lizenz, nämlich

- der Dauer der Lizenz (Nr. 1),
- der Form der Nutzung des eingetragenen Designs (Nr. 2),
- der Auswahl der Erzeugnisse, für die die Lizenz erteilt worden ist (Nr. 3),
- des Gebiets, für das die Lizenz erteilt worden ist (Nr. 4), oder
- der Qualität der vom Lizenznehmer hergestellten Erzeugnisse (Nr. 5)

gegen eine Bestimmung des Lizenzvertrags verstößt.

146 Unbeschadet der Bestimmungen des Lizenzvertrags kann der Lizenznehmer gemäß § 31 Abs. 3 S. 1 DesignG ein Verfahren wegen Verletzung eines eingetragenen Designs nur mit **Zustimmung des Rechteinhabers** vor Gericht anhängig machen. Dies gilt nach § 31 Abs. 3 S. 2 DesignG nicht für den Inhaber einer ausschließlichen Lizenz, wenn der Rechteinhaber, nachdem er dazu aufgefordert wurde, innerhalb einer angemessenen Frist nicht selbst ein Verletzungsverfahren anhängig macht.

147 Jeder Lizenznehmer kann nach § 31 Abs. 4 DesignG als **Streitgenosse** einer vom Rechteinhaber erhobenen Verletzungsklage dem Prozess beitreten, um den Ersatz seines eigenen Schadens geltend zu machen.

148 § 31 Abs. 5 DesignG entfaltet (entsprechend § 15 Abs. 3 PatG, § 22 Abs. 3 GebrMG bzw. § 30 Abs. 5 MarkenG) **Sukzessionsschutz**: Die Rechtsnachfolge nach § 29 DesignG oder die Erteilung einer Lizenz iSv § 31 Abs. 1 DesignG berührt nicht Lizenzen, die Dritten vorher bereits erteilt worden sind.

149 Nach § 32 DesignG (**angemeldetes Design**) gelten die §§ 29 bis 31 DesignG über das eingetragene Design als Gegenstand des Vermögens entsprechend für die durch die Anmeldung von Designs begründeten Rechte. Dh, der Anmelder eines Designs erlangt infolge der Anmeldung eine der **Anwartschaft vergleichbare Rechtsposition**, die Gegenstand seines Vermögens ist, und die es ihm gestattet, bereits vor der Eintragung über das erst mit der Eintragung zur Entstehung gelangende (Voll-) Recht zu verfügen.[63]

150 **Zusammenfassung:** Das Recht an einem eingetragenen Design kann vom Rechteinhaber auf Dritte übergehen. Das Recht ist veräußerbar und vererbbar. Der Rechteinhaber kann zudem Lizenzen unterschiedlichster Art an Dritte erteilen, die diese zur Nutzung des eingetragenen Designs berechtigen.

Frage 21: Wie vollzieht sich der Übergang eines eingetragenen Designs unter Lebenden?
Frage 22: Welche Formen der Lizenzierung eines eingetragenen Designs kennen Sie?

X. Die Beendigung des Rechts am eingetragenen Design

151 Auch in zeitlicher Hinsicht besteht das Recht am eingetragenen Design – das mit der Registereintragung zur Entstehung gelangt ist (vgl. § 27 Abs. 1 DesignG) – nicht unbegrenzt. Vielmehr kann es

---

[63] Götting, § 44 Rn. 14.

X. Die Beendigung des Rechts am eingetragenen Design

- entweder nach einer bestimmten Zeitspanne – der sogenannten **Schutzdauer** – automatisch wieder erlöschen (nachstehende Rn. 152 ff.) oder
- es kann aufgrund der in § 36 Abs. 1 DesignG genannten Löschungsgründe im Designregister gelöscht werden (Rn. 157 ff. und 66).

1. Die Schutzdauer des eingetragenen Designs

Die Schutzdauer des eingetragenen Designs beträgt gemäß § 27 Abs. 2 DesignG **maximal 25 Jahre**, gerechnet ab dem Anmeldetag (iSv § 11 Abs. 1 S. 1 DesignG). Nach Ablauf der 25 Jahre wird das eingetragene Design **gemeinfrei** und kann von jedermann frei benutzt werden. Eine darüber hinausgehende Verlängerung ist nicht vorgesehen.

Beachte: Die **Schutzdauer eines Geschmacksmusters**,[64] das vor dem 1.7.1988 beim DPMA angemeldet worden ist, weil der Inhaber im Inland weder eine Niederlassung noch einen Wohnsitz hatte, betrug – ebenso wie die Schutzdauer anderer zu dieser Zeit in den alten Bundesländern angemeldeter Geschmacksmuster – höchstens 15 Jahre.[65]

Die Schutzdauer eines eingetragenen Designs muss jedoch nicht zwingend maximal 25 Jahre betragen. Der Rechteinhaber kann vielmehr vor Ablauf der 25 Jahre in regelmäßigen Abständen – nämlich alle fünf Jahre – neu darüber entscheiden, ob er den Schutz tatsächlich aufrechterhalten möchte oder nicht (vgl. § 28 DesignG – **Aufrechterhaltung**).

Mit der Anmeldung des Designs zur Eintragung muss der Antragsteller eine **Anmeldegebühr** in Höhe von 60 Euro[66] entrichten, die zunächst eine Schutzdauer von fünf Jahren beinhaltet. Die Schutzdauer für das eingetragene Design beginnt mit dem Tag seiner Anmeldung beim DPMA.

Die Schutzdauer endet automatisch mit Ablauf der Fünf-Jahres-Frist, wenn der Rechteinhaber nicht die **Aufrechterhaltungsgebühr** bezahlt. Diese Gebühr steigert sich kontinuierlich, dh je „älter" ein eingetragenes Design ist, desto teurer wird sein Schutz.

Aufrechterhaltungsgebühr für jedes eingetragene Design	
für das 6.–10. Schutzjahr	90 Euro
für das 11.–15. Schutzjahr	120 Euro
für das 16.–20. Schutzjahr	150 Euro
für das 21.–25. Schutzjahr	180 Euro

Der Rechteinhaber muss die Aufrechterhaltungsgebühren jeweils bis zum Ende des zweiten auf den Anmeldemonat folgenden Monats bezahlen, andernfalls endet der Schutz seines Designs (vgl. § 28 Abs. 3 DesignG). Jede Verlängerung wird in das Designregister eingetragen und bekannt gemacht.

---

64 Die amtliche Bezeichnung für das eingetragene Design lautete bis zur Gesetzesnovelle im Jahr 2014 „Geschmacksmuster".
65 BGH Beschl. v. 28.7.2005 – I ZB 20/05 (BPatG) = GRUR 2005, 1041 – Altmuster.
66 Dieser Betrag gilt für die elektronische Anmeldung. Für eine Anmeldung auf Papier berechnet das DPMA 70 Euro.

2. Löschung des eingetragenen Designs

157 Endet der Designschutz, weil die Schutzhöchstdauer von 25 Jahren erreicht ist oder weil die Aufrechterhaltungsgebühr nicht entrichtet wurde, so wird das eingetragene Design aus dem Designregister gelöscht (vgl. § 36 Abs. 1 S. 1 Nr. 1 DesignG). Dadurch wird öffentlich bekanntgemacht, dass dieses bestimmte Design nun nicht mehr geschützt ist und auch von Dritten benutzt werden kann.

158 Darüber hinaus nennt § 36 Abs. 1 S. 1 DesignG eine Reihe von weiteren Gründen, die jederzeit zur **Löschung eines eingetragenen Designs** und damit zur Beendigung des Designschutzes führen können. Demnach wird die Eintragung gelöscht

- bei **Verzicht des Rechteinhabers** auf dessen Antrag, wenn die Zustimmung anderer im Register eingetragener Inhaber von Rechten am eingetragenen Design sowie der Kläger im Verfahren nach § 9 DesignG vorgelegt wird (Nr. 2), oder
- auf **Antrag eines Dritten**, wenn dieser mit dem Antrag eine öffentliche oder öffentlich beglaubigte Urkunde mit Erklärungen iSv § 36 Abs. 1 S. 1 Nr. 2 DesignG vorlegt (Nr. 3),
- bei **Einwilligung des als Rechteinhaber Eingetragenen in die Löschung** (Nr. 4)
  - nach § 9 DesignG (wenn der als Rechteinhaber Eingetragene nicht berechtigt ist) oder
  - nach § 33 Abs. 6 S. 1 DesignG (wenn das eingetragene Design nach § 33 Abs. 1 oder 2 DesignG nichtig ist) bzw.
- aufgrund eines **unanfechtbaren Beschlusses** oder eines **rechtskräftigen Urteils** über die Feststellung oder Erklärung der Nichtigkeit (des eingetragenen Designs gemäß § 33 DesignG) (Nr. 5).

159 Über die Ablehnung einer Löschung entscheidet das DPMA nach § 36 Abs. 1 S. 2 DesignG durch Beschluss.

160 Verzichtet der Rechteinhaber nach § 36 Abs. 1 S. 1 Nr. 2 oder Nr. 3 DesignG nur **teilweise** auf das eingetragene Design, erklärt er nach § 36 Abs. 1 S. 1 Nr. 4 DesignG seine Einwilligung in die Löschung nur **eines Teils** des eingetragenen Designs oder wird nach § 36 Abs. 1 S. 1 Nr. 5 DesignG eine **Teilnichtigkeit** festgestellt, so erfolgt statt der Löschung des eingetragenen Designs eine entsprechende Eintragung in das Register (so § 36 Abs. 2 DesignG).

Frage 23: Wann endet der Designschutz?

XI. Einheitlicher europäischer Geschmacksmusterschutz

161 Aufgrund des Territorialitätsprinzips gelten eingetragene nationale Designs nur in dem Land, in dem sie eingetragen werden. Beim DPMA eingetragene Designs genießen also nur in der Bundesrepublik Deutschland Schutz. Soll ein Design europaweit geschützt werden, so kann dafür ein **Gemeinschaftsgeschmacksmuster** – parallel (**Koexistenz**) – angemeldet werden.

162 Mit der VO (EG) Nr. 6/2002 des Rates vom 12.12.2001 über das Gemeinschaftsgeschmacksmuster (Gemeinschaftsgeschmacksmusterverordnung, fortan: GGVO)[67] wurde – wie bereits ausgeführt (vorstehende Rn. 4) – mit Wirkung vom 6.3.2002 ein euro-

---

[67] ABl. EG Nr. L3 vom 5.1.2002, S. 1.

XI. Einheitlicher europäischer Geschmacksmusterschutz

päisches **Gemeinschaftsgeschmacksmuster** auf der Grundlage eines in allen EU-Mitgliedstaaten unmittelbar geltenden einheitlichen Rechtsrahmens[68] (Art. 1 Abs. 3 GGVO) geschaffen, das in das Register für Gemeinschaftsgeschmacksmuster beim EUIPO in Alicante (Spanien) eingetragen werden kann – aber nicht muss. Folglich stehen im Unterschied zum DesignG auf europäischer Ebene **zwei Varianten** für den Designschutz zur Verfügung:

- das nicht eingetragene Gemeinschaftsgeschmacksmuster und
- das eingetragene Gemeinschaftsgeschmacksmuster.

Ersteres gewährt – anders als ein eingetragenes Gemeinschaftsgeschmacksmuster (mit einer maximalen Schutzdauer von 25 Jahren) – dem Rechteinhaber nur einen zeitlich begrenzten Nachahmungsschutz (für drei Jahre).

163

1. Eingetragenes Gemeinschaftsgeschmacksmuster

Das eingetragene Gemeinschaftsgeschmacksmuster nach der GGVO bietet dem Rechteinhaber seit dem 1.4.2003 ein **ausschließliches Benutzungsrecht** und damit einen **einheitlichen Schutzstandard** gegen jede unberechtigte gewerbliche Nutzung seines geschützten Musters in allen EU-Staaten für die Dauer von zunächst fünf Jahren (Art. 12 GGVO). Die Laufzeit des Schutzes kann um jeweils weitere fünf Jahre bis zu einer Gesamtlaufzeit von 25 Jahren verlängert werden.

164

In seinen **Schutzwirkungen** gleicht das eingetragene Gemeinschaftsgeschmacksmuster dem beim DPMA eingetragenen nationale Design.

165

- Für die Ermittlung der „**Eigenart**" iSv Art. 6 GGVO[69] ist maßgebliches Kriterium die **Unterschiedlichkeit der Muster,** die in einem Einzelvergleich mit bereits vorhandenen Mustern zu ermitteln ist:[70] Eigentümlichkeit und Gestaltungshöhe sind nicht Voraussetzungen des Schutzes eines Gemeinschaftsgeschmacksmusters. Das Gemeinschaftsgeschmacksmuster wird noch nicht durch die Anmeldung der Öffentlichkeit iSv Art. 6 und 7 GGVO zugänglich gemacht.[71] Eine Begrenzung des Schutz-

---

68 BGH Urt. v. 8.3.2012 – I ZR 124/10 (OLG Frankfurt aM) = GRUR 2012, 1139 – Weinkaraffe: 1. Schutzgegenstand des eingetragenen Gemeinschaftsgeschmacksmusters ist die in der Anmeldung sichtbar wiedergebene Erscheinungsform eines Erzeugnisses oder eines Teils davon. Unterschiedliche Darstellungen eines Gemeinschaftsgeschmacksmusters in der Anmeldung bilden nicht mehrere Schutzgegenstände. Führen unterschiedliche Darstellungen eines Gemeinschaftsgeschmacksmusters in der Anmeldung zu einer Unklarheiten über den Schutzgegenstand, ist der Schutzgegenstand durch Auslegung zu ermitteln. 2. Teile oder Elemente eines eingetragenen Gemeinschaftsgeschmacksmusters sind nach der Gemeinschaftsgeschmacksmusterverordnung nicht eigenständig geschützt.
69 BGH Urt. v. 19.5.2010 – I ZR 71/08 (OLG Frankfurt aM) = GRUR 2011, 142 – Untersetzer: 1. Für die Bestimmung des Schutzumfangs (Art. 10 GGVO) eines Gemeinschaftsgeschmacksmusters ist es grundsätzlich unerheblich, woraus sich dessen Eigenart (Art. 6 GGVO) im Einzelnen ergibt. 2. Bei der Bestimmung des Schutzumfangs ist nach Art. 10 Abs. 2 GGVO – ebenso wie bei der Bestimmung der Eigenart nach Art. 6 Abs. 2 GGVO – der Grad der Gestaltungsfreiheit des Entwerfers bei der Entwicklung seines Geschmacksmusters zu berücksichtigen. Der Schutzumfang eines Geschmacksmusters richtet sich deshalb nach dessen Abstand zum vorbekannten Formenschatz. 3. Entwerfer des Geschmacksmusters iSd Art. 10 Abs. 2 GGVO ist – ebenso wie iSd Art. 6 GGVO – der Entwerfer des Klagemusters. Für die Beurteilung des Gestaltungsspielraums des Entwerfers und damit des Schutzumfangs eines eingetragenen Geschmacksmusters ist daher der Zeitpunkt der Anmeldung dieses Musters zur Eintragung maßgeblich.
70 BGH Urt. v. 22.4.2010 – I ZR 89/08 (OLG Stuttgart) = BGHZ 185, 224 = GRUR 2010, 718, Ls. 1 – Verlängerte Limousinen.
71 BGH Urt. v. 22.4.2010 – I ZR 89/08 (OLG Stuttgart) = BGHZ 185, 224 = GRUR 2010, 718, Ls. 2 – Verlängerte Limousinen.

- umfangs eines Klagemusters auf diejenigen Merkmale, durch die es sich von einem früher angemeldeten Gemeinschaftsgeschmacksmusters unterscheidet, kommt jedenfalls dann nicht in Betracht, wenn das früher angemeldete Gemeinschaftsgeschmacksmuster nicht vor dem Klagemuster der Öffentlichkeit zugänglich gemacht worden ist.[72]
- Die Wirkungen der „Erschöpfung" nach § 21 GGVO treten an konkret in Verkehr gebrachten Erzeugnissen und nicht an einzelnen ihrer Merkmale ein.[73]
- Ein Rechtsübergang entfaltet (im Unterschied zu § 29 DesignG) nach Art. 33 Abs. 2 S. 1 iVm Art. 28 GGVO gegenüber Dritten erst dann Wirkung, wenn er im Register eingetragen ist – es sei denn, diese hatten von der Rechtsübertragung Kenntnis (Art. 33 Abs. 2 S. 2 GGVO).
- Eine in einem GGVO-Mitgliedstaat begangene Handlung, durch die ein Gemeinschaftsgeschmacksmuster verletzt wird, begründet in der Regel eine Begehungsgefahr für das gesamte Gebiet der EU.[74]

166 Die §§ 62 bis 65 DesignG regeln die **deutschen Ausführungsbestimmungen** zum Gemeinschaftsgeschmacksmuster.

167 Werden beim DPMA (als Zentralstelle für den gesetzlichen Rechtsschutz eines Mitgliedstaats) **Anmeldungen von Gemeinschaftsgeschmacksmustern** nach Art. 35 Abs. 2 GGVO eingereicht, so vermerkt das DPMA nach § 62 DesignG auf der Anmeldung den Tag des Eingangs und leitet die Anmeldung ohne Prüfung unverzüglich (vgl. § 121 Abs. 1 S. 1 BGB) an das EIUPO in Alicante weiter.

168 § 62a DesignG regelt die **Anwendung der Vorschriften des Designgesetzes auf das Gemeinschaftsgeschmacksmuster.** Soweit deutsches Recht anwendbar ist, sind folgende Vorschriften des DesignG auf Ansprüche des Inhabers eines Gemeinschaftsgeschmacksmusters, das nach der GGVO Schutz genießt, entsprechend anzuwenden:

- Die Vorschriften zu Ansprüchen auf Beseitigung der Beeinträchtigung (§ 42 Abs. 1 S. 1 DesignG), auf Schadensersatz (§ 42 Abs. 2 DesignG), auf Vernichtung, Rückruf und Überlassung (§ 43 DesignG), auf Auskunft (§ 46 DesignG), auf Vorlage und Besichtigung (§ 46a DesignG), auf Sicherung von Schadensersatzansprüchen (§ 46b DesignG) und auf Urteilsbekanntmachung (§ 47 DesignG) neben den Ansprüchen nach Art. 89 Abs. 1a bis c GGVO (Nr. 1).
- Die Vorschriften zur Haftung des Inhabers eines Unternehmens (§ 44 DesignG), zur Entschädigung (§ 45 DesignG), Verjährung (§ 49 DesignG) und zu Ansprüchen aus anderen gesetzlichen Vorschriften (§ 50 DesignG) (Nr. 2).
- Die Vorschriften zu den Anträgen auf Beschlagnahme bei der Einfuhr und Ausfuhr (§§ 55 und 57 DesignG) (Nr. 3).

169 Für alle Klagen, für die die Gemeinschaftsgeschmacksmustergerichte iSd Art. 80 Abs. 1 GGVO zuständig sind (**Gemeinschaftsgeschmacksmusterstreitsachen**), sind in Deutschland nach § 63 Abs. 1 DesignG als Gemeinschaftsgeschmacksmustergerichte erster Instanz die Landgerichte ohne Rücksicht auf den Streitwert ausschließlich zuständig.

---

[72] BGH Urt. v. 22.4.2010 – I ZR 89/08 (OLG Stuttgart) = BGHZ 185, 224 = GRUR 2010, 718, Ls. 3 – Verlängerte Limousinen.

[73] BGH Urt. v. 22.4.2010 – I ZR 89/08 (OLG Stuttgart) = BGHZ 185, 224 = GRUR 2010, 718, Ls. 4 – Verlängerte Limousinen.

[74] BGH Urt. v. 22.4.2010 – I ZR 89/08 (OLG Stuttgart) = BGHZ 185, 224 = GRUR 2010, 718, Ls. 5 – Verlängerte Limousinen.

XI. Einheitlicher europäischer Geschmacksmusterschutz

Wer entgegen Art. 19 Abs. 1 GGVO ein Gemeinschaftsgeschmacksmuster benutzt, obwohl der Inhaber dem nicht zugestimmt hat, wird in Deutschland nach § 65 DesignG mit einer Freiheitsstrafe von bis zu drei Jahren oder mit Geldstrafe bestraft.

2. Nicht eingetragenes Gemeinschaftsgeschmacksmuster

Nicht eingetragene Gemeinschaftsgeschmacksmuster bieten sich für Erzeugnisse oder Geschmacksmuster mit außergewöhnlich kurzer Lebensdauer an, bei denen das Eintragungsverfahren im Vergleich zu der Zeitspanne, in der das Gmeinschaftsgeschmacksmuster von Wert ist, zu lange dauern würde.

Beachte: Die GGVO schützt – im Unterschied zur Rechtslage nach nationalem deutschem Recht im DesignG – auch ein **nicht eingetragenes Gemeinschaftsgeschmacksmuster**.[75] Sofern das Geschmacksmuster neu ist und Eigenart aufweist, genießt es nach Art. 11 GGVO **Nachahmungsschutz** für eine Dauer von drei Jahren allein durch seine Offenbarung gegenüber der Öffentlichkeit. Es besteht dagegen kein Schutz gegen einen selbstständigen Entwurf, der mit dem nicht eingetragenen Geschmacksmuster identisch ist oder der diesem ähnlich ist. Gegenüber dem eingetragenen Gemeinschaftsgeschmacksmuster trägt beim nicht eingetragenen Gemeinschaftsgeschmacksmuster aber der Inhaber das Risiko, da er ggf. den Beweis antreten muss, dass sein Muster durch Offenbarung dem Schutz der GGVO unterfällt.

> **Zusammenfassung:** Durch ein Gemeinschaftsgeschmacksmuster kann ein Design gleichzeitig **in allen EU-Mitgliedsstaaten** gegen eine unberechtigte Nutzung durch Dritte geschützt werden. Das eingetragene Gemeinschaftsgeschmacksmuster entspricht in seiner Schutzwirkung dem eingetragenen Design nach deutschem Recht, während das einfache (nicht eingetragene) Gemeinschaftsgeschmacksmuster nur gegen unberechtigte Nachahmungen schützt und dies auch nur für einen verkürzten Zeitraum von drei Jahren ab dem Offenbarungszeitpunkt.

Frage 24: Erläutern Sie bitte die Besonderheiten des nicht eingetragenen Gemeinschaftsgeschmacksmusters.

Antworten auf Kontrollfragen

Frage 1: Wodurch unterscheidet sich der Entstehungsschutz des Designs im deutschen und im europäischen Recht?
Das nationale Design kann nur als förmliches Recht nach Maßgabe des DesignG durch Eintragung im Register für eingetragene Designs beim DPMA zur Entstehung gelangen, wohingegen das Gemeinschaftsgeschmacksmuster nach Maßgabe der GGVO sowohl als förmliches Recht durch Eintragung beim EUIPO als auch als nicht eingetragenes Gemeinschaftsgeschmacksmuster durch bloße Offenbarung entstehen kann.

Frage 2: Worauf zielt der Designschutz ab?
Der Designschutz stellt industrielle Form- und Farbgestaltungen unter Schutz. Er schützt damit die gestalterische gewerbliche Leistung im Sinne eines visuell und ggf. auch haptisch wahrnehmbaren Designs.

---

75 Gottschalk/Gottschalk, GRUR Int. 2006, 461.

Frage 3: Unter welchen Voraussetzungen erlangt ein Design als förmliches Recht Schutz?

Voraussetzung für die Eintragung eines Designs ins Register – wodurch das eingetragene Design als förmliches Recht zur Entstehung gelangt – ist dessen Neuheit und Eigenart. Dem Design dürfen des Weiteren auch keine Schutzausschließungsgründe entgegenstehen.

Frage 4: Was versteht man unter einem „Design"?

Unter „Design" ist die zweidimensionale oder dreidimensionale Erscheinungsform eines ganzen Erzeugnisses (dh eines industriellen oder handwerklichen Gegenstandes, einschließlich seiner Verpackung, Ausstattung, graphischer Symbole und typographischer Schriftzeichen sowie von Einzelteilen, die zu einem komplexen Erzeugnis zusammengebaut werden sollen) oder eines Teils davon zu verstehen, das sich insbesondere aus den Merkmalen der Linien, Konturen, Farben, der Gestalt, Oberflächenstruktur oder der Werkstoffe des Erzeugnisses selbst oder seiner Verzierung (dh einer konkreten Verkörperung) ergibt.

Frage 5: Wann genügt ein Design dem Neuheitsgebot?

Ein Design genügt dem Neuheitsgebot, wenn vor dem Anmeldetag (dh dem Tag, an dem die Antragsunterlagen beim DPMA oder bei einem Patentinformationszentrum [PIZ] eingegangen sind) kein identisches Design offenbart worden ist. Ein Design ist sowohl bei absoluter Identität („eins-zu-eins-Identität") als auch dann identisch, wenn sich seine Merkmale nur in „unwesentlichen" Einzelheiten unterscheiden.

Frage 6: Wann kann einem Design Eigenart beigemessen werden?

Einem Design kann dann Eigenart beigemessen werden, wenn ein informierter Benutzer – dh ein Durchschnittsbetrachter –, der einen Einzelvergleich vornimmt, bei Betrachtung des Designs den Gesamteindruck gewinnt, dass es sich von einem anderen Design unterscheidet, das vor dem Anmeldetag offenbart worden ist. Dabei ist der Grad der Gestaltungsfreiheit des Entwerfers bei der Entwicklung des Designs mit zu berücksichtigen. Qualitative Voraussetzungen werden im Unterschied zu anderen gewerblichen Schutzrechten beim Design nicht (mehr) verlangt, mit der Folge, dass Eigenart im Sinne einer bloßen Unterscheidungskraft gegenüber ähnlichen Designs ausreicht.

Frage 7: Was versteht man unter der sog. Neuheitsschonfrist?

Unter der sog. Neuheitsschonfrist versteht man den Umstand, dass eine Offenbarung im Zusammenhang mit der Beurteilung der Frage, ob ein Design „neu" ist bzw. „Eigenart" aufweist, unberücksichtigt bleibt, wenn das Design während der letzten zwölf Monate vor dem Anmeldetag iSv § 13 DesignG durch den Entwerfer oder seinen Rechtsnachfolger oder durch einen Dritten als Folge von Informationen oder Handlungen des Entwerfers oder seines Rechtsnachfolgers der Öffentlichkeit bereits zugänglich gemacht wurde. Dies schadet nicht. Das Design kann immer noch Designschutz erlangen. Dasselbe gilt für den Fall, dass das Design als Folge einer missbräuchlichen Handlung gegen den Entwerfer oder seinen Rechtsnachfolger offenbart wurde.

Frage 8: Welche Schutzausschließungsvoraussetzungen kennen Sie im Designrecht?

Ein Design kann durch Eintragung keinen Designschutz erlangen, wenn es sich lediglich um Erscheinungsmerkmale von Erzeugnissen handelt, die ausschließlich durch ihre technische Funktion bedingt sind, wenn es sich um Erscheinungsmerkmale von Erzeugnissen handelt, die zwangsläufig in ihrer genauen Form und ihren genauen Abmessungen nachgebildet werden müssen, damit das Erzeugnis, in das das Design aufgenommen oder bei dem es verwendet wird, mit einem anderen Erzeugnis mechanisch zusammengebaut oder verbunden oder in diesem, an diesem oder um dieses herum angebracht werden kann, so dass beide

XI. Einheitlicher europäischer Geschmacksmusterschutz

Erzeugnisse ihre Funktion erfüllen, wenn es gegen die öffentliche Ordnung oder gegen die guten Sitten verstößt bzw. wenn es sich um eine missbräuchliche Benutzung eines der in Art. 6ter PVÜ zum Schutz des gewerblichen Eigentums aufgeführten Zeichen oder von sonstigen Abzeichen, Emblemen und Wappen von öffentlichem Interesse handelt.

Frage 9: Welche Entstehungsvoraussetzungen müssen erfüllt sein, damit Designschutz entsteht?

Designschutz entsteht, wenn kumulativ sowohl die materiellen Schutzvoraussetzungen des eingetragenen Designs – nämlich Design, Neuheit und Eigenart – vorliegen als auch das Design als förmliches Recht in das Register für eingetragene Designs des DPMA eingetragen worden ist.

Frage 10: Wie weit reicht der Prüfungsumfang des DPMA bei der Registrierung eines Designs?

Die Prüfungskompetenz des DPMA ist beschränkt und umfasst nur das Vorliegen bestimmter formaler Eintragungsvoraussetzungen (nämlich, ob die Anmeldegebühren und der Auslagenvorschuss gezahlt wurden, ob die Voraussetzungen für die Zuerkennung des Anmeldetages vorliegen und ob die Anmeldung den sonstigen Anmeldungserfordernissen entspricht – dh ob Gegenstand der Anmeldung kein Design oder ein Design ist, das wegen Verstoßes gegen die öffentliche Ordnung oder gegen die guten Sitten oder wegen missbräuchlicher Benutzung von Abzeichen, Emblemen oder Wappen von öffentlichem Interesse vom Designschutz ausgeschlossen ist). Es erfolgt jedoch keine Prüfung der materiellen Schutzvoraussetzungen, mithin ob das angemeldete Design neu ist und Eigenart aufweist. Das DPMA prüft auch nicht die Berechtigung zur Anmeldung und die Richtigkeit der in der Anmeldung gemachten Angaben. Diese Punkte können nur im Rahmen eines Nichtigkeitsverfahrens überprüft werden.

Frage 11: Welche Eintragungsformalien müssen eingehalten werden, damit ein Designschutz entsteht?

Die Anmeldeformalien bestehen zum einen in der Entrichtung einer Anmeldegebühr. Der Eintragungsantrag muss des Weiteren schriftlich auf dem dafür vorgesehenen amtlichen Vordruck des DPMA erfolgen. Dieser muss Angaben enthalten, die es erlauben, die Identität des Anmelders festzustellen. Weiterhin muss die Anmeldung eine zur Bekanntmachung geeignete Wiedergabe des Designs enthalten (etwa ein Photo oder eine Zeichnung). Die Anmeldung muss auch eine Angabe der Erzeugnisse enthalten, in die das Design aufgenommen oder bei denen es verwendet werden soll.

Frage 12: Auf welchem Wege kann die Nichtigkeit eines eingetragenen Designs festgestellt oder erklärt werden?

Die Nichtigkeit eines Designs kann auf zwei Wegen erreicht werden:

- durch einen Beschluss des DPMA oder
- durch ein gerichtliches Urteil aufgrund einer Widerklage im Verletzungsverfahren.

Frage 13: Unter welchen Voraussetzungen kann festgestellt werden, dass ein eingetragenes Design nichtig ist?

Die Nichtigkeit eines eingetragenen Designs kann festgestellt werden, wenn

- die Erscheinungsform des Erzeugnisses kein „Design" ist oder
- dieses nicht neu ist oder keine Eigenart aufweist oder
- das Design vom Designschutz nach § 3 DesignG ausgeschlossen ist.

Frage 14: Unter welchen Voraussetzungen kann erklärt werden, dass ein eingetragenes Design nichtig ist?

Ein eingetragenes Design kann für nichtig erklärt werden, wenn

- das Design eine unerlaubte Benutzung eines durch das Urheberrecht geschützten Werkes darstellt,
- es in den Schutzumfang eines eingetragenen Designs mit älterem Zeitrang fällt, auch wenn dieses eingetragene Design erst nach dem Anmeldetag des für nichtig zu erklärenden eingetragenen Designs offenbart wurde, bzw.
- in ihm ein Zeichen mit Unterscheidungskraft älteren Zeitrangs verwendet wird und der Inhaber des Zeichens berechtigt ist, die Verwendung zu untersagen.

Frage 15: Welche Rechtswirkungen kommen einem eingetragenen Design zu?

Das eingetragene Design entfaltet dreifache Schutzwirkungen dergestalt, dass seinem Inhaber Nutzungs- und Ausschlussrechte eingeräumt werden (positiver Inhalt), dass diesem Unterlassungs-, Schadensersatz- und sonstige (Hilfs-) Ansprüche im Falle einer unberechtigten Nutzung durch Dritte eingeräumt werden (negativer Inhalt), und dass eine unberechtigte Verwendung Dritter auch strafbewehrt ist.

Frage 16: Welche Rechtsfolgen resultieren aus dem positiven Inhalt des eingetragenen Designs?

Der positive Inhalt besagt, dass dem Rechteinhaber das ausschließliche Recht zusteht, das eingetragene Design zu benutzen. Er allein kann es Dritten verbieten, das eingetragene Design ohne seine Zustimmung zu benutzen. Als Nutzungsmöglichkeiten kommen bspw. in Frage die Herstellung, das Anbieten, das Inverkehrbringen, die Ein- oder Ausfuhr, der Gebrauch eines Erzeugnisses, in das das eingetragene Design aufgenommen oder bei dem es verwendet wird, und der Besitz eines solchen Erzeugnisses zu den genannten Zwecken.

Frage 17: Welche Ansprüche kann der Berechtigte gegen einen unberechtigt im Register eingetragenen Rechteinhaber geltend machen?

Aufgrund der nicht vorgesehenen Prüfung der Berechtigung (Rechteinhaberschaft) im Rahmen des Eintragungsverfahrens kann ein unberechtigter Dritter ins Register eingetragen werden, der dann auch als Inhaber des eingetragenen Designs gilt. Der wahre Berechtigte kann in einem solchen Fall vom Nichtberechtigten nur im Klagewege die Übertragung des eingetragenen Designs oder die Einwilligung zu dessen Löschung verlangen. Diese Ansprüche müssen innerhalb einer Ausschlussfrist von drei Jahren ab Bekanntmachung des eingetragenen Designs geltend gemacht werden. Nach Ablauf der Ausschlussfrist ist der Berechtigte präkludiert und kann seine Rechte nicht mehr wahrnehmen. Etwas anderes gilt nur dann, wenn der nichtberechtigte Rechteinhaber bei der Anmeldung oder bei einer Übertragung des eingetragenen Designs bösgläubig war.

Frage 18: Was ist unter dem negativen Inhalt des eigetragenen Designs zu verstehen?

Der negative Inhalt des Designrechts gewährt dem Verletzten Beseitigungs- bzw. Unterlassungs- sowie ggf. Schadensersatz- und diverse Nebenansprüche gegen den Verletzer, wenn der Verletzer ein eingetragenes Design unter Verstoß gegen § 38 Abs. 1 S. 1 DesignG benutzt, wonach allein der Rechteinhaber das ausschließliche Recht hat, sein eingetragenes Design zu benutzen und es Dritten verbieten kann, es ohne seine Zustimmung zu benutzen (dh es etwa anzubieten, in Verkehr zu bringen, einzuführen, auszuführen, ein Erzeugnis, in das das eingetragene Design aufgenommen oder bei dem es verwendet wird, zu gebrauchen, bzw. ein solches Erzeugnis zu den genannten Zwecken zu besitzen.

XI. Einheitlicher europäischer Geschmacksmusterschutz

Frage 19: Welche unterschiedlichen Möglichkeiten einer Schadensberechnung kennen Sie?
Wie in den Fällen einer Verletzung anderer gewerblicher Schutzrechte bestehen auch im Designrecht drei Möglichkeiten, den Schadensersatz zu berechnen:

- Zum einen kann der tatsächlich entstandene Schaden (einschließlich des entgangenen Gewinns, vgl. § 252 BGB) geltend gemacht werden (§§ 249 ff. BGB).
- Zum anderen kann auch der Gewinn berücksichtigt werden, den der Verletzer durch die Verletzung des eingetragenen Designs erzielt hat.
- Zu guter Letzt kann eine Berechnung des Schadens auf der Grundlage des Betrages erfolgen, den der Verletzer als angemessene Vergütung hätte entrichten müssen, wenn er die Erlaubnis zur Nutzung des eingetragenen Designs eingeholt hätte (sog. Lizenzanalogie).

Frage 20: Was versteht man unter dem Erschöpfungsgrundsatz im Designrecht?
Der Erschöpfungsgrundsatz besagt, dass das Designrecht auf ein spezielles Produkt dann verbraucht (dh „erschöpft") ist, wenn dieses vom Inhaber des Designrechts – bzw. einem von diesem autorisierten Dritten (wie bspw. einem Lizenznehmer) – in Deutschland (dh im Inland) bzw. in der EU oder in einem anderen EWR-Vertragsstaat in den Verkehr gebracht worden ist. In der Folge kann ein Erwerber das Produkt ungehindert nutzen und gebrauchen. Der Designinhaber kann keine, das Eigentumsrecht des Erwerbers überlagernden Ansprüche aus dem Designrecht heraus mehr gegen diesen geltend machen.

Frage 21: Wie vollzieht sich der Übergang eines eingetragenen Designs unter Lebenden?
Ein eingetragenes Design kann unter Lebenden nach den §§ 413, 398 BGB durch Abtretung des Rechts durch den Rechteinhaber an den Erwerber übertragen werden. Diesem Verfügungsgeschäft liegt meist ein Rechtskauf als schuldrechtliches Verpflichtungsgeschäft zugrunde (vgl. §§ 453, 433 BGB), durch den sich der Rechteinhaber verpflichtet, dem Erwerber das Designrecht zu übertragen. Der Übergang wird auf Antrag des Rechteinhabers oder des Rechtsnachfolgers in das Register eingetragen, wobei der Eintragung aber nur deklaratorische Bedeutung zukommt, da der Rechtserwerb sich bereits schon vor der Eintragung durch die Abtretung vollzogen hat.

Frage 22: Welche Formen der Lizenzierung eines eingetragenen Designs kennen Sie?
Es ist zwischen einer ausschließlichen und einer einfachen Lizenz zu unterscheiden. Im Falle einer ausschließlichen Lizenz wird dem Lizenznehmer ein alleiniges Verwertungsrecht in dem ihm zugestandenen Vertriebsgebiet im Sinne eines dinglichen Nutzungsrechts zugestanden. Es gibt diesem Dritten das Recht, sowohl gegen Schutzrechtsverletzungen eines Dritten als auch solche des Lizenzgebers (dh des Rechteinhabers) vorzugehen. Die nicht ausschließliche (einfache) Lizenz gewährt dem Lizenznehmer hingegen „nur" das Recht, das lizensierte eingetragene Design neben anderen (dh sowohl Dritten, mithin weiteren Lizenznehmern, als auch dem Lizenzgeber selbst) zu nutzen. Sie wirkt nicht dinglich. Ihr kommt nur eine obligatorische Wirkung zwischen Lizenznehmer und Lizenzgeber zu.

Frage 23: Wann endet der Designschutz?
Der Designschutz endet entweder mit Ablauf der Schutzfrist von 25 Jahren oder durch die Löschung des eingetragenen Designs aus dem Designregister aufgrund der in § 36 Abs. 1 DesignG genannten Löschungstatbestände.

5. Kapitel: Der Schutz von Leistungen im Bereich des Designs

Frage 24: Erläutern Sie bitte die Besonderheiten des nicht eingetragenen Gemeinschaftsgeschmacksmusters.

Im Unterschied zum deutschen Designrecht schützt die GGVO auch ein nicht eingetragenes Gemeinschaftsgeschmacksmuster. Dieses Geschmacksmuster muss gleichermaßen dem Neuheitsgebot entsprechen und Eigenart aufweisen. Das nicht eingetragene Gemeinschaftsgeschmacksmuster genießt Nachahmungsschutz – allerdings beschränkt auf eine Dauer von nur drei Jahren – allein schon durch seine Offenbarung gegenüber der Öffentlichkeit. Gegenüber einem eingetragenen Gemeinschaftsgeschmacksmuster trägt der Rechteinhaber jedoch ein erhöhtes Risiko, da er – mangels Registrierung im Gemeinschaftsgeschmacksmusterregister beim EUIPO – ggf. den Beweis antreten muss, dass sein Muster tatsächlich infolge einer zureichenden Offenbarung dem Schutz der GGVO unterfällt. ◄

6. Kapitel: Sortenschutzrecht und Topographieschutz

Zur Abrundung des Überblicks über die gewerblichen Schutzrechte des geistigen Eigentums soll noch ein Überblick über die Bereiche des Sorten- (nachstehende Rn. 2 ff.) und des Topographieschutzes (Rn. 42 ff.) gegeben werden. Die betroffenen Schutzgüter – einerseits **Pflanzensorten** und andererseits die **dreidimensionale Struktur von mikroelektronischen Halbleitererzeugnissen** – sind nicht so alltäglich wie die Schutzrechte, die bisher dargestellt worden sind. Dennoch lohnt sich auch ein Blick auf diese Schutzrechte.

I. Der Sortenschutz

Frisch geerntete Kartoffeln der Sorte Linda sind eine geschützte Pflanzensorte iSd Sortenschutzgesetzes.

Sortenschutz ist ein Schutzrecht, das es dem Züchter ermöglicht, seine Pflanzensorte wirtschaftlich zu verwerten, um damit eine **Entlohnung seiner (intellektuellen und finanziellen) Vorleistungen** zu erhalten. Der Sortenschutz wird deshalb häufig von kleinen und mittleren Unternehmen beantragt.

Nach deutschem Patentrecht kann kein Patent zum Schutz von Pflanzensorten erteilt werden (vgl. § 2a Abs. 1 S. 1 Nr. 1 PatG, vorstehendes 2. Kapitel, Rn. 57). Diese Schutzlücke für Pflanzenzüchtungen und Züchtungsverfahren schließt das Sortenschutzrecht, das ein eigenständiges Schutzrecht des Rechts des geistigen Eigentums darstellt und das geistige Eigentum an Pflanzenzüchtungen schützt. Das deutsche Sortenschutzrecht ist im **Sortenschutzgesetz** (fortan: SortenschG) vom 19.12.1987 geregelt.[1] Seine Regelungen ähneln denen des PatG, wobei sie an die Besonderheiten der Pflanzenzüchtung als lebende Materie angepasst sind. Zuständig für die Erteilung von Sortenschutz ist das Bundessortenamt (fortan: BSA) mit Sitz in Hannover, das im Bundesgebiet 13 Prüfstellen unterhält.

Zwischen dem Sortenschutz und dem Patentschutz gilt das sog. **Doppelschutzverbot**, wonach gemäß § 2a Abs. 1 S. 1 Nr. 1 PatG iVm § 41 Abs. 2 SortenschG eine nach dem Sortenschutzgesetz geschützte Pflanzenzüchtung vom Patentschutz ausgeschlossen ist.[2]

Die VO (EG) Nr. 2100/94 des Rates vom 27.7.1994 über den gemeinschaftlichen Sortenschutz (fortan: SortenschutzVO) gewährt zudem einen **gemeinschaftlichen Sortenschutz** EU-weit.

Das Sortenschutzrecht gewährt dem Rechteinhaber ein Ausschließlichkeitsrecht und schützt damit dessen geistiges Eigentum an einer Pflanzenzüchtung.

1. Voraussetzungen des Sortenschutzes

Sortenschutz wird nach § 1 Abs. 1 SortenschG für eine **Pflanzensorte** (Sorte) erteilt, wenn sie unterscheidbar, homogen, beständig, neu und durch eine eintragbare Sortenbezeichnung gekennzeichnet ist. Im Unterschied zum Patentrecht („erfinderische Tätigkeit") ist keine überdurchschnittliche züchterische Leistung erforderlich.

Was im Einzelnen unter einer „Sorte" zu verstehen ist, ist in § 2 Nr. 1a SortenschG gesetzlich definiert: Jeder **Pflanzenbestandteil** ist danach schutzfähig, unabhängig von

---
[1] BGBl. I, S. 3164.
[2] Götting, § 44 Rn. 2.

seiner Form oder der Art des Ausgangsmaterials, der die Voraussetzungen des § 1 Abs. 1 SortenschG erfüllt. Dies gilt auch für die in § 1 Abs. 1 SortenschG genannten weiteren Schutzvoraussetzungen.

a) Unterscheidbarkeit

10 Eine Sorte ist nach § 3 Abs. 1 SortenschG unterscheidbar, wenn sie sich in der Ausprägung wenigstens eines maßgebenden Merkmals von jeder anderen am Antragstag allgemein bekannten Sorte deutlich unterscheiden lässt. Das BSA teilt auf Anfrage für jede Art die Merkmale mit, die es für die Unterscheidbarkeit der Sorten dieser Art als maßgebend ansieht. Die Merkmale müssen daher genau erkannt und beschrieben werden können.

11 In § 3 Abs. 2 SortenschG beschreibt der Gesetzgeber beispielhaft verschiedene Handlungen, die dazu führen, dass eine Sorte als „allgemein bekannt" (**vorhandener Bestand der Sorten**) eingestuft werden kann. Dies ist insbesondere der Fall, wenn

- die Sorte in ein amtliches Verzeichnis von Sorten eingetragen worden ist (Nr. 1),
- ihre Eintragung in ein amtliches Verzeichnis von Sorten beantragt worden ist und dem Antrag stattgegeben wird (Nr. 2), oder
- Vermehrungsmaterial oder Erntegut der Sorte bereits zu gewerblichen Zwecken in den Verkehr gebracht worden ist (Nr. 3).

b) Homogenität

12 Eine Sorte ist gemäß § 4 SortenschG homogen, wenn sie, abgesehen von Abweichungen aufgrund der Besonderheiten ihrer Vermehrung, in der Ausprägung der für die Unterscheidbarkeit maßgebenden Merkmale **hinreichend einheitlich** ist. Geringfügige Merkmalsunterschiede sind unbeachtlich (weshalb keine absolute Gleichheit gefordert wird).

c) Beständigkeit

13 Eine Sorte ist nach § 5 SortenschG beständig, wenn sie in der Ausprägung der für die Unterscheidbarkeit maßgebenden Merkmale nach jeder Vermehrung oder, im Falle eines **Vermehrungszyklus**, nach jedem Vermehrungszyklus unverändert bleibt. Die maßgeblichen Merkmale müssen sich von Pflanzengeneration zu Pflanzengeneration vererben (was – ebenso wie die Homogenität – **durch Anbau überprüfbar ist**).

d) Neuheit

14 Was die Neuheit einer Sorte anbetrifft, so greift hier eine **gesetzliche Fiktion** ein: Eine Sorte gilt gemäß § 6 Abs. 1 SortenschG als „neu", wenn Pflanzen oder Pflanzenteile der Sorte mit Zustimmung des Berechtigten oder seines Rechtsvorgängers vor dem Antragstag **nicht** oder **nur innerhalb folgender Zeiträume** zu gewerblichen Zwecken an andere abgegeben worden sind (**Neuheitsschonfristen**):

- innerhalb der EU: ein Jahr (Nr. 1),
- außerhalb der EU: vier Jahre, bei Reben (Vitis L.) und Baumarten: sechs Jahre (Nr. 2).

I. Der Sortenschutz

Der **sortenschutzrechtliche Neuheitsbegriff** stellt dabei ausschließlich auf die Abgabe der Sorte ab und vergleicht nicht mit anderen Sorten. Damit unterscheidet sich der Neuheitsbegriff maßgeblich vom patentrechtlichen Neuheitsbegriff in § 3 PatG (vorstehendes Kapitel 2, Rn. 30). Nicht erfasst sind das bloße Anbieten, Vorrätighalten zur Abgabe und Feilhalten oder auch die Beschreibung in Veröffentlichungen. Zudem ist die Abgabe nur dann neuheitsschädlich, wenn sie mit Zustimmung des Berechtigten und zu gewerblichen Zwecken erfolgt. § 6 Abs. 2 SortenschG zählt verschiedene unschädliche Abgaben auf, wie zB die Abgabe an amtliche Stellen aufgrund gesetzlicher Vorgaben oder an Dritte zu Versuchszwecken usw.

e) Eintragbarkeit

Grundsätzlich ist jede Sortenbezeichnung eintragbar. Dies gilt nur dann nicht, wenn einer der in § 7 Abs. 2 oder 3 SortenschG genannten Ausschließungsgründe vorliegt. Dies ist bspw. der Fall, wenn die Sortenbezeichnung

- zur Kennzeichnung der Sorte **nicht geeignet** ist (Nr. 1),
- **keine Unterscheidungskraft** hat (Nr. 2),
- ausschließlich aus **Zahlen** besteht (Nr. 3),
- zu einer **Verwechslungsgefahr** mit einer bestehenden Sortenbezeichnung führt (Nr. 4),
- **irreführen** (Nr. 5) bzw.
- **Ärgernis** erregen kann (Nr. 6).

Ist die Sorte bereits gemäß § 7 Abs. 3 SortSchG in anderen Ländern in einem amtlichen Verzeichnis von Sorten eingetragen oder ist ihre Eintragung in ein solches Verzeichnis beantragt worden, so ist nur die dort eingetragene oder angegebene Sortenbezeichnung eintragbar.

> **Zusammenfassung:** Für eine Pflanzensorte kann Sortenschutz erteilt werden, wenn sie unterscheidbar, homogen, beständig und neu ist. Zudem muss die Sortenbezeichnung eintragbar sein, dh der Eintragung darf kein Ausschließungsgrund iSd § 7 SortenschutzG entgegenstehen.

2. Entstehung des Sortenschutzes

Damit der Sortenschutz entsteht, muss ein entsprechender **formeller Sortenschutzantrag** beim BSA gestellt werden (§ 22 SortenschG – **Anmeldeprinzip**). Dieser Antrag, in dem die Sortenbezeichnung anzugeben ist, löst ein **förmliches Verwaltungsverfahren** beim BSA aus. Über den Antrag wird durch **Verwaltungsakt** (§ 35 VwVfG) entschieden.

Für den Antrag muss der amtliche Vordruck des BSA verwendet werden. Er muss ua Angaben zu dem oder den Ursprungszüchtern oder Entdeckern der Sorte enthalten sowie die Sortenbezeichnung.

Das BSA prüft formal, ob alle erforderlichen Angaben vorliegen und veröffentlicht dann den Sortenschutzantrag im Blatt für Sortenwesen (§ 24 SortenschG). Ab diesem Zeitpunkt kann jedermann gegen die Erteilung des Sortenschutzes schriftlich beim BSA **Einspruch** erheben. Die Einwendungen sind zu begründen und innerhalb je nach Einwendungsgrund unterschiedlicher Fristen zu erheben (§ 25 SortenschG). Sie können nur auf die Behauptung gestützt werden, die Sorte sei nicht unterscheidbar, nicht homogen, nicht beständig oder nicht neu, der Antragsteller sei nicht berechtigt oder die Sortenbezeichnung sei nicht eintragbar.

22 Anschließend findet eine **materielle Prüfung des Sortenschutzantrags** statt. Zu diesem Zweck lässt das BSA die angemeldete Sorte anbauen (uU über mehrere Vegetationsperioden hinweg) oder stellt die sonst erforderlichen Untersuchungen an, um festzustellen, ob die Sorte unterscheidbar, homogen und beständig ist (§ 26 SortenschG). Für die Prüfung von Pflanzensorten stehen dem Sortenamt derzeit 11 Prüfstellen mit insgesamt ca. 630 ha landwirtschaftlicher Nutzfläche zur Verfügung, die sich über verschiedene Anbaugebiete und Naturräume Deutschlands verteilen. Fällt die Prüfung positiv aus, so wird der Sortenschutz in die Sortenschutzrolle eingetragen und die Eintragung bekannt gegeben (§ 28 SortenschG).

23 Das Recht auf Sortenschutz steht nach § 8 Abs. 1 S. 1 SortenschG dem **Ursprungszüchter** oder **Entdecker** der Sorte bzw. seinem Rechtsnachfolger zu. Haben mehrere die Sorte gemeinsam gezüchtet oder entdeckt, so steht ihnen das Recht gemeinschaftlich zu (§ 8 Abs. 1 S. 2 SortenschG). Es fehlen **Regelungen zum Arbeitnehmererfindungsschutz** – wobei eine analoge Heranziehung des Arbeitnehmererfindungsgesetzes (vorstehendes 2. Kapitel, Rn. 87 ff.) abgelehnt wird.[3]

24 Der Antragsteller gilt nach der **gesetzlichen Fiktion** des § 8 Abs. 2 SortenSchG im Verfahren vor dem BSA als Berechtigter, es sei denn, dass dem BSA bekannt wird, dass ihm das Recht auf Sortenschutz nicht zusteht.

25 Hat ein **Nichtberechtigter** Sortenschutz beantragt, so kann der Berechtigte nach § 9 Abs. 1 SortenschG vom Antragsteller verlangen, dass dieser ihm den Anspruch auf Erteilung des Sortenschutzes überträgt. Ist einem Nichtberechtigten Sortenschutz erteilt worden, so kann der Berechtigte vom Sortenschutzinhaber gemäß § 9 Abs. 2 SortenschG verlangen, dass dieser ihm den Sortenschutz überträgt. Dieser Anspruch erlischt fünf Jahre nach der Bekanntmachung der Eintragung in die Sortenschutzrolle, es sei denn, dass der Sortenschutzinhaber beim Erwerb des Sortenschutzes nicht in gutem Glauben war.

3. Schutzdauer

26 Der Sortenschutz dauert nach § 13 Abs. 1 SortenschG bis zum Ende des fünfundzwanzigsten, bei Hopfen, Kartoffeln, Reben und Baumarten bis zum Ende des dreißigsten auf die Erteilung folgenden Kalenderjahres.

27 **Zusammenfassung:** Der Ursprungszüchter oder der Entdecker einer Pflanzensorte bzw. dessen Rechtsnachfolger kann beim BSA einen Sortenschutzantrag stellen. Während des Prüfungsverfahrens können Dritte Einwendungen erheben, wenn die Eintragung ihrer Meinung nach nicht erfolgen darf. Das BSA prüft daraufhin die materielle Schutzfähigkeit der angemeldeten Pflanzensorte und trägt sie anschließend in die Sortenschutzrolle ein. Damit ist der Sortenschutz wirksam entstanden, in der Regel für eine Dauer von 25 Jahren.

---

3 Götting, § 14 Rn. 4.

I. Der Sortenschutz

4. Wirkung des Sortenschutzes

Auch das Sortenschutzrecht gewährt dem Rechteinhaber ein **Ausschließlichkeitsrecht** hinsichtlich der Nutzung des geschützten Rechtsgutes, dh der Pflanzensorte. Der Sortenschutz hat vor allem die Wirkung, dass allein der Sortenschutzinhaber berechtigt ist, **Vermehrungsmaterial der geschützten Sorte** zu erzeugen, für Vermehrungszwecke aufzubereiten, in den Verkehr zu bringen, ein- oder auszuführen oder zu einem der genannten Zwecke aufzubewahren (§ 10 Abs. 1 SortenSchG). Der Sortenschutz erstreckt sich auch auf das **Erntegut** – wenn zu dessen Erzeugung Vermehrungsmaterial ohne Zustimmung des Rechteinhabers Verwendung fand.

Gegenstand des Sortenschutzrechtes ist die **eigentliche „ursprüngliche"** Sorte. Neue Sorten, die von geschütztem Material Gebrauch machen, sind von diesem im sortenrechtlichen Sinne abhängig. Sie werden unter den in § 10 Abs. 3 SortenSchG geregelten Voraussetzungen als „im **Wesentlichen abgeleitete Sorten**" bezeichnet, auf die sich der Sortenschutz iSd § 10 Abs. 1 SortenSchG ebenfalls erstreckt.

5. Exkurs: Züchtung von ertragreichen oder resistenten Sorten ohne Unterscheidungskraft[4]

Die Unterscheidbarkeit bestimmt sich durch morphologische, visuell erfassbare Merkmale (**unterschiedliche Ausprägung der botanisch-systematischen Merkmale**). Sollte keine morphologische Unterscheidbarkeit zwischen den einzelnen Sorten einer Art möglich sein, können Qualitätsmerkmale herangezogen werden, was zB beim Zuckergehalt der Zuckerrübe der Fall ist, da sich Zuckerrübenarten optisch nicht oder nur unwesentlich voneinander unterscheiden. Der Zuckergehalt der Zuckerrübe ist damit eines der wenigen anerkannten unterscheidungskräftigen Merkmale. Problematisch ist, dass ein Qualitätsmerkmal wie der Ölsäuregehalt (**Fettsäuregehalt**) bei Raps, Mais oder Sojabohnen nicht zur Prüfung der Unterscheidbarkeit herangezogen werden kann. Bei diesen Arten gibt es genügend **morphologische Merkmale** zur Begründung einer Unterscheidbarkeit innerhalb der Art. Für neue Pflanzensorten mit einer **gezielten Stoffwechselmodifikation** ist somit kein Sortenschutz möglich, da sie nicht morphologisch unterscheidbar sind, was für die moderne Pflanzenzüchtung hinderlich ist.

6. Schutzschranken

Die §§ 10a und b SortenschG normieren **Beschränkungen der Wirkung des Sortenschutzes**. So erstreckt sich die Wirkung des Sortenschutzes nach § 10a Abs. 1 SortenschG nicht auf Handlungen nach § 10 Abs. 1 SortenSchG

- im **privaten Bereich zu nicht gewerblichen Zwecken** (Nr. 1),
- zu **Versuchszwecken**, die sich auf die geschützte Sorte beziehen (Nr. 2), oder
- zur **Züchtung neuer Sorten** (Züchtervorbehalt, mit einigen Ausnahmen (Nr. 3).

Die Wirkung des Sortenschutzes erstreckt sich nach § 10a Abs. 2 SortenschG auch nicht auf **Erntegut**, das ein Landwirt durch Anbau von Vermehrungsmaterial einer geschützten Sorte im eigenen Betrieb gewonnen hat und dort als Vermehrungsmaterial verwendet (**Nachbau – sog. Landwirtschaftsprivileg**). Voraussetzung dafür ist, dass der Landwirt seinen im Detail in den in § 10a Abs. 3 und 6 SortenSchG festgelegten Ver-

---

[4] Willnegger, GRUR-Int 2003, 185.

pflichtungen nachkommt. Zum Zwecke des Nachbaus kann das Erntegut durch den Landwirt oder ein von ihm hiermit beauftragtes Unternehmen (Aufbereiter) aufbereitet werden.

33 Auch beim Sortenschutz gilt der **Erschöpfungsgrundsatz** (§ 10b SortenschG). Er gilt für Material, das vom Schutzinhaber oder mit seiner Zustimmung in Verkehr gebracht worden ist. Nicht erfasst von der Erschöpfung ist grundsätzlich aber die **erneute Vermehrung**.

7. Rechtsnachfolge und Nutzungsrechte

34 Das Recht auf Sortenschutz, der Anspruch auf Erteilung des Sortenschutzes und der Sortenschutz selbst sind nach § 11 Abs. 1 SortenschG **auf Dritte übertragbar**.

35 Der Sortenschutzinhaber kann das Recht jedoch auch behalten und stattdessen nur die wirtschaftliche Nutzung auf Dritte übertragen, indem er diesen **ausschließliche** oder **nicht-ausschließliche Nutzungsrechte** (**Lizenzen**) einräumt (so § 11 Abs. 2 SortenschG). Soweit ein Nutzungsberechtigter gegen eine Beschränkung des Nutzungsrechtes verstößt, kann der Sortenschutzinhaber **Sortenschutzrechte** gegen ihn geltend machen (so § 11 Abs. 3 SortenschG).

36 § 12 SortenschG eröffnet dem BSA auf Antrag die Möglichkeit, soweit es unter Berücksichtigung der wirtschaftlichen Zumutbarkeit für den Sortenschutzinhaber im öffentlichen Interesse geboten ist, ein **Zwangsnutzungsrecht** an dem Sortenschutz hinsichtlich der Berechtigungen nach § 10 SortenschG zu angemessenen Bedingungen zu erteilen, wenn der Sortenschutzinhaber kein oder kein genügendes Nutzungsrecht einräumt (vgl. auch § 12a SortenschG hinsichtlich eines Zwangsnutzungsrechts bei biotechnologischen Erfindungen).

8. Rechtsverletzungen

37 Der Inhaber des Sortenschutzrechtes hat bei Verletzung dieses Rechts einen Anspruch auf **Beseitigung dieser Rechtsverletzung** und falls eine Wiederholung der Rechtsverletzung droht, kann er den Verletzer auf **Unterlassen dieser Rechtsverletzung** in Anspruch nehmen (§ 37 SortenSchG). Auch besteht, wie bei anderen Schutzrechten, ein **Schadensersatzanspruch** (§ 37 Abs. 2 SortenSchG) und ein **Anspruch auf angemessene Vergütung** (§ 37 Abs. 3 SortenSchG). Eine Sortenschutzverletzung liegt zB bei einem Verstoß gegen § 10 Abs. 1 SortenschG vor (zB Erzeugung, Aufbereitung, Inverkehrbringen, Ein- oder Ausfuhr von Vermehrungsmaterial einer geschützten Sorte ohne die Erlaubnis des Züchters).

38 Der Rechteinhaber hat weiterhin einen Anspruch auf **Vernichtung** des im Besitz oder Eigentum des Verletzers befindlichen Materials oder Saatguts bzw. der Vorrichtungen, die der Herstellung des Materials dienen. Weiterhin kann er vom Verletzer den **Rückruf** rechtswidrig hergestellten, verarbeiteten und verbreiteten Saatguts aus den Vertriebswegen verlangen (§ 37a SortenschG). Diese beiden Ansprüche sind ausgeschlossen, wenn die Maßnahme **im Einzelfall unverhältnismäßig** wäre.

39 Zusammenfassung: Dem Inhaber des Sortenschutzrechtes steht das ausschließliche Recht zu, Vermehrungsmaterial der geschützten Sorte zu erzeugen. Er kann dieses Recht im Ganzen oder nur die Nutzung daran an Dritte übertragen. Die private, nicht gewerbliche Nutzung einer Pflanzensorte ist durch das Sortenschutzrecht nicht geschützt. Wird eine geschützte Sorte unbefugt gebraucht, stehen dem Rechteinhaber Unterlassungsansprüche

und idR (falls der Verletzer schuldhaft einen Schaden verursacht hat) auch Schadensersatzansprüche zu.

9. Europäisches Sortenschutzrecht

Für eine Sorte, die Gegenstand eines **gemeinschaftlichen Sortenschutzes** ist, wird ein Sortenschutz nach dem SortenschutzG nicht erteilt (so § 13 Abs. 2 SortenschG).

Die VO (EG) Nr. 2100/94 des Rates vom 27.7.1994 über den gemeinsamen Sortenschutz (fortan: SortenschutzVO) gewährt einen **gemeinschaftlichen Sortenschutz** EU-weit. Zuständig für die Erteilung des europäischen Sortenschutzes ist das **Gemeinschaftliche Sortenamt** („Amt") in Angers/Frankreich (Art. 4 SortenschutzVO). Die SortenschutzVO schafft nach ihrem Art. 1 einen gemeinschaftlichen Sortenschutz als einzige und ausschließliche Form des gemeinschaftlichen gewerblichen Rechtsschutzes für Pflanzensorten, dem **einheitliche Wirkung im Gebiet der EU** zukommt und der nach Art. 2 SortenschutzVO nur einheitlich erteilt, übertragen und beendet werden kann. Die SortenschutzVO lässt das grundsätzliche Recht der EU-Mitgliedstaaten unberührt, nationale Schutzrechte für Sorten – in Deutschland in Gestalt des SortenschG – zu erteilen. In Übereinstimmung mit dem nationalen SortenschG definiert Art. 5 SortenschutzVO **„schützbare Sorten"**: Der gemeinsame Sortenschutz kann für Sorten erteilt werden, die unterscheidbar, homogen, beständig und neu sind.

Frage 1: Welchen Schutzzweck verfolgt der Sortenschutz und was sind die Voraussetzungen eines entsprechenden Schutzes?

II. Topographieschutz

Halbleiter werden in der Elektronik in vielfältiger Weise verwendet, zB bei Mikroprozessoren oder bei Solarzellen.

Das Gesetz über den Schutz der Topographien von **mikroelektronischen Halbleitererzeugnissen** (kurz Halbleiterschutzgesetz – HalblSchG) vom 22.10.1987 (in Umsetzung der RL 87/54/EWG) schützt iS eines **Investitionsschutzes eigener Art** dreidimensionale Strukturen von mikroelektronischen Halbleitererzeugnissen. Diese werden auch als **Topographien** bezeichnet. Die praktische Bedeutung des Topographieschutzes ist allerdings gering, weshalb sich Stimmen mehren, dieses Schutzrecht abzuschaffen.[5]

1. Schutzgegenstand

Derartige Topographien werden gemäß § 1 HalblSchG nach Maßgabe dieses Gesetzes geschützt, wenn und soweit sie **Eigenart** aufweisen – was gleichermaßen für selbstständig verwertbare Teile sowie Darstellungen zur Herstellung von Topographien gilt.

Eine Topographie weist nach § 1 Abs. 2 HalblSchG **Eigenart** auf, wenn sie als Ergebnis geistiger Arbeit

- nicht nur durch bloße Nachbildung einer anderen Topographie hergestellt ist und
- nicht alltäglich ist, dh wenn sie nicht dem in diesem Industriebereich allgemein üblichen Standard entspricht.

---

5 Götting, § 14 Rn. 10.

46 Besteht eine Topographie hingegen nur aus einer Anordnung alltäglicher Teile, so wird sie nach § 1 Abs. 3 HalblSchG insoweit geschützt, als die **Anordnung in ihrer Gesamtheit Eigenart** aufweist.

47 Dagegen werden die der Topographie zugrundeliegenden Entwürfe, Verfahren, Systeme, Techniken oder die in einem mikroelektronischen Halbleitererzeugnis gespeicherten Informationen nicht vom Schutzbereich des Gesetzes erfasst (vgl. § 1 Abs. 4 HalblSchG). Geschützt ist also lediglich die **geometrische Gestaltung des Halbleitererzeugnisses**.

2. Rechteinhaber

48 Das Recht auf den Schutz der Topographie steht nach § 2 Abs. 1 HalblSchG demjenigen zu, der die Topographie geschaffen hat (**Erschaffer**). Haben mehrere gemeinsam eine Topographie geschaffen, steht ihnen das Recht gemeinschaftlich zu.

49 Ist die Topographie im **Rahmen eines Arbeitsverhältnisses** oder im Auftrag eines anderen geschaffen worden, so steht das Recht auf den Schutz der Topographie gemäß § 2 Abs. 2 HalblSchG dem Arbeitgeber oder dem Auftraggeber zu, soweit durch Vertrag nichts anderes bestimmt ist.

50 Inhaber des Rechts auf den Schutz der Topographie im vorbeschriebenen Sinne kann nach § 2 Abs. 3 HalblSchG jeder Staatsangehörige eines EU-Mitgliedstaates sowie jede natürliche oder juristische Person sein, die ihren gewöhnlichen Aufenthalt oder eine Niederlassung in dem Gebiet eines Mitgliedstaates hat, in dem der Vertrag zur Gründung der EWG gilt. Den juristischen Personen sind Gesellschaften gleichgestellt, die nach dem auf sie anwendbaren Recht Träger von Rechten und Pflichten sein können (mithin eine OHG bzw. KG bzw. die [Außen-] GbR), ohne juristische Personen zu sein.

51 Die vorgenannten Rechte stehen nach § 2 Abs. 5 HalblSchG auch den jeweiligen Rechtsnachfolgern zu.

52 **Zusammenfassung:** Das HalbleiterschutzG schützt dreidimensionale Strukturen von mikroelektronischen Halbleitererzeugnissen (Topographien), wenn und soweit sie Eigenart aufweisen. Das Recht auf den Schutz der Topographie steht dem zu, der die Topographie geschaffen hat.

3. Anmeldeverfahren

53 Eine Topographie, für die Schutz geltend gemacht wird, ist nach § 3 Abs. 1 HalblSchG beim DPMA anzumelden. Für jede Topographie ist eine besondere Anmeldung erforderlich.

54 Die Anmeldung muss nach § 3 Abs. 2 HalblSchG folgende Elemente enthalten:

- Einen Antrag auf Eintragung des Schutzes der Topographie, in dem diese kurz und genau bezeichnet ist (Nr. 1);
- Unterlagen zur Identifizierung oder Veranschaulichung der Topographie oder eine Kombination davon und Angaben über den Verwendungszweck, wenn eine Anordnung nach § 4 Abs. 4 iVm § 9 GebrMG in Betracht kommt (Nr. 2);

II. Topographieschutz

- das Datum des Tages der ersten nicht nur vertraulichen geschäftlichen Verwertung der Topographie, wenn dieser Tag vor der Anmeldung liegt (Nr. 3); sowie
- Angaben, aus denen sich die Schutzberechtigung nach § 2 Abs. 3 bis 6 HalblSchG ergibt (Nr. 4).

Sind die unter § 3 Abs. 2 Nr. 1 bis 3 HalblSchG genannten Erfordernisse nicht erfüllt, so teilt das DPMA dem Anmelder die Mängel mit und fordert ihn auf, diese innerhalb einer Frist von zwei Monaten nach Zustellung der Nachricht zu beheben (§ 3 Abs. 3 HalblSchG). Wird der Mangel innerhalb der Frist behoben, so gilt der **Zeitpunkt des Eingangs des Schriftsatzes beim DPMA** als Zeitpunkt der Anmeldung der Topographie. Das DPMA stellt diesen Zeitpunkt fest und teilt ihn dem Anmelder mit. Andernfalls gilt nach der gesetzlichen Fiktion des § 3 Abs. 5 HalblSchG die Anmeldung als zurückgenommen.   55

Entspricht die Anmeldung den Anforderungen des § 3 HalblSchG, so verfügt das DPMA nach § 4 Abs. 1 HalblSchG (vergleichbar der Situation im Gebrauchsmuster- und Designrecht) die Eintragung in das Register für Topographien, ohne die Berechtigung des Anmelders zur Anmeldung, die Richtigkeit der in der Anmeldung angegebenen Tatsachen und die Eigenart der Topographie zu prüfen (**keine materielle Prüfung**).   56

Dabei sind nach § 4 Abs. 2 HalblSchG die **Vorschriften des GebrMG** über die Eintragung in das Register, die Bekanntmachung im Patentblatt und Änderungen im Register (§ 8 Abs. 2 bis 4 GebrMG) entsprechend anzuwenden.   57

Einsicht in Unterlagen, die Betriebs- oder Geschäftsgeheimnisse enthalten und vom Anmelder als solche gekennzeichnet worden sind, kann allerdings nur in einem Löschungsverfahren vor dem DPMA oder in einem Rechtsstreit über die Rechtsgültigkeit oder die Verletzung des Schutzes der Topographie gegenüber den Personen gewährt werden, die an dem Löschungsverfahren oder an dem Rechtsstreit beteiligt sind. Unterlagen, die zur Identifizierung oder Veranschaulichung der Topographie eingereicht worden sind, können aber nicht in ihrer Gesamtheit als Betriebs- oder Geschäftsgeheimnisse gekennzeichnet werden.   58

Für Anträge in Angelegenheiten des Schutzes der Topographien (mit Ausnahme der Löschungsanträge) ist im DPMA eine **Topographiestelle** gebildet worden, die von einem vom Präsidenten des DPMA bestimmten rechtskundigen Mitglied geleitet wird (§ 4 Abs. 4 HalblSchG). Über Löschungsanträge beschließt dagegen eine im DPMA gebildete **Topographieabteilung**, die mit zwei technischen Mitgliedern und einem rechtskundigen Mitglied besetzt ist (§ 8 HalblSchG).   59

4. Entstehung und Ende des Topographieschutzes

Anders als die traditionellen technischen Schutzrechte Patent oder Gebrauchsmuster entsteht der Topographieschutz nicht durch den formalen Akt der Eintragung in ein entsprechendes Register, sondern durch ein **bestimmtes Verhalten des Rechteinhabers** (ohne weitere Prüfung), das in § 5 Abs. 1 HalblSchG normiert ist: 60

Der Topographieschutz entsteht nach § 5 Abs. 1 HalblSchG   61

- an dem Tag der ersten nicht nur vertraulichen geschäftlichen Verwertung der Topographie, wenn sie innerhalb von zwei Jahren nach dieser Verwertung beim DPMA angemeldet wird (Nr. 1), oder

- an dem Tag, an dem die Topographie beim DPMA angemeldet wird, wenn sie zuvor noch nicht oder nur vertraulich geschäftlich verwertet worden ist (Nr. 2).

62 Auch wenn der Topographieschutz bereits **ohne die Eintragung in das Topographieregister** entsteht, so kann er nur dann gegenüber Dritten geltend gemacht werden, wenn die Topographie beim DPMA angemeldet worden ist (§ 5 Abs. 3 HalblSchG).

63 Der Schutz der Topographie kann nach § 5 Abs. 4 HalblSchG nicht mehr in Anspruch genommen werden, wenn die Topographie nicht innerhalb von fünfzehn Jahren nach dem Tag der ersten Aufzeichnung nicht nur vertraulich geschäftlich verwertet oder beim DPMA angemeldet wird.

5. Löschungsverfahren

64 Der Topographieschutz endet spätestens mit **Ablauf des zehnten Kalenderjahres nach dem Jahr des Schutzbeginns** (§ 5 Abs. 2 HalblSchG).

65 Er kann jedoch auch durch ein Löschungsverfahren beendet werden. Gemäß § 8 Abs. 1 HalblSchG hat jedermann gegen den als Inhaber Eingetragenen einen **Anspruch auf Löschung der Eintragung der Topographie**, wenn

- die Topographie nach § 1 HalblSchG nicht schutzfähig ist (Nr. 1),
- der Anmelder oder der als Inhaber Eingetragene nicht nach § 2 Abs. 3 bis 6 HalblSchG zum Schutz berechtigt ist (Nr. 2) oder
- die Topographie nicht innerhalb der Frist nach § 5 Abs. 1 Nr. 1 HalblSchG oder nach Ablauf der Frist gemäß § 5 Abs. 4 HalblSchG angemeldet worden ist (Nr. 3).

66 Die **Löschung der Eintragung der Topographie** ist nach § 8 Abs. 4 HalblSchG beim DPMA schriftlich zu beantragen. Der Antrag muss die Tatsachen angeben, auf die er gestützt wird.

67 Die **Vorschriften des GebrMG** über das Löschungsverfahren (§ 17 GebrMG) und über die Wirkung des Löschungsverfahrens auf eine Streitsache (§ 19 GebrMG) sind nach § 8 Abs. 5 HalblSchG entsprechend anzuwenden.

68 **Zusammenfassung:** Der Schutz der Topographie kann nur geltend gemacht werden, wenn die Topographie beim DPMA angemeldet worden ist. Entspricht die Anmeldung den Anmeldeanforderungen, so verfügt das DPMA die Eintragung in das Register für Topographien, ohne die Berechtigung des Anmelders zur Anmeldung, die Richtigkeit der in der Anmeldung angegebenen Tatsachen und die Eigenart der Topographie zu prüfen. Der Schutz der Topographie endet mit Ablauf des zehnten Kalenderjahres nach dem Jahr des Schutzbeginns. Jedermann hat gegen den als Inhaber Eingetragenen einen Anspruch auf Löschung der Eintragung der Topographie, wenn die Topographie nach § 1 HalblSchG nicht schutzfähig, der Anmelder oder der als Inhaber Eingetragene nicht zum Schutz berechtigt oder die Topographie nicht fristgerecht angemeldet worden ist.

6. Wirkungen des Topographieschutzes

69 Der Topographieschutz entfaltet wie alle anderen gewerblichen Schutzrechte auch **dreifache Schutzwirkungen:** Zugunsten des Inhabers der eingetragenen Topographie weist er sowohl einen **positiven Inhalt** auf, wodurch diesem Nutzungs- und Ausschlussrechte eingeräumt werden, als auch einen **negativen Inhalt**, der dem Inhaber Unterlassungs-, Schadensersatz- und sonstige (Hilfs-) Ansprüche im Falle einer unberechtigten Nut-

II. Topographieschutz

zung durch Dritte zubilligt. Zudem ist eine unberechtigte Verwendung der eingetragenen Topographie auch **strafbewehrt**.

a) Positive Wirkungen des Topographieschutzes

Der Schutz der Topographie hat nach § 6 Abs. 1 HalblSchG die Wirkung, dass allein deren Inhaber befugt ist, sie zu verwerten (**ausschließliches Verwertungsrecht**). Jedem Dritten ist es verboten, ohne seine Zustimmung

- die Topographie nachzubilden (Nr. 1) bzw.
- die Topographie oder das die Topographie enthaltende Halbleitererzeugnis anzubieten, in Verkehr zu bringen oder zu verbreiten oder zu den genannten Zwecken einzuführen (Nr. 2).

Die **Wirkung des Schutzes der Topographie** erstreckt sich nach § 6 Abs. 2 HalblSchG nicht auf

- Handlungen, die im privaten Bereich zu nichtgeschäftlichen Zwecken vorgenommen werden (Nr. 1);
- die Nachbildung der Topographie zum Zwecke der Analyse, der Bewertung oder der Ausbildung (Nr. 2); oder
- die geschäftliche Verwertung einer Topographie, die das Ergebnis einer Analyse oder Bewertung nach Nr. 2 ist und Eigenart iSv § 1 Abs. 2 HalblSchG aufweist (Nr. 3).

Wer ein **Halbleitererzeugnis erwirbt**, ohne zu wissen oder wissen zu müssen, dass es eine geschützte Topographie enthält, kann es ohne Zustimmung des Inhabers des Schutzes nach § 6 Abs. 3 HalblSchG weiter verwerten. Sobald er weiß oder wissen muss, dass ein Schutz der Topographie besteht, kann der Inhaber des Schutzes für die weitere geschäftliche Verwertung des Halbleitererzeugnisses eine **nach den Umständen angemessene Entschädigung** verlangen.

Der Schutz der Topographie – als **ungeprüftes Schutzrecht** – wird nach § 7 Abs. 1 HalblSchG nicht begründet, soweit gegen den als Inhaber Eingetragenen für jedermann ein Anspruch auf Löschung besteht (§ 8 Abs. 1 und 3 HalblSchG) – vorstehende Rn. 65. Betreffen die Löschungsgründe nur einen **Teil der Topographie**, so wird die Eintragung nur in diesem Umfang gelöscht.

Der **Löschungseinwand** kann dem Rechteinhaber nach § 7 HalblSchG im Verletzungsprozess entgegengehalten und dort auch geprüft werden.

b) Negative Wirkungen des Topographieschutzes

Wer den Vorschriften des § 6 Abs. 1 HalblSchG zuwider den Schutz der Topographie verletzt, kann nach § 9 Abs. 1 HalblSchG vom Verletzten auf **Unterlassung** in Anspruch genommen werden. Wer die Handlung vorsätzlich oder fahrlässig vornimmt, ist dem Verletzten zum Ersatz des daraus entstandenen Schadens verpflichtet. Auch hier gelangen die bereits bekannten **drei Berechnungsmethoden** zur Anwendung. Geltendmachung des

- tatsächlich entstanden Schadens nach Maßgabe der §§ 249 ff. BGB,
- Verletzergewinns als Schaden bzw.
- Lizenzanalogie.

7. Verjährung

76 Auf die Verjährung der Ansprüche wegen Verletzung des Schutzrechts finden nach § 9 Abs. 3 HalblSchG die Vorschriften des BGB – mithin die §§ 194 ff. BGB – entsprechende Anwendung.

8. Strafrechtlicher Schutz

77 Die rechtswidrige Nutzung einer geschützten Topographie ist zudem strafbar. Mit Freiheitsstrafe bis zu drei Jahren oder mit Geldstrafe wird nach § 10 Abs. 1 HalblSchG bestraft, wer

- entgegen § 6 Abs. 1 S. 2 Nr. 1 HalblSchG die Topographie nachbildet (Nr. 1) oder
- entgegen § 6 Abs. 1 S. 2 Nr. 2 HalblSchG die Topographie oder das die Topographie enthaltende Halbleitererzeugnis anbietet, in Verkehr bringt, verbreitet oder zu den genannten Zwecken einführt (Nr. 2).

Dabei ist bereits der Versuch nach § 10 Abs. 3 HalblSchG strafbar.

78 **Zusammenfassung:** Dem Inhaber der eingetragenen Topographie steht das ausschließliche Nutzungsrecht an der Topographie zu. Gegen die unbefugte Nutzung durch Dritte kann er Unterlassungs- und Schadensersatzansprüche geltend machen.

7. Kapitel: Ergänzender wettbewerbsrechtlicher Leistungsschutz

Es gibt noch eine weitere Möglichkeit, geistiges Eigentum gegen eine unberechtigte Nutzung, insbesondere gegen die **unberechtigte Nachahmung** durch Dritte, zu schützen. Die Nutzung einer fremden geistigen Leistung kann nämlich auch einen Verstoß gegen die **Lauterkeit des Wettbewerbs** darstellen und damit mit dem Instrumentarium des **Gesetzes gegen den unlauteren Wettbewerb** (UWG)[1] bekämpft werden.

I. Verhältnis zu den Sonderschutzrechten des Immaterialgüterrechts

Grundsätzlich gewährleisten die sondergesetzlichen Regelungen des Immaterialgüterrechts – dh das PatG, das GebrMG, das MarkenG, das DesignG oder das UrhG (dh die sog. Sonderschutzrechte) – den **Schutz innovativer Leistungen**. Der Schutz, den diese Sonderschutzrechte gewähren, ist grundsätzlich abschließend und damit sind diese gesetzlichen Regelungen ausschließlich und abschließend anwendbar.

Demgegenüber knüpfen die Regelungen des **ergänzenden wettbewerbsrechtlichen Leistungsschutzes** (etwa § 4 Nr. 3 UWG) nicht an eine geistige, schöpferische Leistung als solche an. Als Marktverhaltensregelungen beschränken sie sich vielmehr darauf, die unlautere Art und Weise der Ausnutzung einer innovativen Leistung zu unterbinden.[2]

Die Einbeziehung früher im UWG geregelter Fallgruppen hat zu einer Öffnung des Markenrechts für eine typisch **lauterkeitsrechtlich geprägte, flexible und kontextsensitive Beurteilung** geführt. Das gilt bspw. für Tatbestände wie den erweiterten Schutz der bekannten Marke. Die Öffnung wirkt sich auch auf den Kernbereich des Markenschutzes, insbesondere den Schutz vor Verwechslungsgefahr, aus. Damit durchläuft das Markenrecht eine Entwicklung, die sich auch in anderen Bereichen des Immaterialgüterrechts und, darüber hinaus, des Eigentums insgesamt beobachten lässt. Solange das Recht eng auf einen Kernbereich beschränkt bleibt, ist starker Schutz akzeptabel, der grundsätzlich abwägungsresistent und nur klar definierten Schranken unterworfen ist. Mit der Ausdehnung eines Rechts entsteht die **Notwendigkeit von Abwägungen**, die dann das Recht insgesamt, einschließlich seines Kerns, durchdringt.[3]

II. Grundsatz der Nachahmungsfreiheit

So nimmt die Judikatur etwa an, dass im Anwendungsbereich von § 9 Abs. 1 Nr. 3, § 14 Abs. 2 Nr. 3 bzw. § 15 Abs. 3 MarkenG (trotz § 2 MarkenG: „Der Schutz […] nach diesem Gesetz [MarkenG] schließt die Anwendung anderer Vorschriften zum Schutz dieser Kennzeichen nicht aus") grundsätzlich kein Raum mehr für einen **ergänzenden wettbewerbsrechtlichen Kennzeichenschutz** besteht:[4] Das Lauterkeitsrecht könne nur zur Anwendung gelangen, wenn ein markenrechtlicher Schutz nicht in Betracht

---

[1] BGBl. I S. 254, zuletzt geändert durch Art. 1 des Gesetzes zur Stärkung des fairen Wettbewerbs vom 26.11.2020 (BGBl. I S. 2568).
[2] BGH Urt. v. 10.12.2009 – I ZR 46/07 (OLG Dresden) = BGHZ 183, 309 = GRUR 2010, 253 – Fischdosendeckel: In Anbetracht der Regelungen im Patentgesetz über das Verfahren der Patenterteilung und die Rechtsbehelfe, die Dritte gegen ein erteiltes Patent ergreifen können, besteht für eine auf einen Wettbewerbsverstoß oder eine unerlaubte Handlung nach §§ 823 ff. BGB gestützte Klage auf Unterlassung oder Beseitigung von als herabsetzend beanstandeten Äußerungen in der Beschreibung eines Patents kein Rechtsschutzbedürfnis.
[3] Kur/Ohly, GRUR 2020, 457 (471).
[4] BGH Urt. v. 30.4.1998 – I ZR 268/95 (OLG München) = GRUR 1999, 161 – MAC Dog.

kommt, bspw. im Falle von Schutzlücken, etwa einer Schädigung des Rufs nicht bekannter Marken.⁵

6 Dies bedeutet, dass es außerhalb dieses gesetzgeberisch geschützten Bereichs – dh dem Bereich der Spezialregelungen des immaterialgüterrechtlichen Sonderrechtsschutzes – grundsätzlich statthaft ist, fremde Leistungen nachzuahmen, nachzuschaffen, nachzubauen und sich diese anzueignen (**Grundsatz der Nachahmungsfreiheit**). Nachahmender Wirtschaftswettbewerb ist somit jedenfalls im Regelfall – dh dem Grundsatz nach – wettbewerbsrechtlich nicht untersagt. Ein solcher Wettbewerb begründet damit auch aus sich heraus nicht den Unlauterkeitsvorwurf nach § 3 Abs. 1 UWG,⁶ der Sanktionsfolgen nach den §§ 8 ff. UWG (dazu noch nachstehende Rn. 56 ff.) zur Folge haben kann.

7 So kann bspw. die Idee, für eine typische Spielsituation Puppen mit dem entsprechenden Zubehör herzustellen und zu vertreiben, im Interesse der Freiheit des Wettbewerbs grundsätzlich keinen wettbewerbsrechtlichen Schutz genießen:⁷ Dies gilt auch dann, wenn bestimmte Ausstattungen aufgrund besonderer Werbeanstrengungen auf dem Markt bekannt geworden sein sollten und es schon deshalb naheliegen sollte, entsprechende Erzeugnisse demselben Unternehmen zuzurechnen. Als herkunftshinweisend kann in solchen Fällen aus Rechtsgründen nur eine besondere Gestaltung oder unter Umständen eine besondere Kombination von Merkmalen angesehen werden.

III. Das Grundsatz-Ausnahme-Verhältnis: Der Ausnahmecharakter eines ergänzenden wettbewerbsrechtlichen Leistungsschutzes

8 Gleichwohl hat die Rechtsprechung zum Lauterkeitsrecht schon in der Vergangenheit immer wieder Fallkonstellationen anerkannt, in denen, sofern ein immaterialgüterrechtlicher Sonderrechtsschutz nicht (bzw. nicht mehr) zum Tragen kam und kommt, eine Nachahmung oder eine sonstige Übernahme einer fremden Leistung aber als Verstoß gegen die „guten Sitten" im Wettbewerb iSv § 1 UWG aF (bzw. heute als unlautere und damit zugleich unzulässige Verhaltensweise im Wettbewerb nach § 3 Abs. 1 iVm § 4 Nr. 3 UWG) qualifiziert. Folge war und ist, dass in besonders gelagerten Ausnahmefällen – und nur ganz ausnahmsweise – unter Abgehen vom grundsätzlich in entsprechenden Situationen eigentlich geltenden Grundsatz der Nachahmungsfreiheit der Verletzte den Verletzer auf der Grundlage des allgemeinen Wettbewerbsrechts nach dem UWG auf Unterlassung (und ggf. auch auf Schadensersatz) in Anspruch nehmen konnte und kann.

9 Voraussetzung eines solchen **ergänzenden wettbewerbsrechtlichen Leistungsschutzes** iS eines (den Sonderrechtsschutz) ergänzenden Schutzes einer geistigen Leistung mit den Mitteln des allgemeinen Wettbewerbsrechts (UWG) war und ist jedoch, dass – obgleich der Tatbestand eines immaterialgüterrechtlichen Sonderrechtsschutzes nicht (bzw. nicht mehr) erfüllt war – **besondere unlautere Begleitumstände** vorlagen (hinzutreten).

10 Die Judikatur hatte schon unter dem Regime eines Verstoßes gegen die „guten Sitten" im Wettbewerb nach § 1 UWG aF bei Vorliegen weiterer Unlauterkeitselemente drei

---

5 BGH Urt. v. 19.10.1994 – I ZR 130/92 (OLG Hamburg) = GRUR 1995, 57 – Markenverunglimpfung II, was gleichermaßen für geographische Herkunftsangaben nach den §§ 126 ff. MarkenG gelte.
6 Eisenmann/Jautz, Rn. 471, 473.
7 BGH Urt. v. 28.10.2004 – I ZR 326/01 (OLG Köln) = GRUR 2005, 166 – Puppenausstattungen.

IV. Die gesetzliche Regelung des § 4 UWG

Formen der Nachahmung eines Originalprodukts bzw. einer Originalleistung als Wettbewerbsverstoß anerkannt, nämlich

die unmittelbare Leistungsübernahme (Imitation),

die fast identische Leistungsübernahme und

die nachschaffende Leistungsübernahme.

Nach Ansicht des BGH[8] und des Gesetzgebers[9] hat auch die große UWG-Reform des Jahres 2004 mit der Schaffung einer Spezialregelung in § 4 Nr. 9 UWG aF (heute: § 4 Nr. 3 UWG) nur die **gesetzliche Grundlage** (vormals die Generalklausel des § 1 UWG aF) – nicht jedoch den bis dato geltenden Inhalt des ergänzenden wettbewerbsrechtlichen Leistungsschutzes – geändert.

> **Zusammenfassung:** Dem Immaterialgüterrecht gebührt ein grundsätzlicher Vorrang vor einem ergänzenden wettbewerbsrechtlichen Leistungsschutz nach dem UWG. Außerhalb des Bereichs der Spezialregelungen des Immaterialgüterrechts gilt der Grundsatz der Nachahmungsfreiheit.

Frage 2: Was versteht man unter dem Grundsatz der Nachahmungsfreiheit?
Frage 3: Beschreiben Sie bitte das Grundsatz-Ausnahme-Verhältnis des ergänzenden wettbewerbsrechtlichen Leistungsschutzes.

IV. Die gesetzliche Regelung des § 4 UWG

Der ergänzende wettbewerbsrechtliche Leistungsschutz im Rahmen des Mitbewerberschutzes nach § 4 UWG setzt voraus, dass ein Unternehmer

- das Leistungsergebnis eines Mitbewerbers nachahmt und auf dem Markt anbietet, welches
- eine wettbewerbliche Eigenart aufweist, und dass
- besondere Umstände vorliegen, die sein Verhalten als unlauter erscheinen lassen.

1. Nachahmung

Eine „Nachahmung" setzt voraus, dass dem Hersteller im Zeitpunkt der Schaffung des beanstandeten Produkts das Vorbild bekannt ist und es sich nicht um eine selbstständige Zweitentwicklung handelt.[10] Dabei ist ein Unternehmer, der unabhängig von einem fremden Erzeugnis ein eigenes Produkt entwickelt hat, nicht generell dazu verpflichtet Abstand zu einem identischen oder ähnlichen Erzeugnis zu wahren, das ein Mitbewerber bereits auf den Markt gebracht hat.

Entscheidend ist, wie stark das neue Produkt mit dem Originalprodukt übereinstimmt, bzw. ob es diesem so ähnelt, dass es sich in ihm wiedererkennen lässt. Man unterscheidet hier zwischen der

---

8 BGH Urt. v. 28.10.2004 – I ZR 326/01 (OLG Köln) = GRUR 2005, 166 (167) – Puppenausstattungen.
9 RegE, BT-Drs. 15/1487, S. 18.
10 BGH Urt. v. 26.6.2008 – I ZR 170/05 (OLG Köln) = GRUR 2008, 1115 – ICON.

- **identischen** (Original wird unverändert übernommen), der
- **nahezu identischen** (nur geringfügige, unerhebliche Abweichungen vom Original) sowie der
- **nachschaffenden** (bloße Annäherung an das Original) **Nachahmung**.

2. Die wettbewerbliche Eigenart

16 Nach dem aufgezeigten **Grundsatz-Ausnahme-Verhältnis** zwischen vorrangigem immaterialgüterrechtlichem Sonderrechtsschutz und bloß nachrangigem ergänzendem wettbewerbsrechtlichem Leistungsschutz nach dem UWG als Auffangrechtsschutz kann sich eine Unlauterkeit iSv § 4 iVm § 3 Abs. 1 UWG überhaupt nur dann ergeben, wenn eine **besondere Wettbewerbswidrigkeit** vorliegt, dh wenn das Handlungsunrecht des Verletzers im Rahmen einer Abwägung – Leistungsschutz versus Freihaltebedürfnis – weit überwiegt.[11]

17 Dies kann sich aus einer Konstellation heraus ergeben, dass eine innovative Leistung immaterialgüterrechtlich nicht (mehr) geschützt ist bzw. darüber **faktisch gar nicht schützbar** ist (wie bspw. im Fall von Modeneuheiten), es sich aber gleichwohl um eine „herausragende Leistung von wettbewerblicher Eigenart" handelt.

18 Bei der nachgeahmten fremden Ware oder Leistung muss es sich also zunächst um eine solche mit **wettbewerblicher Eigenart** handeln. Dh, die konkrete Ausgestaltung eines nachgeahmten Erzeugnisses (insgesamt oder nur in Bezug auf bestimmte Merkmale) muss aufgrund spezieller Gestaltungsmerkmale geeignet sein, die angesprochenen Verkehrskreise durch die Individualität der Ausgestaltung auf eine besondere betriebliche Herkunft bzw. auf besondere Eigenschaften hinzuweisen. Spiegelt sich hingegen im Erzeugnis lediglich der **Stand der Technik**, so ist dieses gemeinfrei und durch jedermann frei nutzbar. Damit fallen aus dem Schutzbereich des ergänzenden wettbewerbsrechtlichen Leistungsschutzes Allerweltserzeugnisse oder Dutzendware heraus, deren Herkunft und Besonderheiten für den interessierten Verkehr nicht interessant sind. Bei derartigen Massefabrikaten, die nicht speziell gekennzeichnet sind (sog. **no-name-products**), handelt es sich nämlich nicht um Leistungen von wettbewerblicher Eigenart.

19 Die „wettbewerbliche Eigenart" eines Erzeugnisses hängt von dem **Gesamteindruck** ab, den die **konkrete Ausgestaltung** oder **bestimmte Merkmale** des jeweiligen Erzeugnisses vermitteln,[12] wobei sie durch Gestaltungsmerkmale verstärkt oder begründet werden können, die für sich genommen nicht geeignet sind, im Verkehr auf die Herkunft des Erzeugnisses aus einem bestimmten Unternehmen hinzuweisen. Bei der Beurteilung der wettbewerblichen Eigenart eines Erzeugnisses können auch Besonderheiten zu berücksichtigen sein, die dieses im **Gebrauch aufweist**, auch wenn sie nicht auf den

---

11 Vgl. etwa BGH Urt. v. 19.2.2009 – I ZR 135/06 (OLG Hamburg) = GRUR 2009, 685 – ahd.de: 1. Die Registrierung eines Domainnamens kann nur bei Vorliegen besonderer Umstände den Tatbestand einer unlauteren Mitbewerberbehinderung erfüllen und einen Anspruch auf Einwilligung in die Löschung des Domainnamens begründen. 2. Solche Umstände liegen nicht schon vor, wenn der Domaininhaber eine Vielzahl vor Domainnamen auf sich registrieren lässt, um sie potenziellen Interessenten zum Kauf oder zur entgeltli chen Nutzung anzubieten, und in einem dieser Domainnamen entsprechendes Unternehmenskennzei chen eines Dritten erst nach der Registrierung des Domainnamens in Gebrauch genommen wird, wenn fü den Domaininhaber zum Registrierungszeitpunkt kein besonderes Interesse eines bestimmten Unterneh mens erkennbar war, gerade einen dieser Geschäftsbezeichnung entsprechenden Domainnamen zu ver wenden.

12 BGH Urt. v. 28.5.2009 – I ZR 124/06 (OLG Köln) = GRUR 2010, 80, Ls. 1 – LIKEaBIKE.

V. Die gesetzliche Regelung des § 4 UWG

ersten Blick erkennbar sind[13] Die „wettbewerbliche Eigenart" bezieht sich auf die konkrete Ausgestaltung oder bestimmte Merkmale des Erzeugnisses, die diesem aus der Sicht der Abnehmer zukommen – wobei es ausreichen soll, dass der angesprochene Verkehr aufgrund der Ausgestaltung oder der Merkmale des Erzeugnisses die Vorstellung hat, es könne wohl nur von einem bestimmten Anbieter oder einem mit diesem verbundenen Unternehmen stammen. Zur Begründung wettbewerblicher Eigenart könne es auch ausreichen, dass die Gestaltung des Erzeugnisses die Eignung besitzt, auf seine Besonderheiten hinzuweisen.

Beachte: Technisch bedingte Merkmale eines Erzeugnisses sind nur dann frei wählbar und austauschbar und können so eine „wettbewerbliche Eigenart" begründen, wenn mit ihrem Austausch keine Qualitätseinbußen verbunden sind.[14] Allein der Umstand, dass es sich bei der Gestaltung eines Werkzeugs um eine für den Gebrauchszweck **„optimale" Kombination technischer Merkmale** handelt, nötigt nach Ansicht des BGH[15] noch nicht zur Annahme, es handele sich um eine **„technisch zwingend notwendige Gestaltung"** mit der Folge, dass Ansprüche aus wettbewerbsrechtlichem Leistungsschutz ausgeschlossen seien: Denn es könne sich auch um Gestaltungsmerkmale handeln, die zwar technisch bedingt, gleichwohl aber **frei austauschbar** sind.

Es stellt sich also stets die Frage, ob im konkreten Einzelfall eine **herausragende fremde Leistung von wettbewerblicher Eigenart** mit dem Mittel des Wettbewerbsrechts im Rahmen eines ergänzenden wettbewerbsrechtlichen Leistungsschutzes geschützt werden soll. In Umsetzung der RL (EU) 2019/2161 zur besseren Durchsetzung und Modernisierung der Verbraucherschutzvorschriften der Union[16] soll das UWG einen stärkeren Fokus auf online begangene lauterkeitsrechtliche Verletzungen legen. 20

Bei **Bekleidungsmodeerzeugnissen** sind an die Bejahung der wettbewerblichen Eigenart keine zu geringen Anforderungen zu stellen. Vielmehr wird diese nur zu bejahen sein, wenn das nachgeahmte Produkt eine **besonders originelle Gestaltung** aufweist. Da Mode letztlich nur durch **Nachahmung** der sie charakterisierenden Faktoren (Farbe, Kombination bestimmter Merkmale etc) entsteht und der angesprochene Verkehr dies auch weiß, kann die wettbewerbliche Eigenart eines Kleidungsstücks nur in Ausnahmefällen und allenfalls dann angenommen werden, wenn anzunehmen ist, dass der Verkehr trotz der Vielzahl unterschiedlichster Gestaltungsformen unabhängig von der Marke der besonderen Ausgestaltung des Produkts als solcher oder aber besonders markanter (und aus seiner Sicht einzigartiger) Merkmale **herkunftshinweisende Funktion** zumisst.[17] 21

Zusammenfassung: Der ergänzende wettbewerbsrechtliche Leistungsschutz nach dem UWG greift ein, wenn das nachgeahmte Produkt von wettbewerblicher Eigenart ist und besondere Umstände hinzutreten, die die Nachahmung als unlauter erscheinen lassen. 22

2. Zusätzliche Unlauterkeitsvoraussetzungen

Damit der ergänzende wettbewerbsrechtliche Leistungsschutz eingreift, müssen schließlich auch noch **besondere Umstände** vorliegen, die das Verhalten des nachah- 23

---

13 BGH Urt. v. 24.5.2007 – I ZR 104/04 (OLG Hamburg) = GRUR 2007, 984 – Gartenliege.
14 BGH Urt. v. 15.4.2010 – I ZR 145/08 (OLG Hamburg) = GRUR 2010, 1125, Ls. 1 – Femur-Teil.
15 BGH Urt. v. 2.4.2009 – I ZR 199/06 (OLG Köln) = GRUR 2009, 1073 – Ausbeinmesser.
16 ABl. L 328 vom 18.12.2019, S. 7.
17 OLG München Urt. v. 4.7.2019 – 29 U 3490/17 (LG München) = GRUR-Prax 2020, 266, Ls. 1.

389

menden Unternehmens als unlauter erscheinen lassen. Wichtige **zusätzliche Unlauterkeitsvoraussetzungen** beschreibt § 4 Nr. 3 Buchst. a bis c UWG.

a) 1. Fallgruppe: Vermeidbare Herkunftstäuschung

24 Unlauter handelt demnach, wer ein fremdes, bekanntes Erzeugnis durch Übernahme von Merkmalen, mit denen der Verkehr eine **betriebliche Herkunftsvorstellung** verbindet, nachahmt oder in den Verkehr bringt, wenn er nicht im Rahmen des Möglichen und Zumutbaren alles Erforderliche getan hat, um eine Irreführung des Verkehrs, dh eine Verwechslungsgefahr, im Hinblick auf die Ursprungsherkunft auszuschließen.

25 Der BGH hat in einer Vielzahl von Entscheidungen ausgeführt, wann eine vermeidbare Herkunftstäuschung iSd § 4 Nr. 3 Buchst. a UWG vorliegt. Dazu einige Beispiele:

26 Eine vermeidbare Herkunftstäuschung hat nicht nur zur Voraussetzung, dass das nachgeahmte Erzeugnis „wettbewerbliche Eigenart" besitzt. Erforderlich ist grundsätzlich auch, dass das Erzeugnis bei den maßgeblichen Verkehrskreisen eine **„gewisse Bekanntheit"** erreicht hat, da eine Herkunftstäuschung in aller Regel bereits begrifflich nicht möglich ist, wenn dem Verkehr nicht bekannt ist, dass es ein Original gibt.[18]

27 Um feststellen zu können, ob ein nachgeahmtes Produkt einen gewissen Bekanntheitsgrad aufweist, muss auf die Bekanntheit des Erzeugnisses bei den **angesprochenen Verkehrskreisen** abgestellt werden. Dagegen ist es nicht erforderlich, dass der Verkehr das nachgeahmte Produkt einem namentlich bestimmten Unternehmen zuordnen kann.[19]

28 Die aus einem Erzeugnis und mit diesem funktional zusammenhängenden Zubehörstücken bestehende **Sachgesamtheit** kann Gegenstand des ergänzenden wettbewerblichen Leistungsschutzes sein,[20] wenn der konkreten Ausgestaltung oder der besonderen Kombination der Merkmale „wettbewerbliche Eigenart" zukommt:[21] Eine „wettbewerbliche Eigenart" setzt nicht voraus, dass die zur Gestaltung eines Produkts verwendeten Einzelmerkmale originell sind – so kann bspw. auch ein zurückhaltendes, puristisches Design geeignet sein, die Aufmerksamkeit des Verkehrs zu erwecken und sich als Hinweis auf die betriebliche Herkunft des Produkts einzuprägen.

29 Eine der Erwerbssituation nachfolgende Herkunftstäuschung scheidet bei Produkten, die unterschiedlich gekennzeichnet sind und von Fachkreisen verwendet werden, regelmäßig aus, wenn die Benutzung der Produkte eine sorgfältige Planung voraussetzt.[22] Die Herkunftstäuschung wird jedoch dann nicht durch **unterschiedliche Produktbezeichnungen** ausgeschlossen, wenn sich die Bezeichnungen in Klang und Sinngehalt ähneln.[23]

30 Die Übernahme von Merkmalen eines Erzeugnisses, die dem freizuhaltenden **Stand der Technik** angehören und der angemessenen Lösung einer technischen Aufgabe dienen, kann wettbewerbsrechtlich unlauter sein, wenn eine dadurch hervorgerufene Gefahr einer Herkunftstäuschung durch zumutbare Maßnahmen zu vermeiden gewesen wäre.[24] Eine unterschiedliche Herstellerangabe spricht in der Regel gegen eine Herkunfts-

---

18 BGH Urt. v. 24.3.2005 – I ZR 131/02 (OLG Köln) = GRUR 2005, 600 – Handtuchklemmen.
19 BGH Urt. v. 15.9.2005 – I ZR 151/02 (KG) = GRUR 2006, 79, Ls. 2 – Jeans I.
20 BGH Urt. v. 22.3.2012 – I ZR 21/11 (OLG Hamburg) = GRUR 2012, 1155 – Sandmalkasten.
21 In Fortführung von BGH Urt. v. 28.10.2004 – I ZR 326/01 (OLG Köln) = GRUR 2005, 166 – Puppenausstattungen.
22 BGH Urt. v. 15.4.2010 – I ZR 145/08 (OLG Hamburg) = GRUR 2010, 1125, Ls. 2 – Femur-Teil.
23 OLG Hamburg Urt. v. 16.5.2019 – 406 HKO 10/17 (LG Hamburg) = GRUR-Prax 2020, 192.
24 BGH Urt. v. 28.5.2009 – I ZR 124/06 (OLG Köln) = GRUR 2010, 80, Ls. 2 – LIKEaBIKE.

täuschung,[25] wohingegen eine **Handelsmarke** auf dem nachgeahmten Produkt die Gefahr der Herkunftstäuschung nicht notwendig ausräumt. Dies setzt indessen voraus, dass der Verkehr die Handelsmarke als solche erkennt. Für die Annahme einer „vermeidbaren Herkunftstäuschung" ist es nach Ansicht des BGH[26] nicht erforderlich, dass der Verkehr das Unternehmen, dem er die ihm bekannte Ware zuschreibt, namentlich kennt. Vielmehr genügt es, dass der Verkehr die Vorstellung hat, die Ware sei von einem bestimmten Hersteller – wie auch immer dieser heißen möge – oder einem mit diesem verbundenen Unternehmen in den Verkehr gebracht worden, was auch dann der Fall sein kann, wenn die Ware nicht unter einer Herstellerbezeichnung vertrieben wird.

Auch im Modebereich können bestimmte **Gestaltungselemente** für sich oder in ihrer Kombination geeignet sein, auf die betriebliche Herkunft eines Kleidungsstücks hinzuweisen. Dies gilt jedenfalls dann, wenn eine Gestaltung in ihrer Gesamtanmutung besonders ist, sich hinreichend vom wettbewerblichen Umfeld abhebt und sich trotz der Schnelllebigkeit von Mode im Bekleidungssektor bereits seit einem Jahrzehnt auf dem Markt hält und vom Verkehr wiedererkannt wird.[27]

Interessant ist ein möglicher wettbewerbsrechtlicher Schutz bei **Gastronomiekonzepten** mit einer sehr hohen Prägnanz des Designs und wenn eine fast identische Übernahme der wesentlichen Elemente des Gastronomiekonzepts erfolgt.[28] Wesentliche Merkmale des Unternehmenskonzepts können dabei bestimmte Ausstattungsmerkmale für die Einrichtung des Restaurants und die Gestaltung von Werbemitteln sein.[29] Eine relevante Fallkonstellation ergibt sich, wenn es sich bei dem Gastronomieunternehmen um ein **Franchisesystem** handelt, und aus dem Franchisesystem ausscheidende Franchisenehmer das Konzept des Franchisegebers mehr oder weniger unverändert weiterverwenden.[30]

b) 2. Fallgruppe: Ausnutzung der Wertschätzung (Rufausbeutung oder Rufschädigung)

Die **wettbewerbswidrige Rufausnutzung** nach § 4 Nr. 3 Buchst. b UWG setzt voraus, dass die Wertschätzung der nachgeahmten Ware oder Dienstleistung unangemessen ausgenutzt („Schmarotzen") oder beeinträchtigt („Verwässerung") wird.

Die Rufausbeutung kann in unterschiedlichen Formen auftreten, nämlich

- durch Täuschung über das Erzeugnis selbst. In diesem Fall verwechselt der potenzielle Käufer das Original mit dem nachgeahmten Produkt und schreibt diesem die bekannten positiven Eigenschaften zu (sog. **Imagetransfer**).
- Durch offene oder verdeckte Anlehnung an ein bekanntes Produkt. Hier findet keine Verwechslung ieS statt. Dennoch kann schon die **Annäherung an die verkehrsbekannten Merkmale eines fremden Produkts** als solche zu einer für die Annahme

---

25 BGH Urt. v. 2.4.2009 – I ZR 144/06 (OLG Köln) = GRUR 2009, 1069 – Knoblauchwürste.
26 BGH Urt. v. 24.5.2007 – I ZR 104/04 (OLG Hamburg) = GRUR 2007, 984, Ls. 3 – Gartenliege.
27 Grübler, GRUR-Prax 2020, 524.
28 Böckenholt, GRUR-Prax 2010, 373.
29 Billing, GRUR-Prax 2020, 58.
30 OLG Schleswig Urt. v. 26.9.2013 – 16 U Kart 49/13 = BeckRS 2013, 19545 – Subway. Zur Verwendung von Facebook-„Likes" eines Mitbewerbers in einer solchen Konstellation: OLG Frankfurt aM Urt. v. 14.6.2018 – 6 U 23/17 = GRUR-RS 2018, 16573.

einer Rufausbeutung erforderlichen Übertragung der Gütevorstellung auf das ähnliche, nachgeahmte Produkt führen.

Die nachfolgenden Beispiele aus höchstrichterlichen Entscheidungen sollen die Problematik noch einmal verdeutlichen:

35 Die KellyBag der Luxus-Modemarke Hermès ist eines der bekanntesten Damenhandtaschenmodelle, das entsprechend häufig kopiert wird. Eine „unangemessene Ausnutzung der Wertschätzung" kann dann angenommen werden, wenn die Gefahr einer Täuschung über die Herkunft beim allgemeinen Publikum eintritt, das bei den Käufern die Nachahmungen sieht und zu irrigen Vorstellungen über die Echtheit der Nachahmungen verleitet wird.[31]

36 Der für eine unlautere Rufausbeutung erforderliche **Imagetransfer** kann nach Ansicht des BGH[32] nicht allein damit begründet werden, dass ein Wettbewerber in seinem über eine eigenständige Systematik verfügenden Nachschlagewerk für Briefmarken als Referenz die im Verkehr durchgesetzte Systematik aus dem Konkurrenzprodukt des Marktführers übernimmt und jedem Eintrag zuordnet, um es dem Benutzer auf diese Weise zu ermöglichen, im Verkehr mit Dritten auch ohne Erwerb des Konkurrenzprodukts auf dessen als Standard akzeptierte Referenznummern Bezug zu nehmen.

37 Eine **unangemessene Ausnutzung der Wertschätzung** liegt im Allgemeinen nicht vor, wenn ein Originalprodukt, dessen Sonderrechtsschutz abgelaufen ist, nachgeahmt wird und aufgrund unterschiedlicher Kennzeichen die Gefahr einer Verwechslung des Originalerzeugnisses und der Nachahmung ausgeschlossen ist.[33]

38 Wird ein **technisches Erzeugnis**, dessen Wertschätzung maßgeblich auf dessen äußerer Gestaltung beruht, nahezu identisch nachgeahmt, liegt eine unangemessene Beeinträchtigung des Rufs des Originalprodukts vor, wenn die **Nachahmung qualitativ minderwertig ist**.[34]

39 Eine unlautere Rufausbeutung liegt nach Ansicht des BGH[35] nicht vor, wenn der Originalhersteller mit seinem Produkt einen neuen Markt erschlossen hat und der Nachahmer beim Eindringen in diesen Markt die angesprochenen Verkehrskreise in geeigneter Weise darüber informiert, dass sein eigenes von dem nachgeahmten Produkt zu unterscheiden sei.

40 Ansprüche aus ergänzendem wettbewerbsrechtlichem Leistungsschutz wegen Herkunftstäuschung und unlauterer Rufausbeutung sind nicht schon dann ausgeschlossen, wenn der Vertrieb des nachgeahmten Produkts gegen ein gesetzliches Verbot verstößt oder selbst wettbewerbswidrig ist.[36]

Beachte: Dabei kann jedoch im Falle einer **Nachahmung** grundsätzlich von einer Wechselwirkung zwischen dem Grad der wettbewerblichen Eigenart und den Anforderungen, die an den Vorwurf der Unlauterkeit zu stellen sind, ausgegangen werden. Je größer die wettbewerbliche Eigenart ist, umso geringere Anforderungen sind an die zusätzlichen wettbewerblichen Begleitumstände (dh die Unlauterkeitsmerkmale) zu stellen.

---

31 BGH Urt. v. 11.1.2007 – I ZR 198/04 (OLG Köln) = GRUR 2007, 795, Ls. 1 – Handtaschen.
32 BGH Urt. v. 1.6.2011 – I ZR 58/10 (OLG München) = GRUR 2012, 79 – Markenheftchen.
33 BGH Urt. v. 15.4.2010 – I ZR 145/08 (OLG Hamburg) = GRUR 2010, 1125, Ls. 3 – Femur-Teil.
34 BGH Urt. v. 15.4.2010 – I ZR 145/08 (OLG Hamburg) = GRUR 2010, 1125, Ls. 3 – Femur-Teil.
35 BGH Urt. v. 2.12.2004 – I ZR 30/02 (OLG Hamburg) = GRUR 2005, 349, Ls. 3 – Klemmbausteine III.
36 BGH Urt. v. 24.2.2005 – = BGHZ 162, 246 = GRUR 2005, 519, Ls. 2 – Vitamin-Zell-Komplex.

IV. Die gesetzliche Regelung des § 4 UWG

Die Beurteilung, ob die übernommene Gestaltung eine **gemeinfreie technische Leistung** darstellt, deren Übernahme iSv § 4 Nr. 3 Buchst. a und Buchst. b UWG wettbewerbsrechtlich unbedenklich ist, ist bei einem Bauelement, das nach dem Kauf in ein komplexes Erzeugnis eingefügt wird, nicht auf die nach dem Einbau sichtbaren Teile beschränkt.[37]

c) 3. Fallgruppe: Unredliche Erlangung von Kenntnissen

Unlauter iSv § 4 Nr. 3 Buchst. c UWG handelt schließlich, wer sich die erforderlichen Kenntnisse für die Nachahmung durch das **Erschleichen eines fremden Betriebsgeheimnisses** bzw. **durch Vertrauensbruch** verschafft.

> **Zusammenfassung:** Damit der ergänzende wettbewerbsrechtliche Leistungsschutz überhaupt eingreifen kann, muss das Verhalten desjenigen, der ein fremdes Produkt nachahmt und in den Verkehr bringt, unlauter sein. § 4 Nr. 3 UWG nennt beispielhaft drei Arten von unlauterem Verhalten:
>
> - Die Nachahmung führt zu einer Verwechslung des Originals mit dem nachgeahmten Produkt.
> - Der gute Ruf des Originals wird bewusst für die Vermarktung des nachgeahmten Produktes ausgenutzt. Bzw.
> - der Nachahmer hat sich die für die Nachahmung erforderlichen Unterlagen auf unredliche Weise verschafft.

4. Anerkennung weiterer Fallgruppen eines ergänzenden wettbewerbsrechtlichen Leistungsschutzes?

Die gesetzliche Regelung des § 4 Nr. 3 UWG wendet sich vornehmlich gegen die **Art und Weise der Verwertung einer fremden Leistung** beim Vorliegen besonderer wettbewerbswidriger Umstände. § 4 Nr. 3 UWG basiert auf dem **Amortisationsgedanken** (Kompensation) zugunsten des Verletzten: Dieser soll ausnahmsweise (obgleich ein Immaterialgüterrechtsschutz nicht [mehr] eingreift) Kompensation für die Verletzung seiner innovativen Leistung erhalten, weil er für diese Arbeit, Zeit und Intellekt aufgewendet hat.

Liegt keine der Fallgruppen des § 4 Nr. 3 Buchst. a bis Buchst. c UWG vor, kann das Nachahmen eines fremden Produkts nur in Ausnahmefällen unlauter iS der **Generalklausel** des § 3 Abs. 1 UWG sein – so der BGH[38] –, wobei ein solcher Ausnahmefall unter besonderen Umständen dann vorliegen kann, wenn der Mitbewerber durch die Nachahmung wettbewerbswidrig behindert wird (Stichwort **unlauterer Behinderungswettbewerb**).

Über die vom Gesetzgeber in § 4 Nr. 3 UWG ausdrücklich – aber nur beispielhaft (**Beispielkatalog**) – aufgeführten Unlauterkeitsmerkmale hinaus erkennt die Rechtsprechung eine Reihe weiterer Fallkonstellationen eines ergänzenden wettbewerbsrechtlichen Leistungsschutzes an:

---

7 BGH Urt. v. 10.1.2008 – I ZR 67/05 (OLG München) = GRUR 2008, 790 – Baugruppe.
8 BGH Urt. v. 11.1.2007 – I ZR 198/04 (OLG Köln) = GRUR 2007, 795, Ls. 2 – Handtaschen.

- Ein systematischer Nachbau einer Vielzahl eigenartiger, überdurchschnittlicher Erzeugnisse eines Mitbewerbers durch ein planmäßiges und zielgerichtetes Anhängen an dessen Leistung (mit korrespondierender Arbeits- und Kostenersparnis).

- Eine Überleitung des Markterfolgs einer fremden Leistung, indem der Handelnde sich (obwohl er Ausweichmöglichkeiten hat) in das originär auf eine Deckung des Folgebedarfs ausgerichtete **Verkaufssystem des Ursprungsherstellers** einschiebt (**Einschieben in eine fremde Serie** – bspw. technisch verbaubare Produkte wie Klemmbausteine). Begründen jedoch für die Vergleichbarkeit des nachgebauten Produkts unverzichtbare Gestaltungselemente die Möglichkeit einer Verwechslungsgefahr (im Hinblick auf die betriebliche Herkunft), so sind diese – sofern die Qualität und die Gebrauchssicherheit mit der Originalware kompatibel ist und keine zusätzliche Rufbeeinträchtigung zulasten des Originalherstellers entsteht – als unvermeidbar hinzunehmen. Etwas Anderes gilt nur dann, wenn der Nachahmer keine zumutbaren Vorkehrungen getroffen hat, eine Herkunftstäuschung auszuschließen oder zu reduzieren. Der Mitbewerber hat insoweit ein **Kompatibilitätsinteresse**.

Beachte aber: Ein ergänzender wettbewerbsrechtlicher Leistungsschutz iS eines Innovationsschutzes für das Lego-Klemmbausteine-System ist jedoch nach 50 Jahren Vertrieb nicht mehr zu rechtfertigen, da ein wettbewerbsrechtlicher Schutz gegen das sog. Einschieben in eine fremde Serie jedenfalls nicht zeitlich unbegrenzt gewährt werden kann.[39]

- Die Behinderung des Wettbewerbsvorsprungs eines Modeschöpfers in der Modesaison, den dieser durch Kapitaleinsatz und Intellekt – erstmalige Modekreation iS einer eigenartigen Modeneuheit – erlangt.[40]

5. Exkurs: Originalgetreuer Nachbau und Ersatzteile

47   Dem hingegen ist der originalgetreue Nachbau von technisch bedingten und nicht austauschbaren **Ersatzteilen** zulässig. Dies liegt darin begründet, dass der **Hersteller des Ausgangsprodukts** seinen Markterfolg bereits durch das erste Umsatzgeschäft realisiert hat. Allerdings sind auch beim Nachbau von Ersatzteilen Herkunfts- und Warenverwechslungen zu vermeiden.

48   Haben die Abnehmer wegen eines Ersatz- oder Erweiterungsbedarfs ein **Interesse an der Verfügbarkeit von Konkurrenzprodukten**, die in der äußeren Gestaltung mit den Erzeugnissen des Originalherstellers kompatibel sind (im konkreten Fall: Regalsysteme für den Einzelhandel), dann dürfen Wettbewerber im Regelfall nicht nach den Grundsätzen des ergänzenden wettbewerbsrechtlichen Leistungsschutzes auf abweichende Produktgestaltungen verwiesen werden, die die Verkäuflichkeit ihrer Produkte im Hinblick auf den Ersatz- und Erweiterungsbedarf beim Originalprodukt einschränken.[41]

49   Allerdings hat der BGH – trotz grundsätzlicher **Nachahmungsfreiheit** – bereits allein schon die Übernahme einer fremden Leistung als solche als den Unlauterkeitsvorwurf nach § 4 Nr. 3 UWG begründender Umstand qualifiziert: Nämlich im Fall des Ein-

---

39 BGH Urt. v. 2.12.2004 – I ZR 30/02 (OLG Hamburg) = BGHZ 161, 204 = GRUR 2005, 349, Ls. 3 – Klemmbausteine III.
40 BGH Urt. v. 14.7.1961 – I ZR 44/59 (OLG Frankfurt aM) = BGHZ 35, 341 = GRUR 1962. 144, Ls. 4 – Buntstreifensatin I; BGH Urt. v. 19.1.1973 – I ZR 39/71 (KG) = BGHZ 60, 168 = GRUR 1973, 478 – Modeneuheit; BGH Urt. v. 6.11.1997 – I ZR 102/95 (OLG Nürnberg) = GRUR 1998, 477 – Trachtenjanker.
41 BGH Urt. v. 24.1.2013 – I ZR 136/11 (OLG Köln) = GRUR 2013, 951, Ls. 3 – Regalsystem.

schiebens in eine fremde Serie (vorstehende Rn. 46). Danach sollte das Überleiten des Markterfolgs einer fremden Leistung durch Einschieben gleichartiger, beliebig austauschbarer fremder Ergänzungserzeugnisse in das von Anfang an auf **die Deckung eines Ergänzungsbedarfs ausgerichtete Verkaufssystem** des Erstherstellers trotz **vorhandener Ausweichmöglichkeiten** – so der BGH über eine lange Zeit hinweg im Hinblick auf Lego-Klemmbausteine in ihrer Beurteilung nach § 1 UWG aF – stets als Verstoß gegen die „guten Sitten" im Wettbewerb unter dem Gesichtspunkt der Ausbeutung fremder Leistungen qualifiziert werden können.[42]

Hierdurch wird allerdings kein in zeitlicher Hinsicht unbegrenzter Schutz vor Nachahmungen für Innovationen gewährt, da ein solcher Schutz im Gegensatz zur gesetzlichen **Befristung des Innovationsschutzes** im Patent-, im Gebrauchsmuster- und im Designrecht stünde:[43] Damit würde verhindert, dass in diesem Bereich der Grundsatz der Nachahmungsfreiheit von Produkten – die keinem sonderrechtlichen Schutz (mehr) unterfallen (vorstehende Rn. 3) – jemals berücksichtigt werden könnte.

Deshalb hat der BGH – wie bereits erwähnt (Rn. 46) – in seiner Klemmbausteine III-Entscheidung[44] konstatiert, dass es zur **Wahrung der Freiheit des Wettbewerbs** erforderlich sei, den ergänzenden Leistungsschutz, soweit er den Schutz einer Leistung als solcher zum Gegenstand hat, zeitlich zu begrenzen. Etwas Anderes gelte jedoch für einen Schutz gegen vermeidbare Herkunftstäuschungen nach § 4 Nr. 3 Buchst. a UWG, das Ausnutzen des Rufs einer fremden Leistung nach § 4 Nr. 3 Buchst. b 1. Alt. UWG bzw. bei der Behinderung von Mitbewerbern nach § 4 Nr. 3 Buchst. b 2. Alt. UWG und § 4 Nr. 4 UWG (gezielte Behinderung von Mitbewerbern) bzw. beim Einschleichen und/oder Vertrauensbruch nach § 4 Nr. 3 Buchst. c UWG. Die zeitliche Begrenzung des Innovationsschutzes könne sich an den sondergesetzlich vorgesehenen Fristen orientieren.

6. Weiterer Exkurs: Nicht eingetragenes Gemeinschaftsgeschmacksmuster[45]

Nach Art. 96 Abs. 1 GGVO berühren die Vorschriften der GGVO (dazu vorstehendes 1. Kapitel, Rn. 4) nicht Regelungen der Mitgliedstaaten über den unlauteren Wettbewerb. So schützt § 4 Nr. 3 Buchst. a UWG, wie gesehen (Rn. 24 ff.), vor einer vermeidbaren Täuschung der Abnehmer über die betriebliche Herkunft der Produkte – wohingegen die GGVO mit dem Schutz des Gemeinschaftsgeschmacksmusters ein bestimmtes Leistungsergebnis schützt. Insoweit hat der BGH festgestellt, dass der zeitlich befristete Schutz für ein nicht eingetragenes Gemeinschaftsgeschmacksmuster den nicht von vornherein zeitlich befristeten Anspruch nach § 4 Nr. 3 Buchst. a UWG wegen vermeidbarer Herkunftstäuschung berührt. Der BGH[46] hat deshalb entschieden, dass eine Partei, die ihre Ansprüche sowohl auf ein Gemeinschaftsgeschmacksmuster als auch auf das wettbewerbswidrige Verhalten der Gegenseite stützt, ihre Ansprüche in erster

---

42 BGH Urt. v. 6.11.1963 – = BGHZ 41, 55 (58) = GRUR 1964, 621 – Klemmbausteine I; BGH Urt. v. 7.5.1992 – I ZR 163/90 = GRUR 1992, 619 (620) – Klemmbausteine II; BGH Urt. v. 8.12.1999 – I ZR 101/97 (OLG Köln) = GRUR 2000, 521 (525) – Modulgerüst.
43 BGH Urt. v. 2.12.2004 – I ZR 30/02 (OLG Hamburg) = BGHZ 161, 204 = GRUR 2005, 349 – Klemmbausteine III.
44 BGH Urt. v. 2.12.2004 – I ZR 30/02 (OLG Hamburg) = BGHZ 161, 204 = GRUR 2005, 349 – Klemmbausteine III.
45 BGH Urt. v. 15.9.2005 – I ZR 151/02 (KG) = GRUR 2006, 79 – Jeans I. Vgl. auch: BGH Beschl. v. 19.1.2006 – I ZR 151/02 (KG) = NJW 2006, 1978 – Jeans II.
46 BGH Urt. v. 12.7.2012 – I ZR 102/11 (OLG) Düsseldorf = GRUR 2013, 285, Ls. 1 – Kinderwagen II.

Linie aus dem Gemeinschaftsgeschmacksmuster und nur hilfsweise aus einem wettbewerbswidrigen Verhalten verfolgt, wenn die Klageanträge das gesamte Gebiet der EU umfassen.

53 Für die Dauer von drei Jahren ist einem nicht eingetragenen Gemeinschaftsgeschmacksmuster ein Vorrang vor dem lauterkeitsrechtlichen Nachahmungsschutz eingeräumt.

54 Zu prüfen ist Folgendes:

- Steht die gestalterische Leistung im Vordergrund, ist eine Schutzfähigkeit des nicht eingetragenen Gemeinschaftsgeschmacksmusters zu prüfen.
- Liegen die Schutzvoraussetzungen eines nicht eingetragenen Gemeinschaftsgeschmacksmusters nicht vor, ist der Schutz nach Lauterkeitsrecht (UWG) zu prüfen.

55 **Zusammenfassung:** Die Rechtsprechung erkennt weitere Fallkonstellationen eines ergänzenden wettbewerbsrechtlichen Leistungsschutzes an, zB beim Einschieben in eine fremde Serie oder im Falle von Modeneuheiten. Der originalgetreue Nachbau von technisch bedingten und nicht austauschbaren Ersatzteilen ist jedoch grundsätzlich zulässig.

Frage 4: Welche Verhaltensweisen sind nach der gesetzlichen Regelung des § 4 Nr. 3 UWG untersagt?

7. Rechtsfolgen eines Verstoßes gegen § 4 Nr. 3 UWG

56 Ein Verstoß gegen § 3 Abs. 1 iVm § 4 Nr. 3 UWG – respektive auch gegen die allgemeine Generalklausel des § 3 Abs. 1 UWG – kann folgende Ansprüche nach sich ziehen: einen

- Beseitigungs- und Unterlassungsanspruch (§ 8 UWG),
- Schadensersatzanspruch (§ 9 UWG) bzw. einen
- Gewinnabschöpfungsanspruch (§ 10 UWG).

a) Beseitigungs- und Unterlassungsanspruch

57 Wer eine nach § 3 Abs. 1 iVm § 4 Nr. 3 UWG – respektive gegen die Generalklausel des § 3 Abs. 1 UWG verstoßende – **unzulässige geschäftliche Handlung** vornimmt, kann nach § 8 Abs. 1 UWG auf Beseitigung und bei Wiederholungsgefahr auf Unterlassung in Anspruch genommen werden. Der Anspruch auf Unterlassung besteht bereits dann, wenn eine derartige Zuwiderhandlung gegen § 3 UWG droht (sog. **vorbeugender Unterlassungsanspruch**).

58 **Anspruchsberechtigt** sind nach § 8 Abs. 3 UWG

- jeder **Mitbewerber**, der Waren oder Dienstleistungen in nicht unerheblichem Maße und nicht nur gelegentlich vertreibt oder nachfragt (Nr. 1). Dies ist (soweit die weiteren einschränkenden Voraussetzungen der Norm erfüllt sind) zum einen das Unternehmen, das die schutzwürdige Leistung erbracht hat, mithin der Hersteller, regelmäßig jedoch nicht der Händler. Letzterer hat nur dann ausnahmsweise einen Anspruch, wenn er Exklusivhändler ist.[47]

---

[47] BGH Urt. v. 18.10.1990 – I ZR 283/88 (OLG Stuttgart) = GRUR 1991, 223 – Finnischer Schmuck.

V. Die gesetzliche Regelung des § 4 UWG

- Solche **rechtsfähigen Verbände zur Förderung gewerblicher oder selbstständiger beruflicher Interessen** (Nr. 2), die in die Liste der qualifizierten Wirtschaftsverbände nach § 8b UWG eingetragen sind, soweit ihnen eine erhebliche Zahl von Unternehmern angehört, die Waren oder Dienstleistungen gleicher oder verwandter Art auf demselben Markt vertreiben und die Zuwiderhandlung die Interessen ihrer Mitglieder berührt.
- **Qualifizierte Einrichtungen** (Nr. 3), sofern sie in der Liste qualifizierter Einrichtungen nach § 4 UKlaG (Unterlassungsklagengesetz) oder in dem Verzeichnis der Europäischen Kommission nach Art. 4 Abs. 3 der RL 2009/12/EG des Europäischen Parlaments und des Rates vom 23.4.2009 über Unterlassungsklagen zum Schutz der Verbraucherinteressen[48] eingetragen sind.
- **Industrie- und Handelskammern**, den nach der HandwerksO errichteten Organisationen und anderen berufständischen Körperschaften des öffentlichen Rechts im Rahmen der Erfüllung ihrer Aufgaben sowie den Gewerkschaften in Erfüllung ihrer Aufgaben bei der Vertretung selbstständiger beruflicher Interessen (Nr. 4).

Beachte: Anspruchsberechtigt ist hingegen nicht der Verbraucher (§ 2 Abs. 2 UWG iVm § 13 UWG). Eine für 2022 geplante UWG-Novelle soll ua auch dem Verbraucher eine Anspruchsberechtigung eröffnen.[49]

Die **Beweislast** trägt der Kläger. Dh er muss grundsätzlich alle seinen Anspruch begründenden Umstände vortragen – und, sofern der Beklagte diese bestreitet, auch beweisen.

Die Geltendmachung der in § 8 Abs. 1 UWG bezeichneten Ansprüche ist nach § 8c Abs. 1 UWG unzulässig, wenn sie unter Berücksichtigung der gesamten Umstände missbräuchlich ist. Eine missbräuchliche Geltendmachung ist gemäß § 8c Abs. 2 UWG „im Zweifel" beim Vorliegen einer der dort gelisteten Regelbeispiele anzunehmen. Insbesondere, wenn sie vorwiegend dazu dient, gegen den Zuwiderhandelnden einen Anspruch auf Ersatz von Aufwendungen oder Kosten der Rechtsverfolgung entstehen zu lassen.

Der Verletzte hat grundsätzlich einen Anspruch darauf, dass ihm der Lieferant und die gewerblichen Abnehmer benannt (sog. **Drittauskunftsanspruch**)[50] und entsprechende Belege vorgelegt werden (sog. **Belegvorlageanspruch**)[51] Der Drittauskunftsanspruch ist ein Unterfall des **Anspruchs auf Störungsbeseitigung** nach § 8 Abs. 1 UWG. Ggf. hat der Verletzte auch einen Anspruch auf Offenlegung der ihn betreffenden „Schwarzen Liste".[52]

Der BGH gewährt (allerdings unter strengeren Voraussetzungen als im speziellen Immaterialgüterrechtsschutz) – als **Unterfall des allgemeinen Beseitigungsanspruchs** – auch einen Vernichtungsanspruch und (dazu gleich nachstehende Rn. 63 ff.) einen Schadensersatzanspruch.[53]

---

48 ABl. Nr. L 110 vom 1.5.2009, S. 30.
49 Birk, GRUR-Prax 2020, 605.
50 BGH Urt. v. 24.3.1994 – I ZR 42/93 (OLG Düsseldorf) = BGHZ 125, 322 = GRUR 1994, 630 – Cartier-Armreif.
51 BGH Urt. v. 21.2.2002 – I ZR 140/99 (OLG Düsseldorf) = GRUR 2002, 709 – Entfernung der Herstellungsnummer III.
52 BGH Urt. v. 23.2.1995 – I ZR 75/93 (OLG Düsseldorf) = GRUR 1995, 427 – Schwarze Liste.
53 BGH Urt. v. 21.2.2002 – I ZR 140/99 (OLG Düsseldorf) = GRUR 2002, 709 – Entfernung der Herstellungsnummer III.

b) Schadensersatzanspruch

63 Wer vorsätzlich oder fahrlässig eine nach § 3 Abs. 1 iVm § 4 Nr. 3 UWG unzulässige geschäftliche Handlung vornimmt (respektive gegen die Generalklausel des § 3 Abs. 1 UWG verstößt), ist den Mitbewerbern gemäß § 9 UWG zum Ersatz des daraus entstehenden Schadens verpflichtet.

64 Vorsätzlich handelt, wer die Verletzungshandlung mit Wissen und Wollen begeht und ob der Rechtswidrigkeit seines Handelns weiß. Dabei geht der BGH[54] davon aus, dass eine **Nachahmung stets vorsätzlich** erfolgt. Fahrlässig handelt, wer die im Verkehr erforderliche Sorgfalt außer Acht lässt (vgl. § 276 Abs. 2 BGB). Beide Formen der Schuld werden gleichbehandelt und führen – bei Vorliegen eines Schadens – zu einem Schadensersatzanspruch gegen den Verletzer.

65 Es gibt auch im Rahmen eines auf § 9 UWG gestützten Anspruchs **drei Möglichkeiten den Schadensersatz** zu berechnen:

- Bezifferung des **tatsächlich entstandenen Schadens** nach Maßgabe der §§ 249 ff. BGB (einschließlich des entgangenen Gewinns, § 252 BGB).
- **Berücksichtigung des Gewinns**, den der Verletzer durch die Verletzung erzielt hat. Für die Bemessung des Verletzergewinns sind auch in den Fällen des wettbewerbsrechtlichen Leistungsschutzes die Grundsätze der Gemeinkostenanteil-Entscheidung des BGH anzuwenden:[55] Bei der **Bemessung des Schadensersatzanspruchs** nach diesen Grundsätzen gehören zu den Kosten, die der Produktion des rechtsverletzenden Gegenstands unmittelbar zugerechnet werden können, neben den Produktions- und Materialkosten und den Vertriebskosten auch die Kosten des Personals, die für die Herstellung und den Vertrieb des Nachahmungsprodukts eingesetzt worden sind, sowie bei Investitionen in Anlagevermögen die Kosten für Maschinen und Räumlichkeiten (anteilig bezogen auf ihre Lebensdauer), die nur für die Produktion und den Vertrieb der Nachahmungsprodukte verwendet worden sind. Nicht anrechenbar – so der BGH – seien hingegen die Kosten, die unabhängig vom Produkt, der Produktion und des Vertriebs durch die Unterhaltung des Betriebs entstanden sind, wozu allgemeine Marketingkosten, die Geschäftsführergehälter, die Verwaltungskosten sowie die Kosten für Anlagevermögen, das nicht konkret der Rechtsverletzung zugerechnet werden kann, zählen. Nicht anrechenbar sind auch Anlauf- und Entwicklungskosten sowie Kosten für die nicht mehr veräußerbaren Produkte.
- Berechnung unter Anwendung der **Lizenzanalogie**. Dabei wird der entstandene Schaden auf der Grundlage des Betrages berechnet, den der Verletzer als angemessene Vergütung hätte entrichten müssen, wenn er die Erlaubnis zur Nutzung eines Rechts eingeholt hätte. Diese Berechnungsmethode gelangt idR zur Anwendung.[56]

V. Gewinnabschöpfungsanspruch

66 Wer vorsätzlich eine nach § 3 Abs. 1 iVm § 4 Nr. 3 UWG unzulässige geschäftliche Handlung vornimmt (bzw. gegen die Generalklausel des § 3 Abs. 1 UWG verstößt) und hierdurch zulasten einer Vielzahl von Abnehmern einen Gewinn erzielt, kann nach

---

54 BGH Urt. v. 28.1.1977 – I ZR 109/75 (OLG Nürnberg) = GRUR 1977, 614 – Gebäudefassade.
55 BGH Urt. v. 21.9.2006 – I ZR 6/04 (OLG Stuttgart) = GRUR 2007, 431 – Steckverbindergehäuse unter Bezugnahme auf BGH Urt. v. 2.11.2000 – I ZR 246/98 (OLG Düsseldorf) = BGHZ 145, 366 = GRUR 2001, 329 Gemeinkostenanteil.
56 BGH Urt. v. 8.10.1971 – I ZR 12/70 (OLG Karlsruhe) = BGHZ 57, 116 = GRUR 1972, 189 – Wandsteckdose II.

§ 10 Abs. 1 UWG von den gemäß § 8 Abs. 3 Nr. 2 bis 4 UWG zur Geltendmachung eines Unterlassungsanspruchs Berechtigten – womit der Mitbewerber (§ 8 Abs. 3 Nr. 1 UWG) nicht anspruchsberechtigt ist – auf **Herausgabe dieses Gewinns an den Bundeshaushalt** in Anspruch genommen werden. Auf den Gewinn sind gemäß § 10 Abs. 2 UWG die Leistungen anzurechnen, die der Schuldner aufgrund der Zuwiderhandlung an Dritte oder an den Staat bereits erbracht hat. Soweit der Schuldner solche Leistungen erst nach Erfüllung des Anspruchs nach § 10 Abs. 1 UWG erbracht hat, erstattet die zuständige Stelle des Bundes dem Schuldner den abgeführten Gewinn in Höhe der nachgewiesenen Zahlungen zurück.

Die Gläubiger haben nach § 10 Abs. 4 UWG der zuständigen Stelle des Bundes über die Geltendmachung von Ansprüchen nach § 10 Abs. 1 UWG Auskunft zu erteilen. Sie können von der zuständigen Stelle des Bundes – nach § 10 Abs. 5 UWG ist dies das Bundesamt für Justiz – Erstattung der für die Geltendmachung des Anspruchs erforderlichen Aufwendungen verlangen, soweit sie vom Schuldner keinen Ausgleich erlangen können. Der Erstattungsanspruch ist auf die Höhe des an den Bundeshaushalt abgeführten Gewinns beschränkt.

VI. Verjährung

Die Ansprüche aus den §§ 8 und 9 UWG verjähren gemäß § 11 Abs. 1 UWG in sechs Monaten. Die Verjährungsfrist beginnt nach § 11 Abs. 2 UWG, wenn

- der Anspruch entstanden ist und
- der Gläubiger von den den Anspruch begründenden Umständen und der Person des Schuldners Kenntnis erlangt oder ohne grobe Fahrlässigkeit erlangen müsste.

Schadensersatzansprüche verjähren nach § 11 Abs. 3 UWG ohne Rücksicht auf die Kenntnis oder grob fahrlässige Unkenntnis in zehn Jahren von ihrer Entstehung, spätestens aber in 30 Jahren von der den Schaden auslösenden Handlung an.

Andere Ansprüche – bspw. der Gewinnabschöpfungsanspruch nach § 11 UWG – verjähren ohne Rücksicht auf die Kenntnis oder grob fahrlässige Unkenntnis gemäß § 11 Abs. 4 UWG in drei Jahren von der Entstehung an.

> **Zusammenfassung:** Wer eine nach § 3 Abs. 1 iVm § 4 Nr. 3 UWG unzulässige geschäftliche Handlung vornimmt, kann nach § 8 Abs. 1 UWG auf Beseitigung und bei Wiederholungsgefahr auf Unterlassung in Anspruch genommen werden. Handelt der Verletzer vorsätzlich oder fahrlässig, so ist er seinen Mitbewerbern auch zum Ersatz des daraus entstehenden Schadens nach § 9 UWG verpflichtet.

Frage 5: Abschlusssachverhalt.[57]
Der Spielwarenhersteller L vertreibt seit über 50 Jahren ein international erfolgreiches Klemmbauspielsystem. Dieses besteht aus Plastik-Bauelementen, die auf der Oberseite zylindrische Klemmnoppen aufweisen und an der Unterseite so geformt sind, dass sich die einzelnen Steine miteinander verbauen lassen. Zum „L"-Spielzeugsortiment gehören neben Grund- und Universalbaukästen auch zahlreiche mit Zusatzelementen ausgestattete Bausätze, mit denen bspw. Miniatur-Autos, -Häuser oder -Boote gebaut werden können. A, der ebenfalls ein Klemmbauspielsystem vertreibt und seine Sets bereits günstiger als L anbie-

---

7 Angelehnt an BGH Urt. v. 2.12.2004 – I ZR 30/02 (OLG Hamburg) = BGHZ 161, 204 = GRUR 2005, 349 – Klemmbausteine III.

tet, will weiter expandieren. Er lässt seine Bauteile in China herstellen und bringt auf seinen Sets den Hinweis auf: „Die Bauteile der A sind eigenständige Systeme des A, aber kompatibel mit Bauteilen der L."
L will dieses Vorgehen unterbinden. Sie sieht durch das Vorgehen des A ihren Ruf gefährdet. Denn die Bauteile des A seien von minderer Qualität und der Verbraucher könne aufgrund der Umverpackung der Sets des A zwar erkennen, dass diese dem Unternehmen des A zugehören, gleichwohl sei eine Verwechslung mit solchen Sets der L nicht ausgeschlossen. Außerdem nutze der A in rechtswidriger Weise ein bestehendes Bausystem, um eigene Gewinne zu generieren.
Verstößt A gegen Regelungen des UWG?

Antworten zu den Kontrollfragen

Frage 1: Welchen Schutzzweck verfolgt der Sortenschutz und was sind die Voraussetzungen eines entsprechenden Schutzes?

Der Sortenschutz zielt darauf ab, dem Rechteinhaber ein Ausschließlichkeitsrecht in Bezug auf dessen geistiges Eigentum an einer Pflanzenzüchtung zu gewährleisten, wenn die Pflanzensorte unterscheidbar, homogen, beständig, neu und durch eine eintragbare Sortenbezeichnung bezeichnet ist.

Frage 2: Was versteht man unter dem Grundsatz der Nachahmungsfreiheit?

Der Grundsatz der Nachahmungsfreiheit besagt, dass grundsätzlich und allein die sondergesetzlichen Regelungen des Immaterialgüterrechts (zB das PatG, GebrMG, MarkenG, DesignG bzw. UrhG) – die man auch als Sonderschutzrechte bezeichnet – Inhalt und Grenzen des Leistungsschutzes bestimmen. Außerhalb dieses gesetzgeberisch geschützten Bereichs ist es grundsätzlich statthaft, fremde Leistungen nachzuahmen, nachzuschaffen, nachzubauen und sich diese anzueignen. Damit geht das Immaterialgüterrecht grundsätzlich einem ergänzenden wettbewerbsrechtlichen Leistungsschutz nach dem UWG vor.

Frage 3: Beschreiben Sie bitte das Grundsatz-Ausnahme-Verhältnis des ergänzenden wettbewerbsrechtlichen Leistungsschutzes.

Die Judikatur hat schon unter der Geltung des § 1 UWG aF einen Verstoß gegen die „guten Sitten" im Wettbewerb in besonders gelagerten Ausnahmefällen iS eines den Sonderrechtsschutz ergänzenden Schutzes einer geistigen Leistung mit den Mitteln des allgemeinen Wettbewerbsrechts (UWG) anerkannt, in denen – obgleich der Tatbestand eines immaterialgüterrechtlichen Sonderrechtsschutzes nicht bzw. nicht mehr erfüllt war – besondere unlautere Begleitumstände vorlagen. Es waren dies Konstellationen der Nachahmung eines Originalprodukts bzw. einer Originalleistung durch unmittelbare Leistungsübernahmer (Imitation), fast identische Leistungsübernahmen bzw. nachschaffende Leistungsübernahmen.

Frage 4: Welche Verhaltensweisen sind nach der gesetzlichen Regelung des § 4 Nr. 3 UWG untersagt?

§ 4 Nr. 3 UWG untersagt das Anbieten von Waren oder Dienstleistungen, die eine Nachahmung von Waren oder Dienstleistungen eines Mitbewerbers sind, sofern damit eine vermeidbare Täuschung der Abnehmer über die betriebliche Herkunft einhergeht, bzw. die Wertschätzung der nachgeahmten Ware oder Dienstleistung unangemessen ausgenutzt oder beeinträchtigt wird, oder die für die Nachahmung erforderlichen Kenntnisse oder Unterlagen unredlich erlangt wurden.

VI. Verjährung

Frage 5: Abschlusssachverhalt
Verstößt A gegen Regelungen des UWG?
Lösung:
A könnte gemäß § 3 Abs. 1 iVm § 4 Nr. 3 UWG eine unzulässige, weil unlautere geschäftliche Handlung vorgenommen haben, indem er Bauteilesets in den Handel bringt, die mit denen der L kompatibel sind.
Infrage kommt eine vermeidbare (Herkunfts-) Täuschung nach § 4 Nr. 3 Buchst. a UWG, indem A Sets in den Handel bringt, die aufgrund der identischen Bauteile, die auch auf der Umverpackung zu sehen sind, als Bauteile der L wahrgenommen werden können. Abzustellen ist auf einen Durchschnittsverbraucher des maßgeblichen Verkehrskreises gemäß § 3 Abs. 4 UWG. Richtig ist, dass die Qualität der Bauteile zunächst nicht anhand der Umverpackung beurteilt und damit eine Unterscheidung zu Bauteilen der L nicht getroffen werden kann. Allerdings ist aufgrund des Hinweises auf der Umverpackung der Bausätze der A – „Die Bauteile des A sind eigenständige Systeme der A, aber kompatibel mit Bauteilen der L." – für einen durchschnittlich informierten, aufmerksamen und verständigen Durchschnittsverbraucher keine Gefahr einer Fehlvorstellung über die betriebliche Herkunft des Spielzeugs zu sehen. Abzustellen ist somit nicht auf die bloße Möglichkeit einer Verwechslung, sondern darauf, dass diese anhand des objektiven Maßstabs eines Durchschnittsverbrauchers zu erwarten ist. § 4 Nr. 3a UWG ist nicht einschlägig.
Weiterhin könnte eine unlautere Handlung nach § 4 Nr. 3 Buchst. b UWG darin bestehen, dass A den Markterfolg einer fremden Leistung durch Einschieben gleichartiger, beliebig austauschbarer fremder Ergänzungserzeugnisse in das von Anfang an auf die Deckung eines Ergänzungsbedarfs ausgerichtete Verkaufssystem der Erstherstellerin L trotz vorhandener Ausweichmöglichkeiten ausnutzt.
§ 4 Nr. 3 Buchst. b UWG erfordert dabei allerdings eine Ausnutzung oder Beeinträchtigung der Wertschätzung des Rufes der L. Eine Rufbeeinträchtigung erfolgt, wenn ein nahezu identisches Produkt nicht den Qualitätsmaßstäben genügt, die der Originalhersteller gesetzt hat.[58] Eine bloße Assoziation erfüllt den Tatbestand nicht, es muss vielmehr die mit dem Originalprodukt verbundene Wertschätzung bzw. das Renommee auf das Nachahmerprodukt übertragen werden. Festzustellen ist, dass A aufgrund der Bekanntheit der L ebenfalls Erweiterungen des Klemmbaukastensystems in den Handel bringen will und durch eine günstigere Produktion diese Bauteile aber nicht die gleiche Qualität aufweisen wie Bauteile der L. Allerdings ist für den Verbraucher ersichtlich, dass er ein günstigeres Nachahmerprodukt kauft. A nimmt das Renommee der L nicht für sich in Anspruch, sondern verweist auf die Kompatibilität mit Bauteilen der L. § 4 Nr. 3 Buchst. b UWG ist nicht einschlägig (andere Ansicht vertretbar).
Weiterhin ist zu beachten, dass zwar über die Fallgruppen der § 4 Nr. 3 Buchst. a bis Buchst. c UWG weitere Konstellationen höchstrichterlich anerkannt sind, diese aber keinen zeitlich unbegrenzten Schutz gewährleisten können. Zur Wahrung der Freiheit des Wettbewerbs ist es erforderlich, den ergänzenden wettbewerbsrechtlichen Leistungsschutz, soweit er wie hier den Schutz einer Leistung als solcher zum Gegenstand hat, anders als in den Fällen, in denen er den Schutz gegen vermeidbare Herkunftstäuschungen (§ 4 Nr. 3 Buchst. a UWG), gegen das Ausnutzen des Rufs fremder Leistung (vgl. dazu § 4 Nr. 3 Buchst. b Alt. 1 UWG), gegen die Behinderung von Mitbewerbern (§ 4 Nr. 3 Buchst. b Alt. 2 UWG) sowie gegen das Einschleichen und/oder gegen Vertrauensbruch (§ 4 Nr. 3 Buchst. c UWG) bezweckt, zeitlich zu begrenzen. Der ergänzende wettbewerbsrechtliche Leistungsschutz stünde sonst

---

58 BGH Urt. v. 8.12.1999 (OLG Köln) – I ZR 101/97 = GRUR 2000, 526 – Modulgerüst; BGH Urt. v. 15. 4. 2010 – I ZR 145/08 (OLG Hamburg) = GRUR 2010, 1125, Rn. 51 – Femur-Teil.

im Gegensatz zu der gesetzlichen Befristung des Innovationsschutzes im Patentrecht, im Gebrauchsmusterrecht und im Designrecht. Die Gewährung eines wettbewerbsrechtlichen Schutzes des Unternehmens vor einem Einschieben in seine Produktserie verhindert, dass in diesem Bereich der Grundsatz der Freiheit der Nachahmung von Produkten, die keinem sonderrechtlichen Schutz (mehr) unterfallen, jemals berücksichtigt werden könnte. ◄

Entscheidungsregister

Name	Urteil	Kapitel, Fußnote (Fn).
Abdichtsystem	BGH Urt. v. 16.5.2017 – X ZR 120/15 (OLG Karlsruhe) = BGHZ 215, 89 = GRUR 2017, 785	2, Fn. 335
Abgasreinigungsvorrichtung	BGH Urt. v. 5.7.2005 – X ZR 14/03 (OLG Karlsruhe) = GRUR 2005, 845	2, Fn. 265
Abgewandelte Verkehrszeichen	BGH Beschl. v. 22.4.2004 – I ZB 15/03 (BPatG) = GRUR 2004, 770	5, Fn. 30
Absolut	BGH Beschl. v. 24.6.1999 – I ZB 45/96 (BPatG) = GRUR 1999, 1096	4, Fn. 212
Acerbon	BGH Urt. v. 18.10.2007 – I ZR 24/05 (OLG Hamburg) = GRUR 2008, 614	4, Fn. 364
Acrylfasern	BGH, Beschl. v. 19.7.1984 – X ZB 18/83 (BPatG) = BGHZ 92, 129, 136 = GRUR 1985, 31	2, Fn. 203
Adidas/Fitnessworld	EuGH Urt. v. 23.10.2003 – C-408/01 = GRUR Int 2004, 121	4, Fn. 269
Afilias.de	BGH Urt. v. 24.4.2008 – I ZR 159/05 (OLG Düsseldorf) = GRUR 2008, 1099	4, Fn. 37
Ahd.de	BGH Urt. v. 19.2.2009 – I ZR 135/06 = GRUR 2009, 685	4, Fn. 71; 7, Fn. 11
airdsl	BGH Urt. v. 14.5.2009 – I ZR 231/06 (OLG Köln) = GRUR 2009, 1055	4, Fn. 74
Altmuster	BGH Beschl. v. 28.7.2005 – I ZB 20/05 (BPatG) = GRUR 2005, 1041	5, Fn. 65
AjS-Schriftenreihe	BGH Urt. v. 30.11.1989 – I ZR 191/87 (OLG Hamm) = GRUR 1992, 329	2, Fn. 362
Amarula	BGH Urt. v. 27.3.2013 – I ZR 100/11 (OLG Düsseldorf) = GRUR 2013, 6	4, Fn. 386
Anbieten interaktiver Hilfe	BGH Beschl. v. 19.10.2004 – X ZB 33/03 (BPatG) = GRUR 2005, 141	2, Fn. 21, 72, 82
Anschraubscharnier	BGH Urt. v. 19.5.1999 – X ZR 67/98 (BPatG) = GRUR 1999, 976	2, Fn. 99
Ansul/Ajax	EuGH Urt. v. 11.3.2003 – Rs. C-40/01 = GRUR 2003, 425	4, Fn. 15, 373
Antiblockiersystem	BGH Beschl. v. 13.5.1980 – X ZB 19/78 (BPatG) = GRUR 1980, 849	2, Fn. 65
Aral-Blau I	BPatG Beschl. v. 15.7.1998 – = GRUR 1999, 61	4, Fn. 122, 123
Armbanduhr	BGH Urt. v. 28.1.2016 – I ZR 40/14 (OLG Düsseldorf) = GRUR 2016, 803	2, Fn. 205; 5, Rn. 48

403

Entscheidungsregister

Name	Urteil	Kapitel, Fußnote (Fn).
Arzneimittelge-brauchsmuster	BGH Beschl. v. 5.10.2005 – X ZB 7/03 (BPatG) = BGHZ 164, 220 = GRUR 2006, 135	2, Rn. 138; 3, Rn. 5, 6
Arzneimittelgemisch	BGH Beschl. v. 13.2.1964 – Ia ZB 19/63 = BGHZ 41, 231, 242 f. = GRUR 1964, 439	2, Rn. 149
Aspirin	BGH Urt. v. 11.7.2002 – I ZR 35/00 (OLG Frankfurt aM) = GRUR 2002, 1063	4, Rn. 359
Aspirin II	BGH Urt. v. 12.7.2007 – I ZR 147/04 (OLG Hamburg) = BGHZ 173, 217 = GRUR 2008, 156	4, Fn. 364
Audi (Vorsprung durch Technik)	EuGH Urt. v. 21.2010 – C-398/08 = GRUR 2010, 228	4, Fn. 177
Audiosignalcodierung	BGH Urt. v. 3.2.2015 – X ZR 69/13 (OLG Karlsruhe) = BGHZ 204, 114 = GRUR 2015, 467	2, Fn. 280
audison	BGH Urt. v. 10.4.2008 – I ZR 164/05 (OLG Düsseldorf) = BGHZ 176, 116 = GRUR 2008, 611	4, Fn. 278
Ausbeinmesser	BGH Urt. v. 2.4.2009 – I ZR 199/06 (OLG Köln) = GRUR 2009, 1073	7, Fn. 15
„Autocomplete"-Funktion	BGH Urt. v. 14.5.2013 – VI ZR 269/12 (OLG Köln) = BGHZ 197, 213, Rn. 17 = GRUR 2013, 751	4, Fn. 325
Automatische Absatz-steuerung	BPatG Beschl. v. 14.06.1999 – 20 W (pat) 8/99 = GRUR 1999, 1078	2, Fn. 60
Badischer Essig	EuGH Urt. v. 4.12.2019 – C-432/18 = GRUR 2020, 69	4, Fn. 87
Bajonett-Anschlussvor-richtung	LG Düsseldorf Urt. v. 26.11.2009 – 4b O 110/09 = InstGE 11, 257	2, Fn. 337
Bakterienkultivierung II	OLG Düsseldorf Beschl. v. 25.11.2019 – 2 W 15/19 = GRUR-RR 2020, 146	2, Fn. 341
Ballerinaschuh	BGH Urt. v. 11.1.2018 – I ZR 187/16 (OLG Düsseldorf) = GRUR 2018, 832	4, Fn. 11
Ballermann	BGH Urt. v. 24.2.2000 (OLG Hamm) – I ZR 168/97 = GRUR 2000, 1028	4, Fn. 156
Bar jeder Vernunft	BGH Beschl. v. 13.6.2002 – I ZB 1/00 (BPatG) = GRUR 2002, 1070	4, Fn. 101
Bauschalungsstütze	BGH Urt. v. 28.5.2009 – Xa ZR 140/05 (BPatG) = GRUR 2009, 837	2, Fn. 250
Baugruppe	BGH Urt. v. 10.1.2008 – I ZR 67/05 (OLG München) = GRUR 2008, 790	5, Fn. 26, 37
Bauschuttsortieranlage	BGH Urt. v. 24.10.2000 – X ZR 15/98 (OLG Dresden) = GRUR 2001, 407	2, Fn. 297

Entscheidungsregister

Name	Urteil	Kapitel, Fußnote (Fn).
Baumann	BGH Urt. v. 27.3.2013 – I ZR 93/12 (OLG Karlsruhe) = GRUR 2013, 1150	2, Fn. 399
Bäckerhefe	Beschl. v. 11.3.1975 – X ZB 4/74 = BGHZ 64, 101 = GRUR 1975, 430	2, Fn. 170, 189
Bayerisches Bier	EuGH Urt. v. 2.7.2009 – C-343/07 = GRUR 2009, 961	4, Fn. 87, 432
Bayerisches Bier II	BGH Urt. v. 22.9.2011 – I ZR 69/04 (OLG München) = GRUR 2012, 394	4, Fn. 439
Befestigungsvorrichtung II	BGH Urt. v. 12.7.1980 – X ZR 121/88 (OLG Düsseldorf) = BGHZ 112, 140 = GRUR 1991, 436	2, Fn. 110
bekömmlich	OLG Stuttgart Urt. v. 3.11.2016 – 2 U 37/16 = GRUR-Prax 2017, 29	2, Fn. 230
Benetton/ G-Star	EuGH Urt. v. 20.9.2007 – C-371/06 = GRUR 2007, 970	4, Fn. 115, 154
Bergspechte	EuGH Urt. v. 25.3.2010 – C-278/08 = GRUR 2010, 451	4, Fn. 60
Berliner Morgenpost	BGH Urt. v. 27.2.1992 – I ZR 103/90 – I ZR 103/90 (KG) = GRUR 1992, 548	4, Fn. 392
Berühmungsaufgabe	BGH Urt. v. 31.5.2001 – I ZR 106/99 (Hamburg) = GRUR 2001, 1174	2, Fn. 302
Beschichtungsverfahren	BGH Urt. v. 27.9.2016 – X ZR 163/12 (OLG München) = GRUR 2016, 1257	2, Fn. 222
Bettgestell	BGH Urt. v. 29.6.2017 – I ZR 9/16 (OLG Düsseldorf) = GRUR 2018, 72	5, Fn. 52
Biedermeiermanschetten	BGH Urt. v. 20.2.1979 – X ZR 63/77 (KG Berlin) = BGHZ 73, 337 = GRUR 1979, 540	2, Fn. 219, 273
BIG PACK	BGH Urt. v. 14.1.1999 – I ZR 149/96 (OLG München) = GRUR 1999, 992	4, Fn. 382
Bildstrom	BGH Urt. v. 26.2.2015 – X ZR 37/13 (PatG) = GRUR 2015, 660	2, Fn. 86
Billich	BGH Urt. v. 2.3.1979 – I ZR 46/77 (OLG Stuttgart) = GRUR 1979, 642	4, Fn. 71
BIOMILD	EuGH Urt. v. 12.2.2004 – Rs. C-265/00 = GRUR Int. 2004, 410	4, Fn. 211
Blau/Weiß I	BPatG Beschl. v. 15.7.1998 – 28 W (pat) 1/98 = GRUR 1999, 61	4, Fn. 123
BMW-Emblem	BGH Urt. v. 12.3.2015 – I ZR 153/14 (OLG Hamburg) = BGHZ 205, 1 = GRUR 2015, 1009	4, Fn. 12
Bodenseitige Vereinzelungseinrichtung	BGH Urt. v. 7.9.2004 – X ZR 255/01 (OLG Düsseldorf) = BGHZ 160, 204, 213 = GRUR 2004, 1023	2, Fn. 159

Name	Urteil	Kapitel, Fußnote (Fn).
Bodenwaschanlage	BGH Urt. v. 14.11.2000 – X ZR 137/99 (OLG Nürnberg) = GRUR 2001, 223	2, Fn. 264
Bogner B/Barbie B	BGH Urt. v. 2.2.2012 – I ZR 50/11 (OLG Köln) = GRUR 2012, 930	4, Fn. 109
Bonus	BGH Beschl. v. 23.10.1997 – I ZB 18/95 (BPatG) = GRUR 1998, 465	4, Fn. 210
Bremsrolle	BGH Urt. v. 15.3.1973 – KZR 11/72 (OLG Düsseldorf) = BGHZ 60, 312 = GRUR 1974, 40 = NJW 1973, 134	2, Fn. 264
Brieflocher	BGH Urt. v. 7.11.2000 – X ZR 145/98 (BPatG) = GRUR 2001, 232	2, Fn. 41
Bristol-Myers Squibb	EuGH Urt. v. 11.7.1996 – verbundene Rs. C-427/93, C-429/93 und C-436/93 = GRUR Int 1996, 1144	4, Fn. 352, 356, 361, 362, 365
Buchstaben und Zahlenkombination	BGH Urt. v. 20.1.1956 – I ZR 146/53 (OLG Düsseldorf) = BGHZ 19, 367 = GRUR 1956, 219	4, Fn. 93
Budweiser	EuGH Urt. v. 22.9.2011 – C-482/09 = GRUR 2012, 519	4, Fn. 57
buendgens	BGH Urt. v. 18.1.2001 – I ZR 175/98 (OLG Köln) = GRUR 2001, 1164	4, Fn. 325
Bücher für eine bessere Welt	BGH Beschl. v. 17.2.2000 – I ZB 33/97 (BPatG) = GRUR 2000, 882	4, Fn. 79
Buntstreifensatin	BGH Urt. v. 14.7.1961 – I ZR 44/59 (OLG Frankfurt aM) = BGHZ 35, 341 = GRUR 1962, 144	5, Fn. 24, 40
Bürogebäude	BGH Beschl. v. 12.8.2004 – I ZB 1/04 (BPatG) = GRUR 2005, 257	4, Fn. 104
Busengrabscher	BGH Urt. v. 18.5.1995 – I ZR 91/93 (KG) = BGHZ 130, 5 = GRUR 1995, 592	4, Fn. 215
Calcipotriol-Monohydrat	BGH, Urt. v. 15.5.2012 – X ZR 98/09 (BPatG) = GRUR 2012, 803	2, Fn. 102
Cambridge Institute	BGH Urt. v. 28.6.2007 – I ZR 49/04 (OLG München) = BGHZ 173, 57 = GRUR 2007, 884	4, Fn. 69
Cannabis für Feuerzeuge	BPatG Beschl. v. 1.7.1998 – 26 W (pat) 112/97 = BeckRS 1998, 14432	4, Fn. 233
Cartier-Armreif	BGH Urt. v. 24.3.1994 – I ZR 42/93 (OLG Düsseldorf) = BGHZ 125, 322 = GRUR 1994, 630	7, Fn. 50
Catwalk	BGH, Teilversäumnis- und Endurteil vom 23.6.2005 – I ZR 263/02 (OLG Frankfurt aM) = GRUR 2006, 143	5, Fn. 58

Entscheidungsregister

Name	Urteil	Kapitel, Fußnote (Fn).
Centrafarm/American Home	EuGH Urt. v. 10.10.1978 – Rs. 3/78 = GRUR-Int 1979, 99	4, Fn. 354
Chevy	EuGH Urt. v. 14.9.1999 – C-375/97 = GRUR Int. 2000, 73	4, Fn. 266, 267
Chiemsee	EuGH Urt. v. 4.5.1999 – Rs. C-108/97 und C-109/97 = GRUR Int 1999, 727	4, Fn. 191, 248, 294
Chinesische Schriftzeichen	BGH, Beschl. v. 1.6.1991 – X ZB 24/89 (BPatG) = BGHZ 115, 23, 30 = GRUR 1992, 36	2, Fn. 26, 75
7-Chlor-6-demethyltetracyclin	BGH, Beschl. v. 20.10.1977 – X ZB 8/77 (BPatG) = GRUR 1978, 162	2, Fn. 203
City Plus	BGH, Urt. v. 13.3.2003 – I ZR 122/00 (OLG Düsseldorf) = GRUR 2003, 880 = NJW 2003, 3562	4, Fn. 448
Clowns	OLG Köln Urt. v. 20.12.2019 – 6 U 92/19	4, Fn. 253
COHIBA	BGH Beschl. v. 28.9.2006 – I ZB 100/05 (BPatG) = GRUR 2007, 321	4, Fn. 369
Computergehäuse	BGH Urt. v. 29.1.2004 – I ZR 163/01 (OLG Düsseldorf) = GRUR 2004, 427	4, Fn. 19
ConText	BGH Urt. v. 5.11.2015 – I ZR 50/14 (OLG Zweibrücken) = GRUR 2016, 705	2, Fn. 300
Constantin Film Produktion GmbH/ EUIPO	EuGH Urt. v. 27.2.2020 – C-240/18 P = GRUR 2020, 395	4, Fn. 217
Cotton Line	BGH Urt. v. 27.9.1995 – I ZR 199/93 (OLG Nürnberg) = GRUR 1996, 68	4, Fn. 209
Cryptosporidium	BGH, Urt. v. 23.2.2017 – X ZR 99/14 (BPatG) = GRUR 2017, 681	2, Fn. 134
Curapor	BGH Urt. v. 11.10.2018 – I ZR 259/15 (OLG Düsseldorf) = GRUR-Prax 2019, 161	4, Fn. 335, 336, 337
Das Erbe der Guldenburgs	BGH Urt. v. 19.11.1992 – I ZR 254/90 (OLG Hamburg) = BGHZ 120, 228 = GRUR 1993, 693	4, Fn. 393
Dacheindeckungsplatten	BGH Urt. v. 18.10.2007 – I ZR 100/05 (OLG Köln) = GRUR 2008, 153	5, Fn. 25
DB Immobilienfonds	BGH Urt. v. 5.10.2000 – I ZR 166/98 (OLG Frankfurt aM) = GRUR 2001, 344	4, Fn. 71
Das Telefon-Sparbuch	BGH Urt. v. 13.10.2004 – I ZR 181/02 (OLG Hamburg) = GRUR 2005, 264	4, Fn. 75
Davidoff	EuGH Urt. v. 20.11.2001 – verbundene Rs. C-414/99 bis C-416/99 = GRUR 2002, 156	4, Fn. 344

Entscheidungsregister

Name	Urteil	Kapitel, Fußnote (Fn).
DAX	BGH Urt. v. 30.4.2009 – I ZR 42/07 (OLG Frankfurt aM) = BGHZ 181, 77 = GRUR 2009, 1162	4, Fn. 382
Deckenheizung	BGH Urt. v. 13.6.2006 – X ZR 153/03 (KG) = BGHZ 168, 124 = GRUR 2006, 839	2, Fn. 293
Demonstrationsschrank	BGH Beschl. v. 20.6.2006 – X ZB 27/05 (BPatG) = GRUR 2006, 842	3, Fn. 9, 10
DENKEN.SCHÜTZEN.HANDELN	BPatG Beschl. v. 25.6.2020 – 30 W (pat) 531/18 = GRUR-Prax 2020, 443	4, Fn. 52
Dentale Abformmasse	BGH Urt. v. 22.9.2005 – I ZR 188/02 (OLG München) = GRUR 2005, 1044	4, Fn. 123
Desmopressin	BGH Urt. v. 12.6.2012 – X ZR 131/09 (OLG Düsseldorf) = GRUR 2012, 895	2, Fn. 370
Deutschlands schönste Seiten	BGH Beschl. v. 13.9.2012 – I ZB 68/11 (BPatG) = GRUR 2013, 522	4, Fn. 176, 184
Diarähmchen	BGH Urt. v. 14.1.1958 – I ZR 171/56 (OLG Düsseldorf) = GRUR 1958, 288	2, Fn. 389
Diodenbeleuchtung	BGH, Urt. v. 29.9.2009 – X ZR 169/07 (BPatG) = GRUR 2010, 41	2, Fn. 102
Dispositionsprogramm	BGH, Beschl. v. 22.6.1976 – X ZB 23/74 (BPatG) = BGHZ 67, 22 = GRUR 1977, 96	2, Fn. 32, 51, 71
Dlg.de	BGH Urt. v. 13.12.2012 – I ZR 150/11 = GRUR 2013, 294	4, Fn. 71
DM-Tassen	BGH Beschl. v. 20.3.2003 – I ZB 27/01 (BPatG) = GRUR 2003, 707	5, Fn. 33
Drehzahlermittlung	BGH, Urt. v. 3.6.2004 – X ZR 82/03 (OLG Karlsruhe) = BGHZ 159, 221 = GRUR 2004, 845	2, Fn. 41
DOCERAM	EuGH, Urt. v. 8.3.2018 – C-395/16 = GRUR 2018, 612	4, Fn. 56
Drahtbiegemaschine	BGH Beschl. v. 29.4.1997 – X ZB 19/96 (BPatG) = BGHZ 135, 298 = GRUR 1997, 890	2, Fn. 242
Dreifachkombinationsschalter	BGH Urt. v. 20.5.1974 – I ZR 136/72 (OLG Düsseldorf) = NJW 1974, 1380	5, Fn. 23
3- Speichen- Felgenrad	BGH Urt. v. 13.7.2000 – I ZR 219/98 (OLG München) = GRUR 2000, 1023	5, Fn. 24
Dresdner Christstollen	BGH Urt. v. 31.10.2002 – I ZR 207/00 (OLG Dresden) = GRUR 2003, 242	4, Fn. 308, 394
Dresdner Stollen I	BGH Urt. v. 1.12.1988 – I ZR 160/86 (LG Hamburg) = BGHZ 106, 101 = GRUR 1989, 443	4, Fn. 436

Entscheidungsregister

Name	Urteil	Kapitel, Fußnote (Fn).
Dresdner Stollen II	BGH Urt. v. 1.2.1990 – I ZR 108/88 (OLG München) = GRUR 1990, 461	4, Fn. 436
Durchführung von Originalware	BGH Urt. v. 21.3.2007 – I ZR 66/04 (OLG Koblenz) = GRUR 2007, 875	4, Fn. 318
Düsseldorfer Stadtwappen	BGH Urt. v. 28.3.2002 – I ZR 235/99 = GRUR 2002, 917	4, Fn. 71, 218
Dynamische Dokumentengenerierung	BGH, Beschl. v. 22.4.2010 – Xa ZB 20/08 (BPatG) = BGHZ 185, 214 = GRUR Int. 2010, 1003	2, Fn. 77
Dyson Ltd./Registrar of Trade Marks	EuGH Urt. v. 25.1.2007 – C-321/03 = GRUR 2007, 231	4, Fn. 46
Echtheitszertifikat	BGH Urt. v. 6.10.2011 – I ZR 6/10 (OLG Frankfurt aM) = GRUR 2012, 392	4, Fn. 347
Eis.de/ BBY	EuGH Beschl. v. 26.3.2010 – C-91/09 = GRUR 2010, 641	4, Fn. 311
Elektronische Funktionseinheit	BGH, Urt. v. 14.10.2003 – X ZR 4/00 (BPatG) = GRUR 2004, 133	2, Fn. 125
Elektrische Steckverbindung	BGH, Beschl. v. 17.1.1995 – X ZB 15/93 (BPatG) = BGHZ 128, 270 = GRUR 1995, 330	2, Fn. 88, 100, 129, 142, 156
Elektronischer Zahlungsverkehr	BGH, Beschl. v. 24.5.2004 – X ZB 20/03 (BPatG) = BGHZ 159, 197 = GRUR 2004, 667	2, Fn. 41
Endoprotheseeinsatz	BGH, Beschl. v. 28.11.2000 – X ZB 20/99 (BPatG) = GRUR 2001, 321	2, Fn. 182
Entfernung der Herstellungsnummer II	BGH Urt. v. 21.2.2002 – I ZR 140/99 (OLG Düsseldorf) = GRUR 2002, 709	7, Fn. 51, 53
Entsperrbild	BGH, Urt. v. 25.8.2015 – X ZR 110/13 (BPatG) = GRUR 2015, 1184	2, Fn. 86
Envian/Revian	BGH Urt. v. 16.11.2000 – I ZR 34/98 (OLG Hamburg) = GRUR 2001, 507	4, Fn. 258
Equi 2000	BGH Urt. v. 10.8.2000 – I ZR 283/97 (OLG München) = GRUR 2000, 1032	4, Fn. 237
EROS	BGH Urt. v. 26.6.2008 – I ZR 190/05 (OLG Frankfurt aM) = GRUR 2008, 917	4, Fn. 289
Ersttagssammelblätter	BGH Beschl. v. 22.4.2004 – I ZB 16/03 (BPatG) = GRUR 2004, 771	5, Fn. 34
Eupo Möbelwerk (Das Prinzip der Bequemlichkeit)	EuGH Urt. v. 21.10.2004 – C-64/02 = GRUR 2004, 1027	4, Fn. 181, 188
Euro-Billy-Münzen	BGH Beschl. v. 20.3.2003 – I ZB 29/01 (BPatG) = GRUR 2003, 705	5, Fn. 31

Entscheidungsregister

Name	Urteil	Kapitel, Fußnote (Fn).
Eurohypo	EuGH Urt. v. 8.5.2008 – C-304/06 = GRUR 2008, 608	4, Fn. 179
Euro Telekom	BGH Urt. v. 19.7.2007 – I ZR 137/04 = GRUR 2007, 888	4, Fn. 72, 98, 448
Extracoronales Geschiebe	BGH Urt. v. 22.11.2005 – X ZR 79/04 (OLG München) = GRUR 2006, 570	2, Fn. 296, 337
Faberge	BGH Urt. v. 12.7.2001 – I ZR 100/99 (OLG Düsseldorf) = GRUR 2002, 340	4, Fn. 265
Fahrzeugnavigationssystem	BGH, Urt. v. 23.4.2013 – X ZR 27/12 (BPatG) = GRUR 2013, 909	2, Fn. 85
Falzmaschine	BGH, Urt. v. 22.5.1990 – X ZR 124/88 (OLG Düsseldorf) = GRUR 1991, 811	2, Fn. 40
Farbe gelb	BGH Beschl. v. 19.11.2009 – I ZB 76/08 (BPatG) = GRUR 2010, 637	4, Fn. 122, 202
Farbmarke gelb/grün I	BGH Beschl. v. 19.9.2001 – I ZB 3/99 (BPatG) = GRUR 2002, 427	4, Fn. 173
Farbmarke gelb/grün II	BGH, Beschuss. vom 5.10.2006 – I ZB 86/05 (BPatG) = BGHZ 169, 167 = GRUR 2007, 55	4, Fn. 173
Farbe gelb-schwarz	BGH Beschl. v. 10.12.1998 – I ZB 20–96 (BPatG) = BGHZ 140, 193 = NJW 1999, 1186	4, Fn. 122
Farbmarke magenta/grau	BGH Beschl. v. 25.3.1999 – I ZB 23/98 (BPatG) = GRUR 1999, 730	4, Fn. 124, 162
Farbbildröhre	BGH, Beschl. v. 14.12.1978 – X ZB 14/77 = BGHZ 73, 183, 188 = GRUR 1979, 461	2, Fn. 203
Feldmausbekämpfung	BGH Beschl. v. 27.3.2018 (BPatG) – X ZB 18/16 = GRUR 2018, 605	3, Fn. 13
Femur-Teil	BGH Urt. v. 15.4.2010 – I ZR 145/08 (OLG Hamburg) = GRUR 2010, 1125	7, Fn. 14, 22, 33, 34, 58
Fesoterodinhydrogenfumarat	BGH Urt. v. 17.12.2019 – X ZR 148/17 (OLG Düsseldorf) = GRUR 2020, 388	2, Fn. 227
Festspielhaus I	BGH Urt. v. 6.12.2001 – I ZR 136/99 (OLG München) = GRUR 2002, 814	4, Fn. 98
Festspielhaus II	BGH Urt. v. 30.1.2003 – I ZR 136/99 (OLG Stuttgart) = GRUR 2003, 792	4, Fn. 99
Feta II	EuGH Urt. v. 25.10.2005 – Rs. C-465/02 = GRUR Int 2006, 728	4, Fn. 434, 435
Fiat-Ablichtungen	BGH, Urt. v. 7.12.1965 – Ia ZR 292/63 (BPatG) = GRUR 1966, 255	2, Fn. 98, 99
Finnischer Schmuck	BGH Urt. v. 18.10.1990 – I ZR 283/88 (OLG Stuttgart) = GRUR 1991, 223	7, Fn. 47

Entscheidungsregister

Name	Urteil	Kapitel, Fußnote (Fn).
Fischdosendeckel	BGH Urt. v. 10.12.2009 – I ZR 46/07 (OLG Dresden) = BGHZ 183, 309 = GRUR 2010, 253	7, Fn. 2
Firmen- und Firmenbestandteilschutz	BGH Urt. v. 6.7.1954 – I ZR 167/52 (OLG Köln) = BGHZ 14, 155 = GRUR 1955, 42	4, Fn. 38
Fläminger	BGH Beschl. v. 28.5.1998 – I ZB 33/95 (BPatG) = BGHZ 139, 59 = GRUR 1998, 930	4, Fn. 385
Flaschenträger	BGH Urt. v. 24.7.2012 – X ZR 51/11 (OLG Frankfurt aM) = BGHZ 194, 194 = GRUR 2012, 1126	2, Fn. 252, 325
Flügelradzähler	BGH Urt. v. 4.5.2004 – X ZR 48/03 (OLG Frankfurt aM) = BGHZ 159, 76 = GRUR 2004, 758	2, Fn. 279, 288
Flugzeugzustand	BGH, Beschl. v. 30.6.2015 – X ZB 1/15 (BPatG) = GRUR 2015, 983	2, Fn. 13, 14, 15, 16, 17, 18, 90, 92
Formunwirksamer Lizenzvertrag	BGH Urt. v. 14.3.2000 – X ZR 115/98 (OLG Düsseldorf) = GRUR 2000, 685	2, Fn. 394
Formsand II	BGH Urt. v. 30.4.1964 – Ia ZR 224/63 (OLG Düsseldorf) = GRUR 1964, 496	2, Fn. 335
FOR YOU	BGH Beschl. v. 15.7.1999 – I ZB 47/96 (BPatG) = GRUR 1999, 1093	4, Fn. 199, 207
Frischera	OLG Hamburg Urt. v. 6.5.1999 – 3 U 70/98 = LMRR 1999, 97	4, Fn. 96
Fronthaube	BGH Beschl. v. 24.5.2007 – I ZB 37/04 (BPatG) = GRUR 2008, 71	4, Fn. 141, 143
FÜNFER	BGH Beschl. v. 22.9.1999 – I ZB 19/97 (BPatG) = GRUR 2000, 231	4, Fn. 92
Fullplastverfahren	BGH KZR 14/78 (OLG München) = GRUR 1980, 38	2, Fn. 264, 270, 279
Füllstoff	BGH Urt. v. 10.9.2009 – Xa ZR 18/08 (OLG Jena) = GRUR 2010, 47	2, Fn. 216
Fussball WM 2006	BGH Beschl. v. 27.4.2006 – I ZB 96/05 (BPatG) = BGHZ 167, 278 = GRUR 2006, 850	4, Fn. 185
GARANT	BPatG Beschl. v. 26.11.2012 – 29 W (pat) 104/11 = GRUR 2013, 385	4, Fn. 95
Gardinenrollenaufreiher	BGH, Urt. v. 23.11.1976 – X ZR 42/73 (BPatG) = GRUR 1977, 483	2, Fn. 41
Gartenliege	BGH Urt. v. 24.5.2007 – I ZR 104/04 (OLG Hamburg) = GRUR 2007, 984	7, Fn. 13, 26
Gartenpavillon	BGH Beschl. v. 16.8.2012 – I ZR 74/10 (OLG Düsseldorf) = GRUR 2012, 1253	4, Fn. 20

Entscheidungsregister

Name	Urteil	Kapitel, Fußnote (Fn).
Gebäudefassade	BGH Urt. v. 28.1.1977 – I ZR 109/75 (OLG Nürnberg) = GRUR 1977, 614	7, Fn. 54
Gefärbte Jeans	BGH Urt. v. 14.12.1995 – I ZR 210/93 (OLG Stuttgart) = BGHZ 131, 308 = GRUR 1996, 271	4, Fn. 347, 348
Gehendes Ampelmännchen	BPatG Beschl. v. 27.9.2012 – 27 W (pat) 31/11 = GRUR 2013, 379	4, Fn. 221, 251
Gelenkanordnung	BGH, Urt. v. 4.2.2010 – Xa ZR 36/08 (OLG Düsseldorf) = GRUR 2010, 602	2, Fn. 82
Gemeinkostenanteil	BGH Urt. v. 2.11.2000 – I ZR 246/98 (OLG Düsseldorf) = BGHZ 145, 366 = GRUR 2001, 329	5, Fn. 56; 7, Fn. 55.
General Motors/Yplon	EuGH Urt. v. 14.9.1999 – C-375/97 = GRUR Int 2000, 73	4, Fn. 262
Germania	BGH Urt. v. 17.1.1991 – I ZR 117/89 = GRUR 1991, 472	4, Fn. 71
Gewinderollkopf	BGH Urt. v. 27.3.1961 – I ZR 94/59 (OLG Hamburg) = GRUR 1961, 466	2, Fn. 390
Glasfasern II	BGH, Urt. v. 15.12.2015 – X ZR 30/14 (OLG Karlsruhe) = BGHZ 208, 182 = GRUR 2016, 257	2, Fn. 168, 323
Glatzenoperation	BGH, Beschl. v. 26.9.1967 (BPatG) = BGHZ 48, 313 = GRUR 1968, 142	2, Fn. 184
goFit	BGH Urt. v. 15.2.2018 – I ZR 201/16 (OLG Köln) = GRUR 2018, 935	4, Fn. 325
Gömböc Kutató	EuGH Urt. v. 23.4.2020 – C-237/19 = GRUR 2020, 631	4, Fn. 146, 147
Goldbären	BGH Urt. v. 23.9.2015 – I ZR 105/14 (OLG Köln) = GRUR 2015, 1214	4, Fn. 259
Golden Lights	Schweizerisches Bundesgericht, GRUR Int 1986, 215	4, Fn. 296
Google und Google France	EuGH, Urteile von 23.3.2010 – C-236/08 bis C-238/08 = GRUR 2010, 445	4, Fn. 60,
GRANA BIRAGHI/ grana padano	EuG Urt. v. 12.9.2007 – T-291/03 = GRUR 2007, 974	4, Fn. 85, 432, 433
Griffband	BGH Urt. v. 28.10.1987 – I ZR 5/86 (OLG München) = GRUR 1988, 213	4, Fn. 347
Gummielastische Masse II	BGH Urt. v. 22.3.2005 – X ZR 152/03 (OLG München) = BGHZ 162, 342 = GRUR 2005, 663,	2, Fn. 222, 223, 224, 225
Gute Zeiten – Schlechte Zeiten	BGH Beschl. v. 17.5.2001 – I ZB 60/98 (BPatG) = GRUR 2001, 1043	4, Fn. 181, 204

Entscheidungsregister

Name	Urteil	Kapitel, Fußnote (Fn).
HAG II	EuGH Urt. v. 17.10.1990 – Rs C-10/89 = GRUR Int. 1990, 960	4, Fn. 50, 341, 342
Handtaschen	BGH Urt. v. 11.1.2007 – I ZR 198/04 (OLG Köln) = GRUR 2007, 795	7, Fn. 31, 38
Handtuchklemmen	BGH Urt. v. 24.3.2005 – I ZR 131/02 (OLG Köln) = GRUR 2005, 600	7, Fn. 18
Hansen-Bau	BGH Urt. v. 30.1.2008 – I ZR 134/05 (OLG Rostock) = GRUR 2008, 801	4, Fn. 71
Hauck	EuGH Urt. v. 18.9.2014 – C-205/13 = GRUR 2014, 1097	4, Fn. 144, 145, 146
Haus&Grund III	BGH Urt. v. 31.7.2008 – I ZR 21/06 (OLG Hamm) = GRUR 2008, 1108	4, Fn. 69
Hautaktiv	BPatG Beschl. v. 6.2.1996 – 24 W (pat) 274/94 = GRUR 1996, 489	4, Fn. 196
Heidelberger Bauchemie	EuGH Urt. v. 24.6.2004 – C-49/02 = GRUR 2004, 858	4, Fn, 121
Heißläuferdetektor	BGH Urt. v. 18.12.1969 – X ZR 52/67 (OLG München) = GRUR 1970, 358	2, Fn. 301
Helmut Rahn	BPatG Beschl. v. 22.4.2020 – 29 W (pat) 508/20, GRUR-Prax 2020, 307	4, Fn. 94
Henkel KGaA/ Henkel	EuGH Urt. v. 12.2.2004 – C-218/01 = GRUR 2004, 428	4, Fn. 136
Herstellerkennzeichen auf Unfallwagen	BGH Urt. v. 26.4.1990 – I ZR 198/88 (OLG Hamm) = BGHZ 111,182 = GRUR 1990, 678	4, Fn. 347
Hey!	BGH Beschl. v. 14.1.2010 – I ZB 32/09 (BPatG) = GRUR 2010, 640	4, Fn. 193
Hiffenmark I	BPatG Beschl. v. 14.4.2016 – 30 W (pat) 35/13 = GRUR-Prax 2016, 481	4, Fn. 434, 435
Hiffenmark II	BPatG Beschl. v. 14.4.2016 – 30 W (pat) 35/13 = GRUR 2017, 528	4, Fn. 434, 435
Himalaya-Salz	BGH Urt. v. 31.3.2016 – I ZR 86/13 (OLG Köln) = BGHZ 209, 302 = GRUR 2016, 741	4, Fn. 82, 83
Hoffmann, La Roche/ Centrafarm	EuGH Beschl. v. 20.9.1978 – Rs. 102/77 = GRUR 1979, 68	4, Fn. 354, 356
Hufeland.de	BGH, GRUR 2006, 159 = NJW-RR 2006, 412 = WRP 2006, 238	4, Fn. 69
Hydropyridin	BGH, Beschl. v. 20.9.1983 – X ZB 4/83 (BPatG) = BGHZ 88, 209 = GRUR 1983, 729	2, Fn. 139

Entscheidungsregister

Name	Urteil	Kapitel, Fußnote (Fn).
ICE	BGH Urt. v. 7.4.2011 – I ZR 56/09 (KG) = GRUR 2011, 1117	5, Fn. 53, 54
Ichthyol II	BGH GRUR 2006, 937 = WRP 2006, 1133	4, Fn. 255
ICON	BGH Urt. v. 26.6.2008 – I ZR 170/05 (OLG Köln) = GRUR 2008, 1115	7, Fn. 10
Ideal Standard II	EuGH Urt. v. 22.6.1994 – Rs C-9/93 = GRUR Int. 1994, 614	4, Fn. 50
Imidazoline	BGH, Beschl. v. 14.3.1972 – X ZB 2/71 (BPatG) = BGHZ 58, 280 = GRUR 1972, 541	2, Fn. 183
Impuls	BGH Versäumnisurt. v. 18.5.2006 – I ZR 183/03 (OLG Düsseldorf) = GRUR 2007, 65	4, Fn. 310
Intel Corporation/CPM United Kingdom	EuGH Urt. v. 27.11.2008 – C-252/07 = GRUR 2009, 56	4, Fn. 268, 270, 271, 272, 273, 274, 275, 276, 277
Interferongamma/ Polyferon	BGH Urt. v. 5.12.1995 – X ZR 26/92 (BPatG) = BGHZ 131, 247 = GRUR 1996, 190	2, Fn. 379, 383
Interflora	EuGH Urt. v. 22.9.2011 – C-323/09 = GRUR 2011, 1124	4, Fn. 60, 312
INJEKT/INJEX	BGH Beschl. v. 6.2.2020 – I ZB 21/19 (BPatG) = GRUR 2020, 870	4, Fn. 255, 383
ISCO	BGH Urt. v. 17.5.2001 – I ZR 187/98 (OLG Celle) = GRUR 2002, 59	4, Fn. 284
Isolierung elektrischer Leitungen	RG II B 12/31 = RGZ 133, 326	2, Fn. 269
Jeans I	BGH Urt. v. 15.9.2005 – I ZR 151/02 (KG) = GRUR 2006, 79	7, Fn. 19, 45
Jeans II	BGH Beschl. v. 19.1.2006 – I ZR 151/02 (KG) = NJW 2006, 1978	7, Fn. 45
Jeanstasche mit Ausrufezeichen	BPatG Beschl. v. 12.5.1998 – 27 W (pat) 45/96 = BPatGE 40, 71 = GRUR 1998, 819	4, Fn. 117, 118
Kettenradanordnung II	BGH, Urt. v. 22.12.2009 – X ZR 56/08 (OLG München) = BGHZ 184, 49 = GRUR 2010, 314	2, Fn. 153
Keine-vorwerk-vertretung	BGH Urt. v. 28.6.2018 – I ZR 236/16 (OLG Köln) = GRUR 2019, 165	4, Fn. 387
Kiesgrube	LG Düsseldorf Urt. v. 3.4.2019 – 2 a O 22/19 = GRUR-Prax 2019, 554	4, Fn. 31
Kinderstube	BGH Urt. v. 28.4.2016 – I ZR 254/14 (OLG Köln) – GRUR 2016, 1301	4, Fn. 77
Kinderwagen II	BGH Urt. v. 12.7.2012 – I ZR 102/11 (OLG Düsseldorf) = GRUR 2013, 285	7, Fn. 46

Entscheidungsregister

Name	Urteil	Kapitel, Fußnote (Fn).
Klammernahtgerät	BGH, Urt. v. 13.7.2010 – Xa ZR 126/07 (BPatG) = GRUR 2010, 916	2, Fn. 165
Klasseneinteilung des DMPA	BPatG Beschl. v. 12.3.2020 – 30 W (pat) 21/18 (DPMA) = GRUR-Prax 2020, 308	4, Fn. 42
Klemmbausteine I	BGH Urt. v. 6.11.1963 – = BGHZ 41, 55 (58) = GRUR 1964, 621	7, Fn. 42
Klemmbausteine II	BGH Urt. v. 7.5.1992 – I ZR 163/90 = GRUR 1992, 619	7, Fn. 42
Klemmbausteine III	BGH Urt. v. 2.12.2004 – I ZR 30/02 (OLG Hamburg) = GRUR 2005, 349	7, Fn. 35, 39, 43, 44, 57
Knoblauchwürste	BGH Urt. v. 2.4.2009 – I ZR 144/06 (OLG Köln) = GRUR 2009, 1069	7, Fn. 25
Knopflochnähmaschinen	BGH Urt. v. 20.7.1999 – X ZR 121/96 (OLG Karlsruhe) = GRUR 2000, 138	2, Fn. 393
Kokain Ball	BPatG Beschl. v. 25.2.2004 – 32 W (pat) 331/02 = GRUR 2004, 875	4, Fn. 233
Kollagenase	BGH, Beschl. v. 25.2.2014 – X ZB 5/13 (BPatG) = GRUR 2014, 461	2, Fn. 138
Kommunikationskanal	BGH, Urt. v. 11.2.2014 – X ZR 107/12 (BPatG) = BGHZ 200,63 = GRUR 2014, 542	2, Fn. 126
Kontaktfederblock	BGH Urt. v. 17.2.1999 – X ZR 22/97 (OLG Karlsruhe) = GRUR 1999, 914	2, Fn. 298
Kotflügel	BGH Urt. v. 16.10.1986 – I ZR 6/85 (OLG Köln) = GRUR 1987, 518	4, Fn. 15
Krebsmaus/Harvard II	EPA Entsch. v. 3.10.1990 – T 19/90 = GRUR Int. 1990, 978	2, Fn. 187
Krebsmaus/Harvard III	EPA Entsch. v. 3.4.1992 – EP 0 169 672 = GRUR Int. 1993, 240	2, Fn. 187
Kreiselegge	BGH, Urt. v. 15.11.1983 – X ZR 27/82 (BPatG) = GRUR 1984,	2, Fn. 30
Küchenmaschinen-Rezepte	OLG Köln Urt. v. 13.9.2019 – 6 U 29/19 = GRUR-RR 2019, 466	4, Fn. 376
Kunststoffbügel	BGH Urt. v. 16.5.2006 – X ZR 163/04 (OLG Düsseldorf) = BGHZ 167, 374 = GRUR 2006, 927	2, Fn. 262
Kunststoffhohlprofil	BGH Urt. v. 30.11.1976 – X ZR 81/72 (OLG Düsseldorf) = BGHZ 68, 90 = GRUR 1977, 250	2, Fn. 324, 332
Kunststoffrohrteil	BGH Urt. v. 12.3.2002 – X ZR 43/01 (OLG Düsseldorf) = BGHZ 150, 161 = GRUR 2002, 511	2, Fn. 243

Entscheidungsregister

Name	Urteil	Kapitel, Fußnote (Fn).
Kupferberg	BGH Urt. v. 10.11.1965 – Ib ZR 101/63 (OLG Hamburg) = GRUR 1966, 623	4, Fn. 375
Kupplung für optische Geräte	BGH Urt. v. 16.9.2003 – X ZR 179/02 (OLG Düsseldorf) = GRUR 2003, 1031	2, Fn. 252, 293
Kyffhäuser	BGH Urt. v. 19.5.1976 – I ZR 81/75 = GRUR 1976, 644	4, Fn. 71
Lactobacillus bavaricus	BPatG, Beschl. v. 5.4.1978 - 16 W (pat) 45/76 = GRUR 1978, 586	2, Fn. 203
Landgut Borsig	BGH Urt. v. 28.9.2011 – I ZR 188/09 (KG) = GRUR 2012, 534	4, Fn. 32
Laternenflasche	BGH, Urt. v. 9.2.1966 Ib ZR 13/64 (OLG Nürnberg = GRUR 1966, 681	5, Fn 56.
Lamborghini-Türbewegungsablauf	HABM, Entscheidung vom 23.9.2003 – R 772/2001-1 = GRUR 2004, 63	4, Fn. 132
Laufkranz	GH Urt. v. 3.5.2006 – X ZR 45/05 (OLG Düsseldorf) = GRUR 2006, 837	2, Fn. 284, 288
Lego	EuGH Urt. v. 14.9.2010 – C-48/09 P = GRUR 2010, 1008	4, Fn. 139
Legostein	BGH Beschl. v. 16.7.2009 – I ZB 53/07 (BPatG) = BGHZ 182, 325 = GRUR 2010, 231	4, Fn. 139, 453, 454
Leichtflüssigkeitsabscheider	BGH Urt. v. 11.1.2005 – X ZR 20/02 (OLG Düsseldorf) = GRUR 2005, 406	2, Fn. 393
Leflunomid	BGH, Urt. v. 24.7.2012 – X ZR 126/09 (BPatG) = GRUR 2012, 1130	2, Fn. 134
Leno Merken/Hagelkruis (ONEL/OMEL)	BGH Urt. v. 25.4.2012 – I ZR 156/10 (OLG München) = GRUR 2012, 1261	4, Fn. 375
L – förmige Blende bei Kreiselpumpen für Heizungsgeräte	BPatG Beschl. v. 11.3.2020 – 26 W (pat) 6/19 = GRUR-Prax 2020, 444	4, Fn. 119, 120
Libertel	EuGH Urt. v. 6.5.2003 – Rs. C-104/01 = GRUR 2003, 604	4, Fn. 125
Lichtbogen-Plasma-Beschichtungssystem	BGH Beschl. v. 5.3.1996 – X ZB 13/92 = GRUR 1996, 747	2, Fn. 247
Lichtfleck	BGH Beschl. 16.12.1993 – X ZB 12/92 (BPatG) = BGHZ 124, 343 = GRUR 1996, 42	2, Fn. 274
Lichtschutzfolie	BGH Urt. v. 14.2.2017 – X ZR 64/15 (OLG München) = GRUR 2017, 504	2, Fn. 228
LIKEaBIKE	BGH Urt. v. 28.5.2009 – I ZR 124/06 (OLG Köln) = GRUR 2010, 80	7, Fn. 12, 24
Lila-Postkarte	BGH Urt. v. 3.2.2005 – I ZR 159/02 (OLG Hamm) = GRUR 2005, 583	4, Fn. 315

Entscheidungsregister

Name	Urteil	Kapitel, Fußnote (Fn).
Link economy	BGH Beschl. v. 21.11.2011 – I ZB 56/09 (BPatG) = GRUR 2012, 270	4, Fn. 177
Literaturhaus	BGH Urt. v. 16.12.2004 – I ZR 69/02 (OLG München) = GRUR 2005, 517	4, Fn. 72, 100
Liquidrom	BPatG Beschl. v. 17.4.2014 – 30 W (pat) 32/12 = GRUR 2014, 780	4, Fn. 236
Logikverfikation	BGH Beschl. v. 13.12.1999 – X ZB 11/98 (BPatG) = BGHZ 143, 255 = GRUR 2000, 498	2, Fn. 33
Logistikverfahren	BGH Beschl. v. 13.12.1999 – X ZB 11/98 (BPatG) = BGHZ 143, 255 = GRUR 2000, 498	2, Fn. 68, 74
Lohnsteuerhilfeverein	BGH Urt. v. 23.1.1976 – I ZR 95/75 (OLG Zweibrücken) = GRUR 1976, 370	4, Fn. 97
LOOK	BGH Beschl. v. 7.6.2001 – I ZB 20/99 (BPatG) = GRUR 2001, 1150	4, Fn. 200
L´Óreal/Bellure	EuGH Urt. v. 18.6.2009 – C-487/07 = GRUR 2009, 756	4, Fn. 49, 61, 307
Lotto	BGH Beschl. v. 19.1.2006 – I ZB 11/04 (BPatG) = GRUR 2006, 760	4, Fn. 208, 247
Lübecker Marzipan	BGH Urt. v. 6.6.1980 – I ZR 97/98 (OLG Hamburg) = GRUR 1981, 71	4, Fn. 87
Luftabschneider für Milchsammelanlage	BGH, Urt. v. 7.6.2006 – X ZR 105/04 (OLG Düsseldorf) = GRUR 2006, 923	2, Fn. 155
Luftheizgerät	BGH Urt. v. 10.10.2000 – X ZR 176/98 (OLG Düsseldorf) = GRUR 2001, 228	2, Fn. 282
Luftklappensystem	BGH, Urt. v. 13.10.2015 – X ZR 74/14 (OLG Karlsruhe) – GRUR 2016, 169	2, Fn. 103, 106
Maalox/Melox-GRY	BGH Beschl. v. 1.6.2011 – I ZB 52/09 (BPatG) = GRUR 2012, 64	4, Fn. 256
MAC Dog	BGH Urt. v. 30.4.1998 – I ZR 268/95 (OLG München) = GRUR 1999, 161	7, Fn. 4
Marlboro-Dach	BGH Urt. v. 5.4.2001 – I ZR 168/98 (OLG Hamburg) = GRUR 2002, 171	4, Fn. 305
Marlene Dietrich	BGH Urt. v. 1.12.1999 (KG) – = BGHZ 143, 214 = GRUR 2000, 709	4, Fn. 105
Marlene-Dietrich-Bildnis	BGH Beschl. v. 24.4.2008 – I ZB 21/06 (BPatG) = GRUR 2008, 1093	4, Fn. 105, 106
Markenheftchen	BGH Urt. v. 1.6.2011 – I ZR 58/10 (OLG München) = GRUR 2012, 79	7, Fn. 32

Name	Urteil	Kapitel, Fußnote (Fn).
Markenregisterfähigkeit	BPatG Beschl. v. 20.8.2004 – 25 W (pat) 232/03 = GRUR 2004, 1030	4, Fn. 157
Markenverunglimpfung II	BGH Urt. v. 19.10.1994 – I ZR 130/92 (OLG Hamburg) = GRUR 1995, 57	7, Fn. 5
Materialstreifenpackung	BGH Beschl. v. 15.10.2003 – 5 W (pat) 420/2 = GRUR 2004, 852	3, Fn. 11
Maxem.de	BVerfG Beschl. v. 21.8.2006 – 1 BvR 2047/03 = NJW 2007, 671	4, Fn. 33
Metallbett	BGH Urt. v. 15.7.2004 – I ZR 142/01 (OLG Hamburg) = GRUR 2004, 941	5, Fn. 47
Metrobus	BGH Urt. v. 5.2.2009 – I ZR 167/06 (OLG Hamburg) = GRUR 2009, 484	4, Fn. 254
Mho.de	BGH, Urteil vom 9. 9. 2004 - I ZR 65/02 (OLG Oldenburg) = GRUR 2005, 430 = NJW 2005, 1196 = WRP 2005, 488	4, Fn. 37, 71, 446
Mitsubishi ua/Duma ua	EuGH Urt. v. 25.7.2018 – C-129/17 = GRUR 2018, 917	4, Fn. 51, 58
Modeneuheit	BGH Urt. v. 19.1.1973 – I ZR 39/71 (KG) = BGHZ 60, 168 = GRUR 1973, 478	7, Fn. 40
Modulgerüst	BGH Urt. v. 8.12.1999 – I ZR 101/97 (OLG Köln) = GRUR 2000, 521	7, Fn. 42
Motorkettensäge	BGH Urt. v. 20.6.1978 – X ZR 49/75 (OLG Karlsruhe) = GRUR 1978, 583	2, Fn. 212
MP3-Player-Import	BGH Urt. v. 17.9.2009 – Xa ZR 2/08 (OLG Düsseldorf) = BGHZ 182,0245 = GRUR 2009, 1142	2, Fn. 336
MPEG-2-Videosignal-codierung	BGH Urt. v. 21.8.2012 – X ZR 33/10 (OLG Düsseldorf) = BGHZ 194, 272 = GRUR 2012, 1230	2, Fn. 260, 284
Mt-perfect	BGH Urt. v. 7.4.2016 – I ZR 237/14 (OLG Frankfurt aM) = GRUR 2016, 1066	4, Fn. 70
My World	BGH Beschl. v. 22.1.2009 – I ZB 34/08 (BPatG) = GRUR 2009, 949	4, Fn. 183
Napoleon II	BGH Urt. v. 4.11.1966 – Ib ZR 161/64 (OLG München) = GRUR Int 1967, 396	4, Fn. 26
Nespressokapseln	OLG Düsseldorf Urt. v. 21.2.2013 – I 2 U 72/12 = GRUR-RR 2013, 185	2, Fn. 295; 3, Fn. 22

Entscheidungsregister

Name	Urteil	Kapitel, Fußnote (Fn).
Nestle / Mars	EuGH Urt. v. 7.7.2005 – C-353/03 = GRUR 2005, 763	4, Fn. 102, 103
Neuronale Vorläuferzellen	BGH Beschl. v. 17.12.2009 – Xa ZR 58/07 (BPatG) = GRUR 2010, 212	2, Fn. 209
Neuronale Vorläuferzellen	BGH Urt. v. 27.11.2012 – X ZR 58/07 (BPatG) = BGHZ 195, 364 = GRUR 2013, 272	2, Fn. 211
Neuschwanstein	BGH Beschl. v. 8.3.2012 – I ZB 13/11 (BPatG) = BGHZ 193, 21 = GRUR 2012, 1044	4, Fn. 179, 180
Neutralisierungstheorie	EuGH Urt. v. 23.3.2006 – C-206/04 P = GRUR 2006, 413	4, Fn. 302
Nichols	EuGH Urt. v. 16.9.2004 – Rs. C-404/02 = GRUR 2004, 946	4, Fn. 384
NIKE-Sportschuhe	OLG Nürnberg Urt. v. 27.11.2001 – 3 U 3017/01 = GRUR-RR 2002, 98	4, Fn. 330
Objektträger	BGH Urt. v. 30.10.1990 – X ZR 16/90 (OLG Braunschweig) = GRUR 1991, 127	2, Fn. 217
Oerlikon	OLG Köln Urt. v. 20.11.2009 – 6 U 62/09 = GRUR-RR 2010, 433	4, Fn. 289
Öffnungshinweis	BGH Urt. v. 30.10.1981 – I ZR 7/80 (OLG Hamburg) = BGHZ 82, 152 = GRUR 1982, 115	4, Fn. 347
Ohrclips	BGH, Urt. v. 4.12.2008 – I ZR 3/06 (OLG Frankfurt aM) = GRUR 2009, 871	4, Fn. 309
Oliver Brüstle / Greenpeace e.V.	EuGH Urt. v. 18.10.2011 – C.34/10 = GRUR 2011, 1104	2, Fn. 210
Opel-Blitz II	BGH Urt. v. 14.1.2010 – I ZR 88/08 (OLG Nürnberg) = WRP 2010, 1039	4, Fn. 63
Orange Book Standard	BGH KZR 39/06 (OLG Karlsruhe) = NJW-RR 2009, 1047	2, Fn. 310, 386
Orion	BGH Urt. v. 25.4.2012 – I ZR 156/10 (OLG München) = GRUR 2012, 1261	4, Fn. 373, 375
Ostfriesische Teegesellschaft	BGH Urt. v. 15.10.1976 – I ZR 23/75 (OLG Hamburg) = GRUR 1977, 159	3, Fn. 19
Palettenbehälter II	BGH Urt. v. 17.7.2012 – X ZR 97/11 (OLG München) = GRUR 2012, 1118	2, Fn. 287
Peek&Cloppenburg	BGH Urt. v. 31.3.2010 – I ZR 174/07 (OLG Düsseldorf) = GRUR 2010, 738	4, Fn. 69

Entscheidungsregister

Name	Urteil	Kapitel, Fußnote (Fn).
Pipettensystem	BGH Urt. v. 27.2.2007 – X ZR 38/06 (OLG Düsseldorf) = GRUR 2007, 769	2, Fn. 288
Philips/Remington	EuGH Urt. v. 18.6.2002 – Rs. C-299/99 = GRUR 2002, 804	4, Fn. 134, 135
Polymerschaum	BGH Urt. v. 17.7.2012 – X ZR 117/11 (BPatG) = BGHZ 194, 107 = GRUR 2012, 1124	2, Fn. 244
Polymer-Lithium-Batterien	BGH Urt. v. 24.4.2007 – X ZR 64/04 (OLG Jena) = GRUR 2007, 963	2, Fn. 392
Ponte Finanziaria/HABM	EuGH Urt. v. 13.9.2007 – Rs. C-234/06 = GRUR 2008, 343	4, Fn. 374
Porsche Boxster	BGH Beschl. v. 15.12.2005 – I ZB 33/04 (BPatG) = BGHZ 166, 65 = GRUR 2006, 679	4, Fn. 116
Post II	BGH Beschl. v. 23.10.2008 – I ZB 48/07 (BPatG) = GRUR 2009, 669	4, Fn. 244
POST/RegioPost	BGH Urt. v. 2.4.2009 – I ZR 209/06 (OLG Zweibrücken) = GRUR 2009, 678	4, Fn. 379
Postkontor	EuGH Urt. v. 12.2.2004 – C-363/99 = GRUR 2004, 674	4, Fn. 8
Praktiker	EuGH Urt. v. 7.7.2005 – C-418/02 = GRUR 2005, 764	4, Fn. 43, 44, 45
Presszange	BGH Urt. v. 9.12.2014 – X ZR 6/13 (BPatG) = GRUR 2015, 463	2, Fn. 370
Profilkrümmer	BGH Beschl. v. 3.12.1996 (BPatG) – X ZB 1/96 = GRUR 1997, 360	3, Fn. 7
PROTECH	BGH Beschl. v. 19.1.1995 – I ZB 20/92 (BPatG) = GRUR 1995, 408	4, Fn. 197
PROTI II	BGH Urt. v. 10.1.2013 – I ZR 84/09 (OLG Köln) = GRUR 2013, 840	4, Fn. 372
Prüfverfahren	BGH, Beschl. v. 7.6.1977 – X ZB 20/74 (BPatG) = GRUR 1978, 102	2, Fn. 67
Puppenausstattungen	BGH Urt. v. 28.10.2004 – I ZR 326/01 (OLG Köln) = GRUR 2005, 166	7, Fn. 7, 8, 21
Quadratische Schokoladenverpackung I	BGH Beschl. v. 18.10.2017 – I ZB 105/16 (BPatG) = BGHZ 216, 208 = GRUR 2018, 404	4, Fn. 148
Quadratische Schokoladenverpackung II	BGH Beschl. v. 23.7.2020 – I ZB 42/19 (BPatG) = GRUR 2020, 1089	4, Fn. 148, 149, 150
Quattro II	BGH Beschl. v. 9.2.1995 – I ZB 21/92 (BPatG) = GRUR 1997, 366	4, Fn. 201

Entscheidungsregister

Name	Urteil	Kapitel, Fußnote (Fn).
Quetiapin	BGH, Urt. v. 13.1.2015 – X ZR 41/13 (BPatG) = GRUR 2015, 352	2, Fn. 25
Querlieferungen	BGH Urt. v. 15.10.2020 – I ZR 147/18 (OLG München) = GRUR 2020, 1306	4, Fn. 340
Radio-Uhr II	BGH Beschl. v. 20.11.2003 – I ZB 46/98 (BPatG) = GRUR 2004, 505	4, Fn. 116
Radio von hier	BGH Beschl. v. 8.12.1999 – I ZB 2/97 (BPatG) = GRUR 2000, 321	4, Fn. 187
Raltegravir	BGH Urt. v. 11.7.2017 – X ZB 2/17 (BPatG) = BGHZ 215, 214 = GRUR 2017, 1017	2, Fn. 378
Rangierkatze	BGH Urt. v. 13.12.2005 – X ZR 14/02 (OLG Düsseldorf) = GRUR 2006, 399	2, Fn. 298
Rasierer mit drei Scherköpfen	BGH Beschl. v. 17.11.2005 – I ZB 12/04 (BPatG) = GRUR 2006, 589	4, Fn. 152
Rauchgasklappe	BGH, Urt. v. 4.6.1996 – X ZR 49/94 (BPatG) = BGHZ 133, 57 = GRUR 1996, 857	2, Fn. 108
Räucherkate	BGH Urt. v. 16.12.2004 – I ZR 177/02 (OLG Düsseldorf) = GRUR 2005, 419	4, Fn. 313
Räumschild	BGH, Urt. v. 18.05.1999 - X ZR 156/97 (OLG Dresden) = BGHZ 142, 7 = GRUR 1999, 977	2, Fn. 159
Ready to Fuck	BGH Beschl. v. 2.10.2012 – I ZB 89/11 (BPatG) = WRP 2013, 626 = GRUR 2013, 729	4, Fn. 214, 216
Regalsystem	BGH Urt. v. 24.1.2013 – I ZR 136/11 (OLG Köln) = GRUR 2013, 951	7, Fn. 41
Reich und Schön	BGH Beschl. v. 1.3.2001 – I ZB 54/98 (BPatG) = GRUR 2001, 1042	4, Fn. 245
Replagal	LG Mannheim Urt. v. 18.1.2011 – 2 O 75/10	2, Fn. 308
Rentabilitätsermittlung	BGH, Beschl. v. 19.10.2004 – X ZB 34/03 (BPatG) = GRUR 2005, 143	2, Fn. 44
Rezeptortyrosinkinase	BGH Urt. v. 27.9.2016 – X ZR 124/15 (OLG München) = BGHZ 212, 115 = GRUR 2017, 261	2, Fn. 260
Rheinpark Center Neuss	BPatG Beschl. v. 21.7.2010 – 29 W (pat) 522/10	4, Fn. 191
Rintisch/Eder	EuGH Urt. v. 25.10.2012 – Rs. C-553/11 = GRUR 2012, 1257	4, Fn. 371
Robert Enke	BPatG Beschl. v. 27.3.2012 – 27 W (pat) 83/11 = GRUR 2012, 1148	4, Fn. 232
ROCHER-Kugel	BGH Beschl. v. 9.7.2009 – I ZB 88/07 (BPatG) = GRUR 2010, 138	4, Fn. 137, 143, 203

Name	Urteil	Kapitel, Fußnote (Fn).
Rohrschweißverfahren	BGH Urt. v. 27.2.2007 – X ZR 113/04 (OLG Düsseldorf) = GRUR 2007, 773	2, Fn. 279
Rollenantriebseinheit	BGH Urt. v. 17.10.2000 – X ZR 223/98 (OLG München) = GRUR 2001, 226	2, Fn. 221
Rotationsbürstenwerkzeug	BGH Urt. v. 24.3.1994 – X ZR 108/91 (OLG Düsseldorf) = BGHZ 125, 334 = GRUR 1994, 602	2, Fn. 258
Rote Taube	BGH, Beschl. v. 27.3.1969 – X ZB 15/67 (BPatG) = BGHZ 52, 74 = GRUR 1969, 672	2, Fn. 28, 29, 37, 44, 170
Rotes Kreuz	BGH Urt. v. 23.6.1994 – I ZR 15/92 = BGHZ 126, 287 = GRUR 1994, 844	4, Fn. 71
Routenplanung	BGH, Urt. v. 18.12.2012 = X ZR 3/12 (BPatG) = GRUR 2013, 275	2, Fn. 83, 84, 85
Roximycin	BGH Beschl. v. 13.10.2004 – I ZB 10/02 (BPatG) = GRUR 2005, 258	4, Fn. 232
Sabel BV/Puma	BGH Urt. v. 11.11.1997 – C-251/95 = GRUR 1998, 387	4, Fn. 255
Sandmalkasten	BGH Urt. v. 22.3.2012 – I ZR 21/11 (OLG Hamburg) = GRUR 2012, 1155	7, Fn. 20
Schalungselement	BGH, Urt. v. 13.3.2001 – X ZR 155/98 (BPatG) = GRUR 2001, 819	2, Fn. 88
Schaufenstereinfassung	Urt. v. 7.12.1965 – Ia ZR 292/63 (BPatG) = GRUR 1966, 255	2, Fn. 99
Schlüsselanhänger	BGH Beschl. v. 20.3.2003 – I ZB 1/02 (BPatG) = GRUR 2003, 708	5, Fn. 32
Schmierverfahren	BGH, Urt. v. 12.2.1957 – I ZR 79/55 (DPMA) = GRUR 1958, 131	2, Fn. 148
Schraubennahtrohr	BGH Urt. v. 26.6.1973 – X ZR 23/71 (BPatG) = GRUR 1974, 146	2, Fn. 251
Schreibgeräte	BGH Urt. v. 24.3.2011 – I ZR 211/08 (OLG München) = GRUR 2011, 1112	5, Fn. 10, 13
Schufa-anwalt.de	LG München I Urt. v. 25.6.2020 – 17 HK O 3700/20 = GRUR-RS 2020, 13728	4, Fn. 379
Schutzgas-Spülung	OLG München Beschl. v. 29.8.2019 – 6 W 508/19 = GRUR-RS 2019, 41077	2, Fn. 346, 347
Schwarze Liste	BGH Urt. v. 23.2.1995 – I ZR 75/93 (OLG Düsseldorf) = GRUR 1995, 427	7, Fn. 52
Seicom	BGH Urt. v. 24.2.2005 – I ZR 161/02 (OLG Stuttgart) = GRUR 2005, 871	4, Fn. 71, 446

Entscheidungsregister

Name	Urteil	Kapitel, Fußnote (Fn).
Seitenpuffer	BGH, Urt. v. 24.10.1991 – I ZR 208/89 (München) = BGHZ 115, 21 = NJW 1992, 1766	2, Fn. 65
Seitenspiegel	Urt. v. 11.10.2005 – X ZR 76/04 (OLG München) = BGHZ 164, 261 = GRUR 2006, 131	2, Fn. 41, 151, 152, 154, 158
Selbstbedienungs-Chipkartensystem	BPatG, Beschl. v. 9.1.2002 – 20 W (pat) 4/00 = GRUR 2002, 418	2, Fn. 104, 107
Shield Mark/ Kist	EuGH Urt. v. 27.11.2003 – C-283/01 = GRUR 2004, 54	4, Fn. 111, 174
School/JUMP	OLG Hamburg Urt. v. 29.10.2020 – 5 U 81/17 = GRUR 2021, 76	4, Fn. 255
Sieckmann/DPMA	EuGH Urt. v. 12.12.2002 – Rs. C-273/00 = GRUR 2003, 145	4, Fn. 127, 128, 163
Silberquelle/Maselli	EuGH Urt. v. 15.1.2009 – Rs. C-495/07 = GRUR 2009, 410	4, Fn. 373
SIM-Lock	BGH Urt. v. 9.6.2004 – I Z 13/02 (OLG Nürnberg) = GRUR 2005, 160	4, Fn. 346, 347
Sitz-Liegemöbel	BGH Urt. v. 15.2.2001 – I ZR 333/98 (OLG Hamm) = GRUR 2001, 503	5, Fn. 36
smartbook	BGH Beschl. v. 6.11.2013 – I ZB 59/12 (BPatG) = GRUR 2014, 565	4, Fn. 391
Smart/HABM (Wir machen das Besondere einfach)	EuGH Urt. v. 12.7.2012 – C-311/11 = GRUR Int. 2012, 914	4, Fn. 177
Soco.de	BGH Urt. v. 22.7.2004 – I ZR 135/01 (OLG Stuttgart) = GRUR 2005, 262	4, Fn. 446
Solingen.info	BGH Urt. v. 21.9.2006 – I ZR 201/03 (OLG Düsseldorf) = NJW 2007, 682	4, Fn. 36
Sparkassen-Rot	BGH Beschl. v. 21.7.2016 – I ZB 52/15 (BPatG) = BGHZ 211, 268 = GRUR 2016, 1167	4, Fn. 246
Spielautomat II	BGH Urt. v. 8.3.1973 – X ZR 6/70 (OLG München) = GRUR 1973, 518	2, Fn. 268
Spielwarenmesse	BPatG Beschl. v. 12.9.2012 – 29 W (pat) 79/12 = GRUR 2013, 394	4, Fn. 250
Sporthelm	BGH Beschl. v. 20.12.2018 – I ZB 25/18 = BGHZ 220, 344 = GRUR 2019, 832	5, Fn. 36
Sportwetten	BGH Urt. v. 14.3.2002 – I ZR 279/99 (OLG Köln) = GRUR 2002, 636	4, Fn. 303, 306
Sprachanalyseeinrichtung	BGH, Beschl. v. 11.5.2000 – X ZB 15/98 = BGHZ 144, 282 = NJW 2000, 3282	2, Fn. 73

Entscheidungsregister

Name	Urteil	Kapitel, Fußnote (Fn).
Spülbare Mehrschichtfolie	LG München Schlussurteil idF des Berichtigungsbeschlusses vom 8.7.2013 – 7 O 6031/12 = GRUR-RR 2014, 8	2, Fn. 229
Sr.de	BGH Urt. v. 6.11.2013 (OLG Frankfurt aM) – I ZR 153/12 = GRUR 2014, 506	4, Fn. 71
SSZ	BPatG, Beschl. v. 16.11.199 – 27 W (pat) 94/99 = GRUR 2000, 809	4, Fn. 237
Stadtwerke	BPatG Beschl. v. 11.9.2012 – 27 W (pat) 83/12 = GRUR 2013, 396	4, Fn. 190, 192
Stahlblech	BGH, Urt. v. 11.9.2007 – X ZR 27/04 (BPatG) = GRUR 2008, 145	2, Fn. 105
Standard-Spundfass	BGH Urt. v. 13.7.2004 – KZR 40/02 = BGHZ 160, 67 = NJW-RR 2005, 526	2, Fn. 385
Stavsat	BGH Beschl. v. 4.4.2012 – I ZB 22/12 (BPatG) = GRUR 2012, 1143	4, Fn. 178
Steckverbindungsgehäuse	BGH Urt. v. 21.9.2006 – I ZR 6/04 (OLG Stuttgart) = GRUR 2007, 431	7, Fn. 55
Steuereinrichtung II	BGH Urt. v. 30.5.1995 (OLG Karlsruhe) – X ZR 54/93 = GRUR 1995, 578	2, Fn. 327
Stabtaschenlampe	BGH, Beschluss vom 20.11 2003 – I ZB 18/98 (BPatG) = GRUR 2004, 506	4, Fn. 116
Steuerungseinrichtung für Untersuchungsmodalitäten	BGH, Beschl. v. 20.1.2009 – X ZB 22/07 (BPatG) = GRUR 2009, 479	2, Fn. 77
Steuerventile	OLG Frankfurt Urt. v. 29.4.1965 – 6 U 85/64 = GRUR 1967, 88	2, Fn. 361
Stoßwellen-Lithotripter	BGH, Urt. v. 12.5.1998 – X ZR 115/96 (BPatG) = GRUR 1999, 145	2, Fn. 105
STREETBALL	BGH Beschl. v. 15.1.2009 – I ZB 30/06 (BPatG) = GRUR 2009, 412	4, Fn. 182
Subway	OLG Schleswig Urt. v. 26.9.2013 – 16 U Kart 49/13 = BeckRS 2013, 19545	7, Fn. 30
Suche fehlerhafter Zeichenketten	BGH, Beschl. v. 17.10.2001 – X ZB 16/00 (BPatG) = BGHZ 149, 68 = GRUR 2002, 143	2, Fn. 51
SWISS ARMY	BGH Beschl. v. 21.9.2000 – I ZB 35/98 (BPatG) = GRUR 2001, 240	4, Fn. 205
Tagesschau	BGH Urt. v. 1.3.2001 – I ZR 211/98 (OLG Hamburg) = BGHZ 147, 56 = GRUR 2001, 1050	4, Fn. 75
Tastmarke	BGH Beschl. v. 5.10.2008 – I ZB 73/05 (BPatG) = BGHZ 169, 175 = GRUR 2007, 148	4, Fn. 130, 131

Entscheidungsregister

Name	Urteil	Kapitel, Fußnote (Fn).
Tastmarke (Fühlmarke für Getränke)	BPatG Beschl. v. 23.3.2007 – 26 W (pat) 3/05 Tastmarke = GRUR 2008, 348	4, Fn. 130
Tauchcomputer	BGH, Urt. v. 4.2.1992 – X ZR 43/91 = BGHZ 117, 144 = GRUR 1992, 430	2, Fn. 70, 71
Tauchpumpensatz	BGH Urt. v. 12.6.1951 – I ZR 75/50 (OLG Düsseldorf) = BGHZ 2, 261 (267 f.) = GRUR 1951, 449	2, Fn. 269
Taxi-Genossenschaft	BGH Urt. v. 16.12.1986 – KZR 36/85 (OLG Düsseldorf) = GRUR 1987, 564	2, Fn. 322
Taeschner	BGH Urt. v. 15.1.1957 – I ZR 39/55 (OLG Hamburg) = BGHZ 23,100 = GRUR 1957, 231	2, Fn. 356
Taeschner/Pertussin II	BGH Urt. v. 15.1.1957 – I ZR 56/55 (OLG Hamburg) = GRUR 1957, 352	2, Fn. 336
Telekom	BGH Urt. v. 16.12.2004 – I ZR 69/02 = GRUR 2005, 514	4, Fn. 72
test	BPatG Beschl. v. 27.6.2012 – 29 W (pat) 22/11 = GRUR 2013, 388	4, Fn. 249
Tetraploide Kamille	BGH, Beschl. v. 30.3.1993 – X ZB 13/90 (BPatG) = BGHZ 122, 144 = GRUR 1993, 651	2, Fn. 204
The Sunrider Corp./HABM	EuGH (1. Kammer), Urt. v. 11.5.2006 – C 416/04 P = GRUR 2006, 582	4, Fn. 16
Thomson Life	EuGH Urt. v. 6.10.2005 – C-120/04 = GRUR 2005, 1042	4, Fn. 260, 304
Tintenpatrone	BGH Urt. v. 20.5.2008 – X ZR 180/05 (OLG Düsseldorf) = BGHZ 176, 311 = GRUR 2008, 896	2, Fn. 300, 395
Today	BGH Beschl. v. 6.11.1997 – I ZB 17/95 (BPatG) = WRP 1998, 495	4, Fn. 194
Tollwutvirus	BGH, Beschl. v. 12.2.1987 – X ZB 4/86 (BPatG) = BGHZ 100, 67 = NJW 1987, 2298	2, Fn. 169, 189
TOOOR!	BGH Beschl. v. 24.6.2010 – I ZB 115/08 (BPatG) = GRUR 2010, 1100	4, Fn. 178
Torres	BGH Urt. v. 12.7.1995 – I ZR 140/93 = BGHZ 130, 276 = GRUR 1995, 825	4, Fn. 71
Trachtenjanker	BGH Urt. v. 6.11.1997 – I ZR 102/95 (OLG Nürnberg) = GRUR 1998, 477	7, Fn. 40
Transformatorengehäuse	BGH Beschl. v. 20.1.2003 – I ZB 48/98 (BPatG) = GRUR 2004, 507	4, Fn. 116, 175
Trigonellin	BGH, Urt. v. 20.3.2001 – X ZR 177/98 = BGHZ 147, 137, 143 f. = GRUR 2001, 730	2, Fn. 91
Trioxan	BGH, Beschl. v. 6.7.1971 – X ZB 9/70 (BPatG) = BGHZ 57, 1 = GRUR 1972, 80	2, Fn. 203

Entscheidungsregister

Name	Urteil	Kapitel, Fußnote (Fn).
Tripp Trapp III	Schweizerisches Bundesgericht, GRUR Int 2005, 542	4, Fn. 295
Tripp-Trapp Stuhl	BGH Urt. v. 14.5.2009 – I ZR 98/06(OLG Hamburg) = BGHZ 181, 98 = GRUR 2009, 856	2, Fn. 325
Trockenrasierer	BGH Urt. v. 21.1.1977 – I ZR 49/75 (OLG Karlsruhe) = GRUR 1977, 602	4, Fn. 14
Trommeleinheit	BGH Urt. v. 24.10.2017 – X ZR 55/16 (OLG Düsseldorf) = BGHZ 216, 300 = GRUR 2018, 170	2, Fn. 287, 288, 290
TURBO	BGH Beschl. v. 23.3.1995 – I ZB 20/93 (BPatG) = GRUR 1995, 410	4, Fn. 195
UHU	BGH Urt. v. 19.2.2009 – I ZR 195/06 (OLG Köln) = GRUR 2009, 783	4, Fn. 160, 167, 168, 170
Uhrennachbildungen	OLG Frankfurt aM; Beschl. vom 30.12.2002 – 6 W 108/02 = GRUR-RR 2003, 96	4, Fn. 331
Ungarische Salami I	BGH Urt. v. 10.4.1981 – I ZR 162/79 (OLG München) = GRUR 1981, 666	4, Fn. 85, 219
Ungarische Salami II	BGH Urt. v. 24.6.1982 – I ZR 108/80 (OLG München) = GRUR 1982, 685	4, Fn. 85, 219
Universitätsemblem	BGH Urt. v. 28.3.2002 – I ZR 235/99 (OLG Düsseldorf) = GRUR 2002, 917	4, Fn. 71, 218
Unterscheidungskraft dreidimensionaler Marke	BGH Beschl. v. 14.12.2000 – I ZB 26/98 (BPatG) = GRUR 2001, 416	4, Fn. 137
Untersetzer	BGH Urt. v. 19.5.2010 – I ZR 71/08 (OLG Frankfurt aM) = GRUR 2011, 142	5, Fn. 69
Upjohn/Paranova	EuGH Urt. v. 12.10.1999 – C-379/97 = GRUR Int 2000, 159	4, Fn. 353, 355, 357, 359, 365
UV-unempfindliche Druckplatte	BGH, Urt. v. 14.8.2012 – X ZR 3/10 (PatG) = GRUR 2012, 1133	2, Fn. 124
Variable Bildmarke	BGH Beschl. v. 6.2.2013 – I ZB 85/11 (BPatG) = GRUR 2013, 1046	4, Fn. 104
Verbraucherzentrale	BGH Urt. v. 31.3.2010 – I ZR 36/08 = GRUR 2010, 1020	4, Fn. 72
Vergleichsempfehlung	BGH Urt. v. 5.7.2005 – X ZR 167/03 (OLG Karlsruhe) = GRUR 2005, 936	2, Fn. 326
Verlängerte Limousine	BGH Urt. v. 22.4.2010 – I ZR 89/08 (OLG Stuttgart) = BGHZ 185, 224 = GRUR 2010, 718	5, Fn. 20, 70, 71, 72, 73, 74
Vermögensrechtliche Ansprüche	BGH Urt. v. 22.6.1954 – I ZR 225/53 (OLG Stuttgart) = BGHZ 14, 72 = GRUR 1955, 83	2, Fn. 363

Entscheidungsregister

Name	Urteil	Kapitel, Fußnote (Fn).
VISAGE	BGH Beschl. v. 21.2.2008 – I ZB 24/05 (BPatG) = GRUR 2008, 710	4, Fn. 242, 290
Vitamin-Zell-Komplex	BGH Urt. v. 24.2.2005 – = BGHZ 162, 246 = GRUR 2005, 519	7, Fn. 36
Volks.Hähnchen	BPatG Beschl. v. 28.3.2011 – 29 W (pat) 5/11 = GRUR 2012, 277	4, Fn. 191
Vorausbezahlte Telefongespräche	BGH, Urt. v. 7.3.2006 – X ZR 213/01 (BPatG) = BGHZ 166, 305 = GRUR 2006, 663	2, Fn. 106, 145, 157; 3, Fn. 10
Vorwerk	BGH Urt. v. 15.10.2020 – I ZR 210/18 (OLG Köln) = GRUR 2020, 1311	4, Fn. 302
Wärmeenergieverwaltung	BGH, Urt. v. 9.1.2018 – X ZR 14/16 (BPatG) = GRUR 2018, 390	2, Fn. 100
Wärmetauscher	BGH Urt. v. 10.5.2016 – X ZR 114/13 (OLG Karlsruhe) = GRUR 2016, 1031	2, Fn. 311
Warsteiner	EuGH, Urt. v. 7.11.2000 – Rs. C-312/98 = GRUR 2001, 64	1, Fn. 63
Walzstabteilung	BGH, Beschl. v. 16.9.1980 – X ZB 6/80 (BPatG) = BGHZ 78, 98 = GRUR 1981, 39	2, Fn. 33; 66
Wandsteckdose II	BGH Urt. v. 8.10.1971 – I ZR 12/70 (OLG Karlsruhe) = BGHZ 57, 116 = GRUR 1972, 189	7, Fn. 56
Webseitenanzeige	BGH, Urt. v. 24.22011 – X ZR 121/09 (BPatG) = GRUR 2011, 610	2, Fn. 69, 76, 77, 78, 79, 80, 81
Weinkaraffe	BGH Urt. v. 8.3.2012 – I ZR 124/10 (OLG Frankfurt aM) = GRUR 2012, 1139	5, Fn. 68
Werbegeschenke	BGH Urt. v. 9.6.2011 – I ZR 41/10 (OLG Hamburg) = GRUR 2012, 180	4, Fn. 373
Werbespiegel	BGH Urt. v. 28.9.1976 – X ZR 22/75 (OLG Celle) = GRUR 1977, 107	3, Fn. 20
Wetter.de	BGH Urt. v. 28.1.2016 – I ZR 202/14 (OLG Köln) = GRUR 2016, 939	4, Fn. 76
Wiedergabe topographischer Informationen	BGH, Urt. v. 26.10.2010 – X ZR 47/07 (BPatG) = GRUR 2011, 125	2, Fn. 69, 83, 85, 86
Winnetous Rückkehr	BGH Urt. v. 23.1.2003 – I ZR 171/00 (OLG Nürnberg) = GRUR 2003, 440	4, Fn. 394
Wundverband	BGH Urt. v. 19.2.2013 – X ZR 70/12 (OLG Düsseldorf) = GRUR 2013, 1269	2, Fn. 354

Name	Urteil	Kapitel, Fußnote (Fn).
YES	BGH Beschl. v. 15.7.1999 – I ZB 16/97 (BPatG) = GRUR 1999, 1089	4, Fn. 198
Zahl „1"	BGH Beschl. v. 18.4.2002 – I ZB 23/99 (BPatG) = GRUR 2002, 970	4, Fn. 91
ZAPPA	BGH Urt. v. 31.5.2012 – I ZR 135/10 (OLG Düsseldorf) = GRUR 2012, 832	4, Fn. 374
Zerkleinerungsvorrichtung	BGH Urt. v. 25.9.2007 – X ZR 60/06 (OLG Düsseldorf) = BGHZ 173, 374 = GRUR 2008, 93	2, Fn. 335
Zerknitterte Zigarettenschachtel	BGH Urt. v. 5.6.2008 – I ZR 96/07 (OLG Hamburg) = GRUR 2008, 1124	4, Fn. 35
Zöliakiediagnoseverfahren	BGH, Urt. v. 19.4.2016 – X ZR 148/11 (BPatG) = GRUR 2016, 1027	2, Fn. 94
Zylinderrohr	BGH Urt. v. 21.12.2005 – X ZR 165/04 (OLG Nürnberg) = GRUR 2006, 401	2, Fn. 224

Stichwortverzeichnis

Amt der Europäischen Union für geistiges Eigentum (EUIPO) 1, Rn. **23 ff.**; 4, Rn. 10 f., 33, 117; 5 Rn. 4, 162
amtsbekannt 4, Rn. 197, 233, **238 ff.**
Amtsermittlungsgrundsatz 4, Rn. 23
Anmeldung (Erst-) 1, Rn. 5, 12, 17, 23, 26 ff.; 2, Rn. 1 f., **36 ff.**., 60 f., **127 ff.**, 238 ff.; 3, Rn. 15, **23 ff.**, 59; 4, Rn. 20, 35, 103, 107 f., 130, 143, 147, 185, **226 ff.**, 435, **459 ff.**; 5, Rn. 35, **38 ff.**, 85, 154; 6, Rn. 53 ff.;
Anmeldung (Erst-)
– Anmeldegebühr 1, Rn. 12; 2, Rn. 127; 3, Rn. 24; 4, Rn. 230, 234; 5, Rn. 38, 46 ff., 54, 62, 154
– Zeitrang der Anmeldung 2, Rn. 32
– Anmeldeprinzip 6, Rn. 19
Akten 2, Rn. 135 ff., 143, 157, 206; 3, Rn. 28; 4, Rn. 185; 5, Rn. 60
Akzessorietätsgrundsatz 4, Rn. 35, 361
Arzneimittel 2, Rn. 16, 44 ff., 242, 278; 4, Rn. 323 f.
Arbeitnehmer 1, Rn. 3; 2, Rn. 1, 82; 3, Rn. 63; 4, Rn. 108
Arbeitnehmer
– Arbeitnehmererfindungsgesetz (ArbNErfG) 2, **Rn. 87 ff.**, 6, Rn. 23
– Inanspruchnahme 2, Rn. 98
– Professorenprivileg 2, Rn. 94

Behandlung 2, Rn. 44, 62, 78, 120
Behandlung
– Inländerbehandlung 1, Rn. 15, 19
Bekanntheit (-schutz) 4, Rn. 5, 89, 195, 209 f., **277 ff.**, 282, 347, 380
– Bekanntheitsgrad 4, Rn. 212, **270 ff.**; 7, Rn. 27
– allgemein 4, Rn. 152, 269, 280
– gewisse
– notorisch 1, Rn. 48; 2, Rn. 26, 85, 141, 210, **281 ff.**, 361, 368, 375, 516
– Verkehrsbekanntheit 2, Rn. 221 f.
Betriebsgeheimnis 2, Rn. 101 f., 195; 4, Rn. 359, 5, Rn. 132; 7, Rn. 42
Biotechnologie 2, Rn. 60 ff.
Biotechnologie
– Biologisches Material 2, Rn. 63, 66 ff., 70
Bruchteilsgemeinschaft 2, Rn. 84
Bundespatentgericht (BPatG) 1, Rn. 9; 2, Rn. 15, 29, 101, 124, 128 f., 154, **168 ff.**,

251, 260, 277; 3, Rn. 49; 4, Rn. 88, 154, 160, 180, 190 f., 258 ff., 366; 5, Rn. 61, 75, 80 f.

Corona/Sars Covid 19 2, Rn. 45, 247 ff.

Darstellbarkeit 1, Rn. 5; 4, Rn. 102, 107, 109 f, 114 f, **138 ff.**, 195, 264, 387
Datenschutz 4, Rn. 5 f.
Deutsches Patent- und Markenamt (DPMA) 1, Rn. 9, 25, 46 ff., 63; 2, Rn. 3, **32 ff.**, 49, 73, 86, 99, 112, **124 ff.**, 139, 144, **156 ff.**, 163, 168, 185, 262, 276; 3, Rn. 15, **23 ff.**, 49; 4, Rn. 10, 29 f., 53, 85, 103, 130, 135, 143, 185, 197, **226 ff.**, 258 f., 286, 338, 365 f., 376, 382, 388, 394, 399, **403 ff.**, 435, 466, 473, 477, 512; 5, Rn. 6, 25, **35 ff.**, **46 ff.**, 139, 152, 167; 6, Rn. 53 ff.
Design/Gestaltungsleistungen 1, Rn. 46; 5
Design/Gestaltungsleistungen
– Betrachter 5, Rn. 19, 29, 92
Design/Gestaltungsleistungen
– Designabschnitt 5, Rn. 85
– Designabteilung 5, Rn. 73, 76, 82
– Erzeugnis 5, Rn. 12, **16 ff.**, 22, 29, 31, 36, 41, 47, 62, 72, 86, 98 f., 107, 111, 124, 131 f., 145, 165
– Fotographischer Neuheitsbegriff 5, Rn. 24
– Gemeinschaftsgeschmacksmuster 1, Rn. 24 f., 5, Rn. 4 ff.
– Nachahmungsschutz 5, Rn. 85, 92, 163, 171; 7, Rn. 53
– Postwertzeichen 5, Rn. 34
– Typographische Schriftzeichen 5, Rn. 9
– Sammelanmeldung 5, Rn. 46 ff.
– Unterscheidungskraft 5, Rn. 30, 74
– Vorbenutzung 5, Rn. 93, 95 f.
– Zollbeschlagnahme 5, Rn. 130
Drittauskunft 2, Rn. 213; 4, Rn. 309, 5, Rn. 111; 7, Rn. 61
Durchschnittsfachmann/Fachmann 2, Rn. 12, 14, 29, 33, **47 ff.**, 128, 149, 159, 164

Einspruch 1, Rn. 26, 81; 2, Rn. 124 ff., 156, 160 ff., 172, 183, 276; 3, Rn. 2, 21; 4, Rn. 512; 6, Rn. 21
Eintragung 1, Rn. 12, 23, 46 ; 2, Rn. 143, 158; 3, Rn. 7, 24, 28, 30 ff., 47; 4, Rn. 10, 12, 14, 23, 30, 52 ff., 85, 117, 125, 147,

Stichwortverzeichnis

154, 161, 169, 179 ff., 183, 185 f., 195, 224 ff., 230 f., 234, 238 ff., 250 f, 254 ff., 265, 278, **283**, 330 ff., 346 f., 361, 365, 368, 373 ff., **383 ff.**, 471, 474, 476, 512, 515; 5, Rn. 3, 6, 9, 32, 34, 38 f., 51, 59, 68 f, 78, 90, 139 f, 149, 154, 158, 160; 6, Rn. 11, 17, 22, 54 ff., 65 ff., 73
– Eintragungsanspruch 4, Rn. 257
– Eintragungsantrag 4, Rn. 166
– Eintragungsbewilligungsklage 4, Rn. 257, **263 ff.**,
– Eintragungsfähigkeit 4, Rn. 96, 106, 114, 128 ff., 167, 172, 178, 185, 187, 191
– Eintragungshindernisse 4, Rn. 5, 13 ff., 23, 128, 160, 163, 170, 222, 268, 475; 5, Rn. 56
– Eintragungspraxis 4, Rn. 174
– Eintragungsmarken 4, Rn. 141
– Eintragungsverfahren 1, Rn. 69; 3, Rn. 49, 52; 4, Rn. 87, 137, 154, 184, 197, 200, 210, 226, 232, 327, 353; 5, Rn. 47, 87, 171
– Eintragungsvoraussetzungen 2, Rn. 152; 4, **Rn. 135 ff.**, 152; 5, Rn. 54, 58, 61
– Registereintragung 4, Rn. 365 f.; 5, Rn. 151
– Teileintragung 4, Rn. 244
Embryo 2, Rn. 5, 65, **74 ff.**
Erteilungsverfahren 1, Rn. 29 f; 2, Rn. 34, **124 ff.**, 145, 149 ff.; 3, Rn. 20 ff.
Europäisches Patentübereinkommen (EPÜ) 1, Rn. 21, 26 ff.; 2, Rn. 2, 30 ff., 39 ff., 53, 62 ff., 88
– EPÜ-Vertragsstaat 1, Rn. 27, 29; 2, Rn. 2
– Europäische Patentorganisation (EPO) 1, Rn. 26,
– Europäisches Patentamt (EPA) 1, Rn. 26 ff.; 2, Rn. 2
Europäisches Patent 1, Rn. 27 ff., 35
Einheitspatent-VO 1, Rn. 34, 2, Rn. 2
EU-Patent/Einheitspatent 1, Rn. 28, 30 ff.; 2, Rn. 2, 6

Firma 1, Rn. 49; 4, Rn. 3, 33, 41, **45 ff.**, 76, 79, 417, 418, 421 f, 430 ff.

Gebrauchsmuster 1, Rn. 44, 3, Rn. 1 ff.
– Erfinderische Schritt 3, Rn. 17 f.
– Erfindungshöhe 3, Rn. 17
– Zollbeschlagnahme 3, Rn. 45

Gebühr 2, Rn. 1; 2, Rn 36, 147, 149, 232, 275; 3, Rn. 26; 4, Rn. 236, 403; 5, Rn. 46, 94
– Anmeldegebühr 1, Rn. 12, 127; 3, Rn. 24; 4, Rn. 230, 234, 244; 5 Rn. 38, 46, 54, 62, 141, 154
– Aufrechterhaltungsgebühr 3, Rn. 56 ff.; 5, Rn. 155 ff.
– Benennungsgebühr 2, Rn. 42
– Beschleunigungsgebühr 4, Rn. 241
– Jahresgebühr 2, Rn. 151, 262, 275
– Klassengebühren 4, Rn. 11, 236, 382
– Lizenzgebühr 2, Rn. 84, 145, 204, 206, 261, 316
– Patentverlängerungsgebühr 2, Rn. 275
– Prüfungsgebühr 2, Rn. 150
– Verlängerungsgebühr 4, Rn. 382 f.
– Widerspruchsgebühr 4, Rn. 246
Gemeinschaftsgeschmacksmuster 1, Rn. 22 ff.; 5, Rn. 4 ff., 161 ff.; 7, Rn. 52
Generalklausel 2, Rn. 251; 4, Rn. 320; 7, Rn. 11, 45, 56 f.
Geographische Herkunftsangabe 1, Rn. 50, 4, **Rn. 81 ff.**, 181, 225, 437, 441, **479 ff.**, 505, 515
Gesamtbetrachtung 2, Rn. 12, **26 ff.**, 47
Geschäftliche Zeichen 1, Rn. 49; 4, Rn. 33, 84, 295, 297
Geschäftliche Zeichen
– Geschäftsabzeichen 4, Rn. 39 f., 75, 78, 413, 416, **421 f.**, 433, 435
– Geschäftliche Bezeichnung 1, Rn. 3; 4, Rn. 34, 75 f., 89, 290, 347, 402, 413 ff., 426
– Unternehmenskennzeichen 1, Rn. 49, 70; 4 Rn. 39, 76, 89, 92, 413 ff., 417, 422, 430, 435
– Werktitel 1, Rn. 49, 70; 4, Rn. 39 f., 75, 80, 89, 413, 419 f., 431, 433
Gewerblicher Rechtsschutz 1
– Allgemeiner oder ergänzender Leistungsschutz 1, Rn. 54 ff.
– Fremdenrecht 1, Rn. 6, 19
– Registerrechte 1, Rn. 5
– Spezialgesetze 1, Rn. 3
– Schutzgegenstand 1, Rn. 4, 14, 41
– Sonderrechteschutz 1, Rn. 53
Gewerblicher Rechtsschutz
– Technische Schutzrechte 1, Rn. 45
Glaubhaftmachung 4, Rn. 253, 305
Gutachten (demoskopisch) 4, Rn. 188, 207
Güterabwägung 4, Rn. 307

.itten/öffentliche Ordnung 2, Rn. 5, 57,
 f., 78, 149; 3, Rn. 20; 4, Rn. 147,
173 ff., 463; 5, Rn. 31, 34, 56

albleiter-/ Topographieschutz 1, Rn. 52; 4,
Rn. 241; 6

ımaterialgüterrecht 1, Rn. 1
- Anwendungsbereich EWG-Vertrag 1,
  Rn. 8
- Ausschließlichkeitsrecht 1, Rn. 4, 66
- Entstehung von Rechten 1, Rn. 68 ff.
- Geistige Eigentum 1, Rn. 2, 39, 60 ff.
- Geistige Leistung 1, Rn. 2, 5
- Inlandsvertreter 1, Rn. 9
- Nicht gewerblich 1, Rn. 5
- Persönlicher Anwendungsbereich 1,
  Rn. 7
- Prioritätsprinzip 1, Rn. 4
- Räumliche Geltungsbereich 1, Rn. 10
- Rechtsvereinheitlichung 1, Rn. 6
- Territorialprinzip 1, Rn. 10
ternationale Abkommen
- Berner Übereinkunft zum Schutz von
  Werken der Literatur und Kunst 1,
  Rn. 13
- Haager Abkommen über die internationale Hinterlegung gewerblicher Muster
  und Modelle – HMA 1, Rn. 12
- Internationale Übereinkommen zum
  Schutz von Pflanzenzüchtungen PflZ-
  SchÜbk 1, Rn. 20
- Madrider Abkommen über die internationale Registrierung von Marken 1,
  Rn. 12
- Pariser Verbandsübereinkunft 1, R. 11
  - Inländerbehandlung (Assimilationsprinzip) 1, Rn. 15
  - Inländern gleichgestellte Personengruppen 1, Rn. 16
  - Prioritätsrecht 1, Rn. 17
  - Recht auf Erfinderbenennung 1,
    Rn. 17
  - Telle-quelle-Schutz 1, Rn. 17
- Patent Cooperation Treaty – PCT 1,
  Rn. 12
  - PCT-Verfahren 1, Rn. 26
- Übereinkommen über handelsbezogene
  Aspekte der Rechte des geistigen Eigentums – TRIPS 1, Rn. 18
  - Inländerbehandlung 1, Rn. 19
  - Meistbegünstigung 1, Rn. 19

- World International Property Organization – WIPO 1, Rn. 12, 18
Internet 2, Rn. 219; 4, Rn. 103, 287, 516 ff.,
IR-Marke 1, Rn. 12, 23; 4, Rn. 15, 27, 29

Kaufmann 4, Rn. 45 ff., 417
Kausalität 4, Rn. 301,
Klage 1, Rn. 29; 2, Rn. 81, 101, 113, 161,
  171 f., 182 ff., 197, 201, 210, 229, 231,
  234, 238; 4, Rn. 200, 224 f, 244, 257,
  263 ff., 294, 309, 328, 337, 353, 394,
  397, 442, 469; 5 Rn. 6, 73, 90, 111, 120,
  147

Lizenz 2, Rn. 104, 115, 119, 143, 156, 158,
  204, 230, 234, 261 ff.; 3, Rn. 52 ff.; 4, Rn.
  361 ff.
- Lizenzanalogie 2, Rn. 204; 3, Rn. 39; 4,
  Rn. 301
- Lizenzbereitschaft 2, Rn. 156
- Lizenzvermerk 2, Rn. 156
- Lizenzvertrag 2, Rn. 261; 3, Rn. 52; 4,
  Rn. 301
- Zwangslizenz 2, Rn. 171, 198, 246,
  251 ff.,

Marke/ Marketingleistung 1, Rn. 48; 4,
Rn. 1 ff.
- Agentenmarke 4, Rn. 223
- Ähnlichkeit 4, Rn. 14, 19, 87, 204 f.,
  208 f., 213, 287, 426
- Benutzungsschonfrist 4, Rn. 251 ff.,
  325 f., 328
- Benutzungsmarke 4, Rn. 26, 38, 40,
  114, 141, 265 ff., 343
- Bestandskraft der Eintragung 4, Rn. 346
- Bewegungsmarke 4, Rn. 86, 97, 117,
  129
- Buchstabenmarke 4, Rn. 88, 129
- Chiemsee-Entscheidung 4, Rn. 189, 274
- Dachmarke 4, Rn. 72
- Dienstleistungsmarke 4, Rn. 54, 58, 60,
  105, 134
- Domain (siehe auch Internet) 1, Rn. 44,
  516 ff.
- Eintragung 4, Rn. 10, 12, 52, 85, 106,
  117, 128 ff., 137, 147 ff., 161, 167,
  178, 184, 210, 251 ff., 332, 365 ff.,
  383, 402, 471

Stichwortverzeichnis

- Erschöpfung 4, Rn. 274, 318 ff., 428
- Eventmarke/Ereignismarke 4, Rn. 152
- Farbmarke 4, Rn. 110 ff., 129, 143, 158
- Formmarke 4, Rn. 104, 123, 129, 159
- Gattungsbezeichnung 4, Rn. 83, 168 ff., 397, 485 ff., 515
- Geruchsmarke 4, Rn. 109, 113 f.
- Geschmacksmarke 4, Rn. 109, 115, 141
- Geschützte geographische Angabe g.g.A. 4, Rn. 181
- Geschützte traditionelle Spezialität g.t.S. 4, Rn. 183
- Geschützte Ursprungsbezeichnung g.g.U. 4, Rn. 147, 181
- Gewährleistungsmarke 4, Rn. 450, 453 ff.
- Handelsmarke 1, Rn. 14; 4, Rn. 128, 130, 278; 7, Rn. 30
- Herstellermarke 4, Rn. 134
- Hörmarke 4, Rn. 100, 103, 114, 140
- Identitätsschutz 4, Rn. 195, 202
- Intel-Entscheidung 4, Rn. 213, 215 f.
- Internationale Kompatibilität 4, Rn. 128
- Insolvenz 4, Rn. 375 f.
- Irreführung 1, Rn. 50; 4, Rn. 81, 172, 315, 488 ff.; 7, Rn. 24
- Kennzeichnungsfunktion 4, Rn. 105, 122
- Kennzeichnungskraft 4, Rn. 208, 219, 221, 272, 426 f.
- Kollektivmarke 4, Rn. 5, 37, 40, 73 ff., 439 ff., 446 ff., 486, 515
- Kunstwörter 4, Rn. 93
- Legostein-Entscheidung 4, Rn. 124
- Markenfähigkeit 4, Rn. 97, 111, 148, 266
- Markeninhaber 1, Rn. 48; 4, Rn. 19, 21, 60 ff., 69 ff., 140, 231, 247, 284 ff., 295, 305, 316 ff., 352, 361, 382, 439, 452, 518
- Markenlizenz 4, Rn. 367
- Markenverletzung 4, Rn. 67, 291 f., 347
- Mehrwortmarke 4, Rn. 90
- Multifunktionalität 4, Rn. 57, 63
- Nachahmung 1, Rn. 25, 56; 4, Rn. 192, 278
- Namensfunktion 4, Rn. 77 f., 414 f., 418, 516
- Nizza-Klassifikation 4, Rn. 53
- Notoritätsmarken 4, Rn. 129
- Plagiat 4, Rn. 136, 195 ff., 305
- Positionsmarke 4, Rn. 108, 143
- Produktmerkmalsbezeichnungen Rn. 162
- Registermarken 1, Rn. 5, 48; 4, Rn. 20, 38, 85, 103, 115, 265, 277
- Rittersport-Entscheidung 4, Rn. 127
- Sieckmann-Kriterien 4, Rn. 140 f., 145
- Signet 4, Rn. 95
- Sloganmarke 4, Rn. 91
- Tastmarke 4, Rn. 108, 116 ff., 129, 146
- Unterscheidungskraft 4, Rn. 4, 19, 48, 54, 58, 79, 89, 91, 96, 106 ff., 148 ff., 167, 186 ff., 209 ff., 269 ff., 331, 389, 420, 455, 491 f., 505, 517
  - abstrakt 4, Rn. 86, 104, 118 f., 129, 138, 267 f
  - konkret 4, Rn. 119, 129
- Verkehrsdurchsetzung 4, Rn. 106, 127 f., 141, 186 ff., 268 ff., 389
- Verkehrszeichen 4, Rn. 180
- Verwechslungsgefahr 4, Rn. 204 ff., 218, 247, 282, 315, 322, 331, 347, 425 f.; 7, Rn. 4, 24, 46
- Verwirkung 4, Rn. 275, 340, 342 ff., 401, 428
- Warenmarke 4, Rn. 54, 58, 72, 105
- Wortmarke 4, Rn. 88 ff., 143, 150
- Zahlenmarke 4, Rn. 88
- Zeichenformen 4, Rn. 86, 233
- Zollbeschlagnahme 1, Rn. 65

Menschliche Körper 2, Rn. 5, 57, 59 ff.

Nachahmung 1, Rn. 56; 2, Rn. 145; 4, Rn. 192, 278 ; 5, Rn. 1; 7, Rn. 10, 14, 21, 35 ff.

Nachahmungsfreiheit 7, Rn. 5 ff., 49

Name 1, Rn. 48 ff.; 2, Rn. 84, 128, 149, 156, 215; 3, Rn. 24, 28; 4, Rn. 39, 76 ff., 83, 176, 181, 310, 349, 359, 414, 421, 445, 460, 479, 485, 505; 5, Rn. 113, 132; 7, Rn. 27, 30

- Allgemeines Persönlichkeitsrecht/ Erfinderpersönlichkeit 1, Rn. 48; 2, Rn. 99, 132, 181, 184, 263; 4, Rn. 43
- Domainname 4, Rn. 44 ff., 516 ff.
- Handelsname 4, Rn. 290, 297
- Personenname 1, Rn. 48; 4, Rn. 1, 3, 41, **42 ff.**, 86, 92, 136
- Namensanmaßung 4, Rn. 44
- Straßenname 2, Rn. 29; 4, Rn. 131

Natürliche Person 2, Rn. 70, 80; 4, Rn

Neuheit 2, Rn. **30 ff**, 44, 127, 138, 149; 5, Rn. 5, 10, 14, 21; 5, Rn. 3, **23 ff.**, 68; 6, Rn. 14

Absoluter Neuheitsbegriff 2, Rn. 32
Neuheitsprüfung 2, Rn. 41
- Neuheitsschonfrist 2, Rn. 39 f.; 5,
  Rn. 53; 6, Rn, 14
- Neuheitsschädlich 2, Rn. 31, 41
Nichtigkeitsverfahren 2, Rn. 170 ff.; 4,
  Rn. 23, 130, 384, 390, 405; 5, Rn. 55,
  68 ff., 80
Notifikation (Beglaubigung) 4, Rn. 178

Öffentlichkeit 1, Rn. 6, 25; 2, Rn. 32, 39, 42,
  55, 147, 242; 3, Rn. 10, 14; 4, Rn. 177,
  212, 261; 5, Rn. 27, 29, 62, 165, 171

Patent/Technische Erfindung 1, Rn. 43; 2
- Computerimplementierte Erfindung 2,
  Rn. 18 ff.
- Einheitlichkeit 2, Rn. 36, 131; 3, Rn. 23
- Eintragung 1, Rn. 12, 23, 46, 69; 2,
  Rn. 143, 152, 158; 3, Rn. 7, 24, 30 ff.,
  47; 4, Rn. 5, 10, 12, 23, 30, 52 ff., 85,
  96, 106, 114, 128 ff., 135 ff., 154, 160,
  163, 166 ff., 179
- Erfinder 1, Rn. 2, 61 f.; 2, Rn. 32, 38,
  40, 79 ff., 83, 132, 181 ff., 55, 61,
  78 ff., 85
- Erfinderbesitzer 2, Rn. 81 f.
- Erfinderische Tätigkeit 2, Rn. 29, 34,
  47 ff.,
- Erfindungshöhe 1, Rn. 43; 2, Rn. 49; 3,
  Rn. 1, 5, 17 ff.; 5, Rn. 30
- Erlöschen 2, Rn. 156, 273 ff.
- Erschöpfung 2, Rn. 179 ff.; 3, Rn. 35
- Erzeugnispatent 2, Rn. 45, 86, 178,
  236; 3, Rn. 35
- Ethische Gesichtspunkte 2, Rn. 7, 74
- Gebiet der Technik/Technizitätserfordernis 2, Rn. 7 f., 18 ff., 24 ff.
- Geheimpatente 2, Rn. 155
- Gewerbliche Anwendbarkeit 2,
  Rn. 53 f., 60, 149; 3, Rn. 5, 16, 21, 27,
  52
- Mathematische Methoden 2, Rn. 5 ff.
- Miterfinder 2, Rn. 84 f.
- Patentberühmung 2, Rn. 238 ff.
- Patenthindernis 2, Rn. 136
- Patentierbare Erfindung/Patentfähigkeit
  1, Rn. 43; 2, Rn. 6, 10, 59, 63, 65
- Patentrolle (Patentregister) 2, Rn. 156
- Patentschutz 1, Rn. 28, 51; 2, Rn. 2,
  7 f., 25, 29, 58, 62, 71 f., 125, 179, 180;
  6, Rn. 5, 28, 51
- Pbp-Patente 2, Rn. 73

- Populareinspruch 2, Rn. 160
- Sachpatent 2, Rn. 73, 179
- Stand der Technik 1, Rn. 12; 2, Rn. 8,
  22, **29 ff.**, 38, 42, 44 ff., 136, 147, 155
- Technizität 2, Rn. 8 f., 18 f., **24 ff.**,
- Technische Anwendbarkeit 2, Rn. 53
- Verbietungsrechte 2, Rn. 178 f.
- Verfahrenspatent 2, Rn. 52, 177, 179,
  195, 236
- Verwertungsrecht 2, Rn. 177 f., 181,
  186, 204, 268, 371; 5, Rn. 143; 6,
  Rn. 70
- Vorbenutzung 1, Rn. 46; 2, Rn. 81,
  244 f.; 3, Rn. 3, 14, 34, 93, 95
- Zwangspatent 2, Rn. 246 ff.
Priorität 1, Rn. 4, 12, 17; 2, Rn. 32, 41, 84,
  127, 132, 134, 136, 143, 245; 3, Rn. 13,
  15, 26; 4, Rn. 15, 20, 66, 196, 202, 204,
  224, 239, 248, 253, 326, 346, 349, 399,
  434, 436; 5, Rn. 13, 26, 40, 49 ff.
- Ausstellungspriorität 2, Rn. 138
- Unionspriorität 2, Rn. 41, 137; 3,
  Rn. 13
Prüfungsschema 2, Rn. 5, 279; 4, Rn. 411
Publizität 2, Rn. 157; 4, Rn. 365 f.
Publikum 4, Rn. 5, 14, 19, 25, 97, 138, 172,
  194, 204, 206, 212, 287, 397, 464, 471 f.
- Offenlegungsschrift 2, Rn. 144, 158
- Patentblatt 2, Rn. 124, 143, 147, 155,
  158, 160, 167, 262; 3, Rn. 28; 6, Rn. 57
- Patentschrift 2, Rn. 12, 29, 32, 77, 144,
  155, 158

Rechtsbeschwerde 2, Rn. 168 f.; 3, Rn. 49; 4,
  Rn. 260 ff., 366; 5, Rn. 61, 81
Rechtsharmonisierung 1, Rn. 13, 4, Rn. 4; 5,
  Rn. 3 f.

Sachgesamtheit 7, Rn. 28
Sachverständiger 2, Rn. 51, 221
Schadensersatz 1, Rn. 57, 67; 2, Rn. 181,
  186, 193, **202 ff.**, 217, 225, 239; 3,
  Rn. 39; 4, Rn. 49, 286, 293, **298 ff.**, 325,
  341, 426, 469, 493, **500 ff.**; 5, Rn. 83, 98,
  102 ff., 115, 119, 168; 6, Rn. 37, 69; 7,
  Rn. 8, 56, **63 ff.**
Schutzdauer 1, Rn. 36; 3, Rn. 28, 56; 4,
  Rn. 25, 28, 125, 379, 381 ff.; 5, Rn. 48,
  62, 79, 151 ff., 162; 6, Rn. 26
Schutzhindernisse 1, Rn. 12, 4, Rn. 30, 119,
  126 f, 136, 148 f., 183, 195, 199 f., 218,
  223, 238, 264, 268, 276, 347, 384 ff.,
  404, 441, 474; 5, Rn. 70, 74

433

Stichwortverzeichnis

Screeningverfahren 2, Rn. 72
Sortenschutz 1, Rn. 24, 51; 2, Rn. 62; 2, Rn. 254; 6
- Doppelschutzverbot 6, Rn. 5,
- Erntegut 6, Rn. 11, 28, 32
- Nachbau 6, Rn. 32
- Pflanzensorte 2, Rn. 5, 57, 62, 242; 3, Rn. 20; 4, Rn. 183; 6, Rn. 22, 30, 41, 51
- Unterscheidungskraft 6, Rn. 30 f.
- Vermehrung 2, Rn. 71; 6, Rn. 11
- Verwechslungsgefahr 6, Rn. 16 ff., 28, 32, 37
- Zollbeschlagnahme 1, Rn. 65; 3, Rn. 46; 4, Rn. 358; 4, Rn. 131 f.; 5, Rn. 131

Sprachgebrauch 2, Rn. 12; 4, Rn. 167, 169
Recherche 1, Rn. 12; 2, Rn. 34 ff., 147; 3, Rn. 27; 4, Rn. 12, 185
Streitgenosse 5, Rn. 147
Sukzession 2, Rn. 263, 271; 3, Rn. 55; 4, Rn. 361, 363, 374; 5, Rn. 133, 148

Tatrichter 2, Rn. 51
Topographieschutz 4, Rn. 241; 6, Rn. 42 ff., 60, 64, 69, 75
- Erschaffer 6, Rn. 48
- Investitionsschutz 6, Rn. 43

Unionsmarke 1, Rn. 10, 22 f.; 4, Rn. 7 ff., 20, 25, 31, 117, 177
Urheberrecht 1, Rn. 5, 8, 13, 39 ff., 47, 58, 70; 2, Rn. 19, 21, 130, 225, 419, 436; 5, Rn. 74
UWG 1, Rn. 54 f.; 7

Verbraucher 1, Rn. 35; 4, Rn. 21, 60, 67, 118, 126, 150, 189, 206 f., 210, 213, 272, 289, 318, 323, 388, 485, 496; 5, Rn. 11, 7, Rn. 20, 58
Verfall 4, Rn. 5, 9, 297, 330, 338, 347, 386, 394 ff., 402 ff., 441, 471 ff.,
Vergütung (angemessene) 2, Rn. 87, 98, 100 ff., 114, 120, 123, 156, 171, 204, 250, 258, 262; 3, Rn. 39; 4, Rn. 301; 5, Rn. 103, 109; 6, Rn. 37, 65
Verkehrsgeltung 1, Rn. 70, 4, Rn. 26, 38, 48, 79, 85, 89 f., 114 f., 187, 211, 265 ff., 280, 380, 412, 420, 434, 516
Verkehrsgeltung
- Grad der 4, Rn. 111, 219
- geographische 4, Rn. 272

Verkehrsauffassung 4, Rn. 58, 79, 82, 2 320
Verkehrskreis 1, Rn. 70, 4, Rn. 39, 58, 78, 85, 106, 174 f., 186 f., 205 f., 213, 265, 269 ff., 331, 421; 7, Rn. 18, 26, 39
Verletzer 2, Rn. 196, 198 ff., 204, 207, 211, 213 ff., 225, 234; 3, Rn. 39; 4, Rn. 286, 298, 301, 305 ff., 314, 318, 425, 427, 498, 501, 515; 5, Rn. 92, 98, 100, 102 ff., 118, 129; 6, Rn. 37 f.; 7, Rn. 8, 16, 64 f., 71
Veröffentlichung 1, Rn. 12; 2, Rn. 31 f., 39, 44, 124, 143 ff., 155, 158, 160, 183, 276; 3, Rn. 14, 28; 4, Rn. 14, 151, 243, 246, 251, 330, 347, 402, 512; 5, Rn. 28; 6, Rn. 15
Verpackung 1, Rn. 48, 2, Rn. 238; 4, Rn. 86, 104, 121, 123, 127, 136, 254, 290 ff., 322 f., 333, 355; 5, Rn. 18
Vernichtung 2, Rn. 191, 201, 207 ff.; 3, Rn. 40; 4, Rn. 275, 305, 307, 311, 325, 427, 498; 5, Rn. 106, 168; 6, Rn. 38; 7, Rn. 62
Vindikationsanspruch 2, Rn. 182

(Waren-)Klasse 4, Rn. 52 f., 382
- Erzeugnisklasse 5, Rn. 29
- Leitklasse 4, Rn. 236
- Klasseneinteilung 4, Rn. 229, 236, 382
- Klassengebühren 4, Rn. 11, 236, 382
- Verlängerungsgebühr 2, Rn. 275, 382 f.
- Warenklasse 5, Rn. 43, 46, 58
Widerruf 2, Rn. 124, 156, 158, 160, 162 ff., 276; 3, Rn. 59; 4, Rn. 244
Wiederholungsgefahr 2, Rn. 196, 198; 3, Rn. 38; 4, Rn. 295, 426, 495; 5, Rn. 100; 7, Rn. 57
Werbung 2, Rn. 206, 239; 4, Rn. 100, 127, 157, 290, 315, 339, 487
Wettbewerb 1, Rn. 3, 14, 54 ff.; 2, Rn. 61, 238, 256, 260; 4, Rn. 22, 55, 81, 123, 127, 154, 174, 269, 315, 485, 488; 5, Rn. 11; 7

Zeitrang 2, Rn. 32, 41 ff., 48, 254, 259, 3, Rn. 10; 4, Rn. 195, 201 ff., 209, 224 f, 238, 244, 247, 251, 256, 263, 330, 342 ff., 399 ff., 406, 434; 5, Rn. 74
Zuchtverfahren 2, Rn. 71
Zwangsvollstreckung 2, Rn. 210; 4, Rn. 375, 5, Rn. 134

434